Gerechtigkeit für Menschen mit Behinderung

Campus Forschung
Band 940

Johannes Eurich ist Professor für Ethik in der Sozialen Arbeit an der Evangelischen
Fachhochschule Rheinland-Westfalen-Lippe in Bochum.

Johannes Eurich

Gerechtigkeit für Menschen mit Behinderung

Ethische Reflexionen und sozialpolitische Perspektiven

Campus Verlag
Frankfurt/New York

Für Tanja

Bibliografische Information der Deutschen Nationalbibliothek
Die Deutsche Nationalbibliothek verzeichnet diese Publikation in der Deutschen Nationalbibliografie;
detaillierte bibliografische Daten sind im Internet unter http://dnb.d-nb.de abrufbar.
ISBN 978-3-593-38577-8

Besuchen Sie uns im Internet: www.campus.de

Inhalt

Teil III Theologische Orientierung

Teil IV Weiterführende Perspektiven für Forschung und Sozialpolitik

Vorwort

Die vorliegende Arbeit ist durch Erfahrungen mit Behinderung in meiner Familie als auch durch persönliches Engagement während meiner Promotionszeit in einer Einrichtung des Diakonischen Werks in Hessen und Nassau für Frauen mit psychischen Beeinträchtigungen motiviert worden. Auch wenn es sich um eine theoretische Studie handelt, so habe ich doch versucht, den Bezug zur Praxis immer wieder herzustellen.

Dankbar bin ich der Deutschen Forschungsgemeinschaft, die durch ein Postdoktoranden-Stipendium im Rahmen des Graduiertenkollegs »Kriterien der Gerechtigkeit in Ökonomie, Sozialpolitik und Sozialethik« an der Ruhr-Universität Bochum die Arbeit finanziell gefördert hat. Der Sprecher des Graduiertenkollegs, Prof. Dr. Christofer Frey, war nicht nur erster Gesprächspartner bei der Entwicklung der grundlegenden Gedanken dieser Studie, sondern auch Förderer während meiner Assistentenzeit am Lehrstuhl für Systematische Theologie/Ethik in Bochum. Ihm und den weiteren Dozierenden sowie den Kolleginnen und Kollegen des Graduiertenkollegs gilt mein herzlicher Dank für anregende Diskussionen, kritische Rückmeldungen und darüber hinaus für viele Stunden der Geselligkeit, die über so manche Durststrecke am Schreibtisch hinweggeholfen haben.

Der Hauptteil der Arbeit wurde während meiner Assistentenstelle am Diakoniewissenschaftlichen Institut der Universität Heidelberg fertiggestellt. Dem Direktor des Instituts, Prof. Dr. Heinz Schmidt, gebührt mein besonderer Dank für die langjährige Unterstützung meines wissenschaftlichen Weges ebenso wie für viele wertvolle Anregungen und Hinweise bei der Abfassung der Arbeit. Prof. Dr. Wilfried Härle danke ich herzlich für instruktive Gespräche. Die Studie wurde im Wintersemester 2006/07 von der Theologischen Fakultät der Ruprecht-Karls-Universität Heidelberg als Habilitationsschrift angenommen und ist für die Drucklegung leicht überarbeitet worden.

Dem Campus Verlag danke ich für die Aufnahme in die Reihe »Campus Forschung« und Frau Petra Zimlich für die gute Betreuung der Arbeit. Herr Klemens Dittberner vom Diakoniewissenschaftlichen Institut der Universität Heidelberg und Frau Lena Mareike Klasse von der Evangelischen Fachhochschule Rheinland-Westfalen-Lippe in Bochum haben die Veröffentlichung durch ihre genauen Korrektur- und Formatierungsarbeiten unterstützt – vielen Dank. Dem Verein für ethische Urteilsbildung gilt mein Dank für die großzügige finanzielle Förderung, die eine reibungslose Publikation ermöglicht hat.

Ganz besonders möchte ich meiner Frau, Pfarrerin Dr. Tanja Schmidt, danken. Sie war nicht nur ein kritisches Gegenüber bei manchen neuen Gedankengängen, sondern hat durch ihr liebevolles Verständnis und ihre Unterstützung die Arbeit durch alle Phasen begleitet. In herzlicher Zuneigung und Liebe ist ihr dieses Buch gewidmet.

Heidelberg, im Juli 2008   *Johannes Eurich*

1 Einleitung

Bei dem Titel »Gerechtigkeit für Menschen mit Behinderung« denken manche Leserinnen und Leser vielleicht an die bioethische Diskussion, die sowohl innerhalb der Behindertenpädagogik[1] als auch auf breiter gesellschaftlicher Ebene spätestens seit den Thesen Peter Singers Ende der 1980er Jahre in Deutschland heftig entbrannt war. Ihre Relevanz ist bis heute aufgrund des medizin-technologischen Fortschritts offenkundig: Erkenntnisse aus dem Bereich der Gentechnik und Gentherapie oder der embryonalen Grundlagenforschung sind mit großen medizinischen Chancen und Verheißungen verbunden und lassen die Hoffnung auf Überwindung beziehungsweise Beseitigung vieler Ursachen physischer Funktionsstörungen wachsen. Damit sind aber zugleich auch problematische Aspekte und Ängste verbunden, die sich auf die gesellschaftliche Akzeptanz beeinträchtigten Lebens oder ganz grundsätzlich auf die moralische Zulässigkeit solchen Handelns beziehen. Dabei sind heute bestimmte ethische Problemstellungen, die sich etwa mit pränataler Diagnostik oder Präimplantations-Diagnostik verbinden oder hinsichtlich der Entwicklung chirurgischer Methoden zur prä- und postnatalen Behandlung geschädigter Föten beziehungsweise Säuglinge bestehen, längst aus dem primären öffentlichen Fokus verschwunden.

Andere Assoziationen bei dem Titel »Gerechtigkeit für Menschen mit Behinderung« könnten sich auf jüngere Urteile deutscher Gerichte beziehen, die zum Beispiel den Anblick eines Menschen mit Behinderung als urlaubsschädigend bewerteten. Die Notwendigkeit einer eingehenden Beschäftigung mit der Gerechtigkeits-Thematik scheint auf der Hand zu liegen; gleichzeitig werden damit ganz unterschiedliche Fachdisziplinen und Lebensbereiche angesprochen, so dass sich die Beschränkung auf einen Teilaspekt nahe legt. Nimmt man zum Beispiel die Wissensgebiete der So-

---

1 Vgl. Dederich (2000).

zial- und Politischen Philosophie, Rechtswissenschaften und Bioethik mit hinzu, so ist offensichtlich, dass eine Eingrenzung des Themenspektrums notwendig ist. In dieser Arbeit erfolgt sie – wie der Untertitel »Ethische Reflexionen – sozialpolitische Perspektiven« andeutet – im Hinblick auf Vorstellungen sozialer Gerechtigkeit für Menschen mit Behinderung und deren theologisch-anthropologische Begründung sowie sozialstaatliche Applikation. Dabei werden Fragestellungen der gegenwärtigen Diskussion über soziale Gerechtigkeit aufgenommen und hinsichtlich ihrer Umsetzung in sozialstaatlichen Regelungen untersucht: Wie kann beispielsweise verhindert werden, dass Menschen, die von Geburt an oder aufgrund einer Krankheit oder eines Unfals mit körperlichen und/oder psychischen Beeinträchtigungen leben, hinsichtlich ihrer Lebenschancen und gesellschaftlichen Teilhabemöglichkeiten nicht noch zusätzlich behindert und benachteiligt werden? Wie können die vielen unterschiedlichen Behinderungsarten übergreifend erfasst und doch zugleich in ihrer spezifischen Ausprägung berücksichtigt werden, so dass Rehabilitations- und Unterstützungsleistungen angemessen zugeteilt und hinsichtlich ihrer Legitimation in der Diskussion um die knappen öffentlichen Finanzmittel hinreichend begründet werden können?

Auch wenn die staatliche Mittelzuteilung nicht im Fokus der Arbeit steht, wird in den ersten drei Teilen doch an verschiedenen Stellen darauf Bezug genommen. Im vierten Teil erfolgt dann eine Analyse bestehender sozialstaatlicher Regelungen für Menschen mit Behinderung in Deutschland auf Grundlage der in den ersten drei Teilen diskutierten Gerechtigkeitsvorstellung. Mit bioethischen Herausforderungen einer »Gerechtigkeit für Menschen mit Behinderung« werde ich mich nur am Rande auseinander setzen (vergleiche Kapitel 1 des zweiten Teils).[2] Die bioethische Lite-

---

2 Damit ist nicht intendiert, bioethische Fragestellungen als irrelevant für die Frage nach Gerechtigkeit für Menschen mit Behinderung zu bezeichnen. Im Gegenteil, diese Fragestellungen – ebenso wie zum Beispiel die Frage nach Gewalt im Umgang mit behinderten Menschen oder Themengebiete wie Sexualität und Behinderung oder Partnerschaft/Familie und Behinderung – sind genauso wesentlich im Blick auf die Verwirklichung gerechter gesellschaftlicher Verhältnisse wie die Frage nach sozialer Gerechtigkeit für Menschen mit Behinderung. Jedoch soll hier einerseits ein Desideratum der bisherigen Diskussion aufgegriffen werden, zum anderen erscheint die Reflexion von Gerechtigkeit unter den nachfolgend ausgeführten Veränderungen in der Spätmoderne als grundlegend. Zudem stellt die Diskussion gerechter Bedingungen selbstbestimmter Lebensführung und gesellschaftlicher Teilhabe von Menschen mit Behinderung eine wesentliche Arbeit zur Orientierung sozialpolitischer Zielvorstellungen dar.

ratur hat sich relativ ausführlich mit dem Lebensschutz und der Menschenwürde unterschiedlicher Formen menschlichen Lebens befasst,[3] ebenso liegen bereits spezifische Arbeiten und Bände zu Behinderung und Bioethik vor.[4] Jedoch werfen die rasanten Entwicklungen im Bereich der Biotechnologien auch Fragen nach dem zugrunde zu legenden Menschenbild auf. Auf dieses wird im dritten Teil ausführlich eingegangen, denn das nicht ableitbare Dasein jedes Menschen hat fundamentale Gerechtigkeitsimplikationen. Was muss zum Beispiel eine Gesellschaft dafür tun, dass jeder Mensch als Subjekt anerkannt wird?

Besteht die zentrale Thematik dieser Studie also in der Frage nach sozialer Gerechtigkeit für Menschen mit Behinderung, so ist diese angesichts der gegenwärtigen Reformen des Sozialstaats auf unterschiedliche Weise in Frage gestellt: Zum einen wird heute im ethischen Diskurs Gesundheit als präsittlicher Wert oder als transzendentales Gut eingestuft, da diese für das Individuum eine entscheidende Voraussetzung beziehungsweise Möglichkeitsbedingung darstellt, andere Güter und sittliche Werte anzustreben und den eigenen Lebensentwurf beziehungsweise Vorstellung des guten Lebens verwirklichen zu können.[5] Die Frage der Gesundheitsversorgung kann aber in der Spätmoderne – wie nachfolgend argumentiert wird – nicht mehr losgelöst vom Leitprinzip der Gerechtigkeit behandelt werden. Daher erhält die Frage nach fairen Bedingungen von Chancengleichheit für die Menschen, bei denen gesundheitliche Einschränkungen vorliegen, ein besonderes Gewicht. Allgemein gesprochen geht es darum, die Lebenschancen relativ benachteiligter oder schlechter gestellter Menschen zu

---

3 Vgl. allein in evangelischer Ethik zum Beispiel Altner (1991); Anselm/Körtner (2003); Bach (1999); Barth (2003); Dabrock/Klinnert/Schardien (2004); Dreier/Huber (2002); Eibach (2000); Fischer (1998); Fischer (2002b); Frey (1998); Körtner (2001); Kreß (2000); Pfleiderer (2006); Pinter (2003); Schubert (1991).

4 Vgl. zum Beispiel Dederich (2000); Dederich (2003); Graumann (2003); Graumann/ Grüber (2003); Graumann u.a. (2004); Lübbe (2003); Reinders (2000); Zirden (2003).

5 Vgl. Kreß (2005), S. 5. Vgl. dazu die soziologische Sicht von Gesundheit in Parsons' Abhandlung *The Social System*, in der er die Systemdynamik jeglicher Vergesellschaftung auf Gesundheit als eine funktionale Voraussetzung derselben gründet. So können nach Parsons (1968), S. 430, erst aufgrund der Prämisse der Gesundheit aller Bürger im gesellschaftlichen Austausch Handelnde grundsätzlich gleiche Chancen erhalten. Vgl. Parsons (1978), S. 69: »The teleonomic capacity that we wish to call health is the capacity to maintain a favorable, self-regulated state that is a prerequisite of the effective performance of an infinitely wide range of functions both within the system and in relation to its environment.«

verbessern.[6] Gegenwärtig wird hier neben dem Aspekt der Verteilung von Gütern besonders der Befähigungsansatz diskutiert, über den auch die Anerkennung der besonderen Lagen von Menschen mit Behinderung erfolgen soll. Dabei bezieht sich »Befähigung« auf die Ermöglichung der eigenständigen Lebensführung und Teilnahme am sozialen Leben.[7]

Die Konzentration auf Gerechtigkeit und Befähigung ist auch deshalb notwendig, da sich zum anderen eine Tendenz abzeichnet, nach der nicht länger die »*Inklusion* bislang zu kurz Gekommener und Ausweitung der ihnen zugestandenen Versorgungsansprüche«[8] den Kern der Diskussion um soziale Gerechtigkeit bildet, sondern vermehrt Fragen der Begrenzung von Versorgungsleistungen in den Vordergrund treten und der Fokus sich auf Probleme der Exklusion richtet.[9] In solchen Situationen wird häufig über die Personengruppen hinweg gegangen, die gesellschaftlich marginalisiert sind und über keine starke Lobby verfügen.[10] In der Folge können eklatante Gerechtigkeitsprobleme auftreten, ohne dass dies besonders beachtet würde. Einzelne Anzeichen einer solchen Entwicklung lassen sich zum Beispiel bei der Kürzung des Blindengeldes oder der Streichung von Zuschüssen für Transportfahrten von Menschen mit eingeschränkter Mobilität (zum Beispiel Rollstuhlfahrer/innen) auch für den deutschen Kontext ausmachen. Daher besteht der Duktus dieser Arbeit darin, die gerechtigkeitstheoretische Diskussion im Blick auf Menschen mit Behinderung aufzuarbeiten, um so Impulse für die Weiterentwicklung der politischen Ethik geben und konkrete sozialpolitische Schlussfolgerungen aufzeigen zu können. Als Ergebnis soll eine bessere Begründung sozialpolitischer Maßnahmen für Menschen mit Behinderung ermöglicht werden.

1.1 Der Fokus auf Gerechtigkeit

Wer nach gerechten Verhältnissen für Menschen mit Behinderung fragt, hat zumindest eine ungefähre Vorstellung davon, wie solche Verhältnisse

---

6 Vgl. V. H. Schmidt (2001), S. 287.
7 Vgl. Diakonie Dokumentation (2002), S. 13.
8 V. H. Schmidt (2001), S. 288. (Hervorh. i.O.)
9 Vgl. zum Beispiel Berger/Vester (1998); Bude (2001).
10 Vgl. Bude (1998).

nicht aussehen sollten: Menschen mit Behinderung sollten weder vom gesellschaftlichen Leben ausgeschlossen sein noch aufgrund ihrer Beeinträchtigung Benachteiligungen in Kauf nehmen oder Diskriminierungen erleiden müssen. Im Gegenteil, ihnen sollte das gleiche Recht auf ein selbstbestimmtes Leben in Freiheit und Würde sowie gleiche Chancen auf ein solches Leben zustehen. In der politischen Behindertenbewegung sind verschiedene Leitideen entwickelt oder aufgegriffen worden, um diese Ziele zu erreichen. Dazu gehört die Orientierung an dem Konzept der Normalisierung, das für Menschen mit Behinderung Lebensmuster und alltägliche Lebensbedingungen bereitstellt, welche den gewohnten Verhältnissen und Lebenszuständen jeder Gemeinschaft oder ihrer Kultur entsprechen oder ihnen so nahe wie möglich angepasst sind. Da der Alltag vieler behinderter Menschen jedoch durch institutionelle Routinen bestimmt wurde, beinhaltete dies die Forderung nach Auflösung von Großeinrichtungen wie Anstalten oder Heimen, um über Dezentralisierungsprogramme die Lebensbedingungen auch tatsächlich so umzugestalten, dass Selbstbestimmung und Teilhabe am gesellschaftlichen Leben ermöglicht würden. Selbstbestimmung und Teilhabe sind dann auch 2001 als Leitideen in die Neugestaltung des Sozialgesetzbuchs (SGB) IX eingeflossen. Durch diese Leitideen soll die gesellschaftliche Integration und Anerkennung von Menschen mit Behinderung gefördert werden. Jedoch weisen Wissenschaftler/innen aus den *Disability Studies* darauf hin, dass Menschen mit Behinderung in westlichen Gesellschaften trotz der Orientierung an der Selbstbestimmung des Individuums als minderwertig angesehen werden und keine gerechten Verhältnisse hergestellt werden können.[11] Menschen mit Behinderung tragen nach wie vor den Stempel der sozialen Unerwünschtheit und werden gesellschaftlich ausgegrenzt. Diese Kritik zeigt, dass der gesellschaftliche Diskurs über Gerechtigkeit für Menschen mit Behinderung plakativ geführt wird und entsprechende Rechte eingefordert werden, ohne dabei die Analyse der zugrunde liegenden Rahmen- und Ausgangsbedingungen in einen kohärenten Theoriezusammenhang zu überführen. Auch aus diesem Grund ist es notwendig, die Diskussion gerechtigkeitstheoretisch aufzuarbeiten.

Ein weiterer Grund besteht in der Entwicklung des Gesundheitsverständnisses in spätmodernen Gesellschaften. So weist das Hastings Center darauf hin, dass heute Medizin beziehungsweise die Tätigkeit eines Arztes

---

11 Vgl. Silvers (1995).

als Dienstleistung verstanden wird, die entsprechenden Marktprinzipien unterliegt.[12] Gleiches lässt sich für die Entwicklung sozialer Dienste ebenso wie für Rehabilitationsleistungen – auch in Deutschland – sagen. Kam der Patienten-Selbstbestimmung als Leitprinzip der modernen Medizin eine zentrale Stellung zu, wird sie in der Spätmoderne integriert in ein biokulturelles Verständnis, dessen Leitprinzip Gerechtigkeit heißt.[13] Entsprechend verändert sich auch das Verständnis des Patienten, der in der Moderne als partizipativer Patient (Stichwort: *informed consent*) gekennzeichnet werden kann, in der Spätmoderne jedoch als Kunde auftritt, der zu Recht zufrieden und beständig ist. Die Leitfrage der »guten« Medizin wandelt sich daher von der modernen Frage danach, welche Behandlung den Kranken in seinen Werten und seiner Selbstbestimmung respektiert, zu der Frage, welche Behandlung am besten den Ressourcen entspricht und einen zufriedenen Kunden ergibt.[14] Die Veränderungen im gesellschaftlichen Umgang mit Gesundheit können daher nicht mehr ohne die Berücksichtigung von Gerechtigkeit als zentralem Prinzip verstanden werden.

Der Ökonomisierung des Gesundheits- und Sozialsektors entspricht eine Sicht des Subjekts, das vor allem nach Maßgabe seiner individuellen Präferenzen rational auf die Weise agiert, dass es durch seine Handlungen einen möglichst großen Nutzen für sich selbst erzielen will.[15]

»Es bildet sich ein Gesellschaftsverständnis von vielen Einzelakteuren heraus, die zueinander in Konkurrenz stehen. Alle Lebensbereiche werden primär unter dieser Perspektive gesehen, auch die Bereiche der Erziehung und der Gesundheitsbetreuung. Sie sind vor allem Dienstleistungen.«[16]

Gibt es jedoch keinen übergreifenden gesellschaftlichen Konsens zu gesundheitlichen Fragen mehr, so müssen die anstehenden Probleme durch Kooperation der einzelnen Akteure einer Lösung zugeführt werden. Hier hat sich als Basis von Lösungsprozessen die prozedural erzielte Übereinkunft herausgebildet. Das Verständnis einer prozeduralen Ethik, die sich vor allem auf die Einhaltung der Spielregeln bezieht, zieht jedoch – wenn das inhaltliche, kulturell gestützte Fundament von Grundwerten kleiner wird – Gerechtigkeitsprobleme nach sich, »weil dann die Gefahr besteht,

---

12 Vgl. Morris (2000).
13 Vgl. Golser (2004), S. 240.
14 Vgl. ebd.
15 Vgl. hierzu Eurich/Brink (2006).
16 Golser (2004), S. 237.

dass die Schwächeren unter die Räder kommen«[17]. Eine Behandlung der spezifischen Fragen von Menschen mit Behinderung muss sich daher an zentraler Stelle mit Gerechtigkeit befassen. Im Folgenden soll nun zunächst das Verständnis der grundlegenden Rechte und Güter in einer offenen Gesellschaft dargestellt und gegenwärtige Tendenzen, die die Eigenverantwortlichkeit des Einzelnen zur Entlastung des Sozialstaats betonen, hinsichtlich ihrer gerechtigkeitstheoretischen Verortung beschrieben werden.

1.2 Gerechtigkeit und der moderne Sozialstaat

Konflikten zwischen den Mitgliedern einer Gesellschaft liegen unterschiedliche Wertorientierungen zugrunde. In modernen pluralistischen Gesellschaften existiert eine Vielzahl von unterschiedlichen, wertbestimmten Vorstellungen des guten Lebens nebeneinander, konkurrieren miteinander oder geraten in Konflikte untereinander. Eine für alle verbindliche Wertorientierung ist mit dem Schwinden der Traditionen zunehmend nicht mehr gegeben. Für Wertorientierungen und für die durch sie geprägten individuellen Lebensentwürfe gilt das Prinzip der Toleranz. Davon ausgenommen sind so genannte Grundgüter, die in der historischen Entwicklung der vergangenen Jahrhunderte aus dem Bereich individueller Beliebigkeit entfernt wurden und die sich in den Deklarationen der Menschenrechte sedimentiert haben. Sie bestehen unter anderem aus Rechten wie dem Wahlrecht, dem Eigentumsrecht, dem Recht auf Schutz vor staatlicher Willkür, auf Absicherung bei körperlicher Versehrtheit, auf Entfaltung eigener Fähigkeiten. Sozialpolitisch ist die Verbriefung dieser Rechte durch den Staat und damit die Gewährleistung der Grundgüter bestimmend geworden. Zu diesem Zweck hat der Staat das Gewaltmonopol inne; er kann die Sozialpolitik mit staatlichem Zwang durchsetzen. Diese Garantie der Grundgüter als Rechte durch den Staat ist jedoch demokratisch legitimiert, das heißt sie erfolgt nach Maßgabe der verfassungsrechtlich festgelegten Grundrechte jeden Bürgers. Die *Wahrnehmung* von Menschen- und Bürgerrechten hängt im modernen Staat jedoch von sozialen Rechten ab, die den einzelnen *material* so absichern, dass er seine Menschen- und Bürgerrechte

---

17 Ebd., S. 238.

auch geltend machen kann.[18] Soziale Rechte sind somit als Verteilungs-
ansprüche anzusehen, die auf politischem Wege geltend gemacht werden
und erst durch die demokratische Staatsform ihre Durchschlagskraft erhalten.[19] Die soziale Frage ist damit auch als demokratische Frage zu behandeln, da über die Sicherung der materiellen Mindestbedingungen der Erhalt
des gleichen rechtlichen Status der einzelnen Mitglieder der Gesellschaft
gewährleistet werden soll. Daher wird versucht, eine die Freiheit des Einzelnen sichernde Subsistenz aus dem Staatsbürgerbegriff abzuleiten.[20]

Konnte bisher auf diese Weise der Ausgleich von Asymmetrien durch
den Sozialstaat legitimiert werden, so wird heute zur Korrektur von Aus-
wüchsen des Sozialstaats verstärkt die individuelle Leistungshonorierung
im Sozialbereich eingefordert. Das Leistungsprinzip wird zum dominierenden Prinzip sozialer Gerechtigkeit erhoben, das vorherrschende Bedarfsprinzip soll gebrochen werden.[21] Mit der Betonung individueller Freiheit
geht einher, dass nun der Einzelne, und nicht die Gemeinschaft aller, auch
in finanzieller Hinsicht vermehrt zur Verantwortung gezogen wird. Zugleich wachsen die Akzeptanzräume sozialer Ungleichheit an. Die Forderung nach Leistungsgerechtigkeit entspringt bestimmten gesellschaftlichen
Bedingungen, die hier nicht weiter diskutiert werden können. An dieser
Stelle soll aber die Forderung nach Leistungsgerechtigkeit einem grundlegenden Konflikt zwischen Sozialstaat und Marktwirtschaft zugeordnet
werden, der sich durch die Begründung sozialer Rechte als Verteilungs-
rechte bereits abzeichnete: In einer offenen Gesellschaftsform ist über die
demokratische Verfasstheit des Staates der Gesellschaft die Möglichkeit
gegeben, über ihre eigene Gestalt und Entwicklung zu bestimmen; gleichzeitig soll der Staat jedoch auch die Rechte der Einzelnen, insbesondere
neben den Menschenrechten die Eigentumsrechte schützen. Die Eigentumsrechte wiederum halten wirtschaftliche Ungleichheiten fest, während
soziale Rechte, demokratisch legitimiert, solche Ungleichheiten abwei-
chend von der Marktverteilung in eine neue, »gerechtere« Verteilung überführen wollen. Der Konflikt wird gesellschaftlich als Dauerkonflikt zwischen den unterschiedlich orientierten politischen Parteien ausgetragen

---

18 So dass zum Beispiel nicht nur eine formale Gleichheit vor dem Gesetz besteht, sondern
    auch eine materiale hergestellt wird, die den gleichen Zugang zu teuren Rechtsmitteln
    ermöglicht.
19 Vgl. Ganßmann (2000), S. 41.
20 Vgl. Reuter (1998), S. 156.
21 Vgl. Goertz (2005), S. 342f.

und entsprechend den jeweils Macht ausübenden politischen Konstellationen wechselnden Lösungsansätzen zugeführt. Holzschnittartig können zwei Vorstellungen charakterisiert werden: Liberale Positionen wollen unter Berufung auf individuelle Freiheitsrechte einen zurückgedrängten Sozialstaat, der die Privatsphäre samt Privateigentum schützt und unangetastet belässt und der Effizienz wirtschaftlicher Prozesse zur Steigerung des allgemeinen Wohls vertraut – sie verfahren also nach der Leitidee der Leistungsgerechtigkeit; egalitäre Positionen setzen auf einen ausgebauten Sozialstaat, der als Umverteilungssystem wirtschaftlicher Ungleichheiten das Gleichheitsprinzip betont und zur sozialen Absicherung der Bürger und damit zur Wahrung gesellschaftlicher Stabilität beiträgt. Der Konflikt als solcher ist durch die historisch gewachsene Etablierung von Eigentums- und Sozialrechten im modernen Sozialstaat immanent angelegt. Daher muss eine Antwort auf die Frage nach dem richtigen Verhältnis von Gleichheit und Effizienz sich auf jene Standards von Gerechtigkeit beziehen, die auf die gesellschaftliche Grundstruktur in ihrer institutionellen Verfassung zielen.

Rawls' Theorie der Gerechtigkeit als Fairness[22] entspricht diesen Anforderungen und wird deshalb als Ausgangspunkt dieser Studie gewählt: Zum einen ist seine Konzeption von sozialer Gerechtigkeit in begründungsfähige und begründungspflichtige Entscheidungen über die Grundstruktur einer Gesellschaft eingebettet. Zum anderen orientiert sich Rawls am Leitbegriff der Freiheit und akzeptiert Ungleichheiten unter bestimmten Bedingungen – sein Ansatz berücksichtigt somit wichtige Voraussetzungen des marktwirtschaftlichen Modells. Sein zweiter Gerechtigkeitsgrundsatz bezieht sich auf die Schwierigkeiten sozioökonomischer Ungleichheiten und ihrer Legitimation. Rawls stellt damit Forderungen der Verteilungsgerechtigkeit in den Mittelpunkt seiner Überlegungen. Dies ist für Vorstellungen sozialer Gerechtigkeit von zentraler Bedeutung, da die Anfangsausstattung der Güter und Rechte als grundlegend für alle anderen Forderungen der Gerechtigkeit anzusehen ist, die eine solche Ausstattung bereits voraussetzen.[23]

Daher ist danach zu fragen, wie viel Verteilung notwendig ist, damit Menschen mit Behinderung in unserer Gesellschaft ein nachhaltig selbstständiges Leben führen können. Jedoch darf über der Verteilungsfrage der

---

22 Vgl. Rawls (1988).
23 Vgl. Koller (1995), S. 57.

Aspekt der Befähigung nicht ausgeblendet werden, denn es kommt nicht nur darauf an, wie viele Güter eine Person erhält, sondern auch, was sie mit diesen Gütern bewerkstelligen kann. Gerade der letztgenannte Aspekt hängt jedoch zu erheblichen Teilen davon ab, welche Fähigkeiten ein Individuum im Laufe seines Lebens entwickelt, welche Kompetenzen es erwirbt. Menschen mit Behinderung können aufgrund ihrer Funktionsstörungen hier ohne besondere Befähigungsprozesse schnell ins Hintertreffen gelangen. Folglich sind zwei wesentliche Dimensionen der Gerechtigkeit in den Blick zu nehmen: Einmal muss einem Menschen eine Grundausstattung an Grundgütern und Grundfreiheiten zuerkannt werden, damit er sein Leben selbstständig führen kann. Andererseits müssen gleichzeitig auch Befähigungen entwickelt werden, um ein selbstständiges und selbstbestimmtes Leben soweit möglich führen zu können. Diese Fähigkeiten betreffen im weiteren und engeren Sinne Bildungs- und soziale Kompetenzen und können nicht losgelöst von Umverteilungsfragen behandelt werden.

»Die Berücksichtigung der Befähigung ist deshalb als Teil der Verteilungsdebatte zu behandeln, da öffentlich geförderte Befähigungsprozesse wesentlichen Einfluss auf das Inklusionspotential und damit auf die Verteilung der Lebenslagen der Menschen haben; auf bloße formale Zugangschancen lässt sich dieser Entwicklungsaspekt nicht reduzieren.«[24]

Befähigungsprozesse werden in den ersten beiden Teilen der Arbeit besonders hinsichtlich der Voraussetzungen, die zum Aufbau einer gesunden Selbstachtung und eines normalen Selbstverhältnisses notwendig sind, diskutiert.

Der angemessene Umfang zu verteilender Güter und das erforderliche Ausmaß bereit zu stellender Befähigungsprozesse kann jedoch nicht aus einer auf Begründung und Begriffsklärung ausgerichteten Gerechtigkeitstheorie abgeleitet werden; vielmehr sind die Ansprüche, die aus einer solchen Theorie deduziert werden können, immer mit den in einer Gesellschaft vorhandenen moralischen Intentionen und Überzeugungen abzugleichen.[25] Zusätzlich werden konkrete Informationen über die in einer Gesellschaft vorhandenen Gefährdungen selbstständigen Lebens benötigt, da immer der jeweilige Kontext beachtet werden muss. Daher konzentriert sich diese Arbeit darauf, den Begründungszusammenhang für die Verteilungs- und Befähigungsdimension von Gerechtigkeit für Menschen mit

---

24 Maaser (2005), S. 78.
25 Vgl. hierzu die Konzeption des Überlegungsgleichgewichts bei Rawls (1998), S. 73; (1999), S. 18f. und S. 42–45.

Behinderung plausibel darzustellen. Konkrete Gerechtigkeitsforderungen können dann auf dieser Grundlage entsprechend der Analyse spezifischer Lebenslagen aufgestellt werden.

Unter den Gesichtspunkten der Güterverteilung, Anerkennung und Teilhabe werden in den ersten beiden Teilen der Arbeit die grundlegenden Fragestellungen sozialer Gerechtigkeit für Menschen mit Behinderung anhand von Rawls' Gerechtigkeitstheorie diskutiert. Doch bevor in einem Überblick über die einzelnen Teile dieser Arbeit näher darauf eingegangen wird, erscheint es ratsam, zunächst begriffliche Klärungen in Bezug auf Gerechtigkeit vorzunehmen.

1.3 Gerechtigkeit – begriffliche Vorklärungen

1.3.1 Vier Formen von Gerechtigkeit

Der Begriff der Gerechtigkeit ist inhaltlich so facettenreich, dass zum Teil weit auseinander liegende Vorstellungen darüber, welche Gestalt Gerechtigkeit erhalten soll, von ihm abgedeckt werden. Im folgenden Abschnitt soll daher einleitend geklärt werden, welches Vorverständnis von Gerechtigkeit bei der Frage nach Gerechtigkeit für Menschen mit Behinderungen zugrunde gelegt wird. In einem weiteren Schritt soll dann der Begriff der sozialen Gerechtigkeit näher bestimmt werden. Vier Formen der Gerechtigkeit sollen zunächst unterschieden werden:[26]

(1) Als erste Form soll die Verfahrensgerechtigkeit (*iustitia legalis*) genannt werden. Seit Aristoteles versteht man unter Verfahrensgerechtigkeit die Gesetzestreue, jedoch hat sich ihre Bedeutung im Verlauf der historischen Entwicklung gewandelt.[27] Die Leitaufgabe der Verfahrensgerechtigkeit besteht nach Höffe heute in der Garantie der Unparteilichkeit, durch deren Grundsätze Verfahren für die Bedürfnisse und Interessen der Betroffenen offen und lernfähig gestaltet werden sollen, wobei die Verfahren ihrerseits

---

26 In der folgenden Darstellung greife ich auf die Gerechtigkeits-Skizze von Anzenbacher (2001), S. 174f. zurück. Dabei wird auf die Vergeltungsgerechtigkeit (*iustitia correctiva*) nicht näher eingegangen, da sie sich vor allem auf Gerechtigkeitsaspekte hinsichtlich des Strafrechts bezieht und für den Zusammenhang dieser Studie vernachlässigt werden kann.

27 Vgl. Höffe (2001), S. 46–49 zu den drei Arten der Verfahrensgerechtigkeit und ihrer Bedeutung heute.

an gerechte Vorgaben zu binden sind.[28] Die Verfahrensgerechtigkeit erhält bei prozeduralistischen Demokratietheorien besondere Bedeutung, kann aber bei der heute in Recht und Staat vorherrschenden unvollkommenen Verfahrensgerechtigkeit keine originäre, sondern nur eine subsidiäre Legitimation leisten. Um ein Rechts- und Staatswesen zu rechtfertigen, besteht in Vertragstheorien der Gesellschaftsvertrag in einem politischen Urvertrag.[29] Rawls' Gedankenexperiment des Urzustandes verfolgt genau diesen legitimatorischen Zweck.

Im Unterschied zur reinen Verfahrensgerechtigkeit, bei der die Gerechtigkeit *im* Verfahren selbst liegt, geht es bei der unvollkommenen Verfahrensgerechtigkeit um Gerechtigkeit *durch* Verfahren. Hier gibt es einen vom Verfahren unabhängigen Maßstab für ein gerechtes Ergebnis. Könnte durch das Verfahren selbst dieses Ergebnis mit annähernder Sicherheit zustande gebracht werden, läge eine vollkommene Verfahrensgerechtigkeit vor. Jedoch gibt es kaum ein Verfahren, das Irrtümer ausschließen oder die Unparteilichkeit vollständig wahren könnte. Daher kommt es darauf an, solche Grundsätze zu beachten, welche die Unparteilichkeit befördern. Hier ist Fairness im Rechtsvollzug und in der Rechtsfindung zu nennen, wie sie sich in den Grundsätzen der Gleichheit vor dem Gesetz, der Unparteilichkeit der Justiz, der Gewähr rechtlichen Gehörs widerspiegeln. Als Kriterium der Verfahrensgerechtigkeit für Menschen mit Behinderung ist besonders die Transparenz von Verfahrenswegen hervorzuheben, die im Blick auf ihre Entscheidungsstrukturen und -gehalte (etwa Definitionsfragen von Behinderungen) offen und revisionsfähig zu gestalten sind.

(2) Die zweite Form bildet die Tauschgerechtigkeit. Als korrektive Gerechtigkeit (*iustitia commutativa*) bezieht sie sich auf faire Vertrags-, Austausch- und Konfliktbedingungen zwischen einzelnen Personen und sozialen Gruppen. Der Tausch betrifft alle Bereiche der sozialen Kooperation (geht also über einen rein ökonomischen Tauschbegriff hinaus) und ist grundlegend zu bestimmen als Gleichwertigkeit im Nehmen und Geben sowohl negativer (wechselseitiger Verzicht auf Gewaltausübung) als auch transzendentaler (gegenseitige Anerkennung als Mensch) Bedingungen von Handlungsfähigkeit und Handlungsfreiheit.[30] Bei den Regeln der Tauschgerechtigkeit geht es beispielsweise darum, dass legitime Interessen von

---

28 Vgl. ebd., S. 47.
29 Vgl. ebd., S. 63.
30 Vgl. ebd., S. 69f.

Kooperationspartnern beachtet, Verträge auf freiwilliger Basis tatsächlich und nicht nur fiktiv geschlossen werden oder dass die Gleichberechtigung der Kooperationspartner nicht durch Ausübung von Machtmitteln unterminiert wird. Tauschgerechtigkeit betrifft daher elementare Rechte wie Menschenrechte und freiheitsfunktionale Sozialrechte.[31] In Rawls' Theorie bilden die gesellschaftlichen Grundgüter das Kriterium zur Gewährleistung der Tauschgerechtigkeit. Allerdings ist die Rawlssche Grundgüterkonzeption für ihre unzureichende Ausstattung kritisiert worden.

(3) Bei der dritten Form handelt es sich um die Beteiligungsgerechtigkeit (*iustitia contributiva*). Sie verbürgt das Recht auf soziale Integration durch aktive Partizipation an der Kooperationsgemeinschaft der Bürger/innen. Als grundlegend sind hier gleiche politische Rechte zu nennen, wie sie von Rawls in seinem ersten Gerechtigkeitsgrundsatz garantiert werden. Darüber hinaus ist unter Beteiligungsgerechtigkeit aber auch die Verpflichtung der Gesellschaft zu verstehen, dem Einzelnen die aktive und produktive Teilnahme am Gesellschaftsleben zu ermöglichen. Hier ist fraglich, ob dies ohne Berücksichtigung der Dimension der Anerkennung geschehen kann. Gerade im Hinblick auf die aktive Partizipation am gesellschaftlichen Leben rücken soziale Anerkennungspraktiken und Identitätszuschreibungen in den Mittelpunkt der Diskussion.

(4) Innerhalb der vier Gerechtigkeitsformen kommt der letzten Form, der Verteilungsgerechtigkeit (*iustitia distributiva*), eine besondere Bedeutung zu. Denn die Forderungen der Verteilungsgerechtigkeit bestimmen die Anfangsausstattung der Güter und Rechte, die jedem Bürger/jeder Bürgerin zukommen sollen. »Alle anderen Forderungen der Gerechtigkeit setzen eine derartige Ausstattung bereits voraus.«[32] Daraus lässt sich die Priorität der Verteilungsgerechtigkeit vor allen anderen Gerechtigkeitsarten ableiten und ihre zentrale Rolle im Rahmen jeder Konzeption von sozialer Gerechtigkeit erklären. Allerdings sind die Verteilungsprinzipien der distributiven Gerechtigkeit umstritten.

Dabei gründet sich das Postulat einer wirtschaftlichen Verteilungsgerechtigkeit in modernen Gesellschaften auf das umfassende System arbeits-

---

31 Vgl. ebd., S. 70.
32 Koller (1995), S. 57. Koller steht damit Höffe (1994) entgegen, der einen Paradigmenwechsel hin zu einem grundsätzlichem Neuansatz beim Tausch fordert, der durch korrektive Gerechtigkeit ergänzt werden soll.

teiliger Zusammenarbeit,»deren Ergebnisse in einem gewissen Maße durch das gemeinschaftliche Zusammenwirken aller Mitglieder zustande kommen und insoweit auch einer gerechten Verteilung bedürfen«[33]. Da die materiellen Werte jedoch erst durch menschliche Arbeit hervorgebracht werden, haben die Personen, die durch ihre persönliche Leistung Güter geschaffen haben, auch einen bevorzugten Anspruch auf diese Güter. Somit gilt hinsichtlich der Verteilung von Gütern zum einen das Prinzip der Bedürftigkeit, zum anderen muss das Leistungsprinzip berücksichtigt werden. Kriterien der Verteilung verfügbarer kollektiver Güter sind also im Blick auf das Existenzminimum zu explizierende Bedürfniskategorien, aber auch die erbrachte Leistung einer Person. Jedoch ist zu beachten, dass die aus dem Leistungsprinzip entstehenden Ungleichheiten begrenzt werden müssen, sollen sie auf lange Sicht allen Bürgern zum Vorteil gereichen. In Rawls' Theorie wird diese Begrenzung durch das Differenzprinzip geleistet.[34]

1.3.2 Soziale Gerechtigkeit

Nun kann man versuchen, den heterogenen, mannigfaltigen und oftmals auch diffusen Begriff der »sozialen Gerechtigkeit« als zentralen Bezugspunkt der Gerechtigkeitsdiskussion zu verstehen, da nach Müller und Wegener in der gegenwärtigen Diskussion die genannten Gerechtigkeitsformen alle auf folgenden inhaltlichen Kern von sozialer Gerechtigkeit bezogen werden: Zu diesem »gehören die Menschenrechte als Bürgerrechte, welche die allgemeinen Rechte und Freiheiten der Bürger umfassen (rechtliche Gleichheit); die politische Teilhabe (politische Gleichheit); und die mit den Bedürfnissen und Leistungen der Menschen abgestimmte Verteilung wirtschaftlicher und sozialer Ressourcen und Güter (soziale Gleichheit)«[35]. Die so umrissene Vorstellung sozialer Gerechtigkeit kann dem normativen Fundament moderner Demokratien zugeordnet werden. Des-

---

33 Koller (1995), S. 62. Vgl. auch Koller (2000), S. 132 sowie Koller (1994).
34 Shue (1980), S. 28 weist darauf hin, dass das Differenzprinzip nicht ausreicht, um sicherzustellen, dass die schwächsten Mitglieder einer Gesellschaft zumindest das Nötigste zum Leben haben. Dies trifft besonders für jene Gesellschaften zu, in denen die gesamtwirtschaftliche Produktivität so gering ist, dass das Existenzminimum für alle Bürger nicht garantiert werden kann. Jedoch erscheint die Rawlssche Theorie unter solchen Bedingungen insgesamt nicht sinnvoll anwendbar zu sein. Vgl. Volkert (1998), S. 50.
35 Müller/Wegener (1995b), S. 10.

halb werden unter ihr im Allgemeinen alle jene Standards verstanden, »welche die institutionelle Verfassung und die Rechte und Pflichten einer Gesellschaft betreffen«[36]. Die Gesamtheit aller jener Forderungen der Gerechtigkeit, die sich auf die institutionelle Ordnung einer ganzen Gesellschaft beziehen, soll daher im Folgenden – nach einem Vorschlag Kollers – zunächst als soziale Gerechtigkeit bezeichnet werden.[37] Dieses Vorgehen legt sich im Hinblick auf Gerechtigkeit für Menschen mit Behinderung nahe: Denn die spezifischen Fragen, die eine Behinderung gerechtigkeitstheoretisch aufwirft wie zum Beispiel die Fragen nach Gewährung zusätzlicher Güter aufgrund erhöhter Bedarfe oder Begründung besonderer Unterstützungsleistungen sind nicht losgelöst von grundsätzlichen Gerechtigkeitsprinzipien wie fairer Chancengleichheit und ihrer Verankerung in der institutionellen Ordnung einer Gesellschaft adäquat zu bearbeiten. Im weiteren Verlauf dieser Studie wird dann der Begriff der sozialen Gerechtigkeit präzisiert, so dass er sich nicht nur auf die institutionelle Ordnung und die Verteilung von Rechten und Gütern, sondern auch auf die Teilhabe am gesellschaftlichen Leben bezieht. Die Zielperspektive sozialer Gerechtigkeit besteht in dieser Arbeit daher in der Herstellung solcher Verhältnisse, in denen alle Mitglieder der Gesellschaft in prinzipiell gleichem Maße auf individuell je unterschiedliche Weise am gesellschaftlichen Leben teilnehmen und an der politischen demokratischen Selbstbestimmung teilhaben können.[38]

1.4 Zum Aufbau der Arbeit

1.4.1 Sozialphilosophische Orientierung

Ausgehend von diesem Begründungszusammenhang werden in Teil I zunächst die Grundzüge von Rawls' Theorie der Gerechtigkeit als Fairness dargestellt und die Prämissen seines Ansatzes in methodologischer und

---

36 Ebd.

37 Vgl. Koller (1995), S. 54: »Ich schlage vor, *soziale Gerechtigkeit* als die Gesamtheit aller jener Forderungen der Gerechtigkeit zu definieren, die sich auf die *institutionelle Ordnung* einer ganzen Gesellschaft, d.h. auf deren Regeln, Institutionen und Verhältnisse, beziehen [...].« (Hervorh. i.O.)

38 Siehe unten IV.1 sowie IV.3.

kommunitaristischer Perspektive kritisiert. Dabei wird eingangs auch der liberale Begriff von Autonomie hinterfragt (Kapitel 1). Ausgehend von Rawls hat sich innerhalb des Liberalismus eine sehr konstruktive Debatte über das Verständnis von Gleichheit entwickelt.[39] Rawls sieht eine gleiche Ausstattung an Grundgütern als hinreichend an, um faire Chancengleichheit zu gewährleisten, Sen hingegen strebt Gleichheit im *capability set* an. *Capability* bezeichnet nach Sen die Fähigkeit oder das Vermögen einer Person, für ihr Leben wertvolle Tätigkeiten und Funktionen verwirklichen zu können. Obwohl der Einwand Sens gegen Rawls, entscheidend für das Wohlergehen einer Person sei, was durch Güter für diese bewirkt werden kann beziehungsweise welche Alternativen sich für die Person aus dem Gebrauch der Güter eröffnen, im Blick auf Menschen mit Behinderung unmittelbar einleuchtend ist, da eine Funktionsstörung eben auch die Verwendung von Gütern beeinträchtigt, schließe ich mich in dieser Arbeit nicht Sens Argumentation an. Vielmehr kann eine Erweiterung von Rawls' Theorie durch Daniels die Kritik von Sen entkräften und eine entscheidende Schwäche von Sens Ansatz ihrerseits vermeiden. Jedoch wird zu Beginn des Kapitels deutlich, dass Rawls' Kooperationsverständnis nur auf bestimmte Behinderungsformen bezogen ist. Menschen mit schwerer geistiger Behinderung sind nicht als gesellschaftliche Kooperationspartner vorgesehen. An dieser Stelle werden grundsätzliche Anfragen an Rawls' Personkonzept sichtbar, die im zweiten und dritten Teil der Arbeit zur Berücksichtigung weiterer Konzeptionen führen (Kapitel 2). Der so gewonnene Ansatz eines schwachen Egalitarismus als gerechtigkeitstheoretische Perspektive muss jedoch hinsichtlich der sozialen Bedingungen von Freiheit und Gleichheit reflektiert werden. Im Zentrum steht hier Andersons Vorschlag der relationalen Theorie der Gleichheit, der in Auseinandersetzung mit Rawls' Selbstachtungsbegriff hinsichtlich seiner Leistungsfähigkeit für Gleichheit in sozialen Beziehungen befragt wird (Kapitel 3). Aus der Diskussion des dritten Kapitels ergibt sich die Frage, wie die sozialen Bedingungen von Freiheit gewährleistet werden können. Ein formaler Begriff gleicher Rechte scheint nicht auszureichen, um tatsächlich Gerechtigkeit im Blick auf sozial benachteiligte Gruppen wie Menschen mit einer Behinderung erzielen zu können. Kann durch erweiterte institutionelle Regelungen den betroffenen Personen ermöglicht werden, in gleicher Weise subjektive Freiheit wahrzunehmen und Optionen von Lebens-

---

[39] Vgl. zum Beispiel Sen (1982).

chancen zu ergreifen? Ein Lösungsansatz in Form gleichwertiger Rechte wird diskutiert und hinsichtlich seiner anthropologischen Annahmen kritisiert (Kapitel 4). Den ersten Teil abschließend wird im fünften Kapitel der bisher erarbeitete Ansatz einer Gerechtigkeit für Menschen mit Behinderung unter Bezug auf Gerechtigkeitsziele gegenüber anderen egalitären Theorien abgegrenzt. In der Explikation von Gerechtigkeitskriterien wird dann versucht, die abstrakten Gerechtigkeitsregeln auf die Anwendungsebene zu beziehen, um so Entscheidungssituationen auf makro- und mikroallokativer Ebene orientieren zu können. Dabei werden unterschiedliche Formen der Gerechtigkeit wie Kompensationsgerechtigkeit, Zugangsgerechtigkeit, Bildungsgerechtigkeit ergänzend berücksichtigt (Kapitel 5).

1.4.2 Die Schattenseite der liberalen Gerechtigkeitstradition

Die im ersten Teil gewonnene normative Vorstellung sozialer Gerechtigkeit bildet den Bezugspunkt für die in Teil II aufgenommene Kritik liberaler Gerechtigkeitsvorstellungen. In Anlehnung an den französischen Philosophen Foucault wird die Schattenseite von Verteilungskonstruktionen dargestellt. Dabei wird zunächst der strukturelle Zusammenhang zwischen Kontraktualismus, Normalisierung und Behinderung aufgezeigt, um darauf aufbauend die Folgen bestehender sozialstaatlicher Arrangements zu kritisieren. Zur Überwindung der ambivalenten Folgen der liberalen Gerechtigkeitstradition bietet sich die moraltheoretische Reformulierung liberaler Tugenden als schwache Theorie des Guten an. Durch die Berücksichtigung empathischer Aspekte soll die Anerkennung des konkreten Anderen in asymmetrischen Beziehungen gewährleistet werden (Kapitel 1). Die Forderung nach ethisch-existentieller Wertschätzung von Menschen mit Behinderung leitet über zur Perspektive der sozialen Konstruktion von Behinderung, die anhand verschiedener fachspezifischer Definitionen von geistiger Behinderung exemplarisch durchgegangen und hinsichtlich ihrer ethischen Folgen bedacht wird. Ein eigener Vorschlag zur Definition des Phänomens »geistige Behinderung« schließt das Kapitel ab (Kapitel 2). Die Perspektive der sozialen Konstruktion von Behinderung wurde im angelsächsischen Bereich grundlegend in der Entwicklung der *Disability Studies*. Diese kritisieren ebenfalls die Aussonderung von Menschen mit Behinderung und fordern deren gleichberechtigte Teilhabe am gesellschaftlichen Leben ausgehend von den Bürgerrechten eines jeden Mitglieds der Gesellschaft.

Dabei ist zwischen aktiver und passiver Teilhabe zu differenzieren. Eine zentrale These der *Disability Studies* lautet, dass durch distributive Kategorisierungen Klassen von Bedürftigen produziert werden, die durch diese eher isoliert als gesellschaftlich integriert werden.[40] In Bezug auf den gerechtigkeitstheoretischen Diskurs ergibt sich daraus die Frage, wie Gleichheit und Differenz einander zugeordnet werden können. Zur Beantwortung dieser Frage werden Impulse aus der feministischen Ethik aufgenommen und Forderungen nach kultureller Gleichwertigkeit als wichtiges politisches Ziel einer Gerechtigkeit für Menschen mit Behinderung diskutiert (Kapitel 3). Anschließend werden die unterschiedlichen Perspektiven der ersten beiden Teile in einem Zwischenfazit gebündelt und kritisch miteinander vermittelt. Dabei wird offensichtlich, dass neben der Zielvorstellung, asymmetrische Beziehungsstrukturen durch Prozesse der Bemächtigung in tendenziell symmetrische zu transformieren, als Ergänzung der Gerechtigkeitsfrage eine Orientierung notwendig ist, die in einer nicht-bevormundenden Form der helfenden Sorge besteht. Letztere ist im Blick auf Menschen mit Behinderung vor allem da nötig, wo diese trotz aller *Empowerment*-Bestrebungen nur einseitig getragen werden können (Kapitel 4). Im Folgenden wird daher der Gerechtigkeit ein Korrektiv zur Seite gegeben, das den konkreten Anderen in seiner Verletztheit jenseits rechtlicher Ansprüche berücksichtigten kann. Dazu sind im Sinne der Fallgerechtigkeit beziehungsweise Epikie solche Orientierungen wie die Liebe nötig, die sich rein an der Not des/der Betroffenen ausrichten. Gerechtigkeitstheoretisch muss hier also auf tiefer liegende moralische Ressourcen mit ihren starken Vorstellungen des Guten und Gerechten zurückgegangen werden. Anhand der christlichen Tradition soll im fünften Kapitel exemplarisch verdeutlicht werden, inwiefern religiöse Traditionsgemeinschaften mit ihren moralischen Grundhaltungen einen Beitrag zum Gelingen des liberalen Gesellschaftsmodells und seiner Gerechtigkeitsvorstellung beisteuern können, ohne selbst in der liberalen Konstruktion gesellschaftlicher Vertragsbedingungen vorzukommen. Biblisches Gerechtigkeitsdenken orientiert sich an Beziehungen gelingender Wechselseitigkeit und tritt deshalb in liebender Zuwendung für den Einschluss der Ausgestoßenen, für die Anerkennung der Marginalisierten, für den Schutz der Schwachen ein (Kapitel 5).

---

40 Silvers (1998), S. 34f.

1.4.3 Theologische Orientierung

Wie bereits beim Überblick über den ersten Teil angedeutet wurde, setzen liberale Vertragstheorien in der Regel zur Kooperation und Selbstbestimmung fähige Akteure voraus. Daher liegen Menschen, die diese Fähigkeiten nur eingeschränkt vorweisen, zunächst außerhalb von vielen liberalen Gerechtigkeitsentwürfen und kommen nur vor dem Hintergrund eines freien, selbstbestimmten, uneingeschränkt kooperationsfähigen Subjekts vor. Damit wird jedoch ein bestimmtes Menschenbild für die Entwicklung von Gerechtigkeitsvorstellungen leitend, das in der Gefahr steht, gerade die Menschen auszuschließen, die sich aufgrund einer Krankheit oder eines Unfalls in einer verletzlichen Lebenslage befinden und besondere Gerechtigkeitsanstrengungen erforderlich machen. Im dritten Teil wird daher der liberalen Gerechtigkeitstheorien zugrunde liegende Personbegriff hinterfragt. Dabei werden Aspekte der theologischen und philosophischen Gerechtigkeitstraditionen in sich gegenseitig ergänzender und korrigierender Weise ins Gespräch gebracht: Zum einen ist in einer pluralistischen Gesellschaft eine Gerechtigkeitstheorie erforderlich, die zur Begründung ihres allgemein verbindlichen Anspruchs über den partikularen Begründungshorizont theologischer Entwürfe hinausgeht. Zum anderen hat die pluralistische Verfasstheit der Gesellschaft, in der es keinen übergreifenden gemeinsamen Konsens bezüglich vieler ethischer Fragestellungen mehr gibt, dazu geführt, dass Lösungsansätze auf einer zweifachen Ebene debattiert werden:

»Die Ebene einer säkularen aber sehr inhaltsarmen Übereinkunft, welche erlaubt, dass divergierende Vorstellungen von guten Leben miteinander leben können, und die Ebene der religiösen Gemeinschaften, innerhalb welcher man einen viel größeren Konsens über die entsprechenden [bioethischen] Inhalte vorfindet.«[41]

Der ergänzende Beitrag der religiösen Perspektive hinsichtlich einer gerechten Gesellschaft kann nach Golser darin bestehen, dass gerade Religionen »durch Bezug auf ihre eigenen, den rationalen Diskurs übersteigenden Wurzeln eine neue Chance [haben], den Widerstreit stellvertretend für die unter die Räder gekommen Opfer zu bezeugen«[42]. Jedoch bedeutet der Bezug auf religiöse Wurzeln nicht, dass daraus keine rationalen Argumente in den Gerechtigkeitsdiskurs eingespeist werden könnten. Im dritten Teil

---

41 Golser (2004), S. 239.
42 Ebd., S. 238.

werden Begründungszusammenhänge theologischer Provenienz dazu dienen, den Personbegriff der liberalen Tradition zu kritisieren. Denn »Person«
ist auch in philosophischer Perspektive kein deskriptiver, sondern ein abstrakter und vielschichtiger Begriff normativer Natur.

Zunächst werden im ersten Kapitel von Teil III Einsichten aus der
christlichen Tradition im Blick auf das Verständnis des Menschseins aufgenommen und ihre Relevanz hinsichtlich der Begründung der Würde von
Menschen mit und ohne Behinderung ausgewiesen. Dazu gehört neben
einer Diskussion des Verständnisses der Gottebenbildlichkeit auch die
Reflexion der Hinfälligkeit menschlichen Lebens. Diese wird besonders im
Blick auf alt- und neutestamentliche Vorstellungen von Behinderung
durchgeführt. Eine wichtige Differenzierung zwischen Gesundheit, Krankheit und religiösem Heil schließt mit dem Versuch, die medizinische und
die christliche Sicht von Krankheit miteinander zu verbinden: So kann die
religiöse Deutung dazu verhelfen, medizinische Heilungsangebote ins Lebensganze zu integrieren und das subjektive Verständnis von Gesundheit
und Krankheit an der übergreifenden Bestimmung menschlichen Lebens
zu orientieren. Dazu gehört auch die Diskussion von Behinderung und
Leiden, die das erste Kapitel abschließt (Kapitel 1). Ein neuer theologischer
Ansatz wird im darauf folgenden Kapitel vorgestellt: Eiesland hat versucht,
biblische Einsichten zu Behinderung in eine Befreiungstheologie der Behinderung zu überführen.[43] Ihrem Entwurf wird im Exkurs zur Rede vom
behinderten Gott nachgegangen und Stärken und Schwächen dieses
befreiungstheologischen Ansatzes diskutiert (Kapitel 2). Das abschließende
dritte Kapitel setzt die theologischen Ergebnisse ins Verhältnis zu grundlegenden Aspekten der ersten beiden Teile. So wird zuerst das christliche
Verständnis von Freiheit skizziert und gegenüber der postulierten Autonomie des modernen Menschen abgegrenzt. Eine Möglichkeit zur Vermittlung beider Verständnisse wird im Begriff der Verantwortung gesehen.
Dieser kommt nicht ohne einen spezifischen Personbegriff aus, der in leibphänomenologischer Perspektive auf seine leiblichen und lebensweltlichen
Wurzeln zurückgeführt wird. Anschließend werden Impulse der Rechtfertigungslehre für den Schutz der Würde des behinderten Menschen dargestellt und Schlussfolgerungen hinsichtlich gefährdeter Kommunikations-
und Lebenszusammenhänge von Menschen mit Behinderung gezogen. Da
die Unterscheidung zwischen dem medizinischen und dem sozialen Modell

---

43 Vgl. Eiesland (1994).

von Behinderung weitreichende Folgen für die Orientierung politischen Handelns besitzt, wird abschließend der Gesundheitsbegriff hinsichtlich seiner ethischen Implikationen expliziert. Fraglich ist die Verknüpfung medizinischer Normalität mit dem Aspekt des Wohlergehens eines Individuums. Gesundheit kann meines Erachtens nicht im Sinne des objektiven Wohls des Menschen bestimmt werden – eine auch für Menschen mit Behinderung wichtige Einsicht, die gesellschaftlichen Utopien eines leidfreien Lebens widerspricht. Stattdessen wird in religiöser Sicht für ein verändertes Verständnis des Heilens plädiert. Die christliche Deutung, die unter Gesundheit nicht nur die Abwesenheit von Störungen, sondern auch die Kraft, mit ihnen zu leben, versteht, kann einen Beitrag zur Integration einer Behinderung in das individuelle Leben leisten (Kapitel 3).

1.4.4 Weiterführende Perspektiven für Forschung und Sozialpolitik

Der vierte Teil der Arbeit beginnt mit einer summativen Zusammenführung der bisherigen Argumentationsstränge (Kapitel 1). Bei dieser Zusammenschau werden verschiedene Dimensionen deutlich, die im Blick auf Gerechtigkeit für Menschen mit Behinderung berücksichtigt werden müssen. Dabei sind die inhaltlichen Zusammenhänge zwischen den einzelnen Dimensionen nicht in jeder Hinsicht bereits genügend geklärt, wie im zweiten Kapitel anhand der offenen Fragen zu Gerechtigkeit und Anerkennung oder zu Gleichheit und Differenz ausgeführt wird. Weitere Forschungsdesiderata werden im Blick auf die Differenzierung von Gesundheit, Krankheit und Behinderung sowie für die Perspektive der sozialen Konstruktion von Behinderung genannt. Bei Letzterer ist seit kurzem eine inhaltliche Neuausrichtung im Sinne der kulturellen Auseinandersetzung um das Verständnis von Behinderung eingefordert worden, um drohenden Aporien zu entgehen. Schließlich werden auch die Grenzen der Liebe und die anthropologischen Voraussetzungen des liberalen Ansatzes als offene Punkte für künftige Forschungen dargestellt (Kapitel 2).

Welche sozialpolitischen Konsequenzen sich für den deutschen Kontext aus dieser Studie ergeben, wird im dritten Kapitel diskutiert. Nach einem Überblick über die Datenlage zur Teilhabe von Menschen mit Behinderung werden die sozialstaatlichen Leistungen für diese Personengruppe anhand der in den ersten drei Teilen dargelegten Gerechtigkeitsvorstellungen einer Analyse unterzogen und daraus erwachsende Gerechtigkeitserfordernisse aufgezeigt. In einem weiteren Abschnitt folgt die Diskussion neuer sozialpolitischer Instrumente wie dem Bundesteilhabegeld, dem Persönlichen Budget und Maßnahmen zur beruflichen Teilhabe (Kapitel 3). Abschließend wird im Ausblick ein kleines Resümee bezüglich der sozialpolitischen Leistungen für Menschen mit Behinderung gezogen und nächste Schritte sowie mögliche Einseitigkeiten aufgezeigt (Kapitel 4).

1.5 Der Begriff »Behinderung«

Auch wenn bereits angedeutet wurde, dass der Begriff der Behinderung im zweiten Teil der Arbeit näher bestimmt wird, so sollen doch einleitend ein paar kurze Bemerkungen zum Verständnis und zur Eingrenzung des Begriffs einfließen, um die Ausführungen von Teil I im Blick auf Behinderung verständlich zu machen.

Geht man von der rechtlichen Definition des SGB aus, sind Menschen behindert, »wenn ihre körperliche Funktion, geistige Fähigkeit oder seelische Gesundheit mit hoher Wahrscheinlichkeit länger als sechs Monate von dem für das Lebensalter typischen Zustand abweichen und daher ihre Teilnahme am Leben in der Gesellschaft beeinträchtigt ist. Sie sind von Behinderung bedroht, wenn die Beeinträchtigung zu erwarten ist.«[44] Schwerbehindert im Sinne des Schwerbehindertenrechts sind nach Paragraf 2 Absatz 2 und 3 SGB IX Menschen, bei denen ein Grad der Behinderung von wenigstens 50 vorliegt. Jedoch lege ich zunächst einen Arbeitsbegriff von Behinderung zugrunde, der sich nicht auf Schwerbehinderungen, sondern auf leichtere Grade von Behinderungen bezieht[45]. Dieses Vorgehen scheint mir deshalb notwendig zu sein, weil in den liberalen Ansätzen, die im ersten Teil dieser Arbeit diskutiert werden, von voll kooperationsfähigen Mitgliedern der Gesellschaft ausgegangen wird. Regelungen zugunsten chronisch kranker oder behinderter Menschen werden dementsprechend so konzipiert, dass deren Benachteiligungen im Vergleich zu

---

44 Paragraf 2 Absatz 1 SGB IX.

45 Also zum Beispiel leichte, äußerlich sichtbare Beeinträchtigungen des Stütz- und Bewegungssystems (Gliedmaßenfehlbildungen, Schädigung und Verlust von Gliedmaßen), Hör- oder Sehminderung, Störungen des Stimm-, Sprech- und Sprachvermögens, Lernbehinderung oder leichte Formen mentaler Beeinträchtigung.

den gesunden Mitgliedern der Gesellschaft möglichst kompensiert werden sollen. Hiervon kann jedoch bei schwerst- und/oder mehrfach behinderten Menschen nicht ausgegangen werden. Der Argumentationsgang wird zeigen, dass zur Berücksichtigung dieser Menschen in einer Gerechtigkeitstheorie ein anderes Verständnis von Behinderung notwendig ist, als das in liberalen Theorien zugrunde gelegte Verständnis körperlicher Funktionsweisen. Die Kritik an Daniels' Gesundheitsbegriff wird im zweiten Teil der Arbeit in eine eigene Begriffsbestimmung von Behinderung am Beispiel von mentalen Beeinträchtigungen überführt. Dabei wird auch das defizitorientierte Verständnis von Behinderung, das in Teil I in der Auseinandersetzung mit Rawls aufscheint, zugunsten eines ressourcenorientierten Verständnisses korrigiert werden.

Vor diesem Hintergrund gehe ich zunächst davon aus, dass jede Behinderung ein gesundheitliches Problem als Anfangspunkt hat. Darunter werden Krankheiten, Schädigungen aller Art wie zum Beispiel Unfälle, Gewalt- oder Kriegsauswirkungen sowie angeborene Dysfunktionen verstanden. In Deutschland umfasst die Gruppe der so definierten Menschen mit Behinderung rund 10 Prozent der Bevölkerung und stellt eine der größten Gruppen in der Gesellschaft dar, die der Gefahr der Marginalisierung ausgesetzt sind. Jedoch ist dabei offensichtlich, dass die Frage, ob eine Person eine Behinderung aufweist oder nicht, wesentlich davon abhängt, wie weit die Regelwidrigkeit des körperlichen, geistigen oder seelischen Zustands gefasst wird.[46] Sie hängt darüber hinaus auch davon ab, ob die entsprechenden Funktionsbeeinträchtigungen auf einem Sachverhalt mit Krankheitswert beruhen oder auf soziale Gründe zurückzuführen sind.[47] Hier deutet sich bereits die Auseinandersetzung um die Ablösung des medizinischen Modells von Behinderung durch ein soziales Modell an, die im zweiten Teil im Kapitel über die soziale Konstruktion von Behinderung aufgenommen wird. Daher soll hier kurz der soziologische Begriff von Behinderung eingeführt werden.

Nach Cloerkes bezieht sich die soziologische Definition von Behinderung zunächst auf die rechtliche Bestimmung einer dauerhaften und sichtbaren Abweichung im körperlichen, geistigen oder seelischen Bereich und verbindet diese mit der Zuschreibung eines negativen Wertes. Da mensch-

---

46 Vgl. Schuntermann (1999).
47 Als klassisches Beispiel hierfür gilt eine Lernbehinderung. Vgl. dazu Thimm/Funke (1977) sowie unten II.2.3.2.

liches Handeln in der soziologischen Perspektive vor allem als Rollenhandeln, das heißt ausgerichtet an der Summe der Erwartungen anderer, dargestellt werden kann, gilt ein Mensch als »behindert«, »wenn erstens eine unerwünschte Abweichung von wie auch immer definierten Erwartungen vorliegt und wenn zweitens deshalb die soziale Reaktion auf ihn negativ ist.«[48] Dementsprechend lassen sich auch eine soziale Krankenrolle und eine soziale Behindertenrolle beschreiben. Die Krankenrolle erscheint dann als eine besondere Form abweichenden Verhaltens:[49] »Im Konzept der Krankenrolle wird diese Form von Devianz verbunden mit dem Prozess sozialer Kontrolle, um die ›Dysfunktionalität‹ von Krankheit in steuerbaren Grenzen zu halten.«[50] Entsprechend wird die »Behindertenrolle« entweder prozessual verstanden,[51] indem die vier Merkmale der Krankenrolle nach Parsons[52] dynamisch ausgelegt werden »als in Interaktionen aktivierte, soziale Interpretationsschemata der Abweichungstendenzen«[53], oder sie wird struktural[54] als positive Anpassung von Menschen mit Behinderung an Rollenerwartungen beschrieben. Zwar hat die strukturale Sichtweise den Vorteil, die Behindertenrolle funktional relativ objektiv beschreiben zu können. Aber dies wird mit dem Nachteil erkauft, gesellschaftliche Rollenerwartungen und Normen nicht zu hinterfragen, so dass eine Behinderung zur absoluten, nicht hinterfragbaren Kategorie wird. Zum prozessualen Verständnis der Rolle behinderter Menschen merkt Cloerkes dagegen an: »Ihre soziale Situation ist gekennzeichnet durch einen elementaren Widerspruch zwischen offizieller Entlastung für ihre Abweichung von der Norm einerseits und tatsächlicher Diskriminierung mit Zuweisung einer besonderen, abweichenden Rolle andererseits.«[55] Als wichtigstes Ergebnis des prozessualen Ansatzes kann daher die Verdeutlichung der Ambivalenz und Widersprüchlichkeit, die in den sozialen Reaktionen auf Menschen mit Behinderung vorkommen, genannt werden. Neben der soziologischen Perspektive können noch weitere Disziplinen für die Erfassung des Phänomens einer Behinderung herangezogen wer-

---

48 Cloerkes (1997), S. 6.
49 Vgl. Franzkowiak (2003), S. 220f.
50 Cloerkes (1997), S. 141.
51 Vgl. Freidson (1966) und Freidson (1970).
52 Vgl. Parsons (1958), S. 10ff.
53 Cloerkes (1997), S. 142.
54 Vgl. Haber/Schmith (1971).
55 Cloerkes (1997), S. 143.

den. Auch Aspekte aus den traditionellen Fachgebieten der Heil- beziehungsweise Sonderpädagogik, Soziologie, Psychologie und Psychotherapie sind zu berücksichtigen. Daher wird im zweiten Kapitel ein bio-psychosoziales Modell von Behinderung favorisiert.

Wichtig scheint mir noch folgender Hinweis im Blick auf die Verwendung des Begriffs der Behinderung zu sein. Nach Schramme sollte man die »faktische« Seite einer Behinderung von der soziokulturellen und der evaluativen Ebene des Begriffs unterscheiden.[56] Mit »Schädigung« wird normalerweise die »faktische« medizinische Funktionsstörung beschrieben. Da aber Schädigung nicht nur als wissenschaftlich-deskriptiver, sondern auch als evaluativ-lebensweltlicher Begriff gebräuchlich ist, wird die Verwendung des Begriffs in Behindertenbewegungen kritisiert, da in lebensweltlichen Zusammenhängen der Begriff negativ konnotiert ist. Evaluativ wird von einer Behinderung dann gesprochen, wenn die eingeschränkte Handlungsfähigkeit bezeichnet wird, die mit einer medizinischen Schädigung einhergeht. Da die Beeinträchtigung sich darin äußert, dass bestimmte Tätigkeiten oder Funktionen nicht mehr ausgeübt werden können, wird auf der evaluativen Ebene eine Behinderung oftmals als Einschränkung des Wohlergehens angesehen. Jedoch ist dabei ganz entscheidend, wer die Bewertung aus welcher Perspektive vornimmt. Handelt es sich um die behinderte Person selbst oder sind es gesellschaftliche Werturteile? Auf der soziokulturellen Ebene können Menschen im gesellschaftlichen Urteil als behindert gelten, aber selbst der Meinung sein, dass ihre Beeinträchtigung ihr Wohlergehen nicht mindert. Dabei wird oftmals zwischen einer Behinderung als zufriedenem oder glücklichem Zustand und einer Krankheit als unangenehmem Zustand unterschieden.

Die Spannung zwischen den unterschiedlichen Verständnissen von Behinderung hängt mit den differierenden Werten zusammen, die für das Zusammenleben und die Kooperation zwischen Menschen zugrunde gelegt werden. Sie gründet letztlich in dem Verständnis des Menschen selbst, das in den jeweiligen Perspektiven vertreten wird. Auch in der Auseinandersetzung mit Rawls' Theorie der Gerechtigkeit wird sie immer wieder thematisiert, so zum Beispiel, wenn kritisiert wird, dass Menschen mit schwerer mentaler Beeinträchtigung nicht in Rawls' Akteursmodell berücksichtigt werden. Die Arbeit holt in ihrem Verlauf die zentrale Skepsis reflexiv ein und stellt grundsätzlich in Frage, ob auf Grundlage der libe-

---

56 Vgl. Schramme (2003a), S. 180f.

ralen Anthropologie die Gerechtigkeitsansprüche von Menschen mit Behinderung angemessen aufgenommen und bearbeitet werden können. Im Prozess der Erkenntnis legt der produktive Zweifel Schritt für Schritt die Stärke als auch die Schwäche der Rawlsschen Theorie frei: So schließt die Auseinandersetzung mit ihr in Teil I noch mit der Darstellung von Gerechtigkeitskriterien, um eben auf Grundlage des erweiterten Rawlsschen Ansatzes Anwendungsfragen ethisch orientieren zu können. Mit der Darstellung des strukturellen Zusammenhangs zwischen Kontraktualismus, Normalisierung und Behinderung zu Beginn von Teil II wird jedoch bereits deutlich, dass Gerechtigkeitsfragen nicht ohne Einbezug der Ebene der ethisch-existentiellen Wertschätzung von Menschen mit Behinderung gelöst werden können. Hier wird die Notwendigkeit eines ethischen Ansatzes offensichtlich, der Menschen mit Behinderung in ihrem Sosein, und nicht nach den Grundlagen einer Vertragstheorie, wahrnimmt und anerkennt. Die in Teil II entwickelte Kritik der liberalen Perspektive einschließlich des Wechsels von einer defizit- zu einer ressourcenorientierten Sicht von Menschen mit Behinderung führt zwangsläufig zu einer vertieften anthropologischen Betrachtung. In Teil III wird daher das Menschenbild einer spezifischen religiösen Tradition aufgegriffen, das die liberale Anthropologie transzendiert. Hieraus ergeben sich weiterführende Fragen zur Vereinbarkeit der unterschiedlichen Menschenbilder, die jedoch innerhalb dieser Studie nicht mehr bearbeitet werden konnten. Jedoch deutet diese Überschreitung der liberalen Grundannahmen auf eine mehr an den faktischen Lebensmöglichkeiten und Einschränkungen orientierten Sicht des Subjekts hin. Eine differenziertere Analyse seiner Selbstbestimmungsmöglichkeiten und deren Begründung etwa im Fall kognitiver Beeinträchtigungen eines Menschen stellt eine der Herausforderungen eines erweiterten Liberalismus dar, um die evaluativen Idealvorstellungen des Liberalismus mit seinen impliziten Abwertungen zu vermeiden, ohne dabei freilich hinter die mit dem liberalen Personenverständnis verbundenen Rechte und Pflichten zurückzufallen.

Teil I
Sozialphilosophische Orientierung

1 *Gerechtigkeit als Fairness* – die Gerechtigkeitstheorie von John Rawls

Mit der Darstellung von Rawls' Theorie der Gerechtigkeit wird die sozialliberale Perspektive als Bezugspunkt dieser Studie eingeführt.[1] Dies hat seinen eigentlichen Grund in der Kompatibilität von Rawls' Theorie mit der modernen demokratischen Gesellschaftsstruktur: Die sie auszeichnende Grundstruktur ist Ergebnis eines Entwurfs, der historisch Entstandenes mit Gerechtigkeitsgrundsätzen zu vereinbaren versucht. So verstehen sich die Bürger moderner Demokratien als freie und gleiche moralische Subjekte, die ein Anrecht darauf haben, ihre Lebensführung selbst zu bestimmen, also ein jeder das Recht auf die Freiheit hat, sein eigenes Glück anzustreben. Mit dieser Freiheit geht die Verantwortlichkeit für das eigene Leben einher.

Rawls fasst dieses historisch gewachsene Verständnis von Freiheit als Grundlage der Implementierung von überindividuellen Regeln auf, in dem er nur solche Institutionen und überindividuelle Regeln zulässt, denen Individuen auf Grundlage ihrer eigenen wohlerwogenen Überzeugungen und Interessen in rationaler Weise zustimmen können. Es liegt hier also eine Sicht vom Menschen als freiheitsfähigem und verantwortungsbereitem Akteur vor, welche die alternative Überzeugung ausschließt, dass der Staat als sorgende Instanz sich um die Wohlfahrt seiner Bürger in bevormundender Weise kümmern sollte. Eine Herrschaft von Sozialtechnokraten wäre unvereinbar mit dem Recht auf individuelle Freiheit, weil dabei unterschwellig zugrunde gelegt würde, dass der Staat besser als der einzelne Bürger weiß, wie das Glück des Einzelnen beschaffen ist und wie sein Unglück verhindert werden kann. Diese schablonenhafte Gegenüberstellung dient der Verdeutlichung der grundlegenden Alternative, die in der Wahl zwischen individueller Freiheit und staatlicher Fürsorge existiert,

---

1 Mit dem Terminus »liberal« wird in dieser Arbeit jene philosophische Tradition aufgegriffen, die eine Neutralität des Staates gegenüber individuellen Konzeptionen des Guten vertritt.

wobei offenkundig ist, dass im Sozialstaat die individuelle und die egalitäre Perspektive nicht so einseitig vertreten, sondern Vermittlungen zwischen beiden gesucht werden. Jedoch besteht in einer liberalen Gesellschaft ein Rechtfertigungsdruck auf die öffentliche Daseinsvorsorge, aufgrund dessen die Freiheit des Einzelnen als Ausgangspunkt für Überlegungen sozialer Gerechtigkeit leitend wird:

»Diese Zuweisung der Beweislast an die Apologeten der öffentlichen Daseinsvorsorge in einer liberalen Gesellschaft ergibt sich logisch aus der Tatsache, dass auch der demokratische Staat ein Herrschafts- und Zwangsinstrument ist, also mit Blick auf die Freiheit des Einzelnen ein ambivalentes Wesen.«[2]

Denn prinzipiell besteht die Möglichkeit – und in einer pluralistischen Gesellschaft ist damit zu rechnen –, dass durch Mehrheitsentscheidungen in einer Demokratie politische Inhalte bestimmend werden, die den rationalen Überzeugungen Einzelner widersprechen und individuelle Freiheit einschränken. Solche politischen Regelungen können nur dadurch legitimiert werden, dass sie in einem demokratischen Verfahren erreicht werden, das von allen Individuen als gerecht beurteilt wird.

Da viele Gerechtigkeitstheorien wie auch die Rawlssche vom freiheits- und verantwortungsfähigen Individuum ausgehen, soll an dieser Stelle zunächst kurz der Begriff der individuellen Autonomie, der in dieser Arbeit zugrunde gelegt wird, näher bestimmt werden.

In liberaler Perspektive kommt der Autonomie des Individuums ein zentraler Stellenwert zu.[3] Denn der kantische Personbegriff fasst den Menschen »als Subjekt einer moralisch-praktischen Vernunft«[4] auf. Die Autonomie des Subjekts bezieht sich wie im Urzustand bei Rawls auf die Fähigkeit einer Person, ein moralisches und rationales Urteil fällen zu kön-

---

2 Kirsch (2001), S. 15: »Der Staat muß seine Unschuld erst beweisen. Im Ringen um die Rechtfertigung der öffentlichen Daseinsvorsorge liegt die Bringschuld nicht bei den Verteidigern der individuellen Freiheit.« Ebenso argumentiert Kirsch (1997), S. 28; vgl. auch Hackmann (1990), S. 60 sowie Berthold (1988), S. 340: »Die ordnungspolitische Grundentscheidung zugunsten einer marktwirtschaftlichen Lösung ist gleichbedeutend mit dem Ziel, die Produktion von Gütern und Dienstleistungen am selbst geäußerten Bedarf der Individuen auszurichten, sowie der Überzeugung, dass dieses Ziel im Allgemeinen in einer marktwirtschaftlichen Ordnung besser realisiert werden kann als in anderen Ordnungssystemen. Staatliche Eingriffe in den Markt bedürfen deshalb in marktwirtschaftlichen Systemen der besonderen Rechtfertigung.«

3 Vgl. Stegmaier (2002), S. 239.

4 Kant (1983), S. 568.

nen.[5] So beinhaltet individuelle Freiheit nach Rawls, eine »self-authenticating source of valid claims« zu sein.[6] Dagegen wird eingewandt, dass das liberale Autonomieverständnis ein »Missverständnis menschlicher Möglichkeiten«[7] darstelle. Autonomie sei vielmehr als ein in mehrfacher Hinsicht relationaler, auf heteronome Bestimmungsgründe personalen Seins bezogener Begriff auszuweisen.[8] Demnach ist nicht von vollständig autonomen, sondern teilweise autonomen Personen auszugehen, wobei personale Autonomie nicht von Sozialität zu trennen ist,[9] eine autonome Person im Kern also nicht als unabhängiges, selbstsuffizientes Selbst zu beschreiben ist.[10] Die damit aufgenommene Debatte um das Rawlssche Akteurs- beziehungsweise Personverständnis wird nicht nur unter Punkt 1.3.2 »Kommunitaristische Kritik« ausführlicher dargestellt, sondern bildet einen der durchgängigen Fragehorizonte dieser Studie ab. Im Blick auf

---

5 Vgl. Rawls (1992a), S. 96: Die rationale Autonomie hängt »sicherlich teilweise von den Interessen [ab], welche die Parteien bewegen, und nicht allein von ihrer Ungebundenheit gegenüber vorgängigen und unabhängigen Rechtsprinzipien. Hätten die Parteien nur untergeordnete Beweggründe, z. B. Essen und Trinken oder bestimmte konkrete Vorlieben für diese oder jene Gruppe von Personen, Vereinigungen oder Gemeinschaften, dann würden wir sie als heteronom und nicht autonom ansehen. Jedoch entspringt der Wunsch nach Grundgütern den höchstrangigen Interessen moralischer Personalität und dem Bedürfnis, die jeweilige Konzeption des Guten (worin auch immer sie bestehen mag) abzusichern.«

6 Vgl. Rawls (1993), S. 32. Vgl. zum Unterschied zwischen der Autonomie im Urzustand und als Bürger der Gesellschaft Rawls (1992a), S. 87f.: »Die *rationale* Autonomie der Parteien im Urzustand unterscheidet sich von der *vollständigen* Autonomie der Bürger in der Gesellschaft. So kommt *rationale* Autonomie den Parteien als Akteuren der Konstruktion zu: es handelt sich hier um einen relativ engen Begriff, der ungefähr dem Kantischen Begriff des hypothetischen Imperativs (oder dem Rationalitätsbegriff der neoklassischen Wirtschaftstheorie entspricht); *vollständige* Autonomie kommt den Bürgern im alltäglichen Leben zu, insofern sie ein bestimmtes Selbstverständnis haben und die obersten Gerechtigkeitsgrundsätze, auf die man sich einigen würde, bejahen und ihnen gemäß handeln.« Vgl. weiter Ebd., S. 107: »Die rationale Autonomie wird durch die Überlegungen der Parteien als künstliche Akteure der Konstruktion innerhalb des Naturzustands ausgedrückt. Vollständige Autonomie ist der umfassendere Begriff; er bringt ein Ideal der Person zum Ausdruck, das Bürger einer wohlgeordneten Gesellschaft in ihrem sozialen Leben bejahen.«

7 Straub (2002), S. 266.

8 Vgl. Meyer-Drawe (1990), S. 12.

9 Siehe zur Begründung unter I.5.2.4 den »Exkurs: Formen und Grenzen der Selbstbestimmung«.

10 Aufgrund dieser Einwände wird die Rede von der Autonomie des Individuums in dieser Arbeit oftmals mit einem zusätzlichen Attribut wie »vermeintlich« oder »angeblich« versehen.

Menschen mit Behinderung geht es darum, wie ihre Selbstbestimmung angesichts oftmals heteronomer Lebensumstände und bestehender Beeinträchtigungen realisiert beziehungsweise gefördert werden kann. In der Auseinandersetzung mit dieser Frage wird deutlich werden, dass das liberale Autonomieverständnis keine hinreichende Basis für Gerechtigkeitsansprüche von Menschen mit Behinderung darstellt. In dieser Arbeit wird daher der Begriff der Autonomie – soweit dies nichts anders ausgeführt ist – im Sinn der relativen Selbstbestimmung eines Menschen verwendet. Die Relativierung von Autonomie darf jedoch weder dazu führen, Menschen innerhalb der Grenzen ihres Entscheidungs- und Handlungsraumes vorsätzlich fremdzubestimmen oder eine solche Fremdbestimmung gutzuheißen, noch dazu, solche Grenzen unterschiedlich zu bestimmen.

Weiterhin ist zu bedenken, dass Menschen mit einer Beeinträchtigung ihrer Freiheits- und Verantwortungsfähigkeit zunächst nicht im Blick von Rawls' Theorie sind. Im Rahmen dieser Studie wird es im ersten Teil deshalb auch darum gehen, ob die dargestellte Gerechtigkeitstheorie zum Beispiel aus der Perspektive von Menschen mit einer schweren mentalen Beeinträchtigung als gerecht beurteilt werden kann. Doch bevor solche Fragen im Detail diskutiert werden, folgt zuerst eine allgemeine Darstellung der Grundzüge von Rawls' Theorie der Gerechtigkeit.

1.1 Die Wahl von Gerechtigkeitsgrundsätzen

Rawls stellt Grundsätze auf, welche die grundlegenden Institutionen einer demokratischen Gesellschaft in allgemeiner Form so begründen, dass sie ihrer Beschaffenheit nach als politisch und sozial gerecht erscheinen. Die Verteilung sozialer und wirtschaftlicher Vor- und Nachteile in einer Gesellschaft ist dann als gerecht zu bezeichnen, wenn sie den Grundsätzen entspricht, für die sich freie und gleiche Personen unter fairen Bedingungen in der Wahl einer Gesellschaft für sich selbst entscheiden würden. Rawls entwirft dazu die fiktive Situation eines Urzustandes auf abstrakter Ebene, in dem er die Individuen in Unwissenheit über ihre persönlichen und sozialen Umstände kollektiv über die Grundsätze entscheiden lässt, nach welchen die institutionelle Grundstruktur ihrer Gesellschaft gebildet werden soll. Hinter diesem Schleier der Unwissenheit herrscht also Unkenntnis unter den Mitgliedern einer Gesellschaft sowohl über ihre jeweils eigenen individuellen Präferenzen, Fähigkeiten und moralischen Überzeugungen einschließlich ihrer konkreten sozialen Lebensumstände (wie auch der Frage, welcher Generation sie angehören), als auch über die gesellschaftliche Verteilung sozialer Positionen und Lebenslagen sowie des gesellschaftlichen Entwicklungsstandes einschließlich der kulturellen, wirtschaftlichen und politischen Bedingungen.[11] Rawls möchte so die Wahl von Gerechtigkeitsgrundsätzen an für jeden faire Bedingungen binden. Durch diese Konstruktion des Urzustands werden völlig gleichmäßige Stellungen aller Gesellschaftsmitglieder zueinander denkbar. Zugleich kann der Einfluss von real immer schon bestehenden gesellschaftlichen Asymmetrien (zum Beispiel aufgrund von Machtpositionen oder von sozialen Lagen) bei der Auswahl und Begründung von Verteilungsgrundsätzen ausgeschlossen werden. Dabei ermöglicht der Schleier der Unwissenheit, dass es sich tatsächlich um einen gesellschaftlichen Urzustand handelt, das heißt dass die Entscheidung für bestimmte Gerechtigkeitsgrundsätze im Blick auf gesellschaftliche Institutionen nicht durch Ergebnisse verzerrt wird, die in den gesellschaftlichen Institutionen selbst ihre Ursache haben, also zum Beispiel Unterschiede in der Verteilung sozialer Positionen, die durch institutionelle Regelungen bedingt sind, in die Entscheidung über Gerechtigkeitsgrundsätze einfließen. Rawls gewinnt auf diese Weise ein Entscheidungsmodell, bei dem sich nicht nur alle in der gleichen Entscheidungssituation befinden, sondern bei welchem unter den genannten Bedingungen Grundsätze gewählt werden, die jedes andere Individuum unter den gleichen Restriktionen ebenfalls wählen würde. Damit liegt der Wahl von Gerechtigkeitsgrundsätzen ein Modell rationaler individueller Entscheidungen zugrunde, die gegenüber anderen vertreten werden können, so dass eine öffentliche Rechtfertigung der Grundsätze möglich wird: Jedes Gesellschaftsmitglied kann gegenüber jedem anderen die Gerechtigkeitsgrundsätze mit Gründen belegen, die jeder nach seinen eigenen wohlerwogenen Überzeugungen und Interessen auch vertreten würde.[12]

---

11 Jedoch kennen die Akteure hinter dem Schleier der Unwissenheit sämtliche allgemeinen Gesetze, Theorien und Fakten, die für eine Formulierung von Gerechtigkeitsgrundsätzen wichtig sind.

12 Rawls geht dabei von einer wohlgeordneten demokratischen Gesellschaft aus, in der alle Bürger das gleiche politische Selbstverständnis von sich als freien und gleichen Personen haben und als solche die für alle verbindlichen Grundsätze auf Grundlage allgemein geteilter Überzeugungen und Interessen anerkennen. Vgl. Rawls (1999a), S. 397ff. sowie Rawls (1998), S. 274.

Die deduktive Ableitung des Gerechten aus der hypothetischen Situation des Urzustands beinhaltet jedoch die Gefahr, dass so eine rein künstliche Konstruktion der gesellschaftlichen Ordnung aufgestellt wird. Die Verknüpfung zwischen normativer Konzeption und politischer Realisation soll nach Rawls durch den Begriff des »Überlegungsgleichgewichts«[13] (*reflective equilibrium*[14]) geleistet werden: Die wohlerwogenen moralischen Überzeugungen der Bürger sollen mit den Rationalitätserfordernissen in dieses Überlegungsgleichgewicht gebracht werden, das so als (theoretisches) Realitätsprinzip fungiert.[15]

Allerdings stellt sich die Frage, worauf die Bürger im Urzustand ihre Entscheidungen gründen sollen. Rawls setzt hier voraus, dass freien und gleichen Bürgern zwei moralische Vermögen zu eigen sind: Sie haben Kenntnis von ihrem Gerechtigkeitssinn und sind befähigt zu einer Konzeption des Guten, ohne freilich deren Inhalt zu kennen. Der Gerechtigkeitssinn bezieht sich auf die individuelle Disposition, sich gegenüber den anderen Gesellschaftsmitgliedern so zu verhalten, dass man dem Ergebnis des Aushandlungsprozesses öffentlich zustimmen kann. Die Befähigung zu einer Konzeption des Guten beinhaltet, dass die Individuen eine eigene Vorstellung des guten Lebens ausbilden, rational verfolgen und auch revidieren zu können. Beide Vermögen bringen die Bürger in die Wahl von Gerechtigkeitsgrundsätzen ein, indem sie Grundsätze auswählen, durch welche die sozialen und materiellen Güter, die für die Ausbildung und Ausübung ihrer beiden moralischen Vermögen notwendig sind, sichergestellt werden. Dabei erfolgt ihre Orientierung keineswegs an persönlichen Präferenzen und sozialen Lebensumständen – diese sind ihnen ja aufgrund der Informationsbeschränkungen nicht bekannt, weswegen sie genötigt sind, auf die übergeordneten Interessen moralischer Personen zu zielen. Denn auch für den Fall, dass sie zu den am wenigsten begünstigten Mitgliedern der Gesellschaft gehören, muss für sie ein angemessener Anteil an Grundgütern gewährleistet sein. Deshalb einigen sich die Gesellschaftsmitglieder auf die Grundsätze, welche Rawls in seiner Gerechtigkeitstheorie niedergelegt hat, die hier in der neuesten Fassung seines Buches *Gerechtigkeit als Fairness* wiedergegeben werden:

---

13 Rawls (1998), S. 73.
14 Rawls (1999a), S. 18f. und S. 42–45.
15 Siehe dazu unten Punkt 1.3.1 »Methodologische Kritik«.

»1. Jede Person hat den gleichen unabdingbaren Anspruch auf ein völlig adäquates System gleicher Grundfreiheiten, das mit demselben System von Freiheiten für alle vereinbar ist.

2. Soziale und ökonomische Ungleichheiten müssen zwei Bedingungen erfüllen: erstens müssen sie mit Ämtern und Positionen verbunden sein, die unter Bedingungen fairer Chancengleichheit allen offen stehen; und zweitens müssen sie den am wenigsten begünstigten Angehörigen der Gesellschaft den größten Vorteil bringen (Differenzprinzip).«[16]

Den ersten Grundsatz kann man als Freiheitsgrundsatz bezeichnen, der zweite Grundsatz ist unterteilt in erstens den Grundsatz fairer Chancengleichheit und zweitens das Differenzprinzip. Rawls hat nun die Gerechtigkeitssätze in einem bestimmten Vorrang geordnet:[17] Der erste Grundsatz hat absoluten Vorrang gegenüber dem zweiten und innerhalb des zweiten Grundsatzes gebührt dem ersten Prinzip der fairen Chancengleichheit absoluter Vorrang gegenüber dem Differenzprinzip. Damit werden insbesondere die Grundfreiheiten sichergestellt, die nun nicht mehr im Gegenzug für ökonomische oder gesellschaftliche Vorteile eingeschränkt werden dürfen, sondern nur um der Freiheit selbst willen.

1.2 Die Herleitung von Verteilungsgerechtigkeit

Rawls bezieht die beiden Gerechtigkeitsgrundsätze nun auf die Grundstruktur der Gesellschaft und teilt diese dementsprechend in zwei Sphären: Zum Einen zielt er in der politischen Sphäre, in welcher gleiche liberale Freiheiten definiert und garantiert werden, auf die Verwirklichung des demokratisch-liberalen Verfassungsstaates; zum Zweiten sollen in der sozialen Sphäre, die alle grundlegenden Institutionen einer Gesellschaft in Wirtschaft, Bildung und Sozialbereich umfasst, soziale und ökonomische Ungleichheiten spezifiziert und begrenzt werden. Die Grundgüter[18], die für

---

16 Rawls (2003), S. 78; vgl. zu früheren Fassungen der beiden Grundsätze Rawls (1998), S. 406.
17 Rawls (1999a), S. 37f.
18 Rawls geht davon aus, dass zur Verwirklichung der umfassenden Konzeptionen des Guten, unabhängig davon, wie unterschiedlich ihr Inhalt und die sie begleitenden religiösen oder philosophischen Überzeugungen ausfallen mögen, in etwa dieselben Grundgüter benötigt werden und Ansprüche auf sie als angemessene Ansprüche gelten. Er gelangt so zu folgender Stammliste der Grundgüter in fünf Rubriken: (1) Grundrechte und

die Entwicklung der moralischen Vermögen Voraussetzung sind und die durch die institutionelle Grundstruktur der Gesellschaft bereitgestellt und verteilt werden, ordnet er wie folgt zu: Zur ersten Sphäre gehören politische Freiheiten (*basic liberties*[19]) wie das aktive und passive Wahlrecht und die Rede- und Versammlungsfreiheit. Diese Grundgüter müssen nach Rawls' erstem Gerechtigkeitsgrundsatz für alle gleich sein, damit alle Gesellschaftsmitglieder in gleicher Weise bei der Festlegung überindividueller Regeln mitwirken können. Weiterhin zählt Rawls gleiche liberale Grundfreiheiten zu den Grundgütern: die Gewissens- und Religionsfreiheit sowie rechtsstaatliche Grundrechte der Person einschließlich der Wahrung der persönlichen Integrität; weiterhin Eigentumsrechte und Freiheit gegenüber (staatlicher) Willkür. Diese Grundfreiheiten legen die Grenzen fest, die kollektiven Entscheidungen in Bezug auf einen Eingriff in das persönliche Leben der einzelnen Gesellschaftsmitglieder gesetzt sind. Der erste Gerechtigkeitsgrundsatz garantiert also den Gesellschaftsmitgliedern in der politischen Sphäre gleiche Mitwirkungsrechte und unverletzliche individuelle Freiheitsrechte.

Geht man von einem System der natürlichen Freiheit aus, in dem es keine formalen Zugangsbeschränkungen zu gesellschaftlichen Positionen gibt, so entspräche dieses bei einer Verbindung mit Rawls' Verteilung gleicher Grundfreiheiten in etwa dem einer freien Marktwirtschaft, bei der Einkommens- und Vermögensunterschiede von der willkürlichen Verteilung natürlicher Fähigkeiten und von den zufälligen gesellschaftlichen Positionen abhängig sind. Rawls betrachtet eine solche Abhängigkeit der Verteilungsposition von natürlichen und gesellschaftlichen Zufälligkeiten intuitiv als moralisch inakzeptabel, da es auf eine Art Lotterie der Verteilung von Fähigkeiten und Positionen gegründet ist. Stattdessen möchte Rawls eine liberale Auffassung verwirklicht sehen, die auf dem Grundsatz der fairen Chancengleichheit basiert. Da faire Chancengleichheit jedoch nur unvollständig realisiert werden kann, sollen zumindest die Auswirkungen von Ungleichheiten aufgrund unterschiedlich verteilter natürlicher Fähigkeit kompensiert werden.[20]

Grundfreiheiten, (2) Freizügigkeit und freie Berufswahl vor dem Hintergrund vielfältiger Möglichkeiten, (3) Befugnisse und Zugangsrechte zu Ämtern und Positionen innerhalb der politischen und ökonomischen Institutionen der Grundstruktur, (4) Einkommen und Besitz und (5) die sozialen Grundlagen der Selbstachtung. Rawls (1998), S. 274f.

19 Ebd.

20 Rawls (1988), S. 122f.

So sind nach Rawls Grundgüter, die in die soziale Sphäre fallen wie Einkommen und Vermögen, Vorteile und Vorrechte von Positionen und die sozialen Grundlagen der Selbstachtung gleich zu verteilen, außer wenn eine ungleiche Verteilung von einzelnen oder allen Grundgütern zu jedermanns Vorteil ist. Soziale Ungerechtigkeit besteht dann *zunächst*, das heißt ausgehend vom Urzustand[21], in Ungleichheiten, die nicht alle begünstigen, das heißt, wenn sowohl die Besserstellung der Begünstigten zu Lasten der am wenigsten Begünstigen erfolgt als auch wenn eine stärkere Belastung der Begünstigten die Position der am wenigsten Begünstigten verbessern würde. Rawls geht darauf mit seinem zweiten Gerechtigkeitsgrundsatz, der die sozialen und ökonomischen Ungleichheiten in der sozialen Sphäre aufgreift, näher ein. Dabei nimmt er an, dass auch in gerechten Gesellschaften solche Ungleichheiten bestehen. Er verknüpft damit eine soziale Gerechtigkeitsnorm mit einer erweiterten Version des klassischen ökonomischen Liberalismus.[22] Das Problem sozialer Gerechtigkeit besteht dann nicht mehr in der Vermeidung sozialer und wirtschaftlicher Ungleichheiten, sondern fragt nach der möglichen Begrenzung dieser Ungleichheiten. Die Antwort, die Rawls mit seinem zweiten Gerechtigkeitsgrundsatz darauf gibt, ist zweigeteilt: Das Prinzip fairer Chancengleichheit fordert die gerechte Verteilung der Befugnisse und Vorrechte, die mit Ämtern und Positionen verbunden sind. Zudem muss sichergestellt sein, dass jeder Bürger faire Zugangschancen zu den sozial vorteilhaften Positionen erhält. Die ungleiche Verteilung materieller Ressourcen selbst wird im zweiten Prinzip, dem Differenzprinzip angesprochen: Eine ungleiche Verteilung ist dann gerecht, wenn sie den am wenigsten Begünstigten den größtmöglichen Vorteil verschafft.

Auf das Differenzprinzip als das eigentliche distributive Prinzip wird gleich noch näher eingegangen. Zum Grundsatz der fairen Chancengleichheit ist anzumerken, dass Rawls hier nicht nur die rechtliche Gleichstellung vor Augen hat, sondern viel umfassender denkt. Für ihn ist faire Chancengleichheit gegeben, wenn nicht nur jedem Bürger dieselben rechtlichen Möglichkeiten offen stehen, sich vorteilhafte gesellschaftliche Positionen

---

21 Rawls (1999a), S. 54. Rawls geht hier vom Urzustand aus, in dem alle sozialen Grundgüter gleich verteilt sind: Dieser Zustand markiert das Maß (»benchmark«), an dem Verbesserungen zu messen sind. Wenn nun bestimmte Ungleichheiten in materieller oder positioneller Hinsicht jeden Bürger besser stellen als in der hypothetischen Startsituation, dann sind sie als gerecht zu bezeichnen, weshalb eine Schlechterstellung der Begünstigten zugunsten der Schwächeren zunächst nicht so ausgezeichnet wird. Vgl. ebd., S. 54f.

22 Vgl. J. Schmidt (1995), S. 103.

zu erarbeiten, sondern wenn darüber hinaus soziale Zustände verwirklicht werden, die jedem Bürger *de facto* vergleichbare Chancen bieten, seine Lebensplanung zu realisieren. Dazu gehört, dass Menschen bei gleichen Fähigkeiten und Talenten vergleichbare Chancen erhalten, diese so zu entwickeln, wie es ihren Wünschen und Plänen entspricht, unabhängig etwa von wirtschaftlichen Ungleichheiten der Herkunftsfamilien oder Benachteiligungen aufgrund von Diskriminierung.[23]

Damit faire Chancengleichheit angestrebt werden kann, muss also die Ungleichheit von Einkommen und Vermögen in einer Gesellschaft begrenzt werden. Denn die ungleiche Verteilung dieser materiellen Ressourcen führt dazu, dass Menschen mit einem höheren Einkommen und Vermögen in der Regel auch bessere wirtschaftliche und soziale Bedingungen für die Ausbildung ihrer Fähigkeiten und Talente zur Verfügung stehen. Zudem bewirken höhere Güterressourcen, dass deren Eigentümer oftmals in der Lage sind, sich größere Wünsche und Ziele für ihr Leben zu setzen, als weniger Begüterte. Rawls' zweiter Gerechtigkeitsgrundsatz mit seinem Differenzprinzip ist ein Lösungsvorschlag für das Problem, inwiefern Ungleichheiten an Einkommen und Vermögen zulässig sind, wenn faire Chancengleichheit für jeden Bürger gegeben sein soll. Rawls favorisiert auf diese Weise eine institutionelle Lösung von Verteilungskonflikten und möchte Ungleichheiten über ein rein prozedurales Verfahren legitimieren,[24] das Differenzprinzip also in eine Verfahrenskonzeption von Verteilungsgerechtigkeit einfassen.[25]

Entscheidend beim Differenzprinzip ist nun die Annahme, dass die Möglichkeit der Erzielung von zusätzlichen Einkommenseinheiten für alle Mitglieder der Gesellschaft einen Anreiz setzt, ihre produktiven Anstrengungen zu erhöhen und damit eine Steigerung der Gütermenge, die in einer Gesellschaft insgesamt verfügbar ist, erreicht wird. Das Differenzprinzip

---

23 Auch wenn Rawls hier Behinderungen nicht in Betracht zieht, so stellt sein umfassendes Verständnis von Chancengleichheit doch den geeigneten Rahmen dar, in dem Chancengleichheit für Menschen mit Behinderung verankert werden kann.

24 J. Schmidt (1995), S. 106: »Der prozedurale Ansatz zur Lösung von Verteilungskonflikten geht von der Annahme aus, dass sich das Institutionendesign auf die Verwendung von Regeln zu beschränken hat, die ein Verfahren zur Generierung gerechter sozialer Zustände definieren.«

25 Ebd., S. 104. Das Differenzprinzip selbst stellt eine Zustandsnorm dar, welche »sowohl die unabdingbaren Voraussetzungen einer fairen Verteilungsprozedur schaffen als auch für die Gerechtigkeit der induzierten Verteilungsergebnisse sorgen soll«. Ebd., S. 111.

beschränkt dabei die ungleiche Einkommensverteilung derart, dass bei der Verteilung des erzielten Produktionsmehrwertes gewährleistet ist, dass die am wenigsten Begünstigten den größten Vorteil davon haben. Rawls verfährt dazu bei der Begründung der Regeln im Urzustand nach dem Maximin-Prinzip. Dieses besagt, dass in Entscheidungen mit unsicheren Folgen diejenige Alternative zu wählen ist, die das bestmögliche Ergebnis für den schlechtesten möglichen Fall ergibt. Da Ungleichheiten der Ressourcenverteilung nicht generell ausgeschlossen werden, wird auf diese Weise sowohl den Interessen der Kapitaleigentümer als auch den Interessen der am wenigsten Begünstigten Genüge getan. Rawls scheint damit ein Prinzip formuliert zu haben, das die ungleiche Ressourcenverteilung in einer Marktwirtschaft berücksichtigen und zugleich eine Vorstellung von sozialer Gerechtigkeit etablieren kann. Nach ihm setzt die Gesetzgebung die Rahmenbedingungen für gerechte Institutionen, während über die Märkte ein (pareto-)optimaler Zustand erreicht werden kann,[26] das heißt ein Zustand, bei dem die Besserstellung Einzelner nur zu Lasten anderer (hier ist besonders an die am wenigsten Begünstigten zu denken) möglich wäre. Damit wird ein völlig gerechtes System denkbar, dass zugleich pareto-optimal sein kann.[27]

Wie wurde dieser Entwurf einer gerechten Gesellschaftsordnung aufgenommen? Mit der Darstellung der Kritik an Rawls' Gerechtigkeitstheorie werden in den folgenden Abschnitten weitere Einzelheiten und Differenzierungen von Rawls' Argumentation aufgenommen und diskutiert. Dabei fließen auch spätere Korrekturen, die Rawls aufgrund seiner Kritiker vorgenommen hat, mit ein.

1.3 Würdigung und Kritik der Gerechtigkeitstheorie von Rawls

Rawls' Theorie der Gerechtigkeit als Fairness hat ein großes Echo sowohl innerhalb der Philosophie als auch in der Ökonomik gefunden. Rawls

---

26 Rawls (1998), S. 396f. Die Verbindung des Pareto-Prinzips mit den Rawlsschen Gerechtigkeitsgrundsätzen bedeutet für die Allokation von Gütern, dass Allokationsfragen nicht unabhängig von der Verteilungssituation beantwortet werden können.

27 Ebd., S. 100f. Zur Frage der hierbei auftretenden Zielkonflikte siehe Rawls' Beispiel der Sklavenhaltergesellschaft. Ebd., S. 91.

gelang es mit seiner Gerechtigkeitstheorie, eine Vorstellung von Gerechtigkeit zu etablieren, die heute als Kristallisationspunkt der Diskussion über Gerechtigkeit angesehen werden kann und die die oftmals diffusen Verwendungen des Begriffs »Gerechtigkeit« auf eine konstruktive Grundlage gestellt hat. Rawls stellt eine konsistente Gerechtigkeitskonzeption mit zwei klaren, verbindlichen Gerechtigkeitsgrundsätzen auf. Damit ist ihm ein wesentlicher Beitrag zur Klärung und Systematisierung von Urteilen über die gerechte Grundstruktur gesellschaftlicher Institutionen gelungen. Die hypothetische Konstruktion des Urzustandes hat sich als fruchtbarer Ausgangspunkt für die Bestimmung eines Leitbildes institutioneller Gerechtigkeit erwiesen. Darüber hinaus hat Rawls seine Wertprämissen offengelegt, auf denen er seine Gerechtigkeitstheorie aufbaut. Da er weder eine bestimmte Idee des Guten voraussetzt noch eine umfassende Morallehre impliziert, »scheint sich Rawls' Ansatz geradezu kongenial für moderne liberale, marktwirtschaftliche Demokratien anzubieten – gleichsam als »sozial-liberale« Synthese (in philosophischem, nicht parteipolitischem Sinne), verknüpft er doch das Prinzip individueller Rechte und Freiheiten mit dem Differenzprinzip distributive Gerechtigkeit«[28]. Rawls' Konzeption ist daher auch als theoretischer Rahmen für die Entfaltung unterschiedlicher, pluralistischer Lebensformen und Lebensweisen gut geeignet.

Andererseits erscheint es in Anbetracht der kontroversen Diskussion über Rawls' Gerechtigkeitsgrundsätze als unwahrscheinlich, dass eine Einigung über sie erzielt werden könnte.[29] Oftmals sind es die grundlegenden Fragestellungen, die bereits unvereinbare Vorstellungen nach sich ziehen. So ist zum Beispiel die Behauptung des Vorrangs des ersten Gerechtigkeitsgrundsatzes vor dem zweiten nicht konsensfähig. Kley hat den Vorrang der gleichen Grundfreiheiten als Schutz der Unabhängigkeit der individuellen Lebenspläne anerkannt und diese Position als in Übereinstimmung mit der liberalen Tradition von Locke und Kant stehend gewürdigt.[30] Die Vorordnung der Freiheit scheint in der Tat für die Herstellung einer gerechten Gesellschaftsordnung notwendig zu sein, um zu verhindern, dass die Freiheitsrechte des Individuums aus Nutzenerwägungen zur Disposition gestellt werden können.[31] Andere Philosophen dagegen, auf

---

28 Müller/Wegener (1995b), S. 16f.
29 Vgl. hierzu jedoch Forst (1994).
30 Kley (1989), S. 400f.
31 Vgl. Anzenbacher (2001), S. 171.

die bei der Diskussion von Gerechtigkeit für Menschen mit Behinderungen noch näher einzugehen ist, haben die Priorität des ersten Gerechtigkeitsgrundsatzes kritisiert und fordern eine Gleichrangigkeit des zweiten Grundsatzes.[32] Innerhalb des zweiten Gerechtigkeitsgrundsatzes wurde Rawls' Differenzprinzip wegen seiner redistributiven Wirkungen einer Vielzahl von Anfragen unterzogen, beispielsweise wurde eine restriktivere Auslegung des Differenzprinzips gefordert.[33] Andere Ökonomen halten dies wiederum für nachteilig, da das Differenzprinzip eine so große Umverteilung bedinge, dass ein zu starker Eingriff in die Ergebnisse des Marktgeschehens erfolge. Trotz dieser unterschiedlichen Diskussionsbeiträge ist es ein Verdienst von Rawls, eine Vorstellung von Gerechtigkeit als ein System von Regeln umrissen zu haben, das die verschiedenen Aspekte einer gerechten Gesellschaftsordnung stringent in wenigen Grundsätzen vereint.

In der Diskussion, die Rawls' Gerechtigkeitstheorie neu angestoßen hat, hat sich allerdings auch gezeigt, dass noch wesentliche Fragen offen bleiben. Anstelle einer ausführlichen Darstellung von direkten Gegenentwürfen zu Rawls' Theorie,[34] beispielsweise dem des Minimalstaats nach R. Nozick[35], oder von anderen vertragstheoretischen Entwürfen – hier böte sich vor allem die Vertragstheorie J. Buchanans[36] an –, soll im weiteren Verlauf dieser Arbeit vor allem auf solche Theoretiker zurückgegriffen werden, die Rawls' Ansatz auf eine Weise modifiziert haben, dass auch die Berücksichtigung der Bedürfnisse von Menschen mit Behinderung in den Blick genommen werden kann.

---

32 Vgl. Daniels (1975a), S. 253–281; Shue (1980), S. 192.

33 Vgl. zum Beispiel Knappe (1980), S. 329; Okun (1975), S. 93.

34 Eine solche Diskussion würde meines Erachtens das hier verfolgte Frageinteresse auf einen nicht fruchtbaren Nebenweg führen: Denn die Begründung von sozialer Gerechtigkeit dient hier dazu, eine normative Vorstellung zu erhalten, die als theoretischer Rahmen für die nachfolgende Analyse staatlicher Behindertenpolitik dienen soll. Dem bundesrepublikanischen Sozialstaatssystem könnte natürlich auch die Vorstellung eines Minimalstaates gegenübergestellt werden; diese hätte jedoch aufgrund der historisch gewachsenen Verankerung des deutschen Sozialstaats keine Aussicht auf politische Akzeptanz.

35 Nozick (1974).

36 Buchanan (1975).

1.3.1 Methodologische Kritik

In der nun folgenden Kritik soll Rawls' Verfahrenskonzeption der Verteilungsgerechtigkeit im Blick auf die Plausibilität ihrer Grundannahmen befragt werden. Vier grundlegende Kritikpunkte stehen im Mittelpunkt der weiteren Diskussion:

(1) Risikoaversion im Urzustand: Harsanyi[37] hat bereits relativ kurz nach Erscheinen von Rawls' *A Theory of Justice* geäußert, dass das Differenzprinzip das Ergebnis eines risikoscheuen Entscheidungsverhaltens der Individuen im Urzustand sei. Die Maximin-Regel, nach der die einzelnen Individuen im Urzustand entscheiden, sei rational nicht begründbar. Ihr liege, so Harsanyi, ein Entscheidungsverhalten zugrunde, das jedes Risiko unabhängig von Gewinnmöglichkeiten vermeiden möchte. Durch die implizite Einführung dieser psychischen Kondition der Risikovermeidung begebe sich Rawls außerhalb des durch die Verfahrensgerechtigkeit abgedeckten Bereichs. Harsanyi bezweifelt die Risikoaversion mit folgenden Argumenten: Auch im Falle von Entscheidungen großer Tragweite wie im Urzustand ist es nicht rational, sich ohne Berücksichtigung der *Wahrscheinlichkeit des Risikoeintritts* grundsätzlich für den schlechtesten möglichen Fall zu entscheiden. Nach der Konsequenz dieser Entscheidungsregel dürfte nämlich *prinzipiell* kein Risiko mehr eingegangen werden:[38] Weder könnte man eine Flugreise antreten noch eine Brücke betreten, solange die minimale Chance eines Absturzes oder eines Einbruchs besteht. Eine strikte Anwendung der Maximin-Regel würde zur Lebensunfähigkeit führen. Die Orientierung der Entscheidung im Urzustand muss deshalb neben der Berücksichtigung der unterschiedlichen Ergebnisse (bester möglicher bis schlechtester möglicher Fall) auch anhand der Wahrscheinlichkeit des Eintritts des Risikos erfolgen. Denn auch große Risiken werden gewöhnlich für kleine Gewinne eingegangen, wenn nur ihr Eintreten für äußerst unwahrscheinlich gehalten wird, wie die Flugreise zum fernen Urlaubsziel belegt.

Nun besteht für Individuen in der Situation des Urzustandes die gleiche Chance auf eine gute wie auf eine schlechte soziale Position nach Lüftung des Schleiers der Unwissenheit, das heißt die Wahrscheinlichkeit ist für alle soziale Positionen gleich. Nach Rawls orientieren sich die Parteien im

---

37 Harsanyi (1975), S. 594–606.
38 Vgl. folgenden Aufsatz, der Harsanyis Argumentation im Blick auf das Differenzprinzip aufnimmt: Hinsch (1998), S. 32ff.

Urzustand jedoch ausschließlich an der Situation der am schlechtesten gestellten Gesellschaftsmitglieder, das heißt sie entscheiden so, als ob sie trotz des Schleiers der Unwissenheit wüssten, dass sie zu diesen gehören werden.[39] Deshalb werden auch die möglichen Nachteile von Maximin-Entscheidungen für die begünstigten Gesellschaftsmitglieder bei der Entscheidungsfindung ausgeblendet. Damit ergibt sich folgende zentrale Anfrage an Rawls' Differenzprinzip:

»Warum sollten sich die Parteien im Urzustand, wenn sie über die möglichen Verteilungen von Grundgütern beraten, anders verhalten als die meisten Menschen bei gewöhnlichen risikobehafteten Entscheidungen, und durch die Wahl der Rawlsschen Grundsätze bestimmte Risiken *absolut* ausschließen, d.h. unabhängig davon, welche Gewinnmöglichkeiten mit ihnen für sie verbunden sein mögen, falls sie nicht zur Gruppe der am wenigsten Begünstigten gehören und auch unabhängig davon, wie wahrscheinlich es ist, dass sie doch zu dieser Gruppe gehören.«[40]

Geht man dagegen davon aus, dass für die Parteien im Urzustand aufgrund des Schleiers der Unwissenheit notwendigerweise die gleiche Wahrscheinlichkeit für alle Positionen besteht, dann ist kein rationaler Grund mehr gegeben, weshalb sie eine Maximin-Entscheidung treffen sollten.[41] Vielmehr wird nun ein anderes Entscheidungsprinzip plausibel, das jedoch nicht mehr mit den Rawlsschen Grundsätzen vereinbar ist: das Prinzip der Maximierung der durchschnittlichen Nutzenerwartungen aller Gesellschaftsmitglieder.

---

39 So weist J. Schmidt nach, dass die Aversion gegen das Risiko, die Rawls seinen Akteuren im Urzustand unterstellt, einen Verstoß gegen dessen eigene Methode der Verschleierung darstellt. Schmidt (1986), S. 45–66.

40 Hinsch (1998), S. 33. (Hervorh. i.O.)

41 Hinsch macht darauf aufmerksam, dass bei Rawls' Anwendung der Maximin-Regel im Urzustand vorausgesetzt ist, dass die Anteile aller Bürger bei genauer Gleichverteilung bereits über dem Existenzminimum liegen. »Wir könnten eine Gleichverteilung von Ressourcen nicht einmal *prima facie* als moralische Forderung betrachten, wenn sie in der Konsequenz dazu führen würde, daß alle Beteiligten unter die kritische Schwelle des Existenzminimums gerieten. […] Maximin-Einkommen, die oberhalb des moralischen Existenzminimums liegen, mögen eine Forderung der Gerechtigkeit sein. Sie können es aber nicht deswegen sein, weil es ohne sie unmöglich wäre, die beiden moralischen Vermögen adäquat zu entwickeln und allgemeiner das Leben einer moralischen Person zu führen.« Ebd., S. 35. (Hervorh. i.O.) Wenn jedoch ausgeschlossen ist, dass sich Bürger unterhalb des kritischen Minimums befinden werden, besteht kein Grund mehr, warum sie Vorteile aus begünstigteren sozialen Positionen bei der Wahl von Gerechtigkeitsgrundsätzen ausschließen sollten, um die Ressourcen der am wenigsten Begünstigten zu maximieren.

Träfe Harsanyis Kritik zu, dann würden marginalisierte Gruppen wie Menschen mit Behinderung von vornherein in der Güterverteilung benachteiligt werden: Denn die Orientierung an den durchschnittlichen Nutzenerwartungen aller Gesellschaftsmitglieder lässt keinen Spielraum für die Kompensation von besonderen Bedürfnissen unterhalb des Durchschnitts. Harsanyis Lösungsansatz kann entgegengehalten werden, dass er von gleichen, aber endlichen Gewichten der Nutzenfunktionen der Einzelnen ausgeht.[42] Diese Annahme ist jedoch nicht mit Rawls' Theorie kompatibel, da Rawls von einer Art Vetorecht der am wenigsten Begünstigten ausgeht,[43] das heißt von gleichen, aber unendlichen Gewichten der Nutzenfunktionen der Einzelnen, die im Urzustand eine Entscheidung über die Distribution von Grundgütern treffen. Deshalb kommt für Rawls eine Maximierung durchschnittlicher Nutzenerwartungen als Kriterium nicht in Betracht. Weiterhin beruht Harsanyis Argumentation auf einer Interpretation von Rawls' Differenzprinzip als einer Minimax-Entscheidung, die diesem nicht gerecht wird. Rawls leitet das Differenzprinzip daraus ab, dass er intuitiv die Verteilung natürlicher Fähigkeiten als moralisch willkürlich ansieht, weshalb deren Früchte grundsätzlich allen zustehen.[44] Eine Ungleichverteilung der Grundgüter kann nur dann gerechtfertigt werden, wenn sie den am wenigsten Begünstigten zugute kommt als eine Art Ausgleich für die willkürliche Verteilung der natürlichen Fähigkeiten.[45] Das Differenzprinzip entsteht also aus dem Charakter der natürlichen Fähigkeiten bei Rawls und nicht etwa aus einer Risikoaversion der Akteure im Urzustand, wie Rawls ausdrücklich hervorhebt.[46]

Ist jedoch Rawls' moralische Intention vereinbar mit einer rein rationalen Begründung der Verfahrenskonzeption? Damit ist ein weiterer Kritikpunkt angesprochen, der sich auf die moralischen Voraussetzungen von Rawls' Gerechtigkeitstheorie bezieht. Kritisiert wird, dass Rawls die Entscheidung der Akteure im Urzustand nicht rein rational, sondern nur unter Rückgriff auf materiale ethische Prämissen begründen kann.

(2) Logische Geschlossenheit des Akteursmodells: Nimmt man an, dass die Verfahrensprozedur korrekt vollzogen worden ist, so müssen dennoch die

---

42 So Homann (1988), S. 225ff.
43 Rawls (1988), S. 175.
44 Ebd., S. 122f.
45 Ebd., S. 592.
46 Ebd., S. 104.

Informationsbeschränkungen, unter denen die Entscheidung getroffen wurde, selbst begründet werden. Da diese Restriktionen des Urzustandes zur Begründung des Vertragsschlusses herangezogen werden, »können sie selbst nicht kontraktualistisch begründet werden (um einen unendlichen Regress zu vermeiden), sondern es muss sich dabei um vertragsexterne Gültigkeitsvoraussetzungen handeln«[47]. Diese leitet Rawls in einem intuitiven Vorgang[48] von moralischen Alltagsurteilen über deren formalen Gehalt und das reflexive Gleichgewicht ab.[49] Mit dem so entworfenem Urzustand wird der Vertragsschluss der Parteien jedoch geltungslogisch sekundär: Die (anscheinend) rationale Entscheidung der Akteure ist in eine aus vorgeordneten moralischen Grundlagen konstruierte Situation eingebettet, so dass »von einer eigenständigen Begründungsleistung der Rationalität nicht gesprochen werden«[50] kann.[51] Vielmehr ist es so, dass Rawls zur Lösung der Gerechtigkeitsfrage faktisch auf materiale ethische Prämissen zurückgreifen muss,[52] um seine Gerechtigkeitskonzeption als eindeutig und dauerhaft begründen zu können. Rawls' kantischem Kontraktualismus stellt sich in diesem Zusammenhang ein weiteres Problem: Er muss auch die im Urzustand unparteiische objektive Präferenz inhaltlich bestimmen, damit eine Grundlage vorhanden ist, auf die sich die rationale Entscheidung der Akteure stützen kann. Zweierlei wurde daran kritisiert: Zum einen sei Rawls' Konzept der gesellschaftlichen Grundgüter, das diese Aufgabe übernehmen und eine partielle Spezifizierung der individuellen objektiven Präferenzen leisten soll, in seinen inhaltlichen Vorgaben zu schwach ausgeprägt, um eine rationale Verfahrensprozedur zugunsten eindeutig bestimmter Ge-

---

47 Anzer (1999), S. 54.

48 Rawls (1999a), S. 30–40.

49 Anzer (1999), S. 53.

50 Ebd., S. 54.

51 Zu einer ähnlichen Schlussfolgerung kommt Besch, der im Blick auf Rawls' politische Tugend davon ausgeht, dass sie moralisch-politische Auffassungen umschließt, die unter konstruktivistischen Vorzeichen zuerst verfahrensanwendend überprüft werden müssten, so dass »von reiner Verfahrensgerechtigkeit keine Rede mehr sein [kann]«. Besch (1998), S. 83.

52 Vgl. hierzu Ebd., S. 118: »*Wenn* der Liberalismus das Problem hat, dass die Legitimität liberaler Institutionen von einer empirisch vorgegebenen, unparteilichen, wohlwollenden und toleranten politischen Moralität auf der Seite der Bürger abhängt, so tritt dieses Problem bei Rawls aufgrund der unausgewiesenen materialen Bestandteile der Tugend, vernünftig zu sein, in *verschärfter* Form auf.« (Hervorh. i.O.)

rechtigkeitsprinzipien stützen zu können.[53] Selbst wenn man diese Kritik übergeht, so bleibt zum anderen doch die grundsätzliche Kritik bestehen, dass Rawls die Verfahrensprozedur zur Lösung des Gerechtigkeitsproblems mit unter der Hand eingeführten starken moralischen Voraussetzungen vermengen muss.[54] Ein logisch geschlossenes rationales Akteursmodell liege somit nicht vor.[55] Bevor auf diesen Kritikpunkt eingegangen wird, sollen zwei weitere, damit zusammenhängende Einwände berücksichtigt werden.

(3) Adäquatheit des Akteursmodells: Eine Theorie der Gerechtigkeit muss sich nicht nur der Frage stellen, wie eine gesellschaftliche Ordnung als moralisch erstrebenswert ausgewiesen werden kann, sondern sie muss auch die Frage beantworten, wie die Implementierung ihrer Prinzipien unter plausiblen Bedingungen erfolgen kann. Im Urzustand geht Rawls von den kontrafaktischen Bedingungen des Schleiers der Unwissenheit aus, um auf diese Weise unspezifische individuelle Präferenzen zu erhalten. Die völlige Abstrahierung von persönlichen Interessen und Neigungen führt jedoch dazu, dass er bei der Implementierungsfrage nur dann ein adäquates Akteursmodell vorweisen kann, wenn er davon ausgeht, »dass die tatsächlichen Präferenzen eines Zeitgenossen inhaltlich mit seinen auf der ersten theoretischen Ebene (der Ebene des Urzustands – der Verf.) spezifizierten ethischen Präferenzen übereinstimmen«[56]. Dies ist aus folgendem Grund jedoch nicht gegeben: Bei der Realisierung einer als gerecht anerkannten Lösung werden nur die wenigsten Individuen von sich behaupten, dass sie dazu bereit und in der Lage sind, ihre persönlichen Interessen strikt auszublenden. Ein Akteur wird in der Regel als Handlungsmotive persönliche Interessen und daneben auch ethische Maßstäbe anführen. Nimmt man diese vorherrschende Interpretation ernst, so ist eine angemessene Akteursbeschreibung nur möglich, wenn die im Urzustand spezifizierte ethische Präferenz substantiell in die tatsächliche subjektive Präferenz eingeht. Diese Bedingung ist nun aber logisch nicht durchzuhalten: Denn auf der Verhaltensebene muss der Fall möglich sein, dass ein Akteur seine persönlichen Interessen gegen seine ethischen Präferenzen durchsetzt. Dieser Fall

---

53 Schmidt (1999), S. 89, bes. Anm. 10.
54 Ebd., S. 90.
55 Vgl. zu den Schwierigkeiten der Rekonstruktion des Begriffs der vernünftigen Person bei Rawls: Besch (1998), S. 74–78.
56 Schmidt (1999), S. 91.

wird dann wahrscheinlich, wenn eine bestimmte Konzeption der Gerechtigkeit realisiert werden soll, die Mitgliedern der Gesellschaft eine Verschlechterung ihrer persönlichen Situation zumutet. Es scheint hier kein kontraktualistisches Argument zu geben, das diese Spannung zwischen moralischer Rechtfertigung und tatsächlicher Realisierung im Sinne von Rawls aufheben könnte. Rawls fehlt damit ein analytisches Modell, »das zwischen dem hypothetischen Kalkül eines vollkommen moralischen Akteurs und den aktuellen Präferenzen eines realen Individuums eine Brücke zu schlagen imstande wäre«[57]. Damit geht ihm aber auch die Verbindung zur politischen Praxis verloren. Seine Gerechtigkeitstheorie steht in der Gefahr, zwar begrifflich elaboriert, aber politisch unverbindlich um ihre Verwirklichungschancen gebracht zu werden. Hieran anschließend kann man generell nach dem Charakter von Rawls' Theorie der Gerechtigkeit als Fairness fragen. Ist sie eine Theorie rationaler Wahl oder eine moralische Konzeption?

(4) Der moralische Charakter der Gerechtigkeitstheorie: Dieser Aspekt wirft die grundsätzliche Frage auf, wie politisch legitimierte und philosophisch begründete Gerechtigkeitsvorstellungen verknüpft werden können. Politische Konzeptionen sind in einer Demokratie immer öffentlich zu rechtfertigen. Grundsätzlich können philosophische Gerechtigkeitsgrundsätze aber kein Gegenstand von Mehrheitsentscheidungen sein, sondern müssen durch rationale Argumentation begründet werden, also unabhängig von einer politischen Legitimation. (Öffentliche Rechtfertigung und rationale Argumentation koinzidieren ja nur in bestimmten Fällen.[58]) Rawls hat ursprünglich den Kunstgriff des hypothetischen Urzustands angewendet, um so eine rein rational begründete Ausgangssituation unabhängig von bestehenden Ungleichheiten und jenseits von bestimmten Moralen schaf-

---

57 Ebd., S. 92. Rawls selbst spricht von einer normativen Personenkonzeption, die als moralische Konzeption von unserer alltäglichen Vorstellung einer Person ausgeht und einer politischen Gerechtigkeitskonzeption angepasst wird. Rawls (1998), S. 84, bes. Anm. 20.

58 Zum einen können die subjektiven Präferenzen eines Individuums nur akzidentiell den unspezifischen objektiven Präferenzen entsprechen. Die damit verbunden methodologischen Schwierigkeiten wurden bereits oben diskutiert. Zum anderen könnte die öffentliche Rechtfertigung einer philosophischen Konzeption im universalen Diskurs aller Betroffenen, wie er von K.-O. Apel vertreten wird, erfolgen. Damit würde die individuelle Entscheidung in einer konkreten Situation an die regulative Idee einer idealen Gemeinschaft zurückgebunden, die für diese Maßstäbe der Gerechtigkeit bereitstellt. Jedoch wäre auch hier neben bestimmten impliziten Voraussetzungen ebenso die Verbindung zwischen idealer Gemeinschaft und realer Öffentlichkeit zu klären.

fen zu können. In neueren Veröffentlichungen hat Rawls jedoch klarge-
stellt, dass er eine moralische Gerechtigkeitskonzeption verfolgt.[59] Dazu
greift er auf die verschiedenen, in der Gesellschaft vorhandenen pluralen
Wertekonzeptionen zurück, wobei er davon ausgeht, dass in diesen Wertekonzeptionen ein Grundkonsens potentiell in Form des *Common sense*
enthalten ist. Indem das Gemeinsame aus den pluralen Vorstellungen
extrahiert wird, gewinnt Rawls einen Grund- oder »übergreifenden Konsens«[60], der jedoch selbst keine Konzeption des Guten darstellt. Rawls
trennt also moralischen und politischen Konsens.[61] Dem politischen Konsensprozess bleibt vorbehalten zu bestimmen, wie der Inhalt des gemeinsamen Ziels einer fairen sozialen Kooperation beschaffen sein soll, wobei
jedoch nur solche Regeln gelten sollen, die mit dem Grundkonsens übereinstimmen. Rawls schließt hier an kulturell tradierte, moralisch-politische
Gründe an, die in einer Gesellschaft intuitiv vorhanden sind. Der übergreifende Konsens muss nun von seiner kulturellen Unmittelbarkeit befreit
werden, um zu erreichen, dass die Sicherstellung des gemeinsamen Ziels
der sozialen Kooperation unter fairen Bedingungen erfolgt. Der übergreifende Konsens wird also unter Zuhilfenahme der Kriterien der Fairness in
eine Form wohlerwogener öffentlicher Moral überführt, die sich dann in
einem »Überlegungsgleichgewicht«[62] als kompatibel mit den individuellen
Interessen erweist.

Ein Grundkonsens ist jedoch nur möglich, wenn in den jeweiligen partikularen Moralen, die in einer pluralistischen Gesellschaft vorhanden sind,
verallgemeinerungsfähige und zustimmungsfähige Komponenten enthalten

---

59 Vgl. Rawls (1992b), S. 273f., Anm. 20. (Hervorh. i.O.): »Es war deshalb ein (sehr irrefüh-
render) Fehler, in *Eine Theorie der Gerechtigkeit* eine Gerechtigkeitstheorie als Teil einer
Theorie rationaler Entscheidungen darzustellen […]. Ich hätte sagen sollen, dass *Gerechtigkeit als Fairness* eine Theorie rationaler Entscheidung, die den Bedingungen des Vernünftigen unterliegt, dazu benutzt, die Überlegungen der Parteien als Vertreter freier
und gleicher Personen zu beschreiben, und all das innerhalb einer Gerechtigkeitskonzeption, die natürlich eine moralische Konzeption ist. Ich habe nie daran gedacht, zu
versuchen, den Gehalt der Gerechtigkeit innerhalb eines Rahmens herzuleiten, der sich
auf den Gedanken des Rationalen als einziger normativer Idee beschränkt.« Vgl. hierzu
auch Rawls (2003), S. 44ff. Vgl. zur Idee des Urzustandes Rawls (1998), S. 89–97.
60 Rawls (1998), S. 80f. sowie Rawls (1992b), S. 289–298.
61 Da der Grundkonsens aus verschiedenen, partikularen Moralen gewonnen wird, ist er
natürlich moralischer Art. Aber Rawls bestimmt ihn nicht inhaltlich im Sinne einer bestimmten Moral, die sozusagen die gesellschaftliche Konkurrenz der verschiedenen Moralen für sich hätte entscheiden können.
62 Rawls (1998), S. 73.

sind. Dann können die verschiedenen »Deckungspunkte« der Moralen in einem Grundkonsens zusammengeführt werden, indem die Bürger nur den Teil ihrer Moral vertreten, der mit den zustimmungsfähigen Teilen anderer Moralen in Übereinstimmung gebracht werden kann. Die Bürger müssen dazu unterscheiden können zwischen öffentlich zustimmungsfähigen und nicht-öffentlichen Teilen ihrer Moral. Um diese Unterscheidung treffen zu können, müssen sie die Tugend entwickelt haben, private Interessen zugunsten der öffentlich zustimmungsfähigen Teile als zweitrangig zu bewerten. Rawls benötigt also Tugenden der Kooperation als Voraussetzung der Herausbildung eines Grundkonsenses. Seine Gerechtigkeitstheorie erhält im *Politischen Liberalismus* eine Personenzentriertheit, die sich nicht als soziales System, sondern als Reflektionszusammenhang niederschlägt, in dem die Bürger lernen, die Position des Anderen anzuerkennen, um soziale Kooperationen zu ermöglichen.[63] Damit verlässt Rawls aber den Boden des Kontraktualismus; es geht dann nicht mehr um die rationale Begründung der Wahl von Institutionen fairer sozialer Kooperation, sondern um die Änderung bürgerlicher Moral(en).

»Der Grundkonsensus über ›faire soziale Kooperation‹ baut nicht auf einer strategischen Rationalität der Akteure auf, sondern basiert auf moralischen Positionen der Bürger, die gleichsam vernünftig transformiert werden in eine transmoralische Moral der Fairness, die man auch eine ›liberale Moral‹ nennen kann.«[64]

Ohne jeden Kritikpunkt im Einzelnen ausführlich zu diskutieren, kann zu (2), (3) und (4) gesagt werden, dass Rawls seine Theorie aufgrund der geäußerten Kritik weiter entwickelt und bestimmte Kritikpunkte aufgenommen hat. So wurden in dem Buch *Eine Theorie der Gerechtigkeit* die Grundgüter zum einen begründet mit ihrer allgemeinen Evidenz für vernünftige Menschen und zum anderen zurückgebunden an die subjektiven Präferenzen von vorteilsorientierten Akteuren. Dies wurde unter (3) als Spannung zwischen dem hypothetischen Kalkül eines vollkommen moralischen Akteurs und den aktuellen Präferenzen eines realen Individuums kritisiert. In Rawls' Spätwerk *Politischer Liberalismus* werden die Grundgüter nunmehr rückgekoppelt an das Verständnis freier und gleicher Bürger, die über zwei moralische Vermögen verfügen, deren Ausübung durch die Grundgüter

---

63 Vgl. Priddat (1995), S. 198.
64 Ebd., S. 204.

ermöglicht wird.[65] Damit wird Rawls' Konzeption der Grundgüter frei von rational-egoistischen Wertvoraussetzungen, da er nun Personen »als Ursprung selbstbestätigender normativer Ansprüche begreift und als einem Vernunftideal verpflichtet sieht, das ›Vernunft‹ mit der unparteilichen Reflexion auf Gründe gleichsetzt«[66].

Natürlich, so kann man die unter (2) genannte Kritik nur aufnehmen, baut Rawls seine Gerechtigkeitstheorie auf bestimmten moralischen Werturteilen auf, auf die sich dann die rationalen Entscheidungen der Akteure stützen können. Ohne gehaltvolle moralische Wertsetzungen kann eine Theorie, welche die Grundzüge einer gerechten Gesellschaftsordnung bestimmen will, nicht auskommen.[67] Die Kritik, dass Rawls einen geltungslogisch sekundären Vertragsschluss etabliert, kann dann nur auf dem Boden eines rein metaphysisch gefassten, unpolitischen Bezugsrahmens von Gerechtigkeit Gültigkeit beanspruchen; in der politischen Philosophie ist dagegen zu klären, wie Rationalitätsansprüche mit einer wie auch immer bestimmten Moralität vermittelt werden können.[68] Rawls kann hier zugute gehalten werden, dass er seine moralischen Werturteile nicht verschleiert hat.[69] Die im Blick auf moralische Werturteile eigentliche Frage muss dagegen vielmehr lauten, ob Rawls' moralische Wertsetzungen sich in einer gesellschaftlichen Situation des Pluralismus als konsensfähig erweisen oder nicht. Hier kann in Entgegnung der unter (4) genannten Kritik gesagt werden, dass Rawls' zugrunde liegende Wertekonzeption als Teil der öffentlichen politischen Kultur einer demokratischen Gesellschaft angesehen werden kann.[70] Zugleich finden diese Grundwerte über die Grundsätze der Gerechtigkeit bei Rawls Eingang in die individuellen Vorstellungen des guten Lebens. »Die verschiedenen zulässigen individuellen Lebensformen kennzeichnet ein gemeinsames basales Wertespektrum. Rawls' Konzeption

---

65 Diese sind der Sinn für Gerechtigkeit und das Verfolgen einer Konzeption des Guten. Rawls (1998), S. 272.

66 Pauer-Studer (2000), S. 159f.

67 Ebd., S. 169.

68 Vgl. Reese-Schäfer (1988), S. 103: »Die ursprüngliche Konstitution der politischen Diskussionsbasis jedoch bringt immer schon den gesamten Schmutz der Empirie, die Unreinheit des Realen in die Diskussion herein.«

69 Vgl. Bossert (1990), S. 93f.

70 Vgl. Pauer-Studer (2000), S. 223. Vgl. auch die jüngste Darstellung von Rawls zu diesem Thema in Rawls (2002), S. 62ff.

ist auf Grundwerte verpflichtet, die allen akzeptablen Konzeptionen des guten Lebens unterliegen.«[71]

Allerdings könnte die Aussage, dass die individuellen Vorstellungen des guten Lebens auf bestimmte gemeinsame Wertgrundlagen zurückzuführen sind, sofort wieder hinterfragt werden. Muss nicht aufgrund der Pluralität gesellschaftlicher Wertekonstellationen von einer Unterschiedlichkeit individueller Wertgrundlagen ausgegangen werden, die sich dann auch in einer Pluralität existierender gesellschaftlicher Verteilungsregeln auswirkt? Diesen Punkt hat auch eine Gruppe von Philosophen kritisiert, die eine Vielzahl von Verteilungsregeln in einer Gesellschaft als gegeben ansieht. Es handelt sich um die kommunitaristische Perspektive, die nun dargestellt werden soll.

1.3.2 Kommunitaristische Kritik

Die Kritik der Kommunitaristen entzündete sich an Rawls' Begriff des Selbst, um später in einer zweiten Phase zu einer Auseinandersetzung über die unterschiedlichen Gesellschaftskonzeptionen zu führen. Eine umfassende Darstellung kommunitaristischer Denkansätze ist hier nicht beabsichtigt; die Position des Kommunitarismus ist, wie im Folgenden ausgeführt wird, vielmehr als Ergänzung zum politischen Liberalismus zu verstehen, weshalb auch nur selektiv solche Aspekte der kommunitaristischen Kritik aufgegriffen werden, welche für das Frageinteresse von Gerechtigkeit für Menschen mit Behinderung als relevant erscheinen. Dies sind vor allem Gesichtspunkte, die sich auf die Ebene der sozialen Zusammenhänge und Voraussetzungen beziehen, welche nach kommunitaristischem Denken in Rawls' Gerechtigkeitstheorie nicht hinreichend berücksichtigt sind. Zuerst soll die Kritik an den mangelnden sozialen Voraussetzungen des Selbst im Rawlsschen Urzustand aufgenommen werden, bevor auch die Darstellung der Beschaffenheit sozialer Zusammenhänge als solcher bei Rawls beleuchtet wird. Werden soziale Partikularitäten stärker einbezogen, treten sie unweigerlich in Spannung zu universalen Elementen einer Gerechtigkeitstheorie. Kommunitaristisches Denken läuft deshalb auch auf ein anderes Verständnis von Universalismus hinaus, als Rawls es widerspiegelt.

---

71 Pauer-Studer (2000), S. 223.

(1) Kritik an Rawls' Begriff des Selbst: Sandel, Taylor und andere kommunitaristische Denker haben Rawls' Begriff des Selbst, das hinter dem
Schleier der Unwissenheit agiert, einer grundlegenden Kritik unterzogen:[72]
Alle speziellen Züge, welche die Identität eines Menschen erst formen, sind
im Urzustand verborgen, so dass nicht das reale, psychosozial geprägte
Selbst gemeint sein kann. Folglich liege Rawls' Gerechtigkeitsgrundsätzen
ein abstraktes, präsoziales Selbst zugrunde, das all jener Eigenschaften
entbehrt, die das menschliche Selbst ausmachen. Nach Rawls genügt es,
sich gedanklich in den Urzustand hineinzuversetzen durch Reflexion über
faire Grundsätze der Gerechtigkeit unter der Bedingung des Schleiers der
Unwissenheit.[73] Seine kommunitaristischen Kritiker werfen dagegen die
Frage auf, wie sich denn in einer so abstrakten Situation die Akteure von
einander unterscheiden sollen. Da das vertragsschließende Subjekt ohne
jegliche identitätsstiftende Faktoren gedacht ist und auch keine individuellen Ziele hat, (sondern lediglich die Option besteht, individuelle Präferenzen zukünftig auszubilden), kommen dafür nur gemeinsame Güter in
Frage, die jedoch vorrangig gesellschaftlich beansprucht sind. Das frei-
schwebende Subjekt ist dann aber nicht mehr denkbar.[74]

Die Kommunitaristen zielen mit ihrer Kritik auf die Prämissen des
Vertragsdenkens: Nach Taylor heben liberale Theorien, die den Vorrang
der Rechte betonen, den unbedingten Charakter dieser Rechte hervor,
ohne aber zugleich den Bindungen und Verpflichtungen, die der Träger
der Rechte gegenüber der Gemeinschaft hat, einen ähnlich unbedingten
Charakter zuzuerkennen.[75] Taylor kritisiert in diesem Zusammenhang den
liberalen Freiheitsbegriff, der durch die Betonung der Autonomie und
Wahlfreiheit des Einzelnen die sozialen Bedingungen, welche individuelle
Freiheit erst ermöglichen, abblendet.[76] Rawls beachte nicht, dass jede soziale Konstruktion auf gemeinschaftlichen Voraussetzungen aufruhen
muss. Werden diese negiert, kommt es zu einer realitätsfernen Abstraktheit
der betreffenden Konzeption. Die Identität des Subjekts, so der berech-

---

72 Vgl. zum Folgenden Sandel (1998), bes. 60ff.; Taylor (1988), S. 150: Nach Taylor kann
»der Mensch außerhalb einer Sprachgemeinschaft und einer gemeinsamen Auseinandersetzung über Gut und Böse, gerecht und ungerecht nicht einmal ein moralisches Subjekt« sein. Vgl. auch Forst (1994), S. 23ff.
73 Vgl. Rawls (1998), S. 115–118.
74 Vgl. Reese-Schäfer (1988), S. 101.
75 Vgl. Taylor (1992), S. 30.
76 Vgl. hierzu auch Bedford-Strohm (1999), S. 385.

tigte Einwand, ist somit nicht als individualistische Schöpfung, sondern nur als gesellschaftliches Produkt vorstellbar. Für die Entwicklung seiner Identität ist das freie, selbstbestimmte Individuum auf die Stabilität und Kontinuität einer spezifischen Kultur angewiesen.[77] Innerhalb einer bestimmten sozialen Gemeinschaft konstituieren bestimmte Faktoren die Identität einer Person als Mitglied eben dieser sozialen Gemeinschaft. Soziale Anforderungen und Verpflichtungen stehen nicht in dem Belieben eines Individuums, das diese jeweils in der betreffenden Situation durch Vereinbarung herstellen könnte, sondern sind überkommene, unfreiwillig erwachsene Bindungen, die den individuellen Interessen vorgelagert sind, weil Letztere nur auf dem Boden einer konkreten sozialen Gemeinschaft möglich sind. Eine abstrakte Konstruktion konkreter sozialer Zusammenhänge steht daher immer in der Gefahr, rein metaphysische Prinzipien zu formulieren, die dann in der Form instrumenteller Rationalität begründet werden. Es ist in diesem Zusammenhang wichtig, dass Rawls eine *politische* Konzeption der Gerechtigkeit ansteuert. Auch hier hinterfragen kommunitaristische Denker Rawls' Prämissen: Inwieweit berücksichtigt er eine angemessene soziale Basis für politische Vertragsverhandlungen? Kann eine formale Verfahrenskonzeption die sozialen Voraussetzungen moralischen Verhaltens erfassen?

(2) Kritik an Rawls' Verständnis sozialer Zusammenhänge: Kommunitaristisches Denken setzt in einem hermeneutischen Verfahren bei der existierenden gesellschaftlichen Wirklichkeit mit ihrer Pluralität von Verteilungsregeln an.[78] Jeder gesellschaftliche Bereich hat eine bestimmte Konzeption des Guten, in Übereinstimmung mit dem die Distribution sozialer Güter erfolgen soll. Diese Konzeptionen können nun nicht einfach durch abstrakte Gerechtigkeitsprinzipien ersetzt werden, weil nach kommunitaristischer Vorstellung die nötige Motivation zum gemeinschaftlichen Zusammenleben in einer Gesellschaft auf *inhaltlichen* Zielen gründet, die von einer Gemeinschaft gemeinsam angestrebt werden. Diese Motivation kann durch eine rein formale Konzeption mit ihren technischen Regeln des Zusammenlebens nicht gewährleisten werden. Nähe und Identifikation erzeugen viel eher die Bereitschaft zu moralischem Verhalten als abstrakte

---

77 Vgl. Taylor (1992), S. 45: »I am arguing that the free individual of the West is only what he is by virtue of the whole society and civilization which brought him to be and which nourishes him.«
78 Vgl. Reese-Schäfer (1988).

Universalismen. Für kommunitaristisches Denken ist die Rawlssche Vorstellung sozialer Zusammenhänge zu formal gefasst.

Es müssen deshalb die sozialen Zusammenhänge beachtet werden, denen auch das moderne liberale Selbst seine Herausbildung verdankt. Um eine Verteilung von Gütern innerhalb einer sozialen Gemeinschaft legitimieren zu können, bedarf es eines hinreichend starken Zugehörigkeitsgefühls zu dieser Gemeinschaft. Diese Verpflichtung zur Zugehörigkeit soll von jedem Bürger selbstreflexiv unter Bezugnahme auf diese Zusammenhänge entwickelt werden. Kommunitaristen möchten so die einseitige Betonung der Ansprüche der Bürger korrigieren, die letztlich den Kitt sozialer Gemeinschaften angreifen und zerstören. Geht man allerdings von pluralen Konzeptionen des Guten in einer Gesellschaft aus, sind diese nicht mehr mit einer universalen Theorie der Gerechtigkeit vereinbar. Wie kann man dennoch zu universalen Standards von Gerechtigkeit gelangen? Hier kann auf eine andere Interpretation des Universalismus verwiesen werden, die Michael Walzer in die Diskussion eingebracht hat.[79]

(3) Alternative Lesart des Universalismus: Auch wenn der Sozialphilosoph Walzer nicht direkt dem Kommunitarismus zuzuordnen ist, so bietet sich doch an, die von ihm vorgeschlagene Lesart des Universalismus an dieser Stelle mit zu behandeln: Als »wiederholender Universalismus«[80] wird von ihm eine Problemlösung bezeichnet, die den Konflikt zwischen abweichenden Wertvorstellungen dadurch löst, dass Problemlösungen, die sich in einem gesellschaftlichen Bereich bewährt haben, auf andere Bereiche übertragen und dort wiederholt werden. Dieses als *Benchmarking* bekannte Verfahren aus der Wirtschaft fördert so die Orientierung an den Bereichen, in denen andere besser sind. Nach und nach bilden sich nun größere Schnittfelder gemeinsamer Wertvorstellungen innerhalb der Gesamtgesellschaft heraus, so dass sich schrittweise ein allgemeiner Konsens auf Grundlage der bereits erfolgten Verhandlungsergebnisse ergibt.

Jedoch besteht die nicht von der Hand zu weisende Gefahr, dass dieser pragmatische Weg keine moralisch gültigen Regeln, sondern nur zweifelhafte Wertkompromisse zu formulieren vermag. Unbesehen könnte auf diese Weise auch der Abbau von sozialen Rechten ideologisch verbrämt werden, wenn zum Beispiel aufgrund bestehender Ungleichheiten ein

---

79 Vgl. Walzer (1992).
80 Walzer (1996), S. 161 ff.

höherer Mindeststandard gegen bestimmte Machtinteressen nicht durchsetzbar ist oder wenn sich die Wertkompromisse lediglich auf Angehörige höherer Schichten beziehen und schwächere soziale Schichten immer stärker ins Hintertreffen geraten.[81] Die Schwäche dieses Ansatzes besteht darüber hinaus in der Tatsache, dass auf diese Weise keine Vorstellung von einer die ganze Gesellschaft betreffenden sozialen Gerechtigkeit entwickelt wird. Ungleichheiten zwischen gesellschaftlichen Gruppen können so anwachsen, ohne dass ein Ausgleich erfolgt. Damit wird es prinzipiell möglich, dass besonders die am wenigsten begünstigten Mitglieder einer Gesellschaft, zu denen häufig auch Menschen mit Behinderung zählen, in die Gefahr geraten, aufgrund mangelnder lokaler Gerechtigkeitsregeln unter die kritische Schwelle des Existenzminimums zu fallen. Hier bedarf Walzers Ansatz der Ergänzung und der Kritik durch universale Regeln.

(4) Aspekte kommunitaristischer Gesellschaftskonzeption: Auf der Ebene lokaler Gemeinschaften sehen kommunitaristische Konzeptionen jene moralische Verbundenheit gegeben, die für soziales Handeln Voraussetzung ist. Mit der Remoralisierung sozialer Bezüge, die man als Tugendorientierung bezeichnen kann, soll nach dem kommunitaristischen Ansatz die funktionale Notwendigkeit des moralischen Aspekts für den Zusammenhalt des sozialen Systems aufzeigt werden.[82] Aus diesem Verständnis gesellschaftlicher Kohäsion folgen zwei Konsequenzen im Blick auf die soziale Sicherung der Bürger: Erstens ist jeder Bürger zunächst selbst für die Sicherung seines Lebensbedarfs zuständig. Soziale Sicherungen sind nach dem Subsidiaritätsprinzip in aufsteigender Reihe so zu organisieren, dass zuerst die jeweils nächsthöhere Ebene in Anspruch genommen wird

---

81 Vgl. dazu die Entwicklung des Sozialkapitals in den USA, das sich in letztgenannter Richtung bewegt. Wuthnow (2001), S. 695ff.

82 Kommunitaristen denken dabei nicht an die traditionelle Moralität in naiver Sicht. Vielmehr haben sie ein unter den Bedingungen der Moderne gebrochenes Tugendverständnis, das auf die Herstellung und Bewahrung jener sozialmoralischen Erfordernisse zielt, die für den Zusammenhalt der Gesellschaft unerlässlich sind. »Man könnte also von einer Wiederentdeckung des Tugenddiskurses unter den Bedingungen postmoderner Dienstleistungsgesellschaften sprechen. Es kommt aber weniger auf Tugendhaftigkeit an als vielmehr auf das sich selbst als sinnvoll erlebende partizipatorische und bürgerschaftliche Engagement, das durch Vorbild, Beispiel und befriedigende Wirkungen, die von ihm ausgehen, das soziale Leben interessanter und erträglicher machen.« Reese-Schäfer (1988), S. 77. Gleichzeitig wird so daran erinnert, dass auch die liberale Position auf Tugenden wie Zivilcourage oder Grundhaltungen wie die Anerkennung der Rechte und Würde des Anderen angewiesen ist. Vgl. hierzu Eurich (2005a), S. 219f.

(Familie), und erst wenn diese keine Hilfe mehr leisten kann, auf die nächste, übergeordnete Ebene zugegriffen wird (Kommune, Land, dann Bund). Auf diese Weise wird die Umverteilung von Gütern über die Eigenleistung der Empfänger legitimiert. Soziale Maßnahmen, die Eigeninitiative lähmen oder verhindern, widersprechen dem Subsidiaritätsprinzip und sind zu reformieren. Zweitens geht mit dem Subsidiaritätsprinzip die Stärkung der Zivilgesellschaft gegenüber Staat und Markt einher. Soziale Aktivitäten aufgrund der Initiativen frei assoziierter, selbständiger Bürger sollen als zivilgesellschaftliche Elemente in den Aufbau der gesellschaftlichen Ordnung vermehrt einfließen. Da die Kommunitaristen von bestehenden sozialen Verhältnissen ausgehen, kann das zivilgesellschaftliche Engagement sowohl auf materielle Gründe als auch auf moralische Bedürfnisse zurückgeführt werden. In beiden Fällen gehen Identitätsaspekte und moralische Werturteile in die Motivation des Engagements ein. Wichtig ist, dass das bürgerschaftliche Engagement in den politischen Diskurs eingebracht wird und so das Bewusstsein der Öffentlichkeit mitprägt.

In einer allgemeinen Einschätzung ist zur kommunitaristischen Kritik zunächst anzumerken, dass sie als Korrektur und nicht als Gegenentwurf zum Liberalismus zu verstehen ist.[83] Dies gilt ebenso für Walzer, der sich selbst in der liberalen Tradition stehend sieht und davon ausgeht, dass die liberale Tradition faktisch die bestimmende Tradition in den westlichen Gesellschaften geworden ist.[84] Die Legitimation der angeführten Kritik liegt in der sich selbst gefährdenden Konsequenz des individualistischen Liberalismus: »Da der Liberalismus eine selbstzerstörerische Lehre ist, braucht er die periodische kommunitarische Korrektur tatsächlich.«[85] Der Kommunitarismus geht jedoch über die Kritik an der Konzeption eines atomistischen Individuums hinaus: »Das zentrale Thema der politischen Theorie ist nicht die Konstituierung des Selbst, sondern die Verbindung, in welche die vielen sich ihrer selbst bewussten Ichs zueinander treten, mithin

---

83 So grundsätzlich auch V. H. Schmidt, der aber davon ausgeht, dass zwischen liberalen und kommunitaristischen Ansätzen nur geringfügige Überschneidungen bestehen, da beide auf unterschiedlichen Ebenen der Gerechtigkeit (global gegenüber lokal) angesiedelt sind. Deshalb könne Rawls' Theorie auch nicht in direkter Weise durch einen Vergleich mit zum Beispiel Walzers »Sphären der Gerechtigkeit« kritisiert werden. V. H. Schmidt (1995), S. 179ff.
84 Walzer (1993), S. 161 und 166.
85 Ebd., S. 170.

das Muster und die Struktur ihrer sozialen Beziehungen.«[86] Nach Walzer soll moralische Wirklichkeit nicht unhinterfragt hingenommen werden, weshalb er auch Bezug auf die Konstruktion philosophischer Vorstellungen von Gerechtigkeit nimmt.[87] Walzers Weg der Interpretation von Moral soll hier nicht weiterverfolgt werden, seine Grundintention der Wahrnehmung und Interpretation der Zusammenhänge sozialer Strukturen soll weiter unten jedoch für die Vorstellung einer Gerechtigkeit für Menschen mit Behinderung aufgenommen werden.

Weiterhin kann festgehalten werden, dass sich im Verlauf der Auseinandersetzung auffällige Gemeinsamkeiten zwischen Rawls und den Kommunitaristen herausgebildet haben. So hält Reese-Schäfer fest:»Das reflexive Gleichgewicht wohlerwogener Überzeugungen in verschiedenen Gemeinschaften ist der gemeinsame Ausgangspunkt so gut wie aller kommunitarischen Theoretiker.«[88] Allerdings erweitern jene Rawls' Konzeption um soziale Aspekte wie etwa den einer bestimmten sozialen Identität. Rawls möchte dagegen den ursprünglichen Zustand mit so anspruchslosen metaphysischen Prämissen wie möglich ausstatten, da ansonsten zu viele Voraussetzungen viel zu viele Begründungspflichten nach sich ziehen würden, so dass der politische Diskurs überlastet würde und die Wahrscheinlichkeit der Akzeptanz einer philosophischen Konzeption in der breiten öffentlichen Diskussion sinken würde.[89]

Hier erscheint Rawls' Ansatz plausibler, da ansonsten nicht gewährleistet werden kann, dass soziale Gerechtigkeit in einer die ganze Gesellschaft betreffenden Konzeption gefasst wird. Jedoch ist die kommunitaristische Kritik der fehlenden sozialen Bedingungen von Freiheit aufzunehmen und Rawls' Ansatz entsprechend zu erweitern. Rawls selbst hat seinen Gerechtigkeitsentwurf modifiziert und sich hinsichtlich des Personbegriffs auf kommunitaristische Positionen zu bewegt, indem er in seinem Buch *Political Liberalism* den Begriff des Bürgers in den Mittelpunkt stellt.[90] Er verneint explizit,»dass Personen aus liberaler Sicht keine grundlegenden gemeinsamen Ziele hätten«[91], unterscheidet dabei aber gemeinsame Ziele

---

86 Ebd., S. 179.
87 Vgl. Reese-Schäfer (1988), S. 110, der in der Möglichkeit der Gesellschaftskritik bei Walzer massive liberale Elemente in das kommunitaristische Denken eindringen sieht.
88 Ebd., S. 106.
89 Ebd. Vgl. Rawls (1998), S. 273f.
90 Vgl. Rawls (1993).
91 Rawls zit. n. Priddat (1995), S. 197.

(nämlich die politische Gerechtigkeit der fairen sozialen Kooperation) von gemeinsamen Wertvorstellungen, so dass bei Rawls ein substantiell entleerter Begriff des Bürgers im Rahmen einer vorausgesetzten Praxis zu konstatieren ist.[92] Ob dieser Begriff im Blick auf die Voraussetzungen individueller Freiheitsausübung hinreichend ist, wird unten in einem weiteren Kapitel unter Bezug auf Selbstachtung und Anerkennung reflektiert.[93] Da die gemeinsamen Ziele der Bürger keine Konzeption des Guten enthalten dürfen, wird durch einen Konsensprozess innerhalb der Gesellschaft bestimmt, wie die gemeinsamen Ziele inhaltlich zu bestimmen sind. Rawls gelingt es damit, an die Stelle eines moralischen Konsenses den politischen Konsens zu setzen, der allerdings eine *moralische Funktion* übernimmt.[94] Mit dem politischen Konsens auf Grundlage des reflexiven Gleichgewichts wohlerwogener Überzeugungen scheint Rawls also ein Verfahren konzipiert zu haben, in welchem er die verschiedenen partikularen Moralen innerhalb einer Gesellschaft einbeziehen kann, ohne dabei einer bestimmten Vorstellung des Guten eine dominierende Stellung einzuräumen. Die zugrunde liegenden partikularen Wertekonzeptionen werden so als Teil der öffentlichen politischen Kultur einer demokratischen Gesellschaft wahrgenommen.[95] Gleichzeitig relativiert Rawls in seinem Spätwerk seine Konzeption, in dem er nur solche Werte zulässt, die zu einer demokratischen Kultur gehören.[96] Hierzu wird unten die Idee diskutiert, über gleichwertige Rechte individuelle Freiheit so abzustützen, dass die sozialen Bedingungen von Freiheit hinsichtlich ihrer Ausübung berücksichtigt werden können.[97]

---

92 Vgl. Seibert (2004), S. 180f. und 340.

93 Vgl. unten I.3.

94 Vgl. ebd.

95 Es kann in Unterstützung von Rawls' Position argumentiert werden, dass die verschiedenen, unter liberalen Bedingungen zulässigen individuellen Lebensformen von einem gemeinsamen basalen Wertespektrum gekennzeichnet sind. »Diese Werte finden über die Grundsätze der Gerechtigkeit, die ja den Rahmen für alle zulässigen Konzeptionen des Guten abstecken, auch Eingang in die individuellen Vorstellungen des guten Lebens.« (Pauer-Studer (2000), S. 223) Insofern kann bei Rawls durchaus von eingeschränkten Grundlagen sozialer Identität ausgegangen werden, denn seine Konzeption baut auf solchen Grundwerten auf, auf die auch alle akzeptablen Konzeptionen des guten Lebens verpflichtet sind.

96 Vgl. Rawls (2002), S. 185ff.

97 Vgl. unten I.4.

Die vorausgegangene Diskussion von Rawls' Gerechtigkeitstheorie soll nun im Blick auf die politisch-philosophische Begründung des Sozialstaats und der mit ihr verbundenen Vorstellung von sozialer Gerechtigkeit gebündelt werden. Daran anschließend wird im nächsten Abschnitt Rawls' Gerechtigkeitstheorie explizit daraufhin befragt, ob sie die Bedürfnisse von Menschen mit Behinderungen auf adäquate Weise zu berücksichtigen vermag.

1.4 Zwischenfazit

Um eine gerechte Gesellschaft einzurichten, reicht es nach Rawls nicht aus, gleiche Freiheits- und Partizipationsrechte zu gewähren; vielmehr müssen diese Rechte ins Gleichgewicht mit den Grundprinzipien der gerechten Verteilung sozioökonomischer Güter gebracht werden. Folglich konzipiert Rawls soziale Gerechtigkeit durchweg als Verteilungsgerechtigkeit, die zum zentralen Begriff seiner Argumentation erhoben wird. Da soziale Gerechtigkeit als Problem der gerechten Verteilung von Gütern betrachtet wird, muss die Gesellschaft selbst eine komplexe Verteilungsstruktur darstellen, welche die Verteilung sozialer Grundgüter, die für die Ausbildung individueller Ziele und Lebenspläne Voraussetzung sind, regelt. Rawls geht dabei von der Idee einer politischen Gesellschaft »als eines fairen Systems sozialer Kooperation zwischen freien und gleichen Bürgern«[98] aus. Damit werden die politischen Werte grundlegend für seine Theorie, die auch für liberale Demokratien maßgebend sind. Nach Rawls gehören dazu Freiheit und Gleichheit, faire Chancengleichheit und die effiziente Gestaltung von Institutionen des öffentlichen Wohls.[99] Zu den wichtigsten gesellschaftlichen Institutionen zählt Rawls die Verfassung mit der in ihr verankerten Meinungsfreiheit, Parlamente, Gerichtsverfahren, Konkurrenzmärkte und das Privateigentum an Produktionsmitteln.[100] Die Bedeutung von Rawls' Gerechtigkeitskonzeption liegt sicherlich auch darin begründet, dass er darlegt, wie die institutionelle Grundstruktur demokratischer Gesellschaften mit Gerechtigkeitsgrundsätzen vereinbart und auf diese Weise fundiert werden kann.

---

98 Rawls (1992c), S. 303.
99 Ebd., Anm. 14.
100 Rawls (1988), S. 23 und 74f.

Eine gerechte Gesellschaftsordnung hat nach Rawls zur Folge, dass die wirtschaftlich schwächsten Mitglieder der Gesellschaft durch Umverteilungs- beziehungsweise Transferleistungen am stärksten begünstigt werden. Das Differenzprinzip wirkt in Rawls' Theorie als redistributiver Faktor sozioökonomischer Ungleichheiten. Eine allgemeine Legitimation eines egalisierenden Wohlfahrtsstaates lässt sich daraus aber nicht ableiten, denn Rawls argumentiert nicht für eine grundsätzlich anzustrebende Gleichheit der Einkommens- und Vermögensverteilung. Sozioökonomische Ungleichheiten sind gewollt, da durch sie insgesamt wesentlich höhere Produktivitätssteigerungen erzielbar sind, die aber nach Maßgabe des Differenzprinzips den wirtschaftlich schwächsten Mitgliedern der Gesellschaft den größten Vorteil bringen müssen. Man kann die Rawlssche Theorie also als Form des schwachen Egalitarismus bezeichnen.

Auf theoretischer Ebene wirkt sich der Vorrang der gleichen Grundfreiheiten vor dem zweiten Gerechtigkeitsgrundsatz als Dominanz der Freiheit gegenüber der Gleichheit aus.[101] Gleichheit muss, um nicht die Möglichkeit zu schaffen, dass Grundfreiheiten gegen ökonomische Vorteile eingetauscht werden können, der Freiheit nachgeordnet werden. Zwar behandelt Rawls Gleichheit in einem separaten Grundsatz und billigt ihr dadurch einen eigenen Wert zu, jedoch lässt sich plausibel argumentieren, dass Gleichheit in der Rawlsschen Theorie letztlich als Mittel zur Freiheit fungiert.[102] Mit der Betonung der Freiheit zeigt sich Rawls der Grundidee des Liberalismus verpflichtet.

---

101 Vgl. hierzu Pauer-Studer (2000), S. 38f. Pauer-Studer charakterisiert nach einer Grundidee von Korsgaard vier Möglichkeiten des Verhältnisses von Freiheit und Gleichheit zueinander, wobei in jedem Verhältnis Freiheit und Gleichheit als grundlegende Werte angesehen werden, die Unterscheidung jedoch neben der Berücksichtigung der Frage nach Modus und normativer Herkunft der Werte nach einer finalen und einer instrumentellen Kategorie vorgenommen wird. (1) Freiheit und Gleichheit sind beide um ihrer selbst willen wertvoll, aber Gleichheit ist von Freiheit abhängig, da sie den Ursprung ihres Wertes in der Freiheit hat. (2) Nur Freiheit wird um ihrer selbst willen geschätzt. Gleichheit hat instrumentellen Charakter, da sie ein Mittel ist, um Freiheit sicherzustellen. (3) Freiheit und Gleichheit sind beide um ihrer selbst willen wertvoll, aber Freiheit ist von Gleichheit abhängig, da der Ursprung des Wertes der Freiheit in der Gleichheit liegt. (4) Gleichheit ist grundlegend und wird um ihrer selbst willen geschätzt. Freiheit ist lediglich Mittel zum Erreichen der Gleichheit.

102 So Pauer-Studer Ebd., S. 167ff. Vgl. Rawls (1998), S. 446: »Wir lassen uns von der Idee leiten, die gleichen Grundfreiheiten mit einem Prinzip der Verteilung bestimmter Grundgüter zu kombinieren, die als allgemein dienliche Mittel zur Verfolgung unserer Ziele angesehen werden.«

So stellt sich Rawls mit seiner Gerechtigkeitstheorie auch einem Grundproblem des Liberalismus, der nämlich die Aufgabe lösen muss, wie in einer pluralistischen Gesellschaft Regeln des Zusammenlebens, die von allen Gesellschaftsmitgliedern als gerecht beurteilt werden, in einem Konsens gefunden werden können. Mit *Gerechtigkeit als Fairness* ist Rawls auf diese grundlegende Frage eine konsistente Antwort gelungen: Nach seiner Meinung werden die Gerechtigkeitsgrundsätze von Gerechtigkeit als Fairness gewählt, weil sie den Aufbau der Gesellschaft als eine pluralistische Gesellschaft verbürgen, die den Gesellschaftsmitgliedern Freiheit in Bezug auf ihre eigenen Meinungen und Lebenspläne garantiert. Gleichzeitig bietet er mit dem Überlegungsgleichgewicht ein Modell an, das im Blick auf die Konsensbildung zwischen unterschiedlichen Partikularitäten in einer pluralistischen Gesellschaft inzwischen von vielen Theoretikern übernommen worden ist.

Damit ist zugleich die Rolle des Staates im Sinne des Liberalismus definiert: Der Staat hat sich im Blick auf die individuellen Vorstellungen des Guten strikt neutral zu verhalten. Neben dem Neutralitätsprinzip bedingt dies eine Ablehnung von staatlicher Bevormundung.[103] Regierungen und öffentliche Institutionen dürfen nicht den Freiheitsraum der Bürger einschränken, indem sie darlegen, dass ihre Einmischung zum »wahren« Wohl der Bürger sei. Leitend im liberalen Staat ist deshalb der zentrale Stellenwert der Freiheit jedes einzelnen Menschen. Individuelle Freiheit darf nur eingeschränkt werden, wenn dies in Übereinstimmung mit Prinzipien erfolgt, »die bei vernünftiger Überlegung für alle Gesellschaftsmitglieder akzeptabel sind, weil sie ihre grundlegenden Interessen schützen«[104].

Damit individuelle Freiheit sich nicht nur auf theoretische Optionen bezieht, sondern sich in faktischen Wahlmöglichkeiten niederschlägt, ist die Bereitstellung gewisser Mittel nötig. Soziale und ökonomische Mindestbedingungen müssen erfüllt sein, damit Freiheit durch die Wahrnehmung von Entscheidungsoptionen realisiert werden kann. Nach Rawls ist ein solcher Mindeststandard an Grundfreiheiten durch die Distribution von Grundgütern gewährleistet. Jedoch ist fraglich, inwieweit die Gewährung von Grundgütern tatsächlich zu einer fairen Chancengleichheit der

---

103 Rawls' Verständnis der Freiheit des einzelnen Menschen stimmt deshalb mit der grundsätzlichen Ausrichtung des Konzepts des selbstbestimmten Lebens überein, das in der Hilfe für Menschen mit Behinderung bestimmend geworden ist.
104 Ebd., S. 206f.

Bürger untereinander führt. Denn besonders bei Menschen, die aufgrund einer Behinderung Güter nicht in gleicher Weise nutzen können wie nichtbehinderte Menschen, erhält die Frage, ob dabei nicht auch die Möglichkeiten zur Wahrnehmung dieser Güter angesprochen werden müssen, besonderes Gewicht. Nach der bisherigen Darstellung von Gerechtigkeit als Fairness soll deshalb im folgenden Abschnitt untersucht werden, ob die spezifischen Bedürfnisse von Menschen mit Behinderungen in Rawls' Gerechtigkeitstheorie aufgegriffen und entsprechend berücksichtigt werden.

2 *Gerechtigkeit als Fairness* auch für Menschen mit Behinderung?

Grundsätzlich möchte Rawls die Position der am wenigsten Begünstigten in einer Gesellschaft stärken. Dies wird an dem bereits diskutierten Verhältnis des Differenzprinzips zu den Grundfreiheiten deutlich. Rawls unterscheidet in Bezug auf die Grundfreiheiten zwischen einer formal gefassten Freiheit und dem Wert der Freiheit.[1] Zunächst geht er von einem formalen Verständnis der Freiheit aus, nach welchem auch bei mangelnder Fähigkeit, Freiheit aufgrund gewisser Unzulänglichkeiten (zum Beispiel Armut, mangelnde Bildung) in Anspruch zu nehmen, die Freiheit an sich nicht reduziert wird.[2] Rawls sieht jedoch den Wert der Freiheit für den Einzelnen infolge solcher Mängeln als verringert an, da der Betroffene nicht in gleicher Weise die für alle gleichen Grundgüter zur Verfolgung seiner eigenen Lebensziele nutzen kann. Um diesen Nachteil auszugleichen, gewährleistet das Differenzprinzip durch die Besserstellung der wirtschaftlich Schwächsten, dass für diese nicht nur die Grundfreiheiten gesichert werden, sondern auch der Wert der Grundfreiheiten erhöht wird. Ob damit auch einschneidende Benachteiligungen in der gesellschaftlichen Ausgangsposition, die beispielsweise aufgrund einer Behinderung vorhanden sein können, ausgeglichen werden können, wird nun unter Einbeziehung der Kritiken von Daniels und Sen untersucht. Allerdings erscheint es ratsam, vorher noch einen anderen Kritikpunkt an Rawls' Theorie zu beachten, denn es wurde in Frage gestellt, ob die Gruppe der am wenigsten begünstigten Mitglieder einer Gesellschaft überhaupt Menschen einschließt, die aufgrund körperlicher, psychischer oder mentaler Beeinträchtigungen nicht am Marktgeschehen teilnehmen können. Falls sich dieser Einwand als berechtigt herausstellt, würden Menschen mit Behinderungen gar nicht unter die Reichweite von Rawls' Gerechtigkeitstheorie fallen.

---

1 Siehe zur Diskussion dieser Unterscheidung unten Punkt 2.2.1.
2 Rawls (1988), S. 232f.

2.1 Kritik der Rawlsschen Kooperationsgemeinschaft

Von Kersting wurde die Kritik geäußert, dass Rawls' Theorie der Gerechtigkeit ausschließlich auf die Lösung von Teilungsproblemen, die *innerhalb* einer Kooperationsgemeinschaft auftreten, bezogen sei.[3] Die Rawlsschen Grundsätze, so Kersting, etablieren Gerechtigkeit zwischen Kooperationspartnern, die über die Fähigkeit zur Selbstversorgung verfügen. Denn der im Urzustand ausgehandelte Gesellschaftsvertrag ist beschränkt auf die Grundstruktur einer Gesellschaft, die aus lauter selbständig wirtschaftenden Subjekten besteht. Rawls lege hier das Modell einer geschlossenen, sich rein auf Erwerbsfähigkeit gründenden Marktgesellschaft zugrunde. Dies gelte auch für die Gruppe der am schlechtesten Gestellten. »Aber diese Schlechtestgestellten sind immer Schlechtestgestellte innerhalb der Verteilungsregion der Kooperationsgemeinschaft.«[4] Es handelt sich somit beispielsweise um angelernte Arbeiter, Niedriglohnempfänger oder die Gruppe der geringfügig Beschäftigten, jedoch nicht um Menschen, die zur eigenen Selbstversorgung unfähig sind. Personengruppen wie Menschen mit Behinderungen, bei denen aufgrund ihrer Beeinträchtigung eine Erwerbsunfähigkeit vorliegt, sind demnach ausgeschlossen. Die Fragestellung der sozialen Gerechtigkeit für Menschen mit Behinderungen könnte folglich mit den Grundsätzen von Gerechtigkeit als Fairness nicht gelöst werden. Als Konsequenz ergibt sich nach Kersting daraus, dass Menschen mit Behinderungen aus der Rawlsschen Verteilungsethik herausfallen.[5]

Rawls selbst scheint diesen Einwand nahe zu legen, wenn er schreibt:

»Weil wir vom Gedanken der Gesellschaft als eines fairen Systems der Kooperation ausgehen, nehmen wir an, dass Personen als Bürger alle notwendigen Fähigkeiten haben, um normal und voll kooperierende Gesellschaftsmitglieder sein zu können. Dies bedeutet nicht, dass niemals Krankheiten oder Unfälle auftreten. Wir müssen mit solchen Rückschlägen im Verlauf eines gewöhnlichen menschlichen Lebens rechnen und entsprechende Vorkehrungen treffen. Mit Blick auf unsere Zwecke lasse ich hier jedoch dauernde physische und geistige Behinderungen außer Acht, die dazu führen, dass Personen keine normal und voll kooperierenden Gesellschaftsmitglieder im üblichen Sinne sein können.«[6]

---

3 Kersting (2000b), S. 31ff.
4 Ebd., S. 31.
5 Vgl. ebd., S. 32.
6 Rawls (1992b), S. 269. Vgl. Rawls (1998), S. 277f.: »Ich bin durchgängig davon ausgegangen und halte daran fest, daß Bürger, auch wenn ihre Fähigkeiten nicht gleich sind, zu-

Unglücklicherweise unterstützen auch die von Rawls angeführten Beispiele angelernter Arbeiter oder einkommensschwacher Personen die Aussage, bei den am wenigsten begünstigten Mitgliedern einer Gesellschaft handele es sich um Personen innerhalb der Kooperationsgemeinschaft.[7] Rawls scheint also von einem »normalen« Bereich auszugehen, der die besondere Situation von nicht-marktfähigen Akteuren einschließlich der für diese notwendigen (Gesundheits- und Fürsorge-) Leistungen ausblendet.

Zunächst ist bei einer Betrachtung der konzeptionellen Definition der »am schlechtesten Gestellten« beziehungsweise der »am wenigsten Begünstigten« festzuhalten, dass Rawls darunter jene Personen versteht, die im Blick auf ihre gesellschaftliche Herkunft, natürlichen Fähigkeiten und die zufällige Entwicklung der Lebensumstände ungünstiger gestellt sind als andere Bürger.[8] Unklarheiten kommen erst an dem Punkt auf, an dem Rawls die Bestimmung von Indikatoren, welche die Position der am schlechtesten Gestellten umschreiben sollen, ad hoc und etwas willkürlich vornimmt, wie er selbst einräumt. So erfüllen die Beispiele von angelernten Arbeitern und von Personen, deren verfügbares Einkommen unterhalb des halben Medianwertes liegt, die konzeptionelle Vorgabe nur unzureichend. Rawls beachtet nicht, »dass nicht jeder angelernte Arbeiter und nicht jede einkommensschwächere Person von vornherein weniger Rechte und Chancen besitzt, sondern dass Letztere in manchen Fällen lediglich nicht genutzt werden«[9]. Will man die Gruppe der am wenigsten begünstigten Personen näher eingrenzen, so erscheint es angezeigt, sich dazu nicht an dem erreichten Status bestimmter Gruppen zu orientieren, wie dies die Rawlsschen Beispiele nahe legen, sondern sich stattdessen an den Voraussetzungen der am wenigsten Begünstigten auszurichten. Dies würde auch der Gefahr begegnen, dass es bei Rawls zu einer Unterstützung Leistungsunwilliger kommen könnte, da er die möglicherweise vorhandenen Selbsthilfepotentiale von einzelnen Mitgliedern dieser Gruppen nicht einbezieht.[10] »Sofern die Abgrenzung der Schwächsten auf die jeweiligen Vor-

---

mindest über das notwendige Minimum an moralischen, intellektuellen und physischen Fähigkeiten verfügen, das sie in die Lage versetzt, während ihren ganzen Lebens uneingeschränkt kooperative Gesellschaftsmitglieder sein zu können.«

7 Vgl. Rawls (1988), S. 112ff.

8 Ebd., S. 118f.

9 Volkert (1998), S. 47.

10 Vgl. Bossert (1990), S. 92. Dieser Punkt wurde bereits früh als allgemeiner Kritikpunkt an Rawls' Differenzprinzip eingebracht. Nach Nozick (1974) und nach Cohen (1989)

aussetzungen Bezug nimmt, besteht bei günstigen Anfangsbedingungen, zugleich jedoch geringer Leistungsbereitschaft, keine Notwendigkeit zu endzustandsorientierten Eingriffen.«[11] Die nähere Bestimmung der am wenigsten Begünstigten sollte deshalb von der Unterschiedlichkeit der Startpositionen ausgehen. Lässt man den Status von Personengruppen außer Acht und konzentriert sich auf die unterschiedlichen Voraussetzungen in der Startposition, so müssen faire Anteile in Abhängigkeit von den natürlichen Fähigkeiten gefordert werden.[12] Diese Schlussfolgerung wird unten im Abschnitt 2.2 »Erweiterung der Rawlsschen Gerechtigkeitstheorie« aufgenommen und auf ihre Vereinbarkeit mit Rawls' Ansatz befragt werden.

Aber auch so bleibt noch die Frage zu klären, ob Menschen, die aufgrund eines Unfalles, einer Krankheit oder einer Behinderung nicht in der Lage sind, die eigenen Lebensziele selbständig und eigenverantwortlich anzustreben und die aus diesem Grund außerhalb der Verteilungsregion der Rawlsschen Kooperationsgemeinschaft stehen, deshalb generell nicht von Rawls berücksichtigt werden. Rawls geht in solchen Fällen davon aus, dass die Akteure im Urzustand Regeln beschließen, die festsetzen, wann stellvertretendes Handeln Dritter, gegebenenfalls ohne Rücksichtnahme auf die aktuellen Wünsche der Betroffenen, gestattet ist.[13] Die Grundlage für solche Entscheidungen im Sinne der Fürsorge sollen dabei die stabilen Bedürfnisse der Betroffenen bilden. Sind diese unbekannt, so sollen den Betroffenen in hinreichendem Maße Grundgüter zur Verfügung gestellt werden. Leitend soll dabei die Vorstellung sein, dass die getroffenen Entscheidungen von den Betroffenen nach Wiedererlangung ihrer Urteilsfähigkeit als optimal anerkannt werden würden. Missbrauch stellvertretender Entscheidungen, etwa durch Beeinflussung der Überzeugungen eines Betroffenen in der Weise, dass dieser aufgrund der Manipulation später der für ihn getroffenen Entscheidung zustimmen würde, schließt Rawls explizit aus.[14] Prinzipiell verlangt Rawls eine so weit wie möglich sicherzustellende Selbst- beziehungsweise Mitbestimmung der betroffenen Person, und dies selbst im Fall einer geistigen Beeinträchtigung, die eine der weni-

---

berücksichtigt das Differenzprinzip Leistungsgesichtspunkte nur unzureichend. Vgl. hierzu ausführlich Dworkin (1981a) und Dworkin (1981b).

11 Volkert (1998), S. 47.

12 Vgl. hierzu die Kritik von Nozick (1976), S. 193, Rawls solle sich als Vertragstheoretiker mehr mit offenen Prozessen als mit Endzuständen auseinandersetzen.

13 Vgl. Rawls (1998), S. 280f.

14 Vgl. Rawls (1988), S. 281ff.

gen Situationen darstellt, in der eine Einschränkung der Grundfreiheiten zum Wohle der betroffenen Person zulässig ist.[15] Rawls versucht so zu gewährleisten, dass selbst bei Personen, bei denen nur eine eingeschränkte Selbstbestimmung vorliegt, die Menschenwürde geschützt wird und die Ziele und Überzeugungen der betreffenden Person geachtet werden. Es ist jedoch zu bezweifeln, dass auf diese Weise Menschen mit geistiger Beeinträchtigung in Rawls' Gerechtigkeitstheorie angemessen berücksichtigt werden können. Dagegen sprechen drei Gründe:

(1) Erstens setzt Rawls ein Akteursverständnis voraus, das eine bestimmte Eigenschaft des Menschen, seine moralisch-praktische Vernunft, in den Mittelpunkt stellt. Nussbaum hat vor Kurzem darauf hingewiesen, dass die Menschen, bei denen aufgrund schwerer mentaler Beeinträchtigungen das moralische Urteilsvermögen nicht vorausgesetzt werden kann, auch nicht unter Rawls' Gleichheitskonzeption fallen: »Indeed, people with severe mental impairments appear to be those ›scattered individuals‹ who, lacking the moral capacities to some essential minimum degree, fail to qualify for equality.«[16] Letztlich führt dies zum Ausschluss dieser Menschen aus Rawls' Vorstellung gesellschaftlicher Kooperation, da Reziprozität bei Rawls in Anlehnung an Kants Personbegriff konzipiert ist.[17]

(2) Zum Zweiten müssen die Menschen mit Behinderung, deren Fähigkeiten ein gewisses Maß an Kooperation ermöglichen, möglichst nah an die Norm des voll kooperationsfähigen Akteurs herangeführt werden, damit Chancengleichheit im Blick auf gesellschaftliche Kooperation angestrebt werden kann. Daraus folgt aber eine defizitäre Wahrnehmung dieser Menschen, da der Fokus nicht auf der Anerkennung ihres So-Seins liegt, sondern auf der mangelnden Fähigkeit, als voll kooperationstüchtige Akteure auftreten zu können.

(3) Daraus ergibt sich drittens die Notwendigkeit, ergänzende Orientierungen wie Liebe und Sorge zu berücksichtigen, die auch dann Menschen in ihrer Würde achten und ihrer Lebensform anerkennen, wenn keine Aussicht auf einen produktiven Beitrag dieser Menschen zur gesell-

15 Vgl. Volkert (1998), S. 44.
16 Nussbaum (2006), S. 133.
17 Vgl. ebd., S. 130: »As we have seen, this doctrine [of reciprocity, J.E.] is articulated in terms of a Kantian conception of the person, which makes possession of the mental and moral powers central both to equality and to the key idea of reciprocity.«

schaftlichen Kooperation besteht. Rawls schließt solche Orientierungen aufgrund ihrer starken Vorstellungen des Guten aus. Es muss also geklärt werden, inwiefern solche Orientierungen mit Rawls' Gerechtigkeitsansatz zu vereinbaren sind. Diese Fragestellung wird zu Beginn des zweiten Teils dieser Studie wieder aufgenommen.[18] Auf die Begründung der Orientierungen der Liebe und Sorge wird am Ende des zweiten Teiles eingegangen werden.[19]

An dieser Stelle sollen nun Ergänzungen der Rawlsschen Theorie aufgenommen werden, die untersuchen, wie Menschen mit speziellen Gesundheitsbedürfnissen in seiner Theorie erfasst werden können.[20] Daniels hat dazu verschiedene Überlegungen angestellt, die als Grundlage für eine notwendige Erweiterung der Rawlsschen Theorie nun in Verbindung mit dem Ansatz Sens diskutiert werden.

2.2 Erweiterung der Rawlsschen Gerechtigkeitstheorie

2.2.1 Die Begründung von Gesundheitsinstitutionen nach Daniels

Die Herstellung von fairer Chancengleichheit für Menschen mit Behinderung muss die Frage beantworten, inwieweit die spezifischen Bedürfnisse dieser Menschen in die Theorie der Gerechtigkeit als Fairness integriert werden können. Ausgangspunkt ist bei Daniels die Überlegung, dass man nicht über etwas als Freiheit reden kann, wenn man es nicht ausüben kann.[21] Rawls hat diese Unterscheidung in seiner Theorie ebenfalls angesprochen, indem er zwischen Freiheit und dem Wert von Freiheit differenziert. Er bezieht Freiheit auf die Grundfreiheiten, die durch den ersten Gerechtigkeitsgrundsatz als für jede Person gleich gewährleistet werden. Den Wert der Freiheit sieht Rawls durch die Grundgüter repräsentiert, die den verschiedenen Personen und Gruppen ermöglichen, innerhalb des vorgegebenen Rahmens ihre Lebensziele anzustreben und ihre Lebenspläne zu verwirklichen. Rawls versucht so sicherzustellen, dass Unter-

---

18 Vgl. unten II.1.4.
19 Vgl. unten II.5.
20 Vgl. hierzu Volkert (1998), S. 46.
21 Daniels (1975a), S. 259.

schiede in Vermögen und gesellschaftlichen Machtpositionen nicht die Gleichheit der Grundfreiheiten beeinträchtigen können.[22] Die ungleiche Verteilung von Vermögen und Machtpositionen verursacht dann keine Ungleichheit von Freiheit an sich, sondern lediglich Ungleichheit im Wert der Freiheit. Daniels weist darauf hin, dass die Rawlssche Unterscheidung zwischen Freiheit und dem Wert von Freiheit nicht schlüssig mit der Theorie der Gerechtigkeit als Fairness vereinbart werden kann.[23] Er hält im Gegenteil fest, dass gleiche Grundfreiheiten nur eine formale, leere Abstraktion ohne reale Anwendung darstellen, wenn sie nicht durch Gleichheit in der Fähigkeit, Freiheit auszuüben, begleitet werden.[24] Dies wird sofort einsichtig, wenn man die gesundheitliche Disposition von Individuen ins Auge fasst. Für Personen mit gleicher Ausstattung an Grundgütern ist Freiheit nicht gleich, sobald zugelassen wird, dass gesundheitliche Beeinträchtigungen eine Rolle spielen, weil sie dann nicht länger die gleiche Chance haben, Freiheit zu realisieren. So mindern schwerwiegende Störungen normaler Körperfunktionen die Fähigkeiten von Personen, Freiheit durch Ausübung von Optionen wahrnehmen zu können, und beeinträchtigen dadurch das individuelle Spektrum realisierbarer Lebenspläne, so dass von fairer Chancengleichheit nicht mehr gesprochen werden kann.[25] Daher wird Gesundheit heute als präsittlicher Wert oder als transzendentales Gut von fundamentalem Rang bezeichnet[26] – ihre Beeinträchtigung hat eine graduelle Schmälerung des individuellen Chancenspektrums hinsichtlich der Ausübung von Freiheit und Übernahme von Verantwortung zur Folge.

Bei der Zuteilung gesellschaftlicher Grundgüter als Vorbedingung persönlicher Freiheit wird von Rawls ein entscheidendes Kriterium zur Bewertung menschlichen Lebens ausgeblendet beziehungsweise übergangen: nämlich die Fähigkeit eines Menschen, seine eigene Lebensweise auch selbst wählen zu können. Bei Menschen mit Behinderung kann diese Fähigkeit

---

22 Vgl. ebd.

23 Siehe zur Zusammenfassung seiner Argumentation Ebd., S. 279.

24 Ebd. Vgl. hierzu Raz (1986), der den Freiheitsbegriff nicht rein formal versteht, sondern ein qualitatives Konzept von Freiheit vertritt, nach welchem Freiheit nur unter bestimmten sozialen und kulturellen Voraussetzungen realisiert werden kann.

25 Ist zum Beispiel die Mobilität eines Menschen durch eine körperliche Behinderung eingeschränkt, so verfügt er zwar formal über die gleichen Freiheitsrechte, jedoch kann er tatsächlich nur eine begrenzte Anzahl von Arbeitsstellen, Freizeitaktivitäten und so weiter in Betracht ziehen, da viele Optionen ihm aufgrund fehlender Zugangsmöglichkeiten, mangelhafter Barrierefreiheit oder unzureichender Arbeitsbedingungen verwehrt sind.

26 Vgl. Kreß (2005), S. 5.

aufgrund ihrer Beeinträchtigung nicht hinreichend ausgebildet sein. Ohne die Ermöglichung und Sicherung solcher Fähigkeiten fehlt jedoch die Voraussetzung, überhaupt erst in wirkliche Entscheidungssituationen eintreten zu können, das heißt Wahlmöglichkeiten in der eigenen Lebensführung auch wahrnehmen oder ablehnen zu können. Faktisch muss sich deshalb Rawls' Gleichheitsprinzip aufgrund der mangelnden Sensibilität für spezifische Kontexte in einer ungleichen Chancenverteilung zwischen freiheitsfähigen und erst zur Freiheit zu befähigenden Menschen auswirken. Eine Behinderung muss deshalb als Ursache für schlechtere Startchancen betrachtet und unter Bezug auf das Chancenprinzip ausgeglichen werden.

Für die Situation von Menschen mit Behinderungen bedeutet dies, dass deren Chancen zur Erreichung eigener Lebensziele durch Beeinträchtigung der »normalen« körperlichen, seelischen oder geistigen Funktionen je nach Schwere der jeweiligen Beeinträchtigung zum Teil erheblich vermindert sein können. Um das Prinzip fairer Chancengleichheit auch im Blick auf die spezifische Situation von Menschen mit Behinderungen aufrechtzuerhalten, muss daher eine Annäherung der Chancen durch Präventions- und Rehabilitationsmaßnahmen zumindest angestrebt, besser: annäherungsweise erreicht werden. Diese Sichtweise wird in weiteren Teilen der Arbeit als Defizit-Orientierung kritisiert, da hier wiederum eine Vorstellung »normaler« Menschen zugrunde gelegt wird, gegenüber der Formen beeinträchtigten Lebens als ungenügend, mangelhaft oder gestört erscheinen.

Bei den Menschen, bei denen eine Annäherung der Chancen aufgrund einer Behinderung nicht (mehr) möglich ist, sind die Grundlagen für eine menschenwürdige Lebensform sicher zu stellen. Um die Befriedigung von Gesundheitsbedürfnissen zu gewährleisten, die ja einen wesentlichen Einfluss auf Gleichheit in der Verteilung von Chancenspektren hat (aufgrund der Verbindung normaler menschlicher Fähigkeiten mit dem Chancenspektrum eines Individuums), fordert Daniels zu Recht, *health-care institutions* in die Liste grundlegender gesellschaftlicher Institutionen aufzunehmen.[27]

Gesundheitsinstitutionen können gut mit Rawls' Theorie vereinbart werden, ohne dass dabei die Struktur von Rawls' Theorie verändert werden muss. Denn grundlegend ist für Rawls die Ermöglichung sozialer Ge-

---

27 Daniels (1996a), S. 192. Daniels' Vorschlag liegt im Vergleich zu Rawls eine unterschiedliche Gewichtung des Gutes Gesundheit zugrunde. Rawls ordnet Gesundheit eher dem Bereich natürlicher Fähigkeiten zu und schließt sie deshalb nicht in die Liste sozialer Grundgüter ein. Vgl. Rawls, (1999a), S. 62f.

rechtigkeit durch die *Wahl von Institutionen*, die die Rahmenbedingungen von Freiheiten und Möglichkeiten setzen, innerhalb der Individuen faire Vermögens- und Einkommensanteile nutzen können, um ihre eigenen Vorstellungen des guten Lebens zu verwirklichen. Präventive und rehabilitative Maßnahmen können dann institutionell abgesichert werden, um die Chancen von behinderten Menschen zu verbessern. Darüber hinaus kann in Fällen schwerwiegender geistiger und körperlicher Beeinträchtigungen, in denen der Gesundheitszustand nicht oder nur unzureichend stabilisiert werden kann, so zumindest durch Behandlung und Betreuung angestrebt werden, dass die Chancen dieser Personen sich nicht weiter verschlechtern.[28]

Auch intentional ist Daniels' Vorschlag kompatibel mit Rawls' Gerechtigkeitstheorie: Denn nach Rawls ist es nicht genug, für eine formale Chancengleichheit zu sorgen, indem formale oder legale Hindernisse für gesellschaftliche Positionen, wie zum Beispiel Hindernisse aufgrund von Rasse, Geschlecht, Ethnie, ausgeräumt werden. Vielmehr ist zu gewährleisten, dass niemand aufgrund von Familienherkunft oder Ähnlichem benachteiligt werden kann, weil niemand die Vorteile – seien sie sozialer oder biologischer Art – verdient hat, die ihm aufgrund seiner Herkunft zufallen. Vorteile aufgrund der *natural lottery* sind moralisch willkürlich und würden, werden sie nicht ausgeglichen, die individuellen Möglichkeiten samt den daraus resultierenden Lebenserfolgen der Willkür preisgeben. Deshalb favorisiert Rawls das Prinzip der fairen Chancengleichheit. Zur Vermeidung von Benachteiligungen sollen Ressourcen gemäß dem Differenzprinzip zugeteilt werden. Der entscheidende Punkt ist nun folgender: Weshalb sollen nur die natürlichen Vorteile, die einem Individuum aufgrund der »Lotterie der Natur« zufallen, ausgeglichen werden? Es besteht kein Grund, nicht mit derselben Logik zu fordern, dass auch die natürlichen Nachteile (zum Beispiel durch eine Krankheit oder Behinderung), die einem Individuum ebenso aufgrund der »Lotterie der Natur« zufallen, kompensiert werden. Zweierlei ist dabei wichtig:

---

28 Daniels unterscheidet Bildung und Gesundheitsfürsorge von anderen Grundbedürfnissen (Nahrung, Kleidung und so weiter), die über ihren fairen Anteil an Einkommen und Vermögen von den Einzelnen selbst abgedeckt werden sollen. Diese Unterscheidung begründet er mit der größeren ungleichen Verteilung von Bildung und Gesundheitsversorgung, verglichen mit anderen Grundbedürfnissen, und der eminent strategischen Bedeutung, die in einer Situation der ungleichen Verteilung der Möglichkeit, Bildung und Gesundheit zu gewährleisten, zukommt. Daniels (1996a), S. 193.

(1) Daniels strebt *keinen* Ausgleich unterschiedlicher natürlicher Fähigkeiten durch die Gesundheitspolitik an.[29] Diese erhält als Zielbestimmung der Gleichheit vielmehr eine Vorstellung »normaler« körperlicher Funktionen,[30] die im Verhältnis zu der Bandbreite bestimmt wird, die in einer Gesellschaft als normal gilt,[31] und konzentriert sich deshalb auf die Behe-

---

29 Ebd.

30 Daniels' Vorstellung von *species-normal functioning* geht auf den nicht unumstrittenen Krankheitsbegriff von Boorse (1975; 1977; 1997) zurück. Das Krankheitsmodell von Boorse wird auch als biostatistisches oder biomedizinisches Modell bezeichnet, da nach Boorse Krankheit im theoretischen Sinn als Abweichung eines biologischen Organismus vom Zustand der normalen Funktionsfähigkeit einer vergleichbaren Referenzklasse dieses Organismus definiert wird. Jedoch verwendet Boorse keinen rein statistischen Krankheitsbegriff, da er Organismen als funktional integrierte Einheiten versteht, die in ihrer internen Organisation zielgerichtet sind. Als Organismusziele benennt Boorse individuelles Überleben und Reproduktion. Daher wird bei Boorses Krankheitsdefinition – im Unterschied zu rein statistischen Definitionen – nur die Abweichung vom statistischen Mittelwert als krankhaft festgestellt, durch die eine überlebens- oder reproduktionsdienliche Organfunktion unter das für die jeweilige Referenzklasse des Organismus typische Niveau gedrückt wird. Kritisiert wird am Boorseschen Krankheitsbegriff, dass er die Probleme der rein statistischen Deutung von Krankheit nicht vollständig überwinden kann, also zum Beispiel Karies oder statistisch normale Altersphänomene wie Arteriosklerose nicht als Krankheit beschrieben werden können. Nach Werner (2001) wird weiterhin die wertfreie Definition des Krankheitsbegriffs bei Boorse angezweifelt. So würden bereits bei der Festlegung der Referenzklassen ,wertende' Plausibilitätskriterien ins Spiel kommen. Ebenso scheint auch die Zuschreibung von Organismuszielen in Boorses teleologisch-funktionalistischer Organismusdeutung nicht ohne Bezug auf wertende Deutungen auszukommen (vgl. Bobbert (2000), S. 412f.). Jedoch kann diese Kritik im Rahmen dieser Studie vernachlässigt werden, da es hier nicht darum geht, eine rein empirische Unterscheidung zwischen Gesundheit und Krankheit aufstellen zu können. Nach Bobbert (2005), S. 162, besteht eine große Schwäche des Krankheitsmodells von Boorse im Blick auf Menschen mit Behinderung darin, dass in dem Modell Behinderung mit dem biologisch-funktionalen Verständnis von Krankheit gleichsetzt wird und so zu einer Verengung auf die rein medizinischen Aspekte einer Behinderung führt. Diese Kritik wird unten in Teil II bei der Bündelung der einzelnen Stränge dieser Arbeit wieder aufgenommen (vgl. II.4) und durch die Ersetzung von Daniels' Krankheitsmodell durch ein bio-psycho-soziales Modell von Behinderung beantwortet. Vgl. zu Daniels' Verwendung des Boorseschen Krankheitsbegriffes Gottschalk-Mazouz/Mazouz (2004), S. 265f. Gottschalk-Mazouz/Mazouz sehen die Kritik am Krankheitsbegriff von Boorse bei Daniels als nicht zutreffend an, da bei Daniels nicht der Krankheitsbegriff, sondern die mit Krankheiten einhergehende Beeinträchtigung an Chancen normativ den Unterschied macht.

31 Daniels bezieht sich dabei auf statistisch erhobene Normwerte der Funktionen der Spezies. Vgl. zur näheren Beschreibung dieser Funktionen Daniels (1996a), S. 187; zu ihrer Begründung Ebd., S. 189.

bung einer spezifischen Klasse offensichtlicher Benachteiligungen. Denn nach Daniels sollen alle Bürger/innen ihre natürlichen Anlagen auf gleichwertige Weise einsetzen können, ohne daran durch Umstände gehindert zu werden, die sie selbst nicht zu verantworten haben.[32] Daniels ordnet Krankheiten und Behinderungen daher einem erweitertem Chancenprinzip zu (und nicht dem Freiheits- oder Differenzprinzip), da »mit den Chancen und Möglichkeiten, seine Lebenspläne zu verwirklichen, der wesentliche gerechtigkeitsrelevante Punkt von Krankheiten«[33] (und Behinderungen) benannt ist. Ein Chancenausgleich ist nun von vornherein darauf begrenzt, faire Anteile an Chancen unter Bezug auf die individuellen natürlichen Fähigkeiten herzustellen, und nicht eine Egalisierung der Chancen zu betreiben, das heißt es soll keine Gleichheit an Lebenschancen gewährleistet werden, sondern lediglich eine Gleichheit in Bezug auf eine adäquate Bandbreite an Lebenschancen hergestellt werden.[34]

(2) Daniels sieht kein *direkt begründetes* individuelles Recht auf Versorgung gesundheitlicher Grundbedürfnisse vor.[35] Dies könnte andernfalls zu einer derart expansiven Gesundheitsversorgung führen, dass aufgrund der ebenso hochtechnisierten wie kostenintensiven medizinischen Maßnahmen ein Fass ohne Boden aufgemacht würde. In der Folge stünden für andere soziale Güter weniger Ressourcen zur Verfügung. Vielmehr werden die individuellen Rechte auf eine basale Gesundheitsversorgung auf indirekte Weise spezifiziert, indem Gesundheitsinstitutionen in Übereinstimmung mit dem Grundsatz fairer Chancengleichheit entscheiden, welche Bedürfnisse mit welchen Ressourcen befriedigt werden sollen. Dazu müssen vorsichtige moralische Urteile getroffen werden, denn die verschiedenen Institutionen, die an der Gewährleistung fairer Chancengleichheit beteiligt sind, müssen in Abwägung der von ihnen vertretenen sozialen Güter und der dafür benötigten Ressourcen gegeneinander gewichtet werden.

---

32 Vgl. Werner (2001).

33 Gottschalk-Mazouz/Mazouz (2004), S. 266.

34 Der Umfang, in dem die Chancen angenähert werden können, hängt von den natürlichen Fähigkeiten ab. Gesundheitsinstitutionen sollen durch die faire Verteilung von Chancen verhindern, dass infolge von Behinderung oder Krankheit zu starke Deviationen von den jeweils individuell verschiedenen Chancenspektren auftreten. Grundsätzlich sieht Daniels nicht vor, dass Ungleichheiten in den natürlichen Anlagen und den entsprechend erworbenen Fähigkeiten vollständig ausgeglichen werden sollten.

35 Vgl. Daniels (1996a), S. 197f.

Trotz dieser Klarstellungen gelingt es Daniels nur teilweise, die mit der Berücksichtigung von speziellen Gesundheitsbedürfnissen verbundenen ethischen Probleme einer Lösung zuzuführen. Bei schwer geistig oder psychisch behinderten Menschen ist eine Chancengleichheit nur schwer oder gar nicht erreichbar. Gleichzeitig werfen die Beispiele solcher schwerstbehinderter Menschen aufgrund der oftmals kostenintensiven Behandlung beziehungsweise Pflege die soeben angesprochene grundsätzliche Fragestellung verschärft auf: »Wie ist bei Konflikten zwischen der Gesundheit der einen und dem Wohlstand der anderen zu entscheiden?«[36] Die von Daniels in diesem Zusammenhang geforderten vorsichtigen moralischen Urteile in der Abwägung der verschiedenen sozialen Güter sind zu unbestimmt und können daher diese Spannung nicht auflösen. Sie bedürfen darüber hinaus auch einer entsprechenden anthropologischen Grundlage. Hinsichtlich dieser Spannung wird unten eine kriteriale Orientierung als Lösungsansatz dargestellt, die auch Priorisierungen von Leistungen ermöglicht.[37] Hier soll jetzt die Beschäftigung mit dem Fähigkeitenansatz von Sen folgen, der den Einwand, dass die Rawlsschen Grundfreiheiten eine zu formal gefasste Freiheit ohne reale Anwendung darstellen (siehe oben), auf konstruktive Weise vertieft hat.

2.2.2 Der Fähigkeitenansatz von Sen

Sens Ansatz lässt sich, ebenso wie »Gerechtigkeit als Fairness«, als Gegenentwurf zu utilitaristischen Theorien lesen.[38] Wie Rawls spiegelt er eine schwache Form des Egalitarismus wider, der nicht an einer gleichen Verteilung der Endzustände interessiert ist, sondern innerhalb eines gesetzten Rahmens individuelle Verantwortlichkeit zur Erreichung von Lebenszielen hervorhebt.[39] Wie Rawls verwendet auch Sen einen mehr als nur formalen Begriff der Chancengleichheit, unterscheidet sich jedoch von diesem in der Frage, wie faire Chancengleichheit erreicht werden kann. Rawls möchte faire Chancengleichheit durch die gleiche Ausstattung mit sozialen Grund-

---

36 Volkert (1998), S. 46. Vgl. Eurich/Langer (2004).
37 Siehe I.5.2.
38 Vgl. zum Folgenden Sen (1982; 1990; 1992; 2000).
39 So Roemer (1996), S. 164, im Blick auf eine zusammenfassende Gegenüberstellung der Ansätze von Rawls und Sen.

gütern gewährleisten; Sen hingegen durch Gleichheit im Möglichkeiten-spektrum (*capability set*[40]). *Capability* bezeichnet nach Sen die Fähigkeit oder das Vermögen einer Person, für ihr Leben wertvolle Tätigkeiten und Funktionen verwirklichen zu können. Sens Kritik an Rawls lässt sich dahingehend zusammenfassen, dass Rawls nicht den richtigen Parameter für Gleichheit ins Auge fasst. Sens Ansatz sieht hingegen Gerechtigkeit verwirklicht, indem Gleichheit auf einer höheren Ebene gefordert wird, nämlich – rein ökonomische Überlegungen übersteigend – in dem Vermögen von Menschen, für ihr Leben wertvolle Funktionen und Tätigkeiten realisieren zu können.

Gleichheit kann nach Sen nicht durch bestimmte Grundgüter als solche gewährleistet werden, vielmehr ist für das Wohlergehen beziehungsweise für die verschiedenen Konzeptionen des Guten entscheidend, was durch Güter für Personen bewirkt werden kann, welche Alternativen sich für Menschen aus dem Gebrauch der Güter eröffnen. Das Wohlergehen eines Individuums bestimmt Sen anhand von dessen Funktionsweisen (*functionings*), das heißt anhand von dem, was ein Individuum tun und sein kann beziehungsweise wie es diese Funktionsweisen kombinieren kann. Als Beispiele führt er »activities (like eating or reading or seeing), or states of existence or being, e.g., being well nourished, being free from malaria, not being ashamed by poverty of one's clothing or shoes«[41] an. Sen bildet die Menge an Möglichkeiten, die einer Person zur Verfügung stehen, um solche Funktionsweisen realisieren zu können, in einem Funktions-Fähigkeiten-Vektor ab, der zugleich sein Parameter für individuelles Wohlergehen darstellt.[42]

Da jedoch zwischen Individuen Unterschiede in der Fähigkeit bestehen, Grundgüter und andere Ressourcen in Funktionen des Wohlergehens zu transformieren, kann grundsätzlich nicht die Ausstattung an Grundgütern zur Bestimmung des Besser- oder Schlechter-Gestellt-Seins von Individuen verwendet werden. Vielmehr muss die Grundgüterausstattung als Grundlage für Gerechtigkeitsurteile ausscheiden, weil das, was Individuen aufgrund solcher Güter in ihrem Leben erzeugen können, von vielen anderen Parametern, wie etwa sozialen und biologischen Größen, abhängig ist.

---

40 Das »capability set« steht für »the actual freedom of choice a person has over alternative lives that he or she can lead«. Sen (1990), S. 113f.

41 Sen (1985), S. 197.

42 Siehe ebd. zu Sens Verständnis von Wohlergehen und seiner Abgrenzung vom Utilitarismus.

»If people were basically very similar, then an index of primary goods might be quite a good way of judging advantage. But, in fact, people seem to have very different needs varying with health, longevity, climatic conditions, location, work conditions, temperament, and even body size [...].«[43]

Daher ist als Ausdruck persönlicher Freiheit das Möglichkeitenspektrum von Grundgütern (und anderen Ressourcen) sowie von den tatsächlich realisierten Möglichkeiten zu unterscheiden.[44]

Sens Ansatz bei dem Möglichkeitenspektrum einer Person liegt ein bestimmter Freiheitsbegriff zugrunde:[45] Betrachtet man zwei Personen, von denen A nur einen Funktions-Fähigkeiten-Vektor zur Verfügung hat, B jedoch ein Vermögen von verschiedenen Funktions-Fähigkeiten-Vektoren besitzt, deren »bester« jedoch genau dem Vektor von Person A entspricht, so ist Person B in Sens Ansatz besser gestellt als Person A. Dies ist nicht logisch zwingend, denn man kann beide Vermögen als gleich betrachten, wenn ihre »besten« Vektoren gleich sind. Die Bewertung von Person B als »besser gestellt« hat ihren eigentlichen Grund in Sens Verständnis davon, was Freiheit bedeutet. Person B hat für Sen eine größere Freiheit, da sie zwischen verschiedenen Optionen wählen kann. Es kommt deshalb nicht auf die erfolgreiche Realisierung eines Funktions-Fähigkeiten-Vektors an, sondern auf das Vermögen einer Person, zwischen verschiedenen Vektoren wählen zu können.

Roemer hat diesen Punkt mit folgendem Beispiel veranschaulicht:[46] Man betrachte den Gegensatz zwischen einer reichen Person im Hungerstreik und einer armen Person, die verhungert, weil sie nicht genug Geld hat, um sich Nahrung zu kaufen. Zwar mögen sich beide Personen auf derselben Stufe hinsichtlich ihrer Ernährung befinden, jedoch ist das Möglichkeitenspektrum der reichen Person um ein Vielfaches größer als das der verhungernden Person. Der entscheidende Unterschied liegt also im Vermögen einer Person, zwischen verschiedenen Optionen wählen zu können.

Sens Ansatz kann im Blick auf die Situation von Menschen mit Behinderungen in direkter Weise mit den Rawlsschen Grundgütern kontrastiert werden: Die gleiche Ausstattung an Grundgütern mag einen Menschen mit Behinderung formal anderen Menschen gleichstellen, jedoch vermag er

---

43 Sen (1982), S. 366.
44 Vgl. Volkert (1998), S. 48.
45 Vgl. Roemer (1996), S. 190.
46 Ebd.

aufgrund seines behinderungsbedingten Mehrbedarfs nur eine vergleichsweise geringe Freiheit im Sinne von Sens *capability set* zu realisieren. Gleichheit der *capability sets* erfordert aus diesem Grund oftmals eine ungleiche
Verteilung der Grundgüter, um Menschen mit Behinderungen gerecht zu
werden.[47] Da der Mehrbedarf aufgrund der Behinderung gegeben ist,
scheidet jedoch eine Bestimmung als Präferenzunterschied aus. Schließlich
ist ein Mensch mit Behinderung, der kostenintensive Leistungen zum
Überleben benötigt, normativ anders zu bewerten als ein Mensch ohne
Behinderung, der sich teure Luxusgüter für sein Wohlergehen leistet.[48]
Eine höhere Ausstattung mit Grundgütern für Menschen mit Behinderungen ist jedoch nicht in Rawls' Ansatz vorgesehen.

Eine gleiche Ausstattung an Grundgütern muss also keineswegs auch
Gleichheit in persönlicher Freiheit bedeuten, sondern kann zu schwerwie-
genden Ungleichheiten führen:

»Since the conversion of […] primary goods and resources into freedom of choice
over alternative combinations of functionings and other achievements may vary
from person to person, equality of holdings of primary goods or of resources can
go hand in hand with serious inequalities in actual freedoms enjoyed by different
persons.«[49]

Statt auf Gleichheit der Grundgüterausstattung zielt Sen auf Gleichheit der
Fähigkeit, verschiedene Funktionsweisen ausüben zu können.[50] Sen fordert
also keine Gleichheit im Sinne eines für alle gleichen Indexes von Funktionsweisen, sondern eine Gleichheit der Möglichkeitsspektren von Personen. Er kann so die Schwierigkeit umgehen, Unterschiede in den natürlichen Fähigkeiten ausgleichen zu müssen. Dieser Punkt weist jedoch auf
eine Schwäche in Sens Ansatz hin, auf die näher einzugehen ist: Sen spezi-

---

47 Sen (1992), S. 79–84.
48 Vgl. Volkert (1998), S. 48: »Während der Behinderte selbst normale Dinge nicht ohne
   hohen behinderungsbedingten Aufwand zu nutzen vermag, ist es dem Nichtbehinderten
   trotz starker Präferenzen für teure Luxusgüter durchaus möglich, nicht nur zu überleben, sondern auch all das zu erreichen, was von anderen im Durchschnitt erreicht wird,
   wenngleich hierdurch vielleicht keine volle Zufriedenheit erlangt wird.« Vgl. hierzu auch
   die ausführliche Diskussion teurer Vorlieben bei Dworkin (1981a).
49 Sen (1992), S. 81f.
50 Vgl. Roemer (1996), S. 189: »Sen's proposal is that distributive justice entails equalizing
   midfare levels across persons.« *Midfare* bezeichnet nach einem Vorschlag von Cohen den
   »Zustand«, den eine Person als Ertrag ihrer Funktionsweisen genießt und der als Mittelweg (»midway«) zwischen Gütern und Wohlergehen (»welfare«) bestimmt wird.

fiziert nicht die Relation von Gleichheit in Bezug auf individuelle Möglichkeitenspektren, die aufgrund der ungleich verteilten natürlichen Fähigkeiten individuell unterschiedlich beschaffen sind.

So vermag eine Person mit natürlicher Fähigkeit zu einem Handwerk
eine gegebene Menge von Grundgütern in ein größeres oder besseres
Spektrum von Möglichkeiten für ihr Leben umzusetzen als eine nicht in
gleicher Weise begabte Person (was augenscheinlich bei jeder anderen
natürlichen Fähigkeit entsprechend gilt). Unklar bleibt, wie Sen mit solchen
Ursachen von Ungleichheit in Möglichkeitsspektren umgeht. Er spricht
nicht an, ob das Möglichkeitsspektrum gleich sein soll trotz der ungleichen Verteilung natürlicher Fähigkeiten. Eine Anpassung der Ressourcen
kann diese Ursachen von Ungleichheit offensichtlich nicht beseitigen.[51]
Daniels vermutet, dass Sen, da solche Ungleichheiten in natürlichen Fähigkeiten nicht ausgeglichen werden können, die Auswirkungen dieser Ungleichheiten begrenzen würde.[52] Aber dies entspräche genau der Funktion
von Rawls' Differenzprinzip: Das Differenzprinzip mildert die Auswirkungen der Ungleichheit bei denjenigen, die am schlechtesten ausgestattet sind
mit natürlichen Fähigkeiten und Begabungen, indem es sicherstellt, dass
sozioökonomische Ungleichheiten am stärksten zu ihrem Vorteil ausschla-
gen. Sen und Rawls scheinen also gar nicht so weit auseinander zu liegen.
Festzuhalten ist jedoch, dass Sen zwar eine ausführliche Diskussion über
Möglichkeiten der objektiven Evaluation von Niveaus der Funktionsweisen beziehungsweise des Wohlergehens führt, er aber nicht auf Unterschiede in Möglichkeitsspektren aufgrund unterschiedlicher natürlicher
Fähigkeiten näher eingeht und so offen lässt, ob hier eine Gleichheit der
Möglichkeitsspektren hergestellt werden soll. Darüber hinaus versäumt
Sen darzulegen, wie Individuen gegen die Beeinträchtigung ihrer normalen
Funktionsweisen abgesichert werden können, denn Sen belässt die Frage,
welche *Maßnahmen* Gerechtigkeit im Blick auf Ungleichheiten im Vermögen (im Sinne von *capability*) von Personen verlangt, ohne konkrete Ant-
wort.[53] Ebenso ist das institutionelle Design, das aus Sens Ansatz folgt,

---

51 Vgl. Daniels (1996b), S. 213.
52 Ebd.
53 Vgl. Roemer (1996), S. 192: »Sen criticizes Rawls for his ›extremism of giving total
priority to the interests of the worst off‹ […], but offers no explicit social objective in his
own theory. He speaks of equalizing capabilities, but does not discuss the equalization
objective so precisely as would force him to face the issues of maximin and leximin.«

von ihm nicht näher ausgeführt worden.[54] Damit fehlen jedoch wesentliche Bausteine in der Begründung eines Gerechtigkeitsansatzes für Menschen mit Behinderung.

2.2.3 Der Zusammenhang zwischen Lebenschancen und der Funktionsfähigkeit einer Person

Daniels hat mit seinem Vorschlag, Gesundheitsinstitutionen einzurichten, eine leichte Modifizierung von Rawls' Theorie ins Spiel gebracht, die hier nochmals aufgegriffen werden soll, um sie im Blick auf die Beeinträchtigung normaler Funktionsweisen durch Behinderung oder Krankheit sowie im Blick auf die ungleiche Verteilung natürlicher Fähigkeiten Sens Ansatz gegenüberzustellen. Die Gesundheitsinstitutionen garantieren bei Daniels eine institutionell verankerte Struktur der Kompensation beeinträchtigter Funktionsweisen; die jeweilige Maßnahme muss in Betracht der Ursache der Ungleichheit getroffen werden – es muss dann aus einer Vielfalt möglicher Leistungen die entsprechende ausgewählt werden.[55] Nach Daniels können Gesundheitsbedürfnisse eingegrenzt werden anhand der Vorstellung eines normal funktionierenden Organismus eines typischen Mitglieds einer Gesellschaft.[56] Alle Maßnahmen, die nötig sind, um Krankheiten zu behandeln, die die normale Funktionsweise einer Person beeinträchtigen, können dann von allen anderen Gesundheitsmaßnahmen unterschieden werden.[57] Folgende Liste soll nach Daniels die Erhaltung, Rehabilitation oder gegebenenfalls den Ersatz normaler Funktionsweisen gewährleisten:[58]

---

54 Vgl. Gottschalk-Mazouz/Mazouz (2004), S. 271, die in Bezug auf Sens Ansatz urteilen: »Sein Ansatz ist aber sicher unterentwickelt, was die Explizierung eines institutionellen Designs anbetrifft.«

55 Es sollte kein Problem sein, diesen Punkt mit Rawls' Theorie zu vereinbaren, denn im Verlauf der Entwicklung vom Urzustand zu verfassungsgebenden- und legislativen Phasen werden mehr Informationen über die spezifischen Bedingungen einer Gesellschaft verfügbar, so dass auch Grundgüter wie Gesundheit spezifiziert werden können. Vgl. Daniels (1996b), S. 216.

56 Vgl. ebd., S. 213f.

57 Gesundheitsleistungen werden dadurch begrenzt auf die Fälle, in denen Funktionsweisen von der normalen Variationsbreite solcher Funktionsweisen in einer Gesellschaft abweichen. So können etwa kosmetisch bedingte medizinische Eingriffe damit nicht gerechtfertigt werden.

58 Ebd., S. 214.

– angemessene Ernährung und Unterkunft,
– gesunde, unverschmutzte und sichere Lebens- und Arbeitsbedingungen,
– Ruhe, körperliche Fitnessprogramme und andere Elemente des Lebensstils,
– persönliche präventive und rehabilitative Gesundheitsversorgung und
– nicht-medizinische Dienste im persönlichen und sozialen Bereich.

Gesundheitsinstitutionen können nach Daniels auf diese Weise einen Beitrag zu sozialer Gerechtigkeit leisten, indem sie faire Chancengleichheit für jedes Individuum während seiner Lebensspanne gewährleisten.[59]

Die Notwendigkeit solcher Gesundheitsmaßnahmen ergibt sich nach Daniels aus dem Zusammenhang zwischen den Chancen und der normalen Funktionsfähigkeit einer Person.[60] Beeinträchtigungen der normalen körperlichen Funktionen reduzieren die Bandbreite von Chancen, die ein Individuum besitzt, innerhalb der es Lebenspläne entwickeln kann. So können Lebenspläne, die wir unter normalen Umständen anstreben würden, durch eine Behinderung unmöglich gemacht werden. Die Kompensation dieser Art von Benachteiligungen soll durch die bereits erwähnten Gesundheitsinstitutionen geregelt werden. Jedoch ist die Bandbreite an Chancen, die einem Individuum zur Verfügung steht, auch durch seine natürlichen Talente und Begabungen auf eine grundlegende Weise begrenzt. Faire Chancengleichheit erfordert nun nach Daniels nicht, dass die Bandbreite an Chancen für alle gleich ist, sondern nur, dass sie für Individuen mit ähnlichen Talenten und Begabungen gleich ist.[61] Somit müssen die individuellen Anteile an der Bandbreite möglicher Chancen nicht für alle gleich sein, ohne dass dadurch das Prinzip der Fairness verletzt würde. Daniels fordert lediglich eine angemessene Bandbreite an Chancen. Denn

---

59 Da Akteure ein grundlegendes Interesse haben, ihre Lebenspläne auch während des Lebens weiterentwickeln oder korrigieren zu können, werden sie die Möglichkeiten dazu durch die Gründung von Gesundheitsinstitutionen aufrechterhalten wollen, denn durch Gesundheitsinstitutionen wird für den Einzelnen sichergestellt, dass seine normalen Funktionsweisen erhalten bleiben und er so fähig bleiben wird, entsprechende Lebenspläne auch verwirklichen beziehungsweise adaptieren zu können.
60 Ebd. Vgl. zu Fällen besonders schwerer Krankheit, die das individuelle Möglichkeitenspektrum erheblich beschneiden und zu den Unterschieden zwischen Daniels' Gesundheitsmaßnahmen und Rawls' Grundgütern ebd., S. 215.
61 Vgl. ebd., S. 214. (Zum Vergleich von Daniels' Bandbreite an Chancen mit Sens Möglichkeitenspektrum siehe unten).

in Rawls' Theorie werden ungleiche Erfolgschancen, die auf ungleiche natürliche Fähigkeiten zurückgehen, auf andere Weise ausgeglichen, nämlich durch die redistributive Wirkung des Differenzprinzips.

Daniels' Argument lässt sich also in folgender Überlegung fokussieren: Die Beeinträchtigung normaler Funktionsweisen durch Krankheit oder Behinderung schränkt nur die Chancen einer Person *in Relation zu dem Anteil an Chancen, den sie aufgrund ihrer natürlichen Talente und Begabungen als gesunde Person haben würde*, ein.[62] Das Ziel von Gesundheitsmaßnahmen wird dann dahingehend begrenzt, dass nicht eine Gleichheit aller Möglichkeitenspektren hergestellt werden soll, sondern nur Gleichheit mit der Bandbreite an Chancen, die eine gesunde Person mit gleichen natürlichen Fähigkeiten auch haben würde. So sollen die Lebenspläne, die mit normalen Funktionsweisen auf Grundlage bestimmter natürlicher Fähigkeiten und Talente möglich sind, für Menschen mit beeinträchtigten Funktionsweisen durch die Gesundheitsmaßnahmen nun wieder zu realisierbaren Chancen werden. Gleichwohl muss hier gegen Daniels eingewandt werden, dass dies nur für solche Behinderungen gilt, deren Funktionsstörungen relativ gut kompensiert werden können. Die Frage, was Gerechtigkeit hinsichtlich der Menschen, bei denen dies nicht der Fall ist, erfordert, bleibt offen.

Daniels' Ansatz einer gleichen Bandbreite an Chancen ist der Senschen Vorstellung des Möglichkeitenspektrums sehr ähnlich. Der Unterschied liegt darin, dass Daniels eine ungleiche Verteilung von natürlichen Talenten und Begabungen mit dem Prinzip fairer Chancengleichheit vereinbaren kann, während Sen hierfür keine Lösung anbietet. Darüber hinaus sollen bei Daniels Abweichungen von normalen Funktionsweisen eines gesunden Organismus, die ungleiche Möglichkeitenspektren zur Folge haben, über Leistungen von Gesundheitsinstitutionen egalisiert werden. Daniels gelingt es so zumindest, die Hauptkritik von Sen an Rawls, dass Gerechtigkeit sich auf die Verteilung von Fähigkeiten und nicht einfach auf Güter zu beziehen habe, zu entkräften, auch wenn damit nicht geklärt ist, wie die Möglichkeitenspektren schwerstbehinderter Menschen angemessen berücksichtigt werden können.

Daniels strebt durch seine Erweiterung an, die Inflexibilität von Rawls' Grundgüterkonzeption zu überwinden, um so die spezifischen Bedürfnisse von Menschen mit Behinderung in der institutionellen Grundstruktur einer Gesellschaft zu erfassen. Gerade im Hinblick auf Gerechtigkeit für Men-

---

62 Vgl. ebd., S. 215.

schen mit Behinderung besitzt Daniels' Ansatz daher den wichtigen Vorteil, dass er einen Ausgleich für Ungleichheiten aufgrund von Beeinträchtigungen normaler Funktionsweisen auf der Ebene der gesellschaftlichen Rahmenbedingungen zu etablieren vermag. Jedoch ist neben der einseitigen Orientierung an gut kompensierbaren Behinderungsformen auch Daniels' eingeschränkter Begriff von Krankheit und Behinderung, der bei den Gesundheitsinstitutionen zugrunde gelegt ist, zu kritisieren.

Auch wenn Daniels anscheinend kein objektiv-normalistisches Verständnis von Krankheit und Behinderung verwendet,[63] so spiegelt er doch eine Defizit-Orientierung wider, die nur unzureichend soziale und umweltbedingte Faktoren berücksichtigt. Dieser Sichtweise wird im zweiten Teil dieser Arbeit ein ressourcen-orientiertes Verständnis gegenübergestellt, das die einseitige Betonung normaler körperlicher Funktionsweisen[64] aufhebt durch ein Interdependenz-Modell personaler, sozialer und umweltbedingter Faktoren. Wird eine Behinderung als ein komplexes dynamisches Phänomen gesehen, das nicht durch eine Klassifizierung von Defekten beschrieben werden kann, sondern über die Interdependenz der verschiedenen Dimensionen (organische Schädigung, individuelle Variablen und Umweltgegebenheiten), so wird nicht nur die Berücksichtigung individueller Bedürfnisse möglich, sondern zugleich können diese – über die Ermittlung eines persönlichen Profils – Ausgangspunkt zur Festlegung individuellen Unterstützungsbedarfs nicht nur für medizinische, sondern auch für soziale Zielsetzungen sein. Hieraus ergibt sich als künftige Aufgabe zu untersuchen, inwieweit ein Interdependenz-Modell von Behinderung mit Daniels' Konzeption »normaler« körperlicher Funktionsweisen überhaupt in Übereinstimmung gebracht werden kann. Überlegungen dazu werden unten in Kapitel II.4 vorgestellt.

---

63 So Gottschalk-Mazouz/Mazouz (2004), S. 265f.

64 Vgl. zu Daniels' grundsätzlicher Ausrichtung an Bürgern mit normalen Funktionsweisen Daniels (1996b), S. 217: »Nevertheless, priority is given to keeping the society as close as possible to the goal of having normally functioning citizens. [...] Addressing the problem of health-care needs through the primary good of opportunity, that is, through the fair equality of opportunity clause of the Second Principle, keeps us focused on the normal range of capabilities.«

3 Soziale Bedingungen von Freiheit und Gleichheit

Mit seiner Kritik an Rawls hat Sen aufgezeigt, dass Güter nicht nur in formaler Hinsicht gleich zu verteilen sind, wenn soziale Gerechtigkeit verwirklicht werden soll, sondern dass es auf die Beziehung zwischen Gütern und Personen ankommt. Wenn Güter nicht effektiv eingesetzt werden können, kann auch nicht von gleichen Freiheiten gesprochen werden, so wurde bisher im Blick auf Unterschiede in den individuellen Vermögen der Güternutzung argumentiert. In diesem Abschnitt rückt eine weitere Bedingung der Ausübung von Freiheitsrechten in das Blickfeld, die besonders für Menschen mit Behinderung relevant ist. Wenn man die sozialen Voraussetzungen untersucht, die notwendig sind, damit die Ausübung von Freiheitsrechten gleich sein kann, so stößt man auf den Bereich der für soziale Beziehungen in einer Gesellschaft grundlegenden Anerkennungsverhältnisse. Denn die »Verwirklichung individueller Freiheit [ist] an die Voraussetzung einer gemeinsamen Praxis gebunden, die mehr ist als das Resultat einer Koordination von Einzelinteressen«[1].

Die entscheidende Frage, die in diesem Zusammenhang beantwortet werden muss, lautet: Ist die Garantie gleicher Freiheiten und die Bereitstellung gleicher Anteile an Grundgütern hinreichend, damit Menschen ein normales Selbstverhältnis aufbauen können und so in den Stand versetzt werden, eigene Lebenspläne realisieren zu können? Fraglich ist also, ob die in der Perspektive der Verteilungsgerechtigkeit begründeten distributiven Verfahren von Rechten und Gütern hinreichend sind, damit ein Individuum in einem sozialen Raum in die Lage versetzt wird, die für ein Handeln in Freiheit notwendigen Voraussetzungen wie eine angemessene Selbstachtung ausbilden zu können. Da das Selbstverhältnis eines Menschen jedoch immer abhängig ist von den (vorgängigen) sozialen Bedingungen, wie besonders an gesellschaftlich marginalisierten Personen(grup-

---

1 Honneth (2004), S. 16f.

pen) gezeigt werden kann, scheint – ergänzend zur Verteilungsdimension der Rawlsschen Gerechtigkeitstheorie – ein weiterer Fokus notwendig zu sein. Dazu sollen Argumente aus dem feministischen Diskurs aufgenommen werden, die, ergänzt um einige Kritikpunkte der Kommunitaristen an Rawls, im Folgenden auf die Situation von Menschen mit Behinderungen übertragen werden.

3.1 Gleichheit als soziales Verhältnis

Nach Anderson sind die Fähigkeiten einer Person nicht nur »eine Funktion ihrer angeborenen, unveränderlichen persönlichen Eigenschaften und Ressourcen, sondern auch ihrer variablen Eigenschaften und sozialen Beziehungen, der Normen, der Struktur von Möglichkeiten, öffentlichen Gütern und öffentlichen Räumen«.[2] So stellen gleiche politische Grundrechte nur eine Voraussetzung für die Funktionsfähigkeit als Bürger einer demokratischen Gesellschaft dar. Hinzu kommen muss als weitere Voraussetzung die effektive Verfügbarkeit zivilgesellschaftlicher Güter und Beziehungen.[3] Anderson führt als Beispiele die Versammlungsfreiheit und den Zugang zu öffentlichen Orten (etwa Parks und Straßen) sowie zu öffentlichen Leistungen (öffentliche Transportmittel, Post, Telekommunikation) an. Greift man das Beispiel des Zugangs zu öffentlichen Räumen auf, so ist dieser für Menschen mit Behinderungen aufgrund spezifischer (körperlicher) Funktionsbeeinträchtigungen oftmals nur eingeschränkt vorhanden und in bestimmten Fällen, etwa bei fehlenden Umgehungsmöglichkeiten von Treppen für Rollstuhlfahrer, gänzlich verwehrt. Ohne effektive Möglichkeit des Zugangs ist jedoch nicht vorstellbar, dass Menschen mit Behinderungen gleiche Chancen im Blick auf die Inanspruchnahme ihrer Freiheiten im öffentlichen Raum besitzen sollen. Das Prinzip der Gleichheit aller Bürger bedingt deshalb, öffentliche Räume so umzugestalten, dass Zugangsbeschränkungen aufgehoben werden und diese auch faktisch Menschen mit Behinderungen zur Verfügung stehen. In entsprechender Weise sind auch die Arbeitsbedingungen soweit den Bedürfnissen von

---

2 Anderson (2000), S. 160.
3 Ebd., S. 158.

Menschen mit Behinderungen anzupassen, dass sie ihnen eine produktive Teilnahme am Erwerbsleben ermöglichen.

Andersons Ansatz liegt die Überzeugung zugrunde, dass jeder Mensch den gleichen moralischen Wert hat und deshalb in der sozialen Ordnung nicht nur Gleichheit in der Güterverteilung angestrebt werden sollte, sondern auch Gleichheit in den sozialen Beziehungen. Letzteres ist deshalb notwendig, da ungleiche soziale Beziehungen, etwa aufgrund von Diskriminierung, Gewalt gegen Personen, Stigmatisierung oder Ausgrenzung zu einer Ungleichverteilung von Freiheiten und Ressourcen führen.[4] Führt mangelnde Achtung vor dem Anderen zu Ungleichheit in den sozialen Beziehungen, so kann gleiche Freiheit nicht mehr grundsätzlich gewährleistet werden. Unterscheidungen im moralischen Wert einer Person aufgrund von Geburt oder sozialer Herkunft sind daher nicht zulässig. Diese Position entspricht dem Ansatz von Rawls, der ja bewusst auf das Prinzip fairer Chancengleichheit zurückgreift, um Unterschiede aufgrund von Familienzugehörigkeit, Rasse, Ethnie, Geschlecht in ihren Auswirkungen auf die Gleichheit der Chancen zu egalisieren. Rawls erkennt alle Personen als einander gleiche moralische Bürger an, denn jede Person hat die gleiche Fähigkeit, moralische Verantwortung wahrzunehmen, gerechte Prinzipien zu beschließen, um auf deren Grundlage mit anderen Bürgern kooperieren zu können, und schließlich auch ihre eigene Vorstellung des guten Lebens zu entwerfen und zu realisieren.[5]

Der entscheidende Unterschied zu Rawls besteht in Andersons Überlegung, dass durch eine reine Umverteilung von Gütern nicht alle Ungleichheiten, die aufgrund sozialer Restriktionen bestehen, zur Realisierung von Freiheiten ausgeräumt werden können,[6] so dass auf diese Weise auch die Freiheiten für Menschen mit Behinderungen nicht grundsätzlich garantiert werden können. Die von Rawls hierzu vorgesehene Grundgüterausstattung erscheint als unzureichend. Folgendes Beispiel mag dies verdeutlichen: Eine spastisch beinträchtigte Person hat zwar die gleichen aktiven und passiven Wahlrechte wie andere Bürger auch, besitzt jedoch aufgrund des in der Gesellschaft mit einer solchen Behinderung verbundenen Stigmas

---

4 Vgl. Young (1990), die Formen der Unterdrückung, Marginalisierung und Ausbeutung in hierarchischen Sozialverhältnissen beschreibt.

5 Vgl. Rawls (1992a), S. 93f. Vgl. zum internen Zusammenhang zwischen Moral und Anerkennung Honneth (2000b), bes. 179ff.

6 Vgl. Anderson (2000), S. 160.

nur minimierte Chancen bei einer Bewerbung um öffentliche Ämter. Die Achtung des Anderen ist eine soziale Bedingung der Wahrnehmung von Chancen und kann als solche nicht durch Verteilung von Ressourcen gewährleistet werden.

Die Gleichheit der Menschen muss nach Anderson daher ihren Niederschlag in einer sozialen Ordnung finden, in der sich Menschen als Gleiche fühlen können. Sie fordert deshalb eine Theorie der demokratischen Gleichheit, in der sozial bedingte Unterdrückung abgeschafft werden soll.[7] Anderson möchte dies durch eine »relationale Theorie‹ der Gleichheit« erreichen, indem Gleichheit als soziales Verhältnis verstanden wird im Gegensatz zu distributiven Theorien, die Gleichheit als Verteilungsstruktur auffassen.[8] Werden in distributiven Theorien soziale Beziehungen weitgehend als Mittel angesehen, um eine solche Verteilungsstruktur zu schaffen, besteht nach Anderson dann Gleichheit zwischen zwei Personen, »wenn beide die Verpflichtung anerkennen, ihre Handlungen nach Prinzipien zu rechtfertigen, die sie beide akzeptieren«[9]. Wenn Gleichheit also über die Verteilung von Gütern hinaus auch die Beziehungen selbst, innerhalb der die Güter verteilt werden, ins Auge fassen muss, so folgt daraus, dass die gleiche Verteilung von Gütern mit dem Prinzip der gleichen Anerkennung jeder Person vereinbar sein muss.[10] »Denn Güter sind nach Prinzipien und Verfahren zu verteilen, die die Würde jedes Menschen respektieren. Niemand darf dazu gezwungen werden, vor anderen zu kriechen oder sich zu erniedrigen, um seinen Anteil an Gütern zu bekommen.«[11] In Fällen von sozialer Unterdrückung sollten Kompensationen vorgesehen werden, die der sozialen Ungerechtigkeit entsprechen, was bei einer rein distributiven Güterzuteilung an ein Individuum nicht der Fall sei. Dadurch stellt sich die Frage, wie die Forderung nach gleichen sozialen Beziehungen in eine Gerechtigkeitstheorie eingebunden werden kann.

---

7 Ebd., S. 151. Dies setzt voraus, dass gewisse formale und soziale Bedingungen erfüllt sind: neben dem gleichen Status aller, der auch die Teilnahmeberechtigung einschließt, muss die Form eines freien und ungezwungenen Diskurses gewahrt bleiben. So wird Gleichheit untergraben, wenn aufgrund sozialer Marginalisierung etwa die Argumente von Personen nur dann angehört werden, wenn die Personen sich demütigen oder von anderen als minderwertig gebrandmarkt werden. Vgl. zu Prozessen kultureller Exklusion Honneth, A. (2000a), S. 119ff.

8 Anderson (2000), S. 151.

9 Ebd., S. 152.

10 Vgl. Honneth (1998).

11 Anderson (2000), S. 152.

3.2 Gleichheit in Verteilungs- und Anerkennungsperspektive

Über Andersons Argumentation hinausgehend sollte grundsätzlich soziale Gerechtigkeit in Bezug auf zwei von einander zu unterscheidende Dimensionen reflektiert werden: Nämlich die Dimension der »Anerkennung«[12] des Menschen in seinen identitätsstiftenden Differenzen (im Folgenden als Anerkennung bezeichnet)[13] und die Dimension der Gleichheit des Menschen als Träger von Rechten.[14] Letztere regelt als Verteilungsdimension auch die Zuteilung an Gütern, Positionen und Chancen. Geht es bei Anerkennung um die Anerkennung von Verschiedenheit, geht es bei der Dimension der Verteilung um Statusunterschiede beziehungsweise -gleichheit.

Die Anerkennung des Menschen wird, wie Anderson zu Recht ausführt, durch Exklusions- oder Unterdrückungsverhältnisse bedroht.[15] Sie wird aber auch durch Unterschiede in der Verteilung von Rechten, Positionen und Gütern untergraben. Auf das Verhältnis dieser beiden Perspektiven zueinander wird weiter unten eingegangen. Zunächst soll die Anerkennungsdimension als notwendige Dimension sozialer Gerechtigkeit begründet werden.

---

12 Vgl. Honneth (1998), S. 153ff., der eine dreistufige Anerkennungstheorie entwickelt hat. In seiner Stufentheorie bildet das Anerkennungsverhältnis der Liebe oder Fürsorge das Fundament des reflexiven Selbstbezugs. Das Individuum gewinnt Selbstvertrauen durch die besondere Wertschätzung anderer. Während Anerkennung in Form von Liebe also durch konkrete Bezugspersonen erfahren wird, geht es im Anerkennungsverhältnis des Rechts dann um jene *allgemeinen* Eigenschaften, die das Individuum überhaupt erst zu einer (Rechts-)Person machen (vgl. ebd., S. 173ff.). Die rechtliche Anerkennung trägt nach Honneth (2000b), S. 187, den »Charakter einer universellen Gleichbehandlung«. Somit sind auch bei Honneth die hier als Anerkennungs- und Verteilungsdimension bezeichneten Aspekte sozialer Gerechtigkeit zu finden.

13 Honneth (2003), S. 15, beschreibt den Akt der Anerkennung folgendermaßen: »Während wir mit dem Erkennen einer Person deren graduell steigerbare Identifikation als Individuum meinen, können wir mit ›Anerkennung‹ den expressiven Akt bezeichnen, durch den jener Erkenntnis die positive Bedeutung einer Befürwortung verliehen wird.«

14 Vgl. Anzenbacher (2001), bes. 170ff. Auch die Gleichheit in Bezug auf Rechte rekurriert auf den Anerkennungsbegriff, da sie auf der wechselseitig zugesprochenen Anerkennung als moralische Person basiert.

15 Vgl. Eurich (2004), S. 26ff. Vgl. Spaemann (1998), S. 197: »Anerkennung der Person – das heißt zunächst einfach Rücknahme der eigenen, prinzipiell unbegrenzten Expansionstendenz, Verzicht darauf, den anderen nur unter dem Aspekt der Bedeutsamkeit zu sehen, die er in meinem Lebenszusammenhang hat, Achtung vor ihm als einer für mich nie gegenständlich werdenden Mitte eines eigenen Bedeutungszusammenhangs.«

Die soziale Anerkennung des Einzelnen ist grundlegend für den Aufbau aller weiteren sozialen Beziehungen, weshalb auch die Forderung nach Gleichheit in sozialen Beziehungen bei der Dimension der Anerkennung ansetzen muss. Bei Honneth ist dieser Zusammenhang offensichtlich, da er die (in seiner Theorie drei) unterschiedlichen Stufen von Anerkennung zunächst negativ über die ihnen entsprechenden Formen der Missachtung ableitet. Honneth unterscheidet drei verschiedene Formen der Missachtung:

(1) die physische Demütigung,
(2) die Entrechtung beziehungsweise den sozialen Ausschluss,
(3) die Entwertung der Lebensform.[16]

Zu (1): Mit einer physischen Demütigung bezeichnet Honneth die elementarste Form der Missachtung, bei der »einem Menschen alle Möglichkeiten der freien Verfügung über seinen Körper gewaltsam entzogen werden«[17]. Diese gewaltsamen Übergriffe zerstören die Integration von leiblichen und seelischen Verhaltensweisen und ziehen den Verlust des Vertrauens in sich selbst nach sich. Menschen mit Behinderung werden nicht nur immer wieder zu Opfern gewalttätiger Angriffe in der Öffentlichkeit, sondern erleiden Gewalt als körperliche Übergriffe zum Beispiel auch in fremdbestimmten Pflege- oder Betreuungssituationen.

Zu (2): Formen der Entrechtung und des sozialen Ausschlusses können an Exklusions- und Unterdrückungsverhältnissen festgemacht werden; subjektiv entspricht ihnen das Empfinden, eine Demütigung zu erleiden. Es geht Honneth also nicht allein um die Einschränkung persönlicher Freiheitsrechte, sondern auch um das Wissen der betroffenen Person, nicht den Status eines vollwertigen, moralisch gleichberechtigten Interaktionspartners zu besitzen.[18] Da es hier vor allem um den Aufbau eines normalen Selbstverhältnisses als Voraussetzung individueller Freiheitsausübung geht, ist die subjektive Folge des Ausschlusses, nämlich die Erfahrung sozialer Scham zu beachten. Dementsprechend müssen alle Ausschlüsse von Gruppen oder einzelnen Personen aus gesellschaftlichen Gruppierungen zum Beispiel aufgrund rassischer, körperlicher oder schichtenspezifischer Merkmale als Missachtung begriffen werden.

---

16 Vgl. Honneth (1990), S. 1045ff.
17 Ebd., S. 1045f.
18 Vgl. ebd., S. 1046.

Zu (3): Eine Demütigung liegt jedoch auch dann vor, wenn eine Person oder ihre Lebensform als minderwertig oder mangelhaft herabgestuft werden. Die betroffene Person kann nun nicht mehr solche Erfahrungen machen, durch welche sie ihren eigenen Fähigkeiten einen sozialen Wert beizumessen vermag. Diese Art der Demütigung ist Folge der gesellschaftlichen Wertehierarchie und kann durch institutionelle Mechanismen hervorgerufen werden.

Margalit bezeichnet die Vermeidung von Demütigung als Kennzeichen einer anständigen Gesellschaft und Selbstachtung als grundlegendes Gut der gerechten Gesellschaft.[19] Demütigendes Handeln zerstört die Grundlagen eines gesunden Selbstverhältnisses; Missachtung durch andere führt zu einer defizitären Selbstachtung. Daher kann eine demütigende Gesellschaft nicht gerecht sein. Wie am Beispiel der Armut kurz verdeutlicht werden soll, können demütigende Zustände (vergleiche oben (2) und (3) nach Honneth) trotz der Absicherung der Existenzgrundlagen durch Grundgüter entstehen.

Armut ist eine Lebenslage, in der die eingeschränkte Handlungsfreiheit eines Akteurs sich als Unfähigkeit äußert, durch eigenes Bemühen die mangelhafte Lage verlassen zu können. Dies kommt gesellschaftlich dem Eingeständnis eines unselbständigen, gescheiterten Lebens gleich.[20] Daher werden Arme – gesellschaftlich in die Rolle von bloßen Leistungsempfängern gedrängt – nur noch negativ integriert: Als Menschen, die zwar formal mit gleichen Rechten ausgestattet der Gesellschaft angehören, jedoch nur noch als Objekte für Projekte der Gesamtheit und nicht mehr als Subjekte der Regelung von sozialen Beziehungen in Erscheinung treten, da selbst größte Nähe nur als abständige Realität erfahren wird.[21] Dieser strukturelle Zwang zu einem demütigenden, nicht länger selbstbestimmten Leben besteht trotz der nach Maßgabe der Verteilungsgerechtigkeit vorgenommenen Ausstattung an Grundgütern und kann als Kontrollverlust über das

---

19 Vgl. Margalit (1997). Nach Margalit baut eine gerechte Gesellschaft auf der anständigen Gesellschaft auf.

20 Vgl. Roß (1998), S. 120, zitiert nach Ladwig (2000), S. 157: »Die Berührung mit der Armut [...] wird gefürchtet wie der Aussatz. Sie ist, inmitten lauter angeblicher Tabus, die in einem fort ohne Sanktion gebrochen werden, das einzig echte, das man nicht ungestraft verletzt. Denn der Arme hat im freien Wettbewerb, dem Lebenselixier der Gegenwart, versagt, und darum findet er in den Augen der Gesellschaft keine Gnade.«

21 So Ladwig (2000), S. 156, im Anschluss an G. Simmel.

eigene Leben gefasst werden.[22] Er beginnt, wo die sozialen Grundlagen der Selbstachtung nicht länger geschützt werden, so dass die Möglichkeit zur eigenverantwortlichen Führung des eigenen Lebens untergraben wird.[23] Liegen diese Bedingungen vor, kann man nicht mehr von der Einhaltung sozialer Gerechtigkeit sprechen. Ungleichheit in sozialen Beziehungen wird in diesem Beispiel zur Ungerechtigkeit, weil sie mit Demütigung und dem Verlust der Kontrolle über das eigene Leben einhergeht.

»Besonders prekär wird es, wenn sichtbar wird, dass systematisch dieselben Personen von verschiedenen Formen des Kapitals am wenigsten haben, beispielsweise kein Geld, keine Bildung, kein Stimmrecht und dass sie zusätzlich einer Minderheit angehören. Solche Verhältnisse stellen allein für sich eine Behinderung dar und nicht zufällig findet man Personen, auf die all diese Parameter zutreffen, auch dort, wo man ›Behinderte‹ findet.«[24]

Weiterhin ist zu beachten, dass sich sozial an den Rand gedrängte Menschen in der Artikulation ihrer Bedürfnisse vielfach den sie benachteiligenden Zuständen angleichen, so dass ihre geäußerten Bedürfnisse keine Bemessung ihrer Situation mehr zulassen.[25] Menschen mit Behinderungen entwerfen aufgrund ihrer geringen Selbstachtung und ihrer eingeschränkten Möglichkeiten häufig nur zu bescheidene Lebenspläne für sich. Deshalb können die größten Ungleichheiten durch eine Verinnerlichung des Status als benachteiligte Person auch bei gleicher Grundgüterausstattung weiterbestehen. Auch hier muss gegen Rawls eingewandt werden, dass es nicht ausreicht, die für die Ausübung persönlicher Freiheiten nötigen Mittel in Form der Rawlsschen Grundgüter zur Verfügung zu stellen. Neben der Dimension der Verteilungsgerechtigkeit muss daher die der Anerkennung berücksichtigt werden.

---

22 Vgl. hierzu Krebs' Auseinandersetzung mit Margalits Verständnis von Demütigung und Würde in Krebs (2002), bes. 147ff.

23 Vgl. Margalit (1997), S. 265: »Wenn Armut jegliche Möglichkeit versperrt, ein subjektiv wertvolles Leben zu führen, dann müssen die Armen sich auch zwangsläufig selbst als wertlos betrachten. Scheitern in einem so fundamentalen Sinn wird nicht mehr als Scheitern an einer bestimmten Aufgabe empfunden, sondern als verfehltes Leben. Wenn der Vorwurf des selbstverschuldeten Versagens noch dazu unbegründet ist, wird er nicht nur als grausam, sondern auch als demütigend empfunden.«

24 Weisser (2005), S. 59f.

25 Vgl. Sen (1987), S. 11: »The battered slave, the broken unemployed, the hopeless destitute, the tamed housewife, may have the courage to desire little, but the fulfillment of those disciplined desires is not a sign of great success and cannot be treated in the same way as the fulfillment of the confident and demanding desires of the better placed.«

Wie sind beide Dimensionen einander zuzuordnen? Bevor zwei Zu-ordnungsverhältnisse aus der gegenwärtigen Diskussion aufgegriffen wer-den, soll zunächst auf die Verschränkung beider Dimensionen in sozialwis-senschaftlichen Analysen hingewiesen werden. So kann nach Blau als em-pirisches Maß für die Anerkennung von Verschiedenheit in einer Gesellschaft der Grad der Heterogenitätstoleranz in den Institutionen der Gesellschaft herangezogen werden.[26] Menschen mit Behinderung sind jedoch typischerweise keine homogene Gruppe, »denn Behinderungen treten unerwartet an irgendwelchen Stellen der Gesellschaft auf und kon-densieren erst allmählich zu ›Behinderungen‹«[27]. Entscheidend ist nun, dass erst wiederholte Erfahrungen von Praxen gemeinsamer Ungleichheit (zum Beispiel auf dem ergänzenden Arbeitsmarkt oder im gegliederten Bildungs-system) die Grundlage dafür bilden, dass die Anerkennung der Identität und des grundsätzlichen Anspruchs auf Maßnahmen zugunsten einer Per-sonengruppe erfolgen kann. Da dies jedoch nur vor dem Horizont von Gleichheit möglich ist, wird Behinderung zu einem »Parameter der Un-gleichheitsbewältigung demokratischer Gesellschaften«[28]. Daher wird auch in der Perspektive der Verteilungsdimension die Verbindung von Un-gleichverteilung und Anerkennung deutlich. Über Umverteilung wird die Bewältigung von Ungleichheit angestrebt, jedoch werden dabei häufig auch Anerkennungsprobleme aufgeworfen.[29]

»Menschen mit einer Behinderung haben speziell darauf aufmerksam gemacht, dass sie häufig in prekären Situationen leben, unter anderem auch deshalb, weil ihr Kapital von den Institutionen verwaltet wird, in oder mit denen sie leben – im Tausch sozusagen gegen die Unterstützung.«[30]

So bezeichnen Anerkennung und Verteilung zwei unterschiedliche Dimen-sionen sozialer Gerechtigkeit, die jedoch nicht losgelöst von einander beziehungsweise ohne Bezug auf die jeweils andere Dimension behandelt werden sollten. Nancy Fraser hat den Vorschlag gemacht, beide Dimensionen als einander ergänzende Dimensionen der Gerechtigkeit

---

26 Vgl. Blau (1977), S. 9ff.
27 Weisser (2005), S. 58.
28 Ebd.
29 So stellen Armut (und Krieg) auf globaler Ebene die größten Behinderungsrisiken dar.
   Vgl. Heinzelmann (2002) und Brauner/Brauner (2002).
30 Weisser (2005), S. 60.

zusammenzuspannen und von der Notwendigkeit einer »bifokalen« sozialen Ordnung gesprochen:[31]

»Durch die eine Linse gesehen, ist Gerechtigkeit eine Angelegenheit gerechter Verteilung; durch die andere ist es eine Sache gegenseitiger Anerkennung. Jede Linse bringt einen wichtigen Aspekt sozialer Gerechtigkeit zur Geltung, aber keine von beiden für sich reicht aus.«[32]

Nach Fraser wird ein vollständiges Verständnis sozialer Gerechtigkeit erst möglich, wenn gleichsam beide Linsen übereinander gelegt werden, so dass Gerechtigkeit als ein zweidimensionales Konzept sozialer Ordnung erscheint. Gemeinsamer Maßstab für beide Dimensionen der Gerechtigkeit ist die »partizipatorische Parität«, die durch eine objektive und eine intersubjektive Bedingung erfüllt wird.[33] Gosepath hält dagegen, dass Gerechtigkeit als moralischer Maßstab für die Beurteilung der Berechtigung von Anerkennungsansprüchen bereits gleichursprünglich vorausgesetzt ist.[34] Daher sei nicht von einem bifokalen Fokus auszugehen, sondern vielmehr sollte Anerkennung als einer der wichtigen Aspekte der Gerechtigkeit innerhalb einer Gerechtigkeitstheorie angemessen berücksichtigt werden. Für diese Lösung führt er an, dass soziale Achtung kein zu verteilendes Gut darstellt: »Nicht jedem kann ein gleiches Recht auf soziale Achtung zukommen. [...] denn wenn es dieses Recht gäbe, [...], hätte soziale Achtung keinen Wert mehr.«[35] Es könne daher nur darum gehen, jedem Individuum bei *fairen Bedingungen von Chancengleichheit* auch ein gleiches Recht zuzusprechen, sich um soziale Achtung bemühen zu können. Gosepath ist sicherlich zuzustimmen, wenn er argumentiert, dass gleiche Rechte auf soziale Achtung keinen Sinn machen, da soziale Achtung nicht rechtlich gewährleistet werden kann. Sie muss vielmehr erworben werden. Jedoch muss hier genau zwischen unterschiedlichen Ebenen differenziert werden: Die gleiche rechtliche Anerkennung (im Sinne des gleichen Status der Person) ist keine Garantie für faire Bedingungen von Chancengleichheit hinsichtlich individueller Bemühungen um soziale Achtung, da rechtliche Regelungen nur bedingt die Ebene der sozialen Zuschreibung von negativen Attributen, Stigmata u.ä. erfassen. Bereits das Vorhandensein von

---

31 Fraser (2004), S. 4. Vgl. auch Fraser/Honneth (2003).
32 Fraser (2004), S. 4.
33 Siehe zur näheren Begründung Ebd., S. 4f. sowie Fraser (2003), S. 54f.
34 Vgl. Gosepath (2004), S. 104.
35 Ebd., S. 106.

Vorurteilen kann – trotz Wahrung der rechtlichen Regeln – die Ausgangs-situation zwischen zwei Menschen so verzerren, dass keine fairen Bedingungen von Chancengleichheit mehr vorliegen. Deshalb wird im Weiteren die Anerkennungsdimension vor allem im Hinblick auf eine Ergänzung der Grundgüterausstattung der Rawlsschen Theorie aufgenommen und im zweiten Teil hinsichtlich ihrer Relevanz für gesellschaftliche Teilhabe dargestellt werden.

Man kann daher festhalten, dass auch bei distributiven Gerechtigkeits-theorien wie der Rawlsschen die Berücksichtigung der Dimension der Anerkennung des Menschen erforderlich ist. Denn in Rawls' liberalem Verständnis werden Menschen nur hinsichtlich der allgemeinen Gleichheitsmomente der moralischen Person anerkannt, nicht aber in ihrer identitätsbezogenen Unterschiedenheit.[36] Nun könnte man einwenden, dass in Rawls' Theorie die Dimension der Anerkennung durch den Begriff der Selbstachtung abgedeckt sei. Da Rawls unter dem Begriff der Selbstachtung die sozialen Grundlagen zusammen fasst, die ein Mensch benötigt, um eine Identität auszubilden und als kooperationsfähiger Akteur aufzutreten, scheint sein Begriff der Selbstachtung die sozialen Prozesse abzudecken, die auch für die Anerkennung eines Individuums maßgeblich sind. Ob mit dem Rawlsschen Begriff der Selbstachtung die notwendigen Voraussetzungen für kooperationsfähige Bürger zur Ausübung ihrer Freiheit bereitgestellt werden können, soll nun in Gegenüberstellung mit Andersons Forderung nach Schaffung gleicher Beziehungen unter Bürgern diskutiert werden.

3.3 Selbstachtung und gleiche soziale Beziehungen

Anderson begründet die Gewährleistung gleicher Beziehungen in einem liberal-demokratischen Gemeinwesen wie folgt: Der demokratische Staat hat sein oberstes Ziel in der Sicherung der Freiheit seiner Bürger. Da der demokratische Staat Ausdruck kollektiver Selbstbestimmung seiner Bürger ist, folgt als oberste Pflicht der Bürger gegeneinander die Sicherung der sozialen Bedingungen der Freiheit jedes einzelnen Bürgers. Die Gewährleistung gleicher Beziehungen wird so zur sozialen Bedingung für ein freies

---

36 Vgl. Seibert (2004), S. 181.

Leben.[37] Anderson formuliert damit eine Bedingung von Freiheit, die Rawls aufgrund seiner Konzentration auf die Gewährleistung formaler Grundfreiheiten gleicher Bürger übergehe.

Man kann nun entgegen, dass auch Rawls zwischen materiellen und immateriellen Grundgütern differenziert und dass er Selbstachtung als das vielleicht wichtigste Grundgut einschätzt.[38] Nach Rawls setzt sich Selbstachtung zusammen aus dem Selbstwertgefühl, das ein Wertbewusstsein in Hinsicht auf den eigenen Lebensplan verkörpert, und aus dem Vertrauen, dass die eigenen Lebensziele verwirklicht werden können. Dabei hängt die Bedeutung von Selbstachtung in Rawls' Theorie zusammen mit der Wahl gleicher Staatsbürgerrechte: »In a well-ordered society then self-respect is secured by the public affirmation of the status of equal citizenship for all.«[39] Man kann Rawls' Argumentation wie folgt zusammenfassen: (1) Die öffentliche Bestätigung gleicher Freiheiten kann als soziale Basis von Selbstachtung gelten, (2) die Erhöhung von Selbstachtung erfolgt in gleichen Schritten, da die Freiheiten gleich sind und (3) werden im Urzustand somit gleiche Grundfreiheiten gewählt, da diese das Risiko einer geringen Selbstachtung herabsetzen.[40]

Jedoch hat Rawls' Argumentation eine entscheidende Schwäche, weshalb die sozialen Grundlagen von Selbstachtung durch sie nicht hinreichend abgesichert werden können. Denn wenn bei Rawls die öffentliche Bestätigung von Freiheiten als Basis von Selbstachtung fungiert, kann ein ungleicher Wert an Freiheiten zur Erhöhung oder Verringerung von Selbstachtung führen, je nachdem, wie groß der Wert an Freiheiten ist, den eine Person genießt. Wenn jedoch eine Person einen niedrigen Wert an Freiheiten hat, wird ihre Selbstachtung durch eine öffentliche Bestätigung gleicher Freiheiten *nicht* gesteigert, weil sie weiß, dass sie diese Freiheiten nicht in gleicher Weise wie andere ausüben kann. Daniels folgert zu Recht, dass Rawls' Absicherung der Selbstachtung durch Gewährung gleicher Grundgüter nicht hinreichend ist: »It should also be clear, […] why we cannot simply compensate those with less worth of citizenship liberties, and therefore, with possibly less self-respect, by reassuring them that their

---

37 So Anderson (2000), S. 153, im Anschluss an Korsgaard.
38 Vgl. Rawls (1988), S. 479ff.
39 Rawls (1999a), S. 478.
40 Vgl. Daniels (1975a), S. 275.

index of primary goods is maximal.«[41] Ohne die Sicherung von einem gesunden Maß an Selbstachtung fehlt aber eine wichtige Voraussetzung zur Ausübung persönlicher Freiheit, denn zur Entscheidung zwischen zwei Alternativen ist neben der Kenntnis dieser Alternativen und den entsprechenden Handlungskompetenzen auch Selbstachtung notwendig, um den eigenen Urteilen trauen zu können.

Für Menschen mit Behinderung ist Selbstachtung ein ganz bedeutendes Gut, das nicht ohne Weiteres vorausgesetzt werden kann. So ist der Fall einer äußerlich sichtbaren, unästhetisch erscheinenden Beeinträchtigung denkbar, durch die ein Mensch aufgrund bestehender Stigmata so stark aus sozialen Zusammenhängen ausgegrenzt wird, dass er nur eine äußerst defizitäre Selbstachtung aufbauen kann. Damit fehlt aber bei einer solchen Beeinträchtigung die Möglichkeit, Ressourcen in einer freien und von dem Wohlwollen beziehungsweise der Missbilligung anderer unabhängigen Weise nutzen zu können. Man kann dann aber nicht mehr sagen, dass der eigene Wille des betroffenen Menschen sein Leben bestimmt – somit ist seine persönliche Freiheit in unzulässiger Weise eingeschränkt.

Als weiteres Beispiel soll die (Langzeit-)Arbeitslosigkeit[42] behinderter Menschen veranschaulichen, wie problematisch der Aufbau von Selbstachtung auf Grundlage einer rein an Gesichtspunkten der Verteilungsgerechtigkeit orientierten Güterzuteilung ist. Wenn man Menschen mit Behinderung eine Grundversorgung mit materiellen Gütern garantiert, so könnte man annehmen, dass damit alle Forderungen sozialer Gerechtigkeit ihnen gegenüber erfüllt sind. Gegen diese Sicht spricht der eminente Wert, den eine Arbeitsstelle mit der Möglichkeit, sich mit eigenen Beiträgen produktiv an der gesellschaftlichen Güterproduktion zu beteiligen, für die meisten Menschen hat. Neben dem Aspekt des regelmäßigen Einkommens aus einem Arbeitsverhältnis ist die Beteiligung an der gesellschaftlichen Güterproduktion als Wert in sich zu berücksichtigen. »Das Gefühl, dabeizusein und gebraucht zu werden, in der Lage zu sein, sich selbst zu erhalten und die Möglichkeit, verantwortungsvolle Aufgaben übernehmen zu können, spielen für den einzelnen und seine Selbstachtung eine bedeutende Rolle.«[43] Deshalb muss man Arbeit als mehr ansehen, als nur ein Mittel zur Einkommenserzielung zu sein. Hinzu kommt, dass es für Menschen mit

---

41 Ebd., S. 276.
42 Vgl. unten IV.3.1.
43 Hinsch (1998), S. 69.

Behinderung aufgrund von Stigmata oder auch von Ängsten, die durch den Kontakt mit einer Behinderung bei nicht-behinderten Menschen aktualisieren werden können, ungleich schwieriger ist, das erforderliche Maß an sozialen Kontakten herzustellen.[44] Das einfachste Mittel dazu bietet jedoch eine Arbeitsstelle.

»Gleichsam beiläufig und während der Arbeit verschaffe ich mir das erforderliche Maß an sozialen Kontakten – ohne sie als solche benennen zu müssen. Der ›nackte‹ soziale Kontakt, unmittelbar von Mensch zu Mensch und ohne andere Abzweckung, ist viel schwieriger und angstauslösender als eben dieser beiläufige Kontakt.«[45]

Der Wert einer Arbeitsstelle ist deshalb für Menschen mit Behinderung eminent hoch, jedoch werden sie nicht in einem Maße an der Verteilung gesellschaftlicher Arbeit beteiligt, wie dies unter Gerechtigkeitsgesichtspunkten erforderlich wäre. Im Gegenteil,»die Beschäftigungslage von Menschen mit (Schwer-)Behinderung hat sich in vielerlei Hinsicht in den 1980er und 90er Jahren tendenziell verschlechtert«[46]. Arbeitslosigkeit stellt daher für Menschen mit Behinderung einen zusätzlichen Marginalisierungsfaktor dar, der ihre Selbstachtung untergräbt.[47]

---

44 Da Menschen mit Behinderung Schwierigkeiten haben können, die Erwartungen hinsichtlich des Wertes »Leistung« in der industriellen Gesellschaft voll zu erfüllen, werden sie durch Pathologisierungsprozesse (zum Beispiel Definition als »krank« oder »behindert«) in die Nähe von Eigenschaften gerückt, die gesellschaftlich besonders negativ eingeordnet und bewertet werden. Vgl. Hohmeier (1975).

45 Dörner (1991), S. 49. Je zentraler die Verletzung gesellschaftlicher Leitwerte wie Leistung oder Gesundheit ist, desto stärker wird der behinderte Mensch sozial ausgegrenzt, da das Wertesystem als entsprechend stark bedroht angesehen wird.

46 Wansing (2005), S. 83.

47 Jedoch erscheint es nicht möglich, die gerechte Verteilung von Arbeit in marktwirtschaftlichen Gesellschaften wie bei den Grundrechten durch eine kollektive Entscheidung zu gewährleisten. »Eine funktionsfähige Marktwirtschaft setzt Arbeitsmärkte voraus, auf denen einzelne Unternehmen Arbeitsplätze nach Maßgabe von Produktivitätserwägungen anbieten und Einzelpersonen sie aufgrund persönlicher Nutzenerwägungen annehmen oder nicht. Mit einer durch direkte kollektive Eingriffe regulierten Verteilung von Arbeitsplätzen, wie sie aus Gründen der Gerechtigkeit auf den ersten Blick notwendig erscheinen mag, ist dies nicht zu vereinbaren.« Hinsch (1998), S. 70. Durch arbeitsmarktpolitische Instrumente wie Beschäftigungs- und Lohnsubventionen können aber Anreize für Unternehmen gesetzt werden, die Menschen, deren Fähigkeit zur Leistung produktiver Beiträge zur gesellschaftlichen Güterproduktion am unteren Ende angesiedelt ist, in ein Arbeitsverhältnis zu übernehmen. Nach Hinsch würden solche Maßnahmen ihren maximalen Wirkungsgrad dann entfalten, wenn die mit Hilfe der Subventionen realisierten Einkommen die Bedingung des Differenzprinzips für die schlechtestgestellten Mitglieder der Gesellschaft erfüllen und somit »eine gerechte Ein-

Möchte man aus den genannten Gründen die sozialen Bedingungen der Freiheit in einer Gerechtigkeitstheorie mitberücksichtigen, so steht dies allerdings in Spannung zur vorherrschenden Meinung, dass Freiheit und Gleichheit einander ausschließen. Besonders Andersons Forderung nach Herstellung gleicher Beziehungen als soziale Bedingung für ein freies Lebens scheint mit dem liberalen Verständnis von Freiheit nicht vereinbar zu sein. Der weitere Gedankengang stellt deshalb das spezifische Verständnis von Gleichheit dar, das in Auseinandersetzung mit Andersons Ansatz gewonnen wird, und grenzt dieses dann ab von Ideen des gleichen Wohlergehens beziehungsweise der gleichen Chancen auf Wohlergehen, die von Vertretern eines starken Egalitarismus geäußert werden.

3.4 Gleichheit und Freiheit

Zunächst ist festzuhalten, dass Anderson Einschränkungen der Gleichheit vornimmt, die sie damit keineswegs in einer allumfassenden Weise zugrundelegt. So verknüpft Anderson ihre Forderung nach gleichen Beziehungen mit Sens fähigkeitsorientiertem Ansatz und bestimmt Gleichheit im Sinne gleicher Fähigkeiten im Raum der Freiheit.[48] Und zwar sollen solche Fähigkeiten gleich sein, welche – entsprechend den negativen Zielen des Egalitarismus – notwendig sind, um sozialen Unterdrückungsverhältnissen zu entkommen. Analog den positiven Zielen des Egalitarismus fordert Anderson die Gleichheit der Fähigkeiten, »die für ein Leben als gleicher Bürger in einem demokratischen Staat notwendig sind«[49]. Somit schränkt Anderson die Forderung nach Gleichheit auf die Fähigkeiten ein, die für die Ausübung der Funktion als gleicher Bürger Voraussetzung sind. Dazu zählt zuerst die Funktion als Mensch an sich, das heißt Erhalt der eigenen biologischen Existenz und Erfüllung der Grundvoraussetzungen menschlicher Handlungsfähigkeit, dann gehören dazu neben den Fähigkeiten, die notwendig sind, um in der politischen Sphäre als Gleicher handeln zu können auch solche Fähigkeiten, die eine Person benötigt, um in der Zivilgesell-

---

kommensverteilung im Sinne des Differenzprinzips zugleich ein Beitrag für eine gerechtere Verteilung der Arbeit unter allen Gesellschaftsmitgliedern sein könnte« (Ebd., S. 72).
48 Vgl. Anderson (2000), S. 155ff.
49 Ebd., S. 156.

schaft als gleicher Bürger auftreten zu können.[50] Diese Funktion, als gleicher Bürger auftreten zu können, ist noch nicht gesichert, wenn gleiche politische Rechte gewährt werden, denn Bürger können auch von zivilgesellschaftlichen Institutionen ausgeschlossen oder durch die von diesen Institutionen zugeschriebene soziale Identität diskriminiert werden. Deshalb fordert Anderson gleiche Funktionsfähigkeiten auch in den unterschiedlichen Bereichen der Zivilgesellschaft. Die Voraussetzungen für eine Funktionsfähigkeit als Bürger können dann wie folgt zusammengefasst werden: zum einen sind es politische Teilnahmerechte, zum anderen die effektive Verfügbarkeit zivilgesellschaftlicher Güter und Beziehungen.[51] Anders als in Nussbaums Ansatz wird somit *kein* starkes Konzept des guten Lebens zugrunde gelegt, sondern lediglich solche Eigenschaften, die ein Akteur zur gesellschaftlichen Kooperation benötigt.[52]

Anderson schränkt nun in dreifacher Weise die Gewährleistung dieser Garantien ein:[53] Es wird erstens die effektive Erreichbarkeit eines Funktionsniveaus gewährleistet, nicht aber das Funktionsniveau an sich. Damit wird grundsätzlich sichergestellt, dass Menschen über die Fähigkeiten verfügen, die oben genannten Funktionen durch Einsatz ihrer Ressourcen realisieren zu können. Zugleich wird somit deutlich, dass es nicht um den Ausgleich unterschiedlicher Fähigkeiten geht, sondern um Herstellung fairer Bedingungen von Chancengleichheit. Entscheidend ist zweitens, dass kein effektiver Zugang zu *gleichen* Funktionsniveaus garantiert wird, sondern nur zu Funktionsniveaus, die hinreichend sind, um in der Gesellschaft als Gleicher auftreten zu können. Und drittens wird einem Bürger für seine gesamte Lebensdauer der effektive Zugang zu dem Bündel von Fähigkeiten gewährleistet, das ihm den Status eines Gleichen sichert. Somit können

---

50 Vgl. ebd., S. 157f. – Als Zivilgesellschaft bezeichnet Anderson (ebd.) den Bereich des sozialen Lebens, welcher der allgemeinen Öffentlichkeit zugänglich ist, also neben öffentlichen Räumen wie Straßen und Plätzen auch Restaurants, Theater, Transportsysteme (zum Beispiel Bus- und Fluglinien), Kommunikationssysteme (Radio, Fernsehen, Internet, Telefon) und andere Institutionen des öffentlichen Lebens (Krankenhäuser, auch Schulen). Einen weiteren großen Bereich der Zivilgesellschaft stellt die Wirtschaft einer Nation dar, weil Unternehmen ihre Produkte an jede nachfragende Person verkaufen und die Angestellten und Arbeiter der Unternehmen aus der allgemeinen Öffentlichkeit angeworben werden.

51 Vgl. ebd., S. 158.

52 Vgl. Nussbaum (1993), S. 323–361 (Engl. (1992), S. 202–246) sowie Nussbaum (1999; 2000; 2006, S. 179–195).

53 Vgl. zum Folgenden: Anderson (2000), S. 158f.

Grundfreiheiten nicht eingetauscht oder veräußert werden. Anderson gelingt es mit diesen Einschränkungen, eine Forderung nach Gleichheit der Beziehungen zu umgehen und stattdessen nur die Güter zu sichern, »die zur Voraussetzung der Funktion des freien und gleichen Bürgers und zur Vermeidung von Unterdrückung gehören«[54]. Man kann daher festhalten, dass Anderson die Sicherung der sozialen Bedingungen von Freiheit auf eine Weise bestimmt, durch die die liberale Vorstellung der Freiheit des einzelnen Bürgers nicht beschnitten, sondern (als notwendige Voraussetzung derselben) ergänzt wird. Auch hier ist jedoch wieder darauf hinzuweisen, dass Andersons Ergänzung sich auf die Menschen bezieht, die eben die Voraussetzungen zur Ausübung bürgerlicher Freiheit aufweisen. Menschen, die aufgrund der Schwere ihrer Funktionsbeeinträchtigung das Funktionsniveau, das notwendig ist, um in der Gesellschaft als Gleiche aufzutreten, nicht oder nie erreichen können, bleiben außer Acht. Zwar können die Unterschiede, die aufgrund einer Funktionsbeeinträchtigung zwischen Menschen mit und ohne Behinderung gerade im Fall einer schweren Beeinträchtigung bestehen, nicht einfach als egalisierbar dargestellt werden. Jedoch wird in der gegenwärtigen Diskussion an einem Gleichheitsbegriff festgehalten, der spezifische Voraussetzungen der Gleichheit unhinterfragt übernimmt, ohne diese hinsichtlich ihres Ausschlusscharakters zu reflektieren. Es ist im weiteren Verlauf der Arbeit daher nicht nur die Dimension der Gleichheit durch die der Anerkennung zu ergänzen, sondern auch das zugrunde gelegte Verständnis gleicher Bürger zu hinterfragen.

Welche Ungleichheiten in den Beziehungen müssen nach Anderson nicht ausgeglichen werden? Nicht erfüllt werden etwa alle Ansprüche auf *gleiches Wohlergehen*, die Bürger aufgrund bestimmter Unglücks- oder Krankheitsfälle geltend machen mögen. Dagegen werden alle Leistungen, die in solchen Fällen zur Sicherung der Funktionsfähigkeiten eines Bürgers notwendig sind, garantiert. Eine Person, die aufgrund ihrer eigenen freien Entscheidung eine Extremsportart betreibt und dabei einen Unfall erleidet, erhält also genauso die nötige medizinische Versorgung wie ein Opfer, das unfreiwillig einen Unfall erlitten hat. Jedoch wird keine Kompensation für verlorengegangenes Lebensglück geleistet. Anderson kann so den effektiven Zugang zu den sozialen Bedingungen von Freiheit gewährleisten, ohne

---

54 Ebd., S. 168.

dabei subjektive Präferenzen berücksichtigen zu müssen.[55] So muss auch bei Menschen mit Behinderungen nicht beurteilt werden, in welchem Ausmaß sie ihre Behinderung selbst zu verantworten haben. Es entfällt damit das Problem des starken Egalitarismus, der eine Versorgung mit den notwendigen Gütern davon abhängig macht, ob der Betroffene seine Chance verantwortungsvoll genutzt hat oder nicht, und infolge dessen moralisierende Urteile über die Chancennutzung der Bürger anstellen muss.

3.5 Zwischenfazit

Die Diskussion in diesem Kapitel hat gezeigt, dass Rawls in seiner Gerechtigkeitstheorie nicht die ganze Komplexität menschlicher Lebensweisen in einer adäquaten Form berücksichtigen kann. Menschen mit Behinderung nötigen uns, die grundsätzliche Verschiedenheit von Personen und ihrer sozialen Kontexte anzuerkennen und in Gerechtigkeitstheorien zu berücksichtigen. Es geht dabei um die Ermöglichung von Fähigkeiten, die für die Ausübung persönlicher Freiheit konstitutiv sind, sowie um die Gewährleistung von für jeden fairen Bedingungen von Chancengleichheit. Gesellschaftliche Grundgüter wie Vermögen, Eigentum und Einkommen sind dann nicht nur Vorbedingungen persönlicher Freiheit, individueller Lebenschancen und Lebenspläne, sondern sie müssen als instrumentelle

---

55 Pauer-Studer (2000), S. 95ff., stellt überzeugend die Schwierigkeiten eines starken Egalitarismus dar. Ein stark egalitaristischer Ansatz setzt einen subjektivistischen Wohlergehens-Begriff voraus. Gemessen an seinen subjektiven Präferenzen kann eine Person glücklich sein, ohne dass die objektiven Bedingungen dazu vorhanden sind. Im intersubjektiven Vergleich muss dies keine Probleme verursachen – manche Menschen sind eben leichter zufrieden zustellen als andere – im Zusammenhang einer Gerechtigkeitstheorie ist es jedoch unmöglich, solche individuellen Besonderheiten zu berücksichtigen. »Selbst im Fall der behinderten, aber glücklichen Person verhält es sich so, dass objektiv gesehen ihre Möglichkeiten eingeschränkt sind.« Ebd., S. 97. Denn normalerweise bedeutet es eine Verringerung des Wohlergehens im objektiven Sinn, wenn man behindert ist. Deshalb kann man nicht erwarten, dass Menschen trotz ihrer Behinderung »glücklich« sind. Die subjektive Präferenz einer behinderten Person, die sich trotz ihrer Behinderung glücklich fühlt, darf deswegen in der Frage der Kompensation keine Rolle spielen, weil niemand von einem Menschen mit einer Behinderung erwarten kann, »dass er über seine eingeschränkten Möglichkeiten glücklich ist. Menschen mit Behinderung müssen nicht beweisen, dass sie trotzdem glücklich sein können, um Anerkennung zu verdienen.« Ebd.

Mittel betrachtet werden, die zum Gelingen des guten Lebens unentbehrlich sind.

Für die Realisierung von Lebensplänen wird also mehr benötigt als die gleiche Ausstattung mit Ressourcen und Schutz vor der Einmischung anderer, denn sie vollzieht sich in einem sozialen Raum und hat ihre Grundlage in der Teilnahme an sozialen Aktivitäten. Hier klingt die kommunitaristische Kritik an Rawls' Gerechtigkeitstheorie wieder an: Grundlegend für ein Individuum sind die sozialen Bezüge, in denen es existiert und die zugleich für die Entwicklung individueller Wertüberzeugungen mitbestimmend sind. So sind gesellschaftliche Integration und Teilhabe an Kommunikation und Interaktion mit anderen Bestandteile der meisten Vorstellungen vom guten Leben, die allerdings für sozial ausgegrenzte Menschen nicht oder nur unzureichend realisierbar sind. Dagegen ist mit Anderson festzuhalten, dass *gleiche* Bürger nicht von anderen marginalisiert werden, sondern ihre Freiheit, zum Beispiel sich politisch zu engagieren, auch durch den entsprechenden Zugang zu öffentlichen Ämtern verwirklichen können.»In einer Gemeinschaft Gleicher zu leben heißt deshalb, frei von Unterdrückung am Reichtum einer Gesellschaft teilhaben und an demokratischer Selbstbestimmung mitwirken zu können.«[56] Daher muss jeder Bürger *effektiv* über ausreichende Ressourcen verfügen, damit er nicht von anderen Bürgern unterdrückt werden kann und in der Zivilgesellschaft als Gleicher auftreten kann.

Was ausreichend ist, muss jedoch nicht in einem universalen Standard festgelegt werden, sondern kann relativ bestimmt werden[57] – in Abhängigkeit von den vorherrschenden sozialen Bedingungen der Gesamtgesellschaft.[58] Im Verhältnis zu diesem gesellschaftlichen Durchschnitt sind

---

56 Anderson (2000), S. 154.
57 Siehe zur Konkretisierung dieser Bestimmung unten Punkt 2.5.1 »Eingrenzung der zu sichernden Ressourcen«.
58 Meines Erachtens genügt der Bezug auf das in einer Gesellschaft vorhandene durchschnittliche Niveau, wenn das Vorhandensein des zur Existenzsicherung benötigten Maßes an Gütern vorausgesetzt werden kann, denn es sollen »nur« die Bedingungen gesichert werden, die notwendig sind, damit Individuen in eigener Entscheidung eine bestimmte Lebensform wählen können. Diese können, aufbauend auf der Sicherung der Existenz der Bevölkerung, unter Bezug auf den jeweiligen Entwicklungsstand einer Gesellschaft festgelegt werden. Dadurch wird vermieden, dass spezifische Konzeptionen des Guten unter der Hand eingeführt werden. Für kommunitaristische Denkformen ist hingegen ein wesentlich weiterer Bereich von Gütern maßgeblich, da ja die Wertorientierungen, die die jeweils unterschiedlichen, spezifischen Vorstellungen eines guten Leben

daher Unterschiede in der Kompetenz und sozialen Position, die eine Person in ihrem Vermögen, Ressourcen in Funktionsfähigkeiten umzuwandeln, überdurchschnittlich beeinträchtigen, durch eine höhere Grundgüterausstattung auszugleichen, damit eine Freiheit als Gleiche realisiert werden kann. Persönliche Beeinträchtigungen aufgrund einer Behinderung sind folglich als Bemessungsfaktor in der Grundgüterausstattung zu berücksichtigen. Menschen mit einer Beeinträchtigung ihrer Sehkraft benötigen eine höhere Menge an Ressourcen (wie etwa spezielle Sehhilfen oder Blindenhunde), um in ihrer Mobilität besser gestellt zu werden, auch wenn sie nicht so mobil sein zu können wie Menschen ohne Beeinträchtigung. Zugleich wird dabei auch deutlich, dass der Ansatz, Funktionsstörungen zu kompensieren, um so Menschen mit Behinderung vergleichbare Lebenschancen zu gewährleisten, eine begrenzte Reichweite hat. Ein blinder Mensch ist nicht nur in seiner Mobilität gegenüber sehenden Menschen eingeschränkt, sondern auch in der Wahrnehmung unterschiedlicher Lebenschancen. Noch deutlicher ist dies bei allen Behinderungsarten, bei denen Menschen in großem Maße auf die Sorge, Pflege und Unterstützung anderer angewiesen sind.

Auch wenn Anderson ihre Theorie demokratischer Gleichheit von anderen Formen des schwachen Egalitarismus abheben möchte,[59] so besteht doch das eigentlich Neue ihres Entwurfs nicht in einem grundlegend neuen Ansatz zur Gerechtigkeit, sondern in der Ergänzung bereits vorhandener Ansätze.[60] Anderson macht zu Recht darauf aufmerksam, dass neben der Güterverteilung auch andere gesellschaftliche Aspekte in ihrer Relevanz für Gerechtigkeitsfragen beachtet werden müssen. Was Anderson allerdings offen lässt, ist die Frage, wie der effektive Zugang zu dem Bündel an Funktionsfähigkeiten, das den Bürgern den Status als Gleiche

---

bestimmen, gesichert werden sollen. Daher bezieht sich die Frage, welche Güter notwendig sind, um gleiche Freiheit zu sichern, »auf einen ungleich engeren Bereich von Gütern als das Nachdenken darüber, wie sich ein konkretes Leben unter spezifischen Bedingungen als gutes menschliches Leben gestalten lässt«. Pauer-Studer (2000), S. 121.

59 Vgl. Anderson (2000), S. 170: »Statt die Verschiedenheit menschlicher Talente zu beklagen und einen sogenannten angeborenen Mangel an Talent ausgleichen zu wollen eröffnet die Theorie demokratischer Gleichheit eine Perspektive, aus der die menschliche Vielfalt als Vorteil für alle betrachtet und zum Vorteil aller genutzt werden kann. Der demokratische Egalitarismus bestimmt Gleichheit als Beziehung zwischen Menschen, nicht nur als Muster der Verteilung teilbarer Güter.«

60 Denn auch Anderson kommt in ihrer Theorie nicht ohne eine entsprechend der Perspektive der Verteilungsgerechtigkeit geordnete Grundstruktur der Gesellschaft aus.

sichert, gesellschaftlich implementiert werden soll. Anderson setzt zwar neue Schwerpunkte in der Verbindung der Forderung nach gleicher Freiheit mit dem Anspruch auf gleiche Achtung, versäumt jedoch, diese Verbindung im Konstitutionsprozess einer demokratischen Gesellschaft zu verankern. Im Folgenden wird nun ein Vorschlag unterbreitet, wie die sozialen Bedingungen von Freiheit innerhalb von Rawls' Gerechtigkeitstheorie institutionell abgesichert werden können. Rawls' Theorie soll so durch eine zweite Erweiterung ergänzt werden.

4 Die Gewährleistung sozialer Bedingungen von Freiheit

Wenn man zur Sicherung der sozialen Bedingungen von Freiheit Aspekte von Andersons »relationale[r] Theorie‹ der Gleichheit«[1] in Rawls' Theorie der Gerechtigkeit integrieren möchte, so bietet sich dafür ein Vergleich mit Daniels' Gesundheitsinstitutionen an, denn auch Daniels hat Rawls' Theorie um Bedingungen von Freiheit erweitert, die wie Andersons Ansatz auch dem Bereich des schwachen Egalitarismus zuzuordnen sind und die sich im Vergleich zu Anderson auf eine ähnlich gelagerte Bedingung von Freiheit beziehen. Werden bei Anderson die sozialen Bedingungen von Freiheit thematisiert, so behandelt Daniels die gesundheitlichen. Zunächst soll der Frage nachgegangen werden, inwieweit eine Überschneidung von Daniels' Erweiterung von Rawls' Theorie mit Andersons sozialen Bedingungen von Freiheit besteht.

4.1 Vergleich von Daniels' und Andersons Gewährleistungsideen

Anderson möchte drei Funktionsweisen der Person wie folgt absichern:[2]

(1) Die Funktion als Mensch durch die Zuteilung von Mitteln zum Erhalt der biologischen Existenz und der menschlichen Handlungsfähigkeit;
(2) die Funktion als Teilnehmer an einem System kooperativer Produktion durch die effektive Verfügbarkeit von Ausbildung, Vertragsfreiheit, Niederlassungsfreiheit, freier Berufswahl, Produktionsmitteln et cetera;

---

1 Ebd., S. 151.
2 Ebd., S. 157f.; vgl. dazu in dieser Arbeit II.3 »Soziale Bedingungen von Freiheit und Gleichheit«.

(3) die Funktion als Bürger durch die politischen Teilnahmerechte und durch die Verfügbarkeit zivilgesellschaftlicher Güter und Beziehungen.

Anderson schließt so bereits bei der Gewährleistung der Funktionsfähigkeit als Mensch biologische Funktionsweisen ein. Man kann nun Daniels' Liste von Gesundheitsbedürfnissen[3] direkt mit Andersons unter Punkt (1) genannter Gewährleistung der Funktionsfähigkeit als Mensch vergleichen. Danach könnten die ersten vier Punkte in Daniels' Liste alle der Andersonschen Funktion als Mensch zugeordnet werden, weil sie im Einzelnen Bedingungen absichern, die für den Erhalt der menschlichen Existenz beziehungsweise der menschlichen Handlungsfähigkeit notwendig sind. Lediglich beim letzten Punkt in Daniels' Liste, bestimmten nicht-medizinischen Versorgungsdiensten im persönlichen und sozialen Bereich, scheint eine Überschneidung mit Andersons sozialen Bedingungen von Freiheit vorzuliegen. Jedoch erweist sich dieser Anschein als irreführend, denn Daniels sieht hier soziale Dienste bezogen auf den Ersatz körperlicher Funktionsweisen vor, also etwa bei einem Blinden Unterricht in Fortbewegung ohne Augenlicht, in Führung eines Blindenhundes, in Braille-Kursen und so weiter.[4] Natürlich ist die Gewährleistung einer normalen Bandbreite an körperlichen Funktionsweisen, wie sie von Daniels vorgeschlagen wird, Voraussetzung für die Gleichheit der Personen in Bezug auf Andersons Funktionen als Teilnehmer an einem kooperativen System und als Bürger, jedoch lässt Daniels soziale Bedingungen, welche Freiheit für den Einzelnen beschneiden können, also etwa bestehende Marginalisierungs-, Diskriminierungs- oder Exklusionsverhältnisse, unberücksichtigt. Daher bleibt die institutionelle Absicherung der sozialen Bedingungen von Freiheit als Aufgabe bestehen.

---

3 Daniels sieht folgende Unterteilung von Maßnahmen zum Erhalt, zur Rehabilitation oder gegebenenfalls zum Ersatz normaler Funktionsweisen vor: (1) angemessene Ernährung und Unterkunft, (2) gesunde, unverschmutzte und sichere Lebens- und Arbeitsbedingungen, (3) Ruhe, körperliche Fitnessprogramme und andere Elemente des Lebensstils, (4) persönliche präventive und rehabilitative Gesundheitsversorgung und (5) nicht-medizinische Dienste im persönlichen und sozialen Bereich. Daniels (1996a), S. 187. Vgl. dazu deren Diskussion in dieser Arbeit unter II.2.2.2 »Der Fähigkeitenansatz von Sen«.

4 Ebd., S. 201.

4.2 Soziale Dienste als Grundgut?

Nun könnte man die Idee verfolgen, soziale Dienste, welche die sozialen Bedingungen von Freiheit abstützen, einfach als weiteres Grundgut der Rawlsschen Liste von Grundgütern hinzuzufügen, insbesondere da ja Rawls selbst in seiner Grundgüterliste ein erweitertes Distributionsverständnis widerspiegelt, indem er neben quantifizierbaren und unmittelbar verteilungsfähigen Gütern auch qualitative Ressourcen wie Selbstachtung berücksichtigt. Jedoch würde man durch eine solche Erweiterung der Grundgüter die Verwendbarkeit der Grundgüterkonzeption an sich in Frage stellen, denn wenn man soziale Dienste als Grundgut einschließt, muss man nicht nur klären, wie ein solches Grundgut in Relation zu den anderen Grundgütern zu gewichten ist, sondern es wird darüber hinaus auch die Nützlichkeit der Grundgüterkonzeption zunichte gemacht, die ja auf dem allgemeinen Charakter der Grundgüter beruht.[5] In der Folge wäre nicht klar, wie – sobald man den Charakter der Grundgüter als abstrakte und generelle Ressourcen sozialer Vereinbarungen aufgibt – das Zustandekommen einer langen Liste von aus besonderen Diensten bestehenden Grundgütern, die jeweils zur Befriedigung wichtiger einzelner Bedürfnisse gewährt würden, verhindert werden soll.

Ein anderer Weg scheint für die Sicherung der sozialen Bedingungen von Freiheit besser mit dem Design von Rawls' Theorie vereinbar zu sein: nämlich keine direkte Gewährleistung über individuelle Rechte oder Grundgüter, sondern eine indirekte über die institutionell[6] verfasste Gewährleistung dieser Bedingungen wie sie in ähnlicher Weise von Daniels in Bezug auf körperliche Funktionsweisen vorgeschlagen wurde (s.o.). Bevor der Frage nachgegangen wird, inwieweit solche institutionellen Regelungen in Übereinstimmung mit Rawls' vertragstheoretischem Ansatz begründet werden können, sollen zunächst die zu sichernden Bedingungen gegenüber Grundbedürfnissen wie Nahrung und Kleidung abgegrenzt werden.

Letztere sind im Allgemeinen gleichmäßiger zwischen den Bürgern verteilt als das, was ein Individuum aufgrund benachteiligender sozialer Bedingungen zur Kompensation dieser Bedingungen bedarf. Dabei sollen

---

5 Vgl. Nussbaum (2006), S. 123: »The inclusion of a broader list of moralized social goods would require a redesign of the rationality of the parties, since they would now have to know that they care about other people's interests, not only their own.«
6 Vgl. zum hier zugrunde gelegten Verständnis von Institution unten I.4.4.2.

nicht alle Unterschiede, die durch schwache soziale Bedingungen im Wert der Freiheit verursacht werden, ausgeglichen werden. Es geht vielmehr um den Ausgleich der für die Teilhabe an der Gesellschaft als freier Bürger zentralen Faktoren sozialer Ungleichheit. Hierzu zählen in erster Linie ungleiche Bildungschancen. Denn im Unterschied zu Nahrung, Kleidung oder anderen Grundbedürfnissen kann aufgrund der strategischen Bedeutung, die der Bildung in marktwirtschaftlichen Gesellschaften für die Herstellung fairer Chancengleichheit zukommt, nicht erwartet werden, dass eine Person dieses spezielle Bedürfnis aus ihrem fairen Anteil an Vermögen und Einkommen befriedigt.[7] Aus Gerechtigkeitsgründen kann demnach für eine institutionelle Gewährleistung bestimmter sozialer Bedingungen von Freiheit argumentiert werden, weil so der Wert der Freiheit für den Einzelnen nicht durch soziale Ungleichheit geschmälert wird.

In einem weiteren Schritt ist nun zu klären, ob eine solche Erweiterung mit Rawls' zugrunde liegender moralischen Intention vereinbart werden kann. Ziel der Erweiterung ist die Sicherung gleicher Rechte als freiheitsverbürgender Rechte. Es geht also um mehr als die gleiche Verteilung von gesellschaftlich möglichen Optionen, ein Leben zu führen, nämlich um die Möglichkeit, subjektive Freiheiten auszuüben, so dass Gerechtigkeit nicht nur Abwesenheit von Ungleichheit, sondern mehr noch Abwesenheit von Unterdrückung und Dominanz umfasst.

4.3 Die Vereinbarkeit der Gewährleistung sozialer Bedingungen von Freiheit mit Rawls' Gerechtigkeitstheorie

Ungerechte soziale Bedingungen wie Unterdrückungsverhältnisse können nicht aus der Diskussion von Gleichheit/Ungleichheits-Verhältnissen ausgeschlossen werden, denn sie stellen eine mögliche Einschränkung der Freiheiten einer Person dar, die zudem mit sozialen Ungleichheiten aufgrund von Rasse, Herkunft, Geschlecht einhergehen können (wie dies zum Beispiel bei der unsichtbaren Karrieregrenze für weibliche Manager der Fall ist). Rawls' Unterscheidung zwischen Freiheit und dem Wert der Freiheit, die schon früh von Daniels als nicht zureichend kritisiert wurde,[8]

---

7 Vgl. hierzu Daniels (1996a), S. 193.
8 Vgl. Daniels (1975b).

greift hier zu kurz, denn Rechte und Freiheiten können von unterdrückten Personen nicht in gleicher Weise wahrgenommen werden, so dass durch einen ungleichen Wert der Freiheit auch persönliche Grundfreiheiten eingeschränkt werden (s.o.). Entscheidend für die Sicherung der sozialen Bedingungen von Freiheit ist also die Frage, inwiefern durch erweiterte institutionelle Regelungen den betroffenen Personen ermöglicht werden kann, in gleicher Weise subjektive Freiheit wahrnehmen und Optionen von Lebenschancen ergreifen zu können. Ein formaler Begriff gleicher Rechte reicht jedenfalls nicht aus, um tatsächlich für Gerechtigkeit im Blick auf sozial benachteiligte Gruppen wie Menschen mit Behinderung sorgen zu können.

Diese Argumentation geht über Rawls' Ansatz hinaus, der subjektive Freiheit lediglich vor Eingriffen anderer Personen oder vor Eingriffen des Staates schützen will. Jedoch ist meines Erachtens eine Begründung der Sicherung der sozialen Bedingungen von Freiheit innerhalb von Rawls' moralischen Intentionen möglich. Denn die Forderung nach Sicherung gleicher positiver Freiheit gründet sich nicht auf die Idee, dass eine solche Gleichheit für alle Mitglieder einer Gesellschaft in gleicher Weise notwendig ist, sondern hat ihre Rechtfertigung in dem Argument, dass Ungleichgewichtigkeiten im Maß der positiven Freiheit nicht an ein Merkmal gebunden sein dürfen, das für die grundlegende liberale Idee der gleichen freiheitsverbürgenden Rechte *irrelevant* ist.[9] Weil der Wert der Freiheit nicht an eine moralisch irrelevante Eigenschaft geknüpft werden darf, ist nach der liberalen Grundidee gleicher Rechte in dem Maß, in dem eben diese Verknüpfung festgestellt wird, gleiche positive Freiheit *so weit wie möglich* zu gewährleisten. Sie findet ihre Grenze dort, wo die Übernahme von Verantwortung (zum Beispiel aufgrund einer schweren mentalen Beeinträchtigung) nicht mehr möglich ist oder Freiheit missbraucht wird. Sie muss aber in den Fällen gesichert werden, in denen im oben genannten Sinn nicht vom gleichen Wert der Freiheit ausgegangen werden kann, obwohl die betroffene Person die Voraussetzungen dazu aufweist.

Diese Argumentationslinie scheint mir mit der grundlegenden Intention von Rawls überein zustimmen:[10] Ihm geht es vor allem um faire Chancengleichheit bei der Verfolgung des eigenen Lebensplanes. Für ihn ist faire

---

9 Vgl. hierzu Rössler (1995), S. 161.
10 Siehe oben die Darstellung der liberalen Perspektive unter Punkt 1.1.2 »Die Herleitung von Verteilungsgerechtigkeit«.

Chancengleichheit gegeben, wenn nicht nur jedem/r Bürger/in dieselben rechtlichen Möglichkeiten offen stehen, sich vorteilhafte gesellschaftliche Positionen zu erarbeiten, sondern wenn darüber hinaus soziale Zustände verwirklicht werden, die jedem Bürger *de facto* vergleichbare Chancen bieten, seine Lebensplanung zu realisieren. Die Intention von Rawls zielt also darauf, über die Gewährleistung formaler Freiheiten hinaus auch die Gewährleistung der sozialen Grundlagen einzuschließen, die zur Ausübung von Freiheit notwendig sind. Dazu gehört nach Rawls, dass Menschen bei gleichen Fähigkeiten und Talenten vergleichbare Chancen erhalten, diese so zu entwickeln, wie es ihren Wünschen und Plänen entspricht, unabhängig von wirtschaftlichen Ungleichheiten der Herkunftsfamilien, Benachteiligungen aufgrund von Diskriminierung oder Ähnlichem.

Der maßgebliche Unterschied der hier vertretenen Erweiterung zu Rawls besteht in der Strategie, wie faire Chancengleichheit zu gewährleisten ist. Rawls möchte zur Erreichung fairer Chancengleichheit die Ungleichheit von Einkommen und Vermögen in einer Gesellschaft begrenzen. Dabei ist er sich bewusst, dass faire Chancengleichheit nur unvollständig realisiert werden kann und will deshalb zumindest die Auswirkungen von Ungleichheiten aufgrund unterschiedlich verteilter natürlicher und sozialer »Vorteile« durch seinen zweiten Gerechtigkeitsgrundsatz kompensieren. Jedoch wurde oben argumentiert, dass die Einschränkungen der Lebenschancen, die Personen durch ungerechte soziale Verhältnisse wie Exklusions-, Unterdrückungs- oder Diskriminierungsverhältnisse erfahren, weder durch Rawls' Grundgüterausstattung noch durch das Differenzprinzip kompensiert werden können. Denn sowohl ein gleicher Anteil bei der Ausstattung mit Grundgütern als auch ein höherer Anteil bei der Verteilung von Güterzuwächsen mag zwar einer Person die nötigen materiellen Voraussetzungen zur Ausübung von Handlungsmöglichkeiten zukommen lassen, er vermag aber nicht, Einschränkungen der Handlungsmöglichkeiten aufgrund sozialer Restriktionen generell auszugleichen. So ist die individuelle Handlungsfähigkeit einer Person ja auch im Fall öffentlicher Marginalisierung oder Diskriminierung nach wie vor gegeben. Sie verfügt über die nötigen materiellen Voraussetzungen, um ihren Willen in Entscheidungssituationen durch die Realisierung von Optionen umsetzen zu können, wird jedoch durch irrelevante Merkmale, wie beispielsweise bestimmte soziale Normen, die zu ihrer Ausgrenzung führen, in ihren Möglichkeiten beeinträchtigt. Die Chancenminderung beruht somit nicht auf einer defizitären Güterausstattung, sondern in von der Person nicht zu verantwortenden, ungerechten sozialen Restriktionen. Die Freiheit einer Person ist eben nicht nur in der Vielfältigkeit der Lebenschancen begründet, sondern entscheidend kommt hinzu, welche Lebenschancen von einem Individuum in einem sozialen Raum tatsächlich wahrgenommen werden können. Deshalb ist »die Zuteilung von Quantitäten an gesellschaftlichen Grundgütern [...] nicht gleichbedeutend mit einer Erhöhung der persönlichen Freiheit.«[11] *Geringere Lebenschancen sind also nicht prinzipiell durch einen höheren Anteil an Gütern kompensierbar.* Daher ist danach zu fragen, ob durch eine ergänzende institutionelle Regelung die sozialen Bedingungen, die zur Ausübung von persönlicher Freiheit notwendig sind, abgesichert werden können, um so faire Bedingungen von Chancengleichheit zu erzielen.

Im Blick auf die Vereinbarkeit einer solchen institutionellen Erweiterung mit Rawls' Gerechtigkeitstheorie muss die Frage beantwortet werden, ob die Akteure im Urzustand sich dafür entscheiden würden. Dazu ist auf Rawls' zugrunde liegendes Verständnis des Akteurs im Urzustand einzugehen. Rawls' Wertschätzung menschlicher Autonomiefähigkeit findet ihren Ausdruck in der Idee, dass durch die Bereitstellung einer gerechten Grundstruktur die notwendigen Voraussetzungen dafür geschaffen werden, dass eine Person ihre Vorstellung des guten Lebens selbstbestimmt verfolgen kann. Die Akteure im Urzustand sind nach Rawls also nicht durch ein bestimmtes Paket von Interessen ausgezeichnet, sondern durch ihre Autonomie. Für eine Erweiterung von Rawls' Theorie spricht, dass sich individuelle Autonomie beziehungsweise deren Einschränkung aufgrund der Ungleichverteilung positiver Freiheiten eher durch die Verwendung des Dominanz- und Unterdrückungsparadigmas von Rechten und Gerechtigkeit erfassen lässt als mit Hilfe des Distributionsparadigmas.

»Denn es geht hier zwar auch um ungleiche Verteilungen, etwa von Einkommen und Stellen; aber es geht vor allem um die Perspektive der Einschränkung von Handlungsspielräumen und von der Wahrnehmung von Lebenschancen.«[12]

Die Einschränkung der Inanspruchnahme von Chancen kann offensichtlich eine Ungleichverteilung zum Beispiel in Hinsicht auf soziale Positionen bewirken – die ungleiche Verteilung ist in diesem Fall somit eine Folge von Dominanz und Unterdrückung. Es ist deshalb plausibel, dass Akteure im Urzustand sich zur Sicherung der Autonomie der Person auf solche

---

11 Sturma (2000), S. 272.
12 Rössler (1995), S. 161.

Regeln einigen, die die Auswirkungen ungerechter sozialer Verhältnisse auf den Wert der Freiheit so ausgleichen, dass ein gleicher Wert der Freiheit garantiert wird. »Since unequal worth of liberty diminishes self-respect for some, from behind the veil of ignorance it is rational to secure maximal self-respect through maximally equal worth of liberty.«[13] Autonomie beinhaltet auch die Möglichkeit, eigene Lebenspläne zu revidieren. Deshalb haben Akteure im Urzustand ein Interesse daran, sich die Bedingungen zu erhalten, unter denen sie ihre Lebenspläne verändern können. Dazu gehört auch die Absicherung gegen das Risiko, im Laufe eines Lebens durch einen Unfall oder eine Krankheit von einer Behinderung betroffen zu werden.[14] Ob eine institutionelle Erweiterung dafür ausreichend ist, soll in den nächsten Abschnitten bedacht werden.

---

13 Daniels (1975a), S. 276f.

14 Dworkin (1981b) diskutiert diesbezüglich ausführlich eine Absicherung durch ein Versicherungsmodell, das jedoch unter den Bedingungen des Urzustands nicht als überzeugende Lösung erscheint. Denn, wie Daniels hinsichtlich der Gesundheitsversorgung gezeigt hat, werden bei einer Absicherung über Versicherungen soziale Bedürfnisse gleich wie andere Präferenzen auch behandelt, so dass sie in eine Konkurrenzsituation um Ressourcen gebracht werden, die keine anderen Beschränkungen aufweist als die Mechanismen des Marktes. Damit wird eine bestimmte Sicht sozialer Bedürfnisse etabliert: Sie gelten als eine Präferenz unter anderen, die kein Anrecht auf besondere Befriedigung durch soziale Ressourcen haben außer dem, das sich durch die Stärke der Präferenz selbst ergibt. Wenn die Präferenz als solche hoch ist, wird demnach eine Absicherung der Bedürfnisse stattfinden, wenn sie hingegen niedrig ist und der Bedeutung sozialer Bedürfnisse nicht mehr entspricht, wird sie nicht gegeben sein. Oftmals werden jedoch Versicherungen nicht in der Weise abgeschlossen, wie es den Vorstellungen über die Bedeutung sozialer Bedürfnisse im Allgemeinen entspräche, zum Beispiel aufgrund schwacher Präferenzen oder zu knapper individueller Ressourcen. Ein Ansatz über einen Versicherungsmarkt müsste also aufzeigen, wie gerechterweise eine Grundversorgung für alle gewährleistet werden kann. Die für die Tauschsituation notwendige Gleichheit der Ausgangssituation ist jedoch nicht unter Rückgriff auf die Tauschsituation selbst zu garantieren. Vgl. hierzu Kersting (1997b). Vgl. auch die Rekonstruktion des gleichen Werts der Freiheit und seiner im Rahmen von Rawls' Theorie nicht gegebenen Absicherung durch sozioökonomische Güter bei Daniels (1975a), S. 274, sowie die generelle Begrenzung des Tauschprinzips, mit dem eine privat-versichernde Vorsorge, aber keine Redistribution von Gütern organisierbar ist, bei Kersting (1997b).

4.4 Die Konkretisierung der Gewährleistung sozialer Bedingungen von Freiheit

Die eigentlich spannende Frage hinsichtlich der Gewährleistung sozialer Bedingungen von Freiheit betrifft die Konkretisierung von abstrakt gefassten Gerechtigkeitsforderungen. Dies ist gerade bei einer Erweiterung der Rawlsschen Theorie bedeutsam, denn einer der Hauptkritikpunkte der Kommunitaristen an Rawls besteht in dem Vorwurf, dass Rawls von einem zu formalen Verständnis der Vorgänge im sozialen Raum ausgeht. Die Ausübung von Freiheit in einem sozialen Raum kann nach ihrer Auffassung nicht einfach als gegeben angenommen werden. Soziale Gerechtigkeit muss auch die Voraussetzungen der Ausübung von Freiheit, die von den einzelnen Individuen nicht selbst hergestellt werden können, einbeziehen.[15] Dazu soll im Folgenden – nach der Eingrenzung der zu sichernden Ressourcen – auf einen Vorschlag von Rössler eingegangen werden.

4.4.1 Eingrenzung der zu sichernden Ressourcen

Es klang im letzten Abschnitt bereits an, dass nicht alle Unterschiede im sozialen Bereich ausgeglichen werden sollen (also keine Gleichheit der sozialen Beziehungen angestrebt wird), sondern lediglich solche sozialen Bedingungen, die den Wert der Freiheit für eine Person im Sinne der Inanspruchnahme von Lebenschancen beeinträchtigen. Dazu soll zunächst die Gewährleistung sozialer Bedingungen von Freiheit eingrenzt werden auf die Sicherung der drei Funktionsweisen als gleicher Bürger, die Anderson vorgeschlagen hat. Die Gewährleistung bezieht sich dann auf die effektive Verfügbarkeit eines zur Teilnahme am gesellschaftlichen Leben als Gleicher hinreichenden Funktionsniveaus. Es geht also nur um die Fähigkeiten und Beziehungen, die Bürgern im Sinne demokratischer Gleichheit zu garantieren sind. Darunter fallen alle Fähigkeiten einer Person, die so-

---

15 Da kein Mensch sich selbst erziehen und entwickeln kann, ist auch die Entwicklung der menschlichen Fähigkeiten, auf denen Freiheit beruht, auf eine entgegenkommende Umwelt angewiesen. Neben geeigneten gesellschaftlichen Institutionen ist hier eine sensible Differenzierung der jeweiligen sozialen Kontexte einer Person vonnöten, denn die Entfaltung der menschlichen Natur ist nach Kersting (2000b), S. 69, immer »Entfaltung menschlicher Natur in einen sozialen Raum hinein«.

wohl im Bereich des politischen Handelns als auch im Bereich des zivilgesellschaftlichen Engagements erforderlich sind, um als Gleiche auftreten zu
können. So ist beispielsweise keine Fehlerlosigkeit in Lese- und Recht-
schreibfähigkeiten anzustreben, sondern lediglich ein Ausgleich gravierender Schwächen. Referenzpunkt wäre hierfür das durchschnittliche Lese-
und Rechtschreibniveau einer Gesellschaft. Dadurch wird die Reichweite
der Gewährleistung von vornherein begrenzt.[16]

Die zu sichernde Ressource möchte ich als *Fähigkeit zur längerfristigen
Teilnahme* bezeichnen. Sie schließt sich an den Ansatz der Befähigungsgerechtigkeit an, der die Befähigung des Menschen zu einer dauerhaften
integral-eigenverantwortlichen Lebensführung zum Zweck der Teilnahme
an sozialer Kommunikation anstrebt. Dieser Ansatz wurde als Voraussetzung für Priorisierungsentscheidungen bei Gesundheitsleistungen entwickelt[17] und entspricht dem derzeitigen sozial- und gesundheitspolitischen
Ansatz des *Empowerment*.[18] In Erweiterung von Rawls' Ansatz geht es dabei
nicht nur um Chancengerechtigkeit in der Startposition, sondern auch um
Prozesschancengerechtigkeit.[19] Diese bezieht sich nicht auf einen Prozess im
Sinne der Perfektionierung, sondern auf die Korrektur »statischer« Zustände, die Veränderungen zugunsten benachteiligter Menschen verhindern. Vielfach werden soziale Restriktionen erst im Verlauf des Versuchs
bemerkbar, Handlungsmöglichkeiten zu realisieren, etwa beim Ausschluss
von Menschen mit Behinderung aus Bewerbungsverfahren um Arbeitsplätze aufgrund ihrer Behinderung. Durch Prozesschancengerechtigkeit
soll Marginalisierungstendenzen, wie sie im Blick auf die Wahrnehmung
und Beteiligung sozial benachteiligter Gruppen und Individuen am öffentlichen Leben auftreten, entgegengewirkt werden. Zudem werden in Situationen der Knappheit oftmals die sowieso schon benachteiligten Gruppen
sozial randständiger Menschen als erste übergangen. Deshalb erscheint die
längerfristige Gewährleistung von Teilnahmefähigkeiten – soweit möglich –

---

16 Anderson führt als Beispiel für eine nicht zu sichernde Fähigkeit das Kartenspielen an.
Gutes Kartenspielen ist keine Voraussetzung für die Funktion des Bürgers. Vgl. Anderson (2000), S. 156. Als zu sichernde Fähigkeiten kann man Kommunikations- und Inter-
aktionsfähigkeiten nennen: so ist Gehörlosen ein Gebärdensprachdolmetscher zu stellen; Menschen mit einer Lese- und Rechtschreibschwäche sind Kurse in Rechtschrei-
bung, psychologische Hilfen u.ä. zugänglich zu machen.
17 Dabrock (2001).
18 Trojan/Legewie (2001), S. 296–297.
19 Vgl. Ott (2000).

erforderlich. Andererseits wird durch die Dimension der Zeit zugleich die Leistung von Sozialinstitutionen auf eine bestimmte Zeitperiode begrenzt, so dass eine endlose Fortschreibung von Leistungen und damit ein Versickern von Ressourcen nicht möglich ist. Der zeitliche Aspekt erfordert somit die Überprüfung der zur Gewährung ausschlaggebenden sozialen Bedingungen und gegebenenfalls die erneute Gewährung der Leistung nach Ablauf einer bestimmten Zeitperiode.

Dieser Erweiterungsvorschlag sieht sich jedoch einer grundlegenden Schwierigkeit in der Bestimmung hinreichender Gleichheit der Funktionen als gleicher Bürger gegenüber. Denn Ungerechtigkeiten wie Ausgrenzung aus sozialen Interaktionen aufgrund einer Behinderung oder Begrenzung der beruflichen Laufbahn aufgrund des Geschlechts manifestieren sich zwar als konkrete Tatbestände in einer Gesellschaft, jedoch sind Einschränkungen an Lebenschancen im einzelnen Fall oftmals nur unzureichend darstellbar, da sie durch hintergründig wirkende soziale Normen bedingt sind. Damit wird jedoch auch die Bestimmung einer spezifischen Kompensation als Ausgleich des ungleichen Werts der Freiheit erschwert. Welche Lösungen kommen angesichts dieser Situation in Betracht?

4.4.2 Gleichwertige Rechte

Im einem der vorhergehenden Abschnitte[20] wurde bereits eine Erweiterung durch institutionell verfasste Regelungen als Ergänzung der Rawlsschen Theorie diskutiert. Man könnte nun, analog der Erweiterung um Daniels' *health-care institutions*[21] für eine Erweiterung in Form von sozialen Institutionen plädieren.[22] Jedoch gibt es einen gewichtigen Grund, der gegen eine Erweiterung auf diese Art spricht, selbst wenn sie prinzipiell gut

---

20 Siehe oben I.4.1 »Vergleich von Daniels' und Andersons Gewährleistungsideen«.

21 Siehe oben I.2.1 »Die Begründung von Gesundheitsinstitutionen nach Daniels«.

22 Institutionen leiten das Handeln von Menschen, beschränken die Willkür des individuellen Handelns, definieren den gemeinsamen Handlungsrahmen und mit ihm verbundene Verpflichtungen. In soziologischer Perspektive stellen sie nach Esser (2000), S. 6, »bestimmte, in den Erwartungen der Akteure verankerte, sozial definierte Regeln mit gesellschaftlicher Geltung und daraus abgeleiteter ›unbedingter‹ Verbindlichkeit für das Handeln« dar. Diese können als Institutionen im weiteren Sinn verstanden werden. Hier sollen im Folgenden unter Institutionen insbesondere die öffentlichen Einrichtungen verstanden werden, durch welche sozialstaatliche Leistungen gewährt werden. Sie können als Institutionen im engeren Sinn bezeichnet werden.

mit dem Theorie-Design von Rawls vereinbar wäre: Durch die institutionelle Praxis solcher Einrichtungen kommt es unweigerlich zu einer Grenzziehung zwischen innen und außen, das heißt zwischen Menschen, die diese Institution in Anspruch nehmen (müssen), und denen, die das nicht tun. Im Machtbereich der Institution ist das Hilfe suchende Individuum jedoch in der unterlegenen Position: Es wird nach bestimmten Regeln klassifiziert, diagnostiziert, eingruppiert. Dadurch kann nicht immer verhindert werden, dass die institutionelle Praxis gleichzeitig als Etikettierungs- beziehungsweise Aussonderungspraxis wirkt.[23] Institutionelle Ansprüche hat, wer außerhalb/unterhalb der (institutionell) bestimmten Norm liegt. Die Grenzziehung kann deshalb in sozialen Beziehungen in Marginalisierungs- und Stigmatisierungsphänomene umschlagen, so dass das betroffene Individuum zwar institutionell versorgt wird, jedoch sozial mit Anerkennungsverlusten zu rechnen hat. Da die Inanspruchnahme von Institutionen der Gesundheitsversorgung gesellschaftlich nicht stigmatisiert ist, sondern im Gegenteil als Grund für soziale Zuwendung eingesetzt werden kann (»ich musste diese Woche schon drei Mal zum Arzt«), ist sie in der Regel nicht mit negativen sozialen Zuschreibungen verbunden.[24] Deshalb fallen die *health-care institutions* nach Daniels auch nicht unter obigen Vorbehalt. Die entscheidende Frage in diesem Zusammenhang lautet, ob es durch die institutionelle Praxis zu sozialen Anerkennungsverlusten kommen kann oder nicht. Sie wird im zweiten Teil der Arbeit weiter ausgeführt.[25] Da die Zuteilung von Ressourcen, Bemessung von Kompensationsleistungen, Gewährung von Maßnahmen jedoch nicht ohne institutionelle Leistungen durchgeführt werden können, müssen Ansätze diskutiert werden, welche deren negative Auswirkungen begrenzen können. An diese Diskussion wird unten in einem Exkurs zu Fragen der Normalisierung, Normalität und Normativität angeschlossen.[26] Hier sollen diese Bemerkungen genügen, um den grundlegenden Ansatz der Gerechtigkeit für Menschen mit Behinderung nicht durch eine weitere Institution im engeren Sinn zu überfrachten.

Stattdessen könnte eine Regel beschlossen werden, die als negative Freiheitsregel Verstöße gegen die Anerkennung als gleiche Bürger sanktio-

---

23 Vgl. Dörner (1991), S. 45ff.
24 Ausnahmen stellen zum Beispiel die Inanspruchnahme psychiatrischer Institutionen dar.
25 Vgl. unten II.1.2 »Die moderne Erfahrung des Behindertseins«.
26 Vgl. unten II.1.2.1 »Exkurs: Normalisierung, Normalität, Normativität«.

niert und als institutionelle Regelung im weiteren Sinn verstanden werden kann. Alle Diskriminierungs-, Marginalisierungs- beziehungsweise Exklusions-Situationen wären demnach anhand der Regel auf Kompensationsmaßnahmen hin zu untersuchen. Die Regel könnte als Auslegung von Rawls zweitem Gerechtigkeitsgrundsatz in der Verfassung der Gesellschaft verankert sein, so dass im Zweifelsfall durch eine Verfassungsinstanz (zum Beispiel dem Verfassungsgericht) die Durchsetzung der Regel gewährleistet wäre. Somit wäre keine spezifische institutionelle Praxis begründet, sondern lediglich ein Rechtsanspruch ermöglicht, der gleiche soziale Bedingungen von Freiheit gewährleisten soll.

Einen Vorschlag Rösslers aufnehmend, könnte man solche Rechte als gleichwertige Rechte bezeichnen.[27] Gleichwertig ist ein Recht, wenn es der sozialen Differenz zwischen zwei Personen so entspricht, »dass nicht *aus dieser Differenz* bestimmte eindeutige Ungleichheiten im Blick auf positive Freiheiten folgen«[28]. Durch gleichwertige Rechte werden soziale Differenzen anerkannt, aber diese werden nicht an Differenzen von Freiheitsspielräumen gekoppelt. Als Beispiel für gleichwertige Rechte können etwa Regelungen zur Durchsetzung des Diskriminierungsverbotes genannt werden. Weil jeder Mensch ein Recht auf Wahrung der allgemein notwendigen Voraussetzungen der Handlungsfähigkeit hat, dürfen Zuteilungen von Ressourcen nicht nach Kriterien wie Arbeitsfähigkeit, soziale Eingebundenheit, Pflegebedürftigkeit oder genetische Ausstattung vorgenommen werden.[29] Es geht im Konkreten also um die Bereitstellung vergleichbarer gleichwertiger Möglichkeiten, Lebenschancen wahrnehmen und im öffentlichen Raum sich in gleicher Weise beteiligen und Einfluss nehmen zu können. Als weiteres Beispiel kann die Quotengesetzgebung angeführt werden. Rössler kann an diesem Beispiel zeigen,[30] dass, solange in allen gesellschaftlichen Bereichen Frauen in signifikanter Weise unterrepräsentiert sind, zur Sicherung der Möglichkeit gleicher Wahrnehmung positiver Freiheiten offensichtlich rechtliche Regelungen notwendig sind.[31] In gleicher Weise kann man hinsichtlich der Anstellung von Menschen mit einer schweren Behinderung argumentieren: Auch hierfür scheinen rechtliche

---

27 Rössler (1995), S. 161.
28 Ebd., S. 162. (Hervorh. i.O.)
29 Vgl. Bobbert (2000).
30 Vgl. Rössler (Hg.) (1993).
31 Rössler (1995), S. 162ff.

(Quoten-)Regelungen mit Zwangsabgaben bei Nichtbefolgung notwendig zu sein, um zumindest eine Verbesserung der Chancengleichheit zu erreichen.[32] Der gleiche Wert der Freiheit kann demnach durch gleichwertige Rechte abgesichert werden, damit nicht moralisch irrelevante Differenzen Unterschiede in positiver Freiheit verursachen können.

Auf diese Weise wird die Idee gleicher Rechte durch die Einführung gleichwertiger Rechte konkretisiert. Letzteren kommt jedoch ein anderer Status zu als den Grundrechten der Person, die ja eine unveränderbare Grundlage liberal-demokratischer Staaten darstellen und damit auf der makrosozialen Ebene einer Gesellschaft anzusiedeln sind. Gleichwertige Rechte stellen hingegen Regeln zur kontextspezifischen Weiterbestimmung von gerechten sozialen Bedingungen dar. Damit stellen sie Regeln und Normen für die mikrosoziale Ebene der Handlungsorientierungen und Einstellungen von Individuen und Gruppen dar, um so auf der mikrosozialen Ebene wahrgenommene Ungerechtigkeiten im Sinne einer gleichen positiven Freiheit ausgleichen zu können. Bei gleichwertigen Rechten geht es deshalb nicht um die Ersetzung gleicher Rechte von sozial benachteiligten Personen, sondern um die Konkretisierung dessen, was aufgrund bestehender sozialer Ungerechtigkeiten zur Sicherung gleicher positiver Freiheiten geleistet werden muss.

Natürlich können durch die Einführung gleichwertiger Rechte nicht alle Freiheitsdifferenzen im sozialen Bereich, die rechtlich zu regeln wären, erfasst werden.[33] Es stellt sich somit die Frage, welche Differenzen rechtlich zu regeln sind und welche nicht. Diese Frage muss im gesellschaftlichen Aushandlungsprozess immer wieder neu beantwortet werden. Dabei ist zu beachten, dass »in den verschiedenen Formen politischer, wirtschaftlicher, kultureller und wissenschaftlicher Öffentlichkeit [...] die Bedingungen des gesellschaftlichen Zusammenlebens interpretiert und bestimmt werden«[34]. Die Interpretation der Vorstellungen von einem gerechten gesellschaftlichen Zusammenleben wird jedoch Dominanz- und Unterdrückungsverhältnisse fortschreiben, wenn nicht ungleiche Freiheitsspielräume beseitigt werden, das heißt, wenn nicht sichergestellt werden kann, dass die

---

32 Das bestehende deutsche Gesetz zur Schwerbehindertenabgabe wäre durchaus ein Instrument in diesem Sinne, wenn die Sanktionen hoch genug wären. In der Praxis entscheiden sich die Unternehmen mehrheitlich eher für die Zahlung einer geringen Sanktion als für die Einstellung von Menschen mit einer Beeinträchtigung.

33 Vgl. dazu im Blick auf Geschlechterdifferenzen Ebd., S. 165.

34 Ebd., S. 166.

Bedürfnisse aller Bürger im öffentlichen Bereich in gleichberechtigter Weise geäußert werden können[35] und so »in gleicher Weise repräsentiert und präsent zu sein und damit Einfluss zu nehmen auf die Organisation und Struktur der Gesellschaft und auf die Interpretation gesellschaftlichen Zusammenlebens«[36]. Auch aus diesem Grund erscheint die Einführung gleichwertiger Rechte notwendig, um die wirkungsmächtige Interpretation von Grundrechten nicht ungerechten Dominanz- und Unterdrückungsverhältnissen auszusetzen. Durch gleichwertige Rechte sollen also in gleicher Weise negative Freiheit und positive Freiheit gesichert werden; negative Freiheit als Freiheit vor Eingriffen anderer in die Person; positive Freiheit als gleiche Möglichkeiten, Lebenschancen wahrnehmen und sich im öffentlichen Raum engagieren zu können.

Jedoch ist auch bei diesem Verständnis von Freiheit und Gleichheit zu kritisieren, dass sich die Erweiterung durch gleichwertige Rechte vor allem auf die Menschen mit Behinderung bezieht, die die Fähigkeit zur produktiven Teilnahme am gesellschaftlichen Leben besitzen. Sowohl bei Quotenregelungen als auch beim Diskriminierungsverbot kann die Idee gleichwertiger Rechte dazu führen, dass – der liberalen Perspektive entsprechend – beispielsweise eine schwere mentale Beeinträchtigung als *moralisch relevantes* Ausschlussmerkmal angesehen wird (weil aufgrund des fehlenden moralischen Urteilsvermögens die Voraussetzungen gesellschaftlicher Kooperation nicht gegeben seien). Auch die Ergänzung durch gleichwertige Rechte verbleibt damit innerhalb der Beschränkungen des liberalen Personbegriffs, die oben bereits dargestellt wurden.[37] Menschen mit Schwerst- und/oder Mehrfachbehinderungen, deren aktive Teilnahmefähigkeit aufgrund ihrer Beeinträchtigungen massiv eingeschränkt ist, bleiben unberücksichtigt. Hier müsste Rawls' Ansatz um entsprechende passive Teilhabe- und Teilnahmeregelungen ergänzt werden.

---

35 Fehlt diese Bedingung, kann auch Selbstachtung als wichtigstes Grundgut nicht mehr garantiert werden, denn »this subordinate ranking in public life would indeed be humiliating and destructive of self-esteem«. Rawls (1999a), S. 477.

36 Rössler (1995), S. 166.

37 Vgl. oben I.2.1 sowie unten I.5.2.2 und IV.2.6.

5 Gerechtigkeitsziele und Gerechtigkeitskriterien

In diesem Abschnitt soll die bisher dargestellte normative Begründung sozialer Gerechtigkeit, die man einem schwachen egalitären Liberalismus zurechnen kann, gegenüber anderen egalitären Theorien abgegrenzt und in Bezug auf das Verhältnis der verschiedenen Ansätze zueinander positioniert werden.[1] In einem zweiten Schritt werden dann Kriterien der Gerechtigkeit benannt, mittels derer man die abstrakten Gerechtigkeitsregeln auf Anwendungsfragen beziehen und Entscheidungssituationen auf makro- und mikroallokativer Ebene orientieren kann.

Rawls hat Gerechtigkeit als Fairness als Antwort auf wohlfahrtsindifferente Vorstellungen entwickelt, die er als nicht gerecht kritisierte. Grundlegendes Ziel einer liberalen Theorie ist nach ihm, Möglichkeiten, die je eigene Konzeption des guten Lebens zu verfolgen, zu eröffnen beziehungsweise zu sichern. Dabei sollen weder konkrete Lebensinhalte vorgegeben noch das gleiche Wohlergehen aller angestrebt werden. Rawls geht in seiner Gerechtigkeitstheorie von der Annahme aus, dass ein Index an Grundgütern das für die Zwecke politischer Philosophie angemessene Mittel ist, um ein *relatives* Wohlergehen der Bürger zu ermöglichen. Diese Annahme von Rawls wurde in zwei verschiedenen Hinsichten kritisiert. Den einen Strang von Kritik stellen an Fähigkeiten orientierte Ansätze wie die Arbeiten von Sen und Nussbaum dar. Sen hat seine Kritik an Rawls darauf bezogen, dass Rawls nicht die Unterschiedlichkeit der individuellen Vermögen berücksichtige, Güter in Freiheit transformieren zu können, das heißt Güter so nutzen zu können, dass sie Individuen auch tatsächlich ermögli-

---

1 Vgl. zum Folgenden Daniels (1996b). – Bei dem in dieser Arbeit verfolgten Interesse an der Begründung sozialer Gerechtigkeit für Menschen mit Behinderung erscheint es wenig sinnvoll, libertäre Theorien in den Vergleich einzubeziehen. Stattdessen konzentriere ich mich auf Ansätze, die auf gewisse Vorstellungen von Gemeinschaftsverhältnissen aufbauen und sich daher zentral mit Fragen distributiver Gerechtigkeit in sozialen Zusammenhängen befassen.

chen, die Option wahrnehmen zu können, für die sie sich entschieden haben. Sen kritisiert also an Rawls' Grundgüterkonzeption, dass diese zu unflexibel sei, um die unterschiedliche Fähigkeit von Menschen, Güter in Möglichkeiten für ihr Leben umsetzen zu können, angemessen zu erfassen. Rawls treffe daher letztlich nicht den Kern moralischer Intention, der nach Sen in größerer Gleichheit von Möglichkeitenspektren besteht.

Zum anderen wurde von Vertretern eines starken Egalitarismus beanstandet, dass die Rawlssche Konzeption von Grundgütern fundamentale moralische Intuitionen nicht erfasse, die unseren Bemühungen um Gleichheit zugrunde liegen. So plädieren Arneson und Cohen gegenüber Rawls dafür, zulässige Ungleichheiten weitaus stärker einzuschränken.[2] Das Ziel ihres egalitären Ansatzes besteht in *gleichem* Wohlergehen von Bürgern oder zumindest in gleichen Chancen auf ein solches Wohlergehen. Nach ihrer Auffassung der zugrunde liegenden moralischen Intuition begründet der Schaden aus allen Vorkommnissen, die nicht selbstverschuldet sind und auch nicht von den Betroffenen hätten verhindert werden können, einen rechtmäßigen Anspruch auf Kompensation der durch derartige Unglücke entstandenen Ungleichheiten durch andere. Dagegen können solche Schlechterstellungen von Individuen in Bezug auf gleiches Wohlergehen in bestimmten Fällen nicht durch die gleiche Ausstattung mit den Rawlsschen Grundgütern behoben werden. Rawls' Gerechtigkeitsgrundsätze würden deshalb die zentrale moralische Intention von Gleichheit verfehlen.

Es sollen nun nicht die einzelnen Argumente für oder gegen einen der drei Ansätze zusammengefasst werden.[3] Vielmehr möchte ich hier auf einen wenig beachteten Unterschied zwischen Rawls' Ansatz und den beiden anderen Ansätzen hinweisen. Sowohl Theoretiker wie Sen oder Nussbaum als auch Vertreter eines starken Egalitarismus argumentieren im Blick auf das letztendliche Ziel von Gleichheit, als ob es nur *ein übergreifendes* Ziel gebe, das für alle Kontexte, in denen Gleichheit adressiert wird, maßgeblich sei. Dagegen scheint diese Annahme für Rawls nicht leitend zu sein.[4] Für Rawls kann es durchaus verschiedene Ziele egalitaristischer Bemühungen geben, da in unterschiedlichen Kontexten das Interesse an

---

2 Vgl. Arneson (1989a; 1989b; 1990); G. A. Cohen (1993; 1995). Cohen vertritt gegenüber Arneson ein umfassenderes Verständnis von Gleichheit, da er sich auf den Vorteil (»advantage«) einer Person bezieht statt nur auf ihr reines Wohlergehen, jedoch schließt »advantage« Wohlergehen ein.
3 Siehe dazu Daniels (1996b), S. 210ff.
4 Vgl. Rawls (1992d), S. 339ff.

Gleichheit oder an gleicher Behandlung auch unterschiedlich ausfallen mag. Daniels hat diesen Zusammenhang am Beispiel von Sens Ansatz diskutiert und dabei auf eine Einseitigkeit und Schwäche in der Argumentationsführung hingewiesen,[5] die zunächst vertieft werden soll, bevor in einer Übersicht die verschiedenen Ziele egalitaristischer Theorien dargestellt werden.

5.1 Gleichheit und ihre Ziele

Daniels hinterfragt folgende nicht begründete Annahme Sens: Warum sollte in allen Kontexten lediglich ein Ziel egalitärer Versuche, Gerechtigkeit zu verwirklichen, bestehen, nämlich das Ziel, Gleichheit im Möglichkeitsspektrum von Menschen zu erreichen?[6] So ist zweifelhaft, ob die Bedürfnisse und Wünsche etwa von Kindern in Kindergärten, von Berufstätigen in Arbeitsverhältnissen oder von Kranken zu Hause tatsächlich alle unter der uniformen Vorstellung einer Gleichheit der Möglichkeitenspektren angemessen erfasst werden können. Vielmehr scheinen unterschiedliche moralische Intentionen in den verschiedenen Kontexten unterschiedliche Antworten auf egalitäre Gerechtigkeitsfragen zu bedingen. So sind Situationen denkbar, in denen Menschen Nachteile hinsichtlich gleicher Chancen auf Wohlergehen in Kauf nehmen, wenn sie mit ungewollten und nicht selbst verschuldeten Unglücksfällen konfrontiert werden.

---

5 Daniels kritisiert, dass Sen lediglich den Anspruch auf Chancengleichheit aufgreife, die konkurrierenden Ansprüche von Freiheit und Effizienz jedoch unberücksichtigt lasse und somit letztlich keine Antwort in Bezug auf das gibt, was Gerechtigkeit erfordert. Daniels (1996c), S. 253ff. Aber selbst im Bereich der Chancengleichheit kann Sen seinen Fähigkeiten-Ansatz nicht konsequent entwickeln: Denn es kann zu einer Inkommensurabilität der Möglichkeitsspektren in dem Sinne kommen, dass verschiedene Spektren unterschiedlich bewertet werden je nach der zugrundeliegenden Konzeption des Guten, die eine Person besitzt. Ein Nachteil im Möglichkeitsspektrum einer Person kann daher in den Augen der betroffenen Person existieren, wird jedoch aufgrund der unterschiedlichen Vorstellungen des guten Lebens von anderen Personen nicht als solcher eingestuft. Damit ist jedoch eine Gleichheit der Möglichkeitsspektren nicht mehr in jedem Fall erzielbar; vielmehr läuft Sens Ansatz stattdessen lediglich auf die Garantie hinaus, dass das Möglichkeitsspektrum einer Person nicht wesentlich schlechter ist als das von anderen Personen. Vgl. J. Cohen (1995), S. 278.

6 Vgl. Daniels (1996b), S. 225.

Man kann hier wie Daniels an Fälle familiärer Zuwendung oder Pflege denken. Menschen mögen Wohlergehens-Ungleichheiten in Kauf nehmen, weil sie die Umstände des Unglücksfalles kennen und der Unglücksperson nahe stehen und deshalb womöglich eine besondere Verpflichtung verspüren, dieser zu helfen. Müsste hieraus geschlossen werden, dass eine Gerechtigkeitstheorie, welche die grundlegenden Institutionen einer Gesellschaft begründet, dieselbe moralische Intention widerspiegeln und dasselbe egalitäre Ziel verfolgen sollte wie in diesem Beispiel? Offensichtlich besteht ein Unterschied zwischen dem Ziel egalitärer Bestrebungen in solchen Fällen des unterschiedlichen Wohlergehens einzelner und dem Ziel egalitärer Bestrebungen im Blick darauf, wie eine ganze Gesellschaft mit Ungleichheiten im Wohlergehen von Bürgern umgehen sollte.[7] Daher kann sich das, was relevant ist im Bereich öffentlicher Moral, unterscheiden von dem, was relevant ist im Bereich privater Moral. Wohlfahrtseinschränkungen, die man innerhalb einer Familie zugunsten eines kranken oder behinderten Menschen in Kauf nimmt, mögen andere Ziele und andere Bestrebungen egalitärer Gleichheit haben als eine Gerechtigkeitstheorie, welche die grundlegenden sozialen Institutionen einer Gesellschaft begründet. Rawls' Ansatz, Gerechtigkeitsgrundsätze auf die grundlegenden Institutionen einer Gesellschaft zu beziehen und nicht auf private Tauschverhältnisse ermöglicht dagegen, eine Gleichförmigkeit egalitärer Ziele auszuschließen.[8]

Damit wird ein Vergleich der verschiedenen egalitaristischen Ansätze im Blick auf ihre unterschiedlichen Ziele notwendig. Diese sollen im Folgenden einander gegenübergestellt werden, um so die feinen Differenzen in der Ausrichtung der Ansätze besser erfassen zu können. Denn jedes der in der nachfolgenden Tabelle genannten Modelle definiert das letztendliche Ziel von Gleichheit in einer möglichst großen Chancengleichheit, aber alle drei Modelle beziehen dabei Gleichheit in unterschiedlicher Weise auf die Funktionen beziehungsweise das Wohlergehen von Personen. Gleichzeitig soll damit auch eine Einordnung der in dieser Arbeit vorgelegten normativen Begründung von Gleichheit verbunden werden. Die folgende Tabelle

---

7 Vgl. ebd.

8 Sen argumentiert jedoch im Blick auf Gleichheit, so Daniels (ebd.), als ob für alle Kontexte, in denen es um das Wohlergehen von Menschen geht, lediglich ein Ziel bestünde, das nur bei einer zugrunde liegenden Gleichförmigkeit des moralischen Urteils bezüglich aller unterschiedlichen Situationen menschlichen Wohlergehens formuliert werden kann.

egalitärer Gesundheits- und Sozialziele stellt eine Erweiterung von Daniels *Models of medical necessity*[9] dar:

Chancengleichheit in Bezug auf	*1. Normale körperliche und soziale Funktionen*	*2. Persönliche Fähigkeiten*	*3. Wohlergehen*
Objekt der medizinischen Versorgung	Organische Abweichungen	Unfreiwillige Begrenzungen persönlicher Fähigkeiten	Unfreiwillige Begrenzungen körperlichen Wohlergehens
Ziel der Gesundheitspolitik	Beeinträchtigungen aufgrund von Behinderung oder Krankheit zu mindern	Persönliche Fähigkeiten zu erhöhen	Möglichkeiten des Wohlergehens erhöhen
Objekt der sozialen Dienste	Beeinträchtigung der Funktion als gleicher Bürger	Unfreiwillige Begrenzungen persönlicher Teilhabefähigkeiten	Unfreiwillige Begrenzungen möglichen Wohlergehens
Ziel der Sozialpolitik	Beeinträchtigungen durch ungerechte soziale Bedingungen zu mindern	Persönliche Teilhabefähigkeiten zu erhöhen	Möglichkeiten des Wohlergehens zu erhöhen

Tabelle 1: Egalitäre Gesundheits- und Sozialziele
(Eigene Darstellung)

In dieser Tabelle bezieht sich 1. auf die hier vertretene Weiterentwicklung von Rawls' Ansatz in Bezug auf die Berücksichtigung gesundheitlicher und sozialer Bedingungen von Freiheit, 2. auf Sens Fähigkeiten-Ansatz und 3. auf starke egalitaristische Theorien.

---

9 Daniels (1996c), S. 242.

Der erweiterte Rawlssche Ansatz verfolgt dabei als zentrale Absicht die Erhaltung, Wiederherstellung oder Kompensation eingeschränkter Funktionsweisen durch Gesundheitsinstitutionen beziehungsweise rechtliche Regelungen. Ihr Ziel besteht darin, Personen hinsichtlich gleicher Lebenschancen so zu stellen, als ob sie keine Beeinträchtigung ihrer Funktionen (sowohl körperliche, seelische, geistige Funktionen als auch die Funktionen als gleicher Bürger) erlitten hätten, oder zumindest eine fortschreitende Verschlechterung der Funktionen von Betroffenen zu verhindern. Ein Ausgleich für ungleiche natürliche Fähigkeiten ist in direkter Weise nicht vorgesehen, ebenso wenig sollen Ungleichheiten im Wohlergehen ausgeglichen werden.[10] Denn unter der Bedingung, dass die Funktionen als gleicher Bürger garantiert sind, fällt alles darüber Hinausgehende in den Bereich individueller Präferenzen, für die jeder Bürger selbst verantwortlich ist. Zu kritisieren ist die fehlende Differenzierung zwischen unterschiedlichen Behinderungsformen und ihren Bedarfen. Der Ansatz bezieht sich vor allem auf behinderte Menschen, die gute Voraussetzungen zur Teilnahme am gesellschaftlichen Leben vorweisen und daher im Blick auf eine Kompensation mangelnder Funktionen als gleiche Bürger in Frage kommen.

Dagegen vertritt Sen in seinem Fähigkeiten-Ansatz ein breiter angelegtes Modell sozialer Gleichheit. Unterschiede in den natürlichen Fähigkeiten sollen offensichtlich nicht einfach hingenommen werden, sondern im Sinne gleicher persönlicher *Capabilities*[11] ausgeglichen werden. Sollte dies nicht möglich sein, sollten Personen mit geringeren *Capabilities* bevorzugt berücksichtigt werden. Dabei spielt es keine Rolle, ob die Beeinträchtigung durch eine Krankheit oder durch ungünstige natürliche Fähigkeiten verursacht ist. Entscheidend ist das ungleiche Möglichkeitenspektrum, über das eine Person verfügt. Könnte man bei dem unter 1. genannten Modell sagen, die *normalen* Funktionsweisen als gleicher Bürger sollen ermöglicht werden, so kann Sens Ziel als Forderung nach *gleichen* Funktionsweisen beschrieben werden. Von diesen beiden ersten Modellen hebt sich das Modell gleichen Wohlergehens deutlich ab. Im Gegensatz zu Rawls und zu

---

10 Nach Rawls' Ansatz ist es besser, solche Unterschiede aufgrund des Differenzprinzips durch die Umverteilung anderer wichtiger Güter zu kompensieren als eine Gleichheit an natürlichen Fähigkeiten, die aufgrund der unterschiedlichen Umweltbedingungen sowieso nicht vollständig erreichbar ist, anzustreben.

11 Eine *Capability* bezeichnet nach Sen die Fähigkeit oder das Vermögen einer Person, für ihr Leben wertvolle Tätigkeiten und Funktionen verwirklichen zu können (vgl. oben I.2.2.2).

Sen sollen im dritten Modell alle Benachteiligungen ausgeglichen werden, die folgende Bedingungen erfüllen: Die Ungleichheit im Wohlergehen muss unverschuldet und ungewollt eine Person betreffen und darf von dieser auch nicht ohne Angewiesenheit auf fremde Hilfe veränderbar sein. Treffen diese Voraussetzungen zu, dann besteht ein Anspruch auf Ausgleich persönlicher Einbußen an Glück durch Dritte. Das Ziel dieses Ansatzes ist nicht mehr eingeschränkt auf die Gewährleistung normaler oder gleicher Funktionsweisen, sondern besteht in einem sehr viel breiteren Verständnis im Ausgleich ungleicher Wohlergehens-Funktionen. Über die Verringerung von Beeinträchtigungen beziehungsweise die Steigerung persönlicher Fähigkeiten hinaus wird persönliches Leiden zur entscheidenden Bezugsgröße für Kompensationsansprüche.

Eine Theorie der Gerechtigkeit muss verschiedene Ansprüche miteinander verbinden: solche auf Chancengleichheit mit solchen auf gleiche Freiheiten, und beide Ansprüche zusammen mit Anforderungen der Effizienz und der Allokation von Ressourcen.[12] Aus der Gegenüberstellung der unterschiedlichen Ziele der einzelnen Ansätze im Blick auf die Gewährleistung von Chancengleichheit dürfte deutlich geworden sein, dass jeder Ansatz unterschiedlich starke Ausgleichsleistungen und damit letztlich auch eine unterschiedlich hohe Umverteilung an Gütern nach sich zieht. Unter den Bedingungen von Knappheit erhalten Effizienzüberlegungen bei der Frage der politischen Akzeptanz von Gerechtigkeitsmodellen zusätzliches Gewicht. Beim zweiten und dritten Modell liegen zwar moralisch begründete Vorstellungen von Chancengleichheit vor, aber deren Gleichheitsziele würden eine Gesellschaft mit hohen Kompensationskosten belasten. Dagegen kann bei einer Erweiterung des Ansatzes von Rawls Chancengleichheit auf eine für die Funktionen als gleicher Bürger notwendige Gewährleistung eingeschränkt werden.

5.2 Kriterien der Gerechtigkeit für Menschen mit Behinderung

Ausgehend von Rawls' Gerechtigkeitstheorie wurde im bisherigen Verlauf der Diskussion versucht, eine auf Verteilungsgerechtigkeit beruhende Grundlage für Gerechtigkeit für Menschen mit Behinderung zu finden.

---

12 Vgl. Daniels (1996c), S. 252.

Dabei wurden zum Einen verschiedene Ergänzungsvorschläge gemacht, damit im verteilungstheoretischen Ansatz die sozialen Bedingungen von Freiheit berücksichtigt werden können. Zum Zweiten wurde aber auch deutlich, dass der der liberalen Tradition verpflichtete Rawlssche Ansatz grundsätzlichen Anfragen hinsichtlich der Kooperationsfähigkeit und Anerkennung von schwerstbehinderten Menschen ausgesetzt ist, die seine anthropologischen Annahmen in Frage stellen. Im zweiten Teil und dritten Teil dieser Arbeit wird in kritischer Perspektive diskutiert werden, wie der defizitorientierte Ansatz überwunden werden kann und auch solche Mitglieder der Gesellschaft angemessen berücksichtigt werden können, die aufgrund einer Behinderung nur bedingt oder gar nicht kooperationsfähig sind.

Zuvor soll jedoch die bislang unberücksichtigte Frage bearbeitet werden, wie aus den dargestellten abstrakten Gerechtigkeits*regeln* praktikable Gerechtigkeits*kriterien* gewonnen werden können. Dazu wird in diesem Abschnitt in sechs thematischen Blöcken auch auf Aspekte anderer Gerechtigkeitsformen wie der Tauschgerechtigkeit, der Beteiligungsgerechtigkeit, der Leistungsgerechtigkeit und der Verfahrensgerechtigkeit Bezug genommen. Zwar kann dadurch keine umfassende Begründung einer Gerechtigkeit für Menschen mit Behinderung geleistet werden, jedoch werden Kriterien sichtbar, mit deren Hilfe man institutionelle Verfahren und Hilfepraktiken orientieren und gegebenenfalls kritisieren kann.

5.2.1 Moralisches Minimum

In der Perspektive der distributiven Gerechtigkeit geht es darum, die kollektiv verfügbaren Güter und Positionen so zu verteilen, dass alle Bürger die Möglichkeit erhalten, ein menschenwürdiges Leben zu führen, und ihnen vergleichbare Chancen zuteil werden, ihren Lebensplan zu realisieren.[13] Dem Rawlsschen Ansatz entsprechend soll die Vorstellung eines »menschenwürdigen« Lebens nicht durch starke inhaltliche Konzeptionen bestimmt werden. Andererseits muss das, was als menschenwürdig und chancengleich zu qualifizieren ist, durch Kriterien näher bestimmt werden, sonst wird eine solche Orientierung zu einer Leerformel. Wie Hinsch gezeigt hat, setzt die Verteilung von Gütern nach dem Differenzprinzip bei Rawls voraus, dass die kritische Schwelle des Existenzminimums bereits

---

13 Vgl. Hinsch (1998), S. 64ff.; Shue (1980), S. 18ff.

gesichert ist, das heißt Rawls geht von wohlhabenden westlichen Gesellschaften aus.[14] Daher geht es beim moralischen Minimum für Menschen mit Behinderung darum zu zeigen, dass deren Bedarfe über die Ausstattung an Grundgütern hinaus begründete Ansprüche darstellen.

Es ist weithin unstrittig, dass Menschen, die sich in Notlagen zum Beispiel durch Naturkatastrophen, durch Kriege, durch eine Krankheit oder Behinderung befinden, einen moralischen Anspruch auf die Hilfe anderer haben. Eine Notlage gilt dann als zur Hilfe verpflichtende Notlage, wenn sie zwei Bedingungen erfüllt:[15] Erstens, wenn eine betroffene Person nicht ohne fremde Hilfe einen für sie in rationaler Weise erstrebenswerten Zustand realisieren kann und zweitens, wenn sie sich dabei auf öffentlich anerkannte Werte stützen kann, »d.h. auf Werte, *von denen alle Gesellschaftsmitglieder vom öffentlichen Standpunkt aus begründetermaßen glauben, dass jedermann, notfalls mit der Unterstützung anderer, in der Lage sein sollte, sie zu realisieren*«[16]. Damit werden solche subjektiven Bedürfnisse als moralische Ansprüche legitimiert, die ihrem Wesen nach universalisierbar sind. Zugleich muss jedoch die öffentliche Zustimmung zu diesen kein Konsens darüber sein, »*dass bestimmte Güter für alle Menschen gleichermaßen erstrebenswert sind*«[17], so dass keine starke Konzeption des Guten vorausgesetzt wird. Entsprechend der hier entwickelten Perspektive sind darunter grundsätzlich solche Notlagen zu verstehen, in denen die Güter, die zum Leben als freie und gleiche moralische Person notwendig sind, für die betroffene Person nicht verfügbar sind.

Jedoch ist damit noch nichts über die Höhe des moralischen Minimums hinsichtlich individueller Bedürfnisse ausgesagt. Diese Frage kann durch folgende Überlegung zunächst eingegrenzt werden: Die Anerkennung des moralischen Minimums als öffentlicher Wert bedingt, dass die dafür benötigten Güter allen Gesellschaftsmitgliedern gemeinschaftlich gewährt werden müssen. Einem individuell sehr hohen Bedarf zum Beispiel aufgrund einer schweren Funktionsstörung kann daher nicht in maximaler Weise entsprochen werden, sondern nur insoweit, wie es die Abwägung mit anderen legitimen Ansprüchen erlaubt. Kriterium hierfür kann zunächst die mit gleichem Gewicht erfolgende Berücksichtigung der aus Notlagen resultierenden bedarfsbezogenen Ansprüche aller anderen Ge-

---

14 Vgl. Hinsch (1998), S. 35 sowie Hinsch (2002).
15 Vgl. zur Diskussion der Bedingungen im Einzelnen: Hinsch (1998), S. 41–51.
16 Ebd., S. 47. (Hervorh. i.O.)
17 Ebd., S. 46. (Hervorh. i.O.)

sellschaftsmitglieder sein. »Die mit der Hilfeleistung verbundenen Lasten dürfen deshalb nicht so groß sein, dass es kollektiv unmöglich wäre, allen anderen, die sich in vergleichbaren oder schlimmeren Notlagen befinden, ebenfalls zu helfen.«[18] Weiterhin müssen vom öffentlichen Standpunkt aus individuelle Wünsche auf größtmögliche Unterstützung mit der Inanspruchnahme durch andere austariert werden. Wer Unterstützung in Notlagen gegen andere geltend macht, wird dies nur in dem Maße tun, in dem er die berechtigten Forderungen anderer gegen ihn in anderen Situationen anerkennen würde.

Nach Hinsch sollte erst nach Befriedigung der besonderen Bedürfnisse von Gesellschaftsmitgliedern in Notlagen dazu übergegangen werden, kollektiv verfügbare Ressourcen nach dem Differenzprinzip zu verteilen.[19] Leistungsgerechtigkeit wird somit als Frage einer gerechten Einkommens- und Vermögensverteilung *sekundär* über die redistributive Wirkung von Rawls' zweitem Gerechtigkeitsgrundsatz hergestellt. Jedoch wird nach Hinschs Modell ein *Trade-off* zwischen Chancengleichheit und Differenzprinzip möglich: Zwar wird auf diese Weise der Vorrang der persönlichen Freiheit vor der Wohlstandsmehrung entsprechend Rawls' lexikalischer Ordnung gewahrt, jedoch werden zugleich innovative Potentiale durch die Begrenzung des Selbstinteresses unterdrückt, da ein immenser Transfer zugunsten kranker und behinderter Menschen erforderlich würde (deren Bedürfnisse ja vordringlich zu befriedigen sind, da sie – zumindest in bestimmten Fällen – deutlich schlechter gestellt sind als die anderen am schlechtestgestellten Mitglieder der Gesellschaft).[20] Die Gesellschaft ist jedoch darauf angewiesen, dass volkswirtschaftlich bedeutsame Innovationen über Anreizsetzungen für den wirtschaftlich Erfolgreichen nicht erst in Form sekundär zu berücksichtigender erhöhter Leistungsvergütungen erfolgen. Statt nach Hinschs Nachordnungsmodell kann die sowohl bei Daniels als auch im *Capability*-Ansatz von Sen vorgesehene Bemessung des moralischen Minimums in Abhängigkeit vom Stand des jeweiligen gesellschaftlichen Verteilungspotentials erfolgen.[21] Näher ausgeführt von Da-

---

18 Ebd., S. 44.
19 Ebd., S. 64.
20 Vgl. Arrow (1973), S. 251.
21 Daniels ordnet im Gegensatz zu Rawls Krankheiten dem erweiterten Chancenprinzip zu und argumentiert mit einem Krankheitsbegriff, der sich auf Funktions-Abweichungen von statistischen Normwerten der Spezies (species-normal functioning) bezieht. Daniels' Ansatz liegt hier parallel zu dem von Sen, zu den Unterschieden vgl. oben I.2.2.

brock im so genannten Befähigungsgerechtigkeitsansatz[22] ergibt sich, dass das Maß an Zuteilung zur Bedarfssicherung und damit der Redistribution von den Bessergestellten gerecht ist, »das die Empfänger *innerhalb eines partikularen, politisch begründeten Sozialverbandes* zu einer längerfristig integral-eigenverantwortlichen Lebensführung zwecks Teilnahmemöglichkeit an sozialer Kommunikation befähigt«[23]. Ganz ähnlich argumentiert Steinvorth im Blick auf das von ihm so genannte »Prinzip des *demokratischen Mindest-maßes*«[24]. Nach ihm ist eine Ressourcenzuteilung nach dem Standard geboten, »der zur Sicherung der Fähigkeit notwendig ist, an der Kultur und Politik der eigenen Gesellschaft teilzunehmen.«[25] Die Leitvorstellung der eigenverantwortlichen Lebensführung zur Teilnahme am sozialen Leben bildet somit das Kriterium, nach dem die Höhe der Güterzuteilung, die als moralisches Minimum für ein menschenwürdiges Leben aus Gerechtig-keitsgründen einem Gesellschaftsmitglied garantiert werden muss, zu bestimmen ist, und zwar in Relation zum jeweiligen gesellschaftlichen Gesamtetat, der verteilt werden soll. Nachfolgend werden einzelne Elemente dieser Leitvorstellung näher begründet – hier lässt sich jedoch bereits festhalten, dass dementsprechend behinderten Menschen *aus Gerechtigkeits-gründen* proportional mehr Ressourcen zur Verfügung zu stellen sind als nicht-behinderten Menschen.[26] Zugleich ist festzuhalten, dass bei der Bestimmung des moralischen Minimums immer auch ein Spielraum für die Berücksichtigung solcher Notlagen einzubeziehen ist, die durch Verteilungssysteme der Regelgerechtigkeit nicht erfasst werden.

In anderen Ansätzen wird statt von einem moralischen Minimum von egalitärer Sockelgerechtigkeit oder notwendigem Mindestbedarf (decent minimum) gesprochen.[27] In der Auseinandersetzung darüber, wie ein solches Minimum gerechterweise zu bestimmen ist, sprechen zwei Gründe für den Befähigungsgerechtigkeitsansatz:

---

22 Dabrock (2001), S. 206f.
23 Ebd., S. 207. (Hervorh. i.O.)
24 Steinvorth (1999), S. 277. (Hervorh. i.O.)
25 Ebd.
26 Vgl. Diakonie Dokumentation (2002), S. 12, die besagt, »dass am Normalmaß orientierte Behandlungen und Leitlinien kranken Menschen mit geistigen und mehrfachen Behinderungen nicht gerecht werden«. Vgl. hierzu auch Freys Begriff der Basisgerechtigkeit in Frey (2005), S. 83, den er auch auf asymmetrische Verhältnisse bezieht.
27 Vgl. Daniels (1985), S. 74–84; Nussbaum (1999), S. 49–59; Pauer-Studer (2000), S. 99–115; Sen (2000), S. 71–109.

(1) Der Befähigungsgerechtigkeitsansatz gründet in einem Menschenbild, das der im Rahmen einer schwachen Theorie des Guten verstandenen positiven Freiheit verpflichtet ist, das heißt einem Freiheitsverständnis, das als kooperative, kommunikative und verantwortliche Freiheit charakterisiert werden kann.[28] Es nimmt somit die oben als soziale Bedingungen von Freiheit eingeführten Erweiterungen der Rawlsschen Theorie auf und bündelt sie kriterial.

(2) Nach dem Befähigungsgerechtigkeitsansatz wird die Gestaltung gerechter Rahmenbedingungen nicht auf einen *abstrakten* Mindestbedarf beschränkt, vielmehr erfolgt die Festlegung der konditionalen Güter *kontextabhängig* nach dem Maß, welches in einer Gesellschaft Befähigungen zur eigenverantwortlichen Lebensführung ermöglicht.[29] Auch medizinische oder rehabilitative Leistungen sind daran zu messen, in wie weit sie dazu beitragen, den betroffenen Menschen ein möglichst eigenständiges Leben in sozialen und gesellschaftlichen Bezügen zu ermöglichen.[30]

Damit kann dieser kontextsensible Gerechtigkeitsansatz in Situationen angewandt werden, in denen unter verknappten Ressourcen Güterzuteilungen vorgenommen werden müssen und die deshalb mit *Trade-offs* verbunden sind. Gerechtigkeitstheoretisch ist zum Beispiel ein *Trade-off* zwischen gleicher Grundfreiheit und fairer Chancengleichheit möglich:[31] So kann das Angebot einer allgemeinen Impfung (etwa gegen Grippe oder Kinderlähmung) zwar zur Herstellung fairer Chancengleichheit dienen, jedoch kann dadurch unter Umständen eine schlechtere Versorgung schwerstbehinderter Menschen herbeigeführt werden, da nun die nötigen Ressourcen für die Entwicklung neuer Forschungsergebnisse fehlen.[32] Solche *Trade-off* Beispiele machen deutlich, dass unter Ressourcenknappheit ein Verfahren erforderlich ist, das die jeweilige Zuteilung oder Nichtzuteilung von Gütern bei Krankheit oder Behinderung als gerecht begründen kann. Die Hierarchisierung von Krankheit und Behinderung erscheint unausweichlich, damit anhand dieser bezahlbare Therapien nach Prioritäten geordnet werden können. Die Frage solcher Priorisierungsentscheidungen wird unten (I.5.2.5) bei der Darstellung struktur- und verfahrensethischer

---

28 Vgl. Dabrock (2001), S. 206, der sich auf Huber (1985), S. 113–127 und S. 205–216 bezieht.
29 Vgl. Dabrock (2001), S. 205f.
30 Vgl. Diakonie Dokumentation (2002), S. 13.
31 Vgl. Hinsch (2002), S. 18f.
32 Vgl. Nass (2004), S. 11.

Kriterien unter Bezug auf den Befähigungsgerechtigkeitsansatz wieder aufgenommen.

5.2.2 Teilhabe

Die Teilhabe behinderter Menschen am gesellschaftlichen Leben ist ein wesentlicher Aspekt der Beteiligungsgerechtigkeit und wird durch das Kriterium der Befähigung zur Teilnahme inhaltlich bestimmt. Da Teilhabe als Leitorientierung im zweiten Teil unter Bezug auf die *Disability Studies* wieder aufgenommen wird, genügt hier eine kürzere Darstellung ihrer Begründung als Gerechtigkeitserfordernis.

Gerechtigkeitsregeln bauen auf dem Gegenseitigkeitsprinzip (Tauschgerechtigkeit) oder wie bei Rawls auf einem hypothetischen Vertrag (Verteilungsgerechtigkeit) auf. Beiden Gerechtigkeitsformen liegen symmetrische Konstellationen zwischen den einzelnen Individuen zugrunde, die ein gewisses Maß an Verantwortung einschließen. Problematisch werden diese Ausgangsbedingungen, wenn Menschen aufgrund angeborener oder erworbener Beeinträchtigungen die dazu notwendigen Fähigkeiten nicht ausgebildet oder verloren haben. Asymmetrische Verhältnisse erfordern daher weitere Gerechtigkeitsbegründungen, die über verteilungstheoretische Ansätze hinausgehen.[33] Manche Menschen werden nie zur Verantwortung befähigt sein und sollen dennoch am sozialen Leben – den jeweiligen Bedingungen entsprechend – teilhaben können. Hier ist auf Formen der passiven Teilhabe und Teilnahme zu verweisen, die Menschen über entsprechende Regelungen wohlfahrtsstaatlich inkludieren.[34]

Gesellschaftliche Teilhabe kann nach den Kriterien der Teilnahme an sozialer Kommunikation, der Integration in sozial stabile Gemeinschaften und der Enkulturation in kulturelle Räume näher bestimmt werden. Sie wird in der institutionellen Praxis und der kommunalen Versorgung anhand des Normalisierungsprinzips umgesetzt, das ein Leben so normal wie möglich vorsieht.[35] Dementsprechend ist die Orientierung an Teilhabe bei Menschen mit Behinderung im Blick auf ihre gesamten Lebensbedingun-

---

33 Vgl. unten II.1.4.
34 Vgl. unten II.3.1.
35 Das Normalisierungsprinzip und damit zusammenhängende Vorstellungen von Normalität und Normativität werden unten unter II.1.2.1 (Exkurs) dargestellt.

gen wie zum Beispiel Art und Umstände der Unterbringung in einem Heim zu diskutieren. Auch unter Gerechtigkeitsgesichtspunkten ist Menschen mit Behinderung der Respekt, der jedem Menschen aufgrund seiner Würde zusteht, entgegen zu bringen. Situationen der Abhängigkeit, in denen sie um milde Gaben betteln müssen oder als Objekte für Formen der Mildtätigkeit anderer erscheinen, sind nicht tolerierbar.[36] Der Achtung vor der Würde des Einzelnen entspricht, diese/n soweit wie möglich zu befähigen, ihr/sein Leben eigenverantwortlich führen zu können.

Dabei sollte Teilhabe nicht gegen Fürsorge ausgespielt werden, sondern kann nach Kruses Konzept der Selbstverantwortung auch dann umgesetzt werden, wenn ein Mensch auf die Fürsorge eines anderen angewiesen ist.[37] In dieser Perspektive werden zugleich Verbindungen zwischen Selbstbestimmung und Fürsorge deutlich, die diese nicht in eine Gegenstellung bringen,[38] sondern auch in den Verhältnissen, die zum Beispiel aufgrund von schwerst- und/oder mehrfach Behinderungen eine hohe Asymmetrie aufweisen, eine möglichst weitreichende selbstbestimmte Teilhabe gerade durch die Unterstützung und Sorge anderer erreichen wollen.

Um Teilhabe anstreben zu können, ist also neben der Befähigung der Einzelnen zur aktiven Teilnahme an sozialer Kommunikation auch nach Möglichkeiten der eingeschränkten oder passiven Teilnahme zu suchen. Denn wie im Exkurs über Autonomie weiter unten dargelegt wird,[39] müssen Einschränkungen der Handlungsmöglichkeiten nicht zwangsläufig zugleich Einschränkungen der Entscheidungs-Autonomie eines Menschen bedeuten. Weiterhin sollte die Sorge für andere nicht nur negativ im Sinne einer bevormundenden Fürsorge verstanden werden, die den Willen des betroffenen Menschen nicht genügend respektiert.[40] Sorge und die Achtung vor dem Anderen können Hand in Hand gehen, wenn Sorge nach dem Kriterium der Teilhabe orientiert wird und darauf zielt, über den Ansatz bei den vorhandenen Ressourcen eines Menschen diesen so zu unterstützen, dass seine Wünsche nach Teilnahme an sozialer Kommunikation – soweit dies möglich ist – verwirklicht werden.[41]

---

36 Vgl. Anderson (2000), S. 171.
37 Vgl. Kruse (2007), S. 201–212.
38 Vgl. Kirchenamt der Evangelischen Kirche in Deutschland (2005), S. 16f., wo aufgezeigt wird, dass und in welchem Maß Selbstbestimmung auch von Fürsorge abhängig ist.
39 Vgl. unten unter I.5.2.4.
40 Vgl. hierzu Schnabl (2005).
41 Vgl. Gerechte Teilhabe (2006), S. 43ff.

Damit die Voraussetzungen für soziale Kommunikation gegeben sind, müssen Menschen mit Behinderung gesellschaftlich inkludiert sein. Daher sind Ausschlussphänomene aufgrund von Armut oder einer Behinderung für eine freiheitliche Gesellschaft nicht tolerierbar. Das *formale* Kriterium der Zugehörigkeit bildet in liberalen Theorien der anerkannte Bürgerstatus, wie er durch die Rawlsschen Grundfreiheiten repräsentiert wird. Rawls geht jedoch von kooperationsfähigen Individuen im Urzustand aus, weshalb der Bürgerstatus nicht einfach als Grundlage bei allen Menschen mit Behinderung vorauszusetzen ist, sondern differenziert werden muss: Menschen mit schwerer mentaler Beeinträchtigung fallen aufgrund von Rawls' Personbegriff nicht mehr unter den Status als Bürger, weil sie die entsprechenden Voraussetzungen nicht aufweisen.[42] Hier ist entweder Rawls' Verständnis von Kooperation so zu verändern, dass die Parteien im Urzustand als Stellvertreter auch für die Interessen aller unterstützungs- und pflegeabhängigen Mitglieder der Gesellschaft auftreten[43] oder man muss konzidieren, dass Rawls' Gerechtigkeitstheorie hinsichtlich der Begründung von sozialer Gerechtigkeit unvollständig ist und ergänzende Ansätze erforderlich sind. Die Ergänzung könnte von Grunderfahrungen menschlichen Lebens wie Sterblichkeit, Körperlichkeit, der Erfahrung von Schmerz und Leid ausgehen und die Begründung passiver Teilhabe- und Teilnahmerechte einschließen, damit nicht nur die zu eigener Aktivität fähigen Mitglieder der Gesellschaft gerechtigkeitstheoretisch berücksichtigt werden.[44]

Zum Rawlsschen Bürgerstatus hinzukommen muss als faktische Elementarbedingung der Zugehörigkeit die effektive Verfügung über allgemeine Ressourcen.[45] Die liberalen Bürgerrechte sind also *material* »um allgemein dienliche Mittel und Hintergrundvoraussetzungen« der Teilnahme an sozialer Kommunikation zu ergänzen, denn »der Sinn der Rechte liegt in der Möglichkeit ihres Gebrauchs. Eine Ordnung, die einem Teil ihrer Angehörigen die Mindestvoraussetzungen eines selbstbewussten Rechtsge-

---

42 Vgl. Rawls (1971), S. 505. Vgl. Nussbaum (2006), S. 135: »But they are disqualified from citizenship in a deeper way as well, because they do not conform to the rather idealized picture of moral rationality that is used to define the citizen in the Well-Ordered Society.«

43 Ähnlich wie sie es in Rawls' Verständnis für die »normalen« Mitglieder künftiger Generationen sind. Die Idee geänderter Interessen der Parteien im Urzustand wird in dieser Arbeit unter II.1.4 weiter ausgeführt.

44 Hier könnte an den Ansatz von Nussbaum angeschlossen werden. Vgl. Nussbaum (1999; 2000; 2006).

45 Siehe oben II.3. Vgl. Ladwig (2000), S. 150.

brauchs vorenthält, entzieht sich selbst ihre ganze Legitimität.«[46] Teilhabe stellt daher ein Gerechtigkeitskriterium dar, nach dem die Ordnung der Gesellschaft vorzunehmen ist. Zur Förderung der Teilhabe von Menschen mit Behinderung müssen dementsprechend besondere Mittel zur Verfügung gestellt werden. Als sozialpolitischer Konsequenz entspricht dem Teilhabekriterium die Forderung nach einem Bundesteilhabegeld, die im vierten Teil dieser Studie diskutiert wird.[47]

Bezüglich der materialen Sicherung der Zugehörigkeit ist hier auf die oben genannte Gewährleistung der sozialen Bedingungen von Freiheit zu verweisen, die die Grundlagen und sozialen Voraussetzungen der Ausübung individueller Freiheit absichert. Jedoch gibt es auch über die materiale Sicherung der Zugehörigkeit hinaus vielfältige, sozial oder institutionell bedingte Faktoren, die als Ausschlussfaktoren wirken können. Als Beispiel dafür kann die Art und Weise angeführt werden, in der Transfers an bedürftige Menschen geleistet werden. So spricht Reuter von einer konditionierenden und disziplinierenden Gewährungsform der Sozialhilfe, »die die Empfänger in unwürdige Abhängigkeits- und Bittstellerrollen hineindrängt«[48]. Nach Schaarschuch ist der Verwaltungspraxis bei der Beantragung von Leistungen eine Unwürdedimension eingeschrieben.[49] Sie äußert sich auf Seiten der Empfänger als Verlust der (Selbst-)Kontrolle über das eigene Leben und bedeutet deshalb gleichzeitig einen Entzug des

---

46 Ladwig (2000), S. 150.
47 Vgl. unten IV.3.3.1. – Das Bundesteilhabegeld sieht eine aus Steuermitteln des Bundeshaushalts finanzierte monatliche Geldleistung an Menschen mit Behinderung vor, deren Behinderung von Geburt an oder vor dem 27. Lebensjahr eingetreten ist. Das Bundesteilhabegeld ist als Nachteilsausgleich konzipiert; sein Ziel besteht unter anderen in der Förderung der Teilhabe von Menschen mit Behinderung.
48 Reuter (1998), S. 156.
49 Vgl. Schaarschuch (1998), S. 218ff. Sonnenfeld (1989) sieht durch Bedürftigkeitsprüfungen und professionelle Routinen die Rechte auf Selbstbestimmung verletzt. Vgl. Vobruba (1983). – Die Leistungsgewährung wird etwa bei der Sozialhilfe von Bedürftigkeitskriterien abhängig gemacht, die einen *unbedingten Rechtsanspruch* auf sozialstaatliche Leistungen nicht mehr verbürgen. Stattdessen wird der *Zugang zu einer Leistung* rechtlich geregelt, der aber nur unter Einhaltung bestimmter Bedingungen gewährt wird. Zugangsbedingungen wie die Offenlegung der Vermögensverhältnisse, die Aufhebung des Bankgeheimnisses, der Zwang zur Arbeit verletzen jedoch den Status des Leistungsempfängers als gleicher Staatsbürger und versetzen ihn in einen Status minderen Rechts. Auf diese Weise wächst jedoch die Gefahr, dass die geleisteten Zuwendungen zur Sicherung der Existenz armer oder sozial schwacher Menschen demütigende Situationen für die Empfänger bewirken und diese sogar institutionell verfestigen.

Rechts auf ein eigenverantwortlich geführtes Leben.[50] Hier ist an Elizabeth Andersons Vorschlag zu erinnern, dass Güter nach Prinzipien und Verfahren zu verteilen sind, die die Würde jedes Menschen respektieren.[51] Zugleich wird damit deutlich, dass die Dimension der Verteilung von Gütern nicht gegen die Dimension der Anerkennung ausgespielt werden sollte.

5.2.3 Eigenverantwortlichkeit

Zentrale Voraussetzung zur eigenverantwortlichen Teilnahme am gesellschaftlichen Leben ist die Selbstachtung[52]: »Selbstachtung *stützt* die allgemeine Disposition von Personen zu eigenverantwortlichem Urteilen, Entscheiden und Handeln. Die Person weiß dann um ihr Anrecht auf Teilnahme am ›Markt der Lebensmöglichkeiten‹.«[53] Eine Person mit Selbstachtung stellt einen verantwortungsfähigen Akteur der Kooperationsgemeinschaft der Bürger dar, der mit Selbstvertrauen die Verwirklichung der eigenen Vorstellungen eines guten Lebens anstrebt. Mit der Fähigkeit zur Teilnahme am gesellschaftlichen Leben geht die Verantwortlichkeit des Einzelnen einher. Dabei folgt die Beteiligung einem Grundsatz, der als Prinzip der sozialen Gleichheit bezeichnet wird und wie folgt lautet: »Jedes Mitglied der Gesellschaft soll *gleiche Rechte und Pflichten* und *gleichen Anteil an den sozialen Gütern und Lasten* haben, sofern soziale Ungleichheiten, aus unparteiischer Perspektive betrachtet, nicht dem wohlüberlegtem Interesse aller entsprechen.«[54] Die Übernahme gleicher Rechte und Pflichten setzt die Fähigkeit zur Eigenverantwortung voraus.beachtet man die Verantwortlichkeit des Einzelnen nicht, fehlt eine wesentliche Voraussetzung der Beteiligung am gesellschaftlichen Leben. Die Inanspruchnahme

---

50 Vgl. Blasche (1998), S. 137. Vgl. Young (1990), S. 54, die davon spricht, dass auf der subjektiven Ebene Transfers von den Empfängern oftmals als Kontrollverlust wahrgenommen werden: So gibt es individualisierende Verfahren bei Verwaltungsvorgängen, die selbst eine Form des Ausschlusses und einen demütigenden Eingriff in die Privatsphäre darstellen, den sich andere Bürger, die nicht auf den Bezug von Sozialtransfers angewiesen sind, auch nicht gefallen lassen müssen.

51 Vgl. Anderson (2000), S. 152.

52 Vgl. oben I.3.3.

53 Ladwig (2000), S. 98. (Hervorh. i.O.)

54 Koller (1995), S. 59. (Hervorh. i.O.) S. Blasche spricht davon, »dass mit eingeräumten, wahrgenommenen und geforderten Rechten auch jeweils entsprechende Pflichten komplementär dem Begriffe nach bereits verbunden sind.« Blasche (1998), S. 166.

von Rechten und die Erfüllung von Pflichten kann deshalb nur soweit gehen, wie sie von dem Einzelnen verantwortet werden kann.[55]

In der sozialpolitischen Diskussion der Gegenwart wird vermehrt die Eigenverantwortung des Bürgers für die Absicherung der Lebensrisiken hervorgehoben. So bedeutet eigenverantwortliches Handeln nach Blasche, dass ein Mensch versucht, »belastende Auswirkungen seiner Existenz und seines Handelns für seine mitmenschliche und gegebenenfalls auch natürliche Umgebung zu minimieren«[56]. Das Ziel eigenverantwortlichen Handelns bestehe darin, für andere keine Kosten zu verursachen und so deren Verantwortungsbereich nicht zu tangieren. Das Eigene wird somit über die Negation des Anderen definiert.[57]

Diese Definition von Eigenverantwortlichkeit scheint zunächst die Menschen auszuschließen, die aufgrund einer vorhandenen Behinderung soziale Transfers beziehen, ohne dafür eine Gegenleistung erbringen zu können. Jedoch schließt Eigenverantwortlichkeit nach Blasche nicht aus, auf die Hilfe anderer zurückzugreifen, solange dem Hilfeempfänger dabei die Hilfe nicht negativ zugerechnet werden könne. Deshalb gilt grundsätzlich Eigenverantwortlichkeit als Kriterium der Gerechtigkeit: Kann jemand seinen Lebensunterhalt (im Sinn eines menschenwürdigen Daseins) bestreiten und tut es nicht, hat er keinen Anspruch auf Leistungen, die ihm eine Beteiligung am gesellschaftlichen Leben ermöglichen sollen. Von diesem Verständnis von Eigenverantwortung ausgehend wird heute eine stärkere Eigenbeteiligung der Einzelnen zum Beispiel im Gesundheitswesen gefordert. Die Forderung nach mehr Eigenverantwortung und Wettbewerb im Gesundheitswesen etwa setzt auf Eigenverantwortung als ein geeignetes und gerechtes Rationierungskriterium medizinischer Leistungen, »weil damit das Individuum für die Folgen seiner eigenen freien Entscheidungen nun selbst, und nicht die Gemeinschaft, zur Verantwortung gezogen wird«[58].

---

55 Aus der Idee der Eigenverantwortlichkeit folgt notwendigerweise eine ungleiche Verteilung, da es bei dem Prinzip der Eigenverantwortlichkeit den Einzelnen überlassen bleibt, inwieweit sie alle ihnen offenstehenden Optionen tatsächlich nützen. Es sind aber nicht alle aus der Eigenverantwortlichkeit der Individuen sich ergebenden Ungleichheiten zu kompensieren. Vgl. zur Ausgleichsfunktion von Rawls' Differenzprinzip und seiner Übereinstimmung mit der Idee der Eigenverantwortlichkeit Pauer-Studer (2000), S. 161f.
56 Blasche (1998), S. 156.
57 Vgl. ebd.
58 Goertz (2005), S. 342.

Entscheidend sind hierbei zwei Aspekte: Zum Einen soll auf diese Wiete das Bedarfsprinzip als vorherrschendes Prinzip der Leistungszuteilung aufgehoben werden. Zum Zweiten wird dabei zugleich eine Verknüpfung zwischen privatem Verhalten und gesundheitlichem Zustand hergestellt, die fortan als Verursacherprinzip die Eigenverantwortung des Einzelnen für seine Gesundheit in den Mittelpunkt stellt. Übersehen wird dabei, dass es »nachweislich einen *Zusammenhang zwischen der ökonomischen, sozialen und gesundheitlichen Lage eines Individuums*«[59] gibt. Weiterhin geben gesundheitswissenschaftliche Studien Anlass, die Verknüpfung zwischen privatem Verhalten und gesundheitlichem Zustand zu überprüfen: So weisen Studien zu koronaren Herzerkrankungen nach, dass alle dem Einzelnen zuzuschreibenden Risikofaktoren insgesamt für 25 Prozent des Sterblichkeitsgefälles ausschlaggebend waren.[60] Insbesondere für Menschen mit einer chronischen Krankheit oder Behinderung ist es deshalb wesentlich, dass die Rede von der Eigenverantwortung des Einzelnen nicht in eine eindimensionale Berücksichtigung individueller Faktoren mündet, sondern dass ein Begriff von Eigenverantwortung stark gemacht wird, der auch die Bedingungen seiner Ausübung einbezieht.

So ist der Begriff der Eigenverantwortung zunächst von dem der Selbstverantwortung abzugrenzen: Letzterer bezieht sich auf die Selbstverpflichtung der Person zum moralischen Gesetz und kann nur von dieser selbst wahrgenommen werden (Unvertretbarkeit individueller Moralität). »Für das moralische Selbst trägt alleine das Selbst die Verantwortung.«[61] Darüber hinausgehend bedeutet Eigenverantwortung im empirisch-praktischen Sinn die Verantwortlichkeit des Individuums für die konkrete Lebensführung.[62] Da man sein Leben aber nicht abseits sozialer Bindungen und losgelöst von historischen Kontexten führen kann, sind die intersubjektiven Bedingungen von Autonomie bei der Rede von der Eigenverant-

---

59 Ebd., S. 344. (Hervorh. i.O.) Vgl. ebd.: »Soziale Ungleichheit führt über verschiedene Faktoren (gesundheitliche Belastung, Bewältigungsressorucen, Versorgungslage u.a.) direkt oder indirekt, indem es zu einem unterschiedlichen Gesundheits- und Krankheitsverhalten kommt, zu gesundheitlichen Ungleichheiten.«

60 Vgl. Marmot (1996), S. 412 zit. nach Goertz (2005), S. 344f.: »Die Sterblichkeit bei koronaren Herzerkrankungen wies bei Rauchern wie bei Nichtrauchern dasselbe soziale Gefälle auf. Alle in der Studie bewerteten persönlichen Risikofaktoren waren in ihrer Gesamtheit für ein Viertel des Sterblichkeitsgefälles verantwortlich.«

61 Goertz (2005), S. 347.

62 Vgl. ebd., S. 348.

wortlichkeit des Individuums zu berücksichtigen. Denn ein adäquater Freiheitsbegriff muss nach Pauer-Studer »auch die konkreten Möglichkeiten von Individuen, ihre Freiheit zu nutzen, berücksichtigen«[63].

Daher bedeutet das Kriterium der Eigenverantwortlichkeit nicht nur, dass den Personen, die ihr Leben nicht eigenverantwortlich führen können, Hilfe gewährt wird und Vorsorge getroffen wird, sondern darüber hinaus auch, dass die Bedingungen für die Ermöglichung einer (so weit dies möglich ist) eigenverantwortlichen Übernahme des eigenen Lebens erfüllt werden.[64] Sind die Voraussetzungen zur eigenverantwortlichen Lebensführung aufgrund einer Behinderung auf Zeit oder dauerhaft nicht gegeben, so ist diesen Menschen eine Versorgung entsprechend den Kriterien der Bedarfsgerechtigkeit zu gewährleisten. Sind die Voraussetzungen gegeben, müssen – damit zur Eigenverantwortlichkeit auf der Handlungsebene auch tatsächlich befähigt wird – die Ermöglichungsbedingungen von Eigenverantwortung als gesetzliche Rahmenbedingungen fixiert werden, so dass soziale und therapeutische Maßnahmen inhaltlich jeweils an diesem Kriterium ausgerichtet werden.

5.2.4 Selbstbestimmung

In kantischer Tradition wird argumentiert, dass der zentrale Bezugspunkt der Distribution von Gütern in dem Aspekt der Selbstachtung bestehen muss:[65] Denn von der Gewährleistung ihrer sozialen Grundlagen hänge die Möglichkeit zur selbstbestimmten Lebensführung ab.[66] Dabei bildet die Fähigkeit zur Führung des eigenen Lebens im Modus der Selbstbestimmung die logisch vorrangige Grundlage der Selbstachtung einer Person.[67] Wird jedoch Selbstbestimmung über das eigene Leben im Sinne der grundlegenden Handlungsfähigkeit und Handlungsfreiheit einer Person als weiteres Kriterium vorgeschlagen, dann scheint dieses zunächst ungeeignet

---

63 Pauer-Studer (2000), S. 167.
64 Vgl. Blasche (1998), S. 158. Eigenverantwortung ist hier deshalb nicht in einem libertären Sinn zu verstehen, sondern schließt die gegenseitige Verantwortung füreinander, die ja auch wegen ihrer integrativen Funktion hinsichtlich der Gemeinschaftsbildung notwendig ist, innerhalb gewisser Grenzen ein.
65 Vgl. Ladwig (2000), S. 159.
66 Vgl. hierzu Hahn (2005).
67 Vgl. Ladwig (2000), S. 97.

zu sein, um beispielsweise zur Selbstbestimmung unfähige Menschen mit Behinderung zu berücksichtigen.[68] Darauf wird gleich zurückzukommen sein. Zunächst soll hier das Kriterium – entsprechend der oben begründeten Dimension der Anerkennung – wie folgt hergeleitet werden:

Für Autonomie im Sinne einer selbstbestimmten Lebensführung, die auf der Handlungsfähigkeit und Handlungsfreiheit einer Person aufbaut, ist die gegenseitige Anerkennung der Akteure, die sich als Tausch (im Sinn der Tauschgerechtigkeit) vollzieht, Voraussetzung. Denn eine autonome Lebensführung bedarf eines gesicherten rechtlichen Raumes, da ansonsten, wenn jeder seine Zwecke mit beliebigen Mitteln durchsetzen würde, die Anerkennung und Sicherung jeglichen Rechts unmöglich wäre. So kommen Rechte erst durch wechselseitige Anerkennung zustande.[69] Die daraus folgenden Freiheitseinschränkungen werden im Gegenzug durch Gewährung entsprechender Freiheiten ausgeglichen. Diese wechselseitige Übertragung von Rechten und Pflichten bildet also die grundlegende Ebene, auf der menschliches Zusammenleben überhaupt erst ermöglicht wird. Sie wird jedoch durch die gesellschaftliche Verweigerung der Anerkennung bestimmter Lebenslagen in Frage gestellt.

Daher ist die Selbstbestimmungsfähigkeit als schutzwürdiges Gut auf die grundlegende Anerkennung der Person, das heißt auf die Achtung der Person als einer Person, der die Fähigkeit zu einer selbstbestimmt gelingenden Lebensführung überhaupt zuerkannt wird, angewiesen. Die Anerkennung eines Menschen als konkretes, zur absichtsvollen Initiative fähiges Gegenüber stärkt damit die für die Selbstbestimmung nötige Selbstachtung des Menschen.[70] Basale Formen der Missachtung bedeuten dagegen eine Leugnung der Autonomiefähigkeit im Sinne der Selbstbestimmung eines Menschen. Entscheidende Bedeutung erlangt hierbei das Bild vom behinderten Menschen, das jeweils unterschwellig die Bestätigung oder Negierung von Selbstbestimmungskompetenzen steuert. Ein defizitäres Menschenbild, das von einem gesunden Körper ausgeht und alle Abweichungen als einschränkende Defizite festhält, wird sehr viel geringere Spielräume zur Selbstbestimmung ausmachen als ein an unterschiedlichen Intelligenzformen und (Rest-)Kompetenzen ausgerichtetes Verständnis. Selbst bei Menschen mit geistiger Beeinträchtigung werden dann Formen, Selbst-

---

68 Vgl. zum Zusammenhang von Achtung und Verletzbarkeit O'Neill (1993).
69 Vgl. Koller (1995), S. 60.
70 Vgl. Ladwig (2000), S. 98.

bestimmung auszuüben, möglich, die bisher eher pauschal als abwegig eingestuft wurden.[71]

Hilfen für Menschen mit Behinderung entsprechen nach diesem Kriterium dann der Tauschgerechtigkeit, wenn sie nicht in der Gestalt von Sachleistungen, sondern als allgemeine Tauschmittel (Geld) offeriert werden, so dass Menschen mit Behinderung – so weit dies ihnen möglich ist – selbst bestimmen können, wofür die Mittel verwendet werden. Auf diese Weise können sie die Kontrolle über ihr Leben (wieder)erlangen und sich Handlungsmöglichkeiten erschließen. Wird so Hilfe zur Selbstermächtigung (*Empowerment*) geleistet, können sich die Hilfeempfänger zumindest in einem gewissen Maß als selbstbestimmte, vertragsfähige Personen geachtet fühlen. Damit ist zugleich angedeutet, dass die Realisierung eines selbstbestimmten Lebensvollzugs von den jeweils vorhandenen Voraussetzungen der Selbstbestimmung abhängig ist und Selbstbestimmung nicht als ideologisches Konzept unterschiedslos für alle Formen von Behinderung in gleicher Weise eingefordert werden kann. Die vielfältigen und unterschiedlichen Formen von psychischer und geistiger Beeinträchtigung legen ein gradualistisches Konzept von Selbstbestimmung nahe, das Differenzierungen danach vornimmt, ob und in welcher Weise im einzelnen Fall die Voraussetzungen für eine selbstbestimmte Lebensführung gegeben sind.

Die Fähigkeit zur Selbstbestimmung setzt das Vermögen der Selbstreflexion und ein gewisses Maß an effektiver Handlungsfähigkeit voraus. Das philosophische Verständnis von Selbstbestimmung legt die Meßlatte dabei sehr hoch: »Nur ein *Akteur*, der zur eigenständigen Verfolgung selbstgesetzter Ziele imstande ist, verdient im vollen Sinne das Prädikat ›selbstbestimmt‹«.[72] Bei Menschen mit einer schweren geistigen oder psychischen Beeinträchtigung ist die Fähigkeit zur Selbstbestimmung in diesem Sinne nicht grundsätzlich gegeben. Jedoch möchten auch Menschen mit einer solchen Beeinträchtigung ein möglichst erfülltes Leben führen und ihr Welt- und Selbstverhältnis möglichst vorteilhaft gestalten. Im Blick auf diese Menschen müssen Selbstbestimmungsformen differenziert und dementsprechend eine so weit wie möglich selbständige Lebensführung festgelegt werden[73] –

---

71 Vgl. zu Möglichkeiten des Umgangs geistig behinderter Menschen mit Geldleistungen die Ausführungen zum Persönlichen Budget in Schäfers/Wansing (2004) und Schäfers/Wacker/Wansing (2004).

72 Ladwig (2000), S. 86. (Hervorh. i.O.)

73 Vgl. Weingärtner (2006), bes. Kap. 6.

falls dies nicht selbstbestimmt geschehen kann, dann gemeinsam mit ihnen beziehungsweise in Stellvertretung für sie. Deshalb sollen nachfolgend Grenzen und Formen von Selbstbestimmung näher beschrieben werden.

Exkurs: Formen und Grenzen der Selbstbestimmung

Nimmt man Beispiele von Kleinkindern, geistig oder psychisch schwerbehinderten, dementen oder komatösen Personen auf, dann rücken konkrete, auf vielfältige Art und Weise in ihrer Selbstbestimmung beeinträchtigte oder behinderte oder momentan nicht dazu fähige Menschen ins Blickfeld. Das (scheinbar) völlig selbstbestimmte Subjekt und das nicht-selbstbestimmungsfähige Subjekt bilden nur die beiden äußeren Pole, zwischen denen sich unterschiedliche Formen von Selbstbestimmung und Fremdbestimmung feststellen lassen. Ausgehend von der Beobachtung, dass kein Mensch völlig autonom leben kann,[74] sollen im Folgenden Formen und Grenzen von Selbstbestimmung skizziert werden. Dabei soll durch die Rede von den Grenzen der Selbstbestimmung nicht hinter das aufgeklärte normative Ideal sittlicher Autonomie zurückgegangen werden, welches das neuzeitliche Selbstbewusstsein seit Kant bestimmt. Vielmehr wird der Autonomiebegriff durch seine Differenzierung stärker konturiert, weil unterschiedliche Bedeutungsschichten von Autonomie ihre je eigenen Verwendungskontexte haben. So unterscheidet Honneth drei Formen von Autonomie:[75]

(1) Die Autonomie des Willens, die die Selbstbindung des subjektiven Willens an das vernünftige, sittliche Gesetz in moralphilosophischer Perspektive kennzeichnet.
(2) Nach Honneth kann davon die individuelle Autonomie von Personen auf bestimmte Rechte unterschieden werden, die rechtstheoretisch vor allem als Abwehrrechte gefasst sind.
(3) Auf Grundlage einer empirisch-sozialpsychologischen Theorie der Person wird Autonomie auf das Bündel von Eigenschaften bezogen, durch die ein Individuum ein freies, selbstbestimmtes Leben führen kann.

Ausgehend von den Erfahrungen von Menschen mit Behinderung wird die Vorstellung, dass ein Subjekt in freier Souveränität sein Leben selbst bestimmen könne und in diesem Sinne autonom sei, jedoch als eine über-

---

74 Vgl. Köpping/Welker/Wiehl (2002).
75 Vgl. Honneth (1993).

höhte Vorstellung autonomer Existenz offen gelegt.[76] Vielmehr ist darauf hinzuweisen, dass die realen Fähigkeiten der Freiheitsausübung nicht einfach bei jedem Individuum vorausgesetzt werden können. Daher beziehen sich die folgenden Grenzziehungen von Autonomie vor allem auf Überlegungen, die die nach Honneth dritte Form von Autonomie im Sinne einer selbstbestimmten Lebensführung betreffen und von dieser aus Bezüge zu den anderen beiden Formen herstellen.

Grundlegend für diese dritte Form der Autonomie ist die Möglichkeit und Fähigkeit eines Menschen, dem eigenen Willen gemäß Entscheidungen treffen und eigenverantwortlich handeln zu können.[77] Dass es sich auch bei diesem Verständnis um eine normative Sichtweise handelt, die als Ideal von den empirischen Bedingungen von Autonomie zu differenzieren[78] und gegebenenfalls als kritisches Korrektiv auf die faktischen Lebensvollzüge anzuwenden ist, wird deutlich, wenn man bedenkt, dass die Autonomie eines Menschen immer abhängig ist von den Beziehungen, in denen er steht, von den Strukturen, in die er eingebunden ist, vom intellektuellen Entwicklungsstand, den Erfahrungen, dem Wissen und den Informationen, über die er verfügt. Um jedem Menschen gleiche Chancen auf Entwicklung und Entfaltung der eigenen Persönlichkeit einzuräumen, ist der Schutz der Autonomie einer Person durch negative Grundrechte unerlässlich. Daher gilt die moralische Verpflichtung zur Achtung der Autonomie der Person ohne Bedingung,[79] auch unabhängig von der »Kompetenz« der Person zur selbstbestimmten Lebensführung. In asymmetrischen Konstellationen stärkt die Orientierung an der Autonomie die Position betreuter oder hilfeempfangender Menschen gegen Missbrauch und Formen der Abhängigkeit von Fürsorgenden. Dies gilt besonders für jene Situationen, in denen fürsorgliches Handeln nicht auf das »Gute« abzielt oder in denen unterschiedliche Vorstellungen über das, was das »Gute« ist, von der stärkeren, fürsorgenden Person in ihrem Sinne aufgelöst werden.[80]

Die Abkehr von fürsorglichen Konzepten hin zur Orientierung am Willen des betroffenen Menschen rückt die Freiheit einer Person, eigene

---

76 Vgl. Stegmaier (2002).
77 Vgl. Waldschmidt (2003), S. 149.
78 Vgl. Harris (1995), S. 271 und 276f.
79 So verankert Luther (1995), S. 315, Selbstbestimmung in der Würde des Menschen.
80 Großklaus-Seidel (2002), S. 142. Dies gilt insbesondere für jene pflegerischen Handlungen, die als körperliche Kontakte der Einwilligung bedürfen, weil sie in die Intimsphäre eines Menschen eindringen.

Entscheidungen zu treffen, ins Zentrum ethischer Argumentation. Jedoch sind auch die Menschen zu bedenken, deren schwere mentale Beeinträchtigung nur ganz elementare Formen der Selbstbestimmung ermöglichen. Deren eingeschränkte Selbstbestimmungsfähigkeiten weisen auf das Spannungsfeld zwischen Selbstbestimmung und Fremdbestimmung hin, denn Selbstbestimmung wird immer in Verhältnissen ausgeübt, die auch durch Heteronomie gekennzeichnet sind.[81] Menschen sind »nicht absolut frei in ihren Entscheidungen, sondern realisier[t]en ihre Selbstbestimmung immer nur in sozialen Bezugssystemen [...] sowie in Austauschprozessen mit der Umwelt, durch öko-soziale Anpassung und Gebundenheit [...]«[82]. Es ist daher nicht eine einseitige Orientierung an Selbstbestimmung, sondern das spannungsvolle Ineinander von Selbstbestimmung und Fremdbestimmung zugrunde zu legen, um Menschen mit Behinderung zur Wahrnehmung von Selbstbestimmung – soweit nötig und soweit möglich – zu befähigen.[83]

Dabei müssen auch die zugrunde gelegten Voraussetzungen selbstbestimmter Entscheidungen diskutiert werden. Nach Irrgang[84] müssen dafür folgende Voraussetzungen gegeben sein: die Evidenz einer Wahl, das Verständnis des Kontextes, das Verständnis der aufklärenden Information sowie die Angabe vernünftiger Gründe für die geäußerte Präferenz beziehungsweise Entscheidung. Als Kriterien für eine selbstbestimmte Entscheidung werden daher alltagsweltliche Fähigkeiten zum Verstehen und zur Kommunikation sowie die Befähigung zum vernünftigen Nachdenken und Abwägen angeführt.[85] Aufgrund dieser Kriterien werden Menschen mit (schwerer) mentaler Beeinträchtigung in der Regel von Selbstbestimmungsrechten ausgeschlossen. Wichtig ist hier die Unterscheidung des Rechts auf ein selbstbestimmtes Leben von den Voraussetzungen und Fähigkeiten, Selbstbestimmung ausüben zu können. Selbstbestimmung ist also *nicht* gleichzusetzen mit Selbstständigkeit[86], Abhängigkeit *nicht* mit dem Ausschluss von Au-

---

81 Vgl. Hahn (1994), S. 82f., der insbesondere bei geistig behinderten Menschen Selbstbestimmung aufgrund eines »Mehr« an sozialer Abhängigkeit erschwert sieht.

82 Waldschmidt (2003), S. 146.

83 Vgl. Bradl (1996), S. 181: »Die Selbstbestimmung des Einzelnen realisiert sich immer in einem sozialen Bezugssystem – sei es im Kleinen (z.B. in einer Paarbeziehung) wie im Großen (d.h. in der Gesellschaft) – und findet dort ihre Handlungsspielräume, aber auch ihre Grenzen.«

84 Irrgang (1995), S. 80f., im Anschluss an Beauchamp.

85 Vgl. Großklaus-Seidel (2002), S. 145.

86 Vgl. Knust-Potter (1998), S. 94.

tonomie (im Sinn der selbstbestimmten Lebensgestaltung)[87]. Ein In-eins-Setzen von Selbstbestimmung und Selbstständigkeit verkennt, dass nicht zur Selbstständigkeit fähige Menschen durch Assistenz und Hilfe trotzdem selbstbestimmt leben können. Ihre Verwechslung würde implizieren, dass Hilfe und Assistenz nicht nötig sind. Es kommt hingegen vielmehr darauf an, Unterstützung und Assistenz nach Maßgabe der individuellen Bedürftigkeit des betroffenen Menschen so zuzuschneiden, dass die Fähigkeit zur Ausübung der Selbstbestimmung gestärkt und gefördert wird.

Diese Überlegungen sind in der Behindertenpädagogik durch eine relationale Konzeption von Autonomie expliziert worden.[88] Ethisch wird hierbei zwischen der Entscheidungs- beziehungsweise Bewusstseins-Autonomie und der Handlungsautonomie unterschieden:[89] Erstere meint die Entscheidungsfreiheit oder geistige Autonomie – also »die Möglichkeit, Entscheidungen zu treffen, die den eigenen Wünschen und Bedürfnissen oder auch Wertvorstellungen entsprechen«[90] – während Letztere sich darauf bezieht, eigene Entscheidungen durch eigene Handlungen auch unmittelbar selbst zu vollziehen. Während die Handlungsautonomie bei einer schweren geistigen Behinderung deutlich eingeschränkt ist, kann jedoch »die Entscheidung an sich, das Wollen, die Unterscheidung dessen, was sein soll oder nicht sein soll«[91] als gegeben angesehen werden.

Bei der Form der geistigen Autonomie ist der Aspekt der Lernprozesse gegen eine vorschnelle Alternative im Sinne der Stellvertretung stark zu machen. Denn Selbstbestimmung erfordert die Übung des Entscheidens, die es einer Person ermöglicht, aus getroffenen Entscheidungen zu lernen.[92] Auf diese Weise kann bei späteren Entscheidungen ein höheres Maß an Selbstbestimmung realisiert werden – ein Zuwachs, der bei stellvertretenden Entscheidungen nicht stattfinden kann. Daher sollte bei zur Selbstständigkeit nicht fähigen Menschen grundsätzlich versucht werden, ihre Selbstbestimmung durch entsprechende Strukturen zu

---

87 Vgl. Speck (2000), S. 15ff.
88 Vgl. hierzu die Literaturangaben in Waldschmidt (2003), S. 142f.
89 Vgl. Theunissen/Plaute (1995), S. 21f. und 65f. Vgl. zu unterschiedlichen Begriffsbestimmungen und Begründungszusammenhängen von Selbstbestimmung in der Heil- und Sonderpädagogik: Hahn (1994; 1999); Mühl (1994); Osbahr (2000); Wagner (1995); Waldschmidt (1999).
90 Mühl (1994), S. 93.
91 Speck (1985), S. 165f.
92 Harris (1995), S. 276.

fördern.[93] Hierzu gehört neben dem Aufbau von selbstbestimmungsför-
derlichen Beziehungen vor allem der Abbau solcher institutioneller Versorgungsstrukturen, die durch autonomieeinschränkende Vorgaben und
Sachzwänge Selbstbestimmung unmöglich machen.[94] Assistenz und Unterstützung spielen dagegen für die Selbstbestimmung behinderter Menschen
eine entscheidende Rolle, wenn sie so geleistet werden, dass dadurch die
Kontrolle über das eigene Leben erhöht und das Angewiesensein auf
andere beim Treffen von Entscheidungen und der Ausübung von alltäglichen Tätigkeiten herabgesetzt wird.[95] Die auf diese Weise erhöhte Handlungsautonomie bedeutet für Menschen mit Behinderung einen Zuwachs
an positiver Freiheit, da diese in der »faktischen Praxis steuernder Kontrolle über das eigene Leben«[96] besteht.

Jedoch sollte die Betonung des Selbstbestimmungsgedankens nicht
dazu führen, dass die Selbstbestimmung der betroffenen Person absolut
gesetzt und losgelöst von sozialen Zusammenhängen gesehen wird.[97] »Personale Autonomie setzt Sozialität voraus und stellt eine wesentliche Komponente von Sozialibität dar.«[98] Dies bedeutet, dass Personen die Fähigkeit
zu eigener normativer Verhaltensorientierung einerseits nur aufgrund ihrer
Sozialität besitzen, »d.h. aufgrund ihrer Angewiesenheit auf sozial vermit-
telte Orientierung und Normativität. Andererseits stellt die Autonomie von
Personen eine wichtige Komponente ihrer Fähigkeit zur Aufnahme und
zum Erhalt von sozialen Beziehungen dar.«[99]

In Bezug auf Menschen mit Behinderung kann dieser Gedanke am Beispiel von *Empowerment*-Prozessen veranschaulicht werden. Behinderte Menschen in Befähigungs-Prozessen können nur dann lernen, ihre Fähigkeiten
und Ressourcen im Sinne der selbstbestimmten Lebensführung zu ak-
tivieren, wenn beides, internalisierte Selbstwahrnehmungsmuster und das
soziale Umfeld, verändert werden. Um das kognitive Bild der eigenen Hilflosigkeit durch die Wahrnehmung eigener Kompetenzen und Stärken er-

---

93 Vgl. hierzu im Blick auf Menschen mit geistiger Beeinträchtigung Theunissen/Plaute
(1995), S. 16.
94 Vgl. Theunissen/Plaute (1995), S. 59ff.; Speck (1985), S. 167.
95 Vgl. zur Assistenzorientierung und ihrer Umsetzung in unterschiedlichen Assistenz-
modellen Windisch (2004).
96 Taylor (1995), S. 122.
97 Vgl. Autiero/Goertz/Striet (2004).
98 Brandt (2002), S. 279.
99 Ebd.

setzen zu können, müssen bisherige Einschätzungen eigener Selbstbestimmungsfähigkeiten durch neue ungewohnte Erfahrungen oder durch selbstverstärkende Bestätigungen gelungener Selbststeuerung korrigiert werden. Diese Befähigungs-Prozesse spielen sich in einem Dreieck zwischen der sozialen, der individuell-kognitiven und der politischen Seite ab. Sie können nicht von außen als Postulat der Selbstbestimmung an einen bisher in erlernter Hilflosigkeit verharrenden Menschen einfach herangetragen und eingefordert werden. Vielmehr vollzieht sich die Aktivierung bisher brach liegender Selbstbestimmungsfähigkeiten in einem Lernprozess innerhalb des genannten Dreiecks.

Die Beachtung der sozialen Zusammenhänge kann einer weiteren Gefährdung des Selbstbestimmungsgedankens entgegen wirken. Bei Familienangehörigen von behinderten Menschen ist ein Rückzug in die familiale Innerlichkeit als Strategie zur Bewältigung der Behinderungssituation zu beobachten. Dieser bedingt oftmals den Verlust der Chance, ihr gesellschaftliches Umfeld beeinflussen und eine sozial eingebundene Lebensautonomie verwirklichen zu können.[100] Soziale Isolation statt Selbstbestimmung und Teilhabe ist häufig die Folge. Daher sind Prozesse der Befähigung zur Selbstbestimmung über den behinderten Menschen hinaus zum Beispiel auch auf sein Umfeld, besonders seine Eltern und seine Familie zu beziehen.

Die Grenzen der Selbstbestimmung liegen grundsätzlich dort, wo die Freiheitsrechte anderer verletzt werden[101] oder wo eine Person sich oder andere ernstlich und erheblich gefährdet und diese Gefährdung nicht auf eine der Selbstbestimmung entsprechende Weise abgewendet werden kann.[102] Sollten selbstbestimmte Entscheidungen von einer Person nicht mehr getroffen werden können, müssen anhand von aus der Medizinethik bekannten Verfahren stellvertretende Entscheidungen vorgenommen werden,[103] wobei die Selbstbestimmung des Patienten auch jetzt noch erfordert, die betroffene Person so weit wie möglich in die Situation der Entscheidung einzubeziehen.[104] Ohne hier die dabei zu beachtenden Grenzen

---

100 Vgl. Theunissen/Plaute (2002), S. 256.
101 Vgl. Artikel 2 Absatz 1 Grundgesetz.
102 Vgl. zu den Schwierigkeiten und Gefährdungen, die bei der Umsetzung des Selbstbestimmungsprinzips geistig behinderter Menschen im Rahmen von Enthospitalisierungsprozessen in der Praxis gemacht wurden Dalferth (1997).
103 Vgl. grundlegend May (2001); zur neueren Diskussion Kreß (2005b); von Renesse (2005).
104 Vgl. hierzu die praktischen Orientierungshilfen, die aus der Pflege von dementen Menschen bekannt sind: Füsgen (1995).

im Einzelnen zu diskutieren, ist offensichtlich, dass der Möglichkeit bevormundender Übergriffe besondere Wachsamkeit geschenkt werden muss.[105] So ist auch bei der Haltung der Empathie und solidarischen Einfühlung in die Lage anderer der Aspekt der stellvertretenden Deutung zu problematisieren, der eine Bevormundung hilfsbedürftiger Menschen möglich macht. Um diese zu verhindern, sollen bei stellvertretenden Entscheidungen Wertprofile und Lebenseinstellungen der betroffenen Person berücksichtigt und wenn möglich diesen entsprochen werden. Dazu sind aus der Perspektive des Betroffenen dessen subjektive und stabile Bedürfnisse zu rekonstruieren. Sind diese unbekannt, so sollen den Betroffenen in hinreichendem Maße Grundgüter zur Verfügung gestellt werden. Leitend soll dabei die Vorstellung sein, dass die getroffenen Entscheidungen von den Betroffenen nach Wiedererlangung ihrer Urteilsfähigkeit als optimal anerkannt werden würden.

Stellvertretende Entscheidungen sollten nur innerhalb rechtlicher Grenzen und auf Grundlage eines konsensuell erreichten Entscheidungsfindungsprozesses aller beteiligten Personen (Betreuer/innen, Angehörige, Ärzte/innen, Pfleger/innen und so weiter) getroffen werden. Hierbei wird deutlich, dass das leitende Verständnis von Autonomie und ihrer Grenzen nicht unabhängig von dem jeweiligen gesellschaftlichen Kontext gesehen werden kann.[106] Daher wird beim Selbstbestimmungsprinzip immer ein kulturgebundener Deutungsspielraum beachtet werden müssen. Weil die Kompetenz zum Fällen autonomer Entscheidungen nur bedingt empirisch überprüft werden kann, muss bei der Feststellung der Autonomieunfähigkeit in Rechnung gestellt werden, dass diese Feststellung selbst ein Interpretationskonstrukt darstellt.[107] Es sind also nicht nur Autonomie (was ist der Wille der betroffenen Person) und Fürsorge (was benötigt diese an Assistenz oder Pflege) auf einander zu beziehen,[108] sondern auch die kultu-

---

105 Rawls (1998), S. 280f., geht davon aus, dass die Akteure im Urzustand Regeln beschließen, die festsetzen, wann stellvertretendes Handeln Dritter, gegebenenfalls ohne Rücksichtnahme auf die aktuellen Wünsche der Betroffenen, gestattet ist. Prinzipiell verlangt Rawls eine so weit wie möglich sicherzustellende Selbst- beziehungsweise Mitbestimmung der betroffenen Person, und dies selbst im Fall einer geistigen Behinderung, die für ihn eine der wenigen Situationen darstellt, in der eine Einschränkung der Grundfreiheiten zum Wohle der betroffenen Person zulässig ist.

106 Wird Selbstbestimmung als soziale Kategorie aufgefasst, so müssen nach Bradl (1996), S. 181 und 196, »Sozial-Prinzipien« neben das »Individual-Prinzip« der Autonomie gestellt werden.

107 Vgl. hierzu den phänomenologischen Zugang zur Sorge bei Benner/Wrubel (1997), S. 114ff.

108 Vgl. Kirchenamt der Evangelischen Kirche in Deutschland (2005), S. 14–17.

rellen Hintergründe der Abwägung zu reflektieren. Wird bspw. ein Autonomieverständnis zugrunde gelegt, dass Behinderung und Pflegebedürftigkeit als Handlungs- und Entscheidungsunfähigkeit versteht, wird daraus ein sehr hohes Maß an fürsorglichem Handeln resultieren.

An dieser Stelle soll auch darauf hingewiesen werden, dass das jeweilige Verständnis von Autonomie von dem zugrunde liegenden Bild des Menschen abhängig ist – auch deshalb ist die Erörterung anthropologischer Grundlagen im dritten Teil der Arbeit notwendig. Dies zeigt sich sowohl in der Auseinandersetzung um die zentrale Stellung und das Verständnis individueller Autonomie als auch in ihrer Umsetzung als orientierende Leitvorstellung unterstützender Maßnahmen. Auch wenn in theologischer Perspektive nicht hinter den modernen Subjektbegriff einschließlich seiner Freiheit und Selbstbestimmung zurückgegangen werden soll, so ist doch festzuhalten, dass das Subjekt theologisch nicht ausschließlich durch Selbstbezüglichkeit zu qualifizieren ist, sondern – eingespannt in seinen Kontingenzen – als verletzlich, hilfsbedürftig und hinfällig erscheint. Nach Härle ist für menschliche Autonomie ein theonomes Bezogensein auf die Ursprungsmacht und -dimension des Glaubens charakteristisch, das die menschliche Freiheit nicht aufheben, sondern durch Begrenzung der Ansprüche von Heteronomie und Autonomie begründen soll.[109] Daher ist bei dem Aspekt der Autonomie in christlicher Sicht stets mit zu fragen, ob und in welcher Weise Begrenzung und Bezogensein von Autonomie bedacht werden. Im Blick auf die Ausübung der Selbstbestimmung von Menschen mit Behinderung setzt ein christliches Menschenbild daher nicht bei der vermeintlichen Autonomie des Subjekts an, sondern geht vom Zuspruch menschlicher Würde durch Gott aus. Es achtet Menschen mit Behinderung gerade in ihrem Sosein und bemängelt nicht ihre Defizite gegenüber »autonomen« Menschen. Deshalb schließt Befähigung zur Selbstbestimmung in christlicher Perspektive an das jeweils unterschiedlich ausgebildete Fähigkeitsprofil des Einzelnen an.

In der Umsetzung des Selbstbestimmungsgedankens kommt es dann darauf an, bei den vorhandenen Kompetenzen und Ressourcen des Einzelnen anzusetzen. Eine ressourcenorientierte Sicht des Menschen versucht über Hilfestellungen auch dann noch selbstbestimmte Entscheidungen zu realisieren, wenn diese aufgrund von Behinderung oder Krankheit nur eingeschränkt vorhanden sind oder lediglich als Restkompetenzen

---

109 Vgl. Härle (1998), S. 125ff.

ausgeprägt sind. Dazu konträr stehen Autonomiekonzeptionen, die voll handlungs- und entscheidungsfähige Akteure als Norm voraussetzen und Einschränkungen der Handlungsfähigkeit als Einschränkungen des Autonomieprinzips betrachten. Diese Konzeptionen beruhen auf einem defizitär ausgerichteten Verständnis des Menschen. Neue Forschungsarbeiten belegen jedoch, dass auch bei schwer geistig behinderten oder dementen Menschen eigenständige Entscheidungen innerhalb gewisser Grenzen möglich sind.[110] Jedoch muss dabei beachtet werden, dass die Forderung nach einem möglichst hohen Grad an Selbstbestimmung auch mit Erfahrungen der Überforderung und des Scheiterns verbunden sein können.[111]

Da Autonomie beziehungsweise deren stellvertretende Ausübung in bestimmten sozialen Bezugssystemen realisiert wird, ist eine Reflexion ihrer sozialen Rahmenbedingungen erforderlich. Dieser Reflexionsgang soll im zweiten Teil auf die soziale Konstruktion von Behinderung (II.2.1) ausgeweitet werden, denn Selbstbestimmungsbeschränkungen für Menschen mit Behinderung hängen mit der sozialen Konstruktion des Phänomens »Behinderung« untrennbar zusammen.

5.2.5 Die Kriterien der Bedarfs- und Verfahrensgerechtigkeit

Die Kriterien der Teilhabe, der Eigenverantwortlichkeit und der Selbstbestimmung ermöglichen auf Grundlage des moralischen Minimums Orientierung in der Auseinandersetzung um die Zuteilung gesellschaftlicher Ressourcen, die über die Debatte um den gerechtigkeitstheoretischen Ansatz und das diesem zugrunde liegende Verständnis des Menschen in einer Gesellschaft ausgetragen wird. Da in dieser Auseinandersetzung die unterschiedlichsten Interessen, Programmatiken und Kodierungen zum Beispiel aus dem medizinischen, dem ökonomischen, dem politischen und dem sittlichen Bereich aufeinandertreffen, müssen Kriterien benannt werden, welche die Umsetzung der Gerechtigkeitserfordernisse in den jeweiligen konkreten Situationen und Entscheidungsprozessen steuern können.[112] Hierbei müssen sowohl struktur- als auch verfahrensethische Aspekte beachtet werden.

---

110 Vgl. Kniel/Windisch (2000; 2001; 2002); Seifert (1994).
111 Vgl. Katzenbach (2004), S. 136. Vgl. zur Kritik an einer einseitigen Betonung von »Autonomie« bei Menschen mit geistiger Behinderung Groef (2004).
112 Vgl. Dabrock (2001), S. 207f.

Zu den strukturethischen Bedingungen von Gerechtigkeit gehört die Klärung von Bedarfsfragen. Die Bedarfsgerechtigkeit fragt danach, was zur Sicherung elementarer Menschlichkeit in einer Situation bereitgestellt werden muss, in der die individuellen Bedürfnisse nach Maßgabe des moralischen Minimums nicht angemessen befriedigt werden können. Die Bedarfsgerechtigkeit bezieht daher auch die Situationen mit ein, in denen Menschen nicht (mehr) zur Verantwortung fähig sind, da sie die dazu notwendigen Fähigkeiten nicht ausbilden können oder verloren haben. Sie tritt folglich für die Gewährleistung der basalen Versorgung auch bei völlig asymmetrischen Verhältnissen ein.[113] Um dies gewährleisten zu können, nimmt die Bedarfsgerechtigkeit Bezug auf die individuellen Bedürfnisse eines Menschen. Diese müssen jedoch in Bedarfskategorien klassifiziert werden, da ansonsten keine Bemessung der zuzuteilenden Mittel erfolgen kann. Zu klären ist in diesem Zusammenhang, ob die Bestimmung der Gruppe der Schlechtestgestellten, die Rawls als Begünstigte des Differenzprinzips vorsieht, als Indikator einer möglichen Klassifikation von Bedarfslagen in Frage kommt.

Von Rawls wurden bei der Bestimmung der Gruppe der Schlechtestgestellten offensichtlich vor allem materielle Bedarfe zugrunde gelegt. Michelman hat relativ bald nach dem Erscheinen von Rawls' *Theorie der Gerechtigkeit* darauf hingewiesen, dass bei der Position der am wenigsten begünstigten Mitglieder einer Gesellschaft nicht von einer homogenen Personengruppe ausgegangen werden kann.[114] Deshalb würde eine erhöhte pauschale Güterzuteilung an die Schlechtestgestellten entsprechend dem Differenzprinzip keinesfalls die Mängel in der jeweiligen Lebenssituation beheben. Stattdessen schlägt er vor, dass die Festlegung des von einer Person benötigten Maßes an Gütern aufgrund einer bedarfsbezogenen Ermittlung erfolgen sollte, nämlich anhand solcher Bedarfskategorien, die durch Abweichungen von einem standardisierten Mindestniveau entstehen.[115] Als Beispiel hierfür soll die Bedarfskategorie eines Menschen mit einer Gehbeeinträchtigung angeführt werden, die durch die beeinträchtigungsbedingte Abweichung von dem festgelegten gesundheitlichen Mindestniveau entsteht und sich in spezifischem Bedarf an medizinischen und

---

113 Vgl. Frey (2006), S. 31 ff.
114 Vgl. Michelman (1975), S. 330.
115 Vgl. ebd., S. 333 f. Das Mindestniveau kann im Sinne des moralischen Minimums interpretiert werden.

sozialen Hilfen wie etwa Gehhilfen, Rehabilitationsmaßnahmen, Versorgungsdiensten oder Transportmitteln niederschlägt. Jedoch bleiben in Michelmans Ansatz Bedarfskategorien und Mindestniveau zu unbestimmt. Welche Gesundheits- und Rehabilitationsleistungen müssen aus Gerechtigkeitsgründen angeboten werden, damit das Mindestniveau gewährleistet werden kann?

Michelmans Ansatz bei Bedarfskategorien ist in der Folge ist durch Daniels spezifiziert worden. Entsprechend seiner oben dargestellten Konzeption[116] geht es Daniels darum, Menschen die Möglichkeit zu eröffnen »to achieve or to maintain species-typical normal functioning«[117]. Daniels ordnet diese Funktionsweisen in einer Skala menschlicher Grundbedürfnisse, die vordringlich zu erfüllen sind, jedoch relativ zu der jeweiligen durch soziokulturelle Faktoren bestimmten *normal opportunity range*[118]. Beide Größen (*species-typical normal functioning* und *normal opportunity range*) sind daher nicht absolute Fixgrößen, sondern abhängig von den jeweiligen individuellen Fähigkeiten, von den in einer Gesellschaft jeweils vorfindlichen Lebensweisen und von den jeweiligen medizinisch-technischen Möglichkeiten.[119] Für die Frage nach strukturethischen Gerechtigkeitskriterien ist dabei wichtig, dass Daniels eine Gewichtung von *health-care needs* nach Rawls' Maximin-Prinzip vornimmt. Jedoch tritt dabei die Schwierigkeit auf, wie die Schlechtestgestellten in medizinischer Hinsicht zu bestimmen sind. Daniels' Antwort, dass die Schlechtestgestellten die am weitesten von der normalen arttypischen Funktionsfähigkeit entfernten Menschen sind, kann nicht überzeugen, da die Antwort sich nicht wie bei Rawls auf ein eindeutiges, quantitatives Kriterium (Höhe des Einkommens der Schlechtestgestellten) bezieht, sondern auf ein weniger klar definiertes Konzept von Funktionsfähigkeiten.[120] Zudem bleibt ungeklärt, wie das Verhältnis zwischen Gleichheits- und Nutzenorientierung auszutarieren ist. Daniels ist bekannt, dass ein absoluter Vorrang der Schlechtestgestellten eine nicht vertretbare Konzentration der Ressourcen auf eine relative geringe Anzahl

---

116 Vgl. I.2.2.1.
117 Daniels (1996a), S. 184.
118 Ebd., S. 187. Nach Daniels setzt ein normales Chancenspektrum auch ein gewisses Ausmaß an Gesundheit voraus. Die Gesundheitsversorgung soll die normale Funktionsfähigkeit gewährleisten und damit zur fairen Chancengleichheit beitragen.
119 Daniels führt in neueren Veröffentlichungen auch noch das Alter als weitere Bezugsgröße an. Vgl. Daniels (1996d).
120 Vgl. Liening (2003), S. 12.

von Menschen bedeuten würde, mit der Folge, dass der Gesundheitsstatus der restlichen Bevölkerung durch Benachteiligungen gekennzeichnet wäre. Wie jedoch der hohe Nutzen für wenige Menschen gegen den geringeren Nutzen für die vielen weiteren Menschen abwogen werden soll, bleibt ungeklärt. Solche Fragen verlangen nach verfahrensgerechten Lösungen, bei denen über faire demokratische Verfahren Kompromisse gefunden werden können.[121] Jedoch können diese Kompromisse gerade in Zeiten der Finanzkrise der öffentlichen Haushalte dazu führen, dass nicht alle notwendigen Maßnahmen finanziert werden. So sind unter Knappheitsbedingungen Rationierungen von Gesundheitsleistungen nicht auszuschließen. Damit Rationierungsentscheidungen nicht durch situative Momente auf der lokalen Ebene verzerrt werden (Entscheidungszwang, zeitlicher Druck, Vertrauensverhältnis zum Patienten und so weiter), sind Priorisierungsmodelle nötig, die Kriterien für eine gerechte Rationierung offen legen. Dabei kommt es in der Perspektive der Bedarfsgerechtigkeit darauf an, dass bei Priorisierungsentscheidungen ein Mindestmaß an Gesundheitsleistungen im Sinne des Existenzerhalts garantiert wird.[122]

Ein solches Priorisierungsmodell wurde im Befähigungsgerechtigkeitsansatz entwickelt und zur näheren Bestimmung der Verteilung knapper Ressourcen im Gesundheitswesen eingebracht.[123] Nach Dabrock sind, damit ein solches Verfahren fair ablaufen kann, folgende vier verfahrensethische Aspekte zu beachten:

(1) (Befähigung zur) Beteiligung der Bürger/innen an Priorisierungsentscheidungen,

(2) Ansiedelung der Entscheidungsinstanzen für Rationierung auf einer möglichst hohen Hierarchieebene und dadurch Entlastung des Arzt-Patienten-Verhältnisses von Rationierungsentscheidungen,

---

121 Vgl. Daniels (2003), S. 49.

122 Dagegen bezieht sich das moralische Minimum auf die in Relation zum gesellschaftlichen Kontext gerechterweise zu leistende Versorgung. Diese liegt in wohlhabenden Gesellschaften in der Regel oberhalb des Existenzerhalts.

123 Vgl. zum Folgenden Dabrock (2001), S. 207ff. Zum Unterschied zwischen dem Befähigungsgerechtigkeitsansatz, der sich auf den *Capabilities Approach* von Sen bezieht, und Daniels' Ansatz vgl. oben I.5.1. Der Befähigungsgerechtigkeitsansatz sieht eine umfassendere Gesundheitsversorgung als Daniels' Konzept vor. Jedoch können beide Ansätze miteinander verbunden werden, indem der Befähigungsgerechtigkeitsansatz, wie Dabrock (2001), S. 210, selbst andeutet, die Rawlssche Maximin-Regel aufnimmt und diese an der Vorstellung der eigenverantwortlich-integralen Lebensführung ausrichtet.

(3) Verfahrenstransparenz im Sinne einer fairen, das heißt verfahrensgerechten Behandlung und dadurch höhere Akzeptanz von unvorteilhaften Entscheidungen durch die Betroffenen,

(4) Billigkeitserwägungen, die zeitangemessen durchzuführen sind, damit die Ermessensspielräume der Entscheidungsinstanz im laufenden Verfahren entdeckt und ausgeschöpft werden können.

Die inhaltlichen Grundsätze eines solchen Priorisierungsverfahrens erfordern, dass nach der Versorgung akuter lebensbedrohlicher Störungen durch Krankheit oder Verletzung diejenigen Beeinträchtigungen und Gesundheitsstörungen vorrangig behandelt werden,»die die Fähigkeit zu einer (möglichst langfristigen) eigenverantwortlich-integralen Lebensführung (zum Zwecke der Teilnahme an sozialer Kommunikation) am gravierendsten hindern«[124]. Dies bedeutet für den Bereich der Behinderungen, dass die Behandlung von Funktionsstörungen oder Beeinträchtigungen nach dem Befähigungsgerechtigkeitsansatz als vordringliche Aufgabe der Gesundheitsversorgung eingestuft wird und als Explikation des behindertenpolitischen Grundsatzes des *Empowerment* im Gesundheitswesen verstanden werden kann. Dementsprechend sind darunter auch gerade in Situationen knapper öffentlicher Mittel und dadurch bedingter Rationierungen »nicht nur primäre, sekundäre und tertiäre Präventionen, sondern auch medizinische Therapien, wo nicht aus fehlender Informiertheit, sondern aus Krankheitsgründen Verantwortungsfähigkeit nicht erreicht [...] werden kann«[125], eingeschlossen. Erst daran anschließend sind die weiteren Gesundheitsversorgungen der Prüfung durch medizinische und gesundheitsökonomische, das heißt an Effizienz- und Effektivitätsgesichtspunkten ausgerichtete, Verfahren zu unterziehen und dabei in Konkurrenz zueinander zu setzen.

5.2.6 Die Kriterien der Kompensations-, Prozesschancen- und Zugangsgerechtigkeit

Da sowohl bei Priorisierungsentscheidungen als auch bei der Ermittlung individuellen Hilfebedarfs, die in der Regel über Bedarfskategorien erfolgt,

---

124 Dabrock (2001), S. 208.
125 Ebd., S. 210. Dabrock nennt hierzu als Beispiel den Sektor der Psychiatrie, der »gerechtigkeitslogisch nicht zum primären Objekt von Rationierungsschritten erkoren werden« darf.

Härtefälle nicht ausgeschlossen werden können, müssen für solche Fälle dem Krankheitsbild beziehungsweise der Beeinträchtigung entsprechende angemessene rehabilitative (medizinische) Ressourcen bereit gehalten werden. Die Zuteilung solcher Ressourcen kann im Rahmen der Kompensationsgerechtigkeit über den Ansatz bei der Menschenwürde begründet und mittels der an der Befähigungsgerechtigkeit ausgerichteten und begrenzten Maximin-Regel durchgeführt werden.[126] »Dadurch wird Sorge getragen, dass bei Änderung der rechtlichen Verfahren die Betroffenen nicht in eine Alles-oder-Nichts-Dichotomie getrieben werden.«[127] Weiterhin stellt die Kompensationsgerechtigkeit bei Änderungen rechtlicher Verfahren auch in organisationsethischer Hinsicht Kriterien bereit, damit die besonderen Beeinträchtigungen eines Menschen mit Behinderung berücksichtigt werden können. Sie erfordert die Kompensation solcher Beeinträchtigungen, die ein Verfahren für die Bedürfnisse und Interessen eines Betroffenen nicht mehr offen sein lässt.[128] Hierunter ist zum Beispiel die Bereitstellung eines Gebärdensprachdolmetschers für Gehörlose zu verstehen. Weiterhin ist organisationsethisch geboten, Entscheidungsfindungen nicht ohne Mitwirkung von (Selbst-) Vertretung(sorganen) der betroffenen Menschen festzulegen[129] und Definitionen von spezifischen Behinderungen unter dem Prinzip der Lernfähigkeit vorzunehmen. Eine weiteres organisationsethisches Gerechtigkeitserfordernis bezieht sich auf die Entscheidungsstrukturen der maßgeblichen Instanzen: Diese müssen organisationsstrukturell so beschaffen sein, dass institutionelle Kompetenzen geklärt sind, damit nicht die Interessen betroffener Menschen im Zuständigkeitsstreit zwischen verschiedenen Institutionen aufgerieben werden.

Durch Prozesschancengerechtigkeit wird die Möglichkeit zur eigenverantwortlich-integralen Lebensführung *fortwährend* geschützt. Da nicht nur körperliche, sondern auch psychische und geistige Beeinträchtigungen

---

126 Vgl. ebd.

127 Ebd.

128 Vgl. Höffe (2001), S. 46, der dieses Kriterium allerdings der Verfahrensgerechtigkeit zuordnet.

129 Diese Forderung ergibt sich aus der Beobachtung, dass Behinderung und Krankheit keine bloß objektiven Tatsachen, sondern immer auch sozial konstruierte Phänomene sind. Diese Einsicht wird im zweiten Teil im Blick auf geistige Behinderungen expliziert, wobei sichtbar wird, dass Definitionskriterien nicht einfach objektiv vorgegeben oder ableitbar sind, sondern wesentlich durch die eigenen Einstellungen, Sichtweisen und Maßgaben des Beobachters beeinflusst werden (siehe II.2.3.1 »Der Terminus ›geistige Behinderung‹ und seine Definition«).

keine statischen Phänomene darstellen, muss dem Verlauf einer Beeinträchtigung besondere Aufmerksamkeit entgegen gebracht werden. Das der Prozesschancengerechtigkeit entsprechende Kriterium der längerfristigen Teilnahmefähigkeit wurde bereits oben gerechtigkeitstheoretisch begründet;[130] hier soll deshalb der Hinweis genügen, dass es bei Prozesschancengerechtigkeit auch um die Wahrung gleicher *Zugangschancen* im Zeitablauf geht. Im Einzelnen sind darunter ein Diskriminierungsverbot hinsichtlich irrelevanter Merkmale sowie der Ausgleich von Zugangschancenminderungen zu fassen.[131] Beide Aspekte wurden oben unter Bezug auf Ungleichgewichtigkeiten im Maß der positiven Freiheit diskutiert.[132] Gleiche Zugangschancen erfordern weiterhin den Abbau von Zugangsbarrieren im öffentlichen Bereich für Menschen mit Behinderung. Kriterium hierfür ist die Barrierefreiheit, die unter Bezug auf Gleichheit in sozialen Verhältnissen ebenfalls oben bereits begründet wurde.[133]

Unter dem Stichwort der Zugangsgerechtigkeit soll ein letzter Katalog von Gerechtigkeitsfragen aufgenommen werden. Der Zugang zu gesellschaftlicher Teilhabe hängt zu großen Teilen von Bildungsmöglichkeiten ab,[134] weshalb im Folgenden Bildungsfragen als Beispiel für die Bedeutung der Zugangsgerechtigkeit behandelt werden. Entsprechend dem Kriterium der Bildungsgleichheit ist die Bildungslandschaft so zu gestalten, dass auch Menschen mit Behinderung Zugang zu vergleichbaren Bildungschancen erhalten. Jedoch sind beim gegliederten bundesdeutschen Bildungssystem ambivalente Ergebnisse zu verzeichnen: Einerseits ermöglichen Einrichtungen wie Förder- und Sonderschulen, Frühförderzentren und Berufsbildungswerke die Konzentration auf die spezifischen Belange von behinderten Kindern und Jugendlichen. Andererseits wirken diese Bildungsinstitutionen aufgrund der gegebenen sozialen und leistungsbezogenen Ausschlussmechanismen hochgradig selektiv. Dies ist etwa an den ausgrenzenden Folgen von Sonderschulen für behinderte Kinder ablesbar und wird im zweiten Teil in einem Exkurs gesondert diskutiert.[135] Zugangsgerechtigkeit erfordert unter dem Kriterium der Bildungsgleichheit daher den Abbau von Zugangsbarrieren zu Regelschulen bereits ab dem Kleinkind-

---

130 Vgl. oben I.4.4.1.
131 Vgl. Ott (2000).
132 Vgl. oben I.4.3.
133 Vgl. oben I.3.
134 Vgl. oben I.4.2.
135 Vgl. unten unter II.2.3.2.

alter und den Einbezug solcher nicht-schulischer Bildungsangebote, die nicht auf den Aspekt der Betreuung reduziert sind. Der besondere Stellenwert von Arbeit für Menschen mit Behinderung wurde oben schon dargestellt.[136] An dieser Stelle soll daher lediglich darauf hingewiesen werden, dass Zugangsgerechtigkeit auch im Arbeitsbereich den Abbau von Zugangsbarrieren erfordert, damit gleiche Teilhabechancen ermöglicht werden können. Im Konkreten ist die Barrierefreiheit nicht nur auf einen räumlich freien Zugang zu beziehen, sondern bedeutet auch, dass Arbeitsplätze durch technische Hilfsmittel den Bedürfnissen von Menschen mit Behinderung angepasst werden.

5.3 Zwischenfazit

In diesem Kapitel wurde versucht, Gerechtigkeitskriterien als Grundkriterien zu etablieren, die unabdingbare Anforderungen für die Herstellung gesellschaftlicher Gerechtigkeit für Menschen mit Behinderung darstellen. Sie sind durch weitere Kriterien etwa im Blick auf bioethische Fragestellungen[137] oder Fragen der Generationengerechtigkeit[138] zu ergänzen.[139] Zu beachten ist, dass bei der Applikation der Kriterien auf makro-, meso- und mikroallokativer Ebene nicht einzelne Kriterien herausgegriffen und von ihrer begründungstheoretischen Einbindung abgelöst werden dürfen. Vielmehr scheint die Struktur eines Netzwerkes notwendig zu sein, um im Geflecht unterschiedlichster gesellschaftlicher Interessen und Programmatiken die kriteriale Orientierung diverser Gerechtigkeitsaspekte auf die Lebenssituationen behinderter Menschen beziehen zu können.[140]

---

136 Vgl. oben I.3.3. Siehe auch IV.3.1 zur Arbeitslosigkeit von Menschen mit Behinderung.

137 Vgl. hierzu Dederich (2000); Graumann/Grüber (2003).

138 Vgl. hierzu Marckmann/Liening/Wiesing (2003), S. 193–250 sowie Eurich/Dabrock/ Maaser (2008).

139 Die Frage der Generationengerechtigkeit kann einerseits anhand des dargestellten Priorisierungsverfahren im Blick auf Gesundheitsversorgungen orientiert werden, andererseits wird sie hinsichtlich behinderter Menschen in naher Zukunft dringlicher, wenn nun – nach den Euthanasieprogrammen der Nationalsozialisten – erstmals in Deutschland auch Menschen mit Behinderung in größerer Anzahl ein Alter jenseits von 60 Jahren erreichen. Vgl. hierzu Krueger/Degen (2006).

140 Vgl. Dabrock (2001), S. 211.

Mit der in dieser Arbeit diskutierten Erweiterung des Rawlsschen Ansatzes und zuletzt dargestellten kriterialen Näherbestimmung von Gerechtigkeit für Menschen mit Behinderung sind jedoch noch nicht die verschiedentlich angesprochenen grundsätzlichen Einwände gegenüber dem Ansatz liberaler Gerechtigkeitstheorien entkräftet worden. Die Orientierung an Kants Personkonzept ist oben bereits hinsichtlich ihrer Einschränkungen in Bezug auf Menschen mit mentaler Beeinträchtigung kritisiert worden. Mit Rawls' Personbegriff geht eine defizitäre Sichtweise behinderter Menschen einher, auf die ebenfalls schon mehrfach hingewiesen wurde. Alternative Vorstellungen zu diesen beiden Kritikpunkten werden im zweiten und dritten Teil dieser Arbeit entwickelt. Hier soll noch auf zwei weitere Einwände Bezug genommen werden, die hinsichtlich einer Gerechtigkeit für Menschen mit Behinderung als wesentlich erscheinen:

Zum Einen geht es um die Frage, ob in der liberalen Tradition der Wille zum Schutz behinderter Menschen in einem hinreichenden Maß begründet werden kann. Übertragen auf Rawls' Theorie stellt sich die Frage, ob die Situation des Urzustands geeignet ist, jene moralische Bindungskraft unter den gesellschaftlichen Akteuren entstehen zu lassen, die für den Schutz behinderten Lebens notwendig ist. Eine starke Bindung, die sich auf spezifische inhaltliche Motive wie Nächstenliebe stützen kann, könnte dies leisten, wäre aber für das liberale Verständnis zu voraussetzungshaltig. Dagegen muss im Blick auf Rawls' Konstruktion des Urzustands eingewandt werden, dass der Grad der Verpflichtung zueinander, der aus Vorteilsgründen entsteht, nicht hinreichend ist, um die Sorge für Menschen außerhalb von Reziprozitätsverhältnissen zu begründen. So führt nach Reinders gerade die Frage nach dem Lebensrecht von Menschen mit Behinderung die liberale Tradition an ihre Grenzen:[141] Fehlen Kennzeichen der Person wie Rationalität oder Willensfreiheit, wie dies bei Menschen mit schwerer geistiger Beeinträchtigung der Fall sein kann, reichen begründungstheoretische Konstitutionsversuche nicht aus, den prekären Status ihrer Menschenwürde zu beheben. Die Diskussion um den Schutz menschlichen Lebens an dessen Anfang und Ende liefert dafür gegenwärtig vielfältige Beispiele. Vielmehr müssen liberale Theorien zum Schutz behinderten Lebens auf tieferliegende Ressourcen zurückgreifen, die durch moralische Gemeinschaften innerhalb der liberalen Gesellschaft bereitgestellt werden. Verständnisse des Lebens, die nicht aus der Außen-

---

141 Vgl. Reinders (2000).

perspektive moralischer Reflexion abgeleitet sind, sondern in der religiösen Erkenntnis des Lebens als Geschenk gründen und deshalb auch die Anerkennung behinderten Lebens außerhalb von Reziprozitätsverhältnissen ermöglichen, rücken somit ins Blickfeld. Sie werden im dritten Teil in theologischer Perspektive ausführlich dargestellt.

Zum Zweiten zeigen empirische Untersuchungen zur gesellschaftlichen Situation behinderter Menschen, dass im heutigen Sozialstaat, dessen Umverteilungsregeln ja durch distributive Gerechtigkeitsaspekte legitimiert werden, ein entscheidender Bereich von Ungerechtigkeiten gar nicht adressiert wird: Nämlich jene Phänomene gesellschaftlicher Exklusion, die durch negative (Identitäts-)Zuschreibungen auf der ethisch-existentiellen Ebene sozialer Beziehungen entstehen. Der zweite Einwand bezieht sich somit auf die Folgen liberaler Gerechtigkeitsentwürfe für soziale Anerkennungsverhältnisse. Foucault hat in seinen Arbeiten darauf aufmerksam gemacht, dass der Fixierung der Rechte des einzelnen Bürgers seit der Aufklärung eine Schattenseite innewohnt, die das normative Ziel der Beseitigung sozialer und ökonomischer Ungleichheiten durch eine gerechte Güterverteilung unterläuft. Denn es sind nicht nur ökonomische Interessen und mangelnde Verteilungsgerechtigkeit, die die Anerkennung und Wertschätzung von Menschen mit Behinderung in einer Gesellschaft verhindern. Hier ist im Blick auf den Rawlsschen Theorieansatz festzuhalten, dass die Herstellung gerechter Eintrittsbedingungen in die Gesellschaft durch Gewährleistung fairer Chancengleichheit eine verkürzte Perspektive der gesellschaftlichen Ungleichheitsproblematik widerspiegelt. Über Rawls hinausgehend müssen auch die vorherrschenden Wahrnehmungs- und Bewertungsmuster, Einstellungen, Gewohnheiten kritisch betrachtet werden. Damit rücken die elementaren Anerkennungsprozesse in den Blick, in denen bereits starke Ungleichheiten auftreten können. So ist trotz gleicher Rechte eine mangelnde Anerkennung behinderter Menschen aufgrund inkorporierter sozialer Normen wie Leistungsfähigkeit, Attraktivität oder Unversehrtheit zu konstatieren. Das Phänomen einer Behinderung ist untrennbar mit der Normierung und Normalisierung des Menschen verbunden. Daher macht die Idee der sozialen und kulturellen Anerkennung des Anderen einen erweiterten Begriff von Gerechtigkeit erforderlich. Es gilt, Ansätze aufzunehmen, die sich nicht auf die Überwindung rechtlicher Ungleichheit konzentrieren, sondern die »normale« Perspektive überwinden und Normalitätskonzeptionen wie zum Beispiel die Vorstellung unversehrter Leiblichkeit hinter sich lassen.

Teil II
Die Schattenseite der liberalen
Gerechtigkeitstradition in
philosophischer und theologischer
Perspektive

1 Der strukturelle Zusammenhang zwischen Kontraktualismus, Normalisierung und Behinderung

> »Gewalt fängt nicht da an, wo Menschen getötet werden,
> sondern dort, wo man sagt, du bist krank und du musst tun, was ich dir sage.«
>
> *Erich Fried*

1.1 Der Vertragsgedanke als Grundlage individueller Rechte

Ursprünglich wurde der Vertragsgedanke in der politischen Philosophie eingeführt, um einen universalen Konsens hinsichtlich der legitimen Einschränkung der Freiheit des Einzelnen zu erzielen.[1] Durch den Vertragsgedanken wird nicht nur individuelle Freiheit wechselseitig zwischen zwei Parteien begründet, sondern auch die Basis für die Rechtsansprüche des Einzelnen gegen den Staat gelegt. Zugleich steht der Vertragsgedanke im Hintergrund vieler sozialpolitischer Regelungen.[2] Die Grundidee des Vertragsgedankens besagt, dass individuelle Freiheit nur dann beschränkt werden darf, wenn dem Vertrag (Kontrakt) als wechselseitiger Übertragung von Rechten und Pflichten freiwillig zugestimmt wird und jede Vertragspartei dadurch einen Vorteil hat. Der Vertrag etabliert also Menschen als gleichberechtigte Personen mit wechselseitig eingeschränkter Freiheit. Bereits eine Generation nach Veröffentlichung dieser Grundidee durch den englischen Philosophen Thomas Hobbes[3] wurden die autoritären Eingriffsmöglichkeiten des Staates zunehmend begrenzt. Das vertragliche Wechselseitigkeitsverhältnis wird auf die Beziehung zwischen Staat und einzelnem Bürger angewandt. Damit gewinnt die Idee des Vertrages ein kritisches, gegen die Dynamik der Asymmetrie von Staat und Bürger gerichtetes Potential. Mit zunehmender geschichtlicher Entwicklung wurde die faktische Ungleichheit zwischen Staat und einzelnem Bürger durch die Kodifizierung von Abwehr-, Mitwirkungs- und Anspruchsrechten zu korrigieren versucht. Im 20. Jahrhundert fanden dann diese Ideen Eingang in das Grundgesetz der Bundesrepublik Deutschland. Mittels liberaler Grund-

---

1 Vgl. Höffe (2001), S. 63–66.
2 Vgl. Maaser (2003), S. 21 ff.
3 Vgl. Hobbes (1998), Kap. XXVI und XXX.

rechte, politischer Mitwirkungsrechte und sozialer Rechte kann der einzelne Bürger/Bürgerin Gleichberechtigung und gesellschaftliche Teilhabe einfordern.[4] Dies gilt in besonderem Maß für gesellschaftlich marginalisierte, unterdrückte oder diskriminierte Personen(gruppen), zu denen oftmals auch Menschen mit Behinderung zählen. In den Sozialgesetzbüchern hat der Gesetzgeber versucht, die Grundrechte des Menschen in sozialstaatlichen Regelungen so zu konkretisieren, dass Freiheit und Würde des Einzelnen abgesichert sind und menschenwürdige Verhältnisse hergestellt werden können.

1.2 Die moderne Erfahrung des Behindertseins

Die skizzierte Entwicklung vom Vertragsgedanken zu den Persönlichkeitsrechten und ihrer Verankerung in der Verfassung hat zwar eine überaus wichtige, positive Bedeutung für die Entwicklung moderner demokratischer Staaten einschließlich all ihrer Vorzüge für den Rechtsstatus des einzelnen Bürgers, jedoch zeigen sich in der weiteren Explikation und Umsetzung der Grundrechte (zum Beispiel in den existenzsichernden Bestimmungen des Sozialgesetzbuches und der daraus folgenden institutionellen Praxis sozialstaatlicher Hilfe) ambivalente Phänomene. Im Blick auf die politische Gemeinschaft schützt das Grundgesetz die Würde des Menschen als unantastbar und formuliert damit einen Grundwert, der gerade für die von Schicksalsschlägen wie Unfall, Krankheit, Behinderung betroffenen Menschen auch den Schutz vor Diskriminierung sowie eine soziale Sicherung beinhaltet. Die verfassungsrechtlich festgeschriebene Gleichheit verbürgt, dass Benachteiligungen von Menschen mit Behinderung und damit auch bestehende Ungerechtigkeiten als Unrecht erkennbar und einklagbar werden. Jedoch wirken die einzelnen rechtlichen Regelungen zur Ausgestaltung dieses Grundrechts auf zwiespältige Weise. So sind in der sozialstaatlichen Praxis neben den positiven Aspekten der Existenzabsicherung, Förderung und Unterstützung von Hilfebedürftigen auch die negativen Auswirkungen dieser Praxis zu benennen: Sozialstaatliche Rege-

---

4 Vgl. Marshall (1992), S. 66, der damit die Voraussetzungen für volle Teilhabe am gesellschaftlichen Leben als gegeben ansieht. Vgl. zur Kritik an Marshall: Giddens (1983); O'Connor (1993); Schaarschuch (1998).

lungen bestimmen immer stärker den Alltag und bringen neue Sozialfiguren wie zum Beispiel den Frührentner, Sozialhilfe-Empfänger, Schwerbehinderten erst hervor. Diese Sozialfiguren üben eine identitätsbildende Macht aus. Es ist hier zu fragen, ob die durch sozialstaatliche Regelungen verliehene Etikettierung und die damit verbundene Aussonderung das moderne Phänomen der »Behinderung« nicht eigentlich erst konstituiert.[5]

Damit sind zwei Ebenen[6] benannt, die im Blick auf das gesellschaftliche Wohlergehen von Menschen mit Behinderung unterschieden werden müssen: Die erste Ebene ist die Ebene der politischen Gemeinschaft, in die ein behinderter Mensch als Rechtsperson normativ integriert ist. Grundlage hierfür sind Gerechtigkeitskonzeptionen, die über ihre Grundsätze die Freiheit(srechte) des Einzelnen sowie die gesellschaftliche Ordnung näher bestimmen. Unterhalb dieser Ebene müssen jedoch auch die sozialen Zuschreibungen erkannt werden, die einen Menschen mit Behinderung ethisch-existentiell betreffen. Auf dieser zweiten Ebene ist er ein Mensch, dessen Identität auf vielfältige Weise mit Erfahrungen des Behindertseins verknüpft ist.[7] Denn es ist ja nicht allein die Sorge um mangelnde rechtliche Anerkennung oder soziale Sicherung, die für Menschen mit Behinderung belastend wirkt. Mindestens ebenso problematisch sind abwertende identitätsbildende Zuschreibungen, aufgrund derer ihnen die Achtung ihrer Mitmenschen versagt wird. Taylor hat für den Zusammenhang zwischen Identität und Anerkennung durch andere thesenartig zu bedenken gegeben,

»unsere Identität werde zumindest teilweise von der Anerkennung oder Nicht-Anerkennung, oft auch von der Verkennung durch die anderen geprägt, so dass ein Mensch oder eine Gruppe von Menschen wirklichen Schaden nehmen, eine wirkliche Deformation erleiden kann, wenn die Umgebung oder die Gesellschaft ein einschränkendes, herabwürdigendes oder verächtliches Bild ihrer selbst zurückspiegelt. Nichtanerkennung oder Verkennung kann Leiden verursachen, kann eine Form von Unterdrückung sein, kann den anderen in ein falsches, deformierendes Dasein einschließen.«[8]

---

5 Vgl. Eberwein (1996), S. 17, der dies im Blick auf die Funktion der Sonderpädagogik anmerkt.

6 Vgl. Rösner (2002), S. 38.

7 Ebd., S. 43.

8 Taylor (1993), S. 13f.

Verletzungen der Anerkennung behinderter Menschen (durch Ausgrenzung, Diskriminierung, Marginalisierung) treten jedoch trotz gleicher Freiheitsrechte und entsprechender Verteilungsregeln auf. Diese Formen der Ungerechtigkeit können durch Gerechtigkeitstheorien, die sich auf die erste Ebene beziehen, nicht hinreichend erfasst und bearbeitet werden.

Entscheidend kommt nun hinzu, dass sich durch die Explikation der negativen Freiheitsrechte in sozialstaatlichen Bestimmungen eine Verwaltungspraxis herausgebildet hat, die zur Etikettierung und Aussonderung behinderter Menschen beigetragen hat. Denn »rechtlich administrative Mittel der Umsetzung sozialstaatlicher Programme stellen kein passives, gleichsam eigenschaftsloses Medium dar. Vielmehr ist mit ihnen eine Praxis der Tatbestandsvereinzelung, der Normalisierung und der Überwachung verknüpft [...].«[9] Die sozialstaatliche Praxis bezog sich zunächst zentral auf Aspekte der Leiblichkeit, denn durch Einwirkung auf den menschlichen Körper wurde versucht, das Leben mit seinen Risiken abzusichern. So entwickelte sich der Sozialstaat ursprünglich nicht aus einer sozialen Bewegung um Chancengleichheit, sondern an seinem Beginn stand die Politik der Bevölkerungshygiene, die seit Mitte des 19. Jahrhunderts Seuchenbekämpfung und öffentliche Gesundheitssicherung mit statistischen Mitteln verfolgte.

»Indem er [der Staat, J.E.] alle der gleichen Kontrolle unterwarf, schuf er neue Regelmäßigkeiten und Gewohnheiten, die der industriellen Disziplinierung zugute kamen. Es war der – immer auch an Wehr- und Finanzkraft – interessierte Staat, der dafür sorgte, dass Krankheit aus der individuellen Schicksalhaftigkeit herausgenommen und unter soziale Kontrolle gebracht wurde.«[10]

Indem die Lebensrisiken gebändigt wurden, entstanden neue Regelmäßigkeiten und schließlich eine Norm, die besagt, welcher Körper in einer Gesellschaft als normal gilt und welcher nicht. »Die Aufklärung, welche die formellen individuellen Freiheitsrechte entdeckt hat, hat zugleich auch eine Macht erfunden, mit der sie den Körper und das Leben der Menschen in eigene Regie nimmt.«[11]

In der geschichtlichen Entwicklung kommt dem medizinisch-psychiatrischen Komplex entscheidende Bedeutung zu, da er als operativer Teil der gesellschaftspolitischen Regulierungsmächte dazu diente, deviante und

---

9 Habermas (1985), S. 151.
10 Koch (1995), S. 81, zit. n. Rösner (2002), S. 64.
11 Rösner (2002), S. 69.

dissoziale Erscheinungsformen nach biologisch-medizinischen Kategorien von Pathologie und Abnormität zu erfassen, einzustufen und entsprechend zu behandeln.[12] »Die Medikalisierung und Pathologisierung von Formen sozialer Devianz und anthropologischer Differenz ist ein Grundzug im gesellschaftlichen Produktions- und Reproduktionsprozess von Ordnung, Normalität, sozialer Integration und Desintegration«[13]. Die gesellschaftlich dominante Auffassung von Normalität hat sich auf diese Weise von dem Gegenpol der Abnormität, Pathologie oder Degeneration her definiert.[14] Dabei ist nach Foucault das abendländische Denken zutiefst der Figur des Dualismus verhaftet:

»Wenn sich ein Urteil nicht mehr mit den Begriffen Gut und Böse fällen lässt, spricht man von Normal und Anomal. Und wenn diese Unterscheidung gerechtfertigt werden soll, greift man auf Überlegungen über das, was für das Individuum gut oder schädlich ist, zurück.«[15]

Aufgrund enger historischer Verflechtungen des gesamten Bereichs des Behindertenbetreuungswesens mit dem medizinisch-psychiatrischen Komplex bestimmt diese Sichtweise bis heute den Zugang zum Phänomen der Behinderung:

»Das auf Behinderung bezogene Denken in Kategorien von Abnormität, Defektivität, Deformität, Pathologie bis hin zu den biologistischen Steigerungsformen von Entartung, Minderwertigkeit und lebensunwert ist in der ideologischen Tiefenstruktur der Rehabilitationswissenschaft wie auch der Gesellschaft nach wie vor verwurzelt.«[16]

Damit rücken die einzelnen, sozialstaatlich getragenen Maßnahmen zugunsten behinderter Menschen in den gesellschaftspolitischen Zusammenhang der Regulierung von Normalität und Abweichung, der nach Foucault

---

12 Vgl. zur Sicht von Krankheit als soziale Abweichung Franzkowiak (2003).

13 Gröschke (2003), S. 167.

14 Nach Foucault (1977), S. 286, hat unser geschichtlich entwickeltes Realitätsverständnis als identifizierende Normalisierungsstrategie gegenüber dem Anderen gewirkt, da »die rechtlichen Systeme nach allgemeinen Normen Rechtssubjekte qualifizieren, während die Disziplinen charakterisieren klassifizieren, spezialisieren; sie verteilen die Individuen entlang einer Skala, ordnen sie um eine Norm herum an, hierarchisieren sie untereinander und am Ende disqualifizieren sie sie zu Invaliden«.

15 Foucault (1974), S. 123.

16 Gröschke (2003), S. 171f.

als »Biomacht« oder »Biopolitik« bezeichnet werden kann.[17] In dieser Perspektive ist dann auch der professionelle Umgang mit Formen abweichenden Verhaltens als normalisierende Praxis im gesellschaftlichen Auftrag zu kennzeichnen. Der behinderte Mensch in der Moderne erscheint als performativer Effekt diskursiver und institutioneller Praktiken, die als dichtes Netz von Zuschreibungen die Selbst- und Fremdwahrnehmung einer Gruppe von Individuen hervorbringen.[18]

Deshalb ist zwar einerseits die rechtliche Absicherung der Lebensrisiken als überaus bedeutsam für den sozialen Zusammenhalt moderner Gesellschaften zu würdigen; gleichzeitig muss jedoch erkannt werden, dass die gesellschaftliche Machtausübung im Sinne der »Biomacht« Menschen unterhalb der Ebene der politischen Gemeinschaft in ihren Möglichkeiten eines nichtverfehlten Lebens einschränkt und zunehmend kontrolliert. Im Blick auf Menschen mit Behinderung kann daher festgehalten werden, dass einerseits durch die Entstehung einer gesellschaftlich dominanten Auffassung von Normalität mit der Unterscheidung zwischen normalen und nicht-normalen Körpern überhaupt erst ermöglicht wurde, dass behinderte Menschen Unterstützungs- und Rehabilitationsleistungen erhalten konnten. Diese Unterscheidung war ein notwendiger Bestandteil des sich entwickelnden Sozialstaates, um die Zuteilung von Mitteln an betroffene Menschen steuern zu können. Andererseits muss gesehen werden, dass die moderne Erfahrung des Behindertseins in einem strukturellen Zusammenhang mit der Normalisierung des Menschen und seines Körpers seit der Aufklärung steht.[19]

---

17 Vgl. Foucault (1999). Vgl. zur medialen Rolle des sozio-technischen Systems der Biomedizin zur Regulierung der Körper Manzei (2003), S. 232: »Als Disziplinierungstechnologien wirken gesetzliche Regelungen, wie das Hirntodkonzept, moralische Appelle, wie die Aufforderung zur Organspende und versicherungstechnisch-ökonomische Regelungen, wie die Pflicht zur Vorsorgeuntersuchung, direkt auf das Verhalten der Individuen ein, während sich bspw. die Ausgrenzung von Asylbewerbern von medizinisch-technischen Leistungen, die Diskussion über das Lebensrecht von Neugeborenen, ›Behinderten‹ und Komapatienten sowie die reproduktionsmedizinische Debatte um ›das Recht auf ein eigenes Kind‹ als biopolitische Maßnahmen auf das Leben der Bevölkerung als Ganzer erstrecken.«

18 Foucault (1987), S. 246f.

19 Vgl. Rösner (2002), S. 24.

1.2.1 Exkurs: Normalisierung, Normalität, Normativität

In den behindertenpolitischen Reformbewegungen, die sich in den 1950er und 1960er Jahren in den USA und Skandinavien formierten, erhielt »Normalisierung« jedoch eine andere Bedeutung. Ausgehend von der modernen Erfahrung des Behindertseins einschließlich der damit verbundenen Praxis der Aussonderung von behinderten Menschen in Sonderterritorien (zum Beispiel Anstalten) abseits des gesellschaftlich als normal geltenden Bereichs, wurde das so genannte »Normalisierungsprinzip« entwickelt. Dieses zielt darauf, die Grenze zwischen Normalität und Abweichung aufzulösen und die Sonderterritorien von Menschen mit Behinderung zu verkleinern:

»Das Normalisierungsprinzip bedeutet, dass man recht handelt, wenn man für alle Menschen mit geistiger oder anderen Beeinträchtigungen oder Behinderungen Lebensmuster und alltägliche Lebensbedingungen bereitstellt, welche den gewohnten Verhältnissen und Lebenszuständen jeder Gemeinschaft oder ihrer Kultur entsprechen oder ihnen so nahe wie möglich angepasst sind.«[20]

In den 1980er Jahren wurde das Normalisierungsprinzip auch in Deutschland rezipiert mit der Zielstellung, behinderten Menschen zu ermöglichen, ihre Randposition verlassen, sich dem gesellschaftlichen Durchschnitt annähern und »ein Leben so normal wie möglich führen«[21] zu können. Heute gilt das Normalisierungsprinzip in der Behindertenhilfe als Standard für institutionelle Praxiskonzepte und kommunale Versorgungsprogramme.[22] Der breiten Öffentlichkeit in Deutschland wurde das Normalisierungsprinzip Ende der 1990er Jahre durch die bundesweite Plakatkampagne der »Aktion Grundgesetz«[23] zugunsten der Gleichstellung von Menschen mit Behinderung bekannt. Mit Slogans wie »Geistig behindert ist auch normal« oder »Sind Sie etwa normal?« wurde für die Anerkennung von Behinderung als normale Lebensform geworben.[24]

Wie ist diese Entwicklung hin zur Normalisierung von Menschen mit Behinderung zu bewerten? Das Normalisierungsprinzip stellt einen bedeutenden Schritt in Richtung einer Annäherung der Lebensverhältnisse von Menschen mit und ohne Behinderung dar. Zu seinen Erfolgen zählt

---

20 Nirje (1994a), S. 143.
21 Thimm u.a. (1985).
22 Vgl. Waldschmidt (2003b), S. 195; Eisenberger u.a. (1999).
23 Die Gesellschaft der Behinderer. Das Buch zur Aktion Grundgesetz (1997).
24 Waldschmidt (2003b), S. 194.

die schrittweise Auflösung traditioneller Großeinrichtungen zugunsten des Aufbaus gemeindeintegrierter Wohnformen (vor allem in skandinavischen Ländern und Großbritannien), während es in Deutschland zunächst als eine Humanisierung von Lebensbedingungen innerhalb bestehender Großeinrichtungen (»normierte« Wohnheime) verstanden und teilweise auch als ein »Normal-Machen« behinderter Menschen missverstanden wurde.[25] Trotzdem setzte sich mit dem Normalisierungsprinzip auch hierzulande eine veränderte Sichtweise durch: Menschen mit Behinderung wurden nicht mehr nur im Lichte von Schädigungen, sondern gleichfalls von Lern- und Entwicklungsbeeinträchtigungen und gesellschaftlicher Benachteiligung wahrgenommen. Institutionelle Bedingungen wurden jetzt als Barrieren für gelingende Entwicklungen erkannt.

Jedoch muss auch auf einen entscheidenden Konstruktionsfehler hingewiesen werden, den das Normalisierungsprinzip an zentraler Stelle aufweist: Da es an den gesellschaftlichen Lebensbedingungen nicht-behinderter Menschen orientiert wurde (die durch das Normalisierungsprinzip auch für behinderte Menschen erreicht werden sollten), blieb es der Sichtweise einer Behinderung als defizitäre, zu überwindende Eigenschaft eines Menschen verhaftet. In diesen Zusammenhang gehört auch, dass bei der Umsetzung des Normalisierungsprinzips die betroffenen Menschen selbst nicht in die Veränderungsprozesse mit einbezogen wurden. Diese Schwächen weisen daraufhin, dass das dem Normalisierungsprinzip zugrunde liegende Verständnis von Normalität zu untersuchen ist. Welches Verständnis von Normalität wird hier verwendet? Welche Normativitätskonzeptionen können identifiziert werden?

Neben Schildmann[26] hat sich besonders Waldschmidt[27] – im Anschluss an die grundlegende Arbeit von Link[28] – intensiv mit diesen Fragen auseinander gesetzt. Nach Link können Normativität und Normalität als analytische Kategorien getrennt werden. Normativität bezieht sich auf die Wirkmächtigkeit von sozialen und juristischen Normen, für deren Einhaltung Kontrollmechanismen zuständig sind. Nichtbefolgung oder Abweichung werden durch Strafen sanktioniert. Die normative Norm kann als Punktnorm beschrieben werden, die präskriptiv gesetzt und von außen den Indi-

---

25 Vgl. Theunissen (2002).
26 Vgl. Schildmann (2001; 2004).
27 Vgl. Waldschmidt (1998; 2003b; 2003c).
28 Link (1998).

viduen vorgegeben wird. »Von ihrer gesellschaftlichen Funktion her ist Normativität auf die Herstellung von Stabilität und Anpassung gerichtet. Konformität soll erzeugt und die Gesellschaft vor Aufruhr und Chaos bewahrt werden.«[29] Die Durchsetzung normativer Normen erfolgt anhand einer Strategie, die Link als »Protonormalismus«[30] bezeichnet: Protonormalistische Strategien sind an der Normativität der Punktnormen ausgerichtet und beinhalten eine klare Trennung zwischen dem Normalen und dem Abweichenden, das als pathologisch gekennzeichnet entsprechend dauerhaft ausgegrenzt werden muss. Beispiele hierfür sind die Absonderung und Verwahrung von Menschen mit geistiger oder psychischer Beeinträchtigung in Anstalten.

Dagegen versteht Link unter Normalität jenen durchschnittlichen Bereich, der vor dem Hintergrund eines bestimmten Maßstabs durch Vergleich der Menschen miteinander hergestellt wird. Die auf diese Weise gewonnene Norm wird als normalistische Norm bezeichnet, die die Individuen vor die Frage stellt, »wer oder wie bin ich bzw. wie handele ich *im Vergleich zu den anderen?*«[31]. Als Durchschnittsnormalität bezieht sie sich nicht auf regelgerechtes, sondern auf regelmäßiges Verhalten und bezeichnet statistisch dokumentierte Verhaltensweisen oder Merkmale, die zu Richtschnüren und Maßstäben für den Einzelnen werden können. Im Unterschied zu den normativen Punktnormen stellen normalistische Normen Streckennormen dar, die als gewisse Bandbreiten um einen Durchschnitt herum gruppiert sind.

»Gegenüber den Individuen gewinnt zwar auch sie [die Streckennorm, J.E.] äußere Macht; gleichzeitig sind an der normalistischen Norm immer auch alle beteiligt. Fortwährend stellen wir alle die normale Mitte, die Übergangszonen und die Ränder gemeinsam her.«[32]

Daher sind normalistische Normen dynamische und veränderbare Normen, die weniger auf Stabilität abzielen. Zwar führen auch normalistische Normen (Streckennormen) zu Bewertungen und Erwartungshaltungen, jedoch nicht wie bei normativen Normen (Punktnormen) als im Voraus gesetzte, sondern erst im Nachhinein erzeugte Normalität. Der entscheiden-

---

29 Waldschmidt (2003c), S. 87.
30 Link (1998), S. 77ff.
31 Waldschmidt (2003c), S. 87. (Hervorh. i.O.)
32 Ebd.

de Unterschied zwischen beiden Normen liegt also darin, »dass soziales Handeln und Normsetzung jeweils unterschiedliche Reihenfolgen aufweisen«[33]. Auch normalistische Normen schaffen Ordnung und Kohäsion im sozialen Geschehen. Die Strategie, die hierbei verfolgt wird, wird als »flexibler Normalismus«[34] bezeichnet. Beim flexiblen Normalismus orientiert sich das Individuum – unter den Vorzeichen von Selbstbestimmung und Wahlfreiheit – freiwillig am gesellschaftlichen Durchschnitt.[35] Dieser erfordert von den Einzelnen, ihr Verhalten an der Mehrheit auszurichten und wirkt ohne weitere äußere Repressionen disziplinierend. Dabei weisen flexible Normalisierungsstrategien durchlässige Grenzziehungen zwischen gesellschaftlicher Mitte und Grenzbereichen auf. »Sie gehen von dem Ideal einer ›frei durchgeschüttelten‹ Verteilung der Menschen im sozialen Raum aus, die immer auch wieder veränderbar ist.«[36] So können Menschen Grenzbereiche auch wieder verlassen und zurück in die Mitte der Gesellschaft gelangen. Daher ist auch die im flexiblen Normalismus bestehende Trennlinie zwischen dem Normalen und Anomalen nur mittelfristig gültig und kann immer wieder neu festgelegt werden. Jedoch dürfen auch in der Normalisierungsgesellschaft bestehende Normalitätsgrenzen nicht ohne Weiteres überschritten werden.

»Bei der Expansion in Richtung auf den Pol der Anormalität darf das Gummiband, das die normale Mitte mit den Grenzzonen verbindet, nicht reißen. Wenn die Gefahr besteht, dass sich das gesamte Normalfeld auflösen würde, würde ein Umschlag stattfinden.«[37]

Daher wäre es kurzschlüssig, würde man den Protonormalismus als schlecht und den flexiblen Normalismus als gut bewerten. Vielmehr muss gesehen werden, dass beide Strategien miteinander verbunden sind.[38]

---

33 Waldschmidt (2003b), S. 192.

34 Link (1998), S. 77ff.

35 Vgl. Waldschmidt (2003c), S. 88: »Wir wollen so leben wie andere auch; wir wollen vor allem ›normal‹ sein. Und wenn wir Lust an der Abweichung verspüren, wollen wir höchstens zeitweise ›aus der Rolle tanzen‹. Keinesfalls wollen wir dauerhaft am negativen Pol verortet werden.«

36 Waldschmidt (2003c), S. 88.

37 Waldschmidt (2003c), S. 89. Waldschmidt führt als Beispiel für einen Umschlag zurück zum Protonormalismus die Forderung nach lebenslanger Verwahrung von Sexualstraftätern an (ebd.).

38 Link (1998), S. 339ff., geht hier von einem Imperativ der Rückbindung aus.

Waldschmidt hat nun die Entwicklung in der Behindertenhilfe und Behindertenpolitik im Blick auf die unterschiedlichen Normalitätsverständnisse analysiert.[39] Ihr zufolge kann man sowohl die Wirkmächtigkeit normalistischer Normen als auch das Nebeneinander von proto- und flexibel-normalistischen Strategien identifizieren. Als Anhaltspunkte für die heutige Konjunktur des flexiblen Normalismus nennt sie neben Formen der Enthospitalisierung auch die integrative Pädagogik und die Selbstbestimmt-Leben-Bewegung. Ebenso lässt sich bei den internationalen Klassifikationen von Behinderung durch die WHO sowohl ein Trend zur flexiblen Normalisierung (ICIDH 1980) als auch zur Selbstnormalisierung (ICF 2001) beobachten.[40] Auch in Deutschland spiegeln die neueren behindertenpolitischen Gesetzgebungen den Weg zur flexiblen Normalisierung wider.[41] So kann die behindertenpolitische Zielsetzung, Menschen mit Behinderung die Teilhabe an den Lebensbedingungen der Mehrheitsgesellschaft zu ermöglichen, als weiteres Beispiel dafür genannt werden. Zusammenfassend hält Waldschmidt fest, dass seit der Mitte des 20. Jahrhunderts der Protonormalismus sich in den westlichen Gesellschaften auf dem Rückzug befindet und durch flexibel-normalistische Strategien ersetzt wird.[42] Größere Normalitätsspektren und variable Grenzziehungen sind so möglich geworden. Vielfältigere und weitläufigere Übergangszonen haben dazu geführt, dass sich die Bereiche, innerhalb der Menschen mit Behinderung ihr Leben gestalten können, stark ausgeweitet haben. Besonders anhand des WHO-Klassifikationssystems lässt sich nach Waldschmidt veranschaulichen, welche Anstrengungen in der Normalisierungsgesellschaft unternommen werden, »um normative Wertungen zu vermeiden, protonormalistische Ansätze zurückzudrängen und der Flexibilisierung mehr Raum zu geben«[43].

Trotz dieser Bemühungen scheint es jedoch nicht möglich zu sein, präskriptive Normativität vollständig zu vermeiden.[44] Die Erweiterung der Zwischenräume und Übergangszonen bis hin zur Kontextualisierung des Behinderungsbegriffes vollzieht sich in einem normalistischen Feld, das

---

39 Vgl. Waldschmidt (2003b), S. 194ff. sowie Waldschmidt (2003c), S. 89ff.
40 Die einzelnen WHO-Klassifikationen werden unten unter II.2.3. genauer dargestellt.
41 Vgl. Cloerkes (2001); Kossens u.a. (2003).
42 Vgl. Waldschmidt (2003b), S. 194 sowie Waldschmidt (2003c), S. 89.
43 Waldschmidt (2003c), S. 98.
44 Vgl. Link (2004). Vgl. zur kritischen Auseinandersetzung mit den Grenzen des Normalisierungsprinzips als einer von wenigen Beiträgen überhaupt Gröschke (2002).

durch die beiden Pole »Normalität« versus »Behinderung« gekennzeichnet ist. Zwar werden die Pole nicht mehr eindeutig von einander abgegrenzt, sondern situativ und relational bestimmt, jedoch wird die weiterhin bestehende Normalitätsgrenze von den Flexibilisierungsprozessen nicht endgültig verflüssigt, da die ihr zugrunde liegende normative Bewertung von gesundheitlichen Beeinträchtigungen sich nicht ändert. »Weiterhin bildet Behinderung den negativ beurteilten Gegensatz zu einem positiv besetzten Phänomen.«[45] Dies kann an der entscheidenden Fragestellung, die von der normalistischen Norm aufgeworfen wird, verdeutlicht werden. Die Frage »wer oder wie bin ich beziehungsweise wie handele ich im Vergleich zu den anderen?« wirkt auf subtile Weise disziplinierend, weil der Vergleich nicht in Bezug auf eine in gleicher Weise behinderte Person vorgenommen wird, »sondern als Maßstab ein imaginärer *nicht-behinderter* Anderer vorgegeben wird«[46]. Auf diese Weise können Grenzen zwar erweitert, aber nicht überwunden werden. Damit wird aber zugleich auch eine Schattenseite des Normalisierungsprojekts erkennbar.[47] Denn flexibelnormalistische Strategien verlangen nach Formen der Identitätsbildung und des Selbstmanagements der behinderten Person. So kann die Vergleichsfrage nicht ohne Selbstverortung des behinderten Menschen beantwortet werden und ist mit der Aufgabe der Selbstnormalisierung verknüpft. Wer diese Anforderungen nicht erfüllen kann, droht auch beim Normalisierungsprojekt im Abseits zu landen.

»Psychisch kranke und geistig schwer behinderte Menschen, die sich seit jeher an den Grenzen der Normalisierung und jenseits der Grauzone der Normalität befinden, werden zu ›Normalisierungsverlierern‹, während sich die Menschen mit leich-

---

45 Waldschmidt (2003b), S. 201.

46 Waldschmidt (2003b), S. 201. (Hervorh. i.O.)

47 Ein weiterer Kritikpunkt am Normalisierungsprinzip, der weiter unten noch einmal aufgegriffen und daher hier nur gestreift wird, bezieht sich auf die Pluralisierung von Lebensformen und Lebensstilen. »In einer funktional differenzierten Gesellschaft mit pluralisierten Lebensstilen und entstandardisierten Lebensverläufen, in der [...] das Vorhandensein von Optionen zum Maßstab von Normalität wird, da greifen Bemühungen um normalisierte (= standardisierte) Lebensbedingungen zunehmend ins Leere.« (Wansing (2005), S. 132). Dementsprechend geht es heute nicht mehr um Normalisierung, sondern um Teilhabe am gesellschaftlichen Leben. »*Teilhabe an der Gesellschaft bedeutet personale Inklusion durch die verschiedenen Gesellschaftssysteme sowie Herstellung und Aufrechterhaltung einer individuellen Lebensführung.*« (Ebd., S. 191 – Hervorh. i.O.)

teren Formen von körperlicher, geistiger oder seelischer Behinderung durchaus auf der Gewinnerseite des Normalisierungsprojekts befinden.«[48]

Offensichtlich kann sich auch das Normalisierungsprojekt »dem sozial-strukturell bedingten Schematismus von Inklusion und Exklusion«[49] nicht vollständig entziehen. Diese Probleme weisen darauf hin, dass es bei der Auseinandersetzung um Normalisierung um tiefer gelagerte Konflikte im sozialen Grundmuster von Normalität und Abweichung, Allgemeinem und Besonderem, Anerkennung und Missachtung geht.[50] Gerechtigkeitstheoretisch bedeutsam ist, dass das Normalisierungsprinzip auf bestimmten Rollenkompetenzen aufbaut, die ein in Grundzügen selbstbestimmtes Individuum zur Voraussetzung hat. Die so verstandene Autonomie des Individuums ist jedoch eine Errungenschaft der Aufklärung, die in Spannung steht zu weiteren Elementen liberaler Gerechtigkeitskonzeptionen.

1.3 Die grundsätzliche Spannung liberaler Gerechtigkeitskonzeptionen im Blick auf Menschen mit Behinderung

Im Ansatz liberaler Gerechtigkeitskonzeptionen muss eine grundsätzliche Spannung im Blick auf Menschen mit Behinderung bearbeitet werden: Auf der einen Seite kommt es darauf an, dass Menschen mit Behinderung in gleicher Weise wie andere Menschen auch ihre Freiheit gestalten und selbstbestimmt leben können. Dazu müssen sie einen fairen Ausgleich für ihre Behinderung erhalten, damit sie möglichst chancengleich am gesellschaftlichen Leben teilhaben können. Auf der anderen Seite sollen Menschen mit Behinderung insofern fair und menschlich behandelt werden, dass ihr Menschsein den deutlichen Vorrang vor ihrer Behinderung hat, sie also als Menschen wie andere auch angesehen werden und nicht als »Behinderte«. Die grundsätzliche Spannung besteht darin, dass zum einen die Ungleichheit der Menschen mit und ohne Behinderung betont werden muss, zum anderen die Gleichheit zwischen beiden. Eine Auflösung dieser

---

48 Gröschke (2002), S. 181.
49 Ebd.
50 Vgl. Gröschke (1998), S. 366.

Spannung ist wohl nicht möglich, jedoch spielt eine wesentliche Rolle, auf welcher der beiden Seiten man einen Schwerpunkt setzt.

In liberalen Ansätzen wird die Ungleichheit zwischen Menschen mit und ohne Behinderung insofern stärker hervorgehoben, als sie ein bestimmtes Bild vom Menschen zugrunde legen. Solange das Ideal des autonomen Selbst vorausgesetzt werden kann, können die einzelnen Individuen ihre Interessen mittels des Vertragsgedankens koordinieren und zu einem Konsens hinsichtlich allgemeiner Regeln gelangen. Liberale Gerechtigkeitsentwürfe bauen so auf reziproken Verhältnissen gesellschaftlicher Akteure auf. Die Spannung zwischen der Freiheit des Einzelnen und der Gleichheit aller kann nun dazu führen, dass bei Betonung der Freiheit der Grundsatz der Gleichheit aller Menschen in einzelnen Fällen abgeschwächt wird, so dass Menschen Statusverluste erleiden, sobald sie die Fähigkeiten zur Ausübung von Freiheit nur noch bedingt besitzen. Am Beispiel von Menschen mit geistiger Beeinträchtigung kann gezeigt werden: Sind die Kennzeichen und Potentiale, die für die Autonomie des Menschen grundlegend sind wie Rationalität, Willensfreiheit oder moralisches Urteilsvermögen, nur teilweise vorhanden beziehungsweise ausgebildet, wird mit der Erschränkung dieser Merkmale zugleich der Schutz der Personenwürde in Frage gestellt.[51] Denn Letztere ist in liberalen Konzeptionen zunächst an die Vorstellung eines zur Reziprozität fähigen, und das heißt über die entsprechenden körperlichen, psychischen und geistigen Fähigkeiten verfügenden Individuums gebunden. Die Spannung zwischen individueller Freiheit und dem Schutz gleicher Rechte kann gegenwärtig besonders am Fortschritt der Biotechnologie und der durch sie eröffneten neuen Handlungsoptionen beobachtet werden.

Wurde bisher in westlichen Gesellschaftsentwürfen das Wohl des Menschen durch Selbstbestimmung und Selbstverwirklichung des freien Individuums angestrebt, so zeichnen sich derzeit zwei konträre Entwicklungen ab: Zum einen scheint – der westlichen Tradition entsprechend – in Fragen biomedizinischen Fortschrittshandelns Selbstbestimmung »zum obersten verfassungsmäßigen Persönlichkeitsrecht zu avancieren«[52]. Die Gestaltungskraft medizintechnischer Innovationen wird unter Rekurs auf das Prinzip der Autonomie des Individuums genutzt, um Formen negativer Eugenik (Selektion von Risikomerkmalen) und positiver Eugenik (Her-

---

51 Vgl. Nussbaum (2006), S. 135.
52 Neuer-Miebach (2003), S. 94 im Blick auf Fragen biomedizinischen Fortschrittshandelns.

stellung erwünschter Merkmale) zu praktizieren. Zwar schließt der Gleichheitsgrundsatz die Achtung und Integration behinderter Menschen ein, gleichzeitig unterlaufen jedoch das Ideal des autonomen Individuums und die dazugehörige Freiheitsorientierung im Fall der Eugenik den Widerstand gegen die implizite Diskriminierung behinderter Menschen.[53] Im Blick auf behindertes Leben heißt dies, dass eine »Behinderung als krankhafter Zustand aufgefasst wird, der, wenn nicht geheilt, so doch verhindert werden sollte«[54].

Im Bereich der Medizin und Gesundheitsversorgung ist zum anderen »eine Kollektivierung des Wohls des Menschen zu beobachten hin zu einer Gesellschaftsdienlichkeit individueller Lebensgestaltung«[55]. Dies schließt die Verbreitung genetischer Testprogramme ein, die mit dem Ziel durchgeführt werden, behindertes Leben gar nicht erst zur Entwicklung kommen zu lassen, so dass die dadurch frei werdenden Ressourcen dem gesellschaftlichen Wohl zur Verfügung stehen. Auch wenn dies nicht zwingend individuelle Entscheidungen beeinflussen muss, so entfaltet doch die inzwischen erreichte Normalität der pränatalen Diagnostik »den sanften Zwang einer ›Normativität des Faktischen‹, der sich Betroffene (Schwangere, Paare) nur schwer entziehen können«[56]. Besonders deutlich wird die Gefahr der Instrumentalisierung menschlichen Lebens zugunsten des übergeordneten kollektiven Wohls bei der von einschlägig interessierten Kreisen aus Wissenschaft und Industrie geforderten Liberalisierung der Forschung an nichteinwilligungsfähigen Personen (fremdnützige Forschung).[57] Ethisch gerechtfertigt wird solches Forschen mit der Verantwortung für das Wohl der Menschheit und für die Verbesserung der Gesundheit künftiger Generationen.[58] Mit einer solchen »Ethik des Heilens«[59] wird ein Maßstab im Sinne des höherrangig unterstellten Gemeinwohls gesetzt, dessen legitimatorische Basis jedoch ungeklärt ist. Die Forderung

---

53 Nach Gröschke (2003), S. 178, handelt es sich hierbei um einen recht eindeutigen Fall von biologischer und genetischer Diskriminierung in einem doppelten Sinn: einem technischen (Merkmalsunterscheidung und Auslese) und einem ethischen (Abwertung und Benachteiligung).
54 Gröschke (2003), S. 178.
55 Neuer-Miebach (2003), S. 94.
56 Gröschke (2003), S. 178.
57 Vgl. Gröschke (2003), S. 183; Schmid (2001).
58 Vgl. Neuer-Miebach (2003), S. 95.
59 Vgl. Schott (2002).

einer Gerechtigkeit für Menschen mit Behinderung wird sich zukünftig vermehrt mit dem Imperativ zur Vermeidung behinderten Lebens und zur Einschränkung seiner Schutzwürdigkeit auseinander setzen müssen, der am Trend zur genetischen Selektion behinderter Embryonen oder Feten und an Fragen des Forschungsfortschritts sichtbar wird.[60] Diese Entwicklungen werfen mit großer Dringlichkeit ethische Grundfragen auf, die im Blick auf Menschen mit Behinderung geklärt werden müssen: Welches Verständnis des Menschen leitet den Umgang mit behindertem Leben und wie kann die Grenze zwischen der Verfügbarkeit über menschliches Leben und seiner Schutzwürdigkeit bestimmt werden?

1.4 Asymmetrische Beziehungen und Fürsorge

Die zuletzt aufgeworfenen Fragen verlangen nach einer anthropologischen Bestimmung des Menschen, die im dritten Teil dieser Arbeit in theologischer Perspektive vorgenommen wird. In diesem Abschnitt soll es darum gehen, wie die Leerstelle liberaler Gerechtigkeitsentwürfe im Blick auf Menschen, die nur über eine eingeschränkte Selbstbestimmung verfügen, ethisch bestimmt und konzeptionell im Rahmen einer liberalen Gerechtigkeitstheorie gefasst werden kann. Das Problem liegt dabei nicht bei dem als hohem Grundrecht verbürgten Selbstbestimmungsrecht des Menschen, sondern in den wechselseitigen Anerkennungsakten, auf Grundlage derer in liberalen Theorien die autonom gedachten Individuen vertragliche Übereinkünfte erzielen und auf diese Weise Freiheitsrechte konstituieren.[61] Solche Anerkennungsakte erfordern symmetrische Beziehungen zwischen wohl informierten, frei entscheidungsfähigen Akteuren. Menschen, die in ihrer Fähigkeit selbstbestimmt zu leben und zu entscheiden eingeschränkt oder behindert sind, bleiben aus dieser Wechselseitigkeit ausgeschlossen.[62]

---

60 Vgl. hierzu Robertson (2003); Gröschke (2003).

61 Höffe (1994; 2001) hat vorgeschlagen, Gerechtigkeit grundsätzlich als Tauschgerechtigkeit zu konzipieren. Vgl. zur kritischen Auseinandersetzung mit Höffes Ansatz Kersting (1997a).

62 Vgl. zum Beispiel Rawls (1998), S. 277f.: »Ich bin durchgängig davon ausgegangen und halte daran fest, dass Bürger, auch wenn ihre Fähigkeiten nicht gleich sind, zumindest über das notwendige Minimum an moralischen, intellektuellen und physischen Fähig-

Daher muss das Problem der asymmetrischen Beziehungen in gerechtigkeitstheoretischer Perspektive erörtert werden.

Um die fundamentalen Prinzipien einer politischen Freiheitsordnung
begründen zu können, greifen liberale Theoretiker wie Rawls zu vernunft-
rechtlichen Argumentationsgängen, die über Gedankenexperimente wie
den Naturzustand einen kontraktualistischen Konsens ermöglichen.
Zwangsläufig müssen dabei die einzelnen Akteure bar ihrer individuellen
Identitäten abstrakt dargestellt werden, damit die Vertragsschlüsse auf
unparteiliche Art und Weise für jeden nachvollziehbar als gerecht etabliert
werden können. Die Begründung von Gerechtigkeit in der öffentlichen
Sphäre bedingt daher einen Ausgangspunkt bei nicht-körperlich, unabhängig und bindungslos gedachten Moralsubjekten. Dadurch werden zwar
Würde und Wert des Menschen als moralisches Subjekt begründet, jedoch
werden die Aspekte der Leiblichkeit, Bedürftigkeit, Verletzlichkeit und
Emotionalität ausgeschlossen. Dies hat die feministische Ethik zu Recht als
verkürzte Auffassung des autonomen Subjekts herausgestellt:

»Das autonome Selbst ist nicht das körperlose Selbst. Eine universalistische Moraltheorie muss die tiefen, prägenden Erfahrungen in der Entwicklung des Menschen wahrnehmen und anerkennen: dazu gehört die Erfahrung von Fürsorge und
Gerechtigkeit.«[63]

Ohne die Debatte um eine feministische Care-Ethik hier wiederholen zu
wollen, scheint in der Tat die moralische Dimension persönlicher Nahbeziehungen in universalistischen Theorien abgewertet zu sein.[64] In vielen
feministischen Arbeiten wird daher die Einbeziehung der Sorge für andere
auf der Basis von Achtsamkeit und Anteilnahme in menschlichen Beziehungen gefordert.[65] Wenn moralische Erfordernisse persönlicher Nahbeziehungen in universalistischen Gerechtigkeitstheorien erfasst werden
könnten, dann könnten auch diejenigen Menschen berücksichtigt werden,
denen es aufgrund einer Behinderung, Krankheit oder Ähnlichem nicht
möglich ist, in reziproken Austauschverhältnissen mit anderen Gesellschaftsmitgliedern zu stehen.

---

keiten verfügen, das sie in die Lage versetzt, während ihren ganzen Lebens uneingeschränkt kooperative Gesellschaftsmitglieder sein zu können.«
63 Benhabib (1995), S. 207.
64 Vgl. Graumann (2003), S. 166.
65 Vgl. ebd.; Conradi (2001); Mack (2002); Schnabl (2005).

Wie oben bereits begründet wurde, stellt die Bedürftigkeit eines Menschen einen ethisch gerechtfertigten Grund für die Wohltätigkeit und Sorge anderer dar, wobei solche Sorge nicht in einseitigen Abhängigkeits- und Machtverhältnissen bestehen muss, sondern als assistierend-befreiende Zuwendung erfolgen sollte. Die Sorge anderer wird in Nahbeziehungen über Formen der Empathie, des Mitleidens, der Rücksichtnahme realisiert. Jedoch können diese Haltungen nicht einfach in universalistische Theorien aufgenommen werden, da sie bestimmte Werte und damit verbundene Konzeptionen des Guten verkörpern und daher nicht universalisierbar sind. Um dieses Problem zu lösen, soll im Folgenden zuerst (1.4.1) versucht werden, die liberalen Grundannahmen der Rawlsschen Theorie als schwache Theorie des Guten moraltheoretisch zu reformulieren. In einem zweiten Schritt (1.4.2) soll dann aufgezeigt werden, dass auf diese Weise nicht nur die moralisch berechtigen Ansprüche des verallgemeinerten Anderen berücksichtigt werden können, sondern auch der spezifische Kontext des konkreten Anderen mit seinen Bedürfnissen und seiner Verletzbarkeit. Diesem spezifischen Kontext entsprechen die in Nahbeziehungen möglichen Werthaltungen der Rücksichtnahme, der Empathie oder des Mitleidens. Damit diese Brücke zur Berücksichtigung von Menschen in asymmetrischen Beziehungen ethisch tragfähig errichtet wird, soll abschließend diese Perspektive als ethisch-existentielle Wertschätzung skizziert und moraltheoretisch vertieft werden (1.4.3).

1.4.1 Moraltheoretische Reformulierung liberaler Tugenden als schwache Theorie des Guten

Die Schwierigkeit, der man sich bei der Berücksichtigung der oben genannten Tugenden der Sorge gegenüber sieht, besteht darin, dass sie moralisch nicht verallgemeinerungsfähig sind. Jedoch gibt es in liberalen Theorien ein Minimum an vorausgesetzten Tugenden, ohne die kontraktualistische Gerechtigkeitskonzeptionen nicht möglich wären. Daher bietet sich an zu fragen, inwiefern eine moraltheoretische Reformulierung dieser Minimaltugenden als schwache Theorie des Guten mit Rawls' Theorie vereinbar ist. Gelänge dies, dann hätte man einen Kernbereich des Guten gefunden, der – weil er differenziert wird von starken Konzeptionen des Guten – liberale Neutralitätsanforderungen in Bezug auf Konzeptionen des guten Lebens noch erfüllt. In einem weiteren Schritt ist dann zu zeigen, dass sich diese schwache Theorie des Guten auch auf solche moralischen Haltungen wie Empathie und Mitleiden erstreckt, die notwendig sind, um die Menschen zu berücksichtigen, die von universalen Verteilungsregeln nicht erfasst werden und aus reziproken Verhältnissen herausfallend in asymmetrischen Beziehungen leben.

Hierzu soll im Folgenden eine Beobachtung von Pauer-Studer aufgenommen werden: Rawls geht in seiner Theorie pauschal vom Primat des Rechten vor dem Guten aus und fällt dabei hinter die Differenz zwischen einer schwachen und einer starken Theorie des Guten zurück.[66] Jedoch hat Rawls selbst seine Grundgüterliste durch eine schwache Theorie des Guten bestimmt: Er bezeichnet sie als schwach, weil in ihr lediglich diejenigen Güter enthalten sein sollen, die nicht selbst Dimensionen des guten Lebens festlegen, sondern nur als *Voraussetzungen* eines guten Lebens gelten.[67] Rawls erkennt also unabdingbare Minimalvoraussetzungen des guten Lebens in Form seiner Grundgüterkonzeption an: Sie bestehen in Rechten, Chancen und Freiheiten, die in der Anfangsausstattung für jeden gleich sein sollen und als verallgemeinerte Mittel bezeichnet werden können. Durch die Vorrangstellung des Rechten vor dem Guten hebt Rawls jedoch diese Differenzierung auf und verkennt die schwache Theorie des Guten als umfassende Morallehre, die dann mit den liberalen Grundannahmen nicht mehr in Deckung zu bringen ist. Mit anderen Worten: Es kommt darauf an, einen Kernbereich des Guten zu bestimmen, der bestimmte Tugenden von persönlichen Wertsetzungen differenziert und ihn so für eine liberale Moraltheorie akzeptabel macht. Entscheidend ist in diesem Zusammenhang nun die Einsicht, dass liberale Gerechtigkeitstheorien selbst auf einem Minimalkonsens an Werten und Tugenden aufbauen, die als unerlässliche Voraussetzung eines kontraktualistischen Gesellschaftsmodells gelten. Zu diesen Tugenden zählen Toleranz, Loyalität, Mut, Unabhängigkeit, Treue, Rechtsbewusstsein und die Tugenden der Arbeitsethik.[68] Diese Tugenden sind relevant, weil ohne sie die Kooperation untereinander und die allgemeine Wohlfahrt nicht möglich sind. Daher gelten in einem kontraktualistischen Gesellschaftsmodell die Werte, die notwen-

---

66 Vgl. Pauer-Studer (1996), S. 269.
67 Vgl. Rawls (1999a), S. 356.
68 Vgl. zur Debatte um die Tugenden, welche eine liberale Gesellschaft voraussetzt Galston (1991), bes. Kap. 10.

dig und unverzichtbar sind für die Kooperation der Gesellschaftsmitglieder, als *moralische* Werte.

Jedoch können Tugenden nur dann als moralisch gelten, wenn sie dem moralisch konstitutiven Element der Universalität, also der allgemeinen Verpflichtung entsprechen. Dieses Kriterium der Universalität wird durch die Verbindung von Tugenden mit einer schwachen Theorie des Guten erfüllt:

»Bestimmte Haltungen erfahren von einem unparteiischen, überpersönlichen Standpunkt her allgemeine Zustimmung und Billigung, und diese Billigung erfolgt nicht zuletzt aufgrund der Einsicht, dass sie als Elemente des Guten zum universalen normativen Kern unterschiedlicher Lebensvollzüge gehören.«[69]

Die hypothetische Anbindung an die Konzeption des guten Lebens fungiert also als übergeordneter Bezugspunkt, nach dem universale moralische Verpflichtungen auszurichten sind: »Jene Handlungen und Haltungen sind geboten, die den unabdingbaren Minimalvoraussetzungen eines guten Lebens und damit den grundlegenden Bedürfnissen aller Rechnung tragen.«[70]

Damit ist die Unterscheidung zwischen einem Kernbereich des Guten und einer umfassenden Vorstellungen des Guten als Summe individueller Ziele, Werte und Ideale nicht mehr länger als außerhalb der Moral liegend zu halten. Fragen des Guten fallen ja, auch wenn sie tief in die Sphäre persönlicher Werthaltungen hineinreichen, nicht schlechthin in diese Sphäre, sondern berühren eben auch den Bereich der Moral. Deshalb erscheint es legitim, unter dem Verweis auf eine schwache Theorie des Guten, die auch in liberalen Gesellschaftstheorien Geltung hat,[71] einen moralischen Kernbereich von Tugenden zu bestimmen, welche die nötigen Voraussetzungen darstellen, damit Individuen ihre unterschiedlichen Konzeptionen des guten Lebens verfolgen können. Zusammenfassend kann man sagen: »Moralisch sind jene Haltungen und Einstellungen, die ein

---

69 Pauer-Studer (1996), S. 268.

70 Ebd., S. 269.

71 Das am häufigsten gebrauchte Gegenargument gegen eine Erweiterung der Moral auf Fragen des Guten, nämlich dass diese eine Einmischung in den Bereich individueller Werthaltungen darstelle, soll hier mit einem Zitat Pauer-Studers (Ebd., S. 270) zurückgewiesen werden: »Wenn man den moralischen Standpunkt so definiert, dass es um die Förderung der Bedingungen eines guten Lebens für alle geht, so hat man eine Verbindung des Rechten und des Guten geschaffen, die vereinbar ist mit liberalen Prämissen und die der legitimen Idee, die eigentlich hinter der Eingrenzung der Moral auf Fragen des Rechten und der Gerechtigkeit steht, Rechnung trägt.«

unverzichtbares Element jeder beliebigen Lebensform darstellen.«[72] Daraus ergibt sich, dass für den Einzelnen die Werthaltungen moralisch verpflichtend sind, die als Kernbestand allen Vorstellungen eines guten Lebens zugrunde liegen.[73]

Die Verbindung der schwachen Theorie des Guten mit einer Moralkonzeption stellt also zweierlei sicher: Zum einen lässt sich die schwache Theorie des Guten mit den Tugenden und Werthaltungen, die auch liberalen Gesellschaftsmodellen zugrunde liegen, vereinbaren. Damit wäre zweitens ein Kernbereich an Moral umrissen, der auch für liberale Theorien, die Verteilungsgerechtigkeit in den Mittelpunkt stellen wie Rawls' Theorie der Gerechtigkeit, Gültigkeit beanspruchen kann. Im Folgenden gilt es nun, den Kernbereich der Moral daraufhin zu überprüfen, ob er nicht nur die moralisch berechtigen Ansprüche des verallgemeinerten Anderen beinhaltet, sondern auch den spezifischen Kontext des konkreten Anderen mit seinen Bedürfnissen und seiner Verletzbarkeit berücksichtigt. Wie sich zeigen wird, muss der Kernbereich der Moral hier um affektive Elemente ergänzt werden.

1.4.2 Die Berücksichtigung des konkreten Anderen in asymmetrischen Beziehungen

Nach Pauer-Studer bildet die Minimaltheorie des Guten die Linie zwischen moralischen Tugenden einerseits und jenen Charaktereigenschaften ande-

---

72 Ebd., S. 267.

73 Bedford-Strohm (1999), S. 410ff., versucht, einen solchen Kernbestand über die Konzeption eines Gerechtigkeitspluralismus herzuleiten, der in Anlehnung an Rawls' übergreifenden Konsens die moralischen Grundlagen benennt, auf denen moderne demokratische Gesellschaften aufgebaut sind. Jedoch muss hier zwischen unabdingbaren Minimalvoraussetzungen und dem übergreifenden Konsens unterschieden werden. Die hier vorgeschlagene schwache Theorie des Guten erkennt lediglich solche Voraussetzungen als universal an, die notwendig sind, um gesellschaftliche Kooperation zu ermöglichen. Davon ist der in einer Gesellschaft gefundene übergreifende Konsens zu differenzieren, in den ja bereits bestimmte Aspekte starker Vorstellungen des Guten eingeflossen sind. Meines Erachtens ist der übergreifende Konsens daher nicht im Sinn moralischer Mindestnormen, wie dies Bedford-Strohm vorschlägt, zu interpretieren, sondern gibt die jeweilige Übereinkunft wieder, die auf Grundlage solcher moralischer Mindestnormen innerhalb einer Gesellschaft erzielt wird. Dann sollte man jedoch bei den moralischen Mindestvoraussetzungen nicht von einem Gerechtigkeitspluralismus sprechen.

rerseits, die funktional notwendig sind zur Verfolgung darüber hinausgehender individueller Lebenspläne.[74] Eine starke Theorie des Guten, die an bestimmten Wesensmerkmalen und Funktionsweisen des Menschen orientiert ist, wird durch eine schwache Theorie des Guten also nicht berührt. Jedoch greift auch ein Kernbereich von Tugenden auf universale Merkmale des menschlichen Lebens sowie auf gemeinsame geteilte Erfahrungen der Verletzbarkeit und der Leidensfähigkeit zurück.[75] »Diese geteilte Menschlichkeit bildet den Ausgangspunkt moralischer Rücksichtnahme.«[76] Pauer-Studer gelingt damit der Einbezug einer Dimension des Menschlichen, die in liberalen Vertragstheorien oftmals fehlt: Die Orientierung der Moral nicht an den notwendigen Voraussetzungen gesellschaftlicher Kooperation zwischen Individuen, sondern an den Bedürfnissen des Menschen. »Ausgangspunkt einer solchen Ethik des guten Lebens sind die aus den allgemeinen Wesensmerkmalen des Menschen, aus ihrer spezifischen Verfassung und Konstitution resultierenden Bedürfnisse.«[77] Ausschlaggebend ist nun, dass zu einer solchen Konzeption neben Freiheiten, Rechten, Chancen auch affektive Einstellungen wie Empathie, Sensibilität und Solidarität gehören, sonst ist moralisch verantwortliches Handeln gegenüber dem konkreten Anderen nicht möglich.[78] So ist nach Nussbaum nur derjenige in der Lage, anderen gegenüber moralisch verantwortlich zu handeln, der diese Fähigkeiten der Anteilnahme besitzt.[79] Vor allem im Blick auf Menschen, die zum Beispiel aufgrund einer schwerst- oder mehrfach Behinderung keine vollen Kooperationspartner sein können und sich in einer schwächeren Position befinden, sind Empathie und Sensibilität unverzichtbar, will man sie vor Ungerechtigkeiten schützen oder auch nur die Lage dieser Menschen etwas besser verstehen können. Dass dies nicht nur gegenüber Menschen mit Behinderung gilt, sondern die Grundlage von Moral überhaupt betrifft, darauf weist Brumlik hin: »Um zu wissen, worum es bei einer Moral überhaupt geht, muss uns die menschliche Welt als eine Welt verletzlicher, aufeinander bezogener, mit- und aneinander leidender

---

74 Pauer-Studer (1996), S. 267.

75 Vgl. Wolf (1984), S. 181f.

76 Pauer-Studer (1996), S. 268.

77 Ebd., S. 269. Die Verbindung zu Vorstellungen des guten Lebens ist notwendig, weil sich ohne diese nicht begründen ließe, »worin der Wert affektiver Haltungen besteht und warum diese von uns moralisch gefordert sind«. Ebd., S. 266.

78 Vgl. Okin (1993) zum Zusammenhang von Vernunft und Gefühl bei Rawls.

79 Nussbaum (1993), S. 353ff.

Wesen erschlossen sein.«[80] Deshalb ist eine universalistische Moraltheorie nicht zu trennen von der Rücksichtnahme auf die Interessen und Bedürfnisse aller Individuen.

»Diese Einbindung moralischer Empfindungen und die Konzentration auf Bedürftigkeit und Verletzbarkeit bedingen, dass sich ein solches Moralverständnis nicht nur auf Reziprozitätsverhältnisse und symmetrische Beziehungen beschränkt, sondern auch asymmetrische Beziehungen Beachtung finden.«[81]

Daher sollten in Rawls' Konstruktion des Urzustandes die Parteien nicht nur als Vertreter eigener Interessen, sondern auch als Vertreter der Interessen bedürftiger und auf Schutz und Unterstützung angewiesener Menschen ausgezeichnet werden. Damit würde jedoch die Logik des Vertragsschlusses als solcher berührt: nämlich die Überwindung des Naturzustandes durch den Gesellschaftsvertrag, der deshalb eingegangen wird, weil er den Vertragsparteien einen gegenseitigen Vorteil ermöglicht.[82]

Der Einbezug affektiver Einstellungen tangiert folglich die Grundlagen liberaler Vertragstheorien. Er zeigt auch eine Grenze des rationalen Diskurses der Moderne auf. Golser weist unter Bezug auf Lévinas darauf hin, »dass in der Begegnung die andere Person immer in ihrer Andersheit angenommen werden muss, dass man also gar nicht fühlen kann, was der andere fühlt, sondern dass man respektvoll mit dem ganz anderen Menschen und seinem nur bis zu einem gewissen Grad zugänglichen personalen Geheimnis umgeht«[83]. Auch hier wird daher noch einmal deutlich, dass die Dimension der Anerkennung grundlegend für die Berücksichtigung asymmetrischer Beziehungen in einer Gerechtigkeitstheorie ist. Mit einer affektiv erweiterten Moral ist meines Erachtens ein Ansatzpunkt für die ethisch-existentielle Wertschätzung des Anderen als Person gewonnen. Darunter verstehe ich die Form der Anerkennung, die dem Anderen neben negativ gesicherter rechtlicher Freiheit und sozialen Wohlfahrtsrechten in ethisch-existentiellem Sinn zuteil wird oder im Fall der Missachtung vorenthalten wird.[84] Es geht um einen erweiterten Begriff menschlicher Wertschätzung,

---

80 Brumlik (1992), S. 157.
81 Pauer-Studer (1996), S. 269.
82 Siehe zur Begründung den nächsten Abschnitt II.1.4.3.
83 Golser (2004), S. 241.
84 Ethisch-existentielle Wertschätzung berührt damit die Sphäre der Fürsorge und Liebe bei Axel Honneth, ohne darin aufzugehen. Vielmehr werden auch Phänomene der Missachtung im Bereich der gemeinschaftlichen Anerkennung oder des moralischen Res-

der darin besteht, »das unhintergehbare Andersein sowohl des Selbst als auch des Anderen zum zentralen Bestimmungsgrund moralischen Denkens zu erklären«[85].

1.4.3 Die Perspektive ethisch-existentieller Wertschätzung

Pauer-Studer ist grundsätzlich darin zuzustimmen, dass die Achtung der Würde eines Menschen mehr erfordert als die Gleichbehandlung als Rechtssubjekt und als Empfänger von Wohltätigkeit. Die feministische Ethik hat im Rahmen ihrer Kritik an universalistischen Gerechtigkeitstheorien gezeigt, dass die Einbindung moralischer Empfindungen und affektiver Einstellungen dazu beträgt, jene Haltungen offen zu legen, durch die andere Menschen unterhalb rechtlicher Standards missachtet und diskriminiert werden. Da diese moralischen Aspekte sich gerade nicht an verallgemeinerungsfähigen Regeln orientieren, eignen sie sich zur kontinuierlichen Hinterfragung universaler Gerechtigkeitstheorien. Eine differenzierte Wahrnehmung des Anderen ermöglicht nicht nur die Berücksichtigung seiner spezifischen Bedürfnisse und Lebenssituationen, sondern erlaubt zugleich eine kritische Überprüfung sozialer Strukturen und institutioneller Praktiken. Damit wird ein wichtiger Schritt in Richtung einer Moralkonzeption[86] zurückgelegt, die als kritisches Instrument zur Evaluierung gesellschaftlicher Verhältnisse und sozialer Institutionen dienen kann.

Nun wird oftmals eingewandt, dass auch beim Kooperationsansatz die Berücksichtigung von Personen in asymmetrischen Beziehungen möglich ist, da prinzipiell jeder in eine Situation kommen kann, in der er überwiegend auf die Hilfe anderer angewiesen ist. Jedoch weist der Rückgriff auf das Argument des Eigeninteresses nicht wirklich einen Ausweg aus der Problematik: Denn es sind Situationen vorstellbar, in denen ein Akteur ohne Gefahr über die Bedürfnisse und Interessen Anderer hinweggehen kann. Mackie macht auf die begrenzte Reichweite aller Kooperationsmodelle am Beispiel von Tieren aufmerksam, welches in seiner moralischen Pointe auch auf Menschen übertragen werden kann: »Sie [Die Tiere, J.E.]

---

pekts berücksichtigt, da die in diesen Bereichen geltenden Normen der Anerkennung nicht nur schützend, sondern zugleich aussondernd und missachtend wirken.

85 Rösner (2002), S. 17.

86 Vgl. Pauer-Studer (1996), S. 271.

befinden sich niemals auch nur annähernd in einer Position, in der wir darauf angewiesen wären, auf sie Rücksicht zu nehmen.«[87] Das menschliche Selbstinteresse scheidet daher als Begründung für das moralische Handeln gegenüber Tieren aus, dieses muss sich vielmehr an der Empfindungs- und Leidensfähigkeit von Tieren orientieren. Analog kann man im Blick auf Menschen argumentieren, die aufgrund einer Krankheit oder einer Behinderung als Kooperationspartner ausscheiden und ganz auf die Sorge anderer angewiesen sind. An diesen Beispielen wird deutlich, dass eine humane Einstellung zum Kern der Moral gehört. Nach Mackie können wir »nicht gefühllos und gleichgültig, geschweige denn grausam gegenüber von Geburt an unheilbar kranken Menschen oder gegenüber Tieren sein«[88].

Die gerechtigkeitstheoretische Berücksichtigung von Menschen in asymmetrischen Beziehungen erscheint deshalb nur möglich, wenn sie über die rechtliche Gleichstellung und soziale Wertschätzung hinaus auch dem konkreten Anderen als schwachem, verletzbarem, bedürftigem Subjekt Wertschätzung zu geben vermag. Es geht um die Menschen, »die nicht über kulturell anerkannte Eigenschaften und Fähigkeiten verfügen, sondern aufgrund ihrer besonderen Lebenssituation verantwortliche Fürsorge benötigen«[89].

Deshalb ist die Fähigkeit zur solidarischen Einfühlung in die Lage anderer über eine affektiv erweiterte Moral in den Entwurf einer Gerechtigkeit für Menschen mit Behinderung einzubinden. Wie oben gezeigt wurde, können über eine schwache Theorie des Guten die moralischen Gefühle der Empathie, des Mitleids und der Betroffenheit plausibel mit einer universalistischen Gerechtigkeitstheorie verbunden werden, ohne dass dadurch eine starke Konzeption des Guten unterschwellig eingeführt würde. Diese moralischen Gefühle sind im Blick auf Menschen, die ihr Leben lang auf Hilfe angewiesen sind, unbedingt notwendig, denn eine moralische Verpflichtung kann in diesem Fall nur in der konstitutionellen Hilfs- und Schutzbedürftigkeit des anderen Menschen begründet werden. Ansonsten würde soziale Wertschätzung nur auf die Menschen beschränkt bleiben, die über intersubjektiv anerkannte Fähigkeiten und Eigenschaften verfügen –

---

87 Mackie (1981), S. 248.
88 Ebd., S. 249.
89 Rösner (2002), S. 123.

eine Position, die gänzlich unvereinbar wäre mit der grundsätzlich jedem menschlichen Wesen zugesprochenen Würde des Menschen.[90]

1.4.4 Gerechtigkeit oder Barmherzigkeit

In der bisherigen Diskussion asymmetrischer Beziehungen lief unterschwellig eine Alternative mit, die nur nebenbei angesprochen wurde: Die Bedürfnisse nicht-kooperationsfähiger Menschen könnten auch durch Taten der Barmherzigkeit befriedigt werden. Zwar ist, ausgehend vom griechischen Begriff der Epikie in der abendländischen Geschichte der Gedanke der Billigkeit der Gerechtigkeit zur Seite gestellt worden. Die Billigkeit ist als Fallgerechtigkeit nicht am Netz gegenseitiger Verpflichtungen orientiert, sondern nimmt in bewusster Einseitigkeit die Bedürfnisse der Betroffenen wahr. In christlicher Liebestätigkeit fanden die Erfordernisse der Billigkeit als zuwendende Fürsorge für den auf Hilfe angewiesenen Anderen ihre Fortführung, »denn die Liebe wird in ihrer Begründung entschieden einseitig sein [...]«[91]. Jedoch besteht sozialethisch ein großer Unterschied zwischen der Verbürgung von Hilfe in Form eines rechtlichen Anspruchs (Gerechtigkeit) oder der Darreichung in Form einer Gabe (Liebe). »Die Verbürgung als Anspruch sichert den Status der Person, die Darreichung als Gabe macht sie abhängig von der Mildtätigkeit ihres Umfeldes.«[92] Daher muss gelten: auch nicht-kooperationsfähigen Personen soll *Gerechtigkeit* widerfahren.

In späteren geschichtlichen Entwicklungen ist die Solidarität an die Stelle der christlichen Nächstenliebe getreten, insofern nicht nur kollektive Verantwortlichkeit, sondern auch asymmetrische Verpflichtung zu ihrem Sinn gemacht wurde.[93] Die Begründung von Hilfe für Menschen mit Be-

---

90 Vgl. Anzenbacher (2001), der rechtliche Gleichheit, Anerkennung des Anderen und Menschenwürde zu einer komplexen Figur der Gerechtigkeit verbindet.

91 Frey (2005), S. 83.

92 Eurich (2005b), S. 62.

93 Vgl. Frey (2005), S. 83. Jedoch steht heute die gesellschaftliche Solidarität mit Menschen in besonderen Lebenslagen wieder auf dem Prüfstand. Zum einen, weil Solidaritätsverpflichtungen vermehrt gegenüber dem Nutzen, den ein Individuum aus Solidaritätsleistungen ziehen kann, abgewogen werden. Zum anderen, weil heute aufgrund knapper Staatsfinanzen beim Umbau der sozialen Sicherung die Berücksichtigung asymmetrischer Verhältnisse über Motive bürgerschaftlichen Engagements vermehrt ins Gespräch gebracht wird.

hinderung darf aber die Gerechtigkeit nicht außer Acht lassen und sich nicht nur auf die Forderung nach Barmherzigkeit beschränken, womit Menschen mit Behinderung wieder abhängig gemacht würden von der Wohltätigkeit anderer. Denn im Gegensatz zur Gerechtigkeit ist Barmherzigkeit keine Bringschuld, »sie bedeutet vielmehr eine moralisch gebotene, gleichwohl freiwillige Mehrleistung«[94], die in einer spezifischen Hilfekultur eingebettet ist. Ein subjektives Recht auf Hilfe kann durch sie nicht begründet werden. Diese Beobachtung wird im Zwischenfazit (II.4) wieder aufgenommen werden. Sie öffnet zugleich den Blick dafür, dass die Haltung gegenüber Menschen mit Behinderung einschließlich dessen, wie Unterstützung bei Behinderung oder Beeinträchtigung begründet wird, von sozio-kulturellen und politischen Faktoren maßgeblich beeinflusst wird. Was bisher noch nicht erörtert wurde, ist die Frage, wie das moderne Phänomen einer Behinderung selbst als Interpretationskonstrukt verstanden werden kann. Diese Frage wird im folgenden Kapitel aufgenommen.

---

94 Höffe (2005), S. 35.

2 Die Konstruktion von Behinderung

»Einen geistig Zurückgebliebenen sollte man nicht wie eine Uhr ansehen,
deren Werk nicht mehr in Ordnung ist. Stattdessen sollten wir ihn fragen:
›Welche Sprachspiele kann er spielen‹?«

Ludwig Wittgenstein

2.1 Behinderung als soziale Konstruktion

In der Perspektive von Behinderung als soziale Konstruktion richtet sich
der Blick nicht auf die (körperliche, psychische, geistige) Schädigung oder
den »Defekt« eines Menschen, sondern auf die bestehenden sozialen, politischen und kulturellen Gegebenheiten und Handlungsweisen, durch welche die Schädigung als Behinderung wahrgenommen und eingestuft wird.[1]
Die wissenschaftliche Disziplin der *Disability Studies*[2] (Behinderungswissen-
schaft), die sich mit der sozialen Konstruktion von Behinderung befasst, ist
aus der politischen Behindertenbewegung in den USA und in Großbritannien Anfang der 1980er Jahre hervorgegangen. Analog den *Gender Studies* und *Critical Race Studies* werden Menschen mit Behinderung in den
Disability Studies in erster Linie als Angehörige einer unterdrückten Minderheit angesehen.[3] Deren politische Ziele bestehen in der Bewusstmachung
und Überwindung unterdrückender sozialer und kultureller Praktiken und
der Etablierung einer eigenen Behindertenkultur. Dazu gehört, dass sowohl
Behindertenpolitik als auch Behindertenforschung von den betroffenen
Menschen selbst durchgeführt wird. Bedeutsam im Kontext dieser Arbeit
sind Ergebnisse der *Disability Studies*, die aufweisen, dass das vorherrschende Verständnis von Behinderung in einer Gesellschaft nicht unabhängig von sozialen, ökonomischen und kulturellen Gegebenheiten begriffen werden kann.[4] Als Beispiel hierfür soll die soziale Konstruktion von

---

1 Vgl. Cloerkes (2003); Corker/French (1999); Waldschmidt (2003a).
2 Vgl. Degener (2003).
3 Siehe unten II.3 zur weiteren Diskussion dieses Ansatzes.
4 So geht Dederich (2004) den Impulsen der *Disability Studies* für die Soziologie von Menschen mit Behinderung in wissenssoziologischer Perspektive nach.

körperlich behinderten Menschen als Kriminelle in der zweiten Hälfte des 19. Jahrhunderts in der kanadischen Provinz Ontario angeführt werden.

Nach Hanes[5] bedingte der grundlegende wirtschaftliche und kulturelle Wandel der kanadischen Gesellschaft, die sich in jener Zeit von einer agrarischen zu einer industriellen ökonomischen Verfasstheit entwickelte, dass Menschen mit Behinderung in der Wahrnehmung der Öffentlichkeit von einer sozial über familiäre und nachbarschaftliche Beziehungen integrierten Bevölkerungsgruppe zu einer unerwünschten Gruppe mutierten.[6] Um diese »schädlichen« Personen zu kontrollieren, erließen die zuständigen Regierungen Gesetze, welche Einschränkungen der Bewegungsfreiheit bis hin zu Inhaftierungen behinderter Menschen vorsahen.[7] Entscheidend ist nun, dass die Veränderung der öffentlichen Repräsentation behinderter Menschen nicht unabhängig vom Wandel sozialer Vorstellungen und gesellschaftlicher Praktiken verstanden werden kann, wie das kanadische Beispiel zeigt: »Community support was replaced by institutional mechanisms of control. Social acceptance turned to repugnance and laws were passed to prevent cripples from the public view.«[8] Hanes fasst die sozialen, kulturellen und ökonomischen Faktoren, die für die Konstruktion von behinderten Menschen als kriminelle Menschen in Ontario zur Zeit des neunzehnten Jahrhunderts ausschlaggebend waren, wie folgt zusammen:

»The transition in the economy from an agrarian based economy to a wage based market economy; changes in public attitudes towards dependency; development of middle class notions of aesthetics and good health, and the reluctance of the province to provide direct support for the care and well being of all citizens in need.«[9]

---

5 Hanes (2004).
6 Vgl. ebd., S. 91: »Because of the province's agrarian economic base it was quite likely that many ›cripples‹ required little or no support and it was likely that they contributed to their families and communities. In other words, an individual could have a physical impairment, but the individual was not considered a burden and in economic and social terms the individual was not considered disabled.« Vgl. weiterhin ebd.: »Prior to the onset of industrialization with its wage based economy ›cripples‹ were not necessarily viewed as being disabled. The social creation of the ›disabled‹ came hand in hand with the demands of an emerging urban and industrialized society.«
7 Vgl. ebd., S. 95: »The use of jails as shelters for the ›aged‹, ›infirm‹ and ›crippled‹ populations became so wide spread that some jail superintendents complained openly about the inappropriate use of jails as places of refuge for the ›defective‹ population.«
8 Ebd., S. 97.
9 Ebd., S. 98.

Deshalb wird in den *Disability Studies* zwar ein Zusammenhang zwischen einem körperlichen, geistigen oder psychischen »Defekt« und einer Behinderung gesehen, jedoch wird dieser weder als notwendige noch als hinreichende Bedingung für eine Behinderung eingestuft. Die Unterscheidung zwischen »behindert« und »nicht-behindert« ist somit keineswegs auf eine objektiv fixierbare (körperliche) Schädigung zurück zu führen. Für die soziale Konstruktion von Behinderung ist vielmehr elementar, dass eine Behinderung nicht eine Eigenschaft des betroffenen Menschen auszeichnet, sondern eine politisch, sozial und kulturell konstruierte Kategorie ist, die vorwiegend durch Einsatz verschiedener Disziplinen (Medizin, Soziologie, Anthropologie, Psychiatrie, Pädagogik und andere) als Phänomen beschrieben und erklärt wird. Eine Behinderung wird somit erst dadurch hervorgebracht, dass körperliche Funktionsweisen innerhalb bestimmter Grenzwerte als »normal« festgelegt werden und Menschen außerhalb dieser Werte als anomal, invalid behindert oder ähnliches eingestuft werden. Aufbauend auf die wegweisenden Arbeiten Foucaults, der analysiert hat, wie die Terminologien der Disziplinen auf Politik und Gesellschaft Einfluss nehmen, allmählich in die Alltagssprache einsickern und dadurch die Kontrolle der disziplinären Ordnungen erweitern, wurde in der Perspektive des sozialen Konstruktionismus[10] die Klassifikation mentaler Störungen in den USA als Zyklus progressiver mentaler Schwäche analysiert und soll hier als weiteres Beispiel wiedergegeben werden.[11]

Bei der ersten Klassifikation mentaler Störungen in den Vereinigten Staaten im Jahr 1840 gab es lediglich ein paar wenige Unterscheidungen, die alle mit organischen Fehlfunktionen zusammenhingen. In der zweiten und dritten Dekade des zwanzigsten Jahrhunderts schlug sich der zunehmende Einfluss von Psychiatrie und Psychologie in der Unterscheidung von bereits vierzig mentalen Störungen nieder. Die Anzahl der Begriffe für

---

10 Unter dem sozialen Konstruktionismus verstehe ich im Gegensatz zu dem in Deutschland bekannteren Konstruktivismus oder radikalen Konstruktivismus (der von Autoren wie von Foerster, von Glasersfeld, Maturana und Watzlawick vertreten wird), die soziale Eingebundenheit allen Wissens und aller Erfahrung. Im Mittelpunkt steht die Frage, wie Menschen gemeinsam mit anderen im Diskurs Wirklichkeit und Sinn erzeugen. Der Schwerpunkt des sozialen Konstruktionismus liegt daher im intersubjektiven Bereich. Dagegen betont der radikale Konstruktionismus die Subjekt-Gebundenheit von Wissen und Erfahrung. Das Individuum konstruiert sich seine eigene Wirklichkeit selbst. Vgl. zum sozialen Konstruktionismus Gergen (2002).

11 Vgl. zum Folgenden Gergen (2002), S. 56f.

mentale Störungen im offiziellen Diagnosehandbuch *Diagnostic and Statistical Manual of Mental Disorders* liegt inzwischen bei über 300.[12] War in der Mitte des 19. Jahrhunderts das Wort »Depression« noch unbekannt, so verzeichnet das gegenwärtig aktuelle Manual mehrere unterschiedliche Formen von Depressionen (zum Beispiel chronische, melancholische, bipolare). Mehr als 10 Prozent der Bevölkerung sollen laut Psychiater/innen heute unter Depressionen leiden. So verwundert es nicht, dass parallel zur Ausweitung identifizierbarer Störungen die Zahl der Psychologen/innen und Psychiater/innen in den USA ebenso rasant angestiegen ist – von 127 Mitgliedern in der American Psychological Association zu Beginn des neunzehnten Jahrhunderts (im Jahr 1900) auf über 83.000 im Jahr 2000. Die American Psychiatric Association umfasst heute 35.000 Psychiater in den USA, Kanada und einigen weiteren Ländern. Entsprechend angewachsen sind auch die Ausgaben für psychische Gesundheit. 1980 waren mentale Störungen in den Vereinigten Staaten bereits die drittteuerste Krankheitskategorie. Diese Entwicklung kann konstruktivistisch als Zyklus analysiert werden:

(1) Die Fachvertreter (Psychiater/innen, Psychologen/innen) definieren eine Fehlfunktion.

(2) Diese Definition wird in der Bevölkerung durch Medien, Bildungseinrichtungen und öffentliche Maßnahmen verbreitet.

(3) Die auf diese Weise etablierten Begrifflichkeiten werden von den Menschen zur Selbstbeschreibung verwendet (zum Beispiel »ich bin heute leicht depressiv«).

(4) Aufgrund der Selbstbeschreibung werden Psychiater/innen und Psychologen/innen aufgesucht, um Heilung zu erlangen.

(5) Umso häufiger die Fachvertreter aufgesucht werden, desto größer wird der Bedarf an ihnen.

(6) Je höher die Zahl der Psychiater/innen und Psychologen/innen ist, umso mehr weitet sich das Vokabular an Begriffen für mentale Störungen aus.

Dieser stetig fortschreitende Zyklus, der offensichtlich nicht allein auf den wissenschaftlichen Erkenntnisfortschrift in den Fachdisziplinen zurückzuführen ist, bedingt, dass immer mehr Aspekte des kulturellen Lebens, sobald sie mit einer gewissen Intensität betrieben werden, unter die Definiti-

---

12 Ebd.

onsmacht oben genannter Fachvertreter fallen und als der Heilung bedürftige Fehlfunktionen konstruiert werden.[13] Eine ähnliche Entwicklung wurde bei der kritischen Untersuchung neuerer Behinderungsbegriffe im deutschen Sozialrecht und der deutschen wissenschaftlichen Diskussion konstatiert: »Nicht weniger, sondern immer mehr Verhaltensweisen, Zustände oder Merkmale werden zu Behinderungen erklärt.«[14]

Die auf diese Weise entstehenden Definitionen und Klassifikationen üben eine alltagsweltlich fast unbemerkte Macht aus. Nach Foucault ist »Macht […] ein offenes, mehr oder weniger koordiniertes […] Muster von Beziehungen«[15]. In dieser Sicht dient die Kategorie der Behinderung dazu, eine bestimmte Art der Abweichung von der gesellschaftlichen Normalität zu definieren und zu klassifizieren. In der Folge werden besondere Maßnahmen bis hin zu Sanktionen getroffen, um den Status des behinderten Menschen außerhalb des Normalitätsbereiches zu regeln, wodurch die betroffene Person diszipliniert und möglicherweise auf einen engen Aktionsraum eingeschränkt wird. Entsprechend haben medizinische, rehabilitative und therapeutische Maßnahmen zum Ziel, die abweichende Person durch Behebung des diagnostizierten »Defekts« möglichst wieder der Norm anzunähern.

Auf den ersten Blick scheinen die oben[16] zugrunde gelegten Durchschnittswerte normaler körperlicher Funktionen ein solches normalistisches Krankheitsverständnis zu implizieren. Zwar bezieht sich Daniels auf statistisch erhobene Normwerte, jedoch macht bei seinem Verständnis normaler körperlicher Funktionen nicht ein defizitärer Krankheitsbegriff, sondern die mit Krankheiten einhergehende Beeinträchtigung an Chancen den normativen Unterschied aus.[17] Entsprechend geht es nicht darum, behinderte Menschen wieder an eine bestimmte körperliche Norm (Leistungsfähigkeit, Unversehrtheit und daraus abgeleitete rehabilitative Maßnahmen zur Wiederherstellung der Arbeitskraft) heranzuführen, sondern ihnen durch kompensatorische Zuteilung von Ressourcen gleiche Chancen zu ermöglichen.

---

13 So werden heute nach Gergen (2002), S. 57, unter Suchterkrankungen solche kulturellen Tätigkeiten wie Sporttreiben, Essen, Arbeiten sowie Religion und Sexualität thematisiert.
14 Felkendorff (2003), S. 51.
15 Foucault zitiert nach Gergen (2002), S. 56.
16 Vgl. I.2.2.1.
17 Vgl. Gottschalk-Mazouz/Mazouz (2004), S. 265f. Vgl. zur Kritik an Daniels' Krankheitsverständnis oben I.2.2.1.

Da alle Versuche, Behinderung nicht defizit-orientiert zu definieren, an einem »harten Kern« eines nicht-relativen Behinderungsverständnisses zu scheitern drohen,[18] werden in der konstruktivistischen Perspektive auch solche Normalismuskonzeptionen, die normativ aufgeladene Begrifflichkeiten in ihrer Beschreibung von Behinderung weitestgehend vermeiden, kritisch betrachtet, da immer die Gefahr besteht, dass Personengruppen als außerhalb dieser Konzeptionen liegend bestimmt und damit zugleich der Möglichkeit gesellschaftlicher Ausgrenzung ausgesetzt werden. Denn selbst bei Konzeptionen eines flexiblen Normalismus ist nicht zu verhindern, dass präskriptive Normativätsvorstellungen in die anscheinend wertneutral gehaltene Klassifikation einfließen.[19] Als zentrale Schwierigkeit stellt sich die normativ-negative Bewertung gesundheitlicher Einschränkungen dar.

Im Gegensatz zur Fixierung auf die Behebung des normabweichenden »Defekts« ist in der Perspektive der Behinderung als soziales Konstrukt maßgebend, ob die Umwelt für einen Menschen mit dem betreffenden »Defekt« sozial hinreichend strukturiert ist. Bei kleinen Beeinträchtigungen wie einer Lesebrille ist dies der Fall, bei Konzentrationsstörungen aufgrund von Epilepsie oder einer psychischen Krankheit jedoch oftmals bereits nicht mehr. So führen bei vielen weiteren Behinderungsarten gesellschaftliche Strukturen und Deutungsmuster zu Verhältnissen, die Menschen mit Behinderung ausgrenzen oder wie im kanadischen Beispiel sogar kriminalisieren. Daher »müssen nach dem sozialen Modell die Normvorstellungen und Werte sowie die Strukturen und Bedingungen analysiert und geändert werden, die zu der Behinderung führen«[20]. Eine der zentralen Forderungen, die Vertreter des Konstruktionismus erheben, besteht in der Etablierung einer Identitätspolitik, welche über Formen des Widerstands, der Selbstdarstellung und der politischen Rekonstruktion eine politische Neuorientierung im Umgang mit Behinderung bewirken soll.[21]

Wenn Behinderung nicht als anthropologische Gegebenheit, sondern als eine an einen sozialen Kontext gebundene Konstruktion und Interpretation zu verstehen ist, dann folgt daraus, dass die Definition des Behindertenbegriffes *relativ* und *relational* ist. Nachfolgend soll diese Einsicht durch die Darstellung der in verschiedenen wissenschaftlichen Perspekti-

---

18 Vgl. Waldschmidt (2003c).
19 Vgl. Waldschmidt (2003b), S. 201.
20 Faber (2004), S. 9.
21 Vgl. Gergen (2002), S. 61ff.

ven jeweils vorgenommenen Definitionen einer geistigen Behinderung veranschaulicht werden. Zuvor soll jedoch zuerst die ethische Relevanz des sozialen Modells von Behinderung diskutiert werden, um so den Ertrag des konstruktivistischen Ansatzes für Gerechtigkeit für Menschen mit Behinderung festzuhalten.

2.2 Ethische Relevanz der sozialen Konstruktion von Behinderung

Die Perspektive des Konstruktionismus erlaubt einen kritischen Blick auf Normalisierungsprozesse und Normalismuskonzeptionen. Ihre Stärke liegt unzweifelhaft in der Offenlegung jener sozialen Konstruktionen, die die Unterscheidung zwischen »behindert« und »normal« scheinbar unhinterfragbar festschreiben. Daran zu kritisieren sind in ethischer Sicht nicht nur die Zuschreibungen diskursiver und institutioneller Praktiken, die die Selbst- und Fremdwahrnehmung einer Gruppe von Individuen steuern und heteronome Lebenslagen zementieren. Menschen mit Behinderung werden auf diese Weise gezwungen, ihr Behindertsein als abnorme, problematische Existenzform zu erkennen und ihre Identität darüber zu definieren.[22] »In logischer Konsequenz wird der Mensch mit einer Behinderung von einem ›Subjekt mit Lebensgeschichte zu einem Fall mit Krankheitsgeschichte«[23]. Behindert zu sein wird damit zu einer als krankhaft eingestuften Lebensform, die das Sein bestimmter Menschen als Leidensform festlegt. Die bloße Tatsache einer medizinischen Schädigung reicht jedoch nicht hin, um Urteile über das Wohl der betroffenen Personen zu fällen.[24]

Zu kritisieren ist daher auch der defizitorientierte Ansatz, der nach wie vor Grundlage für die übliche Grobklassifikation von Behinderungen ist.[25] Wie ist dann das Verhältnis von medizinischen und sozialen Aspekten einer Behinderung zu bestimmen? Einerseits wird von einigen Autoren behauptet, dass der Behinderungsbegriff ohne Bezug auf objektivierbare körperliche Beeinträchtigungen seinen Erkenntniswert einbüße und allzu

---

22 Vgl. Rösner (2002), S. 26.
23 Gröschke (2003), S. 177.
24 Vgl. Schramme (2003a).
25 Vgl. zur detaillierten Auseinandersetzung mit neueren Klassifikationen II.2.3.

unscharf und beliebig werde.[26] Sie sehen das Problem nicht so sehr in der Annahme, dass biophysische Schädigungen zu einer Behinderung gehören und individuell nachweisbar sein müssen, sondern vielmehr darin, dass der Begriff »Schädigung« gleichzeitig eine Tatsache und einen Mangel bezeichnet, da er über seine deskriptive Bedeutung hinaus im normativen Sinne verstanden wird und damit Zuschreibung ist.[27] Andererseits wird über eine genauere Bestimmung der Dichotomie zwischen der naturwissenschaftlich-medizinischen Sichtweise und einer rein sozialkonstruktivistischen Perspektive versucht, Funktionsbeeinträchtigungen als natürliche Phänomene zu fassen, die nicht sozial konstruiert sind.[28] Jedoch wird dabei die Rolle sozialer Aspekte bei der Bestimmung der medizinischen Ursachen der Funktionsstörung übergangen. Dies ist nicht zuletzt durch die Beschränkung der sozialen Dimension des Behinderungsbegriffes auf wissenssoziologische Deutungsmuster bedingt. An Stelle dieser Vereinseitigung bietet sich an, nicht von der Abgrenzung eines sozialen Modells von Behinderung von einem medizinischen auszugehen, sondern das »Soziale« und das »Natürliche« als ineinander verschränkt anzusehen und komplexe biopsychosoziale Zusammenhängen zugrunde zu legen.[29]

Kritisch gegen den sozialen Konstruktivismus ist an diesem Punkt einzuwenden, dass er die positiven Auswirkungen sozialer Ordnungen übersieht. Zwar werden im Zuge rechtlicher Anerkennung und sozialer Wertschätzung bereits bestimmte soziale Zuschreibungen vorgenommen, denn Güter und Werte sind heute weitgehend inkorporiert und konkretisiert in sozialen und politischen Institutionen.[30] Jedoch stünden alle gesellschaftlichen Werte zur Disposition, würde jede »Disziplinierung« im Foucaultschen Sinne abgelehnt. So ist die Schaffung einer gerechten Gesellschaftsordnung ohne Gesetze nicht möglich. Organische und viele psychische Beeinträchtigungen können bei behinderten Menschen ohne medizinische Maßnahmen nicht therapiert werden. Zugleich begründet der medizinische Befund bestimmte Ansprüche und Rechte, die der betroffenen Person den Zugang zu spezifischen Hilfen und Therapiemaßnahmen eröffnen. Daher kann es nicht ausschließlich um die als Gegenmittel propagierte Dekonstruktion

---

26 So zum Beispiel Gröschke (2003), S. 176.
27 Vgl. Rösner (2002), S. 291.
28 Vgl. Schramme (2003b), der dies im Blick auf psychische Erkrankungen versucht.
29 Vgl. zum internationalen Diskurs Hollenweger (2003).
30 Vgl. Siep (2002), S. 55.

und Neuorientierung gehen, als vielmehr darum zu erkennen, welche Vorteile mit den kritisierten Traditionen und Disziplinen verbunden sind und zugleich deren negative Aspekte offen zu legen, damit nach alternativen Ansätzen gesucht werden kann. Die Auseinandersetzung sollte dann nicht länger um ideologisch aufgeladene Grundsatzfragen wie zum Beispiel »wer ist normal?« oder »was ist Normalität, was nicht mehr?« geführt werden, »sondern um die nüchterne und ernüchterte Analyse von sozialen Rollenerwartungen und -qualifikationen in den verschiedenen Lebens- und Alltagsbereichen der konkreten Gesellschaft und um die einzelfallbezogene Frage, ob und wie eine konkrete (behinderte oder sonstwie sozial marginalisierte) Person solche üblichen sozialen Rollen kompetent wahrnehmen und selbstbestimmt und selbständig übernehmen kann«[31]. Statt also alle Formen der Ordnung abzulehnen, bietet sich eine Position der *differenzierenden Bewertung* als die ethisch angemessenere Position an.[32] Sie erlaubt, die unterschiedlichen disziplinären Traditionen und Lebensformen nach deren positiven und negativen Folgen zu befragen. Dies soll zunächst, wie oben bereits angemerkt, am Beispiel der Definition von geistiger Behinderung in vier fachspezifischen Ansätzen durchgespielt werden.

2.3 Fachspezifische Deutungen von Behinderung am Beispiel der Definition von geistiger Behinderung

2.3.1 Der Terminus »geistige Behinderung« und seine Definition

»Behinderung« stellt keinen einheitlichen Begriff dar; es gibt auch keine allgemeingültige Definition von »Behinderung«. Entscheidend für ein bestimmtes Verständnis von »Behinderung« ist, aus welchem Blickwinkel und von welchen Interessen geleitet »Behinderung« betrachtet und bewertet wird.[33] Definitionen und gesellschaftlich verbreitete Auffassungen über Behinderung spiegeln die jeweiligen gesellschaftlichen Bedingungen und Verhältnisse wider samt den zugrundeliegenden Norm- und Wertvorstellungen.

---

31 Gröschke (2002), S. 180f.
32 Vgl. Gergen (2002), S. 58.
33 Vgl. die unterschiedlichen Selbst- und Fremdverständnisse von Vertretern von Behörden, Institutionen und Selbsthilfegruppen sowie von Nicht-Behinderten und Behinderten selbst.

Der Terminus »geistige Behinderung« ist ein unklarer Begriff, der sich inhaltlich nicht bündig fassen lässt. Die Schwierigkeiten beginnen schon bei dem enthaltenen Wort »Geist«[34]. Trotz einer Fülle von Definitionen kann der Begriff »Geist« nicht wissenschaftlich operationalisiert werden. Im Allgemeinen wird unter einer geistigen Behinderung eine schwerwiegende Beeinträchtigung intellektueller (mentaler) Funktionen verstanden. Jedoch wird auf diese Weise keine semantische Eindeutigkeit hergestellt.[35] Ebenso ist die Annahme einer homogenen Gruppe von Menschen, die der Begriff »geistig behindert« bezeichnen soll, und die durch eine solche Begriffsbestimmung nahe gelegt wird, nicht haltbar.[36] Im Grunde lässt sich fragen, inwiefern »Geist« überhaupt behindert werden kann oder ob eine geistige Behinderung alle geistigen Phänomene betrifft. Ein weiteres zentrales Problem besteht in der definitorischen Festlegung eines an sich veränderbaren und prozesshaften Phänomens, denn eine geistige Behinderung ist als menschliches Verhaltensphänomen einerseits abhängig von den geschichtlichen Bedingungen der jeweiligen Zeit. Vor 100 Jahren verstand man unter einer geistigen Behinderung etwas anderes als heute.[37] Andererseits ist geistige Behinderung auch als lebensgeschichtlicher Prozess wahrzunehmen, der sich im Rahmen der menschlichen Entwicklung als solcher abspielt. Daraus ergibt sich bereits eine gewisse Komplexität in Bezug auf die Unterscheidungsmerkmale, nach denen man einen Menschen als »geistig« behindert einstuft beziehungsweise nach denen man eine Abgrenzung gegenüber einer anderen Behinderung oder Nichtbehinderung vornehmen kann.

Die Kriterien, die ein Beobachter zugrunde legt, wenn er von einer »geistigen« Behinderung spricht, sind nicht einfach objektiv vorgegeben oder ableitbar, sondern werden beeinflusst durch die eigenen Einstellungen, Sichtweisen und Maßgaben des Beobachters, die wiederum durch die

---

34 Vgl. Buschlinger (2000).

35 So ist zum Beispiel die Abgrenzung von einer Lernbehinderung nicht eindeutig zu leisten. Auch eine Einstufung nach Intelligenzquotienten hilft hier nicht weiter. Vgl. dazu unter II.2.3.2 »Der psychologische Ansatz«.

36 Im Alltag erscheint die oftmals schnelle Verständigung über das, was mit dem Terminus »geistige Behinderung« gemeint ist, bei näherem Hinsehen als nicht tragfähig: in der Regel werden sehr verschiedenartige Vorstellungen mit dem Begriff verbunden. Vgl. Bach (2001), S. 6.

37 Die heute akzeptierte Bezeichnung »geistige Behinderung« hatte als Vorläufer die Begriffe »Blödsinn«, »Schwachsinn« im Sinne von Geistesschwäche und »Idiotie«.

gesellschaftlich verbreiteten Ansichten geprägt sind.[38] Dieses Problem wird verschärft durch den Umstand, dass im Wesentlichen nur Aussagen *über* den geistig behinderten Menschen möglich sind. Menschen mit geistiger Behinderung können die Ergebnisse ihrer Selbstreflexion Außenstehenden in der Regel nicht vermitteln.[39] Über die unzweifelhaft stattfindenden reflexiven Prozesse können daher nur Aussagen aus der Perspektive eines Beobachters gemacht werden. Menschen mit geistiger Behinderung werden so zu Objekten von Erklärungen, deren Angemessenheit offen bleiben muss.[40] Zu einer adäquaten Erkenntnis fehlen dem Subjekt des Beobachters die Erfahrungen als Subjekt mit einer geistigen Behinderung.[41] »Alle Aussagen nicht geistig behinderter Personen über den geistig behinderten Menschen sind daher nur mit Vorbehalt adäquate Aussagen.«[42]

Es ist deshalb einleuchtend, dass bei Definitionsversuchen die Intention, mit der eine Definition versucht wird, besonderes Gewicht erhält: Eltern werden ihr eigenes geistig behindertes Kind anders sehen als ein Arzt, der es untersucht. So kann eine bloße Aufzählung der defizitären mentalen Funktionen dem Zweck eines Untersuchungsberichtes genügen, würde dabei aber eine unzulässige Verkürzung einer geistigen Behinderung auf Aspekte der Normabweichung darstellen.

---

38 Vgl. hierzu die vier Paradigmen, welche Cloerkes (1997), S. 9–11, als theoretische Grundauffassungen des Phänomens geistige Behinderung beschreibt. Mit den konkurrierenden Paradigmen ist jeweils eine bestimmte wissenschaftliche Sichtweise etabliert, die geistige Behinderung auf je unterschiedliche Ursachen zurückführt und natürlich auch je verschieden definiert.

39 Wie wichtig die Fähigkeit zur Kommunikation im Zusammenhang der Einstufung einer geistigen Behinderung ist, zeigt D. Biklen am Beispiel von Helen Keller, einer berühmten Schriftstellerin, Rednerin und Humanistin: »Erst als sie ein Mittel zur Kommunikation gefunden hatte, entkam sie der Beurteilung, sie sei geistig behindert.« Biklen (2000), S. 39. Ebenso seien auch Personen mit Zerebralparese der Einstufung als geistig behindert entgangen, indem sie ein Kommunikationsmittel fanden. Vgl. ebd.

40 »Auf den geistigbehinderten Menschen lässt sich lediglich hinweisen, er ist begrifflich nicht zu fassen. Die *Definition* ›geistige Behinderung‹ scheitert an der Ratlosigkeit desjenigen, der dieses Phänomen beschreiben und interpretieren will, da er die existentielle Wahrheit und Wirklichkeit mit seinen Kriterien und Argumenten nicht erreicht, in der sich der geistigbehinderte Mensch vorfindet und definiert.« Thalhammer (1974), S. 9. (Hervorh. i.O.)

41 Vgl. Speck (1999a), S. 43.

42 Ebd.

Sieht man sich die Bestimmung einer geistigen Behinderung näher an, so werden dabei verschiedene Teilbegriffe verwendet:[43]

- eine organische Schädigung des Zentralnervensystems (intellektuelle Schädigung)
- individuelle Persönlichkeitsfaktoren
- soziale Bedingungen und Einwirkungen.

Eine Behinderung liegt dann vor, wenn diese Teilfaktoren zusammenwirken. Jedoch wird unter einer geistigen Behinderung nicht nur dieses Begriffsgesamt verstanden, sondern es genügt im allgemeinen Sprachgebrauch hierfür bereits das Vorhandensein des Teilfaktors »organische Schädigung des Zentralnervensystems«,[44] da dann das als typisch geltende Merkmal der geistigen Zurückgebliebenheit beziehungsweise einer intellektuellen Schädigung vorliegt.

Die Einführung von Teilfaktoren geht zurück auf die *International Classification of Impairments, Disabilities, and Handicaps* (ICIDH) der Weltgesundheitsorganisation (WHO) in Genf.[45] Sie stellt eine wichtige Erweiterung zu einer besseren Erfassung des komplexen und vielschichtigen Phänomens einer Behinderung durch die Einbeziehung von personalen und sozialen Faktoren dar, die wie folgt von körperlichen Faktoren unterschieden werden:

(1) *Impairment* (Schädigung): Störung der organischen Ebene; bezieht sich auf funktionelle oder strukturelle Abweichungen des Organismus, zum Beispiel des Gehirns
(2) *Disability* (Beeinträchtigung): Störung auf der personalen Ebene; bezeichnet aus der Schädigung resultierende Beeinträchtigungen von Lebensvollzügen für einen konkreten Menschen
(3) *Handicap* (Behinderung, Benachteiligung): Mögliche Konsequenzen auf der sozialen Ebene; betrifft das gesamte Erleben von sozialer Benachteiligung.

Damit sind erstmals in einem Klassifikationsschema neben der Krankheit selbst systematisch die Folgen von unheilbaren Krankheiten und Gesundheitsschäden bedacht worden. Den eingeführten Begriffen *disability* und

---

43 Ebd., S. 39.
44 Ebd.
45 World Health Organization (1980).

handicap wurde der prinzipiell gleichrangige Stellenwert wie dem Begriff *impairment* eingeräumt. Geistige Behinderung konnte nun, neben der medizinischen, vorrangig defektorientierten Sichtweise, als sozial vermitteltes Phänomen mit Prozesscharakter wahrgenommen werden. Ein weiterer Vorteil dieser Klassifikation liegt in ihrer weiten Verbreitung, die sich weltweit zunehmend durchsetzt, und der damit möglichen gemeinsamen Verständigungsbasis.[46] Die WHO-Definition hat in ihren revidierten Fassungen[47] auch für diese Studie große Bedeutung, da sich inzwischen auch die Begriffsbestimmung der Sozialpolitik in Deutschland daran orientiert.[48]

Die Schwächen der WHO-Klassifikation beziehen sich auf verschiedene Aspekte: Als Ausgangspunkt stellt eine Schädigung eine objektivierbare Abweichung von einer Norm im organischen Bereich dar. Jedoch ist bereits die Frage der Normabweichung strittig: An welchen Bezugsgrößen wird eine Normabweichung festgemacht? Nach welchen Kriterien werden solche Bezugsgrößen festgelegt? Zudem ist fraglich, ob eine Schädigung jeweils so genau diagnostiziert werden kann, wie es medizinische oder sonderpädagogische Befunde nahe legen.[49] Weiterhin muss eine Behinderung nicht das Resultat einer körperlichen Schädigung sein, sondern kann aufgrund einer sozialen Abwertung auftreten, ohne dass eine Schädigung objektiv vorliegt. Als klassisches Beispiel hierfür gelten die Lernbehinderungen. *Disabilities* und *handicaps* müssen also keine Folgen sein, die sich gleichsam zwangsläufig aus einem *impairment* ergeben. So gibt es eine beträchtliche Anzahl von Erscheinungsbildern, die als geistige Behinderung bezeichnet werden, deren Ursachen aber in ätiologischer Hinsicht nicht

---

46 Zu beachten ist, dass im internationalen Sprachgebrauch der Begriff der *Mental Retardation* nach wie vor gebräuchlich ist, der jedoch nicht mit dem deutschen Begriff der »Geistigen Behinderung« übersetzt werden kann, da in den USA auch Menschen mit einer Lernbehinderung unter dem Begriff der *Mental Retardation* gefasst werden. In Großbritannien und Irland ist dagegen der Begriff *Mental Handicap* gebräuchlich, der wiederum in den USA als diskriminierend empfunden wird. Neuerdings rückt im Englischen der Begriff *Intellectual Disability* zunehmend in den Vordergrund. Im deutschen Sprachraum zeichnet sich folgende sprachliche Fassung ab: als Oberbegriff wird nach wie vor »Geistige Behinderung« verwendet, aber durch nähere Bestimmungen wird kenntlich gemacht, welcher Aspekt der WHO-Klassifikation betrachtet wird. Vgl. Thimm (1999), S. 11.

47 Siehe unten II.2.3.3.

48 Vgl. Bundesministerium für Arbeit und Sozialordnung (1998), S. 2. – Die WHO-Definition wird in ihrer überarbeiteten Fassung unter II.2.3.3 »Neuere Definitionen und eigenes Begriffsverständnis« noch einmal aufgegriffen.

49 Vgl. Cloerkes (1997), S. 5.

bekannt sind.[50] Ebenso sind bei vielen geistig behinderten Menschen keine kausalen Angaben möglich oder die festgestellten Ursachen haben unterschiedliche Erscheinungsbilder zur Folge.[51] Die Sequenz von organischer Störung bis hin zur sozialen Behinderung, welche die WHO-Klassifikation nahe legt, ist also zu hinterfragen.

2.3.2 Fachspezifische Definitionsansätze

Im Folgenden werden nun fachspezifische Definitionsansätze zum Begriff der geistigen Behinderung vorgestellt.[52] Dabei geht es nicht um die genaue Nachzeichnung der jeweiligen Ansätze im Einzelnen (die gängigen Definitionen einer Disziplin lassen sich leicht in der jeweils angegebenen Fachliteratur nachschlagen), sondern um eine Diskussion des Behinderungs-Verständnisses und der Konsequenzen des jeweiligen Ansatzes. Diese etwas ausführlichere Beschreibung des Phänomens geistige Behinderung schließt mit der Darstellung des eigenen Begriffsverständnisses ab. Der Grund für die ausführlichere Darstellung der einzelnen fachspezifischen Definitionen besteht darin, dass meines Erachtens ein direkter Zusammenhang zwischen der spezifischen Definition des Phänomens einer geistigen Behinderung und dem dann aus dieser Definition abzuleitenden Bedürfnisprofil und der entsprechenden Maßnahmen, die aus Gerechtigkeitsgründen zu leisten sind, besteht. Eine eindimensionale oder verkürzte Definition hat andere Auswirkungen in Bezug auf Gerechtigkeitsfragen als eine mehrdimensionale. So fällt beispielsweise der Unterstützungsbedarf, der Mittels einer Diagnose nach der Assistenz-Bedürfnis-Definition für die gerechtigkeitsbedingte gesellschaftliche Integration von Menschen mit geis-

---

50 Vgl. Harbauer/Schmidt (1979), S. 472.

51 Vgl. unten unter II.2.3.2 »Der medizinische Ansatz«.

52 Um dieses Kapitel nicht zu sehr auszuweiten, wurde auf eine Beschreibung des Phänomens der geistigen Behinderung aus allen relevanten Fachdisziplinen verzichtet. Neben den dargestellten vier Disziplinen sind auch die juristische und die ökonomische Bestimmung sowie die sozialpolitische Verwendung des Begriffs von großer Bedeutung. Verzichtet wurde weiterhin auf die paradigmatische Bestimmung von Behinderung, die in der Heilpädagogik geläufig ist. Folgende Paradigmen werden in ihr zugrunde gelegt: das personorientierte (medizinische) Modell, das interaktionistische Modell, das systemtheoretische Modell und das gesellschaftliche Modell.

tiger Behinderung notwendig ist, höher aus als der nach bisher vorherrschenden defizitären Definitionen ermittelte Bedarf.

Der medizinische Ansatz

Lange Zeit überwog in der Medizin die Ansicht, geistige Behinderung sei wie eine Krankheit auf bestimmte körperliche Ursachen zurückzuführen und könne mit einer kausalen, das heißt die Ursachen ansprechenden Therapie behandelt werden.[53] Entsprechend klar wurden die vielfältigen körperlichen Erscheinungsbilder zum Beispiel nach chromosomal oder metabolisch-genetisch verursachten, ätiologisch nicht bestimmbaren und exogenen Formen geistiger Behinderung unterschieden. Die so bestimmten Ursachen definierten die Behinderung. Als Therapie wurden ihnen bestimmte Maßnahmen zugeordnet. Jedoch erwies sich diese auffallend eindeutige Bestimmung geistiger Behinderung als unzureichend. Liepmann konnte nachweisen, dass bei etwa der Hälfte der von ihm untersuchten Fälle von Kindern und Jugendlichen mit einer geistigen Behinderung keine kausal greifbaren Diagnosen vorlagen.[54] Inzwischen konnten jedoch bei neueren Untersuchungen durch exaktere diagnostische Verfahren Fortschritte erzielt werden. Bei den schweren Störungsbildern ging die Rate von unspezifischer geistiger Behinderung deutlich zurück.[55] Zugleich kristallisierte sich eine überwiegend pränatale Ursache heraus, die den Einfluss sozialer Schichtzugehörigkeit einerseits weniger bedeutsam erscheinen lässt – andererseits bleibt dieser aber auch bei schwerer geistiger Behinderung nach wie vor umstritten: So konnte der Einfluss von soziodemografischen Faktoren im Gegensatz zu früheren Untersuchungen auch bei schweren idiopathischen Formen nachgewiesen werden.[56] Bei leichteren Formen geistiger Behinderung, bei denen man medizinisch traditionell an einer Zwei-Gruppen-Theorie (einem möglichen multifaktoriellen Erbgang sowie dem Einfluss umweltbedingter Belastungen) festhielt, kam es zu einem überarbeiteten Modell: In einem wesentlich höheren Prozentsatz konnten in neueren Untersuchungen spezifische organische

---

53 Vgl. Harbauer/Schmidt (1979), S. 450: »Für den Bereich der geistigen Behinderung ist
  eine Einteilung nach ätiologischen Gesichtspunkten optimal.«
54 Liepmann (1979), S. 101.
55 Gontard (1999), S. 30.
56 Ebd., S. 31f.

Faktoren nachgewiesen werden, was der Annahme eines multifaktoriellen Erbganges widerspricht. Gleichzeitig wurde jedoch deutlich, »dass es sich auch bei der leichten geistigen Behinderung um komplexe Interaktionen zwischen einem hohen Anteil von organischen Risiken und soziokulturellen Faktoren handelt«[57]. Auch wenn der medizinische Diskurs weiterhin von den Begriffen der Ätiologie und Pathogenese bestimmt sein wird – neue Forschungsmethoden im Bereich der Molekularbiologie lassen genauere Bestimmungen der neurobiologischen Funktionsstörungen erwarten, die einer geistigen Behinderung zugrunde liegen – so scheint sich doch ein Paradigmenwechsel in der modernen Medizin anzubahnen:[58] Der Ablösung von rein naturwissenschaftlich orientierten Betrachtungsweisen dürfte die verstärkte Hinwendung zu epigenetisch-interaktionistischen Vorstellungen, die den medizinischen Aspekt als einen Aspekt des Phänomens einer geistigen Behinderung ansehen, folgen.

Auch der Zusammenhang zwischen bestimmten körperlichen Ursachen und unterschiedlichen Erscheinungsbildern ist nicht in direkter Weise herzustellen, sondern unterliegt einer hohen Komplexität. So weist beispielsweise das Down-Syndrom eine große Bandbreite von Phänotypen auf, die von Lernbehinderung bis hin zur schweren geistigen Beeinträchtigung reichen. Von einem unidirektional-kausalen Einfluss des Genotyps auf die phänotypische Ausprägung kann nicht ausgegangen werden.[59] Zusätzlich zu den kausal festgestellten Ursachen müssen also andere Faktoren in Betracht gezogen werden, die das Auftreten unterschiedlicher Erscheinungsbilder zur Folge haben können. Kausalität kann dann jedoch lediglich unterstellt werden.[60] Zu berücksichtigen ist eine komplexe Interaktion des Genotyps mit Umweltfaktoren und epigenetischen Einflüssen. Wolfs Untersuchung zu rein genetisch bedingten Formen geistiger Behinderungen bestätigt diese Interdependenz.[61] Danach können Veränderungen auf der Ebene des Genotyps nicht mit geistiger Behinderung an sich

---

57 Ebd., S. 32.
58 Neuhäuser (2000), S. 38f.
59 Vgl. Müller-Jung (2001). Müller-Jung berichtet von dem Treffen des Deutschen Humangenomprojektes in Braunschweig, bei dem referiert wurde, »dass es offensichtlich keine einzelnen Erbanlagen auf dem überzähligen Chromosom gibt, die für die Krankheit entscheidend verantwortlich sind«.
60 Auch beim Down-Syndrom und seinem Bezug zu Chromosomenaberrationen ist dies der Fall. Vgl. Bach (2001), S. 11.
61 Vgl. Wolf (1995).

verbunden werden, sondern lediglich mit einzelnen Syndromen mit ihren spezifischen somatischen und psychischen phänotypischen Veränderungen. Nach Wolf ist eine generelle Ableitung des Phänotyps vom Genotyp nicht möglich.[62]

Neuhäuser und Steinhausen haben bei dem von ihnen herausgegebenen Werk einen medizinischen Zugang vorgestellt, der geistige Behinderung als komplexes Phänomen einer interdisziplinären Sichtweise öffnet und eine rein medizinische Bestimmung umgeht.[63] Dies wird schon an der Ausrichtung ihres Einteilungsschemas nach Klinischen Syndromen und speziellen psychopathologischen Störungen deutlich. Die Orientierung der verschiedenen Krankheits- und Störungsbilder erfolgt nach den Entstehungsphasen der Syndrome, also nach prä-, peri- und postnatal entstandenen Formen. Daneben bilden zusätzliche Störungen eine weitere Kategorie, die zerebrale und perzeptive Störungen sowie Demenz umfasst. Hiervon sind die psychiatrischen Störungen im engeren Sinn wie Autismus, Psychosen, Stereotypien, Automutilitationen et cetera unterschieden. Diese differenzierte Bestimmung des Phänomens geistige Behinderung erlaubt es, spezielle medizinische Präventions- beziehungsweise Behandlungsmaßnahmen festzulegen, ohne dabei die individuelle Form einer geistigen Behinderung als direktes oder bloßes Resultat einer bestimmten organischen Schädigung aufzufassen.

Der psychologische Ansatz

Bereits bei der Besprechung des medizinischen Ansatzes wurde eine wissenschaftliche Kontroverse im Blick auf Erklärungsversuche geistiger Behinderung sichtbar: Auf der einen Seite die Erklärung des Phänomens als Ausdruck einer unveränderbaren genetischen Schädigung, auf der anderen Seite Erklärungen, die auf Umwelteinflüsse als Ursache des Phänomens zurückgehen und daher Korrekturmöglichkeiten miteinbeziehen. Hieraus entwickelten sich unterschiedliche Forschungsinteressen und Begriffsbildungen: Das psychiatrische Interesse an Beschreibung und Klassifikation eines als unveränderbar angesehen Krankheitsbildes widersprach dem optimistischen, pädagogisch-psychologischen Interesse an möglichen

---

62 Vgl. hierzu Wolfs Übersicht (Ebd.) zu wichtigen Mechanismen in der Genotyp-Phänotyp-Interaktion während der Ontogenese.
63 Neuhäuser/Steinhausen (1999).

Veränderungen gestörter Entwicklungsprozesse. Aber auch innerhalb der Psychologie kam es zu Versuchen, geistige Behinderung als angeborene Geistesschwäche von einem durch Schädigung erworbenem Defekt abzugrenzen. Heute kann ein Trend festgestellt werden, einen Menschen mit geistiger Behinderung unter Beschreibung seiner individuellen Persönlichkeit als normales Phänomen in einer sozialen Umwelt anzusehen. Trotzdem spielt diese Kontroverse auch heute noch bei dem Gegensatz zwischen Differenz- und Entwicklungsmodellen geistiger Behinderung in der Psychologie eine Rolle.[64]

In Differenzmodellen wurde vor allem nach Möglichkeiten gesucht, das Maß der Abweichung vom Normalen quantifizieren zu können. Hier boten sich Intelligenztests zur Beschreibung von intellektueller Schädigung und damit verbundenen Persönlichkeitsdefiziten an. Die Schwierigkeiten von Differenzmodellen liegen nicht nur in der Annahme einer Angeborenheit von Intelligenz. Nach Spreen[65] konnte lernpsychologisch nachgewiesen werden, dass soziale und kulturelle Bedingungen für die Entwicklung von Intelligenz bestimmend sind. Deshalb kam man unter Berücksichtigung eines über mehrere Entwicklungsstufen hinweg als konstant angenommenen Intelligenzquotienten (IQ) zu einer Verknüpfung von Intelligenzleistung und sozialer Adaption. Ihren klassischen Ausdruck fand diese Bestimmung von geistiger Behinderung in der Definition der American Association on Mental Deficiency (AAMD[66]): »Geistige Retardierung bezieht sich auf signifikant unterdurchschnittliche Allgemeinintelligenz, die fortlaufend mit Defiziten im adaptiven Verhalten vorkommt und während der Entwicklungsperiode bestehen bleibt.«[67] Intelligenzleistungen, die zwei Standardabweichungen unterhalb des Mittelwertes liegen, gelten nach

---

64 Zigler und Balla (1982) berichten, dass in den USA bei 75 Prozent aller als »geistig behindert« geltenden Menschen keine organische Schädigung des zentralen Nervensystems vorliegt und dass daher eminent wichtig ist, ob man ihre Behinderung entwicklungspsychologisch als innerhalb der »normalen« Spannbreite des menschlichen Lebens liegend auffasst oder ob man sie aufgrund einer Differenzhypothese durch die Annahme spezifischer Unterschiede zwischen ihnen und »normalen« Menschen beschreibt. Dieser Unterscheidung entsprechend fassen sie auch andere Theorien zur geistigen Behinderung aus dem Bereich der Persönlichkeits-, der Lern- und der Gestaltpsychologie sowie der Feldtheorie unter dem Gegensatz von Entwicklung und Differenz zusammen. Vgl. hierzu auch Steinebach (2000), S. 46 (Tabelle 1: Erklärungsmodelle für geistige Behinderung).
65 Spreen (1978), S. 18.
66 Heute: American Association on Mental Retardation (AAMR).
67 Grossmann (1973), S. 11, zit. n. Speck (1999a), S. 48.

dieser Definition als eindeutig unterdurchschnittlich und werden international als *mental retarded* bezeichnet.[68] Diese Klassifikation deckt sich allerdings nicht mit dem in Deutschland gebräuchlichen Begriff der »geistigen
Behinderung«. So gibt der Deutsche Bildungsrat[69] als obere Grenze für
eine geistige Behinderung einen IQ-Wert von 55 an (dies entspricht mindestens drei Standardabweichungen vom Mittelwert); Kinder und Jugendliche, die darüber liegen und IQ-Werte bis zu 85 erreichen, gelten als lernbehindert (dies entspricht einem IQ zwischen der ersten und dritten Stan-
dardabweichung).[70] Zudem bezeichnet der amerikanische Begriff der
Mental Retardation (AAMD) einen mit 3 Prozent der Bevölkerung wesentlich größeren Bereich als in der Bundesrepublik Deutschland, auch wenn
im Deutschen *mental retardation* oft mit »geistige Behinderung« wiedergegeben wird.[71] Diese Unterschiede machen deutlich, dass es sich bei den angegebenen Grenzwerten um Klassifikationshilfen handelt, die nach der Empfehlung der WHO von 1975[72] lediglich als Orientierung dienen und nicht
starr angewandt werden sollten.[73] Aus diesem Grund ist auch die Abgrenzung einer Lernbehinderung von geistiger Behinderung mittels Intelligenztests nicht eindeutig möglich: »Die Leistungsfähigkeit standardisierter
Intelligenztests ist jedoch keineswegs so groß, daß methodisch eine ein-
wandfreie Diagnose mit Hilfe von Intelligenztests möglich wäre.«[74] Auch

---

68 Je nach verwendetem Intelligenztest ergibt sich hieraus als Grenzwert ein IQ von 67
beziehungsweise 69.

69 Deutscher Bildungsrat (1973), S. 37.

70 Der real praktizierte Grenzwert zwischen geistiger Behinderung und Lernbehinderung
liegt jedoch bei einem IQ von 60/65. Vgl. Speck (1999a), S. 50. In Großbritannien ist
wiederum eine andere Einteilung üblich: Bei den dort verwendeten zwei Klassifikationen
bezeichnen ein IQ-Werte von bis zu 50 eine *severe subnormality*, IQ-Werte von 50 bis 70
eine *subnormality*. Andere Forscher ermitteln bei Menschen mit geistiger Behinderung
IQ-Werte bis zu 127. Vgl. Begemann (1973), S. 28.

71 Spreen (1978), S. 6.

72 Vgl. World Health Organization (1975), zit. n. Bremer-Hübler/Eggert (1999), S. 62.

73 Auch bei jüngeren Definitionsversuchen von Seiten der American Association on
Mental Retardation aus dem Jahr 1992 und einem Gegenvorschlag der American Psychological Association von 1996 konnten keine übereinstimmenden IQ-Werte zur geistigen Behinderung festgelegt werden. Kritisch wurde auch die Verwendung kategorialer
Klassifikationssysteme diskutiert. Vgl. Weber (1997).

74 Bremer-Hübler/Eggert (1999), S. 62. Nach Bach sind die Übergänge zwischen mentaler
Beeinträchtigung und Lernbehinderung fließend, entsprechend den Vor- und Zwischen-
formen der verschiedenen kognitiven Stufen. Bach (2001), S. 100. Es ist daher nicht
verwunderlich, dass in verschiedenen Kulturbereichen die Abgrenzung zwischen Lern-

in Bezug auf die praktische Anwendung der vorgeschlagenen Unterscheidungskriterien, etwa in der Klassifikation von geistig behinderten Kindern für schulorganisatorische oder andere administrative Zwecke, »haben sich Klassifikationen auf der Grundlage psychometrischer Diagnosen als ein Irrweg erwiesen«[75].

Statt von einer »allgemeinen Intelligenz« auszugehen, die über Durchschnittswerte ermittelt wird, erscheint ein kognitionspsychologischer Ansatz erfolgversprechender: Dazu trägt Gardner aus verschiedenen Wissenschaften wie zum Beispiel der Ethnologie oder Neurobiologie Erkenntnisse zusammen, die die Existenz mehrerer, von einander unabhängiger Intelligenzen nahe legen. In seiner Theorie der multiplen Intelligenzen[76] stellt er mindestens sieben relativ autonom operierende Intelligenzen[77] vor. Interessant ist in diesem Zusammenhang eine Beobachtung, die Gardners Theorie stützt: Bei geistig behinderten und autistischen Kindern sind häufiger Leistungen in einzelnen Intelligenzbereichen festgestellt worden, die keineswegs den Standardabweichungen für Menschen mit geistiger Beeinträchtigung entsprachen, sondern im Normalbereich oder darüber lagen.[78] Eine Klassifizierung ausschließlich nach den oben genannten Intelligenz-Testverfahren, obwohl in der psychologischen Forschung nach wie vor gängig und in der Praxis lange Zeit vorherrschend, hat daher nur eine sehr begrenzte wissenschaftliche Aussagekraft.[79] Steinebach[80] macht dies an sechs Kritikpunkten fest:

---

behinderung und geistiger Behinderung auch jeweils unterschiedlich getroffen ist. Vgl. Jantzen (1987), S. 332.

75 Bremer-Hübler/Eggert (1999), S. 61. So sind heute die bevorzugten psychologischen Instrumente innerhalb der Klinischen Psychologie »nicht mehr psychometrische (gruppenorientierte) quantitative Testverfahren, sondern vor allem therapieprozessbegleitende, individuell ausgerichtete, qualitative diagnostische Inventarien«. (Ebd., S. 62.)

76 Gardner (1991).

77 Dies sind im Einzelnen: (1) linguistische Intelligenz, (2) musikalische Intelligenz, (3) logisch-mathematische Intelligenz, (4) räumliche Intelligenz, (5) körperlich-kinästhetische Intelligenz, (6) personale Intelligenz als intrapersonales Wissen und (7) personale Intelligenz als interpersonales Wissen.

78 Vgl. Jäger (1967), der davon ausgeht, dass Intelligenz aus mehreren unkorrelierten Faktoren zusammengesetzt ist.

79 Nach der AAMD-Definition sollen IQ-Werte nur in Zusammenhang mit Aussagen über das sozial-adaptive Verhalten bis zum achtzehnten Lebensjahr verwendet werden. Zu dessen Erfassung werden Verfahren verwendet, die nach psychometrischen Kriterien konstruiert sind. Hierzu wurde eigens eine Subklassifikation adaptiven Verhaltens in Stu-

(1) Mögliche Stärken in Bereichen der intellektuellen Leistungen werden übersehen.

(2) Die Rolle der Emotionen und sozialen Kompetenzen wird nicht berücksichtigt.

(3) Der Einfluss der sozialen Umwelt auf die Entwicklung und den Fortbestand einer geistigen Behinderung werden vernachlässigt,

(4) Veränderungen im Verhältnis der individuellen Stärken und Schwächen werden nicht adäquat erfasst.

(5) Entwicklungs- und Lernfortschritte werden nur unzureichend aufgenommen.

(6) Es fehlt ein diagnostisches Konzept, dass Beziehungen zwischen der betreffenden Person und ihrer jeweiligen Umwelt erfassen könnte.

Als Folge sieht Steinebach eine Negation sowohl der sozialen Relativität von Behinderung als auch der »Tatsache, dass alle menschlichen Erlebens- und Verhaltensäußerungen prozessualen Veränderungen unterliegen«[81].

Gerade mit diesen Veränderungen befasst sich die Entwicklungspsychologie. Allgemeine menschliche Entwicklungsprinzipien bilden den Rahmen, innerhalb dessen die Unterschiede zwischen geistig behinderten und normalen Menschen nicht in prinzipiellen Defekten wie bei der Differenztheorie, sondern in unterschiedlichen Entwicklungsgeschwindigkeiten und Motivationen gesehen werden, welche auf die Lerngeschichte eines Menschen ständig einwirken.[82] Verschiedene Theoriebildungen wie die Theorie der Misserfolgserwartung, die Theorie der erhöhten sozialen Motivation und das Konzept der erlernten Hilflosigkeit nehmen soziale Zusammenhänge in die Erklärung von Veränderungen auf.[83] Trotzdem dominiert auch bei entwicklungspsychologischen Modellen oftmals der Aspekt

---

fen entwickelt und von der AAMD herausgegeben. Vgl. Nihira u.a. (1975). Diese Subklassifikation ist jedoch im Blick auf ihre praktische Anwendbarkeit selbst umstritten.

80 Steinebach (2000), S. 40.

81 Ebd.

82 Im Vergleich der kognitiven Entwicklung von Kindern mit und ohne geistige Behinderung zeigen Kinder mit geistiger Behinderung oftmals »ein länger dauerndes Schwanken zwischen einem einfachen und einem komplexen Verständnis […]. Es scheint demnach, dass bei Menschen mit geistiger Behinderung die Spuren früherer Entwicklungsstufen tiefer eingeprägt sind und länger bestehen bleiben, so dass es beim Übergang auf ein höheres Niveau leichter und häufiger zu einem Rückfall auf das niedrigere Niveau kommt.« Wendeler (1993), S. 56.

83 Eggert (1999), S. 52.

des Defizitären, der sich in einer Beschreibung des quantitativen Anders- oder Späterseins von geistig behinderten Menschen niederschlägt.[84] Dagegen kann eine neue Perspektive gewonnen werden, wenn auf der Basis eines weiten Konzepts von Intelligenz »prinzipiell Stärken bei Person, Umwelt und in den Wechselbeziehungen zwischen Person und Umwelt Berücksichtigung finden«[85].

Der soziologische Ansatz

Bei den bisherigen Überlegungen wurde immer wieder eine Mitbedingtheit geistiger Behinderung durch soziale Faktoren angesprochen. Sowohl in der medizinischen als auch in der psychologischen Forschung werden in jüngerer Zeit interaktionistische Modelle diskutiert, die soziale Aspekte auf mikrosoziologischer Ebene miteinbeziehen. Jedoch wurde die Wirkung unangemessener, ausgrenzender sozialer Situationen als primäre Kausalität einer geistigen Behinderung lange nicht gesehen. Gerade Vertreter einer gesellschaftstheoretischen Position[86] kritisieren diese Verkürzung bei dem individuell-pathologischen Ansatz, wie er in der Medizin und Psychologie traditionell vertreten wird. Behinderung sei dort eine verdinglichende Kategorie, deren gesellschaftliche Vermittlung nicht erkannt werde.[87] Daneben gibt es heute vermehrt Arbeiten, in denen man davon ausgeht, dass organische Schädigungen durch isolierende soziale Situationen nicht nur verstärkt werden, sondern dass sie durch diese von Anfang an mit verursacht werden können. Das Interesse richtet sich dabei auf die Rekonstruktion einer zirkulären Kausalität, also von Wechselbeziehungen, die erst bestimmte Verhaltensweisen als »Störungen« erscheinen lassen.[88] Besonders durch Studien im psychosozialen und neuropsychologischen Bereich konnte dieser Ansatz gestützt werden: Nach Vygotskij[89] sind alle psychischen Auffälligkeiten des geschädigten Kindes sozialer Natur. Lurija[90] spricht von der Einwirkung gesellschaftlicher Formen der Tätigkeit auf die Organisa-

---

84 Vgl. hierzu den Überblick über entwicklungspsychologische Aspekte bei Menschen mit geistiger Behinderung in Neise (1999), S. 138ff.
85 Steinebach (2000), S. 52.
86 So zum Beispiel Jantzen (1974).
87 Ebd., S. 23.
88 Lingg/Theunissen (1993), S. 21.
89 Vygotskij (1992).
90 Lurija (1992). Vgl. auch Lurija (1982); Lurija/Tsvetkova (1989).

tion des Gehirns und die Hervorbringung neuer funktioneller Systeme.[91] Auch wenn man solche nach gesellschaftstheoretischen Aspekten vorgenommene Analysen kritisch bewerten mag, so machen sie doch auf einen Zusammenhang aufmerksam, der soziologisch bemerkenswert ist: Zwischen Behinderung und sozioökonomischen Bedingungen besteht ein deutlicher, empirisch nachweisbarer Zusammenhang.[92] Dieser Zusammenhang gilt generell für alle Arten von Behinderungen[93] und ist im Besonderen bei Menschen mit einer Lernbehinderung[94] nachweisbar. Der Einfluss der sozialen Herkunft auf das Risiko einer geistigen Behinderung wurde in Deutschland zuerst von Eggert[95] untersucht. Die Ergebnisse seiner nicht repräsentativen Stichprobe konnten inzwischen bestätigt werden: So ist festgestellt worden, dass »geistig behinderte Kinder überzufällig häufiger der unteren Sozialschicht bzw. der Arbeiterklasse« entstammen.[96] In internationalen Untersuchungen wurde die anfänglich als gleichmäßig interpretierte Verteilung von Menschen mit geistiger Behinderung über alle soziale Schichten inzwischen zugunsten einer stärkeren Schichtzugehörigkeit zu den unteren Sozialschichten revidiert.[97] Jedoch konzentrierten sich die Untersuchungen bisher hauptsächlich auf Kinder und Jugendliche; im Blick auf Erwachsene wurden keine signifikanten größeren Studien durchgeführt. Nach Thimm sollte allerdings sorgfältig unterschieden werden »zwischen schichtenspezifischen Inzidenzraten der als Risikofaktoren einzustufenden prä-, peri- und postnatalen Störungen und schichtenspezi-

---

91 Nach dieser materialistischen Sichtweise kann der Mensch nicht ohne menschliche Welt existieren. Veränderungen im Gehirn oder im Körper bedingen einen veränderten Zugang zur menschlichen Welt, denn das Gehirn wird in seiner Selbstorganisation davon betroffen. Auch das Psychische ist in seiner Selbstorganisation aufgrund mangelnder sozialer Bedeutungen eingeschränkt. In der Wechselbeziehung zwischen menschlicher Welt und tätigem Subjekt führen die sozialen und psychischen Faktoren dann nicht zu neuen Ideen des Geistes, sondern zu inadäquaten sozialen Austauschformen, wie sie für die veränderten Bedingungen des Gehirns typisch sind. Vgl. Jantzen (2000), S. 170.

92 Vgl. Cloerkes (1997), S. 72.

93 Vgl. Thimm (1977), S. 62ff. Vgl. auch Thimm (1972).

94 Thimm (1977), S. 52ff. Vgl. auch Thimm/Funke (1977).

95 Eggert (1972).

96 Liepmann (1979), S. 71. Vgl. Eggert/Meywirth/Titze (1980).

97 Vgl. Kushlick/Blunden (1974), S. 58. Vgl. den ähnlichen Zusammenhang zwischen unteren sozialen Schichten und überrepräsentativer Häufigkeit von Behinderungen wie Seh- und Hörstörungen und wahrscheinlich Körperbehinderungen nach Thimm (1999), S. 14.

fischer Prävalenzen geistiger Behinderung«[98]. Danach kommt nicht nur den bisher erhobenen Schädigungsausgangslagen Bedeutung für die Ausbildung einer geistigen Behinderung in einer spezifischen Schicht zu, sondern auch den medizinischen, therapeutischen und pädagogischen Hilfen, die in Anspruch genommen werden können. Da in diesem Bereich Angehörige unterer sozialer Schichten aufgrund ihrer sozioökonomischen und soziokulturellen Lage Nachteile haben, ist ein kumulativer Effekt mit einer erhöhten Wahrscheinlichkeit der Ausdifferenzierung einer Schädigungsausgangslage zur geistigen Behinderung in den unteren Sozialschichten gegeben.[99] Im soziologischen Ansatz wird geistige Behinderung damit als komplexer Zustand eines Menschen definiert, der sich aus organischen Störungen unter dem vielfältigen Einfluss sozialer Faktoren ausdifferenziert hat.[100]

Der pädagogische Ansatz[101]

»Geistige Behinderung bezieht sich pädagogisch gesehen auf eine spezifische Aufgabe. Sie liegt darin, die besten Möglichkeiten der Erziehung zu finden, wo diese durch elementare Blockierungen des Handelns und Denkens erheblich erschwert oder in Frage gestellt ist.«[102]

Der pädagogische Ansatz rekurriert hier auf das Prinzip einer humanen Integrativität, die das Gemeinsame aller Erziehung unabhängig von Störungen oder Hindernissen betont. Nicht das Anderssein von Menschen

---

98 Thimm (1999), S. 14.

99 An dieser Stelle wird deutlich, dass eine differenzierte Darstellung unterschiedlicher Definitionsstränge einen unmittelbaren Einfluss auf gerechtigkeitsbedingte Forderungen bezüglich staatlicher Sozialleistungen haben kann. Denn wenn man diese soziologischen Befunde zugrundelegt, ist es – anders als bei rein ätiologischen medizinischen Definitionen – sowohl aus bedürftigkeitsbezogenen Gerechtigkeitsgründen als auch nach Rawls' Differenzprinzip erforderlich, Angehörige unterer sozialer Schichten bei Feststellung einer Schädigungsausgangslage stärker und in umfassenderer Weise zu fördern als Angehörige einer höheren sozialen Schicht.

100 Thimm (1999), S. 10: »Die diagnostizierbaren prä-, peri- und postnatalen Schädigungen erlauben keine Aussage zur geistigen Behinderung eines Menschen. Diese bestimmt sich vielmehr aus dem Wechselspiel zwischen seinen potentiellen Fähigkeiten und den Anforderungen seiner konkreten Umwelt.«

101 Dieser und der nächste Abschnitt (Exkurs zur Sonderschule) basiert auf dem Beitrag von Eurich/Oelschlägel (2008).

102 Speck (1999a), S. 60.

mit geistiger Behinderung ist das Leitprinzip, sondern der Bezug auf das edukativ Gemeinsame aller Menschen, so dass das Spezifische einer Behinderung sekundär wird und nur als nähere Bestimmung des Erziehungsvorgangs erscheint. Dieser Einordnung der Heilpädagogik in den Bestimmungsrahmen der Pädagogik entspricht eine dynamische Sicht der Erziehung: Durch sie wird ein Prozess angestoßen, der in seinem Ausgang prinzipiell offen ist[103] und durch verschiedene Faktoren bestimmt wird. In der Wechselwirkung von physischer Schädigung, sozialer Umwelt und Persönlichkeitsentwicklung spielen sich Genese und Prozess einer geistigen Behinderung ab, die pädagogisch deshalb zugleich als interaktionales Ergebnis und als interaktionaler Prozess zu sehen ist. Geistige Behinderung wird hier also differenziert von organischer Schädigung, die an sich noch keine geistige Behinderung darstellt, sondern der Auslöser für den komplexen personal-sozialen Prozess ist, der in eine geistige Behinderung mündet.[104] Dabei spielt das Normen- und Sozialsystem der Umwelt die entscheidende Rolle.

Aufgrund ihrer Beeinträchtigungen können Menschen mit einer geistigen Behinderung nicht entsprechend den sozialen Normen auf Anforde-

---

103 Dies war lange Zeit nicht der Fall, da geistige Behinderung vor allem unter dem Gesichtspunkt des Defizitären wahrgenommen wurde und ein eher statisches Verständnis vorherrschte. Vgl. die Empfehlungen für den Unterricht in der Schule für Geistigbehinderte der Kultusministerkonferenz (KMK) von 1972 und ihre Überarbeitungen in den Jahren 1980, S. 1994 und 1998. 1994 kam es zu einer Veränderung der Argumentation in drei Aspekten: (1) Orientierung nicht mehr anhand eines Defizitkatalogs, sondern am Hilfebedarf, (2) Entstigmatisierung durch Änderung des Begriffes »Geistigbehinderte« in »Menschen mit geistiger Behinderung« und (3) Entpauschalierung durch eine Abkehr von verallgemeinernden Beschreibungen und einer Hinwendung zu individualisierenden Beschreibungen. In der Erklärung von 1998 heißt es dann (S. 2): »Eine geistige Behinderung, als deren Ursache *vielfach* hirnorganische Schädigungen *angenommen werden*, ist in ihrem jeweiligen aktuellen Erscheinungsbild *nicht statisch*, ihre Auswirkungen sind durch Erziehung und Unterricht beeinflussbar.« Zitiert nach Strassmeier (2000), S. 53f. (Hervorh. i.O.)

104 Die beeinträchtigende, andauernde Wirkung der körperlichen Schädigung auf die funktionale Tüchtigkeit der Organe hat direkte, lebenserschwerende Folgen. Jedoch bewirkt erst das Sichtbarwerden der Schädigung ein Einsetzen spezifischer sozialer Reaktionen darauf. Wird eine Schädigung nicht sichtbar, wie dies zum Beispiel bei der Zuckerkrankheit der Fall sein kann, so können auch die sozialen Reaktionen ausbleiben. Eine körperliche Schädigung stellt also auch eine soziale Abweichung von den Normen der Sozialgemeinschaft dar, die bei geistiger Behinderung aufgrund der hohen Visibilität der Behinderung zu spezifischen sozialen Abwehrmechanismen (Stigmatisierungen, Sanktionen) führt. Vgl. Speck (1999a), S. 62.

rungen der komplexen Alltagswirklichkeit eingehen. Als Folge werden sie in eine als defizitär angesehene Rolle gedrängt.[105] Geistige Behinderung ist dann eine gesellschaftliche Positionszuschreibung aufgrund von Funktionseinschränkungen, die es nicht erlauben, gesellschaftlich als bedeutsam angesehene Funktionen auszuüben. Pädagogisch kommt es daher darauf an, Menschen mit geistiger Behinderung unter besonderer Berücksichtigung ihrer individuellen Bedürfnisse und Möglichkeiten Fähigkeiten zu vermitteln, die für ihre soziale Integration förderlich sind. Erziehung erhält hier den Aspekt des »*Lebenhelfen* unter erschwerten Bedingungen«[106], also erzieherischer Hilfe zur Selbsthilfe. Darunter versteht Speck, »soziale Isolierung zu vermeiden oder abzubauen und Umwelt zu erschließen, damit sich der Mensch mit geistiger Behinderung darin aufbauen kann als Träger und Teilhaber gemeinsamer Kultur«[107]. Grundlegend für die pädagogische Intention ist dabei, Menschen mit geistiger Behinderung als Personen mit eigenem Selbst zu sehen. Das beinhaltet, sie als Instanz in eigenem Urteilen und Handeln wahrzunehmen und in ihrer Eigenbestimmtheit zu achten.[108] Gerade angesichts ihrer Angewiesenheit auf lebenslange Assistenz zur Lebensbewältigung stellt dies einen wichtigen Schritt in Richtung Normalisierung dar. Menschen mit geistiger Behinderung brauchen dazu sozialintegrative Handlungsfelder, damit ihre Rolle und Persönlichkeit nicht »andersartig« erscheinen, sondern als normal übliche Variante menschlicher Daseinsformen gelten. Pädagogisch bezieht sich geistige Behinderung dann »auf spezielle Erziehungsbedürfnisse, die bestimmt werden durch eine

---

105 Nach Ferber (1972) wird Menschen mit Behinderung in der so genannten Leistungsgesellschaft nur der Status des Außenseiters, der keine Möglichkeit hat, sein Leben auf öffentlich anerkannte Weise zu führen, zugestanden. Die Leistungsgesellschaft stuft bestimmte Leistungen, die so genannten strategischen Funktionsleistungen, hoch ein, die jedoch von einem Menschen mit Behinderung nicht oder nur völlig unzureichend erbracht werden können. Als Folge ist auch keine vordefinierte Leerform des Verhaltens vorhanden, die ein behinderter Mensch als soziale Rolle besetzen und am gesellschaftlichen Leben teilnehmen könnte. Stattdessen kommt es zur Beschränkung der gesellschaftlichen Teilhabe, denn als Alternative bleibt dem/der Betroffenen nur, sich mit der Behindertenrolle abzufinden, durch die Menschen mit und ohne Behinderung sozial von einander getrennt sind.

106 Speck (1999a), S. 61. (Hervorh. i.O.)

107 Ebd.

108 »Die ›seltsamen‹ Verhaltensweisen, mangelnden Kompetenzen und schwer verständlichen Kommunikationsmuster primär biologisch-organischen Ursachen zuzuordnen, verstellt den Blick auf Bedingungszusammenhänge und engt den Menschen ein auf seine ›Pathologie‹ als Ausdruck des ›Andersseins‹ [...].« Straßmeier (2000), S. 59.

derart beeinträchtigte intellektuelle und gefährdete soziale Entwicklung, dass lebenslange pädagogisch-soziale Hilfen zu einer humanen Lebensverwirklichung nötig werden«[109], um eine wirksame Verbesserung der gemeinsamen Lebenssituation erreichen zu können.

Exkurs: Zur Frage der Sonderschule

Zur Umsetzung dieser kurz skizzierten pädagogischen Orientierung wurde in der integrativen Pädagogik die Grundidee vom Erhalt beziehungsweise der Wiederherstellung gemeinsamer Lebens- und Lernumfelder behinderter und nicht-behinderter Kinder entwickelt.[110] Durch den gemeinsamen Erziehungsprozess soll die Selektion von behinderten Kindern im Bildungssystem, die auf der Grundlage von Leistungskriterien und Behinderungsarten erfolgt, überwunden werden. Der Schwerpunkt der integrativen Pädagogik liegt in der Einbeziehung jedes Menschen als vollwertigen Mitglieds der Gemeinschaft, und zwar unabhängig von seinen Fähigkeiten und Beeinträchtigungen.[111] »Die Integrationspädagogik ist angetreten mit dem erklärten Anspruch auf Bejahung von Vielfältigkeit in Gemeinsamkeit.«[112]

Zwischen einer solchen pädagogischen Orientierung und den Regelungen zum Fördersystem für Menschen mit geistiger Behinderung bestehen jedoch noch immer große Unterschiede. Zwar hatte bereits 1973 hatte der Deutsche Bildungsrat die Integration von Schülerinnen und Schülern mit Behinderung in Regelklassen empfohlen und das bestehende Sonderschulwesen in Frage gestellt, in der Schulpraxis wurde diese Empfehlung jedoch zunächst wenig umgesetzt.[113] Eine deutlichere Wahrnehmung erhielt der Beschluss der Kultusministerkonferenz (KMK) vom 6. Mai 1994, in dem der einzelne Schüler mit Behinderung in den Vordergrund gesetzt und die Bildung behinderter Menschen »verstärkt als gemeinsame Aufgabe für grundsätzlich alle Schulen« verstanden wurde.[114] Obwohl bereits zahlreiche Integrationsprojekte das edukativ Gemeinsame aller Menschen betonen und sich um eine Förderung der sozialen Integration bemühen, wird be-

---

109 Speck (1999a), S. 63.
110 Vgl. Eberwein (1996, S. 1999); Ehrhardt-Kramer/Gerspach/Hoppe (2002).
111 Vgl. Hinz, (2002), S. 356.
112 Knauer (2003), S. 23.
113 Vgl. Deutscher Bildungsrat (1974).
114 Sekretariat der Ständigen Konferenz der Kultusminister der Länder in der Bundesrepublik Deutschland (1994), S. 3.

reits durch die Statistischen Veröffentlichungen der Kultusministerkonferenz deutlich, dass eine grundlegende Orientierung an sozialer Integration bisher nicht erfolgt ist. Unter quantitativen Gesichtspunkten bleibt Integration ein sektorales Phänomen. Während diese im Bereich der Kindertagesstätten weitgehend flächendeckend erfolgt, nimmt sie mit steigender Ausdifferenzierung des Schultyps ab. Gemeinsamer Unterricht ist entsprechend ein ergänzendes, nicht ein ersetzendes System geworden.[115] In den letzten Jahren ist sogar eine Stagnation in Integrationsbestrebungen zu verzeichnen, bei gleichzeitig zunehmendem sonderpädagogischen Förderbedarf. Während im Jahr 2003 circa 430.000 Schülerinnen und Schüler mit besonderem Förderbedarf in separaten Sonderschulen unterrichtet wurden, wurden nur etwa 63.000 Schülerinnen und Schüler in allgemeinen Schulen unterrichtet.[116] In Deutschland ist die Entwicklung der Integration »quantitativ stecken geblieben«[117]. Dies hängt letztlich mit der Struktur des Schulsystems in Deutschland zusammen. Solange man an aussondernden Schulformen festhält, wird man den grundsätzlichen Widerspruch des deutschen Schulsystems nicht überwinden, den Rosenberger pointiert so kennzeichnet: »Gesellschaftliches Integriertsein durch Absonderung erreichen zu wollen ist widersinnig.«[118]

Auch qualitativ zeichnen sich sektorale Tendenzen ab. Kinder mit Lern-, Sprach- und Verhaltensproblemen sind zahlreich in Integrationsprojekten vertreten, Kinder mit höherem Unterstützungsbedarf in integrativen Klassen deutlich seltener zu finden. Der Grad des Förderbedarfs der einzelnen Schülerinnen und Schüler steht dabei in reziprokem Verhältnis zu ihren Integrationschancen. Entscheidendes Kriterium ist dabei die Anpassungsfähigkeit der Schülerin beziehungsweise des Schülers an den Unterricht. In Nordamerika wird dies mit dem *Readiness-Model* bezeichnet, dem zufolge mit den Fähigkeiten des Kindes auch seine Integrationsmöglichkeiten steigen und somit die Gefahr besteht, dass Kinder sich erst durch Fähigkeiten für Integration qualifizieren müssen.[119] Das Kind mit

---

115 Vgl. Hinz (2003).
116 Sekretariat der Ständigen Konferenz der Kultusminister der Länder in der Bundesrepublik Deutschland (2005), S. XIIf.
117 Reiser (2002), S. 404.
118 Rosenberger (1996), S. 48f.
119 Vgl. Boban/Hinz (2004). In Baden-Württemberg werden beispielsweise nach Paragraf 15 (4) SchG Schüler mit Behinderung dann in allgemeinen Schulen unterrichtet, »wenn sie aufgrund der gegebenen Verhältnisse dem jeweiligen gemeinsamen Bildungsgang in

Behinderung beziehungsweise mit sonderpädagogischem Förderbedarf wird dann primär – und das auch innerhalb integrativer Strukturen – als Kind mit Problemen, als das »andere« Kind oder das funktionsgeminderte Kind gesehen, bei dem die Alltagstheorie der Andersartigkeit weiter besteht. Anderssein von Menschen mit geistiger Behinderung bleibt damit das Leitprinzip. Zum regulären Unterricht kommt allenfalls ein zusätzliches, integratives Moment hinzu. In Bezeichnungen wie »Integration von behinderten und nicht-behinderten Kindern in der Schule« oder »Gemeinsamer Unterricht von Kindern mit und ohne Behinderung« wird diese additive Tendenz sprachlich deutlich. Hinz folgert, dass »es mit der Integration nicht gelungen [ist], die Vorstellung von zwei Gruppen [...] zu überwinden: eine die integriert wird und eine in die integriert wird«[120]. Auch wenn Vertreter einer umfassenden Integrationspädagogik ein weitergehendes, egalitäres Konzept vertreten haben, besteht größtenteils Einigkeit darüber »dass der Integrationsbegriff und die Integrationspraxis in Deutschland großflächig und nachhaltig deformiert wurde.«[121] Heute wird versucht, mit dem neuen Ansatz der *inclusive education* die Schwierigkeiten zu überwinden, die im Rahmen der Integrationspädagogik bisher einen grundsätzlich gemeinsamen Unterricht von nicht-behinderten und behinderten Kindern verhindert haben.[122]

An der dargestellten Entwicklung wird sichtbar, dass Definitionen in der Pädagogik, aber nicht nur dort, beeinflusst werden von allgemeinen gesellschaftlichen Verhältnissen wie etwa dem Wandel von Lebensformen, Werten und Normen und bestimmten Erfordernissen, zum Beispiel gesellschaftlich angemessenen Bildungsaufträgen, die oftmals von Institutionen mitgeprägt werden, die selbst den gesellschaftlichen Bedingungen unterliegen.[123] Umso vordringlicher erscheint vor diesem Hintergrund eine Ände-

---

diesen Schulen folgen können.« Schulgesetz für Baden-Württemberg (SchG) in der Fassung vom 1. August 1983 (GBl. S. 397; K.u.U. S. 584) zuletzt geändert durch das Änderungsgesetz vom 11. Oktober 2005 (GBl. S. 669).

120 Hinz (2007), S. 84.

121 Reiser (2007), S. 100.

122 Vgl. zur Gegenüberstellung von Integrationspädagogik und *inclusive education* Eurich/Oelschlägel (2008), S. 336ff.

123 Dass sich in der Praxis der pädagogischen Förderung ein eigenständiges Verfahren bei Einstufungsfragen von Menschen mit geistiger Behinderung herausgebildet hat, dürfte sowohl an den unterschiedlichen institutionellen Erfordernissen als auch an den ungeklärten definitorischen Schwierigkeiten liegen: »Die administrativen Zuweisungen von Kindern, Jugendlichen und Erwachsenen zum Fördersystem für geistig Behinderte

rung der gesetzlichen Grundlagen des Schulsystems in Deutschland, damit Kinder mit (geistiger) Beeinträchtigung in nicht-aussondernder Förderung schulisch integriert werden können.[124] Zugunsten eines Systemwechsels sprechen auch Forschungsergebnisse zur integrierten Beschulung in Regelklassen, die den Erfolg des gemeinsamen Unterrichts von nicht-behinderten und behinderten Kindern gegenüber Sonderklassen für Lernbehinderte hervorheben.[125] Ebenso verbietet sich aus ethischen Überlegungen eine Aufteilung von Menschen in »Behinderte« und »Nicht-Behinderte«, weshalb der gemeinsame Unterricht als Regelfall vorgesehen und Integration als Norm festgelegt werden sollte; die absondernde Förderung in Sondereinrichtungen ist dagegen begründungspflichtig zu machen. Im Blick auf das Schulsystem ist dann nicht länger nach der Integrationsfähigkeit des Kindes, sondern nach der Integrationsfähigkeit der Schule zu fragen. Andernfalls, so ist zu befürchten, bleibt die Herstellung gleichwertiger Lebensbedingungen für Menschen mit und ohne Behinderung bereits im Kindesalter eine Illusion.

2.3.3 Neuere Definitionen und eigenes Begriffsverständnis

Geistige Behinderung ist ein komplexes Phänomen, das nicht aus einer fachspezifischen Perspektive hinreichend definiert werden kann. Vielmehr

---

(Sonderkindergarten, Sonderschule, Werkstatt für Behinderte, Wohnheim, stationäre Einrichtung) vollziehen sich ohnehin nicht nach einem einheitlichen Definitionskriterium, sie sind vielmehr Praxisentscheidungen, die auf Erfahrungen aus dem jeweiligen institutionellen Kontext beruhen (schulische Anforderungen, Arbeitsmarkterfordernisse, selbständige Lebensführung z. B. in einem eigenen Haushalt usw.): Alltagskonzepte von ›geistiger Behinderung‹ bekommen nachträglich den Rang von professionellen Diagnosen!« Thimm (1999), S. 12.

124 Beispiele in Skandinavien zeigen an, dass Sondergesetze zur Durchführung der Integration die Stigmatisierung der Betroffenen verstärken, auch wenn dabei die Intention der positiven Diskriminierung Motiv zur Sondergesetzgebung war. Vgl. Rosenberger (1996), S. 48f.

125 Vgl. Gérard Bless, zitiert nach Moser (2007), S. 149: »Unter anderem konnte auf eindrückliche Art gezeigt werden, dass Lernbehinderte oder schulleistungsschwache Schüler und Schülerinnen, welche gemeinsam mit Nichtbehinderten Kindern in der Regelschule unterrichtet werden bessere Fortschritte im schulischen Leistungsbereich erzielen als vergleichbare Kinder in Sonderklassen für Lernbehinderte. Der Unterschied der Leistungsfortschritte zeigt sich besonders stark im mathematischen, etwas weniger ausgeprägt im sprachlichen Bereich.« Vgl. auch Stöcker (2005).

sind interdisziplinär verschiedene Fachdisziplinen einzubeziehen, um zu einer umfassenderen Bestimmung zu gelangen. Dabei ist von einem bio-psycho-sozialen Modell von Behinderung auszugehen, das nicht von vornherein einer bestimmten fachlichen Sichtweise den Vorrang einräumt, sondern kontextbezogen anhand von konkreten Fragestellungen die bio-psycho-sozialen Verschränkungen untersucht. Im Folgenden werden zwei neuere Definitionsvorschläge aufgegriffen, die neben physisch-psychischen Beeinträchtigungen auch kulturspezifische Anforderungen aufnehmen und sich damit von den bisherigen Engführungen im Verständnis von Behinderung lösen. Gleichzeitig eröffnen diese Definitionen die Möglichkeit, über eine kompetenzorientierte Sichtweise spezielle Hilfebedarfe formulieren zu können.

(1) Die Definition der AAMR von 1992 lautet:

»Mental retardation refers to substantial limitations in present functioning. It is characterized by significantly subaverage intellectual functioning, existing concurrently with related limitations in two or more of the following applicable adaptive skill areas: communication, self-care, home living, social skills, community use, self-direction, health and safety, functional academics, leisure, and work. Mental retardation manifests before age 18.«[126]

Anschließend an diese Definition werden vier Dimensionen genannt, in denen sich geistige Behinderung manifestiert: die Dimensionen der persönlichen Fähigkeiten (Intelligenzquotient und sozial-adaptive Kompetenzen), der emotional-affektiven Befindlichkeit der Person (psychologisch-emotionale Variablen), der biologischen Beeinträchtigungen (ätiologische und organische Variablen) und der Umweltfaktoren (Familie, Schule und soziales Umfeld). Diese führen zu einer Beschreibung von geistiger Behinderung in drei Schritten:

- 1. Schritt: Diagnose der geistigen Behinderung (Dimension Intelligenzquotient und sozial-adaptive Kompetenzen sowie Alter bei Eintritt der geistigen Beeinträchtigung),
- 2. Schritt: Klassifikation und Beschreibung der geistigen Behinderung (Stärken und Schwächen in den Dimensionen psychologisch-emotionaler Variablen, organischer und ätiologischer Variablen und Umweltfaktoren),

---

126 Luckasson/Coulter/Polloway u.a. (1992), S. 1.

- 3. Schritt: Profil und Ausmaß der benötigten Hilfe (bezogen auf jede der vier Dimensionen).

Zwar wird von manchen Autoren kritisiert, dass bei der neuen AAMR-Definition auf eine entsprechende Abstufung nach Intelligenzgraden verzichtet wird und somit eine objektivierbare Größe fehle, jedoch erscheinen Klassifikationen entsprechend den IQ-Tests als nicht weiterführend, da deren Ergebnisse keine eindeutigen Abgrenzungen ermöglichen (s.o.). Dagegen bietet die AAMR-Definition eine Reihe von Vorteilen, die der veränderten Denkweise gegenüber geistiger Behinderung Rechnung trägt. Als Grundintention der Definition ist die Ersetzung des alten Defizit-Modells durch ein neues Assistenz-Bedürfnis-Modell zu nennen. Geistige Behinderung wird nun als das Resultat der interdependenten, wechselseitigen Wirkung zwischen den verschiedenen Dimensionen untereinander und möglichen, realen Fördermaßnahmen beschrieben. Mittels einer Diagnose nach diesem Definitions-Modell kann der Unterstützungsbedarf, der für eine sozialintegrative Absicht notwendig ist (zum Beispiel zur Durchführung verschiedener sozialer Aufgaben und Rollen) ermittelt werden. Somit liegt hier ein zielorientiertes Modell, das eine »optimale« Betreuungs- und Fördersituation ermöglicht, vor; aufgegeben wird dabei die Möglichkeit, durch Analysen in den genannten Bereichen zu Ergebnissen zu gelangen, die eine kategoriale Klassifikation ermöglichen würden. Nicht mehr Defizite in Intelligenz und sozial-adaptivem Verhalten, sondern der konkrete Hilfsbedarf einzelner Menschen mit geistiger Behinderung in bestimmten sozialen Rollen ist nun maßgeblich bei der Beschreibung des Phänomens. Aus dieser Deskription lässt sich ein Bedürfnisprofil erstellen, das Abstufungen nach der Dringlichkeit der erforderlichen Assistenz von *intermittent* (zeitweise/periodisch) über *limited* (begrenzt), *extensive* (ausgedehnt) bis zu *pervasive* (durchgehend/umfassend) vornimmt. Fördermaßnahmen und Interventionsstrategien können dann an dem Bedürfnisprofil orientiert und zu einem späteren Zeitpunkt selbst analysiert werden, so dass sich der Kreis an diesem Punkt schließt.

(2) Die oben genannte ICIDH-Klassifikation[127] hatte bereits eine Umorientierung in den gesundheitspolitischen Zielsetzungen angedeutet, in dem sie neben der Heilung von Krankheiten als gleichberechtigtes Ziel die Unterstützung von Menschen mit bleibenden Gesundheitsschäden stellte.

---

127 Siehe oben unter II.2.3.1 »Der Terminus ›geistige Behinderung‹ und seine Definition«.

Diesen sollte auf eine Weise geholfen werden, die sie zu einer möglichst normalen Lebensführung befähigen würde. In einem kürzlich vorgelegten Entwurf zu einer Neufassung der ICIDH wurde versucht, die Zusammenhänge und Wechselwirkungen zwischen den verschiedenen Bereichen einer Behinderung beziehungsweise eines Gesundheitsproblems besser zu erfassen.[128] Zu diesem Zweck wurden die Grundkategorien um so genannte *Contextual Factors* (Kontextfaktoren) erweitert, die als *environmental* (umweltbedingte) und *personal* (persönliche) Faktoren den Rahmen der Partizipation am gesellschaftlichen Leben bestimmen. Gleichzeitig drückt eine positiv gefasste Begrifflichkeit die Abkehr von einer defizitären Sichtweise hin zu einer an Kompetenzen orientierten Sichtweise aus – ein Perspektivwechsel, der in seiner Bedeutung für Menschen mit Behinderung nicht hoch genug veranschlagt werden kann: Statt von *disability* (Beeinträchtigung) wird nun von *activity* (Aktivität) gesprochen, *participation* (Partizipation) ersetzt den Begriff *handicap* (Behinderung, Benachteiligung).[129] Beide Begriffe werden wiederum in sich differenziert, so wird zum Beispiel »Aktivität« in sensorische, kognitive und kommunikative Aktivitäten, Mobilität und Lokomotion, Aktivitäten zur Selbstversorgung und Haushaltsführung, interpersonelle Aktivitäten und Benutzung von Heil- und Hilfsmitteln untergliedert. Die Interdependenzen zwischen den einzelnen Dimensionen können wie folgt grafisch veranschaulicht werden:

---

128 World Health Organisation (WHO) (1997, deutsch: 1998) und WHO (2001).
129 Vgl. zu der stellenweise unglücklichen autorisierten deutschen Übersetzung der Begriffe Waldschmidt (2003b), S. 198.

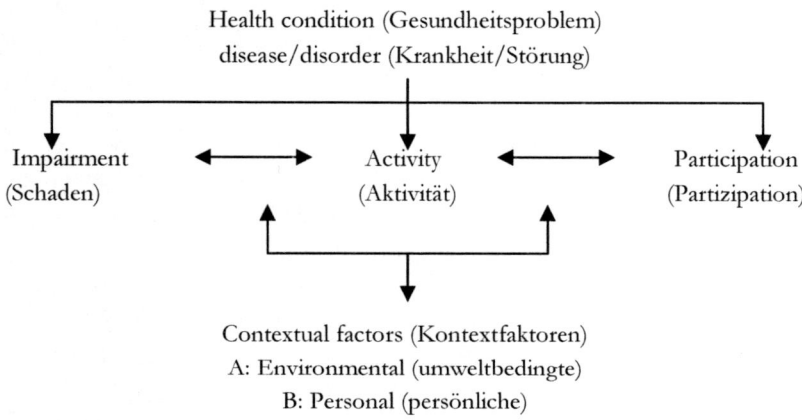

Health condition (Gesundheitsproblem)
disease/disorder (Krankheit/Störung)

Impairment (Schaden) ↔ Activity (Aktivität) ↔ Participation (Partizipation)

Contextual factors (Kontextfaktoren)
A: Environmental (umweltbedingte)
B: Personal (persönliche)

Abb. 1: Gegenwärtiges Verständnis der Interaktion innerhalb der Dimensionen der ICIDH-2

(Quelle: Gerdes/Weis 2000, S. 47)

Mit der angestrebten Verbesserung der Partizipation als entscheidender Zieldimension wird nach diesem Modell die gesellschaftliche Integration von Menschen mit Behinderung in einem normalen Leben zur vorrangigen Aufgabe. Dabei werden die Determinanten der Partizipation nicht mehr vom medizinischen Faktor, der als Ausgangsbedingung nach wie vor wichtig ist, sondern von umweltbedingten und persönlichen Faktoren gebildet. Somit können staatliche Hilfs- und Fördermaßnahmen im Behindertensektor, auch wenn sie medizinischer Natur sind, letztlich als soziale Zielsetzung gefasst werden, wobei beide Dimensionen nicht gegen einander auszuspielen, sondern miteinander zu verbinden sind. Dieses Verständnis von Behinderung wird durch die WHO-Definition von 2001, nun als *International Classification of Functioning, Disability and Health* (ICF) bezeichnet, bestätigt, nach der eine Behinderung aus der unzureichenden Passung umwelt- und personenbezogener Faktoren entsteht.[130] Eine Behinderung ist dann als das Ergebnis der negativen Wechselwirkung einer Person, ihres Gesundheitsproblems und der Umweltfaktoren zu verstehen.[131]

---

130 Vgl. World Health Organisation (WHO) (2001). Vgl. hierzu den Vergleich der WHO-Definition und des deutschen Sozialrechts bei Schuntermann (1999).
131 Vgl. Wansing (2005), S. 79.

Als Fazit der Analyse der verschiedenen Definitionsansätze kann festgehalten werden: Die Diskussion der einzelnen fachspezifischen Ansätze hat ein breites Spektrum von Aspekten sichtbar werden lassen, die bei Förderung, Unterstützung und Therapie einer »geistigen Behinderung« zu berücksichtigen sind. Zugleich wurde deutlich, dass geistige Behinderung nicht eindimensional kausal erklärt werden kann. Die neueren Definitionsvorschläge der AAMR beziehungsweise der WHO versuchen, über die Ermittlung individueller Stärken und Schwächen beziehungsweise unter Berücksichtigung persönlicher Faktoren geistige Behinderung nicht nur in einer positiven Begrifflichkeit zu definieren (WHO), sondern führen zugleich eine Systematik des Hilfeansatzes ein (AAMR). Geistige Behinderung wird somit als ein komplexes dynamisches Phänomen im Zusammenspiel unterschiedlicher Faktoren verstanden, das nicht durch eine Klassifizierung von Defekten beschrieben werden kann. Über die Ermittlung eines persönlichen Profils kann dann die Festlegung des individuellen Unterstützungsbedarfs sowohl hinsichtlich der Interdependenz der verschiedenen Dimensionen (organische Schädigung, individuelle Variablen und Umweltgegebenheiten) als auch hinsichtlich sozialer Zielsetzungen erfolgen.

Eine den Assistenzerfordernissen von Menschen mit geistiger Behinderung angemessene Praxis von Fördermaßnahmen muss in diesem Sinne umfassend angelegt sein. Kann sie auch gerechtigkeitshalber eingefordert werden? Folgende Gründe sprechen für eine Kompatibilität der diskutierten neueren Behinderungsverständnisse mit oben genannten Gerechtigkeitskriterien:

(1) Das Assistenz-Bedürfnis-Modell ist denselben Grundintentionen verpflichtet, auf denen auch liberale Gerechtigkeitstheorien beruhen: Menschen mit Behinderung werden nicht als defizitäre Wesen, sondern als Menschen mit Würde angesehen, deren Selbstbestimmung und Selbstständigkeit zu achten beziehungsweise zu unterstützen ist.

(2) Partizipation als entscheidende Zieldimension der Definition kann mit dem Leitbild der eigenverantwortlichen Teilnahme am sozialen Leben verbunden werden.

(3) Das oben genannte Priorisierungsverfahren von Gesundheitsleistungen kann durch das Bedürfnisprofil zur Ermittlung des konkreten Hilfsbedarfs nach der AAMR-Definition im Blick auf Behinderungen inhaltlich bestimmt werden. Das Bedürfnisprofil wird dabei entsprechend der Priorisierung abgestuft, indem die Hilfebedarfsgruppen, welche zur Befähigung an eigenverantwortlich-integraler Teilnahme *pervasive* und *ex-*

tensive Assistenz erfordern, vordringlich berücksichtigt werden, während *limitierte* und *intermittente* Assistenz jeweils nachgeordnet betrachtet und Letztere der Konkurrenz mit anderen Gesundheitsbedarfen ausgesetzt wird.

In Anlehnung an die diskutierten Definitionen wird in dieser Studie folgendes Verständnis von Menschen mit Behinderung verwendet:

(1) Eine heterogene Gruppe von Individuen,

(2) die innerhalb des Variationsbereichs menschlicher Daseinsformen liegen,

(3) deren Beeinträchtigungen organisch und/oder gesellschaftlich bedingt sind,

(4) Aktivitätsbeeinträchtigungen bewirken und in der Folge von Aktivitätsbeeinträchtigungen auch Partizipationsstörungen hervorrufen,

(5) die deshalb besonderer Befähigungsprozesse zur Nutzung eigener Ressourcen sowie oftmals lebenslanger Assistenz zu einer sozialintegrativen Lebensbewältigung bedürfen,

(6) wobei umweltbedingte (Familie, soziales Umfeld, gesellschaftliche Gegebenheiten) und persönliche (psychologisch-emotionale Charakteristika, biologischer Hintergrund) Faktoren für den individuellen Prozessverlauf der Behinderung eine Schlüsselstellung innehaben.

Dass Partizipation als Zieldimension der jüngsten Definitionen von Behinderung aufgenommen wurde, ist auch einem Verständnis von Teilhabe verpflichtet, das sich Aktivitäten der Selbstbestimmungsbewegung von Menschen mit Behinderung verdankt. In ihrem wissenschaftlichen Zweig, den oben bereits erwähnten *Disability Studies*, wird der Ansatz verfolgt, auf Grundlage der bereits dargestellten Einsicht in die soziale Konstruktion von Behinderung Menschen mit Behinderung als marginalisierte und diskriminierte Personengruppe wahrzunehmen, die in ihren *Bürgerrechten* eingeschränkt sind. Daher sollten *politische* Anstrengungen unternommen werden, um ihnen durch den Umbau des gesellschaftlichen Umfeldes die *gleichberechtigte Teilhabe* am gesellschaftlichen Leben zu ermöglichen. Jedoch setzen sie nicht bei verteilungsgerechtigkeitstheoretischen Konzeptionen, sondern bei den politischen Erfahrungen der Bürgerrechtsbewegung an. Im folgenden Kapitel soll ihr Ansatz auf dessen Kompatibilität mit den bisherigen Überlegungen zu Verteilungsgerechtigkeit und Anerkennung des Anderen diskutiert werden.

3 Gerechtigkeit, Differenz des Anderen und Teilhabe

Für Gerechtigkeit ist entscheidend, so wurde im ersten Teil argumentiert, dass sie sich in modernen Gesellschaften nicht nur auf den Ausgleich von Gütern bezieht, sondern darüber hinaus auch die sozialen Bedingungen von Freiheit erfasst. Dieses Verständnis von Freiheit baut auf einem Bild des Menschen auf, das ihn nicht in einem abstrakten Sinn als Subjekt seiner Freiheit auffasst, sondern die leiblichen und lebensweltlichen Wurzeln von Personalität betont.[1] Damit wird der Freiheitsbegriff – der gesellschaftlichen Lebenswelt des Menschen entsprechend – rückgebunden an die Dimensionen der Leiblichkeit, Sozialität und Zeitlichkeit.[2] Als soziales Wesen kann der Mensch seine Freiheit nur in sozialen Bezügen auf Grundlage seiner Leiblichkeit realisieren und möchte dabei in einigermaßen stabilen Verhältnissen leben.[3] Dazu ist das Eingehen von Bindungen und Verpflichtungen zumindest auf gewisse Zeit unerlässlich. Ein partizipatorisch ausgerichtetes Gerechtigkeitsverständnis geht davon aus, dass jeder Bürger/jede Bürgerin sowohl das Recht als auch die Pflicht hat, das Seine/Ihre zum Wohl der Gesellschaft beizusteuern. Gleichzeitig umfasst Teilhabe neben aktiven auch passive Formen, so dass die aktive Teilhabe am politischen und gesellschaftlichen Leben von der passiven Teilhabe zu unterscheiden ist, die als passives Hineingenommensein in politische Strukturen (zum Beispiel durch wohlfahrtsstaatliche Maßnahmen) beschrieben werden kann. Weiterhin ist zu bedenken, dass sich das Politische als spezifischer Kommunikationsraum konstituiert und für die Teilhabe an diesem Raum neben den Formen und Medien politischer Kommunikation auch die Grenzen, die den Zugang zu diesem Raum reglementieren, besonderes Ge-

---

1 Vgl. Dederich (2000), S. 143ff.; G. Schmidt (2001).

2 Vgl. Schütz/Luckmann (1975).

3 Vgl. Rentsch (1990), der die kommunikative Verfasstheit des individuellen Lebens als anthropologische Konstante beziehungsweise als praktisches Interexistenzial voraussetzt.

wicht erhalten. Wer auf welche Weise an politischer Kommunikation partizipiert und damit in das Politische inkludiert wird, ist das Ergebnis von Grenzziehungen, die auf struktureller und semantischer Ebene vorgenommen werden. Für die passive Teilhabe ist entscheidend, dass Menschen aus diesen Kommunikationsprozessen nicht herausfallen, sondern einbezogen sind, die jeweiligen Strukturen und Semantiken sie also erfassen. Dies kann insofern problematisch sein, als die meisten gesellschaftlichen Systeme keine »Suchfunktionen« aufweisen, so dass passive Formen von Exklusion häufiger vorkommen.[4]

Im bürgerrechtlichen Denken gewährt ein voller Bürgerstatus aufgrund der verschiedenen Bürgerrechte die Möglichkeit, am Leben der Gemeinschaft teilhaben zu können.[5] Jedoch muss man dabei nach Qualität und Reichweite von Rechten differenzieren: Zivile Schutzrechte und soziale Teilhaberechte haben im Vergleich zu politischen Mitbestimmungsrechten eine wesentlich passive Qualität.[6]

»Nur die politischen Teilnahmerechte begründen ja die reflexive, aus sich selbst bezügliche Rechtsstellung eines Staatsbürgers. Die negativen Freiheitsrechte und die sozialen Teilhaberechte können hingegen paternalistisch verliehen werden.«[7]

Nun kommt es durch die Ausweitung sozialstaatlicher Bürokratie zu einer verstärkten Abhängigkeit der Bürger von staatlichen Sicherungs- und Unterstützungsleistungen und damit zur Erzeugung von Passivität. Teilhabe als Bürgerrecht darf nicht lediglich als Status und Anspruchsrecht verstanden werden, da seine Realisierung im Wohlfahrtsstaat Depolitisierungs- und Privatisierungstendenzen fördert und zum Erlahmen politisch-aktiver Elemente führen kann. »Once each group gains the recognition of its claimed rights by the state, it tends to become politically passive; at best, it adopts a politically defensive posture, focused on the protection of its rights.«[8] Daher ist die Betonung einer aktiven, partizipatorischen Dimension der Bürgerrechte notwendig.

---

4 Vgl. Stichweh (1997). Als Beispiel kann die Pflegeversicherung angeführt werden, die *per definitionem* die Hilfebedarfe schwer dementer Personen ausschließt (vgl. Skuban (2000), S. 80f.). Weitere Gründe für passive Exklusionen bestehen zum Beispiel in Altersgrenzen oder Zugangsbarrieren.

5 Vgl. Sandel (2000).

6 Schaarschuch (1998), S. 229.

7 Habermas (1994), S. 647f.

8 Vgl. Bachrach/Botwinick (1992), S. 170.

Im Rahmen der *Disability Studies*[9] wird dieser Ansatz auf Menschen mit Behinderung übertragen: Sie werden nun in erster Linie als Angehörige einer unterdrückten Minderheit angesehen, deren aktive Teilhabe an der Gesellschaft politisch zu fördern ist. Behinderung erscheint nicht länger als individuelles Schicksal, sondern als Ergebnis sozialen Unrechts. Da eines der zentralen Ziele der Bürgerrechtsbewegung in der gleichberechtigten Teilhabe marginalisierter und diskriminierter Personen(gruppen) am gesellschaftlichen Leben besteht, wird analog zur Herstellung gerechter gesellschaftlicher Verhältnisse für Menschen mit Behinderung auf die Bewusstmachung und Überwindung unterdrückender sozialer und kultureller Praktiken und die Etablierung einer eigenen Behindertenkultur hingearbeitet.[10] Gerechtigkeitstheoretisch geht es daher nicht nur um die Herstellung von Chancengleichheit, sondern auch um die Gewährleistung kultureller Gleichwertigkeit.[11] Teilhabe mündet in die Forderung nach einer Politik der kulturellen Anerkennung.[12]

3.1 Teilhabe als kulturelle Gleichwertigkeit – der Ansatz der Disability Studies

Ausgehend von der Beobachtung, dass Menschen mit Behinderung nach wie vor in westlichen Gesellschaften als minderwertig angesehen werden,[13] wird festgehalten, dass die Verteilung von Mitteln für Therapie-, Rehabilitations- oder andere Maßnahmen deren gesellschaftliche Ausgrenzung und Abwertung nicht beheben kann.[14] Eine zentrale These der *Disability Studies* lautet, dass durch distributive Kategorisierungen Klassen von Bedürftigen produziert werden, die durch diese eher isoliert als gesellschaftlich inte-

---

9 Siehe oben II.1.

10 Ein wesentlicher Erfolg der Bürgerrechtsbewegung für behinderte Menschen besteht in dem 1990 vom amerikanischen Kongress erlassen *Americans with Disabilities Act* (ADA), durch den der rechtliche Status von Menschen mit Behinderung entscheidend verbessert wurde. Vgl. zur Entstehung des ADA und ähnlicher Gesetze in anderen Ländern Miles-Paul (1996), zur Diskussion um den ADA Silvers (1998), S. 119ff.

11 Vgl. Graumann (2003), S. 161.

12 Vgl. Fraser (2001).

13 Vgl. Young (1990).

14 Vgl. Silvers (1995).

griert werden.[15] Zurückgeführt wird dies auf die grundlegenden Ideen darüber, wie eine Gesellschaft geordnet sein soll. Heute herrscht die Vorstellung der kooperativen Gesellschaft vor, in der die Menschen in produktiver, kommerzieller und bürgerlicher Interaktion ihre Ziele verfolgen können. Dieses Modell setzt ein gesundes, voll handlungsfähiges Individuum voraus, das als Norm für alle Prozesse der Interaktion zugrunde gelegt wird. Sozial herrscht daher der Drang vor, abweichende Individuen zu normieren, also dem zugrunde liegenden Bild anzupassen. Gleichwertigkeit kann dann nur für die Menschen angestrebt werden, die nach diesem Bild geformt und integriert werden können. Ist dies aufgrund von Beeinträchtigungen nicht möglich, sind eingeschränkte soziale Rollenzuweisungen die Folge. Die Restriktionen in der sozialen Rolle von behinderten Menschen werden als Kern der Diskriminierung identifiziert.[16]

Auch wenn die *Disability Studies* in Deutschland noch auf einen ähnlichen Durchbruch wie die Cultural Studies warten und bislang noch offen ist, in welche Richtung sich die Rezeption in Deutschland bewegen wird,[17] scheint doch als gemeinsamer Ansatzpunkt der Ersatz des medizinischen Modells von Behinderung durch ein soziales Modell genannt werden zu können. Das soziale Modell von Behinderung kann als konstitutiv für die *Disability Studies* gelten. Darauf aufbauend formuliert Tervooren fünf Thesen einer kulturwissenschaftlichen Ausrichtung der *Disability Studies*, von denen die ersten zwei hier wiedergegeben werden sollen:

(1) Die *Disability Studies* beschäftigen sich mit der Untersuchung der sich wandelnden kulturellen Interpretationen von Behinderungen und Normalität, die mit Rückgriff auf biologische Phänomene naturalisiert werden. Der Beschreibung und Interpretation des Erlebens der unterschiedlichen Formen von Körperlichkeit kommt in diesem Kontext besondere Bedeutung zu.

---

15 Silvers (1998), S. 34f.
16 Siehe oben II.2. Vgl. auch die Aussage von Ottmar Miles-Paul, eines Vertreters der Bürgerrechtsbewegung, zitiert in Heiden (1996), S. 11: »Behinderung ist weniger eine Frage des individuellen Schicksals und der Wohltätigkeit, sondern vielmehr eine Bürgerrechtsfrage. Mit unserer körperlichen, geistigen oder seelischen Beeinträchtigung können wir leben, doch die gesellschaftliche Entmündigung und Diskriminierung, die unser Leben tagtäglich bestimmt, ist für uns nicht hinnehmbar!«
17 Vgl. Bruner (2005), S. 36ff.

(2) Zugrunde gelegt wird ein weiter Begriff von Behinderung, der neben unsichtbaren Behinderungen auch Krankheit und Alter einbezieht und ein Kontinuum zwischen behinderten und nicht-behinderten Körpern umreißt. Behinderung beschreibt eine sowohl auf die Geschichte des Subjekts als auch auf Geschichte allgemein bezogene Kategorie, deren Fluidität und Stabilität *Disability Studies* herausarbeiten.[18]

Dem entsprechend wird versucht, die gesellschaftspolitische Brisanz dieser Perspektive in politische Handlungsmöglichkeiten für mehr Teilhabe von Menschen mit Behinderung zu überführen und die Opfer von Ausgrenzung und Benachteiligung selbst in die Lage zu versetzen, sich zu Wort zu melden.[19] Als politische Strategie wird die Aufwertung der sozialen Rolle von Menschen mit Behinderung im Sinne der kulturellen Gleichwertigkeit propagiert:

»Der weitest mögliche Einsatz kulturell positiv bewerteter Mittel mit dem Ziel, den Menschen Lebensbedingungen zu ermöglichen, die mindestens so gut sind wie die eines durchschnittlichen Bürgers und ihnen eine positiv bewertete Rolle zu ermöglichen, sie zu entwickeln, zu verbessern und/oder zu erhalten.«[20]

Wenn Menschen mit Behinderung als Bürger mit gleichen Rechten wie andere Bürger auch angesehen werden, muss ihnen auch der Raum gewährt werden, ihre Fähigkeiten und Talente entsprechend in die Gesellschaft einzubringen. Denn die Möglichkeit, seine Talente produktiv anzuwenden, ist Voraussetzung einer für *alle* fairen Gesellschaftsordnung. Die Vergleichsbasis bezieht sich dann nicht mehr auf ein als Norm festgesetztes Maß an Leistungsfähigkeit, sondern auf das Möglichkeitsspektrum der individuellen Talentausübung, in dem Menschen gleichgestellt werden sollen.[21] Dieser Perspektivwechsel ist ganz entscheidend, denn statt Menschen mit Behinderung als »mangelhafte« oder »beschädigte« Wesen anzusehen, die durch hohen (und teuren) Mitteleinsatz auf das »normale« Maß gebracht werden müssen, werden sie nun als gleichwertige Menschen ernst

---

18 Tervooren zitiert nach Bruner (2005), S. 38.

19 Vgl. ebd., S. 292.

20 Vgl. Wolfensberger (1986), S. 48.

21 Vgl. die etwas plakative Analogie von Meister (2005), S. 90 Anm. 6: »Auch die Emanzipation der Frauen oder Menschen mit schwarzer Hautfarbe setzte ja nicht an der Reduzierung der Geschlechtlichkeit oder der Hautfarbe an, sondern an der Verbesserung ihrer Chancen in Staat und Gesellschaft.«

genommen.[22] Teilhabe als kulturelle Gleichwertigkeit bedingt daher, gleiche Wertschätzung für individuell unterschiedliche Lebenssituationen und Lebensentwürfe zu geben.[23] Sie ist zu unterscheiden von Forderungen nach gleichen Rechten auf Partizipation. Gerechtigkeitstheoretisch ist zu klären, ob dem Verständnis von Teilhabe als kultureller Gleichwertigkeit eine moralische Verpflichtung zur Anerkennung von Differenz zuerkannt werden kann und ob sich diese Verpflichtung auf alle Differenzen bezieht oder nur auf spezifisch qualifizierte.[24] Dazu sollen im nächsten Abschnitt auch Impulse aus der feministischen Ethik zum Verhältnis von Gleichheit und Differenz aufgenommen werden.

3.2 Gleichheit und Differenz

Die Forderung nach Anerkennung kultureller Gleichwertigkeit steht im Mittelpunkt der Diskussion um Gleichheit und Differenz und beinhaltet, individuell Unterschiedlichem gleiche Wertschätzung zu geben. Anerkannt werden soll also die Differenz eines Menschen (beziehungsweise einer Gruppe von Menschen), zum Beispiel seines Lebensstils, seines Lebensentwurfs.[25] »Wenn aber etwas in seiner Differenz anerkannt werden soll,

---

22 Vgl. hierzu die Interviews mit Menschen mit Behinderung in Riegler (2006). Vgl. auch den Ansatz der *Empowerment*-Bewegung nach Herriger (1997), S. 73: »Der Konsument sozialer Dienstleistungen wird hier (aus der Empowerment-Perspektive) nicht mehr (allein) im Fadenkreuz seiner Lebensunfähigkeiten und Hilflosigkeiten wahrgenommen. Im Zentrum stehen vielmehr seine (wenngleich oftmals verschütteten) Stärken und Fähigkeiten, auch in Lebensetappen der Hilflosigkeit und der Demoralisierung eine produktive Lebensregie zu führen und gestaltend die Umstände und Situationen des eigenen Alltags zu modellieren. Das Empowerment-Konzept zeichnet so das Bild von Menschen, die kompetente Konstrukteure eines gelingenden Alltags sind, die handelnd das lähmende Gewicht von Fremdbestimmung und Abhängigkeit ablegen und in immer größeren Maßen Regisseure der eigenen Biographie werden.«
23 Vgl. Graumann (2003), S. 161.
24 Also zum Beispiel auf Kulturen oder kulturelle Praktiken, die nicht gegen die Menschenwürde verstoßen. Ausgeschlossen wären dann Praktiken wie etwa die Beschneidung von Mädchen beziehungsweise jungen Frauen.
25 An der Situation behinderter Menschen aus einem anderen Herkunftsland wird besonders deutlich, dass kulturelle Differenzen oftmals als zusätzliches »Handicap« wirken. Vgl. Bopp (2004).

muss es in mindestens einer Hinsicht gleich sein«[26], wobei die Gleichheit fundamentaler sein muss als die Differenz. Im Allgemeinen wird die Gleichheit der Menschen über den Grundsatz der Menschenwürde begründet, die allen Menschen zugesprochen wird, unabhängig von ihrer Differenz. Problematisch wird Gleichheit dann, wenn sie nicht nur als Basis, sondern als differenzüberwindende und differenzrelativierende Perspektive angewandt wird.[27] In solchen Fällen negiert die abstrakt verstandene Gleichheit Differenz oder überspielt sie: »Arme und Reiche sind doch alle Menschen und bedürfen daher auch gleicher Achtung.«[28] Suggestiv wird hier die bestehende Herabsetzung armer Menschen über den Gleichheitsgrundsatz anscheinend aufgehoben. Gleichheit kann durch ideologisierende Applikation zur Indifferenz führen. »Eine nicht ideologische Verwendung von Gleichheit ist daher nur in stützender Balance, nicht in Überbietung oder Entsorgung von Differenz möglich.«[29] Folglich muss der Gleichheitsgrundsatz von einem hierarchischen Instrument in ein differenzsensibles Instrument verändert werden, denn nur differente Gleichheit ermöglicht die Anerkennung von der Indifferenz, die ansonsten vom Gleichheitsgrundsatz nicht zugelassen wird.

3.2.1 Impulse aus der feministischen Ethik für das Verhältnis von Gleichheit und Differenz

Es ist das Verdienst feministischer Ethikerinnen, dass sie ausgehend von der Frage des Geschlechterverhältnisses grundsätzliche Beiträge zum Verhältnis von Gleichheit und Differenz entwickelt haben. In Ergänzung zu den bereits diskutierten Arbeiten von Nussbaum, O'Neill, Pauer-Studer, Young und anderen sollen hier noch solche Überlegungen aufgenommen werden, die die Anerkennung von Differenz als moralisches Erfordernis verstehen.

Benhabib beschreibt zwei Ebenen von Gleichheit hinsichtlich der Beziehungen zwischen dem Selbst und dem Anderen:[30] Einmal bezieht sich

---

26 Mieth (2004), S. 92.
27 Vgl. ebd.
28 Ebd.
29 Ebd.
30 Benhabib (1995), S. 175f.

Gleichheit auf den Standpunkt des verallgemeinerten Anderen, nach dem jedem Menschen die gleichen Rechte und Pflichten zukommen. Zum anderen folgt aus dem Verständnis des konkreten Anderen, dass ein Mensch jene Verhaltensweisen von Menschen, die in Beziehung mit ihm stehen, erwarten kann, durch die er sich als Individuum mit spezifischen Fähigkeiten, Bedürfnissen und Talenten bestätigt fühlt. Da diese Bestätigung in Beziehungen gegenseitig geleistet wird, entsteht ein reziprokes Anerkennungs-Verhältnis. Beide Beziehungstypen stellen nach Benhabib somit reziproke Anerkennungsverhältnisse dar, die verallgemeinerbar sind. Gleichheit würde dann sowohl einen berechtigten Anspruch auf Anerkennung gleicher Rechte als auch einen berechtigten Anspruch auf gegenseitig geleistete Anerkennung von Differenz beinhalten.[31]

Mit diesem Verständnis schließt Benhabib an die grundlegende Figur der Tauschgerechtigkeit an und überträgt diese auf Fragen der Gleichheit in Bezug auf die Anerkennung konkreter Individuen. Der berechtigte Anspruch auf Anerkennung ihrer Differenz ist solange unproblematisch, wie von beiden Seiten die entsprechenden Anerkennungsakte geleistet werden können. Ist dies nicht mehr der Fall, etwa weil eine Person einseitig bedürftig ist, wird die Anerkennung ihrer Differenz jedoch problematisch. So bleibt bei diesen Ansätzen der moraltheoretische Status der Anerkennung des konkreten Anderen ungeklärt: Anerkennung und Erfüllung von Bedürfnissen in persönlichen Beziehungen stellen keine Verpflichtungen gegenüber anderen dar, sondern sind in Abhängigkeit von der Qualität der persönlichen Nahbeziehungen und dem eigenen Vermögen, solche Bedürfnisse befriedigen zu können, zu sehen.[32] Voraussetzung für die Übernahme von Sorge für andere in persönlichen Nahbeziehungen ist die emotionale Bindung an die andere Person.[33] Ohne solche affektiven Elemente wäre der erforderliche hohe persönliche Einsatz in einseitigen Anerkennungsverhältnissen nicht möglich. Positive Gefühle gegenüber anderen Menschen stellen jedoch »unwillkürliche Regungen« dar, die nicht »beliebig auf eine größere Zahl von Interaktionspartnern« übertragbar sind.[34]

---

31 Vgl. Graumann (2003), S. 166. Vgl. hierzu Rösner (2002), S. 38, der zwischen einem Subjekt von Rechten und einem ethischen Subjekt unterscheidet.
32 Vgl. Graumann (2003), S. 167.
33 Vgl. ebd.
34 Honneth (1998), S. 174.

Benhabibs Position ist meines Erachtens also wie folgt zu differenzieren: Die Übernahme von Sorge für darauf angewiesene Menschen erfordert ein Maß an affektiven Bindungen, das zum Beispiel in Familien vorhanden ist, aber nicht verallgemeinert werden kann. Davon zu unterscheiden ist die moralische Verpflichtung zur *Berücksichtigung* solcher Situationen, in denen die eingeforderte Gegenseitigkeit unterlaufen und daher *organisierte* personale Zuwendung erforderlich wird. Diese Verpflichtung zur Zuwendung kann über Formen der Solidarität (zum Beispiel Pflegedienste) realisiert werden und umgeht somit die Schwierigkeit, hohe affektive Bindungen, die zur Übernahme konkreter Sorge Voraussetzung sind, einfordern zu müssen. Sie kommt dem Vorschlag O'Neills nahe, die den allgemeinen Verpflichtungscharakter der Anteilnahme und Sorge für andere als »soziale[n] Tugendpflichten« bezeichnet hat.[35] Diese sozialen Tugenden sind verallgemeinerungsfähig, wenn sie als unabdingbare normative Voraussetzungen jeder Konzeption des guten Lebens zugrunde liegen und zugleich von persönlichen Werthaltungen differenziert werden können. Als schwache Theorie des Guten verstanden ist ihre Einbindung in universalistische Gerechtigkeitstheorien begründbar.[36]

Bei der Anerkennung von Differenz ist jedoch zu bedenken, dass der Entfaltung von Differenz die Gefahr des Dualismus beziehungsweise der Spaltung innewohnt.[37] In diesem Fall wird das Marginale gegen die Folie des Dominanten gelesen, also etwa eine Behinderung als Negativ von Unversehrtheit.[38] Die Marginalisierung von Menschen mit Behinderung geht dann auf die Anerkennung dieser Differenz zurück. Als Strategie gegen diese Marginalisierung wird versucht, Behinderung ästhetisch aufzuwerten und als kulturell gleichwertige Differenz zu etablieren, zum Beispiel durch Fotografie-Ausstellungen von Menschen mit Behinderung.[39] Eine andere

---

35 O'Neill (1996), S. 251.

36 Siehe oben II.1.4.

37 Vgl. Mieth (2004), S. 94.

38 Vgl. hierzu Weisser (2005), S. 18, der Differenz im Sinne eines logischen Kalküls (ähnlich der 0/1-Differenz der Informationstechnologie) auffasst und beide Seiten der Differenz als zwei Seiten derselben Form begreift: »Eine Bezeichnung der einen Seite bringt die andere nicht zum Verschwinden, sondern lässt sie als die nicht bezeichnete Seite mitlaufen. Sie ist, bildlich, als ihr Schatten anwesend. Wenn also von Behinderung gesprochen wird, so läuft die andere Seite – Nichtbehinderung – mit (und eben nicht ›Normalität‹ oder ›Krankheit‹).« (Ebd., S. 18).

39 Vgl. Eggli (2004), S. 147: »Wir vertreten eine Ästhetik, bei der nicht mehr nur das tadellos Funktionierende gilt, sondern auch die Abweichungen davon, sowohl psychisch wie physisch.«

Strategie, auf die nun näher eingegangen wird, wurde von Vertreterinnen des Konstruktivismus im Blick auf die Genderfrage entwickelt: Binäre Kodierungen sollen dekonstruiert und durch Pluralisierung außer Kraft gesetzt werden.[40]

3.2.2 Gleichheit und Differenz in der Genderperspektive

Für die Anerkennung von Differenz ist entscheidend, sie nicht nur begrifflich bestimmen zu wollen. Fixierungen in Kategorien führen zu Verhärtungen von Differenzen, die immer wieder zu Auf- und Abwertungen von Menschen führen. Auch das Bestreben, die Differenz des Anderen als solche zu achten, wie sie bei Fragen des Geschlechterverhältnisses oder bei anderen binären Kodes wie behindert/nicht-behindert als Anerkennungspraktiken versucht werden, schreiben in gut gemeinter Absicht lediglich die binäre Klassifizierung weiter fort. Die feministische Perspektive hat einen wesentlichen Beitrag dazu geleistet, Differenz ausgehend von sozialen Kontrasterfahrungen zu erfassen und als Forderung nach einer anderen Gerechtigkeit in die Diskussion einzubringen. In der Genderforschung wird heute jedoch darüber hinausgehend darauf hingewiesen, dass die Ermöglichung von Differenz in der Überwindung vereinfachender (binärer) Differenzperspektiven bestehen muss: Nicht mehr länger nur die Anerkennung des Anderen, sondern die Auflösung von binären Kodifizierungen durch die Pluralisierung von Lebensformen, damit – kontextsensibel – durch die Anerkennung des jeweils Anderen nicht nur die bestehende Differenz als Bezugspunkt aufrechterhalten wird, sondern als egalitäre Bedingung differenter Lebensmöglichkeiten eingelöst werden kann. Dies soll im folgenden Abschnitt kurz skizziert werden.

Aus der Perspektive alltäglicher Erfahrung, in der sich Differenz zum Beispiel als Wahrnehmung körperlich oder geistig eingeschränkter Handlungsfähigkeit spontan im Bewusstsein niederschlägt, kann gezeigt werden, dass die Differenzerfahrung nicht möglich wäre, würde man nicht Gemeinsamkeit erwarten.[41] In diesem Sinn ist Anerkennung keine Zuerkennung eines Status, die im Akt der Anerkennung vollzogen wird, sondern ein Erfassen dessen, »was eigentlich schon ist oder sein sollte: der bereits

---

40 Vgl. Butler (2003); Fraser (2003).
41 Vgl. Mieth (2004), S. 95.

erwähnten gleichen Würde zwischen Menschen«[42]. Die Differenz auf der Basis dieser fundamentalen Gleichheit zu etablieren, bedingt, die Hierarchisierungen definitorischer und klassifikatorischer Differenz zu überwinden und spontanes Erfahren der Zusammengehörigkeit von Gemeinsamkeit, Differenz und Anerkennung zu ermöglichen. Dies erscheint umso notwendiger, als in der traditionellen Gleichheitskonzeption kein Begriff nicht-hierarchischer Differenz ausgebildet wurde, sondern – ganz im Gegenteil – Differenz der natürlichen Legitimation von Ungleichbehandlung diente.[43] Das Dilemma der Gleichheitsfrage, »welches besagt, dass, wenn Ungleiches gleich behandelt wird, neue Ungleichheit entsteht«,[44] bedingt, nicht-hierarchische Differenz in die Gleichheitskonzeption einzubeziehen.

Daraus folgt eine Verschränkung von Gleichheit und Differenz, die Prengel zutreffend zusammengefasst hat: »Gleichheit kann nicht ohne die Akzeptanz von Differenz eingelöst werden, und Differenz nicht ohne die Basis gleicher Rechte Wertschätzung erlangen.«[45] Differenz wird damit zur ausgezeichneten Bedingung gelungener Gleichheit.[46] Daher kann es nicht um die Überwindung der Differenz gehen, sondern um die ihres deformativen Charakters. Dieser zeigt sich besonders in Zusammenhängen zwischen kultureller Differenz und negativen Folgen sozialer Ungleichheit.[47]

3.3 Folgerungen für das Verhältnis von Gleichheit und Differenz

Da Differenz immer in sozial strukturierten Raum- und Zeitverhältnissen als Deformation oder als Ausdruck eines Lebensbezugs in Erscheinung tritt, benötigt sie einen Entfaltungs- und Bezugsraum. Dieser differente Raum ist zugleich Kulturraum, denn die Anerkennung des Differenten beinhaltet die Wertschätzung divergierender Kulturen. Am Beispiel der *Deaf Culture* kann verdeutlicht werden, dass die Welt der Gehörlosen eine

---

42 Ebd., S. 96.
43 Vgl. Ralser (2001), S. 15.
44 Ebd.
45 Prengel (1997), S. 125.
46 Ralser (2001), S. 15.
47 Vgl. Knapp (1998), S. 67.

eigene Kultur mit *besonderer* Sprache und Ausdrucksformen darstellt, die selbst bei Wiedererlangen des Hörsinns nicht ohne Verlust verlassen werden kann. Um Differenz im grundlegenden Sinn der gleichen Würde aller Menschen zu ermöglichen, sind daher nicht-hierarchische plurale Felder nötig, in denen Gleichheit im Modus aktiver Anerkennung und aktiver Annahme erfahrbar wird: »In der Anerkennung liegt ein Ja, das die Distanz der gleichen Würde wahrt; in der Annahme liegt ein Ja, das die Nähe einer Geborgenheit zum Ausdruck bringt.«[48]

Beides zusammen zu ermöglichen, ohne also weder Gleichheit einzuebnen und hinter den Status des Einzelnen als Träger von Rechten zurückzufallen noch Ungleichheit auszugrenzen und hierarchisch-imperativisch zu klassifizieren, stellt die Herausforderung für eine differenzachtende Gleichheit dar. Sie versucht im Sinne einer egalitären Differenz, beide Dimensionen – Gleichheit im Sinn von Gleichwertigkeit und Verschiedenheit im Sinn von nicht-hierarchischer Differenz – in einer sich gegenseitig profilierenden Weise offen zu halten.[49] Damit dies gelingen kann, sollte phasenabhängig vorgegangen werden, um zu verhindern, dass sich die Leitideen auf der gleichen Ebene bekämpfen oder neutralisieren. »Denn es hängt von der Phase des Miteinanders ab, wann das eine, die Gleichbehandlung, und wann das andere, die Anerkennung der Differenz und die kulturelle Wertschätzung, am Platz ist.«[50]

Der Weg von der Auflösung binärer Kategorien hin zur Pluralisierung[51] von Lebensmöglichkeiten von Menschen mit und ohne Behinderung kann nicht ohne Berücksichtigung des am nachhaltigsten wirkenden binäre Kodes in der Gesellschaft gegangen werden, nämlich dem der Geschlechterdifferenz. Daher wird in einem Exkurs nun auf die Bedeutung von Geschlechtlichkeit und Behinderung eingegangen.

---

48 Mieth (2004), S. 96.
49 Vgl. Ralser (2001a).
50 Mieth (2004), S. 97.
51 Pluralität bezieht sich hier auf die »unhintergehbare Eigenart differenter Lebensweisen, Wissens- und Denkformen«. Prengel (1995), S. 47.

3.4 Exkurs: Geschlecht und Behinderung

Die Differenz zwischen den Geschlechtern ist mit der sozialen Positionierung der Geschlechter in einer konkreten Raum-Zeit-Konstellation zusammen zu denken.[52] Da innerhalb der Geschlechterdifferenz noch andere Differenzachsen wirksam sind, die in Wechselbeziehung zueinander stehen, bedarf es eines Differenzbegriffs, der pluralistisch ist, so dass eine Differenzierung der Geschlechterdifferenz möglich wird. Entsprechend wird die Genusgruppe der Frauen als »bivalente« Gruppe[53] bezeichnet, die durch die »politisch-ökonomische[n]« und durch die »kulturell-evaluative[n]« Struktur der Gesellschaft ausdifferenziert ist. Die Überschneidung der einzelnen Differenzachsen kann an den materiellen, generativen und symbolischen Verhältnissen, in denen sich das Geschlechterverhältnis reproduziert, abgelesen werden.

Direkte Anerkennungsbemühungen, die aufgrund eines »natürlichen« biologischen Unterschieds die Eigenart von Frauen als differente anerkennen wollen, greifen zu kurz, denn sie verbleiben innerhalb der gesellschaftlichen Unterscheidungskategorie Geschlecht. Sie schreiben durch die Anerkennung der Differenz eine bestehende Geschlechterpolarisierung einfach fort, die doch erst Ende des 18. Jahrhunderts entstanden und kulturell bedingt ist.[54] Eine solche Ethik der Anerkennung birgt zudem die Gefahr in sich, dass auf Basis der so hergestellten Geschlechterordnung der Anspruch auf Anerkennung von Bedürftigkeit einseitig an Frauen gerichtet wird, da diese besonders für die moralische Praxis der Sorge für andere qualifiziert erscheinen.[55] Dadurch könnten die bestehenden geschlechtlichen Rollenzuweisungen geradezu zementiert werden. Zudem setzt die Übernahme von Sorge für andere aufgrund des gesellschaftlichen Status der Sorgenden diese selbst Situationen der Verletzlichkeit und Marginalisierung aus.[56]

Die Gefahr der Marginalisierung gilt in besonderer Weise für Frauen mit Behinderung. Diese werden oftmals als mehrfach benachteiligt bezeichnet: Einmal werden sie als Menschen mit Beeinträchtigungen mit dem

---

52 Vgl. Becker-Schmidt/Knapp (2000).
53 Fraser (2001), S. 39.
54 Vgl. zur kulturellen Konstruktion von Zweigeschlechtlichkeit Karle (2006).
55 Vgl. Graumann (2003), S. 168.
56 Vgl. Kittay (1999).

Etikett normabweichend klassifiziert,[57] zum anderen wirkt die historisch entwickelte kulturelle Vorstellung von der Ergänzung der Geschlechter zu einem Ganzen auf ungleich gebrochene Weise: »Das Männliche wird als das Wesentliche, das Weibliche als, wenn auch notwendige, Ergänzung des Wesentlichen angesehen.«[58] Damit ergibt sich eine gewisse Analogie zwischen weiblichem Geschlecht und Behinderung: »Beide verbindet die Zuschreibung des Unvollständigen im Vergleich zur Norm. Beide Unvollständigkeiten werden an den Körper geheftet.«[59] Wird versucht, eine der Grenzen zu überschreiten, um Anschluss an das Normale zu erlangen, geschieht dies entgegen der geschlechtsstereotypischen Erwartungen, deren Perspektive jedoch durch einschränkende Bemerkungen (obwohl, trotzdem) gewahrt und so auch die Grenzziehung weiter aufrecht erhalten wird: »Eine Frau leistet etwas, das nur von Männern erwartet wird, obwohl sie eine Frau ist; oder ein behinderter Mensch ist trotz seiner Einschränkungen erfolgreich.«[60]

Beide Aspekte sind in einer für Frauen besonders benachteiligenden Art und Weise verschränkt, insofern das gesellschaftlich dominante Verständnis von Behinderung an geschlechterspezifischen Kriterien von Erwerbsarbeit und (nachgeordneter) familialer Reproduktionsarbeit ausgerichtet ist. Dies lässt sich zum Beispiel am männlichen Faktor in der Behindertenstatistik aufweisen, die im Allgemeinen wie im Besonderen an männlichen Lebensstrukturen orientiert ist.

»Die Konzentration des Systems der sozialen Sicherung ausschließlich auf die Erwerbsarbeit und ihre Folgen hat zu einer engen, erwerbsarbeitsbezogenen Definition von Schwerbehinderung geführt, was vor allem in dem jahrzehntelang gebräuchlichen Begriff der ›Minderung der Erwerbfähigkeit (MdE)‹ zum Tragen kam.«[61]

Da weibliche Arbeit nach wie vor überwiegend aus einer Kombination von Haus- und Erwerbsarbeit besteht und nicht entsprechend der männlichen Erwerbsarbeit vergleichbar als Gesamtkomplex entlohnt und gesellschaftlich anerkannt wird, verwundert es nicht, dass mögliche Behinderungsursachen von Frauen im Rahmen der familialen Reproduktionsarbeit in der Statistik allgemein unter »Krankheiten« oder sogar unter »sonstige Krank-

---

57 Vgl. Schildmann (2004) zur Normalismusforschung über Behinderung und Geschlecht.
58 Schildmann (2003), S. 2. Vgl. Schildmann (2004), S. 19.
59 Schildmann (2003), S. 3.
60 Ebd.
61 Ebd., S. 5.

heiten« erfasst werden.[62] Der Arbeitsunfall zu Hause wird als solcher auch nicht juristisch geschützt; in der Behindertenstatistik rangiert er unter »ferner liefen«. Besonderes Gewicht erhalten diese Zuordnungen durch die Beobachtung, dass die Erwerbsquote von Frauen mit Behinderung erheblich unter denen von Männern mit Behinderung liegt.[63]

Beispiele wie die Behindertenstatistik zeigen an, wie sehr zugrunde liegende Verständnisse von Behinderung und Geschlecht den gesellschaftlichen Umgang insbesondere mit Frauen mit Behinderung beeinflussen. Behinderung wird hier als individuelle Schädigung aufgefasst, die hinsichtlich der Wiederherstellung der Arbeitskraft entsprechend klassifiziert und an der Norm männlicher Erwerbsarbeit gemessen wird. Die Geschlechtszugehörigkeit scheint in diesem Zusammenhang unbedeutend zu sein, da die soziale Rollenzuschreibung nicht thematisiert wird. Auf diese Weise werden jedoch die sozialen Geschlechterasymmetrien, die individuelle Lagen wesentlich mitbestimmen, ausgeblendet und Macht- und Abhängigkeitsfragen im Blick auf das Geschlechterverhältnis übergegangen.[64]

Für eine größere Gerechtigkeit zwischen den Geschlechtern ist daher unerlässlich, Fragestellungen hinsichtlich behindernder Lebensbedingungen, Arbeitsteilung, Arbeitsfelder sowie hinsichtlich des Verhältnisses zwischen Normalität und Behinderung im Blick auf Frauen und Männern unter geschlechterspezifischer Perspektive auszuarbeiten.[65] Dabei ist darauf zu achten, dass die sich aus den Kategorien des Geschlechts und der Behinderung ergebenden Benachteiligungen nicht einfach als gedoppelt verstanden werden, da sonst ihre Vernetzung nicht erkannt wird. So lässt sich »die Geschlechtsidentität nicht aus den politischen und kulturellen Vernetzungen herauslösen«[66], Gleiches gilt für die Identität als Mensch mit Behinderung. Frauen mit Behinderung sollten in ihrer Identitätsbildung nicht auf eindimensionale Identitätspositionen reduziert werden, indem einzelne Identitätspartikel besonders hervorgehoben werden oder gegen die Zuschreibung anderer gekämpft wird.

---

62 Ebd.
63 Dass sich daran in nächster Zukunft auch nichts ändern wird, liegt an der Ausgestaltung der arbeitsmarktpolitischen Reformen. Vgl. Notz (2004).
64 Vgl. Schildmann (1983), S. 41.
65 Vgl. Schildmann (1996), S. 86.
66 Butler zitiert nach Villa (2003), S. 39.

»Die Identität ›Frau‹ ist demnach immer eine je spezifische, zum Beispiel weiße, lesbische, bildungs-bürgerliche Migrantin oder blinde, heterosexuelle Arbeiterin. Solche Kombinationen ließen sich [...] je nach politischen Kontexten, historischen Konstellationen, institutionellen Einbindungen und individuellen biografischen Situationen, unendlich verlängern.«[67]

Daher kommt es darauf an, die Vernetzung der unterschiedlichen Identitätsfaktoren im einzelnen Fall aufzunehmen und den sozialen Raum so zu strukturieren, dass er nicht die Bildung von Identitäten auf wenige geschlechtsstereotypische Muster engführt.

---

67 Villa (2003), S. 39f.

4 Zwischenfazit: Kritische Bündelung der Perspektiven

In diesem zweiten Teil wurde der Ansatz der Verteilungsgerechtigkeit aus verschiedenen Perspektiven kritisiert. Immer deutlicher trat hervor, dass Gerechtigkeit nicht ohne Berücksichtigung von Anerkennungsprozessen auf der identitätsbildenden Ebene hergestellt werden kann. Im Zwischenfazit soll nun versucht werden, Vermittlungen zwischen den einzelnen Perspektiven einzuzeichnen und die offen gebliebenen Fragestellungen zu bündeln.

Die bisherige Diskussion hat gezeigt, dass der Ansatz bei der Verteilungsgerechtigkeit nur einen Aspekt der Gerechtigkeit für Menschen mit Behinderung abdecken kann, weil er sich neben einer abstrakt verstandenen Gleichheit individueller Rechte hauptsächlich auf die Grundausstattung mit materiellen Ressourcen erstreckt. Sowohl die sozialen Bedingungen von Freiheit als auch der konkrete Andere in seiner Bedürftigkeit können auf diese Weise nicht hinreichend berücksichtigt werden. Bevor versucht wird, das Verhältnis der verteilungstheoretischen Perspektive zur anerkennungstheoretischen zusammen zu fassen, soll zunächst auf einen Aspekt hingewiesen werden, der bei verteilungstheoretischen Überlegungen häufig nicht näher thematisiert wird, jedoch im Blick auf den Status von Menschen mit Behinderung weitreichende Folgen hat.

Bei diesen Entwürfen ist kritisch anzumerken, dass sie sich oftmals auf Defizit-Modelle körperlicher Schädigungen beziehen, die dann zur Bemessung von Kompensationsleistungen zum Beispiel im Fall einer Behinderung eingesetzt werden. Unbesehen werden dabei medizinische Modelle mit ethisch-normativen Feststellungen verbunden und so ein normativ-objektivistisches Krankheitsverständnis zugrunde gelegt, das Menschen mit Behinderung unter Abblendung anderer relevanter Dimensionen nur als »Reparaturfälle« ansieht, die durch entsprechenden Mitteleinsatz wieder dem normalen Maß angenähert werden müssen. Auch gegenüber Daniels, der sich bei seinem Ansatz auf den Krankheitsbegriff von Boorse bezieht, kann man diese Kritik vorbringen. Jedoch wird dabei übersehen, dass sich Daniels' normativer Maßstab – wie im ersten Teil bereits ausgeführt – nicht an Körperfunktionen und deren Beeinträchtigung ausrichtet, sondern an der Bandbreite von Chancen, die durch diese limitiert wird und in der Folge erweitert werden soll. Dies kann anhand der oben in dem Exkurs über »Normalisierung, Normalität, Normativität« dargestellten Differenzierung zwischen normativen und normalistischen Normen verdeutlicht werden.[1] Gleichzeitig kann so eine Verbindung zwischen Daniels' Ansatz und der Teilhabe-Orientierung der *Disability Studies* und ihrer behindertenpolitischen Zielsetzungen hergestellt werden.

Fraglich ist, inwiefern auch das soziale Modell von Behinderung, dem in den *Disability Studies* entscheidende Bedeutung zukommt, zu revidieren ist. Kuhlmann fragt etwa, »ob die Rede über Behinderung nicht allen Realitätsgehalt verliert, wenn geleugnet wird, dass es in vielen Fällen die Beeinträchtigung des Körpers ist, die die betroffene Person ›behindert‹ – die sie herabzieht und ihre Intentionen durchkreuzt, indem die Ausübung bestimmter Funktionen unmöglich gemacht oder das Gesamtbefinden in Mitleidenschaft gezogen wird«[2]. Schießen die *Disability Studies* im Verständnis von Behinderung als sozialem Konstrukt über das Ziel hinaus? Im Diskurs der *Disability Studies* wird versucht, begrifflich eindeutig zwischen sozial bedingter Behinderung und biologisch bedingter Erkrankung zu unterscheiden.

»Während die Kategorie der Behinderung im Kontext der *Disability Studies* aufgrund ihrer sozialen Bedingtheit eine Aufwertung dahingehend erfährt, dass die mit ihn in Zusammenhang stehenden Diskriminierungen und Differenzverhältnisse einer politischen Kritik zugänglich gemacht werden, erfährt die abgespaltene Restkategorie der biologisch-körperlichen Schädigung eine Marginalisierung.«[3]

---

1 Vgl. oben II.1.2.1.

2 Kuhlmann zitiert nach Bruner (2005), S. 82. Vgl. auch Kuhlmann (2003), S. 157: »Es muss aber zu einer eigentümlich sektiererischen Abschottung ›behindertenfreundlicher‹ Diskurse führen, wenn generell in Abrede gestellt wird, dass viele Betroffene eben tatsächlich ihre Physis – um hier nur von dem unproblematischsten Fall der Körperbehinderung zu sprechen – als ›hinderlich‹ erfahren. In diesen Fällen ist es evidentermaßen der Körper, der als auffällig, aufdringlich, aufsässig erfahren wird. Er kann die Gesamtbefindlichkeit der betroffenen Person in Mitleidenschaft ziehen oder aber einzelne ihrer Intentionen durchkreuzen.«

3 Bruner (2005), S. 84 (Hervorh. J.E.).

Dadurch gerät der Körper als nicht beeinflussbare Macht des Faktischen aus dem Blick und wird jeglicher Kritik entzogen. Der Vorwurf an die *Disability Studies* lautet daher, dass auf diese Weise ein soziales Modell von Behinderung »das Bild vom materiellen Körper als ein primär medizinisches Objekt«[4] *reproduziert*. Entschwindet der Körper jedoch der sozialen Betrachtung, wird er zum unhinterfragbar hinzunehmenden Element von Behinderung und damit zu ihrem eigentlichen Kern, der unhintergehbar ist – »im Gegensatz zu den räumlichen oder rechtlichen Barrieren, für die die Gesellschaft verantwortlich zeichnet, im Gegensatz zu den sozialen Prozessen, die im Zuge der Interaktion zwischen Menschen mit gesunden und Menschen mit nicht gesunden Körpern entstehen«[5]. Statt also die körperlichen Aspekte einer Behinderung abzublenden, könnten sie diskursanalytisch eingeholt werden, denn diese sind »ebenso wie die aus ihrer Wahrnehmung abgeleiteten emotionalen Empfindungen einer Betrachtung überhaupt nur soziokulturell zugänglich«[6]. Aus diesen Gründen wurde bei der in dieser Studie vorgeschlagenen Definition von geistiger Behinderung nicht auf körperliche Aspekte verzichtet, sondern diese in Form von Daniels' Bandbreite körperlicher Funktionsweisen mit soziokulturellen Faktoren zusammen in ein dynamisches Modell von Behinderung eingespannt. Aber auch Daniels' Bestimmung körperlicher Funktionsweisen kann an einem entscheidenden Punkt weiter entwickelt werden.

Daniels geht bei der Bestimmung körperlicher Funktionsweisen von normalistischen Normen (Streckennormen) aus, die im Unterschied zu normativen Punktnormen keine scharfe Grenzziehung zwischen Normalität und Behinderung (im Sinne einer pathologisch verstandenen Schädigung) beinhalten. Vielmehr hebt er auf eine Bandbreite des für das jeweilige Lebensalter typischen Zustands ab. Diese Bandbreiten können als Durchschnittsnormalitäten verstanden werden, die auf Grundlage objekti-

---

4 Ebd.
5 Ebd.
6 Ebd., S. 83. Nach Grossberg (1998), S. 75, bestehen Diskurse nicht nur in der Art, wie man über Krankheit oder Behinderung redet, sondern besitzen produktiven Charakter (»discourses as both its productive entrance into and productive dimension of that context«, ebd.). Zugleich verschaffen sie den Diskursteilnehmern Zugang zur materiellen Welt als deren Artikulationen und aktive Agenten. »Discourses are [...] active agents, not even merely performances, in the material world of power.« Ebd. Diskursformationen sind demnach zugleich Zugangsmöglichkeit wie Produktionsfaktoren sozialer Wirklichkeit.

ver und wertneutraler Zustandsbeschreibungen festgestellt werden. Damit wird Normalität nicht normativ bestimmt, sondern als fließende und variable Grenzlinie verstanden, die gesellschaftlich hergestellt wird. Wenn die Unterscheidung zwischen Normalität und Behinderung nicht mehr starr an normativen Gesundheitsnormen festgemacht, kann sie verändert und eventuell stark verringert werden. Dieses Verständnis entspricht dem flexiblen Normalismus, der über behindertenpolitische Reformbewegungen als Normalisierungsprinzip in die Behindertenpolitik eingebracht worden ist.[7]

Auch wenn beachtet werden muss, dass trotz aller Flexibilisierung Normalitätsgrenzen bestehen bleiben,[8] so scheinen doch flexibel-normalistische Strategien heute zur Ermöglichung gleicher Lebensbedingungen von Menschen mit und ohne Behinderung vorherrschend zu sein. Sie sind auch bei der Neufassung der internationalen Klassifikation von Funktionsfähigkeit, Behinderung und Gesundheit (ICF) im Mai 2001 durch die WHO eingesetzt worden, um medizinische Normen durch normalistische zu ersetzen.[9] Zugleich wurde die neue ICF-Definition von 2001 nach der Teilhabeorientierung (*participation*) ausgerichtet. Gegenüber Daniels' Konzeption gleicher Bandbreiten haben sie folgenden entscheidenden Vorteil: Sie beziehen umweltbedingte Faktoren mit ein, während Daniels lediglich organische Funktionsweisen betrachtet. Daher liegt es nahe, Daniels' Design von Gesundheitsinstitutionen im Blick auf Menschen mit Behinderung nicht auf eine Bandbreite normaler körperlicher Funktionsweisen zu beziehen, sondern auf die ICF-Fassung von 2001.[10] Damit wird einer Verengung des Behinderungs-Begriffes auf rein körperliche Schädigungen entgegen gewirkt und zugleich ein Parameter benannt, der auch für Bemessungsentscheidungen in Anwendungsfragen herangezogen kann.

---

7 Vgl. Eisenberger u.a. (1999); Nirje (1994b); Thimm u.a. (1985); Waldschmidt (2003c), S. 92f.

8 Vgl. Link (2004); Waldschmidt (2003b), S. 201.

9 Vgl. oben II.2.3.3.

10 Bei kognitiven Beeinträchtigungen könnte alternativ auf die AAMR-Definition von 1992 zurückgegriffen werden (vgl. oben II.2.3.3). Entscheidend ist dabei jeweils die Bestimmung von Indikatoren für die Bemessung der Kompensationsleistungen. Indikatoren können über die Berücksichtigung der unterschiedlichen Variablen (organische Schädigung, psychisch-emotionale Variablen, Umweltfaktoren) in einem Bedürfnisprofil ermittelt werden und die Grundlage für die Ressourcenzuteilung bilden.

In Ansätzen der Verteilungsgerechtigkeit müssen Ressourcen dementsprechend für die Kompensation personaler *und* umweltbedingter Faktoren bereitgestellt werden. Die Höhe der Ressourcenzuteilung hat sich dabei am Kriterium der Befähigung zur eigenverantwortlich-integralen Lebensführung zu bemessen und kann entsprechend der Abstufung der unterschiedlichen Bedürfnisprofile[11] differenziert werden. Auf diese Weise kann – der kompetenz-orientierten Perspektive entsprechend – an persönliche Fähigkeiten und Kompetenzen (wie zum Beispiel sozial-adaptive) des/der Einzelnen angeschlossen werden. Diese fließen nun in die Bestimmung der Kompensationsleistung ein und ermöglichen so nicht nur eine individuell auf diese zugeschnittene Ressourcenzuteilung, sondern – soweit an solche Kompetenzen für eine selbstbestimmte Lebensführung angeschlossen werden kann – auch die Berücksichtigung des Kriteriums der Eigenverantwortung der betreffenden Person.

Dabei ist die Frage der sozialen Konstruktion von Behinderung nicht nur im Blick auf Kompensationsleistungen zu diskutieren, um so mit sich selbst identische Subjekte zu »empowern«.

»Geht man von der Annahme aus, dass Behinderung gesellschaftlich und sozial konstruiert ist – und sich nicht als eine bloße individuelle Eigenschaft Betroffener beschreiben lässt –, erscheint es unumgänglich, die entsprechenden Prozesse, die Behinderung markieren, genauer unter die Lupe zu nehmen.«[12]

Bruner weist darauf hin, dass an diesen Prozessen (Interaktionen, bürokratischen Verfahren und weitere) nicht nur nicht-behinderte, sondern auch Menschen mit Behinderung gleichermaßen beteiligt sind (wenn auch in unterschiedlichen Machtverhältnissen) und fordert daher eine Verschiebung des Fokusses »weg vom Individuum und seiner binär konstruierten kollektiven Zugehörigkeit (behindert/nicht-behindert) hin zu Interaktionen und Diskursen als den *Verhandlungsorten* von Behinderung«[13].

Bezogen auf die gerechtigkeitstheoretische Diskussion rückt hier wieder die Dimension der Anerkennung in den Blickpunkt. Ausgehend von der Beobachtung, dass die Verteilung von Gütern Ungerechtigkeiten, die aufgrund sozialer Normen oder kultureller Praktiken bestehen, nicht ausräumen können, wurde die Frage der Anerkennung des konkreten Anderen

---

11 Hier kann wieder an die Bedürfnisprofile angeschlossen werden, die auf Grundlage der neuesten WHO- beziehungsweise der AAMR-Definition erstellt werden.

12 Bruner (2005), S. 294.

13 Ebd. (Hervorh. i.O.)

thematisiert. Wie können nun die Dimension der Verteilung und die Dimension der Anerkennung hinsichtlich des politischen Zieles gerechter Zustände in einer Gesellschaft auch für Menschen mit Behinderung mit einander verbunden werden? Fraser möchte dies durch folgende Unterscheidung zwischen den beiden großen Problemkomplexen leisten, auf die der Begriff der Gerechtigkeit angewandt werden kann: Zum Einen erfordern Ausbeutung, Marginalisierung und Deprivation auf der Ebene der sozioökonomischen Ungleichheit den Einsatz für »soziale Gerechtigkeit« (Verteilungsgerechtigkeit), zum Zweiten gilt es, kulturelle Dominanz, fehlende Anerkennung und Missachtung auf der Ebene kultureller Diskriminierung durch »kulturelle Gerechtigkeit« zu bekämpfen.[14] Für Frasers Ansatz spricht, dass die Überschneidung der Ebenen (ökonomische und kulturelle Ungleichheit) bei sozialen Prozessen offensichtlich ist und beispielhaft am Geschlechterverhältnis aufgewiesen werden kann. Fraglich ist jedoch die Zuordnung beider Ebenen: Ungeklärt bleibt dabei das Verhältnis von Anerkennung und Verteilung. Die Beschreibung der Genusgruppe Frauen als »bivalente« Gruppe,[15] die entsprechend der politisch-ökonomischen und kulturell-evaluativen Struktur der Gesellschaft zu differenzieren sei, fasst beide Strukturen als primär und gleichursprünglich auf, so dass keine direkte Folgen auf die andere habe. Hier sind offensichtlich Differenz und Interdependenz beider Strukturen unterbestimmt. Übertragen auf Menschen mit Behinderung bedeutet dies, dass Frasers Ansatz die Vernetztheit der einzelnen Faktoren ökonomischer und kultureller Ungleichheit nicht genügend berücksichtigt und so ein rein additives Modell sozialer Benachteiligung aufstellt.

In der sozialphilosophischen Diskussion hat sich bislang jedoch noch keine allgemein anerkannte Verhältnisbestimmung der beiden Dimensionen Verteilung und Anerkennung durchgesetzt. Folgender Aspekt erscheint mir im Blick auf das Verhältnis beider Dimensionen wesentlich zu sein: Wenn soziale Gerechtigkeit nicht mehr auf Fragen der Verteilung beschränkt wird, sondern auch Aspekte wie Repräsentation und Teilhabe, Identität und Differenz einschließt, so können zwar nun Ungerechtigkeiten, die in der institutionalisierten Wertehierarchie oder kulturellen Praxen wurzeln, thematisiert werden, jedoch besteht dabei zugleich die Gefahr, dass der Fokus auf der Anerkennungsfrage den Aspekt der sozialen

---

14 Fraser (2001), S. 34ff.
15 Fraser (2001), S. 39.

Gleichheit zurückdrängt und die Ungleichheit sozioökonomischer Verhältnisse begünstigt. Es darf nicht übersehen werden, dass eine einseitige Betonung der Anerkennungsdimension zu Lasten der Verteilungsdimension sozialer Gerechtigkeit den Boden entziehen und zu einem Anstieg sozialer Ungleichheit führen würde. Besonders bei der Diskussion um die Abkehr vom Verteilungsgerechtigkeitsparadigma und Hinwendung zum Thema der Teilhabe muss genau beobachtet werden, welche Folgen dies für die Empfänger von sozialstaatlichen Leistungen haben würde. Fraglich ist, wie es ohne eine grundlegende Verteilungsgerechtigkeit gleiche Teilhabechancen geben kann, denn zunächst müssen erst einmal die Voraussetzungen zur Teilhabe hergestellt werden. Weiterhin ist darauf zu achten, dass Teilhabe nicht durch ein nur bipolar ausgerichtetes Schema (inkludiert/exkludiert) gekennzeichnet wird. In der Folge ginge es dann nicht länger um die Bestimmung von relativen Anteilen, wie sie durch Verteilungsgerechtigkeitsansätze ermöglicht werden, sondern nur noch darum, überhaupt beteiligt zu sein. Statt des Teilhabebegriffes bietet sich der Begriff der Beteiligung an, da so besser graduelle Abstufungen und Aspekte der aktiven Teilnahme aufgenommen werden können.[16]

Zugleich ist jedoch genauso entscheidend, dass eine umfassende politische Partizipation ohne soziale und kulturelle Emanzipation nicht möglich ist. Kulturelle Differenz benötigt Entfaltungs- und Bezugsräume, in denen über Dekonstruktionen[17] die performative Erzeugung von Identität entschlüsselt wird, in denen aber auch zugleich Differenz im Sinne einer irreduziblen Alterität existieren kann. Jedoch sind diese Voraussetzungen der Anerkennung des Anderen immer auch verwoben mit der Dimension sozialer Ungleichheit. Daher kommt es darauf an, Ungleichheit nicht in Differenz aufzulösen, sondern beide Dimensionen in einer sich gegenseitig

---

16 Vgl. zur Differenzierung zwischen Teilhabe und Teilnahme Schaarschuch (1998), S. 227ff.

17 Der Dekonstruktion von Symbolen beziehungsweise Symbolsystemen liegt die Analyse von symbolischen Ordnungen zugrunde, deren Funktion darin besteht, »das Andersartige, Fremde, Abweichende zu bändigen, ihm einen festen Platz in einer verlässlich aufgebauten Welt zuzuweisen und dadurch eine psychologische, soziale und politische Stabilität zu gewährleisten.« (Dederich (2001), S. 111). Die auf diese Weise erzeugten Realitäten bestimmen das Leben von Menschen, indem zum Beispiel Begriffe wie »lernbehindert« oder »geistigbehindert« als Zuschreibungen fungieren, deren konnotativer Aufladung und den damit verbundenen kulturellen Praktiken die betroffenen Menschen oftmals wehrlos ausgesetzt sind.

profilierenden Weise offen zu halten.[18] Im Blick auf Verteilungsgerechtig-keitsansätze ist hierbei entscheidend, Gleichheit nicht ideologisierend einzusetzen und so zur Relativierung oder gar Missachtung von Differenzen beizutragen.

Einen Weg hierzu stellen kritische Analysen vorherrschender Strukturen dar, durch die immer wieder die Frage nach der Macht und den Interessen konsequent wachgehalten werden, damit es nicht in der Praxis zur Verschleierung und Verfestigung von Ungleichheit kommt.[19] Dies erscheint umso dringlicher, als auch soziale Bewegungen, die zunächst aus gemeinsamen Unterdrückungs- und Entrechtungserfahrungen ein »kollektives Wir« entstehen lassen, in der Gefahr stehen, »um der Geschlossenheit nach außen hin willen innere Differenzen zu unterdrücken und damit Ausgrenzungen vorzunehmen«[20]. Auf diese Gefahr ist besonders im Hinblick auf die Entwicklung alternativer Identitätspolitiken (zum Beispiel in der *Empowerment*-Bewegung und den *Disability Studies*) zu achten.

»Gerade die Orte der Überschneidung der Kategorie Behinderung mit anderen Kategorien wie ›Rasse‹, Klasse, Geschlecht, Sexualität usw. zeigen die Potenziale und Grenzen der einen wie der anderen Kategorie auf. Politische Begriffe wie Autonomie und Selbstbestimmung entfalten an den Orten der Überschneidung nicht nur ihr emanzipatorisches Potenzial, sondern verweisen auch auf ihr ausgeschlossenes Anderes.«[21]

Es ist folglich die Orientierung an Autonomie und Selbstbestimmung in zwei Hinsichten zu hinterfragen. Erstens muss beachtet werden, dass durch die Ausrichtung auf die Figur der bürgerlichen Selbstbestimmung keinesfalls alle bestehenden, offenen oder verdeckten Fremdbestimmungsverhältnisse von Menschen mit Behinderung adäquat erfasst und bearbeitet werden können. Es besteht die Gefahr, dass der Blick auf die davon ausgeschlossenen Menschen durch eine einseitige Orientierung eher verschleiert als geschärft wird. Auch für Menschen mit geistiger Behinderung geht es darum, selbstbestimmt im Rahmen ihrer Möglichkeiten ihr Leben führen zu können. Dazu ist jedoch Selbstbestimmung nach unterschiedlichen Formen zu differenzieren,[22] statt von einer Autonomie auszugehen, die

---

18 Vgl. Ralser (2001), S. 17f.
19 Vgl. Wegener (2001), S. 581.
20 Mieth (2004), S. 94.
21 Tervooren zitiert nach Bruner (2005), S. 39.
22 Vgl. oben unter I.5.2.4.

ihre Bezüge zur Heteronomie abblendet. Zweitens ist die Verhältnisbestimmung zwischen Selbstbestimmung und Sorge für andere zu überprüfen. Fraglich ist, ob das neue Paradigma der Selbstbestimmung das der
Sorge ablösen soll oder ob nicht vielmehr von einem unauflösbaren Spannungsverhältnis zwischen diesen beiden Prinzipien auszugehen ist.[23]

In diesem Zusammenhang wurde versucht zu klären, wie Individuen in
ihren spezifischen Lebenslagen sich in Anerkennungsverhältnissen als
Gleiche begegnen können und in welcher Hinsicht Differenz anerkannt
werden kann. Für die hier vorgeschlagene Lösung eines Verhältnisses der
spannungsreichen Offenheit von Gleichheit und Differenz zueinander
spricht meines Erachtens vor allem der Umstand, dass Anerkennung ein
Begriff ist, dem selbst eine ambivalente Differenz innewohnt: Zum einen
kann ein Individuum nur auf dem Boden bereits anerkannter (rechtlicher)
Gleichheit Ungleichbehandlung einklagen. Nur vor dem Hintergrund einer
Verteilungsperspektive gleicher Rechte kann das, was als ungleich gilt,
Gleichbehandlung verlangen. Andererseits besteht zwischen den auf das
Individuum bezogenen moralisch anerkannten Rechten und der konkreten
Erfahrung von Individuen ein latent spannungsgeladenes Verhältnis, weil
Individualität ein Widerstandspotenzial gegen den anerkannten Geltungsbereich der Person enthält.[24] »Das Verstehen der Individuen wird damit zu
einem Verstehen ihrer Differenz: der Differenz zwischen dem, was sie aus
ihrer Perspektive sind und wollen, und dem, was sie als gleichermaßen
berücksichtigte Personen sein wollen und dürfen.«[25] Bricht die Spannung
zwischen Eigenperspektive der Individuen und dem anerkannten Personenstatus als Konflikt auf, verlangt die Erfahrung von Differenz nun nach
Einbeziehung in den Bereich des öffentlichen Person-Seins, der gleiche
Rechte garantiert und die damit verknüpften Praktiken nicht nur toleriert,
sondern moralisch positiv qualifiziert.[26] Damit wird zugleich die Foucault-
sche Perspektive des »Normalisierungszwanges« relativiert. Menschen
werden durch die bestehenden gesellschaftlichen Machtverhältnisse keineswegs *nur* ihrer Unterschiedlichkeit beraubt und gleichgeschaltet, indem
sie von den Disziplinen den herrschenden Normen entsprechend angepasst oder ausgegrenzt werden. Bei diesem Prozess handelt es sich also

---

23 Vgl. Katzenbach (2004), S. 127.
24 Vgl. Wils (2004), S. 85.
25 Menke (2000), S. 30f., zit. nach Wils (2004), S. 85.
26 So Menke, ebd.

nicht nur um die scharfe Grenzziehung zwischen den Normalen und den Anomalen, »sondern ebenso um die sprichwörtliche *Einbeziehung des Außen*. Das so genannte ›Andere‹ wird durchaus im Sinne der Integration in den durch diesen Akt dann auch transformierten Geltungsbereich des Gleichen einbezogen.«[27]

Somit wird der Kampf um Anerkennung durch ein unauflösbares Element der Ambivalenz bestimmt: Zum einen gibt es die Assimilierung der Differenz, die das Verschwinden der Andersheit nach sich zieht. Zum anderen »steht Anerkennung auch für das Erringen gleicher Berücksichtigung, also für die emanzipatorische Einbeziehung der Andersheit in den Bereich der Gleichheit.«[28] Daher kommt es darauf an, beide Dimensionen in ihrem latent spannungsreichen Verhältnis füreinander offen zu halten. Gelingt dies nicht, darf Skepsis gegenüber »einer politischen Praxis Behinderter qua Identität, soll heißen: Behinderte berufen sich in ihrer Interessenvertretung – auch im Namen der *Disability Studies* – auf ein kollektives Subjekt, eine imaginäre Gemeinschaft der Behinderten«[29], angemeldet werden. Eine solche Praxis würde sich, abgesehen davon, dass in dieser Gemeinschaft eine gemeinsame Identität lediglich unterstellt werden kann,[30] durch die ungebrochene Fortführung der Tradition der Behinderten-Bewegung zugleich in deren eindimensionale Identitätsposition begeben. Das heißt, dass dabei die Gruppe der Menschen mit Behinderung weiterhin als die dem bürgerlichen Subjekt gegenüber gestellten Anderen identifiziert werden. Dadurch werden hierarchische Verhältnisse jedoch nicht abgebaut, sondern perpetuiert.[31] De Groef hat jüngst darauf hingewiesen, dass auf diese Weise für Menschen mit geistiger Behinderung keine angemessenen Formen der Selbstbestimmung entwickelt werden können, da die Orientierung am Modell bürgerlicher Autonomie dies nicht zulässt.[32]

---

27 Ebd. (Hervorh. i.O.)

28 Ebd., S. 86.

29 Bruner (2005), S. 74 (Hervorh. J.E.).

30 Vgl. ebd., S. 293: »An dieser Vorstellung kollektiver Identität hegte ich aus mindestens zwei Gründen meine Zweifel. Zum einen wollte sich mir schon angesichts der körperlichen und sozialen Heterogenität zwischen ›uns‹ Menschen mit Behinderung das Gefühl kollektiver Identität nicht recht einstellen, zum anderen gab der empirische Blick auf die zentralen gesellschaftlich wirksamen Differenzkategorien den Blick frei auf die Widersprüche, Brüche und Ungleichzeitigkeiten, denen homogene Identitätsentwürfe und -assoziationen ausgesetzt sind.«

31 Vgl. ebd., S. 64.

32 Vgl. Groef (2004).

Bruner fordert stattdessen im Anschluss an Butler die Analyse der Logik, in der sich der Prozess der Subjektivation vollzieht.[33] Nach ihr ist die diskursive »Anrufung« als behinderter Mensch unhintergehbar und erscheint im Prozess, der zur Subjektposition »behindert« führt, als Verlustgeschichte.[34]

»Tritt die Behinderung im Verlauf der Biografie auf, ist der Verlust, der mit der Anrufung ›behindert‹ verbunden ist, kaum zu verdrängen. Wer wir hätten sein können, das ist erinnerbar und bleibt eine begehrenswerte Subjektposition. Aber auch im Falle einer Behinderung von Geburt an, bleibt die andere Seite – der Status des Nichtbehindert-Seins – stets präsent als das unerreichbare, verlorene Andere.«[35]

Als weiterführender Ansatz bietet sich hier an, den Fokus auf die Macht gesellschaftlicher Diskurse zu richten und die Herstellung von möglichen Subjektpositionen zu analysieren wie die Konstruktion des autonomen Subjekts zu kritisieren.[36] Als Folge der Kritik am sozialen Modell von Behinderung wird vorgeschlagen, ein kulturelles Verständnis von Behinderung anzustreben, »in dem der diskursiv geführte Kampf um die Bedeutung(en) von Behinderung in den Blick genommen wird«[37]. Daher sollte dem Zusammenhang von Diskurs und Macht, über den die institutionalisierten Ausgrenzungs- und Diskriminierungsmechanismen realisiert werden, besondere Aufmerksamkeit geschenkt werden:

»Am Ort der politischen Aktion agieren dann nicht mehr mit sich selbst identische empowerte Subjekte, sondern vielstimmige Diskurse, die situativ und kontextuell Verschiebungen mit je unterschiedlicher Reichweite der Argumente und nicht voraussehbaren Ausgängen erfahren können.«[38]

Da zwischen Menschen mit und ohne Behinderung nicht nur ein hierarchisches Gefälle, »sondern auch ein weitgehend einseitiges Verhältnis sozialer Erwünschtheit«[39] besteht, muss zur diskursiven Auseinandersetzung mei-

---

33 Vgl. Bruner (2005), S. 67ff., besonders 75.

34 Vgl. ebd., S. 76f.

35 Ebd., S. 77.

36 Vgl. Keupp/Ahbe/Gmür (1999), S. 53f.

37 Bruner (2005), S. 294.

38 Ebd., S. 295.

39 Ebd., S. 77. Vgl. ebd.: »Niemand wünscht, behindert zu sein. Und auch, wenn es gelingt, sich mit der Behinderung abzufinden, sich in ihr einzurichten, sie vielleicht als identitätsstiftend subjektiv anzuerkennen, bleibt die andere Möglichkeit als melancholische Erinnerung doch stets präsent.«

nes Erachtens ein weiterer Aspekt hinzutreten: Die Menschen, über die in Konflikten um Anerkennung hinweg gegangen wird oder die selbst durch Emanzipationsbewegungen nicht erfasst werden, müssen in ihrer konkreten Lage ebenfalls berücksichtigt werden, möchte man sie nicht als Opfer der Ungerechtigkeit in Kauf nehmen. Es geht um Menschen, die in einen inferioren Status gedrängt sind, in dem zwar ihre Rechte formal verbürgt, sie aber letztlich auf der moralischen Ebene des Selbstkonzepts betroffen sind und in der Gefahr stehen, die Voraussetzungen zur Teilnahme am gesellschaftlichen Leben zu verlieren beziehungsweise diese bereits verloren haben.[40] Ohne basale Formen der aktiven Teilnahme kann es aber keine Teilhabe als Bürger/in geben. Neben der Zielvorstellung, asymmetrische Beziehungsstrukturen durch Prozesse der Bemächtigung in tendenziell symmetrische zu transformieren,[41] ist als Ergänzung der Gerechtigkeitsfrage eine Orientierung notwendig, die eine nicht-bevormundende Form der helfenden Sorge[42] als haltende Beziehung ermöglicht. Letztere ist im Blick auf Menschen mit Behinderung vor allem da nötig, wo diese entgegen aller *Empowerment*-Bestrebungen nur einseitig getragen werden können.

Gleichzeitig wird in der Sorge-Perspektive auch ein kritischer Blick auf die *Empowerment*-Bewegung geworfen, die sich trotz ihrer unbestrittenen Erfolge der Ambivalenz stellen muss, dass auch ihr Kampf um Anerkennung und Gleichberechtigung von Menschen mit Behinderung ein Außen, eine Grenze kennt, jenseits der weitere Menschen mit Behinderung leben, die durch *Empowerment*-Bestrebungen nicht erfasst werden beziehungsweise aus dem Fokus des Interesses gefallen sind.

»Empowerment neigt aber auch dazu, die Differenzen zwischen *empowerten* Behinderten auf der einen Seite und denjenigen, die – aus welchen Gründen auch im-

---

40 Vgl. Frick (1994), S. 109, der hervorhebt, dass im »herkömmlichen Gesellschaftsmodell von Gleichheit und Gerechtigkeit Menschen einsam, ohne Arbeitsmotivation und gänzlich apolitisch sein (können). Ihre gesellschaftlich respektierten Rechte sind durchaus vereinbar mit großem Elend, und zwar nicht nur mit individuellem Elend und psychischen Kranksein, sondern mit sozialer und moralischer Verelendung«.

41 Vgl. Schaarschuch (1998), S. 248.

42 Vgl. hierzu zum Beispiel das Sorge-Konzept nach Benner/Wrubel (1997) sowie Kittay (2004). Bei solchen Sorge-Orientierungen wird beispielsweise versucht, über phänomenologische Zugänge die Kompetenz von Patienten/innen zu autonomen Entscheidungen mittels Interpretation aufzuweisen und dabei den Rückfall in eine statische Wertvorstellung (»das ist für den Patienten gut«) zu vermeiden, so dass keine starke Konzeption des Guten vorausgesetzt wird.

mer – keine Gelegenheit zur Aktivierung entsprechender Ressourcen haben, zu reproduzieren und zu zementieren.«[43]

Im Schatten der Erfolge der *Empowerment*-Bewegung ist die Situation der nicht-empowerten Menschen mit Behinderung zu bedenken.

Im Folgenden soll daher der Gerechtigkeit ein Korrektiv zur Seite gegeben werden, dass den konkreten Anderen in seiner Verletztheit jenseits rechtlicher Ansprüche und unabhängig von Befähigungsprozessen berücksichtigten kann. Dazu sind im Sinne der Fallgerechtigkeit beziehungsweise Epikie solche Orientierungen nötig, die sich rein an der Not des/der Betroffenen ausrichten.[44] Denn der unbedingte Anspruch eines anderen Menschen auf Hilfe und Zuwendung wird gerade erst da erfahren, wo sich vor aller Verständigung die ethische Dimension der Nähe eröffnet, die nur bedingt moraltheoretisch einholbar ist. Gerechtigkeitstheoretisch muss hier auf tiefer liegende moralische Ressourcen mit ihren starken Vorstellungen des Guten und Gerechten zurückgegangen werden, die solche moralischen Haltungen wie Barmherzigkeit ermöglichen, die für die einseitige Zuwendung zugunsten der Hilfe bedürftige Menschen Voraussetzung sind. Zugleich wird dadurch unterstrichen, dass Forderungen der Barmherzigkeit über die einander geschuldete Gerechtigkeit hinausgehen.

Wenn im nächsten Kapitel dazu die Perspektive des Christentums aufgenommen wird, das als Traditionsgemeinschaft in den westlichen Gesellschaften über Jahrhunderte hinweg solche Ressourcen zur Verfügung stellte, ist damit keine Zurückstellung oder Diskredition anderer religiöser Gemeinschaften intendiert. Vielmehr soll punktuell verdeutlicht werden, inwiefern der Bezug auf die christliche Tradition zum Gelingen des liberalen Gesellschaftsmodells und seiner Gerechtigkeitsvorstellung beitragen kann, ohne selbst in der liberalen Konstruktion gesellschaftlicher Vertragsbedingungen vorzukommen.

---

43 Bruner (2005), S. 40. (Hervorh. i.O.)
44 Vgl. Frey (2005), S. 83.

5 Gerechtigkeit und Teilhabe – Impulse aus theologischer Perspektive

In diesem Kapitel sollen Aspekte aus der biblisch-theologischen Gerechtigkeitstradition aufgenommen werden, welche die bisherige Diskussion um Teilhabe und Gerechtigkeit für Menschen mit Behinderung ergänzen können. Einleitend wird zuerst danach gefragt, ob die Forderung nach Teilhabe biblisch-theologisch untermauert werden kann (5.1). Unstrittig scheint dabei zu sein, dass Gerechtigkeitsvorstellungen im Alten Testament bezogen sind auf Gemeinschaftsverhältnisse, unter die auch Fragen der Zugehörigkeit und des Ausschlusses fallen. Damit wird zwar kein allgemein gültiges Verständnis von Teilhabe begründet. Die alttestamentlichen Anweisungen vor allem des Bundesbuches setzen eine bäuerliche Gesellschaft voraus.[1] Jedoch können daraus Impulse für die Ordnung eines Gemeinwesens aufgenommen werden, die vor allem Fragen nach den Voraussetzungen und Zusammenhängen zwischen moralischen Intentionen einschließlich ihrer Tradierung in Gemeinschaften und einer Gerechtigkeitstheorie bereichern können. Daneben gibt es in der Theologie Versuche, die Rawlssche Theorie der Gerechtigkeit im Sinn der biblischen Option für die Armen zu interpretieren (5.2). Fraglich ist dabei jedoch, ob so die schlechtestgestellten Mitglieder der Gesellschaft in Rawls' Theorie tatsächlich näher bestimmt werden können. Die Kritik dieses Versuchs leitet über zu der Frage, ob in der biblisch-theologischen Tradition Motive enthalten sind, welche die Haltungen der Empathie und der Billigkeit zu orientieren vermögen (5.3). Der Versuch, Nächstenliebe als eine solche Barmherzigkeits-Orientierung in den formal bestimmten Gerechtigkeitsdiskurses einzubringen, mündet in die Erkenntnis, dass damit zugleich zugrunde liegende Bilder des Menschen thematisiert werden müssen. Dies wird Inhalt des dritten Teiles sein.

---

1 Vgl. Crüsemann (1992), S. 133.

5.1 Teilhabe und das biblische Gerechtigkeitsverständnis

Wenn man Aussagen aus der Bibel auf heutige Fragestellungen wie die nach Gerechtigkeit für Menschen mit Behinderung übertragen möchte, steht man vor dem (alten) Problem, dass moderne Rechts- und Sozialsysteme nicht kompatibel sind mit dem anders geprägten sozialen und rechtlichen Denken, das wir in der Bibel vorfinden. Es gibt nun verschiedene Wege, wie man den »garstigen Graben« überwinden möchte.[2] Im Folgenden soll ein Ansatz nachvollzogen werden, der das Verhältnis zwischen modernen Rechtssystemen und biblischem Rechtsdenken auf dem Weg der kritischen Frage nach ihrer Entsprechung als vermittelbar ansieht.[3] Huber kennzeichnet damit ein wechselseitiges Erschließungsverhältnis, zu dem sowohl ein kritischer Blick auf die gegenwärtigen Bedingungen aus der biblischen Perspektive als auch ein kritischer Blick auf die Figuren biblischen Denkens aus der Perspektive heutiger Erfahrungen und Einsichten gehört.[4] Aus einem solchen Prozess wechselseitiger Kritik heraus können biblische Motive zur Ergänzung und/oder Korrektur modernen Denkens fruchtbar gemacht werden. Dies soll nun im Blick auf Teilhabe versucht werden.

Zunächst ist festzuhalten, dass sich Teilhabe als sozialethischer Begriff nicht direkt in der Bibel findet. Jedoch konstituiert die zentrale Stellung von Gottes Bund mit den Menschen einen Verständniszusammenhang, in dem soziale Bezüge wesentliche Bedeutung erlangen. Dies spiegelt sich im Gerechtigkeitsverständnis des Alten Testaments wider, das – im Unterschied zum modernen Verständnis von Gerechtigkeit – nicht als »Normgemäßheit«, sondern als »Gemeinschaftsgemäßheit«[5] zu deuten ist. »Ein Mensch, von dem sedek / sᵉdākā ausgesagt werden soll, befindet sich nicht einer absoluten Norm gegenüber, an der er gemessen wird (Gebot, Gesetz, Idee des Rechts o.ä.), sondern in bestimmten Gemeinschaftsverhältnissen, deren Ansprüchen er zu entsprechen hat.«[6] Daher lautet die angemessene Übersetzung für sᵉdākā Gemeinschaftstreue.[7] Die alttestamentliche Konzeption von Gerechtigkeit als Gemeinschaftstreue verweist darauf, dass die

---

2 Vgl. zum Beispiel Otto (1998a), bes. 140ff.; Otto (1998b).
3 Vgl. Huber (1999), S. 140.
4 Ebd.
5 Thiel (2004), S. 20.
6 Ebd.
7 Vgl. Koch (1953; 1961).

aktuellen Ansprüche und Bedürfnisse der Gemeinschaft das Verhalten der Menschen bestimmen sollen. Dabei besteht Gemeinschaftstreue nicht nur im Dienst an der übergreifenden Einheit, »sie beinhaltet ebenso die *Respektierung des Rechtes des Einzelnen* und seiner Ansprüche an die Gemeinschaft«[8]. Zwar formuliert das Alte Testament damit keine Norm der Teilhabe *expressis verbi*, aber es wird doch deutlich, dass eine intakte Gemeinschaft den spannungsvollen Ausgleich und das Zusammentreffen von Interessen der Gesamtheit und Ansprüchen der Einzelnen erfordert. Ausschluss aus dieser Gemeinschaft widerspricht der grundlegenden Sicht des Menschen als eines durch Gott für die Gemeinschaft bestimmten Wesens. Für diese Sicht können Argumente aus der Exodustradition, insbesondere dem Bund Gottes mit den Menschen angeführt werden. Im Bundesbuch (Ex 20ff.) ist der Schutz schwächerer, benachteiligter Menschen (Sklaven, Fremde, Witwen und Waisen) in der israelitischen Gemeinschaft geregelt. Dabei fällt auf, dass das Erbarmen gegenüber der Not eines anderen Menschen nicht in das Belieben der Einzelnen gestellt wird, sondern wie das Recht sicher erwartbar sein soll.[9] Hintergrund für diese Bestimmungen war nach Crüsemann eine soziale Krise in Israel, die dazu führte, dass der Schutz der Schwachen und der Vollzug der Gerechtigkeit das gleiche Gewicht vor Gott erhalten haben wie das religiös-kultische Verhalten.[10] Selbst die Rechtsfunktion des israelitischen Königs – von Gott mit dem Richteramt betraut – wurde unlösbar mit der des Rechtsschutzes für die Armen verbunden (Ps. 72, 1f.).[11] Demnach stellte sich die politische Wirklichkeit im vorexilischen Israel »unter der Voraussetzung von Recht und Gerechtigkeit nicht als totalitäres System dar, sondern als auf göttlicher Stiftung gründendes und unter königlicher Autorität stehendes Gemeinwesen, dessen Akzeptanz auf der Erkennbarkeit und Erfahrbarkeit von Recht und Gerechtigkeit aufruht«[12]. Freilich blieben soziale Krisen nicht aus und die Beugung von Recht und Gerechtigkeit durch die Mächtigen und Starken wurde zu einem der zentralen Kritikpunkte der Propheten. Besonders bei Amos und Jesaja erfahren Unterdrückung der Armen, Ausbeutung der Schwachen und Rechtsbruch ihre Anprangerung und Zuspitzung.[13] Die

---

8 Thiel (2004), S. 27. (Hervorh. i.O.)
9 Vgl. Welker (1993a), S. 110f.
10 Vgl. Crüsemann (1993), S. 78.
11 Vgl. Otto (1998a), S. 124; Spieckermann (1998), S. 257f.
12 Spieckermann (1998), S. 259.
13 Vgl. zum Beispiel Jes 5,23; 7,1–5; 29,21; Am 2,6; 5,7; 6,12.

Propheten verweisen immer wieder auf den Zusammenhang zwischen der Gerechtigkeit Gottes und der Gemeinschaftstreue des Menschen, die sich im Halten der Tora erweist. Mit der prophetischen Kritik entwickelte sich die Hoffnung auf Gottes rettendes Eingreifen, die besonders im babylonischen Exil zu Vorstellungen einer neuen Gerechtigkeit durch Gottes rettendes Handeln führte.[14] Von daher ist es nicht überraschend, dass alttestamentliche Vorstellungen von Gerechtigkeit im Zusammenhang mit dem rettenden Handeln Gottes eine Parteinahme zugunsten der Schwachen, Unterdrückten, Ausgebeuteten aufweisen.[15] Diese Parteilichkeit des Gerechtigkeits-Begriffs bildet die theologische Wurzel der biblischen Option für die Armen,[16] die im folgenden Abschnitt (5.2) aufgenommen wird.

Dem Schutz der Schwachen entspricht die Ausdehnung der – ursprünglich nur auf den Kernbereich der Familie begrenzten – alttestamentlichen Solidaritätsverpflichtung auf den weiteren Verwandtschaftsbereich, bis sie im Deuteronomium entschränkt wird und jeder Mitbürger und Volksgenosse zum Bruder wird.[17] Otto beschreibt die Rechtsgeschichte des Alten Testaments als die Geschichte der zunehmenden Entschränkung der Solidaritätsverpflichtung und Ausweitung des Erbarmensaspektes.[18] Die Entschränkung genealogisch gebundener Moralität hin zu einer theologischen Universalisierung des Ethos der Bruderliebe kann auch in der christlichen Rezeption des alttestamentlichen Gerechtigkeitsbegriffes gefunden werden. Durch den Blick auf zwei neutestamentliche Traditionsstränge zur Gerechtigkeit sollen nun exemplarisch christliche Impulse aus der Auseinandersetzung mit dem alttestamentlichen Gerechtigkeitsbegriffes aufgenommen werden.

Neutestamentliches Gerechtigkeitsdenken knüpft besonders bei Matthäus und Lukas an die Vorstellung einer parteilichen Gerechtigkeit zugunsten der Armen an, die für das Alte Testament wesentlich ist.[19] In Zuspitzung der alttestamentlichen Überlieferung verlangt die Gerechtigkeits-

---

14 Vgl. zum Beispiel Jes 46,12f.
15 Vgl. Huber (1999), S. 161f.
16 Vgl. Bedford-Strohm (1993).
17 Vgl. Otto (1998b), S. 89.
18 Ebd. Vgl. auch Welker (1993b).
19 Dabei stehen die einzelnen biblischen Traditionsstränge durchaus in Spannung zueinander. Vgl. unten II.5.2 die Diskussion der »Option für die Armen«, die aus exegetischen Gründen einen Vorrang für die Armen in Frage stellt.

vorstellung der Bergpredigt[20] jedoch nicht nur das äußerliche Halten der Gebote in vollem Umfang, sondern auch den radikalen Gehorsam der Christus-Nachfolge, der sich insbesondere in der inneren Haltung des Handelnden manifestieren soll.[21] Gerechtigkeit wird nach Matthäus demnach dort wirklich, »wo von der Offenbarung des Willens Gottes her und in Verantwortung gegenüber dem kommenden Gerichtsherrn im Verzicht auf den eigenen Rechtsanspruch [...] Brüder und Schwestern in der Solidarität der Gedemütigten miteinander umgehen«[22]. Zugleich erfährt die Orientierung an der Liebe, die zunächst als Handlungsleitlinie für die Gemeinde dient, eine Universalisierung, indem sie den Völkern als Willen Gottes verkündet wird.[23] Auffallend ist dabei, dass eine Gegeneinanderstellung von Gerechtigkeit und Liebe nur ein unzureichendes Verständnis neutestamentlicher Liebe widerspiegelt. Denn nach dem biblischen Gebot findet die Liebe zum Nächsten ihr Maß in der Liebe zu sich selbst,[24] wie in der lukanischen Tradition anhand des Gleichnisses vom barmherzigen Samariter (Lk 10, 29ff.) gezeigt werden kann. »Das Samaritergleichnis interpretiert [...] das ›Erbarmen‹ ausdrücklich als eine im Rahmen prinzipieller sozialer Symmetrie praktizierte Nächstenliebe«.[25] Gleichwohl muss betont werden, dass das Neue Testament auch ein Verständnis von Liebe kennt, das über Gegenseitigkeitsbeziehungen reziproker Rechte und Pflichten hinausgeht. Ohne im Sinne einer herablassend »gnädigen« Zuwendung tätig zu werden, kann Liebe entschieden einseitig sein und in der freien Hingabe des Lebens für andere bestehen. Besonders bei Paulus ist ein solches Verständnis göttlicher Liebe mit dem Begriff der Gerechtigkeit verbunden worden.

Viele Ausleger sehen Paulus' Gerechtigkeitsverständnis nicht direkt bei der Tora anknüpfend, sondern als christliche Neuinterpretation der Gerechtigkeit Gottes in seinem Gnadenhandeln in Christus.[26] Christus als Gerechtigkeit Gottes bedeutet für Paulus, »dass Gott selbst sich im Christusgeschehen als derjenige erwiesen hat, der er von nun an für Juden und

---

20 Vgl. Mt 5–7.
21 Vgl. Huber (1999), S. 162f.
22 Kähler (1998), S. 353.
23 Vgl. Luz (1998), S. 51.
24 Vgl. Mt 22,39.
25 Vgl. Reuter (1998), S. 153.
26 Vgl. zum Beispiel Kähler (1998), S. 353; Huber (1999), S. 163.

Heiden sein will«[27]. Mit der Selbstbindung Gottes an Christus tritt eine wesentliche Wandlung im Verständnis der Gerechtigkeit ein, die Gott schafft: »Aus der Macht von Gottes Gerechtigkeit ist die Machtlosigkeit seiner Liebe geworden, die von der Hoffnung auf die Kraft der Auferstehung lebt.«[28] Trotz der in Christus geschehenen Entmachtung Gottes am Kreuz bleibt die Hoffnung bei Paulus bestehen, dass sich Gottes Gerechtigkeit in der Zukunft machtvoll und endgültig durchsetzen werde. Schon jetzt wird die universale Reichweite von Gottes neuer Gerechtigkeit im »Gesetz Christi« (Gal 6,2) deutlich. In positiver Sichtweise bedeutet das »Gesetz Christi« die Liebe, die im Tod Jesu für alle Menschen sichtbar geworden ist.[29]

»Durch Paulus ist es also zur Ablösung des Gedankens des von Gott gesetzten *besonderen* Rechtes durch ein *universales* Handlungsprinzip gekommen. Ein solches ist die Liebe als Leitlinie des Handelns und als Leitlinie der Auslegung traditionellen biblischen Rechts.«[30]

Aus dieser durchaus spannungsvollen Gegenüberstellung des alttestamentlichen und neutestamentlichen Gerechtigkeitsverständnisses[31] kann die Einbeziehung der Ausgestoßenen und die Anerkennung der Marginalisierten als alttestamentliches Motiv für die Forderung nach Teilhabe ausgeschlossener Menschen in modernen Gesellschaften angeführt werden. Denn für biblisches Gerechtigkeitsdenken sind, ausgehend von der durch Gott gestifteten Beziehung, zwischenmenschliche Beziehungen gelingender Wechselseitigkeit maßgebend.[32] »Die göttliche Aufmerksamkeit aber gilt gerade denen, die aus Beziehungen der Reziprozität ausgeschlossen und ausgestoßen werden.«[33] Übertragen in den Bereich heutigen politischen Handelns benennt es als Ziel der gemeinschaftlichen Ordnung die aktive und produktive Mitarbeit *aller* Menschen am gesellschaftlichen Leben. Weiterhin kann – der Universalisierung des christlichen Liebesethos im Neuen Testament folgend – gefragt werden, ob sich von der Leitorientierung der Liebe her ein Korrektiv formulieren lässt, das sich dank seines

---

27 Luz (1998), S. 43.
28 Luz (1998), S. 45f.
29 Vgl. Röm 5,8f.
30 Luz (1998), S. 45. (Hervorh. i.O.)
31 Vgl. zur Zuordnung beider Verständnisse Luz (1998), S. 53f.
32 Vgl. Huber (1999), S. 164.
33 Ebd.

kritischen Potentials zur Wahrnehmung gesellschaftlicher Ausgrenzungs-
phänomene eignet und auf die konkrete Not eines Einzelnen jenseits von
Gerechtigkeitsstandards einzugehen vermag. Zu diskutieren ist, wie ein
solches biblisch-theologisches Motiv Eingang finden kann in den Gerechtigkeitsdiskurs der Gegenwart. Bedford-Strohm hat dies unter dem Motto
»Vorrang für die Armen«[34] versucht. In seiner Verbindung von biblisch-
theologischer Armutsorientierung und Rawlsschem Differenzprinzip kann
der Versuch erkannt werden, Liebe als substantielle Vernunft in die formale Struktur der Gerechtigkeit einzubauen.

5.2 Vorrang für die Armen

Bedford-Strohm charakterisiert die biblische Gerechtigkeitstradition als
Vorrang für die Armen.[35] Seine Sicht stützt sich entscheidend auf das katholische Verständnis der Option für die Armen, die im Hirtenbrief der
US-amerikanischen katholischen Bischöfe[36] auf nordamerikanische Verhältnisse übertragen wurde und im Teilhabe-Begriff ihre Mitte hat.[37] Sie
zielt nicht auf die Fortschreibung der Abhängigkeit sozial schwacher Menschen vom Wohlfahrtsstaat, sondern auf die Beseitigung jeglicher Formen
von Marginalisierung, die solche Abhängigkeit verursachen.[38] Daher sieht
die »Option für die Armen« den Kern und die gemeinsame Mitte der verschiedenen Formen von Ungerechtigkeit in der Situation fehlender Teilhabe und kennzeichnet Teilhabe als Grundgerechtigkeit.[39] Ihr universales
Ziel bleibt Gerechtigkeit für alle.

Bedford-Strohm versucht nun, die biblisch-theologisch bestimmte Option für die Armen als Interpretament von Rawls' Gruppe der am schlech-
test gestellten Mitglieder der Gesellschaft einzusetzen.[40] Zwar spiele der
Begriff der Teilhabe bei Rawls keine tragende Rolle, aber indirekt würden

---

34 Bedford-Strohm (1993).
35 Vgl. ebd., S. 170ff., S. 294ff.
36 Vgl. hierzu den Hirtenbrief der katholischen Bischöfe der USA (Wirtschaftliche Gerechtigkeit für alle (1987) sowie die Darstellung der Gerechtigkeitskriterien oben unter I.5.2.
37 Vgl. Bedford-Strohm (1993), S. 91f.
38 Vgl. ebd., S. 105.
39 Ebd., S. 91.
40 Vgl. ebd., S. 306ff.

durch die Sicherung der Grundfreiheiten, durch das von Bedford-Strohm so genannte Unterschiedsprinzip und durch das Prinzip der fairen Chancengleichheit wesentliche Aspekte von Teilhabe inhaltlich aufgenommen und so die Position der Armen gestützt.[41] Unberücksichtigt bleibt von Bedford-Strohm dabei, dass Rawls hinsichtlich der Schlechtestgestellten in einer Gesellschaft von einer relativ homogenen Gruppe von Menschen ausgeht, was den gesellschaftlichen Verhältnissen nicht entspricht.[42] Weiterhin ist nicht geklärt, ob die zugelassenen Differenzen immer unmittelbare Effekte für die Schlechtestgestellten haben.

Die vorgeschlagene Interpretation von Rawls' Theorie durch die Option für die Armen erscheint aus drei weiteren Gründen nicht überzeugend: Zum Einen ist Armut nicht nur materiell zu bestimmen. Zum Zweiten müssen die verschiedenen Hintergründe von Armut in der sozialethischen Bewertung berücksichtigt werden. Zum Dritten ist es aus exegetischen Überlegungen ratsam, statt von »Vorrang« doch eher von »Option« für die Armen zu reden: Denn nach Ex 23,3 und Lev 19,15 ist im Rechtsstreit die Person des Geringen nicht zu bevorzugen.[43] Zu den Argumenten im Einzelnen: Zwar wird die Frage »wer ist arm?« auch von Vertretern der Option für die Armen nicht ausschließlich auf materielle Armut bezogen, jedoch sind die Kriterien für ein nicht-materielles Armutsverständnis, nämlich »Unbedeutendsein«, »Vor-der-Zeit-Sterbenmüssen« und »Schuldlosigkeit«,[44] in Bezug auf die Gerechtigkeitsdiskussion nur bedingt verwendbar. Bedford-Strohm versucht stattdessen, wirtschaftliche und soziale Marginalisierung von Menschen unter dem Begriff der *fehlenden Teilhabe* zu fassen.[45] Dieser Begriff bleibt in seiner Verwendung jedoch unscharf, da Bedford-Strohm keine weiteren inhaltlichen Kriterien benennt, was unter fehlender Teilhabe zu verstehen ist. Weiterhin wird durch die allgemeine Perspektive auf die Armutsgrenze, die die Option für die Armen vorgibt, nicht genügend differenziert, welche Formen von Armut es gibt. So kommen beispielsweise Formen der selbstgewählten oder vorübergehenden Armut (zum Beispiel Ordensgelübde oder Ausbildungszeiten) nicht in den Blick. Diese sind sozialethisch zunächst nicht problematisch und müssen

---

41 Vgl. ebd., S. 308f.
42 Vgl. hierzu die obige Kritik an Rawls unter I.5.2.5.
43 Den Hinweis auf den dritten Grund verdanke ich W. Härle.
44 Rottländer (1988), S. 82. Klug (2001), S. 341, nennt weiter »die spirituelle Armut und die persönliche und charakterliche Verarmung von Menschen«.
45 Vgl. Bedford-Strohm (1993), S. 169.

ebenso wie die Einkommenssituation im Lebenszyklus von der Situation dauerhaft wirtschaftlich und sozial marginalisierter Menschen unterschieden werden.[46] Zudem ist danach zu fragen, ob Armut durch Verantwortungslosigkeit entstanden ist.[47] Zwar ist auch den Personen, die durch eigenes (Mit-)Verschulden Armut selbst herbeigeführt haben, gesellschaftliche Solidarität zu gewähren.[48] Jedoch bedingt diese Frage den Einbezug des Kriteriums der Eigenverantwortung. In dem ursprünglichen südamerikanischen Kontext, in dem die Option für die Armen entstanden ist, konnte die verarmte (Land-)Bevölkerung aufgrund der Eigentumsverhältnisse und ohne weitere natürliche oder soziale Ressourcen keine umfassendere Verantwortung übernehmen.[49] In den reichen Industrienationen der westlichen Welt, die neben dem verfassungsrechtlich abgesicherten Status des Einzelnen als freier Bürger auch ein System sozialer Rechte und Dienste vorweisen, ist das Kriterium der Eigenverantwortung bei der Nutzung sozialer Leistungen in Anschlag zu bringen. Im Kontext dieser Nationen geht es – aufbauend auf der Grundlage einer materiellen Absicherung – vor allem darum, Menschen zu befähigen, Lebenschancen wahrnehmen und am gesellschaftlichen Leben teilhaben zu können.[50] Mit der Befähigung einher geht die eigenverantwortliche Lebensführung, die auch im Sinne christlicher Sozialethik als armutspräventiv und armutsüberwindend angesehen werden kann.[51] Im Blick auf die Beteiligungsgerechtigkeit, die eine zentrale Stelle in der Option für die Armen einnimmt, sollte daher stärker zwischen den unterschiedlichen Kontexten differenziert werden.[52]

Gleichwohl muss auch bei dem Kriterium der Eigenverantwortlichkeit gesehen werden, dass es Betroffene gibt, die zur Verantwortung nicht fähig sind und auch nicht dazu befähigt werden können. Man kann hier an Menschen mit schwerer mentaler oder psychischer Beeinträchtigung denken oder an andere Personen, die voraussichtlich nie in reziproke Verhältnisse werden eintreten können. Aufgrund dieser Einschränkungen ist eine einseitige Hilfe notwendig, die den personalen Bezug in den Vordergrund und die eingeforderte Gegenseitigkeit im Sinne des Vertragsdenkens zurück-

---

46 Vgl. hierzu Wiemeyer (2003), S. 326ff.
47 Vgl. Frey (2005), S. 84.
48 Vgl. Wiemeyer (2003), S. 328.
49 Vgl. Frey (2005), S. 84.
50 Vgl. Sen (1993).
51 Vgl. Wiemeyer (2003), S. 328.
52 Vgl. zur Konkretisierung der Option für die Armen in Deutschland Fisch (2002).

stellt.[53] Gerechtigkeitstheoretisch kommt hier die Billigkeit ins Spiel, die sich als Fallgerechtigkeit unter Umständen nicht an gegenseitigen Verpflichtungen orientiert, sondern sich einseitig der Bedürfnisse der Betroffenen annimmt. »Die Billigkeit hat sich oft mit dem christlichen Gedanken der Liebe verbunden; denn die Liebe wird in ihrer Begründung entschieden einseitig sein […].«[54] Sie erhält damit die Funktion eines Ausgleichs für die Nachteile der prozeduralen Gerechtigkeit. Im Folgenden soll nun die christliche Caritas als Korrektiv der Verteilungsgerechtigkeit dargestellt werden.[55]

5.3 Nächstenliebe als Korrektiv

Während im gegenwärtigen Diskurs über Verteilungsgerechtigkeit die formale Struktur der Gegenseitigkeit bestimmend ist,[56] beziehen sich alternative Ansätze auf Anerkennung[57] und Teilhabe[58] als grundlegende Orientierungen von Gerechtigkeitsfragen. Jedoch erhält der Grundsatz der Gegenseitigkeit – auch aufgrund knapper öffentlicher Finanzen – in der Sozialpolitik immer größeres Gewicht und wird zur Korrektur des Sozialstaatswesens zunehmend eingefordert.[59] Dabei besteht die Gefahr, dass der leibliche, konkrete Andere außer Blick gerät. Die Grundsituation menschlichen Lebens, in der der Andere als Nächster begegnet, wird weder durch formalisierte Verfahren auf Grundlage einer Gerechtigkeitskonzeption noch durch Zuweisung höherer Eigenverantwortung auf der Ebene sozialstaatlicher Hilfepraxis hinreichend erfasst.

---

53 Vgl. Habermas (1986), der Solidarität als das Andere der Gerechtigkeit sieht.
54 Frey (2005), S. 83.
55 Vgl. zur Verbindung zwischen christlicher Liebe und Solidarität Schockenhoff (2000), S. 443f., der Mitleid als Solidarität im Leiden kennzeichnet und dieses als eine Form der Liebe ansieht.
56 Vgl. zum Beispiel Rawls (1998, S. 277f.): »Ich bin durchgängig davon ausgegangen und halte daran fest, dass Bürger, auch wenn ihre Fähigkeiten nicht gleich sind, zumindest über das notwendige Minimum an moralischen, intellektuellen und physischen Fähigkeiten verfügen, das sie in die Lage versetzt, während ihren ganzen Lebens uneingeschränkt *kooperative* Gesellschaftsmitglieder sein zu können.« (Hervorh. J.E.)
57 Vgl. zum Beispiel Honneth (1998); Taylor (1995).
58 Vgl. zum Beispiel Silvers (1998).
59 Vgl. Höffe (1994); Kersting (1997a).

Nun ist für eine auf gesellschaftliche Teilhabe zielende Behindertenpolitik grundlegend, dass die Menschen, die den Status der Reziprozität nie erreichen werden (dies betrifft vor allem schwerst-geistig oder -psychisch behinderte Menschen), in ihrer Würde geachtet werden. Aufgrund der etikettierenden Auswirkungen sozialstaatlicher Hilfeleistung erscheinen die bisherigen Formen der Unterstützung als ambivalentes Phänomen, das Menschen in ihrer Würde verletzen kann.[60] Bei der Implementation sozialer Anspruchsrechte sind nun zwei unterschiedliche Prozesse zu beobachten, die auch im Blick auf Teilhabe gegenteilige Wirkungen nach sich ziehen können: zum einen der Prozess der Formalisierung in Strukturen und Verfahren, zum anderen der Prozess der Adaptierung an die gesellschaftliche Entwicklung. Beim Prozess der Formalisierung muss beachtet werden, dass die Forderung nach gesellschaftlicher Teilhabe von marginalisierten Menschen – sobald sie sozialpolitisch fixiert wird – in ein Innen und Außen umschlägt, so dass in der Folge mit neuen Ausschlüssen zu rechnen ist. Denn staatliche Regelungen »helfen menschlichen Bedürfnissen nicht ab, sondern erzeugen immerzu neue. Bürokratien pflegen zuerst sich selbst zu versorgen und ihre Befugnisse auszuweiten«[61]. Jede Ausweitung bringt jedoch wieder neue Grenzfälle hervor, die durch sie nicht erfasst werden. Weiterhin wird die Forderung nach Teilhabe durch die Anpassung der sozialstaatlichen Leistungen an die gesellschaftliche Entwicklung in Frage gestellt. Bei der gegenwärtigen Reform des Sozialstaats in Deutschland wird die Teilhabe von Menschen mit Behinderung nicht nur gefördert (zum Beispiel Einführung des Persönlichen Budgets), sondern auch eingeschränkt (zum Beispiel Streichung des Blindengeldes, Streichung von Transportfahrten). Zudem muss als weiterer gewichtiger Punkt festgehalten werden, dass in einer Arbeitsgesellschaft die Teilhabe am gesellschaftlichen Leben nach wie vor über den Erwerbsarbeitsplatz geregelt ist.[62] Nach den empirischen Befunden der Arbeitslosen- und Krankenkassenstatistik bestehen für behinderte Menschen nur sehr geringe Integrationsaussichten mit einer erhöhten Gefahr der Langzeitarbeitslosigkeit.[63] Ein schwer entrinnbarer Kreislauf lässt soziale Exklusion tendenziell zur Normalität von Menschen mit Behinderungen werden.

---

60 Vgl. oben II.1.2.
61 Sofsky (2004), S. 27.
62 Vgl. Krebs (2002), S. 158.
63 Vgl. Hollederer (2002).

Daher kommt es bei der Applikation der Norm der Teilhabe darauf an, ein Korrektiv zu berücksichtigen, dass den Anderen als Nächsten, das heißt in seiner unmittelbaren Lebenssituation, erfassen kann. Mit anderen Worten: Teilhabe darf nicht nur formal im Sinne des Verteilungsgerechtigkeitsansatzes bestimmt werden, sondern muss – vor allem, wenn sie auf konkrete Situationen appliziert wird – reziprozitätsüberschreitend an Gesichtspunkten der Bedürftigkeit des Nächsten orientiert werden. Als Orientierung bietet sich hierzu ein nichtreziprokes Verständnis von christlicher Nächstenliebe an, das nun kurz skizziert werden soll.

Zunächst ist festzuhalten, dass Liebe im christlichen Verständnis ein anderer Stellenwert zukommt als in der gegenwärtigen Gerechtigkeitsdebatte. In Letzterer, so wurde oben angedeutet, kommt Liebe als Ergänzung für die Leerstellen formaler Gerechtigkeitsregeln in den Blick. In der christlichen Tradition hingegen gebührt der Liebe bei der Ausrichtung christlichen Lebens die erste Aufmerksamkeit. »Insbesondere in den Schriften der Reformatoren ist die christliche Liebe Leitorientierung bis in die politische Ethik hinein.«[64] Daher ist auch die Gerechtigkeitsthematik von der Liebe her anzugehen. Wie Johannes Fischer ausführt, sind bei der Liebe als Leitorientierung zwei Ebenen zu unterscheiden:

»Das eine ist die Ebene der intuitiven, vorpropositionalen sittlichen Perzeption, die im Falle der christlichen Liebe ihre inhaltliche Bestimmtheit – als Wahrnehmung des Nächsten, des Bruders, des Mitgeschöpfes usw. – aus der christlichen Symbolisierung der Lebenswirklichkeit bezieht.«[65]

Sie beinhaltet das intuitive Geneigt-Sein zu und Verbunden-Sein mit dem Anderen, das im Erleben von Situationen fundiert ist und eine bestimmte Handlungs- und Verhaltensdisposition bewirkt. Die andere Ebene ist die der propositionalen Explikation, die für das Verständnis christlicher Liebe grundlegend ist und angibt, woraufhin christliche Liebe in ihrer intuitiven Impulsivität gerichtet ist. Nach Luther ist der Richtungssinn der Liebe, »dass alle Werke dem Nächsten zugute gerichtet sein sollen, dieweil ein jeglicher für sich selbst an seinem Glauben genug hat und ihm alle anderen Werke und das Leben übrig sind, seinem Nächsten damit aus freier Liebe zu dienen«[66]. Allerdings ist das, was »dem Nächsten zugute« ist, nicht fest

---

64 Fischer (2003), S. 143.
65 Ebd.
66 Luther (1897), S. 35, zitiert nach Fischer (2003), S. 145.

umrissen, sondern stellt sich als Aufgabe jeder Epoche mit ihren spezifischen sozialen und kulturellen Bedingungen neu. Das bedeutet zunächst, dass man auch mit der Leitorientierung der Liebe keine inhaltlichen Vorgaben zur näheren Bestimmung dessen, was *materiale* Gerechtigkeit umfassen sollte, gewinnt. Aber man erhält mit der Leitorientierung der Liebe ein Kriterium, das danach fragt, inwieweit Gestaltungen der Gerechtigkeit *tatsächlich* das Wohl des Nächsten befördern, also die konkrete Lebenssituation des Anderen in den Blick nehmen. Das Wohl des Nächsten ist dabei gerade nicht rein formal zu fassen, sondern muss – dies bedingt die erste Ebene der Liebe, nämlich die situative Perzeption des Nächsten – an den konkreten Folgen für den Nächsten abgelesen werden.[67]

In der Perspektive christlicher Liebe geht es also bei der Frage nach materialer Gerechtigkeit vor allem darum, ob durch einen Gerechtigkeitsentwurf jene Verhältnisse, »die Menschen in elementarer Weise an der Entfaltung ihrer Lebensmöglichkeiten hindern«[68], zurechtgebracht werden. Mit anderen Worten: Christliche Liebe wird darauf drängen, dass die Teilhabe von benachteiligten und schwachen Mitgliedern der Gesellschaft als wesentliches Kriterium bei der näheren Bestimmung als einer als gerecht zu bezeichnenden sozialen Ordnung beachtet wird. Dabei macht Liebe – indem sie immer wieder die konkreten Bedürfnisse des Nächsten in den Blick nimmt – erforderlich, »ein Sensorium für die Benachteiligten der Rechtssysteme zu entwickeln bzw. immer neu einzusetzen«[69]. Mittels dieses Sensoriums ermöglicht die Liebe, die Rechtsordnung aus Perspektive der Benachteiligten zu betrachten und wirkt als kritisches Korrektiv gegenüber solchen Ordnungen, die – auf formaler Gerechtigkeit basierend – faktische Ausschlüsse von Menschen in modernen Gesellschaften nicht verhindern können. (Christliche) Liebe kann dabei Grenzen überschreiten,

---

67 Man könnte hier ergänzen, dass auch der Gerechtigkeit beide Ebenen innewohnen, denn Ungerechtigkeit wird nicht nur durch Nachdenken, sondern auch durch die Wahrnehmung ungerechter Zustände erschlossen. Jedoch unterscheidet sich die Antwort der Gerechtigkeit, die durch Rechtsansprüche und formale Verfahren Unrecht beseitigen will, von der der Liebe, die auf das aktuelle Bedürfnis oder die Not des Nächsten unabhängig von der Zuständigkeit oder dem Vorhandensein rechtlicher Regelungen reagiert. Nach Härle kann man sogar sagen, dass christliche Liebe (Agape) es überhaupt nicht verträgt, »als Recht verstanden und als Rechtsanspruch geltend gemacht zu werden« (Härle 1997), S. 309. Vgl. zur strukturellen Parallele zwischen Liebe und Gerechtigkeit Fischer (2003), S. 152.
68 Fischer (2003), S. 152.
69 Schmidt (2003), S. 34.

etwa in Gestalt sozialer oder kultureller Hintergrundregelungen, »durch die sonst die Gegenseitigkeit begrenzt wird«[70]. Weil sie sich entschieden den Menschen zuwendet, die sich selbst nicht helfen können, kann Liebe die bei vielen modernen Gerechtigkeitsentwürfen zugrunde gelegte Reziprozität sozialer Beziehungen überwinden. Ihre Orientierung an der Bedürftigkeit beinhaltet die Zuwendung zum Nächsten auch dann, wenn dieser keine Gegenleistung erbringen kann oder grundsätzlich nicht kooperativ tätig sein kann. Dies ist vor allem im Blick auf Menschen wichtig, die aufgrund ihrer Beeinträchtigung völlig auf die Hilfe und Pflege anderer angewiesen sind.[71] Frey hält im Blick auf die Liebe beziehungsweise ihre säkularisierte Form der Solidarität fest: »Sie geht nicht von einer Gegenseitigkeit des Gebens und Nehmens aus, sondern will zuerst den Mitmenschen in das gemeinsame Leben hineinnehmen.«[72] Die Leitorientierung der Liebe ist somit hinsichtlich der Teilhabe von Menschen mit Behinderung als notwendiges Korrektiv gerechtigkeitstheoretischen Entwürfen beizufügen.[73]

5.4 Offene Fragen der Liebe[74]

Die Orientierung an der Liebe zwingt, immer wieder den Blick von unten einzunehmen und nach den Menschen zu fragen, die in dem hochkomplexen Zusammenspiel moderner Gesellschaften ihren Platz nicht finden und marginalisiert sind oder werden – sei es aufgrund mangelnder Bildung, körperlicher Versehrtheit oder aufgrund struktureller Probleme, die den Einzelnen aus gesellschaftlichen Teilbereichen ausgrenzen. Liebe lenkt den Blick auf die Menschen, die die Voraussetzungen zur gesellschaftlichen Kooperation nicht oder nur bedingt mitbringen und deshalb vom Marktgeschehen nichts zu erwarten haben, weil sie an ihm nicht teilhaben kön-

---

70 Frey (2005), S. 83.
71 Völlige Pflegebedürftigkeit schließt gesellschaftliche Teilhabe keineswegs aus wie am Beispiel von Menschen gezeigt werden kann, die ein Hochschulstudium abgeschlossen haben, obwohl sie wegen einer Querschnittslähmung nur noch den Kopf bewegen können.
72 Frey (1990), S. 192.
73 Eine solches von der Liebe her bestimmtes Verständnis von Gerechtigkeit hat Härle in der These zugespitzt, »dass Gerechtigkeit im theologischen Sinne nichts anderes ist als Agape«. Härle (1997), S. 309. (Hervorh. i.O.)
74 Vgl. hierzu unten III.3.3.

nen. Bezugspunkt der Liebe ist das Wohl des Nächsten. Sie richtet den Blick auf die Bedürfnisse des Anderen und bringt so dessen konkrete Situation in formale Gerechtigkeitsvorstellungen beziehungsweise formalisierte Verfahren ein. Gleichwohl ist jeder Versuch, Liebe formal zu fassen, von grundsätzlichen Schwierigkeiten gekennzeichnet. So bleibt bei Bedford-Strohm, der Rawls' Differenzprinzip als eine solche Formalisierung der biblischen Option für die Armen interpretiert, die unterschiedliche Auslegung des Differenzprinzips unberücksichtigt. Tatsächlich gibt es eine breite Diskussion darüber, ob das Differenzprinzip auf jede einzelne Bestimmung zu beziehen ist, die dann jeweils immer den größtmöglichen Erfolg für die Schlechtestgestellten nach sich ziehen müsste, oder aber auf solche Regelungen der Makroebene, die die gesellschaftliche Verteilung insgesamt steuern, also etwa Steuerprogression oder staatliche Transferleistungen. Die Schwierigkeiten der formalen Fixierung dessen, was Liebe in Bezug auf bestimmte Lebenslagen konkret erfordert, bleiben als eine der offenen Fragen der Liebe bestehen – daneben muss eine weitere, grundsätzliche Schwierigkeit bedacht werden.

Liebe als Orientierung des erbarmenden und teilenden Handelns kann nur dann wirksam werden, wenn sie verbunden bleibt mit ihrer affektiven Basis, die als Motivation zum Handeln aus Liebe unverzichtbar ist. Jedoch kann die motivierende Kraft von Emotionen nicht durch kantische Positionen angemessen zur Entfaltung gebracht werden, da bei diesen ein moralisches Urteil vorausgesetzt wird, das aufgrund allgemeiner moralischer Prinzipien zustande gekommen ist und der Berücksichtigung von Emotionen vorausgeht. Diese Haltung gegenüber moralischen Gefühlen wurde oben[75] bereits kritisiert und durch die Forderung nach Anerkennung des Anderen und der Einbeziehung moralischer Gefühle erweitert. Wenn Urteile nach moralischen Prinzipien der performativen Bedeutung von Emotionen und der durch sie motivierten Handlungen nicht gerecht werden, dann muss die Bestimmung von Liebe vorgängig zu moralischen Urteilen erfolgen. Inhaltlich steht hier auf dem Spiel, ob der Liebe die Spontaneität erhalten bleibt. Die barmherzige Zuwendung zum Anderen, das Eingehen auf dessen Not ist nur möglich, wenn die Spontaneität der Liebe nicht von moralischen Urteilen abhängig ist, sondern sich unbedacht vollziehen kann. Diese relative Eigenständigkeit der spontanen Liebe bedingt eine situative Gültigkeit der Handlungsmotive, die jedoch im Nach-

---

75 Vgl. oben II.1.

hinein der Kritik zugänglich sind. Die Spontaneität interindividueller Gefühle moraltheoretisch einzuholen, stellt meines Erachtens eine weitere offene Frage der Liebe dar.[76]

Natürlich sind Gefühle auch beeinflussbar: etwa durch allgemeine moralische Urteile oder ganz grundsätzlich durch die deutende Wahrnehmung der Situation des Anderen. Letzteres weist darauf hin, dass Orientierungen wie Liebe nicht losgelöst von der Frage, welches Bild vom Menschen jemand unterhält, betrachtet werden können und kritischer Überprüfung unterzogen werden sollten. Liebe kann auch bevormundende Züge annehmen, wenn dem Anderen im Namen der Liebe gesagt wird, was für ihn gut ist.[77] Lange Zeit war die Hilfe für Menschen mit Behinderung in diesem Sinne eine überversorgende Hilfe, die nicht zuließ, dass den betroffenen Menschen ein Selbstbestimmungsrecht zuerkannt wurde und infolge dessen auch deren selbstbestimmtes Handeln unterbunden hat. Auch aus diesem Grund ist es notwendig, sich des Menschenbildes zu vergewissern, das hinsichtlich einer Gerechtigkeit für Menschen mit Behinderung zugrunde gelegt werden kann.

---

76 Vgl. hierzu den Versuch von Meier-Seethaler (1997), emotionale Vernunft als universelle Kategorie zu etablieren.
77 Vgl. Eiesland (2001), S. 14f.

Teil III
Theologische Orientierung

1 Anthropologische Einsichten zu Menschsein und Behinderung in Bibel und Theologie

In diesem Kapitel kann es nicht um eine umfassende theologische Anthropologie gehen – dem steht schon allein die Vielgestaltigkeit anthropologischer Entwürfe entgegen, die kürzlich zu der Frage geführt hat, ob man überhaupt noch von einem gemeinsamen Arbeitsfeld hinter diesem Begriff sprechen kann.[1] So stellt Schoberth in einem Überblicksartikel zur theologischen Anthropologie der jüngsten Zeit fest, dass die Unschärfe des Gegenstandsbereiches zum Begriff selbst gehöre, weil die Gegenstände der Anthropologie nicht abzuschließen seien: »Darum gehört zur Eigenart der anthropologischen Fragestellung die prinzipiell offene Suchbewegung danach, womit sie eigentlich zu tun hat und wo sie ansetzen soll. [...] Nicht das einheitliche System, sondern fragmentarische Klärungen sind an der Zeit.«[2] Hier ist jedoch darauf hinzuweisen, dass auch fragmentarische Klärungen in der perspektivischen Unterschiedlichkeit ihrer Wahrnehmung auf einen Gegenstand bezogen sind. In den einzelnen Perspektiven beziehungsweise fragmentarischen Ansätzen muss darum gerungen werden, in der jeweiligen Sicht den Gegenstand der theologischen Anthropologie sachgemäß zu beschreiben. Dieser Gegenstand ist bei aller Unterschiedlichkeit insofern bestimmt, als es hier um eine Beschreibung des menschlichen Lebens von Gott her und auf Gott hin geht. Dabei bietet die theologische Anthropologie in der gesellschaftlichen Auseinandersetzung über die Bestimmung des Menschseins keine rein binnentheologischen Reflexionen des menschlichen Wesens an, sondern sie bringt »in diesen Streit die Wahrnehmung des menschlichen Lebens aus Gott und vor Gott ein«[3].

---

1 Vgl. Schoberth (2006), S. 53: »Die exemplarisch an einzelnen Publikationen gezeigte Vielgestaltigkeit dessen, was Anthropologie heißen kann, führt zu der Frage, ob es überhaupt gerechtfertigt ist, diesen Begriff, der ein gemeinsames Arbeitsfeld suggeriert, noch zu gebrauchen.«

2 Ebd.

3 Ebd., S. 54.

Theologische Anthropologie wird daher nicht bei der Feststellung, »*homo definiri nequit*«, stehen bleiben, »sondern geht davon aus, dass der Mensch, der sich selbst eine offene Frage ist, in seiner Beziehung zu Gott gedacht werden muss«.[4]

Im Blick auf Menschen mit Behinderung heißt dies, ausgehend von den biblischen Topoi der theologischen Anthropologie solche Sichtweisen zu eröffnen, die behindertes Leben neu wahrzunehmen helfen und auf der Suche nach Antworten auf die heutigen Fragen nach gerechten Lebensverhältnissen für Menschen mit Behinderung soziales Handeln zu orientieren vermögen. Daher erscheint ein wechselseitig offenes Verhältnis von Anthropologie und Ethik als das angemessene: Nicht nur von der Anthropologie her nach Konsequenzen für die Ethik zu fragen, sondern zugleich die Ethik auf ihre anthropologischen Implikationen hin zu bedenken. »Wie jede Ethik Vorstellungen vom Menschsein voraussetzt, impliziert auch jede Anthropologie Vorstellungen davon, wie mit Menschen umzugehen sei.«[5]

1.1 Gottebenbildlichkeit und die Würde des Menschen

Prima facie legt die Offenheit des Verständnisses vom Menschen nahe, Menschsein nicht an bestimmten geistigen oder körperlichen Fähigkeiten festzumachen. Diesem Ausgangspunkt der folgenden Überlegungen entspricht, keine eigene Anthropologie für Menschen mit Behinderung zu entwerfen, sondern Menschsein anthropologisch so zu fassen, dass im Umgang miteinander die Würde unterschiedlicher Formen menschlichen Lebens gewahrt bleibt.

Theologisch wird die Würde des Menschen traditionell in der Gottebenbildlichkeit gesehen: »Dass der Mensch Gottes Ebenbild sei, ist das Höchste, was von ihm ausgesagt werden kann, seine eigentliche Würdebezeichnung.«[6] Jedoch hängt die Aussagekraft dieser Würdebezeichnung entscheidend davon ab, wie Gottebenbildlichkeit theologisch gedeutet

---

4 Reinmuth (2006), S. 12. (Hervorh. i.O.) Vgl. ebd.: »Es gehört zu den aktuellen Aufgaben christlicher Theologie, die Frage nach dem Menschen offen zu halten und seine Selbstbezogenheit wie die Bezogenheit Gottes auf ihn als grundlegende Paradigmen des Menschseins zu verstehen.«

5 Schoberth (2006), S. 54.

6 Trillhaas (1980), S. 205.

wird.[7] Im Streit um den Schutz der menschlichen Würde vor allem am Anfang und am Ende des Lebens beziehen sich unterschiedlichste Positionen auf den Begriff der Menschenwürde.[8] Entsprechend unscharf bleibt die Bestimmung der Grenzen menschlichen Lebens mit der Folge, dass auch innerhalb der evangelischen Ethik kein Konsens bezüglich des ethisch gerechtfertigten Umgangs mit den Grenzsituationen menschlichen Lebens besteht.[9]

Die verschiedenen semantischen Deutungen der Menschenwürde hängen mit unterschiedlichen Begriffen von Personalität zusammen.[10] Definiert man Personsein von personentypischen Eigenschaften wie Vernunft, Selbstbewusstsein, Moralfähigkeit her, kommt der Wahrnehmung von Autonomie die zentrale Stellung bei der inhaltlichen Ausstattung der Menschenwürde zu; bezieht man Personsein auf das Gesamtspektrum menschlicher Lebensäußerungen, kommen das leibliche und soziale Leben als gleichwertige Aspekte mit in den Blick.[11] Daher empfiehlt sich, im Sinne des oben genannten wechselseitigen Verhältnisses von Anthropologie und Ethik, bei einem theologisch begründeten Personbegriff einzusetzen, der keine personentypischen Eigenschaften als normative Basis der Menschenwürde zugrunde legt, sondern der von Erfahrungen gemeinsamen Menschseins vor Gott ausgehend Menschenwürde begründet.

---

7 Vgl. zu den verschiedenen systematisch-theologischen Deutungsmustern Schardien (2004), S. 92ff.

8 Vgl. Dabrock/Klinnert/Schardien (2004), S. 9f. – Grundsätzlich können drei Begründungszusammenhänge der Menschenwürde ausgemacht werden (vgl. Mieth (2001)): (1) Das hier dargestellte Konzept der Zugehörigkeit zur Menschheit und die daraus abgeleitete Forderung nach Schutz der Menschenwürde, (2) die Begründung der Menschenwürde aus absoluter Kontrasterfahrung mit dem Ziel, Entwürdigung zu verhindern und (3) das hier relativierte Konzept, Menschenwürde aus Freiheit und Handlungsfähigkeit des Menschen als dem Kern von Bewusstsein zu begründen.

9 Vgl. Anselm/Körtner (2003).

10 Vgl. zum Zusammenhang von Person, Menschenwürde und Gottebenbildlichkeit Welker (2001).

11 Vgl. Klinnert (2004), S. 259.

1.1.1 Gottebenbildlichkeit in der Schöpfung und Menschen mit Behinderung

Knüpft man bei Erfahrungen von Menschen mit Behinderung an, dann drängen sich zentrale Fragen in Bezug auf Menschenwürde und Gottebenbildlichkeit auf, die vor allem von Bach gestellt wurden. In zugespitzter Weise bringt Bach fragwürdige Zuordnungen auf den Punkt, wenn er beispielsweise fragt, ob Menschen mit Behinderung sich nicht als von Gott geschaffene Wesen betrachten dürfen.[12] Hinter seiner Frage liegt als eigentliches Problem die Frage nach dem Status von Menschen mit Behinderung. Entsprechen sie als beeinträchtigte Menschen Gottes Schöpferabsicht und können als Ebenbild Gottes bezeichnet werden? Oder ist ihre Behinderung Zeichen eines defizitären Menschseins, das wesentlicher Merkmale entbehrt? Sind Menschen mit einer geistigen Beeinträchtigung Personen? Offensichtlich ist, dass die jeweiligen Antworten auf diese Fragen eminente ethische Konsequenzen nach sich ziehen. Wird zum Beispiel der Personbegriff an das Vorhandensein bestimmter empirischer Indikatoren des Menschlichen gebunden, dann würde bei deren Fehlen der im Personbegriff enthaltene unbedingte Schutz der menschlichen Würde in diesen Fällen in Zweifel gezogen. Aufgrund des biotechnischen Fortschritts liegen die dringlichsten ethischen Probleme hinsichtlich des unbedingten Schutzes behinderten Lebens zurzeit im Bereich der Pränataldiagnostik und Präimplantationsdiagnostik sowie im Bereich der Euthanasie. Die neuen technischen Möglichkeiten erfordern eine vertiefte ethische Diskussion über den Personbegriff, die im folgenden Abschnitt aufgegriffen wird. Daran anschließend werden biblisch-anthropologische Einsichten zu behindertem Leben formuliert.

Je nachdem, mit welcher semantischen Füllung man den Gedanken der Gottebenbildlichkeit versieht, lassen sich unterschiedliche Positionen zu behindertem Leben einbringen. So kann nach den Deutungen der Substanz- und Gestalt-Analogien die Gottebenbildlichkeit in bestimmten Eigenschaften (Vernunfts- und Willensnatur beziehungsweise aufrechter Gang und noch oben gerichteter Blick) des Menschen festgehalten werden[13] – mit entsprechenden Abstrichen im Blick auf behindertes Leben,

---

12 Vgl. Bach (1980), S. 197.
13 Vgl. zu einem Überblick über die einzelnen Analogien Moltmann (1993), S. 226.

das diese Eigenschaften nicht aufweist.[14] Die Annahme von Menschen mit Behinderung ist für Theologie und Kirche »erst in einem mühsamen Lernprozess [...] vorangekommen«, konstatierte die Deutsche Bischofskonferenz und der Rat der Evangelischen Kirche in Deutschland 1989 in einer gemeinsamen Erklärung zum Schutz des Lebens.[15] Eine der Diskriminierungen im kirchlichen Raum bestand darin, dass behinderten Menschen »ihre *Personalität* abgesprochen«[16] wurde. Offenbar stand bei dieser Aberkennung Boëthius' Formel von der unteilbaren Substanz eines vernünftigen Wesens (*naturae rationabilis individua substantia*)[17] im Zentrum des Personbegriffs.[18] Zugleich wird daran deutlich, dass die Wahrnehmung behinderter Menschen durch die jeweils angenommenen Bedingungen von Humanität auf den Blickwinkel dieser Bedingungen verengt werden kann. Identifiziert man eine bestimmte Form von Autonomie[19] (zum Beispiel rationales Selbstbewusstsein) als Kern des Menschlichen, so erscheinen Formen menschlichen Lebens, die diese Autonomie nicht aufweisen, nicht nur als im Grenzbereich des Menschlichen liegend, sondern zugleich besteht die Tendenz, in diesen Fällen von einem unglücklichen beziehungsweise unguten Leben auszugehen,[20] was letztlich dazu führen kann, behindertes Leben als nicht lebenswert einzustufen.[21] Freilich hilft dagegen

---

14 Dies wird vor allem bei Arbeiten deutlich, die positive Indikatoren für Menschsein aufstellen. Vgl. Fletcher (1972), dessen *Indicators of Humanhood* unter anderen folgende Merkmale enthalten: einen Intelligenzquotienten von mindestens 20 und wahrscheinlich 40, Selbstbewusstsein, Selbstkontrolle, Zeitgefühl und die Fähigkeit, sich auf andere zu beziehen.

15 Deutsche Bischofskonferenz/Rat der Evangelischen Kirche in Deutschland (1989), S. 90.

16 Ebd. (Hervorh. J.E.)

17 Boëthius (1988), S. 74/75: »Quocirca si persona in solis substantiis est atque in his rationabilibus substantiaque omnis natura est nec in universalibus sed in individuis constat, reperta personae est definitio: ›naturae rationabilis individua substantia.‹/Wenn folglich Person nur in Substanzen und zwar in vernünftigen ist, wenn jede Substanz Natur ist und nicht im Universalen, sondern im Individuellen ihren Bestand hat, ist die Definition der Person gefunden: ›Einer verständigen Natur unteilbare Substanz‹.«

18 Vgl. Schlapkohl (1999).

19 Vgl. zur Frage von Autonomie und Freiheit aus evangelischer Sicht Frey (1998), S. 49–61.

20 Besonders deutlich wurde dies in einem Briefwechsel zwischen P. Singer und den Schülerinnen und Schülern des Rehabilitationszentrums Neckargemünd. Vgl. hierzu Schmid (2001), S. 21f.

21 Vgl. Singer (1994), S. 238: »Sofern der Tod eines behinderten Säuglings zur Geburt eines anderen Säuglings mit besseren Aussichten auf ein glücklicheres Leben führt, dann ist die Gesamtsumme des Glücks größer, wenn der behinderte Säugling getötet wird.«

nicht, die Glückserfahrung in das subjektive Innere der betroffenen Person zu verlegen, da dann nach wie vor die Reflexivität der (Glücks-)Erfahrung im Zentrum steht – die dann nur eben nicht mehr von außen sichtbar ist.[22]

Weiterführend ist hier die Beobachtung, dass Personsein immer zugeschrieben wird, und zwar in christlicher Perspektive durch die Anrede des Menschen durch Gott.[23] Bevor jedoch dieser Gedanke weiter entfaltet wird, soll zunächst der Personbegriff, der bestimmte Formen von Autonomie oder Rationalität als Kern des menschlichen Wesens annimmt, auf seine Voraussetzungen befragt werden. »Was müssen wir im Voraus von einem Wesen annehmen, um es nicht nur als biologisch zu erfassendes Individuum der Spezies ›homo sapiens‹ anzusprechen, sondern als potentiellen oder aktuellen Träger von Autonomie?«[24] Diese Frage weist darauf hin, dass auch solche Personbegriffe, die sich auf empirisch feststellbare Merkmale beziehen, immer schon Personhaftigkeit voraussetzen. »*Wir sprechen einander schon immer Personsein zu, bevor wir das in der Kommunikation als aktuell erweisen.* Wir können gar nicht Ich oder Du sagen, ohne diese stille Voraussetzung bereits zu teilen.«[25] Nimmt man die soziale Einbettung aller Personwerdung ernst, nämlich die Zuschreibung der relevanten Eigenschaften in zwischenmenschlicher Kommunikation, so ergibt sich folgende Schlussfolgerung: »Personen sind also Wesen in einem Kommunikations- und Interaktionszusammenhang, in dem sie einander die Eigenschaften beilegen, durch welche Personen sich auszeichnen – nämlich Subjekt einer Lebensgeschichte zu sein.«[26] Deshalb kann nach dieser Argumentation versucht werden (deren Einschränkung folgt im nächsten Absatz), Formen menschlichen Lebens aus dem Vollzug gemeinsamen Lebens heraus als lebenswert zu etablieren. Natürlich kann man hier entgegen, dass Selbstbewusstsein, Rationalität, Moralfähigkeit, Autonomie und anderes Voraussetzungen sind, um sich sozial zu verständigen und sein Leben zu führen. Jedoch folgt daraus nicht zwingend die ontologische Notwendigkeit sol-

---

22 Vgl. Frey (1998), S. 53.

23 Im Folgenden wird der Personbegriff vor allem hinsichtlich seiner Schutzfunktion für menschliches Leben untersucht. Daher kommt es zur Abgrenzung gegenüber Denkansätzen, die die menschliche Person als Vernunft- und Freiheitswesen auslegen. Jedoch soll damit nicht die Bedeutung dieser Ansätze als Grundlage für die Verantwortungsethik geschmälert werden; vgl. hierzu Kreß (1997), S. 160.

24 Frey (1998), S. 54f.

25 Frey (1998), S. 55. (Hervorh. i.O.)

26 Klinnert (2004), S. 263f.

cher Fähigkeiten für den Personenstatus.[27] Dieser ist im Horizont gemeinsamer Lebenspraxis als Zuspruch des Personseins auch dann möglich, wenn empirische Anhaltspunkte für Personsein noch nicht oder nicht mehr unmittelbar erkennbar sind.[28] Dementsprechend ist auch beim Fehlen grundlegender geistiger Reflexionstätigkeit aufgrund einer schwerstmehrfachen Beeinträchtigung der Personenstatus zuzuerkennen, denn »in der Erwartung und Erinnerung anderer Personen beginnt die Lebensgeschichte einer Person schon vor der Ausbildung dieser Fähigkeiten und endet nicht mit deren Verlust.«[29]

Jedoch muss bei dieser Argumentation weiter differenziert werden. Denn die Anerkennung als Person kann nicht ausschließlich an den Zuspruch der Personalität durch andere Menschen gebunden werden. Damit wäre menschliches Leben in letzter Konsequenz nur dann menschliches Leben, wenn es von anderen Menschen angenommen wird.[30] Zu Recht wurde kritisiert, dass der unbedingte Schutzanspruch der Menschenwürdekonzeption durch einen sozial bedingten Personbegriff aufgeweicht wird.[31] Diese Kritik kann umgangen werden, indem auf die Gottebenbildlichkeit des Menschen als Fundierung von Personalität zurückgegriffen wird: »Jeder einzelne Mensch ist *als* Mensch durch das Würdeprädikat ›Ebenbild Gottes‹ ausgezeichnet.«[32] Dabei ergibt sich die Gottebenbildlichkeit aus der Anrede Gottes[33] und bezieht sich auf die Gestalt gelebten Lebens, die Menschen in ihrer Umwelt nach Leib und Seele entwickeln und in der die Präsenz Gottes lokalisiert wird – der Mensch in seinem ganzen Dasein ist ein Spiegel Gottes.[34]

»Wird der Mensch konstitutiv aus seiner Beziehung von Gott her und auf ihn hin verstanden, dann macht der *Gottesgedanke als Radikalausdruck geschenkter Relationalität* [...] darauf aufmerksam, dass keine innermenschliche Sozialität einen Menschen *ganz* bestimmen darf.«[35]

---

27 Vgl. Frey (1998), S. 188: »Um einen Menschen als Menschen und als Person zu erkennen, setzen wir immer schon – pragmatisch und sozial – Personhaftigkeit in potentia und in actu voraus.«
28 Vgl. Frey (1998), S. 114.
29 Klinnert (2004), S. 264.
30 Vgl. Klinnert (2004), S. 262, der dies bei Jüngel u.a. (1971) kritisiert.
31 Vgl. Härle (2001), S. 536.
32 Dabrock (2004a), S. 165. (Hervorh. i.O.)
33 Vgl. Wolff (2002), S. 234.
34 Moltmann (1993), S. 226f.
35 Dabrock (2004a), S. 165. (Hervorh. i.O.)

Die im Entsprechungsverhältnis zwischen Mensch und Gott begründete Menschenwürde[36] umgeht daher die Schwierigkeit immanent-relationaler Geltungsgründe der Menschenwürde (Abhängigkeit ihrer Geltung von der Zuerkennung durch Mitmenschen), steht aber selbst in einem transzendenten Begründungszusammenhang, der seine spezifischen Begründungsprobleme hat: Zum einen ist der vorausgesetzte Gottesbezug nicht mehr allgemein als begründungsfähig anzusehen;[37] zum anderen besteht »zwischen der transzendenten Wirklichkeit, auf die rekurriert wird, und der zu begründenden Menschenwürde [...] eine transzendentale und kategoriale Differenz, die es eher nahelegt, von einem Entdeckungszusammenhang oder Erschließungszusammenhang als von einem Begründungszusammenhang zu sprechen«[38]. Die transzendente Verankerung der Personenwürde könnte im interdisziplinären Kontext dann »am angemessensten im Modus der *Frage* ins Spiel gebracht werden [...], ob denn der Mensch unter Ablehnung eines göttlichen Gegenübers angemessen zu erfassen sei.«[39] Die Antwort auf diese Frage ist aber nicht rein theoretisch zu geben, sondern verweist auf den Lebensvollzug unter der Verheißung und dem Anspruch Gottes.[40] Hieran wird im nächsten Abschnitt unter Bezug auf die christologische Deutung der Gottebenbildlichkeit angeschlossen.

Im Blick auf Menschen mit Behinderung ist zunächst festzuhalten: Wenn eine »unbedingte transempirische Würdezuschreibung«[41] im Personbegriff impliziert ist, dann darf auch beim Fehlen bestimmter (empirischer) Merkmale oder Fähigkeiten einem menschlichen Wesen nicht das Personsein abgesprochen werden. Im Gegensatz zur modernen Auffassung des Menschen als Vernunft- und Freiheitswesen erschließt ein theologisch vertieftes Verständnis der Personenwürde die Unverfügbarkeit der Personenwürde aus ihrer transzendenten Verankerung in der Gott-Mensch-

---

36 Vgl. zur Zusammenfassung der theologischen Deutungen Schardien (2004).
37 Vgl. Härle (2001), S. 542. Allerdings trifft diese Einschränkung auch auf andere Begründungszusammenhänge zu, die etwa aufgrund einer empirisch aufweisbaren Selbstreflexivität oder einer an die Biologie gekoppelten ontologischen Wesenssubstanz menschlichem Leben den Personenstatus zusprechen. Auch diese Begründungen werden aus bestimmten Perspektiven heraus vorgebracht und können nur von denjenigen als gültig beansprucht werden, die im Vorhinein spezifischen Indikatoren menschlichen Lebens moralische Relevanz zubilligen. Vgl. Klinnert (2004), S. 263.
38 Härle (2001), S. 536.
39 Zeindler (2005), S. 279. (Hervorh. i.O.)
40 Vgl. Schoberth (2006), S. 52.
41 Klinnert (2004), S. 264.

Relation.[42] »Die Würde der Gottebenbildlichkeit, die allen Menschen gleicherweise zuteil wird, bedeutet zugleich, dass jede einzelne menschliche Person auch in ihrer Unvollkommenheit und Unzulänglichkeit Schutz verdient.«[43] Daher fordert bereits das bloße geschöpfliche Sein eines Menschen unbedingte Achtung.[44]

Grenzfälle, bei denen die Zuschreibung von Personenwürde dennoch umstritten ist, weisen darauf hin, dass man »Identifikatoren des auf Personhaftigkeit angelegten Menschenwesens«[45] benötigt. Beim Fehlen beziehungsweise der Unzulänglichkeit spezifischer empirischer Identifikatoren der Personhaftigkeit kommt dafür nur ein einziger universeller Identifikator in den Blick, »nämlich die leibliche Existenz eines zur Spezies *homo sapiens sapiens* gehörigen Individuums«[46]. Das geschöpfliche Sein des Menschen ist konstitutiv an seine Leiblichkeit gebunden. Der Leib stellt die »soziale *und* kommunikative Verankerung des Körpers in der intersubjektiven Welt«[47] dar und bildet die »Schnittstelle«[48] zwischen Außenwelt und Innenwelt, zwischen der Anerkennung als Person durch andere und der Selbstwahrnehmung als Person im eigenen Bewusstsein. Im Leib wirken Biologisch-Körperliches und Soziales untrennbar zusammen, so dass er als Basis der Würdezuschreibung fungiert.[49] Auf Grundlage des Leibes können sich Freiheit und Vernunft als wesentliche Aspekte eines verantwortungsethischen Personbegriffes ausbilden. Das Vorhandensein des Leibes zeigt daher an, dass die notwendigen Voraussetzungen für Personsein vorliegen. Als verletzliches Leben umschließt die Dimension der Leiblichkeit zugleich Werden und Vergehen einer Person. Wenn Personsein jedoch konstitutiv an den Leib des Menschen gebunden ist, »muss dessen leibliches Leben in seiner Gesamtheit betrachtet werden: Es gibt in ihm keinen

---

42 Vgl. Kreß (1997), S. 157.
43 Vgl. Kreß (1997), S. 161.
44 Vgl. Klinnert (2004), S. 263.
45 Frey (1998), S. 188.
46 Klinnert (2004), S. 264. (Hervorh. i.O.) Vgl. hierzu auch Härle (2005), S. 333: »Was den Menschen als Spezies von anderen Spezies unterscheidet und seine besondere Stellung in der geschaffenen Welt ausmacht, entscheidet sich nicht an den Eigenschaften der Individuen, sondern an den Eigentümlichkeiten dieser Spezies – an ihrer Bestimmung und Verfassung. Daran partizipieren alle Individuen, die zu dieser Spezies gehören unabhängig von ihrer individuellen Ausstattung.«
47 Dabrock (2004a), S. 167f. (Hervorh. i.O.) Vgl. Waldenfels (2000).
48 Welker (2001), S. 252.
49 Vgl. Dabrock (2004b), S. 184.

Zeitpunkt, zu dem es noch nicht oder nicht mehr das Leben einer Person wäre«[50]. Behindertes Leben fällt damit bereits aufgrund seiner leiblichen Existenz unter den unbedingten Schutz der Personenwürde.[51]

1.1.2 Christologische Deutung der Gottebenbildlichkeit und ihr Bezug zu Menschen mit Behinderung

Die Schöpfungserzählungen des Alten Testaments mit der Bestimmung des Menschen zur Gottebenbildlichkeit werden auch im Neuen Testament als maßgeblich rezipiert. Jedoch vertiefen die neutestamentlichen Schriften die bereits in der so genannten »Urgeschichte« des Alten Testaments angelegte Erkenntnis, dass die Menschen ihrer Bestimmung zur Gottebenbildlichkeit nicht gerecht geworden sind.[52] Besonders in der paulinischen Deutung des Lebens, Sterbens und der Auferstehung des Jesus von Nazareth wird ein christologisches Bild als wahre *imago dei*[53] im Gegensatz zur verlorenen Gottebenbildlichkeit[54] des Menschen entworfen.[55] Damit wird die Gottebenbildlichkeit des Menschen jedoch zwingend an die Relation Gott-Mensch gebunden und qualitativ[56] verändert: Sie ist Folge der Gnade

---

50 Klinnert (2004), S. 264.
51 Vgl. zur ethischen Diskussion um die Statusbestimmung menschlichen Lebens in seinen Anfängen und Grenzen Dabrock (2004b; 2004c); Schockenhoff (2000).
52 Welker (2001), S. 260.
53 Vgl. Röm 8,29; 2 Kor 4,4.
54 Vgl. Lampe (2001), S. 288: »Der Glanz der Gottebenbildlichkeit erlosch nach dem Sündenfall auf den Gesichtern der Menschen (Röm 3,23).« Vgl. Luz (2001), S. 95: »Der Mensch hat durch seine Sünde seine δόξα vor Gott verloren (Röm 3,22).« Die lange Auseinandersetzung darüber, inwiefern der Fall des Menschen seine Gottebenbildlichkeit in Mitleidenschaft gezogen hat und die zu spezifischen Differenzierungen geführt hat (zum Beispiel die Vorstellung einer Zwei-Stufen-Anthropologie in der Alten Kirche: die unverlierbare *imago dei* als ontische Teilnahme des Menschen am Wesen Gottes und die verloren gegangene *similitudo dei* als moralische Entsprechung des Menschen oder der reformatorische Streit über ein substanzanthropologisches Verständnis zwischen Flacius und Strigel), ist für das hier verfolgte Frageinteresse nebensächlich und ist zum Beispiel bei Moltmann (1993), S. 235ff. überblicksartig zusammengefasst.
55 Vgl. hierzu die These von Lampe (2001), S. 294: »Die Gottebenbildlichkeit ist dem Neuen Testament zufolge nur über den ›Umweg‹ der Christusebenbildlichkeit zu erlangen.«
56 So Koch (2001), S. 60: »Was durch die Gestalt Jesu als Rang und Würde dieser einmaligen Gottes-*Eikon* zutage tritt, führt weit über das hinaus, was dem Genesistext zu entnehmen war, reicht in kosmische Weiten und bis in ein ewiges Leben.« (Hervorh. i.O.)

Gottes zum Menschen in Christus. Nur in Christus wird dem der Sünde verfallenen Menschen wieder Anteil an der Ebenbildlichkeit Gottes zugesprochen, wenn der Mensch auf die angebotene Gnade im Glauben antwortet und so der Verwandlungsprozess in die *imago christi* beginnen kann.[57] Weil in christologischer Perspektive die Verfallenheit des Menschen unter die Macht der Sünde als Gegenpol zur Gnade Gottes betont wird, kommt es zur doppelten Bestimmung des Gläubigen als Teil der alten und der neuen Schöpfung, wobei die eschatologische Vollendung Letzterer erst zukünftig erfolgen wird:[58] »Christus bewirkt die Wiederherstellung der durch die Sünde zerstörten Gottebenbildlichkeit des Menschen; sie erfolgt nach Paulus erst in der Zukunft Gottes (Röm 8,29; 1 Kor 15,49; vgl. 2 Kor 3,18).«[59]

Bereits diese knapp gehaltene Zusammenfassung verdeutlicht, dass das neutestamentlich in den paulinischen Briefen entworfene »christliche Menschenbild der >neuen Schöpfung«[60] sein Fundament in der Erzählung des Christusgeschehens hat. Es rückt daher die Verheißung Gottes ins Zentrum, »dass der Mensch durch das heilvolle Tun Gottes offenbar und mit menschlicher Würde versehen wird«[61]. Diese Deutung wirft jedoch ein theologisches Problem auf, denn es stellt sich damit die Frage, ob Gottebenbildlichkeit eine anthropologische oder eine soteriologische Kategorie ist.[62] Inwiefern ist dann noch zwischen Menschsein und Christsein zu unterscheiden? Wird durch die Gottebenbildlichkeit Menschenwürde oder Christenwürde begründet? In der Perspektive des Neuen Testament ist mit Gottebenbildlichkeit zumindest keine Qualität oder Würde gemeint, welche der Mensch hat, sondern eine, welche ihm von Gott verliehen wird: »Sie besteht darin, dass der Mensch in Wirklichkeit nicht das ist, was er selbst aus sich macht oder andere Menschen mit bzw. aus ihm machen, sondern dass er das ist, was er in den Augen Gottes ist.«[63]

---

57 Vgl. Röm 8,29; 2 Kor 3,18.
58 Vgl. 1 Kor 15, S. 45ff.; 2 Kor 5,17. Vgl. zu unterschiedlichen Zuordnungen von alter und neuer Schöpfung Luz (2001) und Mell (2001).
59 Luz (2001), S. 95.
60 Mell (2001), S. 355.
61 Heuser (2004), S. 17.
62 Auf dieses Problem hat mich W. Härle aufmerksam gemacht.
63 Luz (2001), S. 111.

Im Rückgriff auf Paulus war es vor allem Luther, der ein umfassendes relationales Personverständnis[64] formulierte. Luther deutete die Person nicht von einer ihr eigenen Wesenheit her, die bestimmte Verhaltensweisen und Eigenschaften des Menschen umfasst, sondern auf Grundlage der Gott-Mensch-Relation, die durch die Rechtfertigung des Menschen durch Gott und den Glauben des Menschen an Gott gekennzeichnet wird: »fides [...] facit personam«[65]. Durch diese Bestimmung wird der Gottesbezug des Menschen konstitutiv für sein Personsein: »Wesen und Kraft dessen, was er als Person vor Gott ist und tut, liegt nicht in ihm, sondern in Gott selbst, der ihm von ›außen‹ bei-steht und auf den er sich glaubend fallen lässt.«[66] Eine – und sei es auch nur teilweise – Selbstständigkeit des Menschen gegenüber dem Wirken Gottes ist ausgeschlossen und damit zugleich jedes ontologische Strukturmodell des auf Gott bezogenen Menschen.[67] »Vielmehr gilt: Der Glaube (und nur er) ist die Verwirklichung und Erfüllung dieser Struktur.«[68] Freilich ist der Glaube weder eine aktive Selbsttätigkeit des Menschen noch ein rein passives Erleiden von Gottes Wirken an ihm: Er bezieht sich auf die »Grundbewegung« des Menschen als konstitutive Ausrichtung auf Gott (Glaube) oder gegen Gott (Unglaube), die »fundamentaler als alle Akte rationaler Steuerung und Selbstbestimmung«[69] ist. Von Gottes Zusage ergriffen, wird der Mensch in der Grundbewegung seines Daseins mitgerissen, so dass in diesem Ereignis »das Gefühl und der Wille des Selbst gewonnen wird und eine bestimmte Ausrichtung empfängt«[70]. Im Eingehen auf das gehörte Wort des Evangeliums kommt es zur spontanen personalen Beteiligung des Menschen. Damit ist das Person-Sein des Menschen als relationale und responsorische Ausrichtung auf Gott hin beschrieben. Als weiteres Charakteristikum des Person-Seins tritt das Moment der Bewegung hinzu:[71] Bei der Entwicklung der Personalität des Menschen bleibt Gott wirksam bis zum Ziel ihrer

---

64 Bereits in der Alten Kirche wurde in der Trinitätslehre ein relationaler Personbegriff entwickelt, der die drei Personen Gottes als wechselseitig auf einander bezogene Daseinsweisen innerhalb der einen Gottheit verstand. Vgl. Kreß (1997), S. 152.
65 Luther (1926), S. 283.
66 Joest (1967), S. 249.
67 Härle (2005), S. 181.
68 Ebd., S. 182.
69 Ebd., S. 183.
70 Ebd., S. 184.
71 Vgl. ebd., S. 185–187.

Vollendung im Eschaton.[72] Ein angemessenes Verständnis des Menschen beschränkt sich daher nicht nur auf sein vergängliches Dasein, sondern nimmt ebenso seinen Ursprung und sein Ziel in den Blick: »Wer den Menschen *ganz* wahrnehmen will muss *mehr* als den Menschen in den Blick fassen.«[73]

Die Bedeutung der reformatorischen Einsicht liegt vor allem in der Begründung der Personwürde aus der transzendenten Beziehung zu Gott, das heißt aus der konsequent relationalen Bestimmung des Menschen auf Gott hin, die jeder innerweltlichen Relativierung widersteht und die Würde der Person als unverfügbar herausstellt.[74] Jedoch ist auch hier weiter zu differenzieren: Die reformatorische Betonung der Würde des Menschen aus dem Rechtfertigungsgeschehen heraus ist nicht einfach als Ergänzung zur Begründung der Menschenwürde aus der Gottebenbildlichkeit zu verstehen.[75] Letztere schützt menschliches Leben, weil seine Würde über alle innerweltlichen Begründungen hinaus in der Zuerkennung des Schöpfers verankert wird. Entscheidendes Kriterium ist hier die Zugehörigkeit zur Spezies des Menschen. Die Rechtfertigungslehre nimmt dagegen den Menschen in der Grundsituation seines Lebens als Wesen ernst, das seine Bestimmung verfehlen kann. Der Mensch kommt in seiner Würde *und* seinem Elend in den Blick. Sie hebt daher nicht nur hervor, dass Menschenwürde kein Verdienst des Menschen, sondern eine Gabe beziehungsweise Zuspruch Gottes ist,[76] sondern leistet zugleich einen wesentlichen Beitrag, individuelles menschliches Leben in der Spannung zwischen seiner Würde und seinem Elend zu deuten.[77] Die Fragmentarität menschlichen Lebens hebt die Würde des Menschen nicht auf, sondern weist darauf hin, »dass denen, die einer unabsehbaren Menschwerdung entgegengehen, der wahre Mensch Gottes entgegenkommt«[78]. Menschliches Leben ist daher in christlicher Perspektive immer angenommenes, bejahtes, geliebtes Leben,[79] egal,

---

72 Vgl. Joest (1967), S. 304.
73 Härle (2005), S. 187. (Hervorh. i.O.)
74 Vgl. Kreß (1997), S. 157; vgl. auch Moltmann (1993), S. 238: »Die Gegenwart Gottes macht den Menschen unverlierbar und unentrinnbar zum Bild Gottes. [...] Der Menschen Würde ist kraft der bleibenden Präsenz Gottes unverlierbar, unabtretbar und unzerstörbar.« Vgl. zum Begriff der Bestimmung Härle (2005), S. 327.
75 Gegen Moltmann (1979), S. 13ff.
76 Vgl. Huber (1992), S. 578.
77 Vgl. Rendtorff (1981), S. 106ff.
78 Heuser (2004), S. 24.
79 Vgl. Moltmann (1993), S. 277.

ob es sich um leistungsfähiges oder -unfähiges, gesundes oder krankes, unversehrtes oder versehrtes Leben handelt. Diese Deutung kann durch den Verweis auf die Leidensgeschichte Jesu unterstrichen werden. Im Gekreuzigten werden wir nicht nur mit der Gestalt des elenden und leidenden Menschen konfrontiert, sondern mit Gott selbst, der in Jesus mitleidet.[80] Dass es in den biblischen Texten nicht einfach um die Würde eines leidenden, gefolterten Menschen geht, wird an der Rezeption der Leidensgeschichte Jesu deutlich. Die Würde Jesu wurde von den Leserinnen und Lesern der Passionsgeschichte nicht in ihm selbst oder in seinem eigenen Verhalten gesucht, sondern wurde von Ostern her und damit von ihrem eigenen Glauben an den Auferstandenen her verstanden:[81] Nicht das würdige Leiden Jesu ist der Schlüssel zum Sinn der Geschehens, sondern das, »was er in den Augen Gottes sein wird«[82]. Daher kann der leidende Gottesknecht »voller Schmerzen und Krankheit«[83] neutestamentlich als wahres Ebenbild Gottes bezeichnet werden (Kol 1,15; Hebr 1,3). Diese Deutung weist noch einmal daraufhin, dass in christlicher Perspektive das schwache, eingeschränkte, leidvolle Leben zum Humanum gehört.[84] Dann kann aber weder Leid, Qual noch irgendein anderer Umstand (Krankheit, Behinderung) dazu führen, dass bei einem Menschen vom Verlust der Würde oder von der Außer-Kraft-Setzung der Gottebenbildlichkeit zu sprechen ist.[85] Mit dem Bild vom leidenden Gottesknecht wird daher »der Differenzpunkt gegenüber allen idealistischen, bloß humanistischen und biologistischen Menschenbildern«[86] gesetzt.

Fasst man den Gedankengang dieses Abschnitts zusammen, dann ist die Gottebenbildlichkeit des Menschen neutestamentlich als *imago Christi* zu verstehen und hängt in entscheidender Weise von der Gott-Mensch-Rela-

---

80 Vgl. Moltmann (1972), S. 142ff. u.ö.; Jüngel (1972b), S. 105ff.

81 So Luz (2001), S. 110f.

82 Ebd., S. 111.

83 Jes 53,4.

84 Vgl. Bach (1986), S. 100: »Wenn Gott selber in die Hilflosigkeit kam, dann ist Hilflosigkeit kein Makel, dann ist Schwäche nicht schlimm; beide sind von Gott geheiligt; er scheute sich nicht, er war sich nicht zu gut dazu, hilflos und schwach zu werden.«

85 In ähnlicher Weise zeigt sich Gottes Liebe zu allen Formen menschlichen Lebens darin, dass nach dem Neuen Testament gerade diejenigen erwählt sind, Gottes Kinder zu sein, die nach den Maßstäben der Welt töricht, armselig und schwach sind (Mt 5,3f.; 1 Kor 1,25–27). Anders dagegen Thielicke (1979), S. 63, der einen Menschen mit schwerer Behinderung von der Gottebenbildlichkeit ausklammert.

86 Eibach (1991b), S. 155.

tion ab, indem Gott in Treue an dem ihm widersprechenden Menschen festhält. Dieses Verständnis der Gottebenbildlichkeit bedeutet in Bezug auf Menschen mit Behinderung, dass es keinen Grund gibt, einen Menschen mit Behinderung nicht als Ebenbild Gottes anzusprechen, denn das Prädikat der Ebenbildlichkeit ist nicht durch menschliche Eigenschaften oder Verhaltensweisen bestimmt.[87] Zugleich wirft dieses Verständnis weitergehende theologische Fragen auf, denn es bleibt ungeklärt, ob die Gottebenbildlichkeit damit zu einer soteriologischen Kategorie wird, durch welche Christenwürde begründet wird, bzw. ob zwischen Menschsein und Christsein dann nicht mehr zu unterscheiden ist.

1.1.3 Die eschatologische Vollendung des Menschen

In der bisherigen Argumentation wurde bereits angedeutet, dass das christliche Verständnis des Menschen mit den konstitutiven Bedingungen seines Daseins eine Zielsetzung verbindet, die der Mensch in seinem Handeln, Wählen und Sein verwirklichen oder verfehlen kann. Diese Bestimmung des Menschen drängt auf Verwirklichung im Lebensvollzug, in welchem sie selbst durch Verfehlungen nicht aufgehoben werden kann, erreicht aber ihre letztendliche Verwirklichung jenseits irdisch-geschichtlicher Bedingungen.[88] Sie verweist damit auf etwas, »was dem Menschen mit seinem Dasein gegeben ist und zwar unabhängig von der Art und Weise und dem Grad, wie diese Bestimmung jeweils aktuell gelebt und erfüllt wird oder auch nur gelebt und erfüllt werden *kann*.«[89] Die Bestimmung gilt daher auch *uneingeschränkt* für Menschen mit Behinderung: Mensch-Sein ist nach ihr ein spezifisches Sein-in-Beziehungen zu Gott, sich selbst und der Umwelt, das nicht abhängt vom Grad der Verwirklichung dieser Bestimmung, sondern ihrem Gegebensein.[90]

Mit dieser Bestimmung ist zugleich das Ziel für jeden Menschen vorgegeben, das nach christlicher Hoffnung in der eschatologischen Vollendung besteht. Diese Vollendung wird als ewiges Leben bezeichnet, und zwar im

---

87 Vgl. Moltmann (1993), S. 238: »Kraft des Verhältnisses, in das Gott sich selbst zum Menschen gesetzt hat, ist auch der *behinderte Mensch* im vollen Sinne Ebenbild Gottes und keineswegs ein reduziertes.« (Hervorh. i.O.)

88 Vgl. Härle (2005), S. 327.

89 Ebd., S. 332. (Hervorh. i.O.)

90 Vgl. ebd., S. 327.

Sinne der endgültigen Erfüllung und des wahren Wesens des vergänglichen Lebens.[91] Dieses kommt zum Ziel,»indem es alle Beziehungen, in denen der Mensch existiert – zu sich selbst, zu seinen Mitmenschen, zu Gott – von der Erkenntnis der von Christus empfangenen Liebe bestimmt sein lässt«[92]. Paulinisch ist die Gabe des ewigen Lebens in Christus dabei nicht als Zusatz zur Schöpfung zu verstehen.[93] Vielmehr bildet die Auferstehung im Sinne des Ganzen den notwendigen Abschluss des eigentlichen Schöpfungswerkes[94] und beginnt im Glauben bereits in diesem Leben als »neue Schöpfung«[95]: »Der Glaube ist nicht schon seinerseits im vollen Sinn die Verwirklichung der Auferstehung, aber er ist bereits Auferstehungswirklichkeit.«[96] Ein von der Antwort der Liebe bestimmtes Verständnis des Menschseins findet daher seine Vollendung in der Auferstehungshoffnung auf die bleibende Gemeinschaft mit Gott im Schauen Gottes von Angesicht zu Angesicht.[97] Dabei deuten bereits die aus dem sinnlichen Bereich entnommenen Begriffe wie »schauen«[98] an, dass es sich bei der Auferstehung nicht um ein rein geistig zu verstehendes Ereignis handelt. Vielmehr betonen die biblischen Zeugnisse von der Auferstehung Christi, dass der Auferstandene in Differenz und Kontinuität zur leiblichen Erscheinung des irdischen Jesu steht. In Differenz, weil der Auferstehungsleib nicht einfach dem sterblichen Leib des vorösterlichen Jesu gleichzusetzen ist;[99] in Kontinuität, weil die Passion Jesu am Leib des Auferstandenen anhand seiner Wundmale wahrgenommen wird.[100] Auf diese Weise wird jedoch nicht nur auf die Verbindung zwischen der vergänglichen und der zukünftigen Gestalt des Lebens hingewiesen, sondern zugleich auch verdeutlicht,

---

91 Vgl. ebd., S. 468.

92 Mell (2001), S. 363.

93 So Berger (1997), S. 156.

94 Vgl. zum Verhältnis von Schöpfung und Eschatologie Evang (1997).

95 2 Kor 5,17. Vgl. Mell (2001), S. 347ff.

96 Beißer (1993), S. 319.

97 Vgl. Moltmann (1993), S. 234 sowie (1995), S. 127.

98 Vgl. 1 Joh 3,2.

99 Vgl. Welker (1994), S. 41: »Die Berichte vom auferstandenen Jesus Christus stützen an keiner einzigen Stelle den Eindruck, der Auferstandene habe mit seinen Jüngern oder mit anderen Menschen wieder wirklich und kontinuierlich zusammengelegt bzw. sein *vorösterliches* Leben mit ihnen *fortgesetzt*. Kein einziger Text legt nahe zu behaupten, er habe genau in der Weise unter seinen Mitmenschen gelebt wie Jesus von Nazareth vor seiner Kreuzigung.« (Hervorh. i.O.)

100 Vgl. Thomas (2003), S. 338.

dass das vollendete Leben nicht ohne die Geschichte des vergänglichen Lebens zu denken ist.

Was bedeutet das für Menschen mit Behinderung? Zunächst fällt auf, dass der Auferstehungsleib Jesu die Kennzeichen seines durch Folter und Gewalt versehrten irdischen Leibes öffentlich wahrnehmbar trägt: Die Zeichen seines gebrochenen Leibes bilden die Identitätsmerkmale, an denen der Auferstandene erkannt wird.[101] Schon diese Beobachtung sollte uns vorsichtig sein lassen, körperliche Gebrechen oder Beeinträchtigungen ausschließlich als widergöttlich einzustufen, deren letztendlicher Sinn in ihrer Überwindung bestehe. Eine solche Sichtweise steht in der Gefahr, abstrakte Vollkommenheitsvorstellungen auf Gottes neue Schöpfung zu übertragen und so eine völlige Diskontinuität zwischen alter und neuer Schöpfung herzustellen. Die biblischen Texte legen hier eine andere Schlussfolgerung nahe: »Weil die *ganze* leiblich-geschichtliche Existenz in die Auferstehungswirklichkeit bzw. in die Neuschöpfungswirklichkeit eingeht, muss dieses ganze Leben bis in seine leibliche Konkretion hinein, das heißt ›restlos‹ aufgenommen werden.«[102] Zugleich ist die Auferstehungswirklichkeit jedoch nicht einfach als Restitution der alten Schöpfung zu verstehen, sie zeichnet sich durch ihren transformativen Charakter[103] nicht nur als Ereignis der Fülle der Zeiten in der Ewigkeit aus: »Sie ist die Wirklichkeit, die Gott mit seiner Doxa so erfüllt, dass sie als unerschöpfliche Verherrlichung und in diesem Sinne Bereicherung von Wirklichkeit überhaupt erhofft werden kann.«[104]

Zum Einen zeigt die Auferstehungsbotschaft daher, dass auch die Lebensgeschichten, die unter Beeinträchtigungen oder Behinderungen als je spezifische Ausprägungen menschlichen Lebens entstanden sind, nicht einfach im Eschaton aufgehoben werden und dann in völlig neuer Lebensform ohne Verbindung zu ihrer irdischen Leiblichkeit auferstehen. Denn individuelle Identität ist als rein seelische nicht zu begründen: »Die reine, leiblose Seele stellt ja nichts dar als ein Bündel eben der Dispositionen, die ich ihr zugeschrieben habe. Diese aber kommen allen Menschen in prinzipiell gleicher Weise zu.«[105] Ohne Leiblichkeit ist daher auch kein *principium*

---

101 Vgl. Joh 20,20.25.
102 Thomas (2003), S. 340. (Hervorh. i.O.) Vgl. Ringleben (1994), S. 71: »Verewigung« bedeutet auch die Rettung des leibhaft Individuellen […]«.
103 Vgl. Phil 3,21.
104 Krötke (1994), S. 139.
105 Mahlmann (1994),123f.

individuationis vorhanden. Wird folglich der Leib des Menschen im Ereignis der Neuschöpfung transformiert (und damit zu einem differenten Leib), so geschieht dies in *Kontinuität* zum vergänglichen Leib – und das heißt auch, in Kontinuität zu den Formen von Leiblichkeit, die Menschen mit Behinderung aufweisen. Von der christlichen Hoffnung ausgehend kann man deshalb nicht zurück schließen und die Existenz eines behinderten Menschen – im Unterschied zu »gesunden« Menschen – als eigentlich nicht so von Gott gedacht und deshalb zukünftig einmal korrigiert werdend darstellen. Dies ist nur von der Annahme eines vollkommenen (ohne irgendwelche Makel vorgestellten) Leibes bar jeder Zeichen menschlicher Geschichte aus möglich, würde aber zugleich den Leib des auferweckten Jesus ausschließen. Hier ist also darauf hinzuweisen, dass die Umgestaltung im Eschaton *alle* Menschen betrifft, die unterschiedslos – egal in welcher Verfassung sich ihr vergänglicher Leib befindet – eines neuen unvergänglichen Leibes bedürfen.[106]

Der letzte Punkt macht zum Zweiten darauf aufmerksam, dass der entscheidende Bezugspunkt der Auferstehungshoffnung nicht die Leiblichkeit des Menschen, sondern das Sein bei Christus ist (vergleiche 1 Thess 4,17). »Für Paulus ist Auferstehung eine Konsequenz aus der Zuwendung Gottes, die er und andere Christen in Jesus Christus erfahren haben.«[107] Weil das Ende des irdischen Daseins nicht die Liebe Gottes aufhebt, kann auch der Tod (des Leibes) die Menschen nicht aus der Bindung und Beziehung Gottes reißen. Daher ist die entscheidende Frage auch nicht die Frage nach einer Wiederbelebung oder Vervollkommnung einer vergänglichen Substanz. Der Auferstehungsleib steht in *Differenz* und nicht in direkter Entsprechung zum vergänglichen Leib.

»Das Neue Testament denkt hier nicht vom vorfindlichen Menschen aus, für dessen Leben oder Sein nach irgendeiner Verlängerung oder Ewigkeit geforscht würde. Vielmehr denken Paulus und andere von Gott und von seiner Liebe her.«[108]

Damit wird jedoch wiederum ersichtlich, dass menschliches Leben sich als relationales Leben verwirklicht – und zwar grundlegend in der Relation zu dem Gott, der den Menschen beim Namen ruft und ihn auch über den Tod hinaus in die bleibende Relation seiner Liebe stellt. Dies ist auch für

---

106 Vgl. Bach (1988), S. 51.
107 Berger (1997), S. 162.
108 Ebd.

das christliche Verständnis der personalen Identität eines Menschen grundlegend: Da sich diese in der Einheit einer unverwechselbaren Lebensgeschichte äußert,[109] ist sie sowohl als Selbst-Identifikation eines Menschen als auch als Identifikation durch andere zu fassen.[110] Eine Person hat deshalb nicht einfach die Identitätsmerkmale eines personalen Selbstverhältnisses, sondern ist auch auf deren Zuerkennung durch andere angewiesen. In christlicher Sicht geschieht die entscheidende Identifikation durch Gott selbst, aufgrund der ein menschliches Wesen als ein jemand identifiziert und auf spezifische Weise in seinen Lebensbezügen lokalisiert wird.[111] »Gott identifiziert alle (2 Kor 5,14) Menschen als in Jesus Christus gestorbene und auferweckte Menschen.«[112] Die entscheidende Infragestellung der Identität eines Menschen findet christlich daher nicht erst durch den Tod, sondern bereits im diesseitigen Leben durch das Versöhnungshandeln Gottes in Christus statt. »Gott sorgt [...] für meine versöhnte Identität, insofern jeder Lebensmoment, in dem ich mich als ein in Christus versöhnter Mensch weiß, als Auferstehung in das Leben begriffen werden kann.«[113]

Ohne an dieser Stelle tiefer auf die theologische Diskussion über das Fortbestehen der Identität auch nach dem irdisch-leiblichen Tod einzugehen,[114] soll hier zumindest soviel hinsichtlich der eschatologischen Vollendung von Menschen mit Behinderung gesagt werden: Im Blick auf eine Identität des Menschen *post mortem* ist es zweitrangig, ob es sich zum Beispiel um Menschen mit vollen oder eingeschränkten geistigen Fähigkeiten gehandelt hat. Entscheidend ist die Treue Gottes zu seinem Geschöpf, die nicht abhängig ist von menschlichen Eigenschaften oder Fähigkeiten. Der Gott, der den Einzelnen bei seinem Namen ruft, verheißt ihm eine Verwandlung seines Lebens durch den Tod hindurch. Dies ist besonders für die Menschen relevant, die aufgrund einer Behinderung nur unter (großen) Leiden leben können und deren Hoffnung auf der Umgestaltung ihres Leibes in den »Leib der Herrlichkeit«[115] durch die Kraft Gottes liegt. Die

---

109 Vgl. Dubiel (1976), S. 150.
110 Vgl. Assmann (1999), S. 130, der Identität als »soziales Phänomen« bezeichnet.
111 Vgl. Schaede (2005), S. 269.
112 Ebd., S. 288.
113 Ebd., S. 289.
114 Vgl. hierzu Moltmann (1995), S. 74ff.; Schaede (2005), S. 272ff. Härle (1995), S. 631 sieht als identitätsstiftendes Element nur das, was im irdischen Dasein an Liebe empfangen und gelebt wurde.
115 Vgl. 1 Kor 15,43.

Verheißung Gottes besagt, dass Gott selbst einst jede Träne abwischen und kein Leid mehr sein wird.[116] Diese Hoffnung hängt an Kreuz und Auferstehung Jesu Christi:

»Hat sich Gott in der Person Jesus Christus im Inkarnationsgeschehen und im Kreuz zu seinem intensivsten Willen zur Gemeinschaft mit dem Menschen bestimmt, so nimmt er den Menschen auch in die in Christus anhebende Überwindung des Todes und in ein neues Leben hinein.«[117]

Ähnlich den Wundmalen des Auferstandenen, so kann man formulieren, werden dann Zeichen einer Behinderung zwar sichtbar sein,[118] aber sie werden die Fremd- und Selbstreferentialität des auferweckten Lebens nicht mehr beeinträchtigen können. In der ungestörten Teilnahme am göttlichen Leben[119] finden deshalb auch Menschen mit leidvoller Lebensgeschichte die Vollendung ihres Seins in der Fülle der Gemeinschaft mit Gott.[120]

1.2 Die Hinfälligkeit menschlichen Lebens

Die Argumentation des letzten Abschnitts wirft Fragen auf: Wenn eine Behinderung und das mit ihr oftmals verbundene Leiden *prima facie* nicht einfach als widergöttlich beschrieben werden können, wie ist dann das Verhältnis von Gott und Leid zu bestimmen? Besteht nicht sogar die Ge-

---

116 Vgl. Off 21,4.
117 Thomas (2003), S. 344f.
118 Vgl. Moltmann (1995), S. 103: »Wie der auferstandene Christus an den Nägelmalen seines Todes am Kreuz erkennbar war, so werden auch wir erkennbar bleiben an der Gestalt unseres wirklich gelebten Lebens.«
119 Vgl. Härle (1995), S. 633.
120 Vgl. Moltmann (1995), S. 88: »Der Mensch wird bei Gott nicht nur den letzten Augenblick, sondern seine ganze Geschichte wiederfinden, aber als versöhnte, zurechtgebrachte und geheilte und vollendete Geschichte seines Lebens.« Anders Härle (1995), S. 647, der sich gegen eine Komplettierung des Fragments des irdisch-geschichtlichen Lebens ausspricht. Allerdings bleibt bei Härles eigenem Vorschlag, dieses Fragment in die vollendete Wirklichkeit der Liebe Gottes einzufügen, offen, inwiefern dann noch von einer tatsächlichen Kontinuität des ewigen Lebens zum irdisch-geschichtlichem Leben auszugehen ist. Die dafür vorgesehene Verbindung durch den Geist Gottes (Ebd., S. 636) scheint eher ein Verewigt-*Werden* des Geschöpfes im Liebesgeschehen Gottes anzudeuten (Vgl. ebd., S. 631) als das ewige Leben der verwandelten Geschöpfe sich als Liebes*beziehung* mit Gott vorzustellen.

fahr, dass das Leiden in Gottes Sein hinein genommen und so verewigt wird, wenn der Auferstandene nicht ohne die Geschichte seiner Passion am Auferstehungsleib tragend verstanden werden kann? Um diesen Fragen nachzugehen, soll zunächst der Aspekt der Endlichkeit und Begrenztheit menschlichen Lebens in den Mittelpunkt gestellt werden. Der Tod erscheint in der Bibel als ein mehrdeutiges Phänomen, dessen Verständnis als etwas Unnatürliches zu prüfen sein wird. Gehört der Tod zu Gottes guter Schöpfung? Oder ist er eine Folge des Sündenfalls? Gibt es alternative Deutungen? Mit der jeweiligen Deutung des Todes verbunden sind unterschiedliche theologische Positionen hinsichtlich des Status von Krankheit und Leid in Gottes Schöpfung, die anschließend aufgegriffen werden.

1.2.1 Der Tod als Begrenzung des Lebens der Schöpfung

Der Tod ist biblisch nicht einfach als etwas Unnatürliches aufzufassen. Als konstruktives Element gehört er zur Grundordnung der Schöpfung[121] und markiert die Grenze zwischen sterblichem Geschöpf und unsterblichem Schöpfer. Menschliches Leben wird in biblischer Perspektive von Gott empfangen und spiegelt in seiner Sterblichkeit seine geschöpfliche Begrenztheit wider.[122] Ihm eignet keine göttliche Qualität, die ihm »Dauer geben und zur Einheit mit Gott führen könnte. [...] Deshalb ist es ein Zeichen der Güte des Schöpfers, dass wir sterben dürfen und aufhören können, dimensional von unserem Schöpfer getrennt zu sein«[123]. Der Tod ist daher als Grenze des geschaffenen Lebens nicht negativ zu deuten, sondern realistisch-nüchtern als Zeichen der Hinfälligkeit menschlichen Lebens zu sehen:[124] Der Mensch ist begrenzt, endlich, vergänglich und gibt sein Leben bestenfalls alt und lebenssatt an Gott zurück.[125] Damit kommt der Tod als zur Geschöpflichkeit des Menschen gehörig in den Blick: Der Mensch ist als sterbliches Wesen erschaffen worden.[126] Da das Leben Got-

---

121 Vgl. Althaus (1961), S. 83ff.
122 Vgl. Ps 90,10.
123 Schwarz (1991), S. 222f.
124 Vgl. Schmidt (1992), S. 115.
125 Vgl. Gen 25,8; 35,29; Hiob 5,25f.; 42,17.
126 Vgl. zum Unterschied zwischen Sterblichkeit und Endlichkeit Moltmann (1995), S. 108f. sowie Pannenberg (1991), S. 310f.; zur Kritik an Pannenbergs Verständnis Härle (2005), S. 468 Anm. 49. Marquard (1981), S. 76 weist darauf hin, »dass die Menschen nie von

tes zeitlich befristete Gabe an den Menschen ist, ist auch der Tod letztendlich kein »Naturverhängnis«, sondern liegt im Willen Gottes (Ps 90,3–6).[127]

An dieses Verständnis des Todes anknüpfend sind verschiedene
anthropologische Fragen zu stellen. Welche Deutung erfährt der vorzeitige,
»sinnlose« Tod des Menschen, der nicht alt und lebenssatt sein Leben an
Gott zurückgeben kann? Wenn der Tod zur Schöpfung gehört, sind dann
auch Ursachen des Todes wie Krankheit oder Unfall als Teil der guten
Schöpfung Gottes zu sehen? Ist dann auch eine Behinderung als dem
Schöpferwillen Gottes entsprechend festzuhalten?

Zur leibhaften Existenz des Menschen gehört, dass er verletzbar ist,
Schmerzen zugefügt bekommen kann und letztendlich den Tod erleidet.
Wer von der gottgewollten Begrenzung des Lebens durch den Tod spricht,
muss auch die Zerfallsprozesse mit einbeziehen, die im Tod eines Menschen ihren Abschluss finden. Diese sind jedoch nicht von den Phänomenen Krankheit und Behinderung zu trennen. Krankheiten erscheinen daher
als »eigentümliche Werke der Schöpfung«[128] und sind Zeichen unserer
Begrenztheit. Ebenso sind Behinderungen nicht als schöpfungswidrig,
sondern als Teil der *guten* Schöpfung Gottes zu verstehen.[129] Diese Sicht
unterstreicht das in der Schöpfung angelegte Angewiesen-Sein des Menschen auf andere: Nach Gen 2,18 wurde der Mensch als hilfsbedürftiges
Gemeinschaftswesen erschaffen. Nicht die Vollkommenheit, sondern die
Hilfsbedürftigkeit ist Teil des Humanum.[130] Deshalb kommt auch schwachem oder behindertem Leben prinzipiell kein anderer Status innerhalb der
Schöpfung zu – es verkörpert nicht nur die anthropologische Grundbe-
findlichkeit der Hilfsbedürftigkeit, sondern veranschaulicht explizit, dass
geschöpfliches Leben in seiner Hinfälligkeit (vom Staub genommen – Gen

---

Anfang an anfangen«. Endlichkeit und Sterblichkeit sind demnach nicht gleichzusetzen,
da die Endlichkeit nicht nur das Lebensende, sondern auch den Lebensanfang einbezieht: Wo menschliches Leben beginnt, ist jedoch niemals der Anfang. »Denn die Wirklichkeit ist – ihnen [den Menschen, J.E.] zuvorkommend – stets schon da, und sie müssen anknüpfen. Kein Mensch ist der absolute Anfang; jeder lebt mit unverfügbaren Vorgaben.« (Ebd.)

127 Vgl. Schmidt (1992), S. 122. Vgl. zur Deutung des Todes als eines bloß natürlichen
Geschehens, die das Phänomen des Todes nicht hinreichend erfassen kann Beißer
(1993), S. 308.

128 Rössler (1993), S. 204.

129 Hierauf macht Emlein (1996), S. 245 aufmerksam. Zur ausführlicheren Diskussion siehe
unten III.1.3.

130 Vgl. Moltmann (1993), S. 196.

2,7) als Spiegel göttlichen Lebens aufzufassen ist: Denn durch Krankheit oder Behinderung wird ja das Kriterium der Gottebenbildlichkeit, die besondere Relationalität des Menschen,[131] nicht aufgehoben.[132]

Leben und Gesundheit erscheinen so nicht als unverlierbarer Besitz, sondern schließen in ihrer Zerbrechlichkeit Schmerzen und Leiden bis hin zum vollständigen Verlust dessen im Tod ein, was einen Menschen im Leben auszeichnete:[133] »Sterben ist primär Leiden, es ist ein Verlieren dessen, was wir empfangen haben.«[134] Menschliches Leiden etwa aufgrund einer Krankheit oder Behinderung ist daher auch als Folge gottgewollter Endlichkeit zu begreifen. Die sich daraus ergebenden Fragen im Blick auf Gott und das Leiden werden weiter unten diskutiert.[135] Hier soll darauf hingewiesen werden, dass durch dieses Verständnis von Sterblichkeit die Spannung zwischen Leben und Tod nicht so aufgehoben wird, dass der Tod und die Endlichkeit als integrale Aspekte des Lebens einfach bestätigt werden. Vielmehr nehmen die biblischen Texte auch die Frage auf, was das Leben der Kranken, Elenden oder zu früh Gestorbenen sinnvoll macht. Dabei erfährt der personale Gesichtspunkt mit der Frage nach dem Sinn menschlichen Daseins unterschiedliche Antworten,[136] die letztlich in der christlichen Hoffnung auf die Überwindung des Todes kulminieren. Nicht Leben und Tod werden daher miteinander versöhnt, sondern der »*Mensch* als *Person* mit der *Endlichkeit seines Lebens*«[137]. Diese Differenzierung ist insofern wichtig, als Leben und Tod im irdischen Dasein des Menschen zwar unlösbar miteinander verknüpft sind, aber doch ein Menschsein ohne Tod möglich sein muss.[138]

---

131 Vgl. Ebach (1986), S. 25; Wolff (2002), S. 233ff.

132 Vgl. Steffensky (2003), S. 49, der davon spricht, dass es Krankheiten gebe, die zu einem Menschen gehören, aber dass es keine Krankheit gibt, die seine Würde als Mensch beeinträchtige.

133 Das Wissen um die eigene Begrenztheit soll dazu dienen, die Grenze aller Kreatur zu bedenken lernen (Ps 39,5; 90,12).

134 Schwarz (1991), S. 222.

135 Siehe unten III.1.4.

136 Vgl. die Klage über das Schattenreich des Todes (Jes 38,18) oder das Verständnis des Todes als lebensfeindliche Macht (Dtn 30,19) oder als Wunde, die nicht verheilt (Jer 31,15) sowie die leise Hoffnung, dass auch der Tod die Gemeinschaft mit Gott nicht zerstören kann (Dan 12,2) im Alten Testament und die Sicht des Todes als widergöttliche Macht des Verderbens in den Wunderberichten des Neuen Testaments (Mt 10,8; 11,5).

137 Frey (1998), S. 208. (Hervorh. i.O.)

138 Vgl. Beißer (1993), S. 311f. Ansonsten wäre kein ewiges Leben des Menschen bei Gott denkbar.

1.2.2 Der Tod als Folge der Sünde

Eine weitere Deutung in der Bibel beschreibt den Tod als Folge der Sünde (Röm 6,23). In der neueren evangelischen Theologie hat sich die Auffassung durchgesetzt, dass darunter nicht der Tod als Ende des irdischen Daseins zu verstehen ist.[139] Der Tod des Menschen ist daher keine Reaktion Gottes auf die Sünde des Menschen, sondern der Tod war bereits vor dem Sündenfall Teil der Schöpfung. Trotz auf den ersten Blick anders lautender Stellen im Neuen Testament kann diese Sicht des Todes Plausibilität beanspruchen.[140] Die Deutung des Todes als Folge der Sünde weist vielmehr auf einen anderen Zusammenhang hin: Sünde bezeichnet den Verlust der Gemeinschaft mit Gott und den menschlichen Drang in die Verhältnislosigkeit, in der sich der Mensch nur auf sich selbst fixiert.[141] Als Folge der Sünde bezeichnet der Tod daher die Zerstörung der Persönlichkeit des Menschen bereits in diesem Leben. Zwar besteht zwischen Sünde und Tod kein Kausalverhältnis, aber man kann von einem Korrelationsverhältnis sprechen:[142] »Die Gebrechlichkeit der zeitlichen Schöpfung der Menschen ist wie der Zunder für jene Sünde, Gott gleich zu werden und diese Gebrechlichkeit zu überwinden.«[143] Auch wenn eine andere Beschreibung von Sünde angemessener erscheinen mag,[144] so weist diese Aussage doch daraufhin, dass die Kategorie des Natürlichen (hier Tod, Krankheit, Behinderung) aufgrund der Realität des Bösen hochgradig zweideutig ist.[145] Darum ist einerseits die Unterscheidung zwischen dem Bösen und der negativen Naturerfahrung wesentlich. Beides darf nicht zusammenfallen, da ansonsten die Natur als Feind des Menschen erscheint.[146] Krötke macht darauf aufmerksam, dass die Vorstellung, natürliche Übel seien böse, in die Irrlehre mündet, dass die Natur sich gar nicht einem Schöpfer verdanke.

»Das christliche Verständnis des Guten prägt demgegenüber ein, dass ein solches Verständnis der Schöpfung in Wahrheit ein Werk des Bösen ist, das uns einreden

---

139 Vgl. ebd., S. 312f.
140 Vgl. zu den biblischen Belegen pro und contra die Gegenüberstellung bei Härle (2005), S. 466ff.
141 Vgl. Jüngel (1983), S. 99.
142 So Moltmann (1995), S. 109.
143 Ebd.
144 Vgl. hierzu Brandt/Suchoki/Welker (1997) sowie unten III.3.3.
145 Vgl. Körtner (1996), S. 26.
146 Vgl. Krötke (2004), S. 78

will, die Relativität der Welt mit ihren Schattenseiten, die bloß einmalige Gelegenheit unseres Lebens, unser Sein in Verhältnissen sei eigentlich böse.«[147]

Andererseits wird der Tod bereits im Alten Testament kraft der Sünde des Menschen zu einer unheilvollen Macht,[148] die den Menschen in Todesfurcht hält. Dementsprechend sind Krankheit und Behinderung zwar Teil des geschöpflichen Lebens, aber sie können durch die Macht des Bösen zu extremen Leid führen beziehungsweise menschliches Leben unter dem zersetzenden Einfluss der Sünde zerstören. Der Tod als Folge der Sünde zeigt sich daher nicht im physischen Sterben des Menschen, sondern zum Beispiel darin, dass infolge zerstörerischer Lebenszusammenhänge (etwa Stigmatisierungs- oder Ausgrenzungsprozesse) die Persönlichkeit eines Menschen mit Behinderung zerrüttet wird und zerbricht. Die ethischen Implikationen dieser Sicht werden unten als theologischer Impuls für die politische Ethik aufgenommen.[149]

1.2.3 Die Überwindung des Todes

Die Ambivalenz des Natürlichen sollte nach beiden Seiten hin offen gehalten werden.[150] Denn einerseits ist ein Dualismus, nach welchem Krankheit, Leid oder Übel einer Gegengottheit zugeschrieben werden, mit den biblischen Schöpfungsberichten nicht vereinbar.[151] Eine streng dualistische Sicht würde auch die Möglichkeit nehmen, sich positiv mit Krankheit und Behinderung auseinanderzusetzen, da man dann annehmen und bejahen würde, was Gott nicht will. Anderseits ist die Zerstörung des Lebens durch Krankheit oder Behinderung, das Leid, das aus ihnen erwachsen kann oder

---

147 Ebd. Die Kehrseite dieser Sicht beschreibt Kapferer (1993), der von einer Tendenz zur Pathologisierung des Bösen in den Sozial- und Humanwissenschaften des 19. und 20. Jahrhunderts ausgeht.

148 Vgl. Körtner (1996), S. 22.

149 Vgl. unten III.3.3.

150 Vgl. Eibach (2006), S. 301: »Leiden, Krankheit und Tod sind sowohl unter der Perspektive der Gottes Leben zerstörenden Mächte als auch unter der der Vergänglichkeit dieser Welt zu betrachten.«

151 Vgl. Eibach (1991b), S. 39. Auch wenn Barth (1961), S. 327ff. mit der Kategorie des Nichtigen eine dritte Weise des »Seins« ins Spiel bringt, so erscheinen die Gestalten des Nichtigen (zum Beispiel zerstörerisches Leiden) doch ausschließlich unter dem Widerspruch Gottes. Vgl. ausführlicher unten III.1.4.2.

durch sie hervorgerufen wird, nicht zu verharmlosen. Es wäre deshalb genauso einseitig, Krankheit oder Behinderung nur als schöpfungsgegeben anzusehen mit der Aufgabe, sich mit ihnen zu versöhnen. Dies würde zerstörerisches Leiden, würde die Macht des Bösen, die sich über die Pervertierung natürlicher Phänomene manifestieren kann, nicht ernst nehmen. Damit ist bereits angedeutet, in welcher Richtung weiter unten die Frage nach dem Sinn von Leiden aufgenommen wird: Sie wird als dunkles Rätsel in Gott selbst hinein genommen. In dieser Perspektive können auch die unerklärlichen Seiten der guten Schöpfung Gottes verortet werden: Denn offensichtlich ist, dass auch der gute Schöpfungssinn des Todes, der darin besteht, dass wir endlich sind und als endliche Wesen der Fluch, der nach Gen 3,19 auf dem menschlichen Leben liegt, begrenzt ist, dass also der Tod auch als Leiden erfahren wird, weil durch den Tod Leben vernichtet wird.[152] Ebenso können Krankheit oder Behinderung an sich als Leben zerstörend wirken: Der frühe Tod der jungen Mutter an Krebs, die Erkrankung an Huntington Disease, Funktionsstörungen zum beispiel infolge von Muskelschwund, Multipler Sklerose oder Schädel-Hirn-Traumata, Beeinträchtigungen aufgrund einer Querschnittslähmung, Schlaganfalls und vieles mehr können schwerlich als gut bezeichnet oder in sich mit Sinn belegt werden. Hier gilt es, an »*Gottes Güte* und seine Verheißungen so zu glauben, dass sie größer als die erfahrene Macht des Leidens sind und durch sie hindurch tragen«[153]. Daher bedingt die Hinfälligkeit menschlichen Lebens, sich mit den Leidens- und Zerfallsprozessen als Teil des geschöpflichen Lebens auseinander zu setzen und gleichzeitig ihre mögliche Überschattung durch das Böse in Rechnung zu stellen. Es geht dann nicht nur um die Annahme der eigenen Endlichkeit, sondern auch um den Widerstand gegen das Böse und die Hoffnung auf seine (eschatische) Überwindung durch Gott. »Mit dem Sterben fertig werden bedeutet noch

---

152 Vgl. Beißer (1993), S. 310: »Es gehört zu den elementaren Erfahrungen des Menschen, dass er sich gegen den Tod auflehnt und dass er ihn fürchtet, und zwar schon ganz unmittelbar und längst vor jeder Reflexion, einfach schon indem er lebt und leben will.«

153 Eibach (1991b), S. 40. (Hervorh. i.O.) Vgl. hierzu Link (1983), S. 348: »Ohne Antwort bleibt auch die Frage, warum Menschen sterben müssen, wenn Gott sie liebt, warum er nicht eingreift, wenn wir es für angebracht oder notwendig halten. Stattdessen begnügt sich das Neue Testament mit der Auskunft, dass Gott auf Golgatha definitiv eingegriffen hat und *dadurch*, wie Paulus (Röm 3,21) lehrt, seine Gerechtigkeit erweist. Auch das ist eine Antwort – freilich nicht für das *Denken*, das sich mit seiner Reflexion über das Leiden erhebt, sondern für das *Leben*, das sich ihm stellt. Denn indem Gott sein Leiden teilt, gibt er ihm recht, gegen den, der es verursacht.« (Hervorh. i.O.)

nicht mit dem Tod fertig zu werden. Die Überwindung des Sterbens ist im Bereich menschlicher Möglichkeiten, die Überwindung des Todes heißt Auferstehung.«[154]

Der Tod erscheint so als doppeldeutiges, von manchen als paradox bezeichnetes Ereignis: »Er bildet eine letzte, äußerste Provokation des Menschen und seiner Gottesbeziehung, doch dies, indem er den Menschen zerstört.«[155] Neutestamentlich wird dieses Paradox in der Umkehrung der Verhältnisse durch Jesu Tod und Auferstehung bearbeitet: Die zerstörerische Macht des Todes als letzter Feind Gottes (1 Kor 15,25) wird im Sieg Gottes über den Tod (1 Kor 15,55) aufgehoben; jedoch ereignet sich dieser gerade über die Konfrontation und Annahme des Todes in Jesu Kreuzestod. Mit der Auferstehung Jesu setzt sich das Leben schließlich durch, so dass weder Tod noch Leben den Menschen von Gottes Liebe trennen können (Röm 8,35ff.). Deshalb wird in der Sicht des Auferstehungsglaubens der Tod als letzter Feind bezeichnet. Die damit erfolgende Umdeutung der Begriffe »Leben« und »Tod«, die sich fortan über den Glauben an Jesus Christus definieren, bedingen eine Überbietung des natürlichen Lebens durch das Mit-Christus-Sein.[156]

»Der Tod ist nicht mehr Verneiner des Lebens und Sturz in das endgültige Nichts, sondern Übergang, ein bloßer Durchgang zum ewigen Leben. Der Tod im alten Sinn ist wesen- und bedeutungslos geworden, denn wer Jesus im Glauben hat, hat bereits Anteil durch ihn am ewigen Leben.«[157]

Die Relativierung des Todes durch die Auferstehungshoffnung darf jedoch nicht in eine Verklärung des Todes gegenüber dem Leben führen: Auch nach Ostern wird der Tod als Anfechtung erfahren. »Der Glaubende stirbt auf *Hoffnung* hin, in der Hoffnung, dass *in Gott* alle Gegensätze überwunden und versöhnt werden, deren innerweltliche Versöhnung eben nicht erwartet werden kann.«[158]

---

154 Bonhoeffer (1977), S. 470.
155 Vgl. Beißer (1993), S. 309.
156 Vgl. Körtner (1996), S. 23.
157 Becker (1991), S. 423.
158 Körtner (1996), S. 23. (Hervorh. i.O.)

1.3 Biblische Impulse zu Behinderung und Krankheit

In den vorangegangenen Abschnitten wurden unter Bezug auf die Bibel vor allem grundlegende Perspektiven hinsichtlich des Verständnisses menschlichen Lebens thematisiert. Geht man zur Diskussion der Phänomene Krankheit und Behinderung auf biblische Schriften zurück, dann muss zunächst der große Abstand biblischer Texte zu unserer heutigen Zeit mit all den Unterschieden zwischen damals und jetzt, was das Verständnis von Leib und Seele, Behinderung, Gesundheit, Krankheit, Heil und Heilung angeht, berücksichtigt werden. Nach Seybold/Müller fehlen nicht nur alttestamentliche Bezeichnungen für innere Organe wie Lunge, Magen, Darm, sondern man wusste offenbar auch nichts über ihre organischen Funktionen: »Es gibt kein eindeutiges Beispiel dafür, dass Krankheiten mit einem der Organe oder auch nur mit Teilen des Leibesinneren in Zusammenhang gebracht würden.«[159] Auch wenn diese Feststellung zwischenzeitlich zugunsten einer etwas differenzierteren Sicht auf Grundlage der semantischen Deutung der hebräischen Begriffe korrigiert wurde,[160] bleibt dennoch offen, inwieweit die Ursachen einer Schädigung, Krankheit oder Behinderung überhaupt diagnostiziert werden konnten. Moderne Differenzierungen zwischen organischer Schädigung, Behinderung, Minderung der Erwerbsfähigkeit et cetera können daher nicht einfach mit biblischen Aussagen über Menschen mit Behinderung gleichgesetzt werden.[161] Hinzu kommt, dass es in der Bibel keine systematische, das heißt in sich zusammenhängende und folgerichtige Sicht von Behinderung und Krankheit gibt.[162] Zwar ist die alt- und neutestamentliche Sicht von Krankheit und Behinderung in ihren wesentlichen Zügen dargestellt,[163] aber dabei muss im Auge behalten werden, dass die einzelnen

---

159 Seybold/Müller (1978), S. 18.
160 Vgl. zum Beispiel Kegler (1992).
161 Selbst wenn die exegetische Forschung einen größeren Wissensstand in den alt- und neutestamentlichen Schriften oder deren Umwelt bezüglich Krankheit und Behinderung ergeben würde, so wäre damit noch nicht die grundlegende Veränderung überwunden, die der Anbruch des neuzeitlich-naturwissenschaftlichen Denkens in Bezug auf das Verständnis von Gesundheit, Krankheit und Behinderung bewirkt hat.
162 Vgl. Oeming (1994b), S. 6.
163 Vgl. zum Alten Testament die recht umfassende, wenn auch exegetisch etwas zu undifferenzierte Darstellung in Herbst (1999), S. 51–138; vgl. als Auswahl einschlägiger Literatur Köhler (1980); Oeming (1994a); Rothschuh (1978); Schmidt (1979); Smitten

Texte in ihren unterschiedlichen Kontexten und divergierenden Textsorten jeweils nur bestimmte Aspekte der erfahrenen Realität von Behinderung und Krankheit thematisieren. Statt einer umfassenden Deutung der einzelnen biblischen Stellen zu Behinderung und Krankheit soll daher im Folgenden unter kursorischem Rückgriff auf vorliegende Darstellungen das Frageinteresse im Mittelpunkt stehen, inwiefern Menschen mit Behinderung in das gesellschaftliche Leben ihrer Zeit integriert waren und welche Zuschreibungsmuster von Krankheit und Behinderung benannt werden können.

1.3.1 Behinderung und Krankheit im Alten Testament

Zwar gibt es zahlreiche Berichte über lahme, blinde, taube, stumme Menschen in Israel. Auch psychische Störungen zum Beispiel bei König Saul werden geschildert. Jedoch wird dabei keine systematische Unterscheidung zwischen Krankheit und Behinderung getroffen. Zudem werden die Begriffe auch im übertragenen Sinn beispielsweise für das gestörte Gottesverhältnis eines Menschen gebraucht. Seybold fasst das alttestamentliche Verständnis wie folgt zusammen:

»Für die Vorstellungen über die Entstehung einer Krankheit scheint die Erfahrung mit körperlichen Verletzungen bestimmend gewesen zu sein. Wer vom Obergeschoß fällt (2 Kö 1,2) oder vom Pfeil getroffen ist (1 Kö 22,24 par.; 2 Chr 35,23) oder geschlagen wurde (Jes 1,5; Hos 5,13), sieht sich in den selben Zustand versetzt wie der von dem Geschwür Befallene (2 Kö 20,1.7), der an einer Krankheit der Eingeweide Leidende (2 Chr 21,15) oder der Verhungernde (Jer 14,18). Der Kranke ist ein vom Schlag Getroffener.«[164]

Die Verwendung von Verben des Schlagens, Stoßens und Treffens bei der Beschreibung von Beeinträchtigungen und Krankheiten zeigen an, dass im hebräischen Denken diese Phänomene nicht einer natürlichen Ursache, sondern einer höheren Macht zugeschrieben wurden. Vor dem Hintergrund des von G. von Rad als »Tun-Ergehens-Zusammenhang«[165] bezeich-

---

(1974); Seybold (1973); Seybold/Müller (1978); Siebenthal (1950). Auf Literatur zu Behinderung und Krankheit im Neuen Testament wird unter III.1.3.2 hingewiesen.

164 Seybold (1973), S. 32f.

165 Von Rad (1978), S. 276. Steck (1985), S. 56 spricht von einem »Vergehen-Ergehen-Zusammenhang«.

neten Beziehungs- und Bezeichnungskomplexes zwischen Sünde, Strafe, Krankheit und Schädigung muss zunächst die sakral geschlossene Lebensordnung der Israeliten als maßgebliches Ordnungsschema festgehalten werden, durch das alle Lebensbereiche normiert wurden. Wer sich dieser Lebensordnung widersetzte, wurde von Jahwe mit Krankheit bis hin zum Tod geschlagen beziehungsweise bestraft und geriet ins soziale Abseits. So gehen Krankheit, Schädigung und Tod alttestamentlich von Jahwe aus (Ex 9,14f.; Num 12,9ff.; 2 Sam 6,7) – Krankheit wird also nicht nur als körperliches Phänomen wahrgenommen, sondern so gedeutet, dass Gott selbst Krankheit als Strafe für einen Menschen herbeiführt. In diesen Zusammenhang gehört auch die Segen-Fluch-Problematik in Dtn 28. Dieses Verständnis wird als *Iatrotheologie* bezeichnet:

»Iatrotheologie gehört also in die Kategorie der supranaturalistischen Krankheitsinterpretationen. Sie ist, genauer gesagt, die Anwendung religiöser, besser theologisch-philosophischer Vorstellungen und Grundsätze auf den Kranken, die Krankheit und alles, was damit zusammenhängt.«[166]

In diesem Deutungszusammenhang werden eine Behinderung oder Krankheit als nicht mehr dem eigentlichen Leben entsprechend, sondern als Vorform des Todes angesehen (Jes 38,10; Hiob 33,22). Behinderte und kranke Menschen hatten sich in der altisraelitischen Vorstellungswelt grundsätzlich dem Totenreich genähert, »auch wenn ihre konkrete Lebenssituation nicht unmittelbar lebensbedrohend war«[167]. Mit dem Verständnis von Behinderung und Krankheit als Strafe Jahwes einher gingen die Reinheitsvorstellungen, nach welchen eine Krankheit oder Behinderung – als Indizien des beginnenden Sterbeprozesses – bereits zur Bezeichnung als »unrein«[168] führten und den betroffenen Menschen die Teilnahme am gesellschaftlichen Leben nur noch unter Auflagen oder gar nicht mehr ermöglichte.

»Wenn aufgrund der soziokulturellen Bedingungen geschädigte und kranke Menschen im Prinzip einer permanenten Aussonderung aus der Kultgemeinschaft ausgesetzt waren und keinerlei Hoffnung auf medizinische Heilung bestand, dann konnte nur Jahwe der alleinige Retter sein.«[169]

---

166 Rothschuh (1978), S. 47.
167 Herbst (1999), S. 62.
168 Vgl. Köhler (1980), S. 42: »Rein ist dabei nicht eine ästhetische, sondern eine teils moralische, teils kultische Eigenschaft.« So schließt das Heiligkeitsgesetz (Lev 17–26) blinde, lahme, taube, von Aussatz betroffene Menschen vom Priesterdienst aus.
169 Herbst (1999), S. 7. Vgl. Ex 15,26: »Denn ich bin der Herr, Dein Arzt.«

Die Gesundung eines Menschen wurde dann auch als ein Wunder Jahwes oder zumindest im Zusammenhang des göttlichen Heils gesehen. In dieser Sicht bestand die einzige Chance für kranke oder unter Beeinträchtigungen leidende Menschen, wieder in die Kultgemeinschaft aufgenommen zu werden, in der kultisch-rituellen Diagnose eines Priesters, der die völlige Heilung etwa von Hautkrankheiten feststellte und bestimmte Reinigungsriten sowie die Einhaltung von Quarantänebestimmungen (Lev 11–15) auferlegte. Nach Seybold kann der alttestamentliche Umgang mit Krankheit wie folgt charakterisiert werden:

»War die Krankheit eben nicht nur als ein physiologisches Phänomen, sondern als eine durch soziale und religiöse Faktoren bestimmte Lebenssituation erfahren und aufgefasst worden, so hat das zur Folge, dass die ›Heilung‹ entsprechend alle drei Bereiche umfassen und eine physische, soziale und religiöse Seite haben musste.«[170]

Individuelle Möglichkeiten, mit einer Krankheit oder Behinderung umzugehen, sind in den Psalmen wiedergegeben. Schuldbekenntnis, Bußriten und Flehen zu Jahwe waren Wege, um die Vergebung Jahwes und sein Heil zu erlangen. Kranke oder behinderte Menschen mussten also nicht nur ihre soziale Notsituation bewältigen, sondern auch ihre gegenüber Jahwe begangene Sünde zugeben.

»Es ist bedeutsam, dass der Israelit sich seinen Gott nicht als einen Gott der Willkür vorstellt. Jahve handelt nicht grundlos. Wird der Beter von einer Krankheit ergriffen, so erkennt er darin voller Zerknirschung den Ausfluss von Jahves Zorn über ein von ihm begangenes Vergehen.«[171]

Die offensichtliche körperliche Heilung war daher zugleich der alleinige Ausweis einer geheilten Gottesbeziehung. Entsprechend hatten der heile Körper und die heile Gottesbeziehung wechselseitig Einfluss auf die kultische und soziale Rehabilitation (vergleiche Ps. 32 und Ps. 103). Da jegliche Form der Lebensbeeinträchtigung als Zeichen für das Verlassensein von Jahwe galt[172] und mit sozialer Isolation einherging, blieb den betroffenen Menschen nur die Klage vor und gegen Gott aufgrund von Gottes Verheißung und Treue zu seinen Geschöpfen. Die gerechte Weltordnung, wonach der gesunde Mensch auch der von Gott akzeptierte gerechte Mensch sei (vergleiche Ps 37,25), wird jedoch im Hiob-Buch in Frage gestellt. Der

170 Seybold (1973), S. 85.
171 Gunkel/Begrich (1985), S. 192.
172 Vgl. Herbst (1999), S. 84

Sinn aller weltlichen Vorgänge ist nun nur noch für Gott verstehbar, dem Menschen bleibt er verschlossen – Leiden wird sinnlos. Crüsemann sieht in der weisheitlichen Literatur den Zusammenbruch des Tun-Ergehens-Zusammenhangs.[173] Behinderung und Krankheit werden nun in übertragenem Sinn verwendet (vergleiche Koh 5,9ff.) und damit aus der Engführung des Tun-Ergehens-Zusammenhangs befreit.

Insgesamt dominieren im Alten Testament jene Deutungen von Behinderung und Krankheit, die diese als Strafe Gottes, als Leidensprüfung Jahwes, als sinnloses Phänomen einer nicht erklärbaren Weltordnung oder als im Bereich dämonischer Mächte liegend darstellen.[174] Die Folgen für die betroffenen Menschen waren fatal: Sie reichten von der sozialen Isolation bis zum völligen Ausschluss aus dem gesellschaftlichen Leben. Durch die *iatrotheologische* Deutung von Krankheit und Behinderung wurde von vornherein jeder Versuch, Ausgrenzung zu verhindern, unterbunden. Nur die völlige Heilung ermöglichte die Wiedereingliederung in die Gemeinschaft der Gesunden. Neben diesen Deutungen gibt es jedoch auch Erzählungen und Traditionsstränge, die andere Vorstellungen beinhalten.[175] So kommen zum Beispiel in der Vätergeschichte eine Krankheit wie die

---

173 Vgl. Crüsemann (1979), S. 83.
174 Vgl. Herbst (1999), S. 80.
175 In den prophetischen Schriften finden sich unterschiedliche Kontexte der Bearbeitung von Behinderungs- und Krankheitsphänomenen. Die israelitischen Könige befragten die Propheten über Sinn, Ursache und Dauer ihrer Krankheit. In deren Antwort »kam den prophetischen Metaphern und Symbolen die Funktion zu, den konkreten Schädigungs- und Krankheitsfall in einen erweiterten Rahmen und Sinnzusammenhang einzuordnen.« (Ebd., S. 87). In der Folge wird bei der Deutung von Behinderung oder Krankheit in der prophetischen Literatur nicht mehr so stark auf die kultisch-rituelle Reinheit Bezug genommen, sondern vielmehr rücken ethische Gesichtspunkte in den Vordergrund (vgl. Jes 1,15ff.; Jer 33,8; Amos 5,4ff.).
Ein neuer Gedanke über Krankheiten wird in dem Lied über den leidenden Gottesknecht formuliert: Durch das stellvertretende Leiden des Gottesknechts wird die Ursache der Schädigung nicht mehr auf die Schuld oder Sünde des Betroffenen zurückgeführt (vgl. Westermann (1981), S. 212). Zwar bleibt auf diese Weise der Tun-Ergehens-Zusammenhang als Teil des alttestamentlichen Denkens bestehen, da ja weiterhin Sünde gestraft wird. Jedoch ist nun nicht mehr die individuelle Sünde des beeinträchtigten kranken Menschen im Blickfeld, sondern die Schuld der Lebensgemeinschaft.
In den jüngeren prophetischen Visionen zum zukünftigen Heil Gottes werden Behinderungen wie Blindheit oder Lahmheit aufgehoben (vgl. Jes 35). Im Zusammenhang mit dem babylonischen Exil treten falsche Prophetinnen auf (Hes 13), die kranken und behinderten Menschen ihre Praktiken anbieten – eine Situation, die letztlich dazu führte, dass nach Institutionen gesucht wurde, die für diese Menschen zuständig sind (vgl. 2 Kö 1).

Altersblindheit Isaaks (Gen 27,1ff.) oder eine Behinderung wie die Hüft-verletzung Jakobs (Gen 32,29ff.) als nüchtern geschilderte Phänomene des Lebens vor, die auch nicht weiter negativ bewertet werden. In diesem Zu-sammenhang fällt ebenso auf, dass es auch Führungspersonen gab, die eine Behinderung hatten (zum Beispiel Moses, Saul) und durch diese nicht als untauglich für ihre Aufgaben disqualifiziert wurden. Hier kommt als spezi-fisches Moment die Berufung durch Gott ins Spiel, die im Gegensatz zum Tun-Ergehens-Zusammenhang theologisch unterschiedliche Deutungen von Behinderung ermöglicht. Exemplarisch soll dies an der Berufungsge-schichte von Moses kurz veranschaulicht werden.

Bei seiner Berufung verweist Moses auf eine Sprachbehinderung: »Ich bin kein Mann von Worten und habe eine schwere Zunge« (Ex 4, 10). Aufgrund seines »schweren« Organs könne er die ihm zugedachte Aufgabe nicht erfüllen.[176] Moses' Einwand wird unter Verweis auf die Schöpfung entkräftet: »Wer hat dem Menschen den Mund geschaffen? Oder wer hat den Stummen oder Tauben oder Sehenden oder Blinden gemacht? Habe nicht ich es getan, der Herr? [...] Ich will mit deinem Munde sein« (Ex 4, 11f).[177] Durch den Rekurs auf den Schöpferwillen Gottes werden auch an dieser Stelle natürliche Beeinträchtigungen supranatural gedeutet. Einer-seits wird so verhindert, dass individuelle oder andere (zum Beispiel so-ziale) Gründe als Ausschlusskriterien für die Berufung Geltung erlangen können, zumal Moses' Bruder Aaron ihm als Sprecher für die Situationen zur Seite gestellt wird, in denen seine Einschränkung ihn daran hindern könnte, seinen Auftrag zu erfüllen. Andererseits ist nicht eindeutig geklärt, wie in dieser Erzählung Moses' Beeinträchtigung gesehen wird. So wird die Aussage des Textes zum einen dahingehend gedeutet, dass auch Unglück von Gott komme.[178] Zum anderen wird betont, dass der Text zwischen Menschen mit und ohne Behinderung keine Unterschiede mache: Beide gelten als gleichrangig vor Gott und als gleich fähig, Gottes Aufträgen

---

176 So Schmidt (1988), S. 185ff.

177 Emlein (1996), S. 244f. deutet dies schöpfungstheologisch so, dass dadurch der Unter-schied zwischen behindert/nicht-behindert analog dem Unterschied zwischen männ-lich/weiblich in die Schöpfung zurück verlegt wird: »Wie Gott nach seinem Bilde Men-schen als Frauen und Männer gebildet hat, hat er auch – und ebenso nach seinem Bilde – Menschen mit und ohne Behinderung geschaffen.« Allerdings rückt er damit den Text in einen Argumentationszusammenhang, der ihm nicht entspricht. – Zur Verankerung der Gottebenbildlichkeit von Menschen mit und ohne Behinderung siehe oben III.1.1.

178 Vgl. Preuß (1991), S. 118.

gewachsen zu sein.[179] Zwar können von der zweiten Deutung her Aussagen zu heutigen Fragestellungen hinsichtlich der Gleichstellung von Menschen mit und ohne Behinderung abgeleitet werden. Theologisch geht es dann darum, ob Menschen mit Behinderung ebenso als gleichwertige Mitglieder des Volkes Gottes zu bezeichnen sind oder ob ihnen lediglich der Status als Randgruppe zukommt.[180] Offensichtlich markiert das Verständnis von Behinderung, das jeweils an den Text herangetragen wird, die entscheidende Weichenstellung für die positive oder negative Deutung von Ex 4,11f. Denn der Text selbst gibt keinen Hinweis darauf, dass Moses' sprachliche Beeinträchtigung zwingend negativ zu interpretieren ist. Die Sicht, eine Behinderung sei ein Unglück, ist nur auf Grundlage einer normativen Koppelung von Gesundheit und Glück möglich. Dieses Vorverständnis wird dann in den Text hineingelesen, ist jedoch bereits in sich als nicht zwingend zurückzuweisen: Nicht erst aus Berichten einzelner Menschen mit Behinderungen weiß man, dass der Verlust von Körperfunktionen nicht gleichzusetzen ist mit mangelnder Lebenserfüllung.[181] Vielmehr ist bereits das zugrunde liegende normative Verständnis von körperlicher Gesundheit zu kritisieren: Die Vorstellung, nur ein voll funktionsfähiger Körper sei ein gesunder Körper, stellt eine Idealisierung dar, die für die Deutung existierender Phänomene von Krankheit und Behinderung unangemessen ist. Bei Moses' Berufungsgeschichte sollte daher Gottes erwählendes Handeln als Zentrum der Erzählung aufgefasst werden. Das Erstaunliche daran ist, dass Gott ein »schwaches« Geschöpf, dem die für Verhandlungen mit dem Pharao und für die Führung des Volkes Israel erforderliche Sprachgewandtheit fehlt, beruft, um durch es den Exodus des Volkes Israel vorzubereiten. Die Erzählung bereitet damit den Boden für die Befreiung des Volkes Israel durch das rettende Handeln Gottes. Die Unterstützung und Befähigung eines Menschen mit Beeinträchtigung für die Aufgabe, zu der er oder sie sich von Gott berufen sieht, kann der Erzählung dann als Anwendung auf heutige Situationen entnommen werden. Eine Behinderung sollte jedenfalls theologisch kein Grund sein, einen Menschen von gesellschaftlichen Funktionen (bei Moses einer öffentlichen Führungsaufgabe) auszuschließen.

---

179 Vgl. Noth (1959).
180 Vgl. Emlein (1996), S. 244.
181 Vgl. Saal (1992).

1.3.2 Behinderung und Krankheit im Neuen Testament

Wahrscheinlich gab es zur Zeit des Neuen Testaments eine größere Anzahl von Menschen mit körperlichen oder seelisch/geistigen Beeinträchtigungen.[182] So weist das Neue Testament – im Unterschied zum Alten Testament – generalisierende Behinderungsbegriffe wie »Krüppel« auf,[183] weshalb im Folgenden verschiedene Behinderungsbezeichnungen überblicksartig aufgegriffen werden. Jedoch spiegelt das Neue Testament vor allem in den Evangelien auch die Vorstellungen seiner spätjüdischen Umwelt bezüglich Krankheit und Behinderung wider. Deshalb wird zuvor an diese Vorstellungswelt angeschlossen, bevor dann spezifisch christliche Deutungen dargestellt werden.

In der dämonistischen Krankheitslehre des Spätjudentums wird der Teufel in enge Verbindung zum alttestamentlichen Beziehungskomplex Sünde-Schuld-Schädigung-Tod gebracht.

»So führte man den Ursprung des Todes darauf zurück, dass Gott zwar den Menschen zum ewigen Leben geschaffen habe, aber durch den Neid des Teufels der Tod in die Welt gekommen sei (Weish 2, 23f.). Der Teufel verleitet die ersten Menschen dazu, Gottes Gebot zu übertreten, und öffnet dadurch dem Verhängnis des Todes die Tür.«[184]

Demnach kam der Tod ursächlich durch die Sünde und Krankheit und Leiden ursächlich durch die Schuld des Menschen in die Welt.[185] Beeinträchtigte und kranke Menschen werden daher oftmals als unter dem Einfluss von Dämonen stehend beschrieben.[186] Hierunter sind geistige oder

---

182 Vgl. zum umfassenden Überblick Herbst (1999), S. 139–207 sowie als Auswahl einschlägiger Literatur Böcher (1972); Fenner (1930); Fischer-Homberger (1977); Hempel (1965); Herrmann (1961); Jeremias (1962); Merkel (1994); Nielsen (1987); Schmidt (1979); Schrage (1998); Seybold/Müller (1978); Suhl (1980); Theißen (1998); Theißen/Merz (1996), S. 256–284; vgl. zur neueren exegetischen Forschung Heckel (1993); Schneider (1996); Weissenrieder (2003).

183 Vgl. das griechische Wort *kyllos* in Mt. 15,30f., S. 18,8 oder Lk. 14,13.14.21, für das Nestle die Übersetzungsmöglichkeiten »Verkrüppelte« oder »Gekrümmte« vorschlägt (Rienecker (1974), S. 41ff.).

184 Kaiser/Lohse (1977), S. 84f.

185 Vgl. ebd. Gleichzeitig wurde in der spätjüdischen Apokalyptik die Hoffnung formuliert, dass durch Gottes Eingreifen der Tod überwunden werden könne. Vgl. zur Überwindung des Todes oben III.1.2.3.

186 Vgl. Böcher (1972), S. 11: »Indem man alles Unheil auf dämonische Verursacher zurückführt, wird die Dämonenfurcht für die Alte Welt zu einem umfassenden Kausalprinzip,

psychische Beeinträchtigungen von Menschen zu sehen, die als »besessen« bezeichnet wurden.[187] »Das typische Kennzeichen für eine geistige oder psychische Beeinträchtigung im NT ist die Besessenheit; – das besondere Merkmal der Besessenheit besteht in der nicht vorhandenen Subjektivität der geschädigten Person.«[188] Von Hautkrankheiten betroffene Menschen wurden ebenfalls zu den von Dämonen besessenen Menschen gezählt. Hautkrankheiten galten als äußerliches Zeichen der Sünde, durch die diese Menschen in den Bannkreis des Teuflischen geraten waren. Aussonderung aus der Kult- und Lebensgemeinschaft der Menschen waren die Folge. »Hautkranke Menschen wurden von der kultisch religiösen Gesellschaftsordnung des späten Judentums deklassiert und verachtet.«[189]

Ähnlich verhielt es sich bei blinden und tauben Menschen (vergleiche Mt 12,22). »Gemäß der kasuistischen Denkweise des späten Judentums hatten Blindheit und Taubheit vor allem ihren Ursprung in kultisch-religiösen Verfehlungen.«[190] Ebenso wie hautkranke, blinde oder taube Menschen galten gelähmte Menschen gesellschaftlich als unrein. »Das entscheidende Kriterium für kultische Sanktionen gegenüber bewegungsbeeinträchtigten Menschen war der Sachverhalt, inwieweit sich die betroffene Person selbständig vorwärts bewegen konnte.«[191] Konnte sich ein Mensch nicht selbst vorwärts bewegen, musste er beim Besuch des Tempels im Vorhof der Heiden bleiben. Bewegungsbeeinträchtigte Menschen waren für ihren Lebensunterhalt vor allem auf das Betteln angewiesen. Insgesamt hatte die Einordnung von Beeinträchtigungen in die spätjüdische Dämonologie auf Grundlage des alttestamentlichen Tun-Ergehens-Zusammenhang außerordentlich gravierende Folgen für die Betroffenen, die man aus heutiger Sicht nur als Stigmatisierung bezeichnen kann.[192]

Auch wenn das Urchristentum ganz unbefangen von der spätantiken Dämonologie ausgehe,[193] so stehen doch das Auftreten und die Taten des Jesus von Nazareth im Gegensatz zu dieser Vorstellungswelt. Schocken-

---

zu einer gleichsam wissenschaftlichen Theorie über die Schattenseiten des menschlichen Lebens.«

187 Vgl. Mk 1,32; Mt 4,24; 8,16.28.31; 11,18; Lk 4,33; Joh 10,21; Act 8,7.
188 Herbst (1999), S. 200.
189 Ebd., S. 196.
190 Ebd., S. 197.
191 Ebd., S. 202.
192 Vgl. Schrage (1998), S. 335.
193 So Merkel (1994), S. 30.

hoff verweist im Kontext von Jesu Vorliebe für die Kranken darauf, dass das neutestamentliche Verständnis von Krankheit »sich in charakteristischer Weise von der alttestamentlichen Gleichgültigkeit gegenüber dem Einzelschicksal des kranken Menschen«[194] unterscheidet. Jesu Heilungen sind Zeichen der Zuwendung Gottes und werden als Anbruch des Reiches Gottes dargestellt. Die strikte kultisch-rituelle Trennung zwischen rein/ unrein wird in die vorherrschende Vorstellung sittlich-religiöser Reinheit überführt (vergleiche Mt 5,8; 23,25–28). Dementsprechend werden Schuld und Sünde nicht mehr als ursächlich für Krankheit und Tod gesehen (vergleiche Joh 9,1ff.). Vielmehr sind alle Menschen zur Buße aufgefordert und bedürfen des Heils Gottes (vergleiche Lk 13,2–5). Mit der Verkündigung des anbrechenden Reiches Gottes wird auch der alttestamentliche Tun-Ergehens-Zusammenhang hinsichtlich einer Krankheit oder Behinderung aufgehoben. Trotzdem wird an einzelnen Stellen der Hinweis gegeben, dass Behinderung und Krankheit in einem Interdependenzverhältnis zur Sünde stehen können (vergleiche Joh 5,14). In Lk 8,26f. wird – wie in vielen Wunderberichten – Krankheit als Gegenkraft zu Gott verstanden. So taucht der Personenkreis beeinträchtigter und kranker Menschen in den Wundererzählungen meist im Zentrum der Auseinandersetzung zwischen göttlicher und widergöttlicher Macht auf.[195] Indem Krankheit und Leiden im Horizont des hereinbrechenden Reiches Gottes als zu überwindende Phänomene dargestellt werden, kommt hier eine Haltung des Widerstandes gegen körperliche Beeinträchtigungen und Leiden in den Blick. Anderseits kann an Beeinträchtigungen und Krankheiten Gottes Gnade besonders sichtbar werden, so dass ebenso das Motiv der Akzeptanz körperlicher Beeinträchtigungen identifiziert werden kann.

Für die biblische Krankheitsdeutung ist wesentlich, dass der Kranke nicht nur auf die Symptome seiner Krankheit reduziert wird, sondern in seiner Gottes- und Umweltbeziehung als Ganzheit gesehen wird. Durch eine Heilung wird nicht nur ein Körperteil oder Organ in seiner Funktionsfähigkeit wiederhergestellt, sondern sie zielt auf die Restitution sozialer Lebenszusammenhänge. »Die Heilung entspricht somit einer Gabe von Lebenskraft und ermöglicht den Übergang von einem todesähnlichen Zu-

---

194 Schockenhoff (2000), S. 274. Vgl. zu den Unterschieden zwischen alttestamentlicher und neutestamentlicher Sinndeutung von Krankheit im Einzelnen Seybold/Müller (1978), S. 165f.
195 Herbst (1999), S. 182.

stand zu einem eigenständigen Leben.«[196] So wird bei den Heilungsberichten nicht nur von körperlichen beziehungsweise seelisch-geistigen Heilungen berichtet, sondern diese werden immer auch im Kontext der Heilung von Beziehungsstörungen gesetzt. »Die Heilsbedürftigkeit aller Menschen zeigt sich vordringlich in den zwischenmenschlichen Beziehungsstörungen; diese sind psycho-soziale Symptome der menschlichen Hybris.«[197] Charakteristisch für Jesu Heilungen ist, Menschen nicht nur körperlich gesund zu machen, sondern sie als leib-seelische Einheit in ihren Lebensbezügen anzusprechen. Als »unrein« bezeichnete, ausgesonderte Menschen werden zurück in die menschliche Gemeinschaft geführt. »Gesundung impliziert nämlich neben körperlicher Restitution auch Resozialisation und religiöse Integration.«[198] In der Aufnahme zwischenmenschlicher Beziehungen ohne Vorbedingungen »findet eine vorbehaltlose Anerkennung des andersartigen Mitmenschen statt, wodurch in der Begegnung selbst ein Habilitationsprozess [sic] vollzogen wird. Damit ist der andersartige Mensch von vornherein angenommen und habilitiert [sic] und muss nicht infolge seiner körperlichen Beeinträchtigung noch zusätzlich rehabilitiert werden.«[199]

In den neutestamentlichen Briefen kommt der Personenkreis (körperlich) behinderter Menschen nur am Rande vor. Jedoch findet sich in Paulus' Umgang mit seiner eigenen körperlichen Krankheit ein Beispiel für den christlichen Umgang mit Leiden (2 Kor 12,7ff.). Indem Paulus seine Beeinträchtigung verklärend überhöht (als besondere Qualifikation für seinen Missionsauftrag), stellt er sie in eine Sinnordnung, durch die er seinen Zustand als Sinn erfüllt erleben kann.[200] Jedoch ist gegenüber allen spiritualisierenden Deutungen bezeichnend, dass neutestamentlich Behinderung und Krankheit als zum Leben gehörige Phänomene bestehen bleiben und eine umfassende Leidfreiheit nicht angestrebt wird. So sind auch die Heilungswunder Jesus nicht im Sinn der grundsätzlichen Beseitigung von Krankheit und Behinderung zu verstehen, sondern stellen einzelne Ereignisse dar, deren besondere Bedeutung in ihrer Zeichenhaftigkeit liegt.[201]

---

196 Kostka (2000), S. 205.
197 Herbst (1999), S. 157.
198 Schrage (1998), S. 335.
199 Herbst (1999), S. 205f.
200 Vgl. Seybold/Müller (1978), S. 154ff.; Gerstenberger/Schrage (1977), S. 196. Zur Kritik dieser Deutung siehe unten III.1.4.3.
201 So gibt es nur wenige summarische Heilungsberichte (vgl. Mk 1,32–34; Mt 4,24; 14,36; Lk 6,17–19), die gegenüber den ausführlichen Heilungserzählungen einzelner Menschen

1.4 Differenzierungen zwischen Gesundheit, Krankheit und Behinderung, Heil und Heilung

Auch wenn das Neue Testament die Wörter *therapeuein* und *iasthai* überwiegend im Zusammenhang physischer Gesundung gebraucht,[202] so deuten doch verschiedene Berichte in den Evangelien einen Zusammenhang zwischen Heil und Heilung an. So wird im Lukasevangelium (Lk 4,16–30) der Antrittspredigt Jesu in Nazareth die Verheißung aus Jes 61,1 zugrunde gelegt und dabei »programmatisch die Zusammengehörigkeit von Heilsverkündigung und physischer Heilung ausgesprochen«[203]. War das Wort »heilen« (hebräisch *raf'a*) schon im Alten Testament nicht auf Krankenheilung beschränkt, sondern »geradezu t(erminus) t(echnicus) für die gnädige Heilszuwendung«[204] und kommt daher der Bedeutung umfassenden Heils nahe, so gelte die unauflösliche Verbundenheit von Heil und Heilung für alle Evangelien.[205] »Krankheit ist sozusagen Symptom eines weiterreichenden Unheils und tiefer gehenden Bruches.«[206] Auch wenn der umfassende Heilscharakter der Herrschaft und Gerechtigkeit Gottes nicht bestritten werden soll, so ist dennoch danach zu fragen, in welchem Verhältnis Heil und Heilung zueinander stehen. Dass eine Differenzierung zwischen Krankheit und Behinderung sowie deren Heilung von religiösem Heil unerlässlich und unbedingt notwendig ist, hat die zum Teil verhängnisvolle Geschichte der supranaturalen Deutung von Krankheit und Behinderung gezeigt.[207] Jedoch stellt auch das moderne, dem naturwissenschaftlichen Denken verhaftete Verständnis von Krankheit eine Reduktion auf somatische Störungen dar, und zwar in der einseitigen Konzentration auf pathologische Befunde, die weder subjektive Erlebensmomente noch kulturelle Wertvorstellungen oder soziale Normen bei der Deutung des Phänomens Krankheit berücksichtigt. In den folgenden Abschnitten soll zunächst erkundet werden, inwiefern Heil und Heilung zu differenzieren und zu-

---

in den Hintergrund treten. Vgl. Ritschl (2004), S. 228f. zum zeichenhaften Charakter der Heilungen Jesu.

202 Vgl. Schrage (1998), S. 334.
203 Merkel (1994), S. 32.
204 Oepke zit. in Schrage (1998), S. 333.
205 So Schrage (1998), S. 334.
206 Ebd., S. 335.
207 Vgl. hinsichtlich der Folgen der alttestamentlichen Sicht von Krankheit Schockenhoff (2000), S. 271f.

gleich doch vorsichtig auf einander zu beziehen sind. Dabei werde ich versuchen zu zeigen, dass eine konstruktivistische Sicht von Krankheit dabei hilft, das objektive Verständnis von Krankheit und das subjektive Erleben von Krankheit zu verknüpfen und so Anschlusspunkte für die religiöse Krankheitsdeutung zu ermöglichen.

1.4.1 Differenz zwischen Gesundheit, Krankheit und religiösem Heil[208]

Die Überschrift deutet bereits an, dass hier zwischen der religiösen und der gesundheitlichen Dimension unterschieden wird, und zwar in dem Sinn, dass die religiöse Grundunterscheidung sich auf den Zustand des Heils des Menschen gegenüber dem der Verlorenheit bezieht, während die gesundheitliche einen Organismus als gesund oder krank einstuft. Zunächst soll kurz die Unterscheidung von Gesundheit und Krankheit thematisiert werden, um auf dieser Grundlage die Beziehung zwischen Krankenheilung und religiösem Heil zu bestimmen. In einem weiteren Reflexionsschritt wird das so gewonnene Verständnis von Heilung und Heil zurück bezogen auf die Frage, inwiefern das religiöse Verständnis von Gesundheit eine Ergänzung zum modernen Krankheitsbegriff sein kann.

Gesundheit und Krankheit werden häufig als konträre Phänomene des Lebens verstanden. Jedoch gibt es zwischen Gesundheit und Krankheit in naturwissenschaftlicher Perspektive keinen reinen Gegensatz, sondern ineinander übergehende Prozesse und fließende Grenzen.

»Rein medizinisch betrachtet, lassen Lebensvorgänge unter Krankheitsbedingungen wohl Störungen und Abweichungen erkennen, aber es besteht auf der naturwissenschaftlich erfassbaren Ebene kein prinzipieller Gegensatz zwischen den Erscheinungsweisen des gesunden und des kranken Organismus.«[209]

Zum Leben gehören deshalb Gesundheit und Krankheit gleichermaßen, wobei durch Grenzziehungen organische Abweichungen jenseits bestimmter Toleranzen, die unter Bezug auf Bandbreiten normaler (= gesunder) Körperfunktionen festgelegt werden, als krank ausgewiesen werden.[210]

---

208 Vgl. Eurich (2008a).
209 Schockenhoff (2000), S. 217.
210 Neben dem auf durchschnittliche Abweichungswerte bezogenen statistischen wird auch ein an bestimmten Leistungsmerkmalen abgelesener typisierender oder individuell-biografischer Normbegriff verwandt. Vgl. ebd., S. 216. Auf eine differenzierte Krank-

»Der einzelne Mensch ist in der Regel weder ganz krank noch ganz gesund, sondern er existiert in einem Fließgleichgewicht, das wir solange ›gesund‹ nennen, als es vom Durchschnittswert einer allgemeinen Norm nicht allzu weit abweicht.«[211] Damit ist angedeutet, dass die Wirklichkeit menschlichen Lebens nicht von Vorstellungen vollkommener Gesundheit her in den Blick genommen werden sollte. Stattdessen möchte ich Zustände vollkommener Gesundheit und diagnostizierter pathologischer Krankheit als die beiden Pole eines dynamischen Gleichgewichts betrachten, in welchem sich ein Mensch befindet.[212] Da ein Mensch demnach nie völlig gesund ist, sondern von einem Ineinander von gesunden und kranken Zuständen und Befindlichkeiten ausgegangen werden muss, ist keine feste Grenzziehung zwischen Gesundheit und Krankheit möglich. Geht man in diesem Sinne von einem Gesundheits*niveau* aus, dann wäre ein Mensch als gesund zu bezeichnen, wenn ihm dieses Niveau ermöglicht, ein sozial und wirtschaftlich produktives Leben zu führen.[213] Chronisch kranke oder behinderte Menschen können dann trotz ihrer körperlichen Dysfunktion als gesund bezeichnet werden, wenn ihrerseits trotz Beeinträchtigung eine (produktive) Teilnahme am gesellschaftlichen Leben möglich ist.[214] Maßstab zur Bestimmung der Grenze zwischen Gesundheit und Krankheit sind dann nicht mehr nur festgelegte Bandbreiten von Körperfunktionen beziehungsweise pathologische Zustände jenseits dieser Grenzen, sondern zugleich rückt die subjektive Bewältigung von Krankheiten mit dem Bezugspunkt der Selbstbetätigung des Einzelnen ebenso in den Blick. Die Verbindung von objektiver klinischer Funktionsstörung und subjektivem Krankheitserleben führt dazu, »Krankheit nicht nur als Zustand, sondern prozessual und dynamisch, als biografischen Vorgang und personales Geschehen zu bewerten«[215].

Dagegen bezieht sich der medizinische Krankheitsbegriff in der Regel nur auf organisch nachweisbare, pathologische Befunde, auch wenn in der

---

heitsdefinition wird unten in III.1.4.3 eingegangen. Vgl. oben I.2.2.1 das Krankheitsmodell von Boorse zur Diskussion um den statistischen Krankheitsbegriff (Anmerkung 190).

211 Schockenhoff (2000), S. 217.

212 Ähnlich Emrich (2003), S. 228.

213 Vgl. WHO (1993), S. 1.

214 Dass entsprechende gesellschaftliche Voraussetzungen erfüllt sein müssen, damit die Teilnahme auch tatsächlich gelingt, muss unabhängig von einer Gesundheitsdefinition bedacht werden.

215 Kreß (2003), S. 45.

Medizinethik gegenwärtig durch die Betonung der aktiven Mithilfe (*compliance*) der Patienten ein person- und patientenorientiertes Verständnis von Krankheit hervorgehoben wird. Insofern der klinische Krankheitsbegriff von der Person des kranken Menschen und seinem subjektiven Erleben der Krankheit absieht, beruht er auf einer methodischen Abstraktion.[216] Werden diese Aspekte mit einbezogen, umfasst der Krankheitsbegriff mehr als die rein medizinisch-biologischen Diagnosen; er stellt dann die Frage nach der Bewältigung und Sinngebung von Krankheit in der Lebensgeschichte eines Kranken und nach der Funktionsfähigkeit eines kranken Menschen in der Gesellschaft. In diesem Sinne muss Gesundheit auch nicht länger rein biologisch oder medizinisch bestimmt werden, sondern ist »eine anthropologische Leitvorstellung, die das Ziel gelingenden Menschseins umschreibt«[217].

Hieran kann biblisch-theologisch angeschlossen werden, indem der Gesundheits- beziehungsweise Krankheitsbegriff auf die grundlegende Bestimmung des Menschen bezogen wird, die oben als relationales Personsein in der Beziehung zu Gott, sich selbst und der Umwelt beschrieben wurde. Zum Menschen als endlichem Wesen gehören Behinderung und Krankheit dazu. Dem Individuum stellt sich die Aufgabe, diese in den genannten unterschiedlichen Beziehungen in den eigenen Lebensentwurf zu integrieren. Dabei ist fraglich, ob das Verständnis von Gesundheit als Kraft des Menschseins oder zum Menschsein,[218] also die Kraft mit Krankheit oder Behinderung zu leben, geeignet ist, um die subjektive *und* die objektive Dimension von Krankheit angemessen zu erfassen. Diese theologisch häufig aufgenommene Bestimmung hat den Nachteil, dass sie organische Störungen (Krankheit) nur aus der Perspektive der subjektiven Krankheitsbewältigung (Kranksein) in den Blick nimmt.[219] Wird Gesundheit als Kraft mit Krankheit zu leben beschrieben, sind Fälle denkbar, in denen ernsthaft erkrankte Menschen, die die schwere Funktionsstörung ihres Körpers in ihr Leben integrieren können, als gesund gelten würden.

---

216 Vgl. Schmidt-Wilcke (2003), S. 81.
217 Schockenhoff (2000), S. 221.
218 Vgl. zum Beispiel Moltmann (1993), S. 276; Rössler (1977), S. 73.119; ähnlich bereits Barth (1969), S. 406.
219 Dabei ist das Verhältnis von Krankheit und Kranksein nicht eindeutig zu bestimmen – so gibt es bekanntlich beides, Fälle des Krankseins ohne pathologischen Krankheitsbefund und Fälle des Sich-gesund-Fühlens, obwohl der Organismus schon längst eine Krankheit in sich trägt (Prodromalstadium).

Mit dem Zurücktreten des Aspekts der physischen Dysfunktion werden daher sinnvolle Unterscheidungen zwischen gesund und krank verwischt. Wie ist angesichts dieser unklaren Ausgangslage das Verhältnis von Heil und Heilung zu bestimmen?

»Die biblischen Schriften sind nicht eigentlich an Krankheit als solcher interessiert, sondern an den existentiellen Erfahrungen, die mit der Krankheit verbunden sind. Sie schildern die Not der Krankheit, die körperlichen Leiden wie die sozialen Folgen, die sich in der Isolierung von der vertrauten Gemeinschaft ergeben (z.B. beim Aussatz).«[220]

Dabei wird die Heilung von Krankheit oder deren subjektive Bewältigung im größeren Zusammenhang des Heilsgeschehens Gottes gesehen. Der ganze Mensch (als Leib-Seele-Einheit) soll in seinen Lebens-Beziehungen gesunden. Deshalb sind körperliche oder psychische Heilungen zum Beispiel in den Evangelien Zeichen für das umfassendere Heil Gottes, das den Menschen aus seiner Selbstbezogenheit befreit und in das rechte Verhältnis zu Gott und seinen Mitmenschen versetzt. Eine Heilung hat also Hinweischarakter, ist aber deshalb nicht notwendigerweise selbst Teil der Erfahrung des Heils in dieser Welt.[221] Dagegen spricht die Beobachtung, dass nicht alle Menschen von Jesus geheilt wurden, obwohl ihn das Volk deswegen bedrängte (vergleiche Mk 3,9ff.). Dagegen spricht auch die neutestamentliche Sicht, dass die Erfahrung des Heils ohne Heilung möglich ist.[222]

Bach unterscheidet zwischen dem Heil im Sinn der ewigen Gnade und der Heilung im Sinn der irdischen Gabe.[223] Er weist darauf hin, dass alle (von Jesus) geheilten Menschen starben und auf die ewige Erlösung warten. In Bachs Sicht werden Krankheit und Gesundheit gleichermaßen als Aspekte des vergänglichen Lebens bestimmt. Die Differenz wird daher in erster Linie zwischen Gottes zukünftigem Heil und dem gegenwärtigen Unheil der Welt, zwischen zukünftiger Erlösung und jetzigem Schöpfungsdasein gezogen: Im eschatologischen Reich Gottes werden jetzige Krankheiten oder Behinderungen genauso wie auch jetzige Gesundheitszustände überwunden.[224] In diesem Sinn gilt, dass alle Menschen ihrer Über-

---

220 Seybold/Müller (1978), S. 163.
221 Vgl. Lk 17,11–19.
222 Vgl. Jak 5,15f.
223 Vgl. zum Folgenden Bach (1988), S. 52ff.
224 Vgl. Bachs Aussage (1988), S. 55, dass Gottes Gnade nicht an den Zustand körperlicher Gesundheit gebunden ist, seine Gnade also auch ohne Gesundheit seine *volle* Gnade ist.

windung im Blick auf das kommende Reich Gottes bedürfen. Heilungen sind dann Zeichen der erneuernden Wirksamkeit des Schöpfers, die als solche zugleich Antizipationen des Novum, des vollendeten Heils darstellen:[225] In der neuen Schöpfung Gottes soll das vergängliche, hinfällige Leben verwandelt werden in ein neues leibliches Sein in der Erfüllung der Gemeinschaft mit Gott.

Theologisch ist dabei jedoch der Unterschied zwischen Letztem und Vorletztem zu beachten, damit umfassendes Heil und gesundheitliche Heilung nicht völlig ineinander fallen. Gleichzeitig dürfen sie auch nicht strikt von einander getrennt werden, als ob keine Beziehung zwischen ihnen bestünde. Vielmehr kann die Korrelation von Heilung und Heil so bestimmt werden, »dass man Heilung als Reflex, Implikat und Dimension des eschatologischen Heils charakterisiert und die eschatologische Herrschaft Gottes auch und gerade in der irdisch-leiblichen Heilung zum Vorschein kommen sieht, beides jedenfalls primär nicht unterscheidet, sondern in Beziehung setzt«[226]. Damit wird beachtet, dass Heilung, auch wenn sie in der gegenwärtigen Heilserfahrung ausbleibt, nicht ganz aus der Heilsverheißung heraus fällt.[227]

»Fehlende Heilung hält die Frage nach dem Heil offen und drängt nach Auflösung der Differenz. […] Ist Heilung eine fragmentarische und antizipierende Dimension von Heil, dann ist sie unter den Bedingungen dieser Welt und Wirklichkeit vor allem Zeichen dessen, dass Gottes Wege darauf zulaufen, dass er alle Tränen abwischen wird und kein Leid noch Geschrei noch Schmerz mehr sein wird (Offb 21,4).«[228]

Heilung eignet daher ein Zeichencharakter für die Herrschaft Gottes, der die Hinfälligkeit des endlichen Menschen in der neuen Schöpfung aufzuheben verheißt.[229]

Da die In-Eins-Setzung von Heilung und Heil erst mit der eschatologischen Vollendung von Gottes Reich erhofft werden kann und insofern nur als Vorschattung zukünftiger Zustände zu verstehen ist, sollte sie nicht normativ auf bestehende Krankheits- oder Gesundheitszustände bezogen werden. Wird etwa aus den Heilungen Jesu eine grundsätzliche Verneinung von Krankheit abgeleitet, wird sowohl deren Zeichencharakter ignoriert als

---

225 Vgl. Schrage (1998), S. 342.
226 Ebd.
227 Vgl. ebd.
228 Ebd., S. 343.
229 Vgl. Ritschl (2004), S. 228f.

auch der Status von Krankheit und Behinderung als Phänomene der Endlichkeit der Schöpfung negiert. Krankheit und Behinderung sind Teil der Schöpfung; deshalb entspricht auch das kranke und behinderte Leben dem Willen Gottes. Es kann von christlicher Seite her ebenso wenig eine Bestimmung des Menschen zur Gesundheit (im Sinne des völligen Fehlens von Störungen) geben wie eine unmittelbare Verknüpfung von Heil und Heilung. Denn bei Letzterer wäre andernfalls der Zustand der Erkrankung gleichbedeutend mit dem Verlust des göttlichen Heils.

Auf Grundlage dieser Differenzierungen zwischen Heilung und Heil soll nun versucht werden, die religiöse Dimension in der subjektiven Krankheitsbewältigung in Beziehung zum objektiven Krankheitsverständnis zu setzen. Dabei kann der obige Hinweis auf das biblische Interesse an den existentiellen Erfahrungen des Kranken und weniger an der Krankheit als solcher komplementär zum modernen, naturwissenschaftlichen Begriff von Krankheit aufgenommen werden. Ersetzen kann es ihn nicht. Dazu fehlt den verschiedenen Deutungen von Krankheit in der Bibel der Entdeckungsweg des methodischen Naturalismus. Zwar werden in den biblischen Texten genauso Krankheitssymptome wahrgenommen und Krankheitsbilder beschrieben und entsprechend dem damaligen Heilungswissen behandelt.[230] Jedoch besteht deren Klassifizierung hauptsächlich in phänomenologischen Zuschreibungen. Diese stehen in keinem verobjektivierbaren Zusammenhang zur physischen Ursache einer Krankheit, sondern werden häufig gerade supranatural auf das Wirken einer höheren Macht zurückgeführt (*iatrotheologische* oder *iatrodämonologische* Krankheitsdeutungen).

Inwiefern ist es dann überhaupt sinnvoll, von einer Ergänzung des modernen Krankheitsbegriffes durch biblische Einsichten zu sprechen? Zur Beantwortung dieser Frage muss man sich dem Erkenntnisweg naturwissenschaftlichen Arbeitens zuwenden. Zwar wird in der medizinischen Fachsprache von Krankheitsentitäten gesprochen, so als würde einer Krankheit ein eigenes Sein zukommen.[231] Jedoch stellt ein pathologischer Befund keinen Fund im Sinne des Auffindens eines vorhandenen Gegenstands dar, sondern ist vielmehr »das Ergebnis einer Interpretation, die auf einer erlernten Unterscheidungsfähigkeit zwischen normal und nicht (mehr) normal beruht. Ein Befund ist das versprachlichte Ergebnis eines

---

230 Vgl. zum antiken Heilungswissen und seinen Spuren in biblischen Texten, besonders im Lukas-Evangelium Weissenrieder (2003).
231 Vgl. Schmidt-Wilcke (2003), S. 78.

Verfahrens, mit dem Merkmale gewonnen worden sind.«[232] Merkmale wiederum sind ebenfalls keine direkten Abbildungen vorhandener Wesenszüge oder objektiver Elemente der Welt. Sie werden in einem methodischen Verfahren gewonnen oder erzeugt, das den Kriterien der Transsubjektivität und Universalität genügen muss. Merkmale müssen außerdem normiert werden. Nach der Erzeugung und Kategorisierung von Merkmalen kann in einem zweiten Schritt die Ausformulierung von Konzepten und Modellen erfolgen, »die eine Erklärungsleistung für bestimmte, ausgewählte Aspekte des Krankseins hervorbringen: Krankheit macht Kranksein kommunizierbar, Krankheit macht Kranksein mathematisierbar [...].«[233] In dieser Sicht sind Krankheiten »sprachliche Konstrukte, welche als Konzepte bzw. als Modelle für das Phänomen Kranksein (in all seinem Facettenreichtum) Erklärungsleitungen erbringen. Dabei gehen sie von merkmalsgleichen Patienten aus und stellen für diese ein Bewirkungswissen zur Linderung, Abschaffung oder Verhinderung von Leid zur Verfügung.«[234] Dieses Modellierungsverfahren macht eine Krankheit als wissenschaftliches Phänomen verstehbar, indem es das Krankheitsbild auf Grundlage merkmalsgleicher Fälle bestimmt.

An dieser Stelle können nun biblische Einsichten das moderne medizinische Verständnis von Krankheit ergänzen. Denn »der Transsubjektivität der Wissenschaft und damit der Forderung nach Personen- und Kontextinvarianz steht die Subjektivität des Erlebens des einzelnen Patienten gegenüber«[235]. Das bedeutet, dass zwischen Transsubjektivität und Subjektivität, zwischen wissenschaftlich verstandener Krankheit und individuell erlebtem Kranksein immer wieder zu unterscheiden ist. Nach Einsatz der vom Individuum abstrahierenden wissenschaftlichen Methode ist wieder der einzelne Patient zu sehen.[236] Dieser muss jedoch sein Kranksein *selbst* bewältigen. Die medizinische Wissenschaft kann in der konkreten Entscheidungsfindung dabei nicht mehr als eine Orientierungshilfe sein, die angibt, welche Therapie am ehesten die Krankheit lindern könnte und

---

232 Ebd., S. 81.
233 Ebd., S. 85.
234 Ebd., S. 82.
235 Ebd., S. 83.
236 Vgl. Gadamer (1994), S. 35: »Alles, was wir Diagnose nennen, ist zwar formal gesehen die Subsumtion eines gegebenen Falles unter das Allgemeine einer Krankheit, aber eben im Auseinandererkennen, das der wirkliche Sinn der Diagnose ist, liegt die eigentliche Kunst.«

welches Verfahren nicht angewendet werden sollte. »Lebensweltliche Erfahrung und Selbstverständnis von Menschsein hat also das Verstehen immer über das Begreifen, Vernunft immer über Verstand, Verständnis über Erklärung, Gewissen auch über Wissen gestellt.«[237] Die wissenschaftliche Erklärung muss daher in Bezug gesetzt werden zu den eigenen Lebens- beziehungsweise Krankheitserfahrungen des Patienten, zu seinem Selbstverständnis als leidende Person, zu seinen Vorstellungen von einem gelingenden Leben und vielem anderen mehr. Eine Religion kann nicht nur dabei helfen, Antworten auf diese Fragen zu finden, sondern sie kann zugleich dabei helfen, medizinische Heilungsangebote ins Lebensganze zu integrieren und das subjektive Verständnis von Gesundheit und Krankheit an der übergreifenden Bestimmung menschlichen Lebens zu orientieren.[238]

»Dem Glauben des religiösen Menschen erscheinen vielmehr beide, Gesundheit und Krankheit, als ineinander greifende Wegabschnitte seines irdischen Daseins, die ihn in verschiedener Weise auf seine eigentliche Bestimmung und sein letztes Ziel verweisen.«[239]

Im Blick auf Behinderung kann dies folgendermaßen aussehen: Unter der Annahme, dass sinnvolles Leben Gesundheit voraussetzt, weil ein Mensch nur dann seine Zwecke erfüllen kann, wird Gesundheit in der Leistungs- und Konsumgesellschaft gleichbedeutend mit »Arbeitsfähigkeit und Genussfähigkeit«.[240] Eine Beeinträchtigung von Gesundheit wird daher nicht nur als Verlust von Lebenssinn empfunden und als Leiden gekennzeichnet, sondern stellt gleichzeitig die Frage nach dem Wert dieses Lebens. Eine religiöse Lebensorientierung begründet den Wert menschlichen Lebens nicht in seinen Fähigkeiten, sondern im Zuspruch seiner Würde durch Gott. In diesem Sinn gilt, dass Gott alles Leben bejaht, egal wie beeinträchtigt oder entstellt es sein mag, denn Gott spricht dem hinfälligen, endlichen Leben Würde zu. Gesellschaftliche Bandbreiten von »Normalität« oder »Gesundheit« sind hierfür nicht ausschlaggebend. Im Glauben kann so ein Gegenpol zu sozialen Zuschreibungen als nicht lebenswertes

---

237 Hartmann (2000), S. 107 zit. nach Schmidt-Wilcke (2003), S. 83.
238 Dabei können natürlich auch medizinische Heilungen religiös gedeutet werden: »Auch in Heilungsprozessen können trotz fehlender Unverwechselbarkeit (vgl. Mk 3,22 u.a.) Manifestationen des Heilshandelns Gottes entdeckt werden [...].« Schrage (1998), S. 341.
239 Schockenhoff (2000), S. 270.
240 Vgl. Moltmann (1995), S. 73.

Leben gefunden werden.[241] Gleichzeitig verlangt der realistische Blick auf Krankheit und Behinderung, dass diese als Störung der Selbstbetätigung eines Menschen ernst genommen werden. Die Beeinträchtigung von Lebenschancen oder die Zerstörung von Lebenszielen bedeuten oftmals subjektives Leid und sind daher nicht einfach unter einen weiten Begriff von Gesundheit zu subsumieren. In der Behandlung von Krankheiten, Linderung von Schmerzen und so weiter wird ein Beitrag zur Wiederherstellung oder Erhaltung der Handlungs- und Erlebnisfähigkeit eines Menschen geleistet. Ist diese nicht möglich, stellt sich dem Individuum die Aufgabe, Krankheit oder Behinderung als Teil des eigenen Lebens anzunehmen und zu erleiden. Dabei kann zum Beispiel durch die Hoffnung auf das ewige Leben ein erweiterter Lebensraum eröffnet und innere Gelassenheit ermöglicht werden.[242]

1.4.2 Krankheit, Behinderung und Leiden

An dieser Stelle soll noch einmal das theologische Verständnis von Krankheit und Behinderung aufgenommen werden, und zwar im Hinblick auf seine Deutung als Leiden. Damit wird auch noch einmal die Frage nach der Zuordnung von Krankheit und Behinderung virulent. Im Folgenden sollen notwendige theologische Differenzierungen vertieft werden, beispielsweise die hier vertretene Abgrenzung gegenüber der Deutung von Krankheit und Behinderung als Teil oder Phänomen einer widergöttlichen Macht.

So ordnen Müller und Seybold Krankheit eindeutig den gottwidrigen Phänomenen zu: »Krankheit widerspricht dem Heilswillen des Schöpfergottes, der das Leben will und nicht den Tod.«[243] Differenzierter bezeichnet Barth Krankheit einerseits als Gestalt des Nichtigen, das Gott nicht will,[244] andererseits als Beeinträchtigung des von Gott geschaffenen Lebens.[245] Barth hebt somit einen doppelten Aspekt von Krankheit hervor: (1) Wird Krankheit wie der Tod »als reine Unnatur und Unordnung, ein

---

241 Vgl. Bach (1994), S. 120f., der Christus nicht als das Ende der Behinderung, sondern als das Ende der Behinderung als Unwert bezeichnet.

242 Vgl. Moltmann (1995), S. 74.

243 Seybold/Müller (1978), S. 166.

244 Vgl. Barth (1969), S. 417, wo er Krankheit als »Vorform und Vorbote des Todes« bezeichnet.

245 Vgl. ebd., S. 416.

Moment des Aufstandes des Chaos gegen Gottes Schöpfung«[246] verstanden, so folgt daraus eine kompromisslose Haltung des Widerstands gegen Krankheit. Jedoch relativiert Barth diese Haltung des Widerstands gegen Krankheit, indem er (2) die Begrenztheit des menschlichen Lebens berücksichtigt. Krankheit ist »nicht nur die Vorform und der Vorbote des Todes und des Gerichts, sondern verborgen unter dieser Gestalt auch das Zeugnis von Gottes Schöpfergüte, auch die Vorform und der Vorbote des ewigen Lebens«[247]. Auch wenn Barth diesem zweiten Aspekt entsprechend Gesundheit in einem umfassenden Sinn als »Kraft zum Menschsein«[248] bestimmt, das heißt als Kraft zum Leben auch in Krankheitszuständen, so ist doch zu fragen, ob der starken Hervorhebung von Krankheit als Teil des gegen Gottes Schöpfung gerichteten Chaos nicht die Tendenz zu einem Gesundheitsverständnis innewohnt, das wenig Möglichkeiten eröffnet, für Krankheit oder Behinderung einen individuellen Sinn zu finden.[249] Zumindest tritt hier eine inhärente Spannung zwischen Barths Gesundheitsverständnis und der Konzeption des Nichtigen in seiner Schöpfungslehre hervor,[250] denn als »Nachtseiten«[251] der Schöpfung, die unter dem Nein Gottes stehen, tragen die Gestalten des Nichtigen keinen Sinn in sich. Unter dem Aspekt des Leidens erscheinen Krankheit und Behinderung bei Barth dann jedoch eindeutig als gottwidrige beziehungsweise gegen den Schöpferwillen Gottes gestellte Phänomene, weil durch die strikte Scheidung des mit Krankheit und Behinderung oftmals einhergehenden Leidens von Gottes guter Schöpfung jeder Verbindung zwischen dem Nichtigen und Gottes Schöpfung der Boden entzogen werden soll.[252]

»Es werden also alle Versuche abgewehrt, die Notwendigkeit und den Sinn von Leiden zu erweisen, Leiden also ontologisch in ein Welt- und Gottesbild einzuordnen, denn solche Versuche verteidigen nur die Wirklichkeit des Elends gegen das

---

246 Ebd., S. 417f.
247 Ebd., S. 425.
248 Ebd., S. 406.
249 Dem entspricht, dass nach Barth (1969), S. 416, »der Wille zum Leben als Wille zur Gesundheit ein ernsthafter Gehorsamsakt gegenüber einem ernsten Gebot Gottes« ist.
250 Nach Krause (1980), S. 220ff. soll diese Spannung auf die nicht eindeutige Abgrenzung Barths zwischen den Schattenseiten der Schöpfung und dem nicht zur Schöpfung gehörenden Nichtigen zurückzuführen sein.
251 Vgl. Barth (1961), S. 327f.
252 Krause (ebd.) weist darauf hin, dass Leidenserfahrungen bei Barth sowohl unter die Schattenseiten der Schöpfung fallen als auch dem Bereich des Nichtigen zugeordnet werden.

›Nein‹, das Gott darüber gesprochen hat und einst endgültig darüber sprechen wird.«[253]

Zieht man diese Position bis in ihre letzten Konsequenzen aus, so wird – gegen Barths Intention, der eine gegengöttliche Macht oder den freien Willen des Menschen als Grund für das Nichtige ausschließt – damit die Tür für eine dualistische Sichtweise der Schöpfung geöffnet, die diese Phänomene letztlich doch ontologisch begreifen muss, »so als sei das Übel eine unabhängig von menschlichem Handeln und von Gott existierende, ihm nicht untergebene und ihm widersprechende Realität, gleichsam Werk einer Gegengottheit«[254] – eine mit den biblischen Schöpfungsberichten unvereinbare Sicht.[255] Es zeigt sich hier, dass die Versuche, Übel und Leiden strikt von Gottes guter Schöpfung zu trennen, um so zu verhindern, dass sie als Teil Gottes erscheinen und verewigt würden, in letzter Konsequenz die Frage nach der Schöpferkraft des Bösen stellen und in eine – im Verhältnis zu Gott – externe dualistische Konzeption münden.[256] Deren Schwierigkeit liegt in der Entmächtigung Gottes, die, je nach vertretener Position, bis zur völligen Ohnmacht Gottes gehen kann: »Entweder ist Gottes Macht durch eine zweite, mit ihm gleichursprüngliche Macht schon immer eingeschränkt wie bei Platon oder im Manichäismus, oder Gott selbst hat seine Macht zugunsten eines anderen, etwa zugunsten menschlicher Freiheit, eingeschränkt.«[257]

Dies führt zu grundsätzlichen Fragen nach Ursprung und Wesen des Übels beziehungsweise des Bösen, die an dieser Stelle nicht vertieft werden können. Jedoch soll das in dieser Studie zugrunde gelegte Verständnis von Krankheit und Behinderung im Blick auf Leiden weiter reflektiert werden.[258] Theologisch ist auch die Position, die Leiden als aus der dunklen

---

253 Eibach (1991b), S. 38.

254 Ebd., S. 39.

255 Interessanterweise zeigt Härle (1975), S. 230–246 dagegen auf, dass Barths Unterscheidungen hinsichtlich Gott und dem Nichtigen letztlich zur logischen Konsequenz von Gottes Urheberschaft des Nichtigen führen. Barths Versuch eines Mittelweges zwischen Gott und dem Bösen scheint daher nicht durchgehalten werden zu können. Die unterschiedlichen Interpretationen von Barths Konzeption des Nichtigen haben eine Ursache in den Unschärfen von Barths Verständnis des Nichtigen.

256 Vgl. zur antiken und mittelalterlichen Tradition der zu Gott externen dualistischen Konzeption des Bösen Hermanni (2002), S. 241.

257 Ebd.

258 Vgl. zur Theodizeefrage Ammicht-Quinn (1992); Berger (1999); Fuchs (1996); Gerstenberger/Schrage (1977); Görg/Langer (1997); Hermanni (2002); Hermanni/Kos-

Seite Gottes kommend begreifen will, nicht ohne Schwierigkeiten. Zwar kann man mit Luther das Übel wie alles Wirken Gottes im Geschichtlichen letztlich als unerklärlich in den *deus absconditus* hinein verlegen, gegen den man an Gottes Güte im Glauben festhalten soll, indem man sich auf die Verheißungen des *deus revelatus* im Evangelium von Christus stützt.[259] Wird das Übel und mit ihm das Leiden als unmittelbar von Gott kommend gedacht, so kann nur Gott selbst einen Menschen vom Leiden befreien. Die Klage gegen Gott ist deshalb Bestandteil des leidenden Menschen vor Gott ganz im Sinne des alttestamentlichen Glaubens, der Gott anklagt und ihm seine eigenen Verheißungen vorhält (Jes 38,12; Ps 88).

»Damit wird das Rätsel des schweren Leidens in Gott selbst hinein genommen und doch an der Güte und dem rettenden Handeln Gottes als dem eigentlichen Wesen Gottes im Glauben so festgehalten, dass sie größer als das von Gott kommende Leiden gedacht werden.«[260]

Die Schwierigkeiten dieser Sicht liegen in zwei Punkten: Wird zum einen das Leiden in Gott hineinverlegt, dann wäre Gott als der Gott zu denken, der an sich selbst leidet und gegen sich selbst kämpft – das Böse wird also als interner Dualismus in Gott hinein genommen, die Potenz der Güte Gottes gegen eine oder mehrere ihr in Gott gegenüberstehende Potenzen gestellt.[261] Die Gefahr besteht, dass Gott so »zu einem moralisch indifferenten Wesen wie bei Spinoza oder – wie bei Schopenhauer – zu einer Art allmächtigem Teufel«[262] gemacht wird. Nach christlichem Glauben ist Gott jedoch ein liebender Gott, dessen Güte selbst sein Gericht umfasst und dessen Barmherzigkeit nicht durch Leiden in Frage gestellt werden kann, sondern gerade darauf eingeht. Erhält zum anderen das Leiden selbst ewiges Sein, wird dadurch die Hoffnung auf die Überwindung des Leidens in Gottes neuer Welt beeinträchtigt, denn dann wäre es ein notwendiges Phänomen auch der zukünftigen Welt und müsste darin seinen Niederschlag finden.

---

lowski (1998); Höver (1997); Janssen (1996); Kessler (2000); Kress (1999); Metz (1995a); Neuhaus (1993); Nüchtern (1995); Oelmüller (1986; 1990; 1992); Pöhlmann (1994); Simonis (1999); Sölle (1989); Sparn (1980); Surin (1986); Union Evangelischer Kirchen in der Evangelischen Kirche in Deutschland (2004).

259 Vgl. Luther (1908), S. 784f.

260 Eibach (1991b), S. 40.

261 Vgl. Hermanni (2002), S. 240.

262 Ebd., S. 240f.

Aufgrund dieser Schwierigkeiten soll in diesem Zusammenhang besonders auf gegenwärtige Interpretationen des (mit)leidenden oder leidensfähigen Gottes eingegangen werden, die theologisch neue Wege im Umgang mit dem Phänomen des Leidens einschlagen. Der Barthschen Position[263] folgend besagt eine Deutung des leidenden Gottes, dass Gott gerade insofern leidet, als er in der Liebe zu seinen Geschöpfen treu ist und so Sünde und Leid widerspricht, die das geschöpfliche Leben bedrohen.[264] Dem entsprechend wird bestritten, dass Leiden einen Sinn haben kann: Als lebenshinderliches Phänomen trägt es keinen Zweck in sich selbst, sondern wird allein durch das Heilshandeln Gottes im leidenden und das Leid überwindenden Christus mit Sinn gefüllt.[265] Die Grundlage für diese Deutung liegt in der Barthschen Neuformulierung der Allmacht Gottes: »Es ist gerade seine Allmacht darin groß als göttliche Machtvollkommenheit, dass sie (im Unterschied zu aller abstrakten Mächtigkeit) auch die Gestalt der Schwäche und Ohnmacht annehmen und als Allmacht auch, gerade in dieser Gestalt triumphieren kann.«[266] Kontovers diskutiert wird, ob es Barth gelingt, Gottes Allmacht im Sinne eines Affiziert-Werden durch das Leiden der Menschen zu modifizieren.[267] Tatsächlich liegt eine Ursache der unterschiedlichen Barth-Rezeptionen in der in Barths Werk selbst angelegten Spannung zwischen seinem trinitarisch-christologischen Ansatz in der Versöhnungslehre und dem allgemeinen Referenzrahmen in seiner Gotteslehre.[268] Letztere führt, da sie Gottes Allmacht als Allwirksamkeit

---

263 Vgl. zu Barths Verständnis von Gottes Allmacht als Allmacht der Liebe Kress (1999), S. 172–193.

264 Vgl. Barth (1961), S. 417f. Vgl. hierzu Krause (1980) sowie überblicksartig Eibach (1991b), S. 46ff.

265 Vgl. Eibach (1991b), S. 37f.; Gerstenberger/Schrage (1977), S. 180. Leiden bleibe daher Gott nicht äußerlich, sondern treffe ihn in seiner Beziehung zum Menschen innerlich, auch wenn es selbst keinen Platz in Gottes Sein habe (vgl. Eibach (1991b), S. 47).

266 Barth (1975), S. 205.

267 Eine kritische Beurteilung findet sich zum Beispiel bei Case-Winters (1990), S. 113: »The apparent vulnerability we see in the incarnation and the cross – which might have pointed Barth to a new meaning for power – is swallowed up in and interpreted by the larger picture of divine power in the mode of domination and control.« Dagegen hält Krause (1980), S. 187ff. fest, dass es aufgrund der christologischen Bestimmung der Autonomie Gottes bei Barth zu einer Ablösung vom traditionellen metaphysischen Apathie-Axiom komme. Ähnlich Klappert (1994), S. 202.

268 Vgl. hierzu Kress (1999), S. 211: »Heißt es in der Versöhnungslehre, Gottes Niedrigkeit und Ohnmacht dürften nicht als abstraktes Prinzip verstanden, sondern müssten aus der geschichtlichen Offenbarung in Kreuz und Auferstehung gewonnen werden, so verlässt

und Allursächlichkeit versteht, zur Einordnung des Leidens unter Gottes negativen Willen[269] und bleibt so der Aporie des theistischen Gottesbegriffes hinsichtlich des Leidens verhaftet.

Daher ist es nicht erstaunlich, dass in anderen Deutungen versucht wird, das Leiden Christi am Kreuz konsequent als Selbstoffenbarung von Gottes Wesen zu begreifen und von dorther die Bestimmung von Gottes Eigenschaften vorzunehmen. Schon im Alten Testament stellt der leidende Gottesknecht (Jes 52,13 – 53,12) den Inbegriff zerschlagener Menschlichkeit dar, wird jedoch neutestamentlich so gedeutet, dass Gott selbst am Werk ist im stellvertretenden Leiden des Gottesknechtes Jesu.[270] Daher spiegelt der im Kreuz offenbare Gott das wahre Angesicht Gottes wider[271] und weist als grundlegende Eigenschaft Gottes seine Liebe aus, von der aus seine Allmacht bestimmt wird. Folglich geht Jüngel bei dem Versuch, Gottes Allmacht als Allmacht der Liebe zu verstehen, von einem betont christologischen Ansatz aus: Er verbindet Gott und das Leiden, indem er das Leiden Gottes am Kreuz zum integralen Bestandteil seines Verständnisses der Allmacht Gottes macht, Leiden also nicht mehr die Allmacht Gottes in Frage stellt:

»Demgegenüber wird christliche Theologie einzig und allein auf den am Kreuz leidenden Gott hinweisen können, um deutlich zu machen, dass der selber in den Tod gehende Gott den Tod überwindet. Hier, am Kreuz Jesu Christi wird jene Ohnmacht Gottes erfahren, die als Ohnmacht der Liebe die Allmacht der Liebe nicht destruiert, sondern allererst konstituiert.«[272]

Gegen diese Deutung ist einzuwenden, dass Leiden nicht einfach Signum der Liebe Gottes und der *theologia crucis* sind, »sondern auch dessen, was im Gegensatz zu dieser Liebe steht, diese Liebe bestreitet und damit auch Ausdruck der *theologia viatorum*«[273].

Moltmann geht bei der Reformulierung der Allmacht Gottes noch einen Schritt weiter, indem er das Leiden in die Trinität Gottes selbst hinein nimmt, so dass Gottes Sein im Leiden ist: »Gottes Sein ist im Leiden, und

---

die Argumentation in der Gotteslehre genau diese Erkenntnisrichtung und stellt ein allgemeines Verständnis von Ohnmacht als Kriterium für die weiteren Überlegungen auf.«

269 Vgl. Kress (1999), S. 228.

270 Ansonsten wäre das Leiden Jesu als Selbstpreisgabe eines Menschen zu interpretieren – es gewinnt also nur als Leiden des Gottessohns seine Tiefe.

271 Vgl. Brunner (1972), S. 217; Jüngel (1972a); Jüngel (1972b), S. 105ff.

272 Jüngel (1990), S. 160.

273 Gerstenberger/Schrage (1977), S. 185 (Hervorh. J.E.).

das Leiden ist in Gottes Sein selbst, weil Gott Liebe ist.«[274] In der trinita-
risch differenzierten Rede vom leidenden Gott wird daher nicht nur das
Leiden und Sterben des Sohnes bedacht, sondern zugleich auf Gott den
Vater ausgezogen:»Der Sohn erleidet das Sterben, der Vater erleidet den
Tod des Sohnes. Der Schmerz des Vaters ist dabei von gleichem Gewicht
wie der Tod des Sohnes.«[275] Moltmann widerspricht damit der Vorstellung,
dass Gott, weil er vollkommen ist, nicht leiden könne (Apathie-Axiom).
Vielmehr sieht er das Leiden Gottes bereits im Schöpfungsgeschehen
vorausgesetzt, da erst die Selbstzurücknahme der Allgegenwart Gottes das
Nichts entstehen lässt, aus dem Gott die *creatio ex nihilo* schafft.»Schöpfung
bedeutet für Gott Selbstbeschränkung, Zurücknahme seiner selbst, also
Selbsterniedrigung. Schöpferische Liebe ist immer auch leidende Liebe.«[276]
Diese Selbstbeschränkung stellt den ersten Akt der Selbsterniedrigung
Gottes dar, die ihm Kreuz Christi ihren tiefsten Punkt erreicht.[277]

Diese Versuche, die Theodizeefrage so zu bearbeiten, dass Leiden nicht
mehr Gottes Allmacht negiert, sondern in unterschiedlicher Weise in Gottes Handeln beziehungsweise Sein integriert wird, sind unterschiedlich
rezipiert worden.[278] So wurde Moltmanns Theorie des leidenden Gottes zu
Recht hinsichtlich ihrer theologischen Folgen kritisiert: Zwar umgeht
Moltmann auf diese Weise die Theodizeefrage, denn aufgrund der Selbstzurücknahme Gottes wird die metaphysische Frage nach der Rechtfertigung Gottes angesichts des Leidens obsolet. Sie erscheint aber an anderer
Stelle wieder als die mystische Frage nach der Gottesgemeinschaft im Leiden.»Entsprechend wird die vakante Systemstelle, die in der theistischen
Metaphysik die Theodizee einnahm, durch eine panentheistische Lehre
vom leidenden und mitleidenden Gott besetzt«[279]. Auf diese Weise kann
zwar im mitleidenden Gott Trost angesichts der als sinnlos erlebten Leiden
in der Welt vermittelt werden. Jedoch wird damit die Hoffnung auf den
Leid überwindenden Gott untergraben:»Um aber Erlösung verbürgen zu
können, muss der leidende Gott vom Leiden zugleich unterschieden und
ihm überlegen sein.«[280] Letztlich muss Moltmann dem eschatologisch han-

---

274 Vgl. Moltmann (1972), S. 214.
275 Moltmann (1972), S. 230.
276 Moltmann (1986), S. 75.
277 Moltmann (1993), S. 100.
278 Vgl. Welker (1979).
279 Hermanni (2002), S. 249.
280 Ebd., S. 251.

delnden Gott jene Macht zusprechen, derer er sich am Kreuz entsagt hat. Damit kehrt jedoch das Theodizee-Problem wieder: »Wenn Gott die Macht hat, dem Leiden ein Ende zu setzen, warum hat er es überhaupt zugelassen?«[281] Daher hilft, wenn man an der Leidüberlegenheit Gottes festhalten möchte, der Hinweis auf das Leiden Gottes nicht bei der Beantwortung der Theodizeefrage, weil dann Gottes Leiden selbst zum Teil des Problems wird. Entsprechend hat Metz bei seinem Versuch, Leiden als sinnvoll zu erweisen, an der Allmacht Gottes und seiner Leidensunfähigkeit festgehalten. Metz sieht in der Rede von Gottes Allmacht der Liebe eine semantische Verschleierung, weil dabei gleichwohl doch eine bestimmte Form von Allmacht, »nämlich die Allmacht und Unbesiegbarkeit seiner Liebe«[282] unterstellt würde.[283] Dagegen kommt nach Metz dann dem Leiden ein Sinn zu, wenn es als verändernde Kraft wirksam wird.[284]

In einem weiteren Versuch, das Leiden mit Gott zu versöhnen, hat Sölle die Rede vom leidenden Gott in Richtung der Erlösung des Menschen durch sich selbst auslegt.[285] Sölle zieht die Entmächtigung Gottes bis zur letzten Konsequenz aus, so dass angesichts eines nur (mit)leidenden Gottes, der selbst am Galgen hängt, aber gegen das Übel nichts tun kann, keine Hoffnung auf die Überwindung von Leiden durch Gott aufrechterhalten werden kann – diese wird vielmehr in die Hände des Menschen

---

281 Ebd. Nach Hermanni wird durch die trinitarische Lehre vom leidenden Gott die Theodizeefrage sogar noch gesteigert: »Ist der Vatergott, der das Leiden des Menschen nicht verhindert, obgleich er es könnte, und ihn stattdessen in Gestalt des Sohnes seines Mitleids versichert, nicht schlimmer als der ›apathische‹ Gott, den Moltmann verteufelt?« Ebd.

282 Metz (1995b), S. 93.

283 Vgl. hierzu Härle (1995), S. 255ff., der zwischen Gottes Liebe und kreatürlicher Liebe wesentliche Differenzierungen vornimmt. Härles Zuordnung der Eigenschaften Gottes als nähere Qualifizierung des Wesens Gottes (Gott ist Liebe), erlaubt es, Gottes Allmacht als Allmacht seiner Liebe zu denken und zugleich die Differenz zwischen göttlicher und kreatürlicher Liebe aufrecht zu erhalten. Damit wird jedoch der Vorwurf von Metz hinfällig, denn aufgrund dieser Differenz kann die Rede von Gottes Allmacht der Liebe bestätigt werden, die, weil sie den Tod überwindet, allmächtig genannt werden kann: »Es gibt letztlich *keine Macht, die größer wäre* als die Liebe. In ihrer ganzen Wehrlosigkeit und Gewaltlosigkeit ist die Liebe die größte Macht, weil nur sie die Macht der Lieblosigkeit, der Angst und des Todes zu überwinden vermag. [...] Kein Mensch, auch *kein Liebender, hat diese Allmacht.*« Härle (1995), S. 259. (Hervorh. i.O.)

284 Vgl. Metz (1984), S. 92ff.

285 Vgl. Sölle (1989), S. 179: »Nicht von außen oder von oben kommt die Erlösung den Menschen zu.« Vgl. weiter Ebd., S. 183: »Gott hat keine anderen Hände als die unseren.«

gelegt und impliziert letztlich die Erlösungsbedürftigkeit von Gott selbst.[286] Entsprechend kann der leidende Mensch durch die Annahme und Bejahung des Leidens gestärkt und Ohnmacht in veränderten Strukturen überwunden werden.[287]

Bei allen diesen Versuchen muss konstatiert werden, dass Übel und Leid letztlich nicht so mit Gottes Schöpfung zusammen gedacht werden können, dass der Widerspruch zwischen Gottes Güte und dem Übel in der Welt aufgelöst würde.[288] Es erscheint daher angebracht, dem Ursprung und Sinn von Übel und Leid an dieser Stelle nicht weiter nachzugehen,[289] sondern diese als unerklärliche Rätsel in Gott verborgen bestehen zu lassen.[290] Um jedoch die überaus realen Folgen von Leiden für Menschen nicht zu verharmlosen, soll in der weiteren Reflexion des Zusammenhangs von Krankheit, Behinderung und Leiden der subjektive Aspekt von Leiden in den Mittelpunkt gestellt werden. Definiert man nämlich Übel von seinem leidvollen Charakter her, weil es also »entweder *in sich leidvoll* ist (die Erfahrung von Qual) oder weil es *Leid verursacht* (die Ursache der Qual)«[291], wird bereits in der Definition Leiden als subjektives Phänomen eingeschlossen.[292] Dem subjektiven Leiden als Folge einer Krankheit oder Behinde-

---

286 Vgl. ebd., S. 179.

287 Vgl. ebd., S. 91ff.

288 Vgl. das Fazit von Sparn (1990), S. 211: »Alle diese Argumente haben ihre regionale Plausibilität; sie reichen jedoch nicht zu, das Theodizeeproblem als solches zu neutralisieren. Schon die Tatsache, dass sie sich gegenseitig bestreiten, lässt befürchten, dass jeweils bestimmte Motive und Elemente der Problematik abgedrängt sind. Vor allem fragt sich, ob dem praktischen Ernst und dem theoretischen Anspruch des neuzeitlichen Theodizeeproblems Genüge geschieht.«

289 Vgl. zu den theologiegeschichtlichen Deutungen von Leiden Kessler (2000), S. 22–40.

290 An der – trotz der unterschiedlichen Lösungsansätze – fortbestehenden Aporie wird geradezu die Notwendigkeit der Theodizeefrage als Frage deutlich. Vgl. Kress (1999), S. 11. Vgl. Metz (1995b), S. 83: »Sie ist ›die‹ eschatologische Frage, die Frage, auf die die Theologie keine alles versöhnende Antwort ausarbeitet, sondern für die sie immer neu eine Sprach sucht, um sie unvergesslich zu machen.«

291 Kessler (2000), S. 11 (Hervorh .i.O.).

292 Ähnlich Berger (1998), S. 133, der Leiden versteht als »jede von einer belebten Kreatur wahrgenommene – zumeist länger andauernde – Beeinträchtigung des Lebens. Leiden kann ein Zeichen des Bösen sein. Während das Böse die an der Norm (Regel des Lebens) gemessene Verletzung der Lebensordnung ist (›das moralisch Böse‹), ist Leid(en) oft die subjektive Seite der Verletzung in der Wahrnehmung des Lebens (›das physisch Böse‹).« Simonis (1999), S. 53 macht vom subjektiven Aspekt des Schmerzes die Rede vom Bösen insgesamt abhängig: »So dass von wirklicher Entsprechung des Urteils, ›et-

rung sollen daher die nächsten Überlegungen gelten – hier geht es darum, die Gleichsetzung von Krankheit oder Behinderung mit Leiden aufzubrechen und zugleich beides als mögliche Ursache für Leiden festzuhalten. Wie wird Leiden im Subjekt verortet? Leiden wird oftmals dem geistigen Bereich zugeordnet, während man Schmerzen als körperliche Vorgänge begreift.

»Diese Unterscheidung verlangt jedoch eine entschiedene Korrektur. Sie darf nicht als Trennung von Leib und Geist verstanden werden. [...] Der Mensch ist bis in seine sublimsten Gedanken hinein an ein funktionierendes Gehirn gebunden und auch die sinnlichsten Empfindungen haben eine geistige Komponente.«[293]

Ein Übel oder Leiden ist somit kein Sachverhalt der physikalischen Welt, sondern stellt eine Empfindungs- oder Erfahrungsqualität dar, die auf der biologischen Fähigkeit, leiden zu können beruht.[294] Physikalische Phänomene wie Schmerzen oder klinische Krankheitsbilder müssen deshalb nicht an sich als Leiden bezeichnet werden.[295] So sind bloße Schmerzempfindungen nicht durchgängig leidhaft, »da sie oftmals nicht schaden, sondern Warnsignale zur Abwendung von Schaden und Mittel zum Lernen darstellen«[296]. Ebenso können Krankheiten als Folge falscher Lebensführung oder Ernährung entstanden sein und sind daher nicht ausschließlich als sinnloses Leiden einzustufen, sondern müssen auch als hilfreiche Stopp- oder Veränderungssignale im Leben verstanden werden. Krankheit hat in ihrer existentiellen Bedeutung einen paradoxen Doppelsinn, der es nicht erlaubt, sie ausschließlich negativ zu bewerten: »Insofern die Krankheit als Unterbrechung eines problemlos gelebten Daseins die Revision einer oberflächlichen Lebenseinstellung herbeiführen kann, kommt ihr nämlich auch eine heilende Funktion zu [...].«[297] Es ist daher notwendig, im Blick auf Leiden den Menschen als Ganzes anzusehen; eine Behinderung oder eine Krankheit erscheint dann »als ein Leidensphänomen, das verschiedene

---

was sei böse‹, es sei das ›in sich Böse‹, und gemeintem Sachverhalt letztlich nur angesichts des Phänomens des Schmerzes selbst noch die Rede sein kann.«
293 Böckle (1995), S. 234.
294 Vgl. Kessler (2000), S. 11.
295 Vgl. zur Phänomenologie des Schmerzes Wils (1997), S. 102ff. Dennoch gibt es Definitionen, die Leiden als Schmerzerleben bezeichnen: »Das Erleben des Schmerzes nennen wir *Leiden*.« (Lersch (1970), S. 230).
296 Kessler (2000), S. 11.
297 Schockenhoff (2000), S. 220.

Dimensionen hat, gleichzeitig ein körperliches wie ein seelisches Geschehen darstellt und in seiner Komplexität die Sinnfrage herausfordert«[298].

Zwar leidet ein Mensch an einem bestimmten (physischen, psychischen, sozialen oder metaphysischen) Übel, jedoch betrifft das Leiden immer die Person des Menschen, nicht nur ein Organ oder Teil an ihm.[299] Wenn beim Leiden daher der subjektive Aspekt hervorzuheben ist, dann erhält die Frage nach dem Sinn des erlittenen Leids für die Leidenserfahrung und Leidensbewältigung eine unmittelbare Bedeutung. Insofern ist Eibachs These zuzustimmen, »dass Krankheiten und Schmerzen ein umso größeres Maß an Leiden der Person verursachen, je mehr sie den Menschen in seiner *Ganzheit* treffen und ihn damit in dem in Frage stellen, worin er den Sinn seines Lebens erblickt.«[300] Dementsprechend sind eine Behinderung oder Krankheit dann als Leiden einzustufen, wenn eine Person an ihrer Sinnlosigkeit verzweifelt. Als Auslöser des Leidens kommen zum Beispiel der Verlust der Arbeits- und Genussfähigkeit oder die sozialen Folgen, etwa die mit der Etikettierung als »Behinderte(r)« verbundene soziale Ausgrenzung, in Betracht.

In dieser Sichtweise können auch solche Krankheiten und Behinderungen verortet werden, die als äußerst schmerzhafte Phänomene bei (zunächst) sinnvoller Integration ins Lebensganze Leiden darstellen oder aufgrund ihrer körperlichen Folgen (zum Beispiel fortschreitende Zersetzung des Organismus) als Leben zerstörend gelten müssen. Auch wenn man Leiden nicht von außen messen kann wie zum Beispiel Schmerzen,[301] so gibt es zweifelsohne doch einen Punkt, an dem physische Schmerzen aufgrund ihrer Intensität in persönliches Leiden umschlagen (etwa, wenn dadurch normale Tagesabläufe nicht mehr möglich sind oder wenn die Schmerzen so stark sind, dass sie als Qual erlebt werden). Der subjektive Aspekt von Leiden bedingt dabei, dass man diesen Punkt nur je individuell festlegen kann.

Krankheit oder Behinderung stellen nicht nur die Frage nach der Sinnhaftigkeit dieser Phänomene, sondern sie werfen die Frage nach dem Sinn des (je individuellen) Lebens als solches auf und betreffen daher auch me-

---

298 Seybold/Müller (1978), S. 163f.
299 Vgl. Eibach (1991b), S. 124.
300 Ebd. (Hervorh. i.O.)
301 Vgl. Eibach (1991b), S. 124: »Der Mensch kann es nur an sich selbst erfahren, während man Schmerzen an physiologischen Reaktionen messen kann.«

taphysisches Leiden. Selbst wenn man ein objektives Verständnis von Krankheit oder Behinderung als Leiden bestimmen könnte, wäre im Blick auf die subjektive Erfahrung und Bewältigung dieses Leidens nur ein Teilaspekt erfasst. Wer Krankheit oder Behinderung zudem automatisch als Leiden markiert, sobald sie außerhalb als gesund bestimmter physischer Parameter liegen (statischer Krankheitsbegriff), erhebt den Teilaspekt des vitalen-gesunden Lebens zum eigentlichen Leben und steht in der Gefahr, sie nur gegen die Hintergrundfolie dieses Verständnisses als negative Phänomene wahrnehmen zu können, die es zu kurieren gilt.[302] Wird hingegen der ganze Mensch als Leib-Seele-Einheit betrachtet, gilt zunächst: Entsagung und Leiden gehören zum Leben genauso wie Gesundheit und Glück. Irdisches Leben ist Zunahme wie Abnahme der Lebenskräfte, der Gesundheit, des Glücks, des Leids. Krankheit und Behinderung erscheinen dann als natürliche Phänomene des Lebens und weisen uns auf unsere Endlichkeit hin (Ps. 39,5; 90,12). Im Blick auf einen Menschen mit Behinderung oder mit chronischer Krankheit heißt dies: Jede einzelne Person muss die für sie stimmige Antwort finden beziehungsweise erfinden.

»Denn es geht hier ja darum, für das, was mir widerfahren ist, die richtige Antwort zu erfinden, die eine neue Antwort sein muss, da ich als chronisch Kranker nie wieder der Alte werden kann: Meine alte Ordnung ist sinnlos geworden; ich habe für mich und mein Leben eine neue Ordnung zu erfinden.«[303]

Diese neue Ordnung muss unterschiedliche Dimensionen des menschlichen Lebens umfassen: Moltmann sieht einen kranken oder behinderten Menschen in seinem Selbstverhältnis, seinem Sozialverhältnis, seiner Lebensgeschichte und seiner Beziehung zum Transzendenzbereich vor die Herausforderung gestellt, sinnvolle Lösungen im Umgang mit den Folgen einer Krankheit oder Behinderung zu finden.[304] Gelingt deren Integration in einen neuen, für die betreffende Person angemessenen Lebensstil, wird zwar der objektive Befund nicht aufgehoben, aber doch eine Einstellung zum Leben realisiert, die in einem umfassenderen Sinn als gesund zu bezeichnen ist, selbst wenn Phasen des Leidens dazu gehören. »Zur Gesundheit eines Menschen gehört deshalb nicht nur seine private und berufliche

---

302 In diesem Sinn kann Gesundheit für Menschen zum Götzen werden, wenn sie derart überhöht wird, dass nur gesundes Leben als lebenswertes Leben gilt, dass nur ein leidfreies Leben ein gutes Leben ist.
303 Dörner (2003), S. 84f.
304 Vgl. Moltmann (1993), S. 277.

Leistungsfähigkeit, sondern auch seine Bereitschaft, Leiden auszuhalten und an den Leiden anderer Menschen teilzuhaben.«[305]

Daraus folgt: Krankheit oder Behinderung sind nicht an sich als Leiden zu bezeichnen, sondern gehören zur Kreatürlichkeit des Menschen. Wer dagegen eine Krankheit oder Behinderung automatisch als etwas einstuft, das zu beseitigen oder zu überwinden ist, steht in der Gefahr, Gesundheit zu überhöhen und einem einseitigen Verständnis des Lebens zu erliegen. Zudem müsste er nachweisen, warum nur bestimmte festgelegte Zustände als gesund gelten sollen. Ein solcher Nachweis würde auf eine Theorie des objektiven menschlichen Wohls zulaufen, die selbst mit großen Schwierigkeiten behaftet ist, wie unten am Zusammenhang zwischen Gesundheit und objektivem menschlichen Wohl aufgezeigt wird.[306] Hier kann daher festgehalten werden, dass Funktionseinschränkungen nicht *per se* negativ zu bewerten sind. Je nachdem, welchen Sinn ein Mensch seinem Leben mit einer Krankheit oder Behinderung geben kann, können diese sogar als etwas Positives, als zur eigenen Identität Gehöriges und damit zu einem voll integrierten Bestandteil des eigenen Lebens werden: »Ich glaube nicht, dass Jesus mich geheilt hätte, er hat doch nie jemanden gegen seinen Willen geheilt; und ich finde mein Leben gut so, wie es ist.«[307] Jedoch muss dabei unbedingt gelten: Solche Deutungen von Behinderung oder Krankheit dürfen immer nur aus der individuellen Sinnfindung heraus gemacht werden; von außen sind keine generellen Aussagen über die immanente Sinnhaftigkeit einer Behinderung oder Krankheit möglich.[308]

---

305 Schockenhoff (2000), S. 221.
306 Vgl. unten III.3.4.
307 Aussage eines Rollstuhlfahrers, zitiert nach Bach (1988), S. 57.
308 Steffensky (2003), S. 48 macht darauf aufmerksam, dass es ein Recht des Kranken auf seine Krankheit gebe. Der gesunde Mensch müsse sich mit der Krankheit des anderen abfinden und dürfe keine versteckte Gewalt ausüben, dem Kranken seine Krankheit nicht zu lassen.

1.4.3 Ergänzende Aspekte der christlichen Deutung von Leiden

Es ist offensichtlich, dass besonders die Religion, da sie auf die Deutung der ganzen Wirklichkeit abhebt,[309] einen Beitrag zur individuellen Bewältigung von Leiden und zur Integration von Behinderung und Krankheit ins Leben geben kann, auch wenn das Theodizeeproblem als solches offen bleiben muss.[310] Es gibt im Christentum verschiedene Sinndeutungen von Leiden beziehungsweise Krankheit und Heilung. Neben den oben bereits dargestellten Deutungen[311] sollen hier ergänzend weitere Sinngebungen aus dem Neuen Testament aufgegriffen werden: So sieht Paulus in der Heilung von Krankheit einmal das Erbarmen Gottes (Phil 2,27) und spricht paradoxerweise im selben Brief vom Begnadigtwerden im Leiden (Phil 1,28).[312] Als weitere Sinndeutungen von Leiden werden genannt: Im Leiden bewähren sich Glaube und Hoffnung (Röm 5,1ff.); menschliche Schwachheit bedeutet besondere Nähe Gottes (von Paulus anhand seiner eigenen Krankheit ausgeführt in 2 Kor 12,7ff.);[313] aber auch die Aussagen, dass in der Zeit des Leidens Gehorsam gelernt wird (Hebr 5,8; 12.1ff.) sowie dass Leiden Züchtigung (Hebr 12,6; Offb 3,19) oder Strafe (Hiob 22,2–11; Ps 32,2–5.10; 41,8f.) durch Gott bedeutet. Ein wichtiger weiterer Aspekt besteht in der Identifikation des leidenden Gottes mit den leidenden Menschen, die im Wirken und Sterben Jesu besonders sichtbar geworden ist.

Manche dieser Deutungen sind in sich problematisch: Wenn etwa eine körperliche Beeinträchtigung als Begnadigung Gottes aufgefasst wird, verliert der Einsatz für eine Veränderung der sozialen Wirklichkeit zugunsten von Menschen mit Behinderung an Notwendigkeit. Ebenso beinhaltet die Deutung des körperlichen Leidens von Paulus als besondere Qualifikation zur Nachfolge Jesu (2 Kor 12,10) eine Überhöhung der Beeinträchtigung, die zwar individuell eine Sinnordnung ermöglicht, jedoch dies angesichts sozialer Missstände (körperliche Misshandlungen, Ausgrenzung), deren Beseitigung außer Blick gerät, da die religiöse Verklärung der Beeinträchtigung eine Integration derselben in die individuelle Lebensord-

---

309 So hebt Berger (1999), S. 180ff. vor allem die biblische Aussage hervor, dass Gott dem Leid seine Rolle zuweise und erschließt verschiedene Bedeutungen des Leidens für den Glaubenden.

310 Vgl. zur Funktion der Theodizeefrage für den Glauben Härle (1995), S. 455.

311 Vgl. oben III.1.3.

312 Vgl. Schrage (1998), S. 343.

313 Vgl. hierzu Seybold/Müller (1978), S. 148ff.

nung ermöglicht. Hier muss besondere Sensibilität aufgebracht werden, damit mögliche individuelle Sinnfindungen aufgrund religiöser Deutungen einerseits möglich sind, andererseits aber nicht dazu führen, dass soziale Ungerechtigkeiten infolge des göttlichen Gnadenakts gerechtfertigt werden.[314] Weiterhin besteht die Gefahr, dass mit der religiösen Überhöhung einer (körperlichen) Behinderung »zugleich die Tür zu einer Märtyrer- und Mitleidstheologie geöffnet [wird], die wesensmäßig dazu beiträgt, körperlich beeinträchtigte Menschen in ihrer Lebensführung zu hemmen und sie gegebenenfalls zum Objekt caritativen Handelns zu machen«[315]. Auch die Deutung von Leiden als Erziehung oder als Strafe Gottes ist nicht unproblematisch: Zwar kann so Leiden ins Lebensgefüge integriert werden oder im Einzelfall von der betroffenen Person als Wendepunkt für eine notwendige Korrektur des individuellen Lebensweges gedeutet werden,[316] aber zugleich sollte das dahinter liegende Gottesbild thematisiert und seelsorgerlich aufgearbeitet werden. Trost und inneren Halt bietet die Überlieferung von der Menschwerdung Gottes: »In seiner Inkarnation erfahren die ausgebeuteten, kranken und zerstörten menschlichen Leiber ihre Heilung und ihre unzerstörbare Würde.«[317] Letztere wird an der Identifikation des unter physischen Qualen am Kreuz sterbenden Christus mit den kranken, gequälten und sterbenden Menschen festgemacht.[318] Jedoch ist hier hinzu zu fügen, dass der am Kreuz leidende Jesus ja auch der an Gott verzweifelnde ist, dessen Leiden in die Verlassenheit von Gott hineinführt.[319] Daher muss man konstatieren, dass es im Leiden auch zur Anfechtung kommen kann, von Gott getrennt zu werden, dass Leiden einen Menschen der Angst der Gottverlassenheit aussetzen kann. Zur Nähe des in Christus mit den Menschen mitleidenden Gottes muss daher als Grund für die christliche Hoffnung die Tat Gottes mitgesagt werden, die den in die Gottverlassenheit gestoßenen Christus zum Leben mit Gott auferweckt

---

314 Herbst (1999), S. 192 spricht davon, dass auf diese Weise gesellschaftlich bedingte Nachteile zu einer Art Gnadenakt werden, »der ständig kompensiert und neu erlebt werden muss«.

315 Ebd.

316 Vgl. Oeming (1994b), S. 20f. Besonders Rössler hat versucht, die Bedeutung von Krankheit als Strafe heute einsichtig zu machen und den Zusammenhang von Krankheit und Identitätsbildung hervorgehoben. Vgl. Rössler (1993), S. 198ff.

317 Moltmann (1993), S. 249.

318 Vgl. ebd. Vgl. zur Deutung von Krankheit und Leid als Zeichen der Liebe Gottes Oeming (1994b), S. 23ff.

319 Vgl. Eibach (1991b), S. 50.

hat. »Ohne diese Auferweckung wäre das Kreuz lediglich ein Symbol der Ohnmacht, und zwar Gottes und des Menschen, und ihres Getrenntwerdens im Leiden, nicht aber des Mitgehens, Naheseins und Mitleidens Gottes.«[320]

Grundsätzlich zielen diese Deutungen auf eine Integration von Leiden in den individuellen Lebensvollzug; der Aspekt des Widerstands gegen Leiden wird außer in der erzählenden Literatur des Neuen Testaments nicht eingebracht.[321] Ähnlich sieht es Josuttis im Blick auf Krankheit:

»Es ist die Gefahr jeder religiösen Sinndeutung von Krankheit, dass sie dem Kranken zur Integration der Krankheit in des eigene Lebensgefüge verhilft, aber um den Preis, dass sie ihn gleichzeitig zu Kapitulation vor der Krankheit zwingt.«[322]

Jedoch sollte hier zwischen akuter Krankheit und chronischer Krankheit beziehungsweise Behinderung differenziert werden. Wenn zum Leben auch das Leiden dazugehört, dann ist der Person, die über lange Zeit hinweg aufgrund einer chronischen Krankheit oder Behinderung zum Teil erheblich Nachteile und Leiden erfährt und diese aufgrund einer religiösen Deutung in ihren Lebenszusammenhang integrieren kann, keine Kapitulation vor der Krankheit oder Behinderung vorzuwerfen, sondern eine gesunde Einstellung zum Leben zu bescheinigen, die sich in der Bewältigung der Krankheit beziehungsweise Behinderung widerspiegelt. Der Widerstand gegen die chronische Krankheit oder Behinderung würde hier zur Sackgasse werden, weil er zur Desintegration der Krankheit oder Behinderung im Lebensgefüge führt, statt zu ihrer Bewältigung. Daher gehören zum Umgang mit Krankheit und Behinderung letztlich beide Aspekte: »der Wille zum Gesundwerden und die Bereitschaft, die dem eigenen Leben gesetzten Grenzen anzunehmen.«[323] Mit der Anerkennung der Grenzen wird auch die Frage der Integrierbarkeit unheilbarer Krankheiten oder Behinderungen angesprochen und auf die Fragmentarizität des Lebens

---

320 Ebd., S. 51.
321 Herbst (1999), S. 203 führt dies auf das Motiv der hereinbrechenden Gottesherrschaft zurück, wodurch das Leiden selbst nicht als bleibendes Faktum, sondern als zwar reales Phänomen erscheint, das jedoch überwunden werden wird: »Weil es Hoffnung und Glauben auf die hereinbrechende Gottesherrschaft gibt, wird in der erzählenden Literatur des NT die menschliche Begrenztheit nur unwesentlich diskutiert.« Jedoch muss man hier ergänzen, dass auch die Hoffnung auf das zukünftige Reich Gottes zum Widerstand gegen Leiden in der Welt motivieren kann.
322 Josuttis (1975), S. 15.
323 Schockenhoff (2000), S. 284f.

verwiesen. Im Blick auf die Identitätsbildung von Menschen, die an ihrer unheilbaren Krankheit oder Behinderung leiden, kann gerade die christliche Deutung einen Beitrag liefern, indem sie herausstellt, dass unser Selbst nicht wesenhaft ganzheitlich, sondern fragmentarisch ist.[324]

»Es ist nun gerade der als Heilsgeschehen gedeutete Tod Jesu, der die Bruchstückhaftigkeit und Zerrissenheit des Lebens ebenso zeigt, wie er die Hoffnung auf eine höhere Vollendung unseres fragmentarischen Lebens begründet.«[325]

Das Leben als Fragment zu bejahen bedeutet für Glaubende also nicht, einfach zu resignieren, sondern vielmehr, neben der Annahme der Begrenzung des eigenen Lebens die Hoffnung auf Gottes neue Welt dem Leiden an Krankheit oder Behinderung entgegen zu setzen. Zwar müssen die Leben zerstörenden Folgen von (unheilbarer) Krankheit oder Behinderung als Realität der Wirklichkeit anerkannt werden, jedoch dürfen Christen und Christinnen angesichts der Fragmenthaftigkeit des Lebens dennoch auf den Erweis seiner Sinnhaftigkeit hoffen.[326] Als poimenische Aufgabe ergibt sich aus dieser Perspektive, »Erfahrungen von Hoffnungslosigkeit, Angst und Verzweiflung so mit der heilvollen Geschichte Gottes zusammen zu sprechen, dass sich Gottes Erbarmen als die konkrete Nähe Gottes in der Not und seine schöpferische Liebe als ermutigende Kraft erweisen. Indem von Gottes Bewegung in die Tiefe menschlicher Not und von der Verheißung neuen Lebens erzählt wird, werden Leidenserfahrungen in die heilvolle Perspektive von Gottes Mit-sein hineingenommen, wird Menschen die Enge ihrer Notsituation aufgebrochen. Die Rede von Gottes Allmacht der Barmherzigkeit und Liebe verleiht damit dem Vertrauen auf Gottes bleibende Gegenwart im Leiden und der Hoffnung auf dessen endgültige Überwindung Ausdruck.«[327]

---

324 Vgl. Luther (1991) sowie Körtner (1993). Da Identität immer nur in Verbindung mit den vorherrschenden Bedingungen in der Welt, und das heißt, auch angesichts abgebrochener und zerstörter Lebensläufe anderer gebildet werden kann, würde das Ideal einer ganzheitlich gelingenden, vollständigen Ich-Identität befremdlich klingen (vgl. Luther (1991), S. 268). »Es wäre nur um den Preis des Verdrängens und der Verhärtung gegenüber Anderen denkbar. Eine derart strukturell mitleidslose Ich-Identität wäre aber bereits konstitutiv beschädigt.« (Ebd.)
325 Körtner (1996), S. 30.
326 Vgl. Körtner (ebd.), der dies anhand des Todes ausführt.
327 Kress (1999), S. 264.

2 Exkurs: Die Rede vom behinderten Gott

2.1 Eieslands Theologie der Behinderung

Einen interessanten Versuch, die Einsichten der Behindertenbewegung theologisch zu bearbeiten, stellt das Buch von Eiesland *The Disabled God. Toward a Liberatory Theology of Disability*[1] dar. Ausgehend von biografischen Erzählungen von Menschen mit Behinderung und ihren eigenen Erfahrungen (Eiesland ist selbst Rollstuhlfahrerin), in denen sie von ausgrenzenden Situationen in kirchlichen Zusammenhängen berichtet und diese reflektiert, formuliert die Autorin Anstöße für eine Befreiungstheologie der Behinderung.[2] In ihrer zentralen These geht sie davon aus, dass das Hauptproblem von Menschen mit Behinderung nicht das Entgegenkommen oder die Hilfsbereitschaft seitens der Menschen in der Kirche darstellt, sondern in einer behindernden Theologie liegt, die funktional Inklusion und Gerechtigkeit für Menschen mit Behinderung unterbindet.[3] Ihr Vorwurf an diese »disabling theology«[4] besteht darin, dass sie Gottes Wort in einer Weise interpretiere, die negative Stereotypen aufrecht erhalte, soziale und umweltbedingte Segregation fördere und die Lebenswirklichkeit vieler Menschen mit Behinderung verschleiere.[5] Eiesland bezieht in ihre Kritik auch solche Versuche seitens der Kirche mit ein, bei denen Anstrengungen unternommen werden, Menschen mit Behinderung auf besondere Weise entgegenzukommen, etwa durch Austeilung des Abendmahls am Platz der Rollstuhlfahrerin, nachdem der Gemeinde das Abendmahl im Chorraum ausgeteilt wurde. Diese Praktiken der besonderen Zuwendung und Adres-

---

1 Eiesland (1994).
2 Vgl. ihren auf Deutsch erschienenen Beitrag *Dem behinderten Gott begegnen*. Eiesland (2001).
3 Vgl. Eiesland (2002), S. 10f.
4 Eiesland (1994), S. 70.
5 Vgl. ebd., S. 74 sowie Eiesland (2002), S. 10f.

sierung der Bedürfnisse behinderter Menschen werden von Eiesland als »powerful paternalism of the able-bodied church«[6] zurück gewiesen, weil sie aus Perspektive der nicht-behinderten Gemeinde unternommen werden. Die Anliegen behinderter Menschen würden auf diese Weise nur anscheinend vertreten, denn letztlich werde dadurch gerade verhindert, dass Menschen mit Behinderung selbst ihre Stimme erheben und ihre eigene Perspektive als zentralen Standpunkt einbringen können. Als Schlüsselelemente der *disabling theology* nennt Eiesland:[7]

(1) Die Vermischung von körperlicher Behinderung und Unreinheit nach Lev 17–26: Auch wenn Eiesland zugesteht, dass das Heiligkeitsgesetz heute nicht mehr die Kriterien für religiöse Leitungsfunktionen bereit stellt, so sieht sie doch in den kirchlichen Bestimmungen, die Menschen mit bedeutenden Beeinträchtigungen von einer Ordination ausschließen, die implizite Fortführung einer behindernden Theologie.[8]

(2) Das Ideal des tugendhaften Leidens:[9] Nicht nur in Paulus Beschreibung des Pfahls im Fleisch (2 Kor 12,7–10), sondern auch in dem Bericht von Lazarus (Lk 16,19–31) oder in frühen Interpretationen des Buches Hiob sieht Eiesland die Sichtweise betont, dass körperliche Beeinträchtigungen als Zeichen göttlicher Erwählung gedeutet werden, durch welche die betroffene Person – in leidvollen Prüfungen – gereinigt und vollendet werde. Als zeitliche Anfechtung müsse eine Behinderung ertragen werden, um einst himmlische Belohnungen zu empfangen. Durch diese Deutung seien Menschen ermutigt worden, so Eiesland, soziale Barrieren als Zeichen des Gehorsams gegenüber Gott hinzunehmen und einen »second-class status«[10] innerhalb und außerhalb der Kirche zu verinnerlichen.

(3) Die christliche Praxis der Barmherzigkeit:[11] Ausgehend von biblischen Beispielen des Almosen-Gebens hebt Eiesland zwar die positiven Wirkungen christlich-caritativen Engagements hervor (menschliche Pflege, medizinischer Fortschritt, finanzielle Unterstützung). Ihr Einwand gegen diese Hilfeleistungen besteht darin, dass dadurch Menschen mit Be-

---

6 Ebd.
7 Eiesland (1994), S. 70ff.
8 Vgl. ebd., S. 71.
9 Vgl. ebd., S. 72.
10 Ebd., S. 73.
11 Vgl. ebd., S. 73f.

hinderung ausgesondert und von der christlichen Gemeinschaft getrennt werden, statt ihre soziale und religiöse Teilhabe zu gewährleisten.[12]

Als Konsequenz dieser Kritik fordert Eiesland eine Theologie der Behinderung, die das Phänomen der Behinderung nicht länger als Sonderfall behandelt, sondern als integralen Bestandteil der Reflexion christlichen Lebens.[13] Dazu gehöre, dass die Christenheit sich für die Gaben behinderter Menschen öffnet und – wie gegenüber anderen Minderheiten – die Kirche zu Buße und Veränderung geführt wird.[14] Ihren theologischen Grund findet diese Argumentation in der Vorstellung des auferstandenen Christus als behinderter Gott, die eine göttliche Bestätigung der Ganzheit unkonventioneller Körper darstelle.[15] Ausgehend von einer persönlichen »Epiphanie« des behinderten Gottes[16] wird ein Bild des auferstandenen Christus gezeichnet, das – als Kontextualisierung der Inkarnation für Menschen mit Behinderung – seinen behinderten Körper betont: »Here is the resurrected Christ making good on the incarnational proclamation that God would be with us, *embodied as we are*, incorporating the fullness of human contingency and ordinary life into God.«[17] Weil der inkarnierte Gott einen am Kreuz gebrochenen Leib hat, beziehe sich die Gottebenbildlichkeit auch auf beeinträchtigte Körper: »Our bodies participate in the imago Dei, not in spite of our impairments and contingencies, but through them«[18]. Als Bindeglied zwischen Menschen mit Behinderung, die aufgrund ihrer Behinderung sowohl mit ihrem Körper als auch mit dem Leib Christi, an dessen Leben sie nicht umfassend teilhaben können, versöhnt werden müssen, und der Kirche werde das Bild des behinderten Gottes zu einem neuen Symbol der Ganzheit und der Solidarität.[19] Dieses Verständnis wird von Eiesland dann in Bezug auf das Abendmahl konkretisiert:[20]

---

12 Vgl. ebd., S. 74.
13 Vgl. ebd., S. 75.
14 Vgl. ebd., S. 75 und 87.
15 Vgl. ebd., S. 89ff.
16 Vgl. ebd., S. 89: »I saw God in a sip-puff wheelchair, that is, the chair used mostly by quadriplegics enabling them to maneuver by blowing and sucking on a strawlike device. Not an omnipotent, self-sufficient God, but neither a pitiable, suffering servant. In this moment, I beheld God as a survivor, unpitying and forthright.«
17 Ebd., S. 100. (Hervorh. i.O.)
18 Ebd., S. 101.
19 Vgl. ebd.
20 Vgl. ebd., S. 107ff.

Wie beim Abendmahl als neu gedeutetem Ritual der Inklusion von Menschen mit Behinderung sollen christliche Symbole, Metaphern, Rituale und Doktrinen reformuliert werden, um die in ihnen oftmals enthaltene Sicht »normaler« Körper (und die damit einhergehende Abwertung anomaler Körper) zu überwinden und sie anschlussfähig zu machen für die Lebenswirklichkeit behinderter Menschen.

2.2 Kritische Würdigung

Die Stärke von Eieslands Überlegungen liegt in der konsequenten Ausrichtung ihrer Theologie an der Perspektive von Menschen mit Behinderung. Dabei wird das Bild des erhöhten Christus als eines behinderten Gottes zum theologischen Ausgangspunkt eines neu zu formulierenden Verständnisses des christlichen Glaubens, das mit den übernommenen soziokulturellen Vorstellungen körperlicher Normalität bricht und Menschen mit Behinderung nicht nur Gleichwertigkeit zuerkennt, sondern diese auch in den Glaubensvollzügen und kirchlichen Praktiken realisieren möchte. Zugleich soll das Bild des behinderten Gottes als übergreifendes Symbol für die Zerbrechlichkeit des menschlichen Lebens stehen und christliche Solidarität mit Menschen mit Behinderung (und anderen marginalisierten Personengruppen) verkörpern. Da jedoch die gesellschaftlichen und insbesondere kirchlichen Verhältnisse keineswegs eine gleichberechtigte Partizipation von Menschen mit Behinderung ermöglichen, provoziert Eiesland – ähnlich wie im deutschen Kontext Bach – durch das Aufzeigen implizit abwertender oder ausgrenzender Annahmen oder Praktiken in theologischen Entwürfen und kirchlicher Praxis.

Eiesland sieht sich selbst in der Tradition der Befreiungstheologie stehend und teilt mit dieser Vorstellungen der Begrenzung der Allmacht eines theistisch gedachten Gottes.[21] Dabei geht sie soweit, dass Gott durch die Erfahrung eines am Kreuz zerschlagenen Körpers selbst verwandelt worden sei: »God is changed by the experience of being a disabled body. This is what the Christian hope of resurrection means.«[22] In diesem Zusammenhang wird auch die Auferstehungsbotschaft neu gedeutet. Da der Aufer-

---

21 Vgl. ebd., S. 104.
22 Ebd., S. 107.

standene selbst an seinem transformierten Körper die Realität der gebrochenen Hände und Füße trage, verneint Eiesland eine mögliche Vervollkommnung der Körper. Vielmehr macht sie an dem neuen, aber behinderten Körper des Auferstandenen die Begründung der Gottebenbildlichkeit von Menschen mit Behinderung fest. Eieslands theologischer Neuansatz hängt damit entscheidend von ihrer Interpretation der Erscheinung des Auferstandenen ab. An dieser Stelle müssen gewichtige Einwände erhoben werden:

(1) Zwar weist der Auferstandene in verschiedenen neutestamentlich berichteten Begegnungen (Lk 24,36–39; Joh 20,24–29) auf seine Wundmale hin, jedoch behindern diese ihn auf keine Weise. So isst, spricht, kommuniziert der Auferstandene ohne Beeinträchtigung; im Gegenteil, sein neuer Körper ist nicht mehr der räumlich-zeitlichen Dimension verhaftet, sondern bewegt sich frei durch verschlossene Türen oder entschwindet den Blicken der Anwesenden. Das heißt, dass der Auferstandene zwar die Zeichen der Folter und körperlichen Schädigung an seinem Körper trägt, diese aber keine einschränkenden Wirkungen haben. Aus diesem Grund wurde oben im Blick auf die eschatologische Vollendung des Menschen mit und ohne Behinderung[23] zwar von Zeichen der Versehrtheit gesprochen, nicht jedoch von einer neuen Existenzweise im Sinne einer Behinderung. Eiesland begeht in ihrer Rede vom behinderten Gott denselben logischen Fehler, den sie bei der vorherrschenden Verknüpfung von Normalität mit einem gesunden Körper zu Recht kritisiert: Sie differenziert nicht mehr zwischen dem Zustand der körperlichen Verfassung und ihren Auswirkungen im Blick auf das Sein der betroffenen Person. Offensichtlich haben die Zeichen der »Behinderung« Gottes keine weiteren negativen Folgen für das Sein Gottes und können auch nicht als Eigenschaft Gottes bestimmt werden.[24] Daher sollte auch nicht von einem »behinderten« Gott gesprochen werden. Sie zeigen jedoch an, dass Gott selbst gegenüber Leiden nicht unempfänglich ist, sondern ein (mit)leidender Gott ist, dessen Selbstbestimmung zum Sein mit den Menschen sogar über Erfahrungen des Erniedrigt-Werdens bis hin zur völligen Entwertung des Lebens durch den erlittenen gewaltsamen Tod am Kreuz

---

23 Vgl. oben III.1.1.3.
24 Behinderung ist weder konstitutiv für Gottes neue Welt noch für Gottes Sein.

geht.[25] Dieser ist zeichenhaft in den Wundmalen des Auferstandenen als
einmaliges Heilsgeschehen Gottes verdeutlicht.

Daher ist Eiesland (2) sicherlich darin zuzustimmen, dass Gott sich mit
Menschen mit einer Behinderung identifiziert. Ihr Buch bietet ein emphati-
sches Plädoyer für eine konsequente Umsetzung dieser Einsicht in Theologie und Kirche. Jedoch erscheint ihre theologische Begründung in einer
weiteren Hinsicht als ergänzungs- beziehungsweise korrekturbedürftig: So
ist Eieslands Versuch, das Bild eines behinderten Gottes als Identifikati-
onsangebot für Menschen mit Behinderung aufzubauen, zwar auf den
ersten Blick ansprechend, verfällt aber in die Position, die Gottebenbildlichkeit des Menschen (mit und ohne Behinderung) anhand bestimmter
Eigenschaften des Menschen wie hier der Körperlichkeit zu bestimmen.[26]
In der evangelischen Theologie hat man diese Versuche aus guten Gründen aufgegeben – Eieslands Argumentation öffnet die Tür dazu, Gottebenbildlichkeit als Zielwert menschlicher Entwicklung im Sinne einer
Deifizierung aufzufassen.[27] Es bietet sich stattdessen an, die Gottebenbildlichkeit auf die Relationalität des Menschen zu beziehen und den Zuspruch
der Würde des Einzelnen aus dieser heraus zu begründen.[28] Damit gewinnt
man ein tragfähiges theologisches Modell der Gottebenbildlichkeit von
Menschen mit und ohne Behinderung, das durch den vorausgehenden
Zuspruch der Würde auch jede Form menschlichen Lebens als gottgewollt
anerkennt. Eieslands Versuch, die Würde des Menschen mit Behinderung
im Bild des behinderten Gottes zu verankern verdankt sich dagegen einer
Übertragung subjektiver Erfahrungen auf Gott, ohne die daraus resultierende betont einseitige Sicht dieses Gottesbildes zu berücksichtigen. So
plädiert Eiesland für die Überwindung der Vorstellung vom leidenden
Knecht Gottes oder vom überwindenden Gott durch die von Gott als
survivor[29]. Da jedoch der Begriff *survivor* (Überlebender) Konnotationen von
Viktimisierung, radikalem Individualismus und Entfremdung beziehungs-

---

25 Vgl. Beintker (1993), S. 448: »Eines ist jedenfalls seit Karfreitag und Ostern nicht mehr
   recht vorstellbar: Dass Gott sich auf den weltgeschichtlichen Höhepunkten vermuten
   und feiern lassen möchte. Vielmehr muss von seiner Gegenwart in den Qualen der Verzweiflung und der Gottesfinsternis gesprochen werden, die ihr Ostern gerade vor sich
   haben.«
26 Vgl. Eiesland (1994), S. 101.
27 Diese Einsicht verdanke ich W. Härle.
28 Vgl. oben III.1.1.1.
29 Vgl. Eiesland (1994), S. 102.

weise von einem Ethos des tugendhaften Leidens in sich trägt, muss Eiesland auf Lebenserfahrungen behinderter Menschen als hermeneutischen Kode[30] rekurrieren: »In contradistinction to that cultural icon, the image of survivor here evoked is that of a simple, unself-pitying, honest body, for whom the limits of power are palpable but not tragic.«[31] Jedoch vermag diese offensichtliche Übertragung der eigenen Deutung der Lebenswirklichkeit als Mensch mit Behinderung auf Gott nicht zu überzeugen. Sie versagt bereits vor der Tatsache, dass nicht alle Menschen mit Behinderung ihren beeinträchtigten Körper auf diese Weise als zwar auffällig (palpable), aber nicht weiter tragisch wahrnehmen. So kann zum Beispiel mit dem Verlust des Augenlichts zwar im Leben umgegangen werden, aber dieser erscheint deshalb vielen Betroffenen nicht minder als tragisch. Dem entsprechend ist festzuhalten, dass es viele Menschen gibt, die unter einer körperlichen Schwerst- und/oder Mehrfachbehinderung leiden. Ein Beispiel dazu: Eine Beeinträchtigung aufgrund einer Cerebralparese kann schwerlich ohne Berücksichtigung ihrer permanent bestehenden negativen Folgen beschrieben werden. Der Großteil der Menschen, die mit einer Cerebralparese auf die Welt kommen,[32] ist geistig beeinträchtigt und entwickelt eine Epilepsie. 85 Prozent der betroffenen Menschen sind beidseitig spastisch gelähmt, wovon besonders die Beine gekennzeichnet sind, die sich durch Kontraktionen der Muskeln grotesk verformen. Die andauernd erhöhte Muskelspannung bewirkt, dass Kinder mit einer Cerebralparese kaum gehen können und in ihrer Entwicklung zurück bleiben. Hier muss konstatiert werden, dass die sprachliche Verschleierung Eieslands sich auf fatale Weise gegen die Betroffenen kehren kann: Sicherlich haben diese einen auffälligen Körper, aber dieser bedeutet doch viel mehr als dies. Werden die konkreten Folgen einer Behinderung nicht mehr sprachlich benannt,[33] so kann über diese einfach hinweggegangen werden. Eieslands

---

30 Vgl. ebd., S. 31 ff.

31 Ebd., S. 102.

32 Nach Bartens (2006) leiden von 1.000 Kindern, die (in Deutschland) auf die Welt kommen, ein bis zwei an Cerebralparese. Insgesamt gibt es mindestens 20.000 Kinder und Jugendliche, die eine Cerebralparese haben. Bei Frühgeborenen tritt die Erkrankung viel häufiger auf als bei Kindern, die entsprechend dem vorausberechneten Geburtstermin zur Welt kommen. Bei 80 von 1.000 Kindern, die in der 26. Schwangerschaftswoche geboren werden, kommt es zu einer Cerebralparese.

33 Beziehungsweise diskursanalytisch die Bedeutung einer körperlichen Beeinträchtigung bearbeitet und die Auseinandersetzung dementsprechend geführt.

Ansatz steht daher in der Gefahr, auf viele Menschen mit Behinderung zynisch zu wirken. Beispiele wie Menschen mit einer Cerebralparese weisen auf eine weitere Schwäche in Eieslands Ansatz hin.

So ist (3) zu kritisieren, dass Eiesland zwar die Auferstehungs-Hoffnung auch für Menschen mit Behinderung konkretisiert,[34] jedoch auf eine Weise, die wiederum nur bestimmte Menschen mit Behinderung einschließt, andere dagegen ausgrenzt. Eiesland hat hier ebenfalls nur Menschen mit relativ gut zu kompensierenden Beeinträchtigungen im Blick, wenn sie von »nonconventional, and sometimes difficult, bodies«[35] spricht. Beeinträchtigungen können jedoch nicht nur manchmal »difficult«, sondern auch äußerst schmerzhaft oder fortwährend leidvoll sein. Gleichzeitig muss konstatiert werden, dass Eiesland die Hoffnung dieser Menschen auf eine Verwandlung ihres Körpers im Eschaton verneint. Stattdessen wird die Hoffnung in die Veränderung diesseitiger Verhältnisse gesetzt: »It locates our hope in justice as access and mutuality, a justice that removes the barriers which constrain our bodies, keep us excluded, and intend to humiliate us.«[36] So wesentlich die Betonung irdischer Gerechtigkeit für Menschen mit Behinderung ist, so schade ist es, sich ohne Not der christlichen Hoffnung auf eine jenseitige Vollendung zu begeben. Eieslands berechtigte Kritik an der vertröstenden Aufschiebung der Herstellung gerechter Zustände auf die jenseitige Welt oder an der Rechtfertigung des Leidens behinderter Menschen an ungerechten Bedingungen und Praktiken aufgrund einer fragwürdigen theologischen Begründung oder ihrer Orientierung an soziokulturellen Normen von Normalität würde nichts an ihrer Relevanz und Aktualität einbüßen, wenn sie mit einer begründeten Hoffnung für *alle* Menschen mit Behinderung zusammen gedacht würde. Dass dies entgegen ihrem Ansatz[37] nicht geschieht, sondern Eiesland Menschen mit bestimmten Behinderungsarten gar nicht im Blick hat, sondern diese selbst ausschließt, ist meines Erachtens das größte Manko ihrer *Liberatory Theology of Disability*. Eiesland begründet ihr Vorgehen mit dem Prinzip der Kontextualisierung, das zur vierten Anfrage überleitet.

(4) Auch hier kann zunächst zugestimmt werden, dass die Christologie den natürlichen Bereich der Kontextualisierung darstellt, »since the Incar-

---

34 Vgl. Eiesland (1994), S. 107.
35 Ebd.
36 Ebd., S. 103.
37 Vgl. ebd., S. 23f.

nation is the ultimate contextual revelation«[38]. Jedoch stellt sich bei Eieslands Methode der Kontextualisierung die Frage, in wie weit hier Kontextualisierung zur Partikularisierung Gottes wird. Eieslands Bild des behinderten Gottes erscheint als ein Ansatz von Befreiungstheologie aus dem Blickwinkel einer spezifischen Gruppe von Personen neben vielen anderen Ansätzen wie dem feministischen, lateinamerikanischen oder afroamerikanischen. Hier verbirgt sich ein ungelöstes theologisches Problem, das auch schon bei der Frage nach der biblisch-theologischen Anthropologie zu erkennen war. Offensichtlich wird es immer schwieriger, eine übergreifende Vorstellung Gottes zu formulieren, die in unterschiedlichen Perspektiven Plausibilität beanspruchen könnte. Ergeben die verschiedenen perspektivischen Vorstellungen zusammen das Bild Gottes ähnlich einem Patchwork, das sich aus vielen Einzelteilen zusammensetzt und einen bunten Teppich ergibt?[39] Oder muss hier nicht vielmehr entgegnet werden, dass die Theologie nicht auf einen kohärenten und in sich konsistenten Gottesbegriff verzichten kann? Wie dieser allerdings heute so begründet werden kann, dass er in den unterschiedlichen Kontexten mit den Erfahrungen zum Beispiel von Menschen mit Behinderung plausibel vermittelt werden kann, ist eine der offenen Fragen, auf die Eieslands Buch hinweist. So bleibt trotz aller Kritik an den theologischen Begründungen Eieslands die Würdigung, dass ihr Buch einen wichtigen Versuch zur Dekonstruktion soziokultureller Normvorstellungen hinsichtlich von Körpern im Bereich von Theologie und Kirche darstellt und die Aufgabe zurücklässt, das Verständnis von Gesundheit, Krankheit und Behinderung theologisch neu zu durchdenken. Auf einem auch theologisch tragfähigen Verständnis von Behinderung aufbauend kann dann versucht werden, christliche Symbole in einer Praxis der Inklusion als Symbole der Ganzheit wie der Verletzlichkeit des Lebens mit und ohne Behinderung zu verstehen. Dazu möchte auch diese Studie einen Beitrag leisten. Von der theologischen Auseinandersetzung um die Rede von dem behinderten Gott soll der nächste Schritt deshalb hin zu den ethischen Folgen des christlichen Verständnisses von Menschsein und Behinderung gehen.

---

38 Ebd., S. 99.
39 So Eiesland, Vgl. ebd., S. 105.

3 Ethische Implikationen

In diesem Kapitel sollen die in Teil III erörterten theologischen Überlegungen zum Verständnis von Behinderung und Menschsein auf ihre ethischen Konsequenzen bedacht und in Bezug zu dem in den ersten beiden Teilen diskutierten Verständnis von Gerechtigkeit für Menschen mit Behinderung gesetzt werden. Dabei ist im ersten Abschnitt (3.1) auf das Verhältnis von Gerechtigkeit und Freiheit einzugehen, bildet doch das freie, selbstbestimmte, uneingeschränkt kooperationsfähige Subjekt den Ausgangspunkt für liberale Gerechtigkeitstheorien. Dessen Vermittlung mit der christlichen Sicht von Freiheit beziehungsweise sich daraus ergebende Anfragen sollen hier dargestellt und Folgerungen im Blick auf den Freiheitsvollzug von Menschen mit Behinderung gezogen werden. Entscheidend hierfür ist, dass die Fixierung auf die Subjektivität, die die anthropologischen und ethischen Debatten aporetisch werden ließ,[1] überwunden wird. Auch wenn man dem liberalen Verständnis der Autonomie des Subjekts zugute halten kann, dass es als Grundlage der Selbstbestimmungs- und *Empowerment*-Bewegungen dazu dient(e), Menschen mit Behinderung nicht länger als Objekte fürsorglicher Hilfeleistung anzusehen, sondern diese als Subjekte ihres Lebens zu respektieren und ihre individuelle Selbstbestimmung zu fördern, so hat doch die im zweiten und dritten Teil dieser Arbeit geäußerte Kritik gezeigt, dass als Schattenseite der liberalen Freiheitstradition Ausschlüsse und Anerkennungsverluste von Menschen zu verzeichnen sind, die die Voraussetzungen des liberalen Personbegriffs nicht erfüllen. Daher wurde im dritten Teil die notwendige Umkehrung in der Begründung des Humanum so vollzogen, dass der Ausgangspunkt nunmehr in der Anerkennung der Relationalität, Abhängigkeit und Bedürftigkeit aller Menschen besteht. Hierauf wird im zweiten Abschnitt dieses Kapitels mit der Skizze eines leibphänomenologischen Verständnis-

---

1 So Schoberth (2006), S. 54.

ses des Menschen Bezug genommen (3.2), welches an den relationalen Personbegriff anschließt und zweierlei ermöglicht: Zum einen den Versuch, die Reduktion des Personverständnisses auf kognitive Fähigkeiten und den damit einhergehenden anthropologischen Dualismus zu überwinden und zum anderen – indem der Blick auf die Leiblichkeit des menschlichen Lebens, und das heißt, eben nicht nur auf seine Körperlichkeit gelenkt wird – zugleich menschliches Leben als gemeinsames Leben zu erfassen. Von hier aus lässt sich der Bogen weiter spannen zu Fragen des gesellschaftlichen Umgangs mit dem Phänomen der Behinderung, die im dritten Abschnitt unter dem Gesichtspunkt, welche Impulse ausgehend von der Rechtfertigungslehre für den Schutz behinderten Lebens eingebracht werden können, behandelt werden (3.3). Da die politische Gestaltung der gesellschaftlichen Lebensverhältnisse im Blick auf Menschen mit Behinderung nicht ohne Rekurs auf zugrunde liegende Verständnisse von Gesundheit und Behinderung erfolgen kann, wird abschließend noch einmal der Gesundheitsbegriff aufgenommen und hinsichtlich seiner Verknüpfung mit einer Theorie des objektiven Wohls des Menschen reflektiert (3.4).

3.1 Christliches Freiheitsverständnis und die Autonomie des modernen Menschen

Bereits im ersten Teil wurde deutlich, dass die Freiheit des Einzelnen in Spannung zur Idee der Gleichheit aller Menschen steht. Wird der Freiheitsbegriff in der Diskussion der grundlegenden Ideen von Gerechtigkeit dazu verwandt, damit Menschen gemäß ihren Tugenden und Leistungen leben können, so steht Gleichheit in der Gerechtigkeitsperspektive dafür, dass Menschen gemäß ihren Ansprüchen und Bedürfnissen behandelt werden.[2] Die liberale Tradition, die individuelle Freiheit betont oder ihr den Vorrang einräumt, ist daher trotz aller Gleichheitsgrundsätze darin gefährdet, Menschen, die die Voraussetzung zur Freiheitsausübung nicht aufweisen, nur am Rande zu berücksichtigen. Hier ergänzt die biblische Perspektive von Gerechtigkeit die liberale Tradition, weil sie – vom alttestamentlichen Verständnis von Gerechtigkeit als Gemeinschaftstreue aus-

---

2 Vgl. Huber (1999), S. 170.

gehend – eher den prinzipiell gleichartigen Anspruch auf Befriedigung individueller Bedürfnisse im Besonderen von marginalisierten oder hilfebedürftigen Menschen hervorhebt. Von dem Spannungsverhältnis zwischen diesen beiden unterschiedlichen Elementen der Gerechtigkeit ausgehend, soll im Folgenden dargestellt werden, inwiefern die christliche Perspektive mit der liberalen Freiheitstradition vermittelt werden kann, denn grundsätzlich gilt hier: »Wirkliche Gerechtigkeit kann also nur in dem Maß verwirklicht werden, in dem ein Gleichgewicht zwischen Freiheit und Gleichheit ermöglicht wird; sie zielt also auf gesellschaftliche Strukturen, in denen Freiheit und Gleichheit sich wechselseitig fördern und begrenzen.«[3]

Dem modernen Freiheitsverständnis liegt ein Bild des Menschen als »nomadisch losgelösten Individuums«[4] zugrunde. Anthropologisch auf die Individualität des Menschen konzentriert, kommen Aspekte menschlicher Sozialität nur nachrangig in den Blick, so dass die Frage, wozu individuelle Freiheit gebraucht wird, abgeblendet erscheint. Dieses negative Verständnis von Freiheit wurde im ersten Teil bereits kritisch diskutiert und auf die sozialen Bedingungen individueller Freiheit hingewiesen. Jedoch ist auch das positive Freiheitsverständnis nicht ohne Schwierigkeiten: Ihm wohnt die Gefahr inne, dass unter Berufung auf die positive Freiheit negative Freiheit aufgehoben wird und die Verknüpfung von Recht und Freiheit in Willkürherrschaft und Ungerechtigkeit umschlägt.[5] Zudem ist gegen den positiven Freiheitsbegriff einzuwenden, dass in einer pluralistischen Gesellschaft kein Konsens über die Bestimmung des Menschen vorausgesetzt werden kann. Die Vermittlung zwischen negativer und positiver Freiheit zielt deshalb darauf ab, »dass Eingriffe in die Freiheit nur legitim sind, wenn sie um der Freiheit selbst willen unumgänglich notwendig sind; [...]. Sie muss jedoch zum anderen dazu beitragen, dass die Voraussetzungen persönlicher Selbstbestimmung gegeben und die Chancen zum individuellen Freiheitsgebrauch in der Gesellschaft gerecht verteilt sind [...]«.[6] Die Sicherung individueller Freiheitsrechte für Menschen mit Behinderung ist in dem Rawlsschen Vorrang des ersten Gerechtigkeitsgrundsatzes vor dem zweiten gegeben. Dagegen weist die Frage nach den Voraussetzungen individueller Freiheitsausübung von Menschen mit Behinderung auf eine

---

3 Ebd., S. 171.
4 Ebd., S. 223.
5 A..a.O., S. 224.
6 Ebd.

offene Stelle der Gerechtigkeitsdiskussion hin. Da Gesundheit und körperliche Funktionsfähigkeit grundlegende Bedingungen individueller Freiheitsausübung darstellen, ist diese Gerechtigkeitsfrage nicht als nebensächlich zu behandeln. Es gehört vielmehr zu den zentralen Aufgaben einer gesellschaftlichen Ordnung, die den Anspruch erhebt, gerecht zu sein, für diesen Personenkreis vergleichbare Voraussetzungen zu schaffen beziehungsweise, wo dies aufgrund der vorhandenen Beeinträchtigung(en) nicht möglich ist, individuelle Freiheitsausübung so weit wie möglich zu fördern. Wesentlich hierfür ist, dass Menschen nicht nur in ihrer Gleichheit anerkannt werden – denn diese ist für Menschen mit Behinderung zwar vom Status her gegeben, nicht jedoch von den Grundbedingungen der Freiheitsausübung –, sondern auch in ihrer identitätsbezogenen Unterschiedenheit. Als Gegenstand der Anerkennung wurde deshalb im ersten Teil gefordert, nicht nur die allgemeinen Gleichheitsmomente der moralischen Person zu berücksichtigen, sondern gerade auch die identitätsstiftenden Differenzen. Dafür spricht, dass die identitätskonstituierenden sozialen Bindungen selbst universal sind in dem Sinn,»dass eine jede moralische Person erst im Kontext solcher Bindungen überhaupt erst als moralische Person zu qualifizieren ist.«[7] Welche Impulse können nun aus der theologischen Ethik für das Verständnis von Freiheit aufgenommen werden?

Zunächst soll als Vorbemerkung darauf hingewiesen werden, dass zwischen liberalem und christlichem Freiheitsverständnis – auch wenn beide von unterschiedlichen Leitfragen ausgehen[8] – ein historischer und systematischer Zusammenhang hergestellt werden kann:

»Die reformatorische Betonung der Gewissensfreiheit – das ist vielfach gezeigt worden – steht systematisch wie historisch in engem Zusammenhang mit der *rechtlichen Sicherung der Freiheit*, wie sie der Liberalismus programmatisch vertritt.«[9]

Bereits in der Rationalismuskritik des 19. Jahrhunderts wurden Strukturbedingungen von Freiheit herausgearbeitet, die Anschlusspunkte für ein theologisches Verständnis von Freiheit ermöglichen. So hat Schleiermacher

---

7 Seibert (2004), S. 182.
8 So lautet die Leitfrage in christlicher Perspektive nicht, wovon oder wozu ein Mensch frei ist, sondern wodurch der Mensch zur Freiheit ermächtigt wird. Vgl. Honecker (1990), S. 45.
9 Bedford-Strohm (1999), S. 396. (Hervorh. i.O.) Ähnlich Jüngel (1998), S. 36f. Vgl. hierzu auch Dierken (2005), nach dem im religiösen Glaubensbegriff die Bedingungen und Implikationen subjektiver Freiheit symbolisiert sind.

in seiner Ethik[10] Handeln als Interaktion gefasst und die Entwicklung der verschiedenen Sozialformen darin eingeschlossen. Die Intersubjektivität des Menschen ist nach ihm als ursprüngliches Aufeinander-Bezogen-Sein ein wesentliches Element der Verfasstheit menschlichen Lebens.[11] Schleiermacher unterscheidet dabei zwei unterschiedliche Modi des Aufeinander-Bezogen-Seins, nämlich organisierende und symbolisierende Vollzugsmodi,[12] die sich aufgrund der unterschiedlichen Gewichtung von Identitäts- und Verschiedenheitsmomenten unterscheiden. Daher bleiben im Handeln Individuelles und Gemeinsames immer ineinander verschränkt. Dies gilt auch dann, wenn ein Moment vor dem anderen hervorgehoben wird – die Verschränkung wird dadurch nicht aufgelöst. Als Grund des Gemeinsamen wie des Individuellen wird von Schleiermacher die Vernunft in einer doppelten Kennzeichnung gesehen: »Einerseits ist sie in allen handelnden Instanzen als eine gemeinsame gegeben, andererseits ist sie in dieser Gemeinsamkeit immer schon mannigfaltig differenziert und lässt sich auch nur in dieser Differenziertheit erfassen.«[13] Diese Doppelrolle der Vernunft bedingt den zweifachen Charakter des Handelns, das beides ist, »ein sich immer und überall Gleiches, inwiefern es sich gleich verhält zu der Vernunft, die überall die Eine und selbige ist; und es ist ein überall Verschiedenes, weil die Vernunft immer schon in einem Verschiedenen gesetzt ist«[14]. Nach dieser Handlungstheorie beeinflussen sich die Individuen wechselseitig und begegnen sich sowohl als Anspruchsteller an andere als auch als Empfänger der Ansprüche anderer. Individuelle Freiheit wird in dieser Perspektive somit als partielle Freiheit gekennzeichnet, der Abhängigkeiten des Einzelnen in seinen Sozialbezügen gegenüberstehen. Ohne hier auf Schleiermachers Handlungstypen, von denen aus er die verschiedenen Gemeinschaftsformen funktional ausdifferenziert und die somit als Verstehenskategorien der soziohistorischen Entwicklung erscheinen,[15] näher einzugehen,[16] ist aus dieser kurzen Skizze seines ethischen Ansatzes jedoch schon soviel deutlich geworden:

---

10 Vgl. zum Folgenden Schleiermacher (1990).
11 Vgl. Seibert (2004), S. 355: »Der Sozialbezug des Menschen ist somit nicht als eine Relation zu verstehen, die erst noch zu leisten wäre, sondern menschliches Leben ist wesentlich schon als ein solcher Bezug zu Anderen verfasst.«
12 Vgl. Schleiermacher (1990), S. 231f., Ziffer 2.
13 Seibert (2004), S. 356.
14 Schleiermacher (1990), S. 236, Ziffer 9.
15 Vgl. ebd., S. 357.

(1) Individuelle Freiheit und die soziale Dimension menschlichen Lebens lassen sich nicht losgelöst von einander, sondern nur in ihrer Verschränktheit angemessen erfassen. Dabei ruht individuelle Freiheit auf den »Entwicklungsmöglichkeiten des sozialen Gesamtlebens«[17] auf, während Letztere ihrerseits nur dann richtig erfasst wird, wenn durch sie Individualität nicht aufgehoben, sondern deren Bildung konsequent gefördert wird, und zwar auch gerade im politischen Bereich. Nach Seibert sind daher zwei Auffassungen menschlicher Freiheit als unsachgemäß zurückzuweisen: Zum einen das Verständnis von Freiheit, das ihren Sozialbezug nicht als konstitutiv, sondern als zweitrangige Funktion individueller Autonomie ansieht; zum anderen das Freiheitsverständnis, das individuelle Freiheit ihrer Eigenständigkeit beraubt und dem Diktat der Öffentlichkeit opfert.[18]

Stattdessen ist (2) die Verschränktheit von individueller und sozialer Dimension menschlichen Lebens in den Handlungsvollzügen durchweg zur Geltung zu bringen.

»Denn in den einzelnen Handlungen kommen stets zwei Aspekte des Personseins zum Ausdruck, wenn auch in jeweils unterschiedlicher Gewichtung: Einerseits die Unverwechselbarkeit der Personen als eigentümliche Individuen, andererseits die Gemeinsamkeit der Personen als einander gleiche Exemplare der Menschheit.«[19]

Somit wird auf der handlungstheoretischen Ebene ein Verständnis individueller Freiheit greifbar, das auf den in der anthropologischen Ebene als Apriori beschriebenen Voraussetzungen des Personseins aufruht: Nämlich der Selbstfestlegung des Willens als Ausdruck der Individualität, die jedoch eingebettet ist in die Beziehung zu anderen, die dem Einzelnen bereits immer schon die Bestimmung zur Freiheit zusprechen. Daher kann in protestantischer Sicht individuelle Freiheit nicht gegen die soziale Dimension gestellt werden, sie ist vielmehr durch diese konstituiert: »Gerade das reformatorische Freiheitsverständnis ist durch die Gleichursprünglichkeit von Individualität und Sozialität gekennzeichnet.«[20] Wichtig ist hierbei der Hinweis, dass Gleichursprünglichkeit individuelle Freiheit nicht aufhebt, sondern auf diese Weise Freiheit und Mitmenschlichkeit als wechselseitige

---

16 Vgl. hierzu Birkner (1964), S. 41ff.

17 Seibert (2004), S. 357.

18 Vgl. ebd., S. 357f.

19 Ebd., S. 358. Auf die Irreduzibilität dieser beiden Momente des Personseins hat bereits Brunner (1943), S. 46f. aufmerksam gemacht.

20 Huber (1990), S. 61.

Interpretamente verstanden werden können.[21] Der reformatorischen Einsicht zufolge ist ja gerade die individuelle Gewissensentscheidung Ausdruck höchster persönlicher Freiheit, die jedoch nicht bindungslos verstanden wird, sondern unter Rückbindung an Gott und den Nächsten. Freiheit sollte daher nicht als atomisierte Freiheit des Individuums ohne Einschränkungen aufgefasst werden. »Die Freiheit von Zwang und Bevormundung heißt *nicht* Freiheit von Verpflichtung.«[22] Ein solches Freiheitsverständnis kann den liberalen Freiheitsbegriff vor seiner Reduktion auf Wahlfreiheit oder Willkürfreiheit bewahren, indem es den Beziehungsaspekt von Freiheit hervorhebt ohne ihn in Gemeinschaftsbezügen aufzulösen.[23]

Als sozialethischer Schlüsselbegriff, der beides, individuelle Freiheit und solidarische Verpflichtung, zusammenspannt, kann sowohl in philosophischer als auch in theologischer Perspektive der Begriff der Verantwortung angesehen werden:

»Freiheit vollzieht sich nur handelnd – wobei man nicht irgendetwas tut, sondern in diesem Handeln sich selbst als sittliches Wesen und damit als verantwortliches Wesen hervorgehen lässt. In der verantwortungsbewusst vollzogenen freien Tat und ihrem Sinn werde ich gewissermaßen als sittliches Wesen geboren.«[24]

Zwar gibt es in der Philosophie verschiedene Konzepte von Verantwortung, die den sozialethischen Aspekt unterschiedlich gewichten: Ausgehend von Weischedel[25], der bei einem autonomen und freien Selbst unter Ausblendung des Bezugs zu anderen Individuen ansetzt, kann der Bogen über Levinas' Konzept[26] der unendlichen Verantwortung des Ichs für den Anderen bis hin zu Jonas' teleologischem Ansatz[27] der Verantwortung für das zukünftige Leben gespannt werden. Auch auf theologischer Seite gibt

---

21 Vgl. Bedford-Strohm (1999), S. 366.
22 Ebd. (Hervorh. i.O.)
23 Dieses Freiheitsverständnis ist als kommunikative Freiheit gekennzeichnet worden (vgl. dazu ausführlicher Ebd., S. 364ff.). Im EKD-Text *Sterben hat seine Zeit* ist dieses Freiheitsverständnis in die gelungene Formulierung der Freiheit »als gestaltete[r] Abhängigkeit« eingegangen (vgl. Kirchenamt der Evangelischen Kirche in Deutschland (2005), S. 12).
24 Gründel (1984), S. 24.
25 Vgl. Weischedel (1972).
26 Vgl. Lévinas (2005).
27 Vgl. Jonas (1993).

es eine Reihe unterschiedlicher Modelle von Verantwortung,[28] die hier nicht im Einzelnen aufgeführt werden sollen. Stattdessen kann als durchgängiger Topos der theologisch-ethischen Entwürfe »die Negation einer autonomen Ethik und die Behauptung der Universalität christlicher Ethik«[29] angenommen werden. Damit ist klar, dass diese Ansätze nicht verallgemeinerungsfähig sind und in einer pluralistischen Gesellschaft keine allgemeine Zustimmung finden. Nach Müller kann aber als Beitrag theologischer Ethik festgehalten werden, dass der theologische Verantwortungsbegriff sich hinsichtlich der ihm eigenen Motivation von dem philosophischen unterscheidet.[30] Ausgehend vom Rechtfertigungsgeschehen motiviert der Glaube zu einem Tun aus Liebe und eröffnet die Möglichkeit, die Perspektive zu wechseln und so zu handeln, dass man dem Anderen ein Nächster wird. »Verantwortung ist damit kein Prinzip, sondern ein Zuschreibungsbegriff, der den Ausgang eines Handelns nicht präjudiziert, aber ein Handeln gemäß der vorausgesetzten Lebensdeutung impliziert.«[31] Wird subjektive Handlungsfreiheit gemäß der theologischen Deutung in Bezug zum Sachverhalt der Lebensdienlichkeit gesetzt, dann schließt der Verantwortungsbegriff die Freiheit und Eigenständigkeit des Subjekts nicht aus, sondern vermittelt sie mit der Orientierung am Anderen. Denn der Verantwortungsbegriff impliziert aufgrund seines inhärenten sozialen (und theologisch gesehen: transzendenten) Beziehungsgefüges die Verpflichtung, die eigene Freiheit mit den Interessen und Bedürfnissen der Mitmenschen abzustimmen. Man kann daher sagen, dass die Freiheit des Menschen erst durch die Übernahme von Verantwortung ihre Ausrichtung erhält – Verantwortung also die Steigerung des Begriffes der Freiheit ist und gleichzeitig deren ethische Einlösung.[32] Verantwortung ist damit »eine Abbreviatur für die Sozialität der ethischen Lebenswirklichkeit«[33], weil das Gelingen des Lebens anderer Menschen eine verpflichtende Bedeutung für die eigene Lebensführung darstellt.

---

28 Vgl. hierzu Bayer (1995), S. 183–196; Bonhoeffer (1992), S. 245–299; Fischer (1992); Fischer (2002a); Körtner (2001a); Kreß/Müller (1997); Kreß (2003), S. 15–18; Krötke (1985), S. 165–193; Picht (1969), S. 318–342.
29 Müller (1997), S. 48.
30 Vgl. ebd., S. 107.
31 Ebd., S. 107f.
32 Vgl. Rendtorff (1993), S. 121.
33 Ebd., S. 117.

Ein solcher Verantwortungsbegriff ist auch in einer pluralistischen Gesellschaft zustimmungsfähig:

»Wo immer autonomes menschliches Handeln seinen ethischen Gehalt aus der Haltung der Eigenverantwortlichkeit empfängt, vollzieht der Mensch seine Freiheit also nicht willkürlich, sondern mündig, das heißt im Wissen um die Möglichkeiten, aber auch um die Grenzen und Abhängigkeiten des Lebens.«[34]

Als ethische Grundhaltung kann der Verantwortungsbegriff das neuzeitliche Freiheitsverständnis in seinem inneren Spannungsverhältnis von Abhängigkeit und Freiheit produktiv zur Geltung bringen.[35] Auf diese Weise kann die hohe Wertschätzung individueller Freiheit in offenen Gesellschaften mit der Bereitschaft zur Solidarität verbunden werden, wobei ein solcher solidarischer Gebrauch der Freiheit, darauf weisen empirische Befunde hin, nicht als Gegensatz zum Individualismus, sondern überraschenderweise als dessen Korrelat bezeichnet werden kann.[36]

Hieran anschließend lassen sich Schlussfolgerungen im Blick auf Menschen mit Behinderung ziehen: Zum einen ist aus theologischer Sicht individuelle Freiheit so mit Verantwortung für andere in Beziehung zu setzen, dass nicht bestimmte Personengruppen vom gesellschaftlichen Leben ausgeschlossen werden, sondern die Lebensdienlichkeit der gesellschaftlichen Verhältnisse für alle Menschen mitbedacht wird.[37] Diese Orientierung wurde hinsichtlich der Teilhabe von Menschen mit Behinderung im zweiten Teil bereits als Ergänzung der liberalen Tradition eingebracht. Zum anderen ist bei der Bestimmung von individueller Freiheit darauf zu achten, dass diese nicht an bestimmte Merkmale (Rationalität oder Interessensäußerung zum Beispiel) eines atomistisch gedachten Individuums gekoppelt wird. Wenn die Bestimmung moderner Autonomie nicht von dem Vorhandensein bestimmter empirischer Feststellungen (allein) abhängig

---

34 Gruber (2005), S. 64f.

35 Vgl. ebd.: »Bedeutet nämlich einerseits die Übernahme von Verantwortung Aktualisierung von Freiheit, so heißt das andererseits zugleich, sich den Verantwortlichkeiten des Lebens zu stellen und es mit seinen vielfältigen Abhängigkeiten anzunehmen und kreativ zu gestalten«.

36 Vgl. Wuthnow (1991), S. 22: »[…] people who were the most individualistic were also the most likely to value doing things to help others.« Zitiert nach Bedford-Strohm (1999), S. 151. Vgl. ebd.: »Offensichtlich führen das Verfolgen eigener Interessen, der Genuss des eigenen Lebens, die Betonung des Individuums als Bezugsgröße keineswegs von vornherein zu egoistischen Grundhaltungen.«

37 Vgl. Müller (1997), S. 103.

gemacht werden kann,[38] dann ist auch bei Menschen mit einer geistigen Beeinträchtigung die Bestimmung zur Freiheit zu achten. Das bedeutet, dass grundsätzlich zunächst solche Formen der Autonomie in Anschlag zu bringen sind, die dem Selbstwillen der betroffenen Person am ehesten Ausdruck zu verleihen vermögen. Darauf wurde oben bereits in einem Exkurs[39] eingegangen (Unterscheidung zwischen Bewusstseins- beziehungsweise Entscheidungsautonomie und Handlungsautonomie). Mit der Achtung elementarer Formen der Selbstbestimmung[40] kann der Menschenwürde von Menschen mit geistiger Beeinträchtigung Ausdruck verliehen werden, auch wenn ihnen die Fähigkeit zum eigenständigen Handeln durch kulturspezifische Unabhängigkeitsnormen oftmals aberkannt wird.[41] Zugleich weist die soziale Bedingtheit individueller Freiheit daraufhin, dass eben auch vorherrschende kulturelle Wertvorstellungen dekonstruiert werden müssen, um Menschen mit Behinderung individuelle Freiheitsausübung zu ermöglichen – dieser Aspekt wurde als einer der zentralen Inhalte des zweiten Teils oben dargestellt. Er soll im nächsten Abschnitt auf Grundlage des christlichen Verständnisses des Menschen hinsichtlich der Leiblichkeit von Menschen mit Behinderung ethisch reflektiert werden.

3.2 Leiblichkeit, Behinderung und die relationale Sicht von Personalität

Die Freiheit des Individuums in der liberalen Tradition ruht auf dem neuzeitlichen Subjektivitäts- und Bewusstseinsbegriff auf. Ohne hier auf die vielschichtigen Bedeutungsveränderungen in der Geschichte dieser Begriffe näher einzugehen, soll im Anschluss an die obige anthropologische Diskussion Leiblichkeit als Grundlage menschlicher Bewusstseinsprozesse aufgegriffen werden. Ziel dieses Abschnitts ist aufzuzeigen, dass Selbstbewusstsein und Reflexivität selbst eine nicht-reflexive Basis haben, die sie

---

38 Vgl. Frey (1998), S. 55, der sich hier auf Interessebekundung oder aktuell erwiesene Autonomie bezieht.

39 Siehe oben unter I.5.2.4.

40 Vgl. hierzu das »Prinzip Entscheidenlassen« nach Hahn (1981), S. 296, das eine möglichst große Entscheidungsfreiheit in den Vollzügen des Alltags einräumt.

41 Vgl. Petersen (2003), S. 253ff.

erst ermöglichen, Personalität also leibliche und lebensweltliche Wurzeln hat.[42] »Damit ist gemeint, dass das Selbstverhältnis der Person – das selbstreflexive Wissen um sich oder die reflexive Selbstpräsenz – ein präreflexives Fundament hat, aus dem heraus es sich entwickelt und an das es lebenslänglich gebunden bleibt.«[43] Besonders Merleau-Ponty hat in der Weiterentwicklung der Husserlschen Phänomenologie darauf hingewiesen, dass Descartes und Kant beim neuzeitlichen Bewusstseinsbegriff, ausgehend von der cartesischen Subjekt-Objekt-Unterscheidung und einer losgelöst vom menschlichen Bewusstsein existierenden Objektwelt, Subjekt und Bewusstsein vom Weltbezug trennen; »sie ließen das Bewusstsein als die absolute Selbstgewissheit, als transzendente Bedingung des Seins, den Akt des Verknüpfens als Fundament alles Verknüpften erscheinen«[44]. Hingegen wird in leibphänomenologischer Sicht von der Verschränkung von Bewusstsein und Welt ausgegangen[45], so dass sich das Bewusstsein immer schon bei der Welt vorfindet: »Welt kann nicht abstrakt erkannt werden, weil der Mensch und somit sein Erkennen immer schon zur Welt *ist*, und dieses ›ist‹, dieses Zur-Welt-Sein, ist etwas anderes und vor allem mehr als ein intellektuell-erkennendes Verhältnis des Menschen zur Welt.«[46] Daher ist nach Merleau-Ponty das transzendentale Subjekt einschließlich seiner sinnkonstituierenden Leistungen zurückzuführen auf ein »konkret existierendes, inkarniertes Subjekt, ein leibliches Subjekt«[47]. Weil die Wahrnehmung der Welt sich mittels des Leibes vollzieht, indem der Mensch durch seinen Leib hindurch Gegenstände wahrnimmt und sie berührt, erfolgt die Verschränkung von Bewusstsein und Welt durch den Leib: »Der Leib ist unser allgemeines Medium der Welthabe. Der Leib steht hier in einer doppelten Relation, in einer Relation zur Welt, die wir haben, und zum Ich, das jeweils die Welt hat. Das Ich ist nicht Ich ohne die Welt.«[48] Wenn der Leib konstitutiv für die Wahrnehmung der Welt ist, ist die Welt immer schon eine leiblich interpretierte Welt. »Überall wird das

---

42 Vg. Dederich (2000), S. 143.
43 Ebd.
44 Merleau-Ponty (1966), S. 5, zit. n. Ebd., S. 144.
45 Vgl. Danner (1994), S. 125: »Dass ›Welt‹ ist und wie sie ist, das ist nur durch Bewusstsein gegeben; und umgekehrt: Bewusstsein ist nur, insofern es Inhalt hat, insofern es auf Gegenstände gerichtet ist. Dieses Gerichtet-sein-auf-etwas wird als Intentionalität bezeichnet.«
46 Ebd., S. 137. (Hervorh. i.O.)
47 Dederich (2000), S. 144.
48 Waldenfels (1985), S. 157.

bewusste Verhalten gestützt, getragen, angeregt von leiblichen Impulsen, die einen Sinn anbieten und in denen das Ich bereits lebt, anstatt sie bloß instrumental zu gebrauchen.«[49] In diesem Sinn bildet die Leiblichkeit das Fundament der menschlichen Subjektivität und Reflexivität, also der reflexiven Selbstpräsenz (Wissen-um-sich).

In einer weiteren Hinsicht ist Leiblichkeit bedeutsam: Aufgrund seiner sinnlichen Natur ist der Leib zunächst vor allem ein perzeptives Medium, jedoch hat er auch eine memorative und eine expressive Dimension.[50] In seiner memorativen Dimension speichert der Leib Erinnerungsspuren zu einer dem Leib eingeschriebenen Lebensgeschichte. Seine Expressivität bezieht der Leib aus seiner Beweglichkeit: durch Bewegungen, Haltungen, Gesten, Mimik, Blicke und so weiter drückt er auch aus. Körperliche Bewegungen können als wesentlicher Aspekt sozialen Handelns aufgefasst werden, »denn dieses wird erst durch seine Verkörperung sichtbar und somit für andere auch verstehbar«[51]. In leibphänomenologischer Perspektive schließt daher die Struktur des Leibes die Bezogenheit menschlichen Lebens auf andere wie seine Sozialität ein.[52]

»Entsprechend ist der Leib durch soziale Signaturen geprägt, weil sich Lebensbedingungen und Lebensverhältnisse bzw. die Erfahrungen, die der einzelne Mensch mit ihnen macht, in den Leib einprägen und damit von großer Bedeutung dafür sein können, wie ein Mensch seine Welt und sich selbst in ihr erlebt und erfährt.«[53]

Welche ethischen Konsequenzen ergeben sich hieraus im Blick auf Menschen mit Behinderung? Erstens kann von der leibphänomenologischen Perspektive herkommend an den relationalen Personbegriff, wie er oben theologisch begründet wurde, angeschlossen werden. Die Fundierung von Personalität in der Gottebenbildlichkeit des Menschen setzt keine spezifischen Eigenschaften einer Person wie Selbstreflexivität voraus; vielmehr ergibt sich die Gottebenbildlichkeit als Würdeprädikat des Menschen aus

---

49 Ebd., S. 161.
50 Vgl. Petzold (1993).
51 Dederich (2000), S. 146.
52 Vgl. Waldenfels (1994), S. 477, der das komplexe Interaktionsgeschehen zwischen zwei Personen auf Grundlage der leiblichen Dimensionen als präreflexive Zwischenleiblichkeit beschreibt, die einen Bereich darstellt, in welchem »Eigenes und Fremdes sich verflechten, verknäueln, ineinandergreifen, ohne sich also zu decken, aber auch ohne sich völlig voneinander zu lösen. Damit entsteht die Möglichkeit eines inkarnierten Gesprächs, in dem Gebärde auf Gebärde antwortet«.
53 Dederich (2000), S. 150.

der Anrede Gottes und bezieht sich auf die Gestalt gelebten Lebens, welche Menschen nach Leib und Seele in ihrer Umwelt entwickeln. Dieses Verständnis ist auch im Blick auf die Menschen leitend, die aufgrund einer geistigen Behinderung oder einer Krankheit wie Alzheimer oder Demenz in ihrem geistigen Zustand beeinträchtigt sind: »Selbst in der extremen Hilflosigkeit der Demenz kann die Würde des Menschen von anderen wahrgenommen werden.«[54] Indem der Andere sich dem an Demenz erkrankten Menschen zuwendet und ihn in seinem veränderten Sosein annimmt, nimmt er ihn in seiner Würde wahr beziehungsweise macht diese sichtbar. Die Würde eines Menschen wird folglich nur dann tatsächlich geschützt, wenn man ihm in jeder Ausdrucksgestalt, in der er existiert, Achtung entgegen bringt. »Begegnung mit dementen Menschen bedeutet damit immer auch den Vollzug eines Anerkennungsaktes, indem der Angehörige, der Pflegende oder der Arzt seine persönliche Beziehungsfähigkeit zum Ausdruck bringt.«[55]

Natürlich wird damit die Frage aufgeworfen, ob denn nicht auch Relationalität an kognitive Fähigkeiten gebunden ist und somit auch Interaktion und Kommunikation mit der Beeinträchtigung der Gehirnfunktionen zurückgehen. Linke gibt darauf folgende Antwort:

»Ja, allerdings. Diese Vorstellung ist unausweichlich, wenn man Beziehung als Leistung der Kognition und damit als Leistung des kognitiv tätigen Hirns denkt. Nichts spricht jedoch dafür, dass wir die Weltdeutung an diesem Ende beginnen müssen. Fangen wir an, die Welt umgekehrt von der Relationalität her zu deuten [...], so erscheint die hirngetragene Kognition nur als ein abgeleitetes Phänomen einer relationalen Grundstruktur der Welt.«[56]

Worauf Linke hier aufmerksam macht, ist, dass es keinen zwingenden Grund gibt, den Leib als nachgeordnetes Instrument des Geistes zu betrachten.[57] So wurde vor allem in Ansätzen der phänomenologischen Phi-

---

54 Wetzstein (2005), S. 35. Vgl. Spaemann (1998), S. 79: »Auch wenn Menschen nicht in der Lage sind, sich selbst als Personen zu äußern, bleiben sie durch ihre vielfältigen Beziehungen zu anderen Personen sowie auf Grund ihrer leiblichen Präsenz für diese anderen als Person mit all ihren Rechten und Ansprüchen gegenwärtig.«

55 Wetzstein (2005), S. 35.

56 Linke (1993), S. 110.

57 Vgl. Wetzstein (2005), S. 34, nach der die Fixierung auf die geistige Leistungsfähigkeit den entscheidenden Fehler hat, dass sie Personsein auf das aktuell vorhandene Bewusstsein mit seinen Kognitionsleistungen reduziert und so einen anthropologischen Dualismus voraussetzt, der den Körper nur als biologisches Beiwerk versteht.

losophie[58] die Einheit von Reflexion und Leiblichkeit betont. Demzufolge weist die Personalität des Menschen eine für sie wesentliche Reflexionsintensität auf, diese ist jedoch als Gattungsmerkmal mit der Leiblichkeit als individuellem Merkmal substantiell zusammengebunden. »Der Leib *trägt* die Personalität als deren Inkarnation und wird ihrerseits von dieser – im Unterschied zum bloßen Körper-Sein – konstituiert, so dass zwischen beiden ein *Fundierungsverhältnis* anzunehmen ist.«[59] Dieses Verhältnis kann als ein wechselseitiges beschrieben werden.[60] In diesem Sinn kann gesagt werden, dass der Leib die sichtbare Personalität ist.

Die relationale Sicht der Personalität lässt sich auch auf die Identitätsbildung des Menschen beziehen, denn nach Jonas ist die Identität einer Person immer die Identität des Ganzen und gänzlich individuellen Organismus (vergleiche Fingerabdrücke, Immunreaktion), auch wenn die höheren Funktionen des Personseins ihren Sitz im Gehirn haben.[61] Daher kann die individuelle Ausprägung eines Menschen nicht nur als Ergebnis seiner Personalität aufgefasst werden, sondern diese spiegelt zugleich die sozialen Bedingungen wieder, unter denen sich diese Individualität leiblich entwickelt und als Identität einer Person erscheint. »Erst die leibliche Ausdrucksfähigkeit ermöglicht den Selbstvollzug der Person.«[62] Daher stellt der Leib des Menschen einen Existenzmodus dar, der die Geschichte der konkreten Personalität enthält: »Als Ganzes trägt der Leib die bereits sistierte, vergangene Geschichte einer Person. [...] Als Ganzes trägt der Leib die aktuelle Geschichte einer Person: Er ist *Subjekt* einer individuellen, sozialen, politischen und medizin-therapeutischen Existenz.«[63]

Bildet der lebenslange Prozess des Ineinanders von Individuation und Sozialisation den Verlaufsrahmen, innerhalb dessen sich Identität entwickelt, so kommt zweitens dem Fundament dieses Prozesses, der Leiblichkeit, ein moralisch schützenswerter Status zu.

---

58 Vgl. Schütz (1981); Plessner (1976; 1980; 1981).
59 Wils (1994), S. 141. (Hervorh. i.O.)
60 Vgl. ebd., S. 143: »Darüber hinaus machen wir die Erfahrung, dass nicht nur das Bewusstsein ein bestimmter Modus leiblichen Existierens ist, sondern dass auch der Leib gewissermaßen dem Bewusstsein inhäriert. Der Mensch kann seinen Leib niemals restlos zu jenem Körper vergegenständlichen, der der Leib eines anderen für ihn sein kann.«
61 Vgl. Jonas (1987), S. 234f.
62 Wetzstein (2005), S. 34f.
63 Wils (1994), S. 144. (Hervorh. i.O.)

»Der Leib ist die sichtbare Personalität. [...] Ohne seine versehrbare Leiblichkeit würde der Mensch in einem für ihn irrelevanten Universum leben: Gerade seine dem Tode ausgelieferte leibliche Endlichkeit macht sein Selbst-, Fremd- und Weltverhältnis allererst moralisch signifikant.«[64]

Die Leiblichkeit des Menschen beinhaltet die Verletzbarkeit und Brüchigkeit des Leibes, die dann, wenn ein Mensch einen anderen als hilfsbedürftig, schutzlos, gebrechlich oder krank erlebt, von ihm als Appell oder Anspruch des anderen an ihn wahrgenommen wird. »Insofern erhebt Leibliches in seiner Bedürftigkeit, Angewiesenheit und Gebrechlichkeit einen *Anspruch*«[65], der von dem anderen Menschen aufgenommen und beantwortet oder abgelehnt werden kann. Die Relevanz dieser »Ethik von unten«[66] gründet in der Nicht-Reziprozität von leiblichen Ansprüchen und Handeln, die deshalb gegeben ist, weil das Handeln immer auf den Anspruch, der von der Leiblichkeit ausgeht, antwortet.[67] Weil der Anspruch unabweisbar an den anderen Menschen ergeht, nimmt er ihn in die Verantwortung, darauf zu antworten. Der Versuch, Anerkennung als Ergänzung der liberalen Gerechtigkeitstradition in den ersten beiden Teilen dieser Studie zu begründen, geht genau auf diese vorgegebene Nicht-Reziprozität ein und möchte als Antwort darauf eine Ethik der Anerkennung entwickeln[68], die – wie in dieser Arbeit argumentiert wurde[69] – durch die Orientierung an christlicher Liebe zu ergänzen ist.

Weiterhin kommt auch hier Verantwortung als Spannung zwischen dem Anspruch eines Menschen und der Freiheit des anderen Menschen in den Blick. Im Anschluss an das im vorhergehenden Abschnitt dargestellte Verständnis christlicher Freiheit ist hinsichtlich der Leiblichkeit von Menschen mit Behinderung darauf zu achten, dass in diesem Spannungsfeld die leiblichen Bedingungen der Möglichkeiten menschlichen Handelns bewahrt beziehungsweise gestützt werden. Denn »grundsätzlich gefährdet sind Ansprüche der eigenen oder anderen Leiblichkeit nicht nur dort, wo ein Handeln oder Handelnkönnen die Existenz des gesamten Leibes gefährdet, sondern auch in den Fällen, in denen ein Handeln wesentliche

---

64 Ebd., S. 143.
65 Mertens (1998), S. 246. (Hervorh. i.O.)
66 Waldenfels (1998), S. 13.
67 Vgl. Dederich (2000), S. 154.
68 Vgl. dazu Graumann/Grüber (2005).
69 Siehe oben II.5.3.

Aspekte der leiblichen Endlichkeit zu verletzen droht.«[70] Weil aufgrund der vorhandenen Beeinträchtigungen bei Menschen mit Behinderung oftmals (nicht immer!) eine besondere Verletzbarkeit und Bedürftigkeit vorliegt, können ethisch besondere Anstrengungen begründet werden, um die Angewiesenheit und Gefährdetheit dieses Personenkreises zu mindern und ihnen interaktive Handlungsmöglichkeiten zu eröffnen. Apel hat dies in dem schönen Gedanken ausgedrückt, dass ein »Leibapriori« der Menschenwürde existiere.[71]

3.3 Impulse aus der Rechtfertigungslehre für den Schutz der Würde des behinderten Menschen

In biblisch-anthropologischer Perspektive, so wurde eingangs des dritten Teils argumentiert, wurzelt die Vorstellung der prinzipiellen Gleichwertigkeit aller Menschen im Gottesbild. Bereits im Alten Testament und dessen rabbinischer Auslegung, aber auch in der christlichen Tradition wird deutlich, dass die universalisierende Auffassung der menschlichen Würde aus dem Bild des unparteiischen Gottes ihren Impetus bezieht.[72] Weil Gott keine Person ansieht, sollen auch die Menschen untereinander sich entsprechend verhalten. Menschliche Unterschiede aufgrund von Rasse, Geschlecht, Religion oder Behinderung dürfen daher nicht zu trennenden oder diskriminierenden Faktoren gemacht werden. Hier überschneiden sich die theologisch-ethische Position und die Forderung nach Gleichbehandlung aller Menschen, die aufgrund der gesetzlich geschützten Menschenwürde in modernen Rechtsstaaten gegeben ist.

Jedoch ist die Begründung der Menschenwürde in der politischen Ethik umstritten.[73] Man kann hier sogar von einem ethischen Begründungsdilemma sprechen: Denn der Satz, die Menschenwürde sei unantastbar, kann deskriptiv oder präskriptiv verstanden werden. In Lembckes[74] Diskussion dieses Satzes wird ein Dilemma sichtbar, »das ohne Rekurs auf Transzen-

---

70 Mertens (1998), S. 246.
71 Apel (1975), S. 277.
72 Vgl. Bodendorfer (2001); Dassmann (2001); Neumann-Gorsolke (2001).
73 Vgl. Pieper (2001).
74 Vgl. Lembcke (2005), S. 52ff.

denz kaum zu bearbeiten ist. Ein rein präskriptives Verständnis wäre nämlich letztlich lediglich eine bloße Setzung, die korrigiert werden könnte.«[75]
Wird Menschenwürde dagegen deskriptiv verstanden, so muss man – will
man nicht ihre universale Extension aufgeben – davon ausgehen, dass sie
in keinem Fall verloren gehen kann, so dass der Rückbezug auf eine solche
Norm folgenlos bliebe.[76]

»Das Problem entsteht daraus, dass ein deskriptives Verständnis auf eine religiöse
oder religionsanaloge Begründung verweist: Sie impliziert eine Instanz, die die
Menschenwürde auch dann erhält, wenn sie durch menschliches Handeln sehr
wohl angetastet wird.«[77]

Gerade in den Fällen, in denen die menschliche Würde angegriffen wird,
liefert die christliche Tradition einen konsistenten Begründungszusammenhang von dieser, da, wie oben gezeigt wurde, Würde ein Zuspruch
Gottes ist, der nicht durch Menschen aberkannt werden kann und somit
gerade auch der entwürdigte Mensch seine Würde vor Gott nicht verlieren
kann. In der Auseinandersetzung um die Menschenwürde werden daher
»sehr rasch die Fundamente der juristischen wie der moralischen Ordnung
berührt, die kaum anders als religiös oder weltanschaulich zu bezeichnen
sind«[78].

Im Blick auf die religiöse Begründung der Menschenwürde kann nun
aus der protestantischen Tradition ein weiterer Aspekt der grundlegenden
Bestimmung des Menschen herangezogen werden, auch wenn die theologische Letztbegründung der Menschenwürde umstritten ist:[79] Nach refor-
matorischer Lehre ist der Mensch Sünder und Gerechter zugleich. Gerade
weil alle Menschen unterschiedslos als Sünder angesprochen werden,
werde der Gedanke der Gleichheit aller Menschen durch die Rechtferti-

---

75 Schoberth (2006), S. 48.
76 Vgl. Lembcke (2005), S. 52, der fragt: »Denn, wenn die Menschenwürde unantastbar ist,
   warum bedarf sie überhaupt des Schutzes?«
77 Schoberth (2006), S. 48.
78 Ebd., S. 47.
79 So steht nach Anselm (1999), S. 125 und 134 der Begriff der Menschenwürde extra
   fidem. Daher ist aus dem Glauben keine Letztbegründung von Menschenwürde zu leisten. Nach Sparn (2001), S. 243 ist die christliche Unterstützung der »verfassungsrechtlichen Basisnorm ›Menschenwürde‹ wohlbegründet«, jedoch erfordert sie »eine klare Unterscheidung zwischen der säkularen Einräumung von Rechten und dem Verhältnis des
   Menschen zu Gott […]«.

gungslehre gefördert.[80] Als Impuls für die politische Ethik bedeutet dies: Wenn die Menschenwürde nur aus der Gottebenbildlichkeit des Menschen hergeleitet wird, ist nicht begründbar, »wieso daraus Menschenrechte folgen, die doch nicht wegen der Gottebenbildlichkeit, sondern gerade wegen der Fehlsamkeit des Menschen nötig werden«[81]. Weil jedoch der durch Gott gerechtfertigte Mensch *simul justus et peccator* ist, wird mit der Rechtfertigung des Menschen zugleich seine Unvollkommenheit, Begrenztheit und Endlichkeit betont.[82] Der Mensch kommt also mit seinen Mängeln und Schwächen und damit auch in seiner Schutzbedürftigkeit in den Blick. Durch die Rechtfertigungslehre wird eine theologische Perspektive auf den Menschen gewonnen, die es erlaubt, praktisch-politische Entwicklungen kritisch zu begleiten:

»Wenn die Annahme unantastbarer Menschenwürde den grundrechtlichen Schutz des Menschen in seiner Unvollkommenheit und Verletzlichkeit begründen soll, dann gibt erst die Rechtfertigungslehre die kritisch und konstruktiv angemessene Perspektive ab, den verfassungsrechtlichen Begriff der Menschenwürde theologisch zu identifizieren.«[83]

Im Blick auf Menschen mit Behinderung erscheint eine solche kritische Begleitung deshalb notwendig, weil ihre Situation in modernen Gesellschaften durch die Ambivalenz des neuzeitlichen Freiheitsbegriffes geprägt ist: Zum einen wird auf Grundlage der individuellen Freiheitsrechte Selbstbestimmung, Eigenverantwortlichkeit, Freiheit von Bevormundung von Menschen mit Behinderung möglich. Hier wird Freiheit im Sinn bürgerlicher Subjektautonomie verstanden, die »den endgültigen Auszug aus den inneren und äußeren Unorten der Internierung, der Exilierung, das Ende der Freiheitsberaubung, Absprache von Lebenswert, Entmündigung, Bevormundung«[84] ermöglicht. Zum anderen ist die Ausübung dieses Freiheitsverständnis jedoch an bestimmte Bedingungen gebunden, die bei Menschen mit Behinderung nur unter Einschränkungen vorhanden sind. Es darf nicht übersehen werden, dass in einer Gesellschaft, die auf die Leistungsfähigkeit, die Eigenverantwortlichkeit, die Durchsetzungskraft und den Erfolg des Subjektes setzt, die Voraussetzungen derselben ent-

---

80 So Schardien (2004), S. 91.
81 Sparn (2001), S. 243.
82 Vgl. Schardien (2004), S. 91.
83 Sparn (2001), S. 245. (Hervorh. i.O.) Vgl. hierzu Rendtorff (1976).
84 Stinkes (2000), S. 174.

scheidende Bedeutung erhalten. Hier wirkt die Schattenseite des Freiheitsbegriffes negativ auf die Menschen zurück, die aufgrund einer Beeinträchtigung die notwendigen Voraussetzungen nicht mitbringen oder aufgrund
der vorherrschenden (sozialen, politischen, rechtlichen, kulturellen) Bedingungen in der Ausübung ihrer Selbstbestimmung behindert werden. Die
zentralen Überlegungen hinsichtlich der Teilhabe behinderter Menschen
im zweiten Teil dieser Arbeit zielen genau darauf, die Gewährleistung der
für das Gelingen von Teilhabe notwendigen Ressourcen zu begründen. Ein
selbstbestimmtes Leben ist jedoch nur dann möglich, wenn die Einzelnen
nicht nur über ein Mindestmaß an ökonomischen, sozialen und kulturellen
Ressourcen verfügen, sondern auch Anerkennung als Grundlage gesellschaftlicher Teilhabe erfahren.

An die im zweiten Teil entwickelte Anerkennungsperspektive lässt sich
nun theologisch anschließen. So kann zunächst die als christliches Cha-
risma verstandene Liebe als die konkretisierte Gemeinschaftstreue Gottes
beschrieben werden.[85] »Als solche handhabt sie biologische, soziale und
kulturelle Differenzen nach Maßgabe der Feindesliebe Gottes.«[86] Indem
(Feindes-)Liebe fremde und eigene Lebensmöglichkeiten zu optimieren
sucht, kann sie unter Einschluss von Glaube und Hoffnung einen Kom-
munikationszusammenhang stiften,[87] der die Anerkennung von Menschen,
die aufgrund körperlicher, sozialer, religiöser, ethnischer oder sonstiger
Differenzen missachtet werden, in konkreten Gemeinschaften ermöglicht.
Die Orientierung an der Liebe stellt daher – »als Differenzhandhabung
nach Maßgabe der Gerechtigkeit Gottes, als deren Vergegenwärtigung und
Antizipation«[88] – einen Beitrag zur Herstellung gerechter Verhältnisse
unter Menschen dar. Gleichzeitig kann von diesem (auch in nichtchristli-
chen Kontexten beschreibbaren)[89] sozialen Kommunikationszusammen-
hang aus die Realität von Leben zerstörenden Einflüssen beschrieben
werden.[90] In christlicher Sicht wird hier von der Macht der Sünde gesprochen, die sich, anschließend an das reformatorische Verständnis des Menschen als *simul justus et peccator*, in der Erfahrung konkreter, in zwischen-

---

85 Vgl. oben II.5.3.
86 Brandt (1997), S. 27.
87 Vgl. ebd., S. 26f.
88 Ebd., S. 27.
89 Ebd.
90 Brandt (Ebd., S. 28f.) führt dies anhand der Gegensätze zu Glaube, Liebe und Hoffnung
   aus.

menschlicher Kommunikation sich ereignender Missachtungen, Kränkungen, Diskriminierungen und Ähnlichem niederschlägt. Dabei wird Sünde verstanden als der durch die Kommunikation von Unversöhntheit, Hoffnungslosigkeit und Lieblosigkeit etablierte Kommunikations- und Lebenszusammenhang,[91] der sich in Bezug auf Menschen mit Behinderung als Missachtung ihrer Persönlichkeit und Herabsetzung ihrer Lebensmöglichkeiten auswirkt und in immer wiederholten Erfahrungen derselben als unüberwindbarer sozialer Marginalisierungszusammenhang manifestiert.

Petersen hat versucht, diesen Zusammenhang so zu qualifizieren, dass er alles, was die Gemeinschaft zwischen behinderten und nicht-behinderten Menschen zerstört, als Sünde bezeichnet.[92] Jedoch muss hier differenzierter argumentiert werden, denn es gibt auch Störungen von Gemeinschaft, die, wenn zum Beispiel einer von zwei Kommunikationspartnern nicht die Gebärdensprache beherrscht, auf unterschiedliche Kommunikationsvoraussetzungen zurück zu führen sind und folglich nicht als Sünde zu bezeichnen sind. Dagegen kann anknüpfend an Brandts Vorstellung von einer aus unterschiedlichen Erfahrungen sich speisenden, in bestimmten Kommunikationszusammenhängen verdichtenden negativen, Leben mindernden Macht der Sünde gesprochen werden:

»Die generalisierende Etablierung von Widerspruchserfahrung, im Verbund mit der Generalisierung dieser Erfahrung über die bestimmte Situation und den bestimmten Kontext hinaus, sowie im Verbund mit der generellen Bereitschaft, zur Minderung von Leben beizutragen, ist ein Potential, das aktuell kommunizierte Sünde über sich hinaustreibt und zu einer gewaltigen Zerstörungsmacht anschwellen lässt.«[93]

Diese Macht hat bei an den Rand der Gesellschaft gedrängten Menschen deshalb so fatale Folgen, weil sie trotz der politischen Anstrengungen und gesellschaftlichen Ordnungsmächte[94] sich dahingehend auswirkt, dass diese oftmals keine Möglichkeit haben, den ihr Leben ausgrenzenden und zerstörerischen Kommunikations- und Lebenszusammenhängen zu entkommen.

---

91 Vgl. ebd., S. 29f.
92 Petersen (2003), S. 42.
93 Brandt (1997), S. 29.
94 Nach Welker (1997), S. 193 wird durch die Erkenntnis des Kreuzes Christi die Erneuerungs- und Vervollkommnungsbedürftigkeit aller gesellschaftlichen Anstrengungen nach Gerechtigkeit offenbar: »Unser Streben nach Recht, nach Wahrheit, nach legitimer Macht, nach moralischer Ordnung ist immer gebrochen, korrumpierbar und korrumpiert.«

Ausgehend von der Rechtfertigungslehre mit ihrer doppelten Bestimmung des Menschen lässt sich daher (1) eine besondere Sensibilität für die Situationen einfordern, in denen Menschen unter solchen Leben zerstörenden Zusammenhängen leiden. In theologischer Perspektive ist hier nicht nur der kritische Blick auf die Umsetzung des Menschenwürde-Axioms in konkreten Rechten, Regelungen oder Maßnahmen notwendig, sondern zugleich die kritische Begleitung dieser Versuche in dem Bewusstsein, dass selbst gut gemeinte Anstrengungen durch Sünde korrumpiert werden können beziehungsweise Sünde als unbeabsichtigter Nebeneffekt auftreten kann.[95] (2) Zweitens ist auch von dieser Argumentation herkommend darauf hinzuweisen, dass das selbstbestimmte Subjekt nicht ohne weitere ergänzende Bedingungen als Ausgangspunkt für Gerechtigkeitsentwürfe dienen kann. Vielmehr muss betont werden, dass es Kommunikationszusammenhänge gibt, in denen die vielen einzelnen Erfahrungen mangelnder Anerkennung zu einem solchen Netz negativer Macht verdichtet sind, so dass das betroffene Individuum wesentlich in der Ausübung persönlicher Freiheit beschnitten ist. Diese Zusammenhänge ernst nehmend stellt (3) die Dekonstruktion der diese Kommunikationszusammenhänge ausmachenden Symbolisierungen einen möglichen Handlungsansatz dar. Hier kann an die konstruktivistische Perspektive unter Beachtung der in Teil II.2.2 geäußerten Kritik angeschlossen werden.

3.4 Gesundheit als objektives Wohl des Menschen und der individuelle Sinn einer Behinderung unter Anschluss an theologische Deutungen

In einem letzten Abschnitt soll der Gesundheitsbegriff hinsichtlich seiner moralphilosophischen und ethischen Implikationen diskutiert werden. In der ethischen Diskussion heute wird Gesundheit als präsittlicher Wert oder als transzendentales Gut von fundamentalem Rang angesehen.[96] Dieser

---

95 Vgl. hierzu genauer Oberdorfer (1997).

96 Nach Kreß (2005a), S. 5 bildet sie »für den einzelnen Menschen eine entscheidende Voraussetzung bzw. eine Bedingung der Möglichkeit [...], andere Güter und sittliche Werte verwirklichen und sein eigenes Leben eigenverantwortlich sowie mitmenschlich, gemeinwohlorientiert gestalten zu können«. Gegen Kreß ist einzuwenden, dass Gesund-

hohe Stellenwert von Gesundheit spiegelt sich in gesellschaftlichen Leitbildern wie der Utopie eines leidfreien Lebens wider. Natürlich ist beides, Gesundheit als transzendentales Gut und als überhöhtes gesellschaftliches Leitbild, in der wissenschaftlichen Diskussion von einander zu unterscheiden, aber diese Differenzierung wird in den gesellschaftlich vorhandenen Erwartungen an Medizin und Gesundheitswesen keineswegs immer berücksichtigt. Vielmehr ist zu beobachten, dass überdehnte Gesundheitsvisionen mit einer negativen Bewertung von Krankheit einhergehen. Ein Interesse dieser Arbeit gilt der Kritik evaluativer Begriffsbildungen und ihrer abwertenden Folgen hinsichtlich Menschen mit Behinderung. Daher soll zunächst der Zusammenhang zwischen Gesundheit und Wohlergehen moralphilosophisch reflektiert werden. Anschließend sollen Einsichten aus der oben dargelegten theologischen Bestimmung des Menschen in die ethische Perspektive eingebracht werden.

Der im zweiten Teil dargestellte Ansatz der *Disability Studies* geht davon aus, dass eine Behinderung nicht automatisch als Leid zu bezeichnen ist. Dem entsprechen viele Aussagen behinderter Menschen, die sich zufrieden über ihr Leben äußern oder bestätigen, dass sie nicht »geheilt« werden möchten.[97] So ist eines der Ziele der Behindertenbewegung wie der *Disability Studies*, die negative Bewertung einer Behinderung aufzuheben. Der in dieser Studie verwendete Gesundheitsbegriff erlaubt, eine körperliche Beeinträchtigung nicht mehr als Schädigung, sondern lediglich als Variation innerhalb der möglichen Bandbreiten des Normalen aufzufassen.[98] Jedoch wird auf diese Weise nicht geklärt, ob nun eine Behinderung generell eine Einschränkung des Wohls bedeuten muss (etwa wenn Menschen sagen, dass sie unter ihrer Beeinträchtigung leiden) oder nicht, das heißt ob man

---

heit nicht als Voraussetzung für eine eigenverantwortliche Lebensführung zu bezeichnen ist, da diese Formulierung impliziert, dass kranke Menschen kein eigenverantwortliches Leben führen können. Vielmehr wird durch Gesundheit das Möglichkeitsspektrum zur Wahrnehmung von Freiheit und Verantwortung vergrößert.

97 Vgl. die Aussagen von Ch. Judith in dem Streitgespräch »Hättest du mich abgetrieben?« in Die Zeit (2001).

98 Vgl. hierzu Schockenhoff (2000), S. 217: »Es gibt so etwas wie Breitengrade der Gesundheit, die das Spektrum eines ›normalen‹ Verlaufs unserer Körperfunktionen abstecken. Der einzelne Mensch ist in der Regel weder ganz krank noch ganz gesund, sondern er existiert in einem Fließgleichgewicht, das wir solange ›normal‹ nennen, als es vom Durchschnittswert einer allgemeinen Norm nicht all zu weit abweicht.« Vgl. ferner Elliott (1999); Reinders (2000); Silvers (1998); Wendell (1996). Vgl. zum Gesundheitsbegriff in dieser Arbeit oben I.2.2.1 und II.2.3.2.

einfach eine Beeinträchtigung zu einer Differenz umdeuten kann oder dies
aufgrund grundsätzlicher Überlegungen nicht möglich ist. Ist also eine
medizinisch festgestellte Funktionsstörung (Schädigung) in jedem Fall als
Beeinträchtigung des Wohls aufzufassen?[99]

Ein zentraler Aspekt bei der Beantwortung dieser Frage dreht sich um
die Verknüpfung von medizinischer Schädigung und der daraus resultierenden negativen Bewertung einer Behinderung. Da Funktionsstörungen in
der Regel zur Folge haben, dass bestimmte Rollen nicht mehr ausgeübt
oder Tätigkeiten nicht mehr durchgeführt werden können, führen die mit
einer Behinderung verbundenen Funktionsstörungen oftmals zu einer
negativen Einschätzung der Behinderung. Im Rahmen der *Disability Studies*
wird nun entgegnet, dass die Einschränkung der Handlungsmöglichkeiten
nicht durch die medizinische Schädigung, sondern durch die soziokulturelle Umwelt hervorgerufen wird. Demnach ist die Beeinträchtigung des
Wohls nicht automatisch auf die körperliche Funktionsstörung zurück zu
führen und könnte bei entsprechender Ausrichtung der soziokulturellen
Umweltbedingungen auf die Bedürfnisse behinderter Menschen ganz aufgehoben werden. Gesteht man zu, dass für die Bewertung des individuellen
Wohlergehens vor allem die Perspektive des betroffenen Menschen und
nicht die Perspektive, die von außen an diesen herangetragen wird, entscheidend ist, dann müssen die Aussagen vieler Menschen mit Behinderung, sie seien glücklich und zufrieden in ihrem Leben, auch als solche
gelten. Viele Schwierigkeiten von behinderten Menschen lassen sich tatsächlich durch angemessene Unterstützung und individuelle Förderung
beseitigen, so dass nicht länger von einer Einschränkung ihres Wohlergehens gesprochen werden kann. Auf diese Weise kann das subjektive Wohlergehen eines Menschen mit Behinderung auch beim Vorliegen medizinischer Schädigungen bestätigt werden.

Entscheidend ist jedoch, ob dies auch im Sinne des objektiven Wohlergehens gesagt werden kann, ob also das menschliche Wohl insgesamt
durch die subjektive Perspektive bestimmt werden kann oder ob es Aspekte des menschlichen Wohls gibt, die außerhalb dieser in Betracht gezogen werden müssen. So kann man diese Position dahingehend hinterfragen, ob nicht die Tatsache, dass es medizinische Schädigungen gibt, die oh-

---

[99] Schramme (2003a) hat in einem lesenswerten Aufsatz die diesbezüglichen moralphilosophischen Argumente diskutiert. An seinem Beitrag orientiert sich die folgende Darstellung.

ne dauerhafte Kompensationsmittel nicht zu bewältigen sind, dafür spricht, dass eine Behinderung letztlich doch immer als Übel angesehen werden muss. Schramme verdeutlicht dies am Beispiel eines Rollstuhlfahrers, der seine Unfähigkeit zu laufen spätestens dann als massive Einschränkung seines Wohlergehens einräumen müsste, wenn er ohne Rollstuhl auszukommen hätte.[100] Jedoch ist hier zu entgegnen, dass die konkreten Lebensumstände einen wesentlichen Aspekt bei der Beurteilung eines Zustandes ausmachen:

»Eine Behinderung kann nicht völlig abstrakt als ein von Personen unabhängiges ›Ding‹ bewertet werden, sondern nur als Verfassung einer Person, die ihr Leben lebt. Was als Leid gilt, darf deshalb nicht abgehoben von der sozialen Situation des Betroffenen beurteilt werden.«[101]

Viele Menschen mit Behinderung würden nicht bestreiten, dass Funktionsstörungen an sich eine Einschränkung des Wohls darstellen können, sie widersprechen aber der Meinung, dass eine Einschränkung durch die körperliche Beeinträchtigung zu definieren und folglich durch medizinische Eingriffe behoben werden könnte.

»Der negative Aspekt einer Schädigung – so behaupten sie – kann auf nichtmedizinische Weise vollständig beseitigt werden. Demnach ist eine Beeinträchtigung, sollte sie vorliegen, kein intrinsisches Merkmal von medizinischen Schädigungen und damit in kontingenter Weise abhängig von den Lebensumständen.«[102]

Diese Sicht entspricht der oben dargestellten Bestimmung des Menschen, wonach das Humanum gerade in der Relationalität und Angewiesenheit auf andere zu sehen ist. Offen bleibt dennoch die Frage, ob die mit einer Behinderung oftmals einhergehende Bewertung, diese sei ein Übel, gänzlich aufgehoben werden kann.

So gibt es gute Gründe dafür, Gesundheit als objektives Element des menschlichen Wohls auszuzeichnen und damit ein die subjektiven Einschätzungen des Wohlergehens übergreifendes Element des Wohls zu bestimmen. Tugendhat zum Beispiel schreibt:

»Die Frage ist, ob es ein Kriterium dafür gibt, dass es einer Person gut oder schlecht geht, das unabhängig von deren faktischem gegenwärtigen und künftigen Wohlbefinden ist [...]. Nun gibt es zweifellos eine Dimension des menschlichen

---

100 Vgl. ebd., S. 183.
101 Ebd.
102 Ebd.

Seins, für die wir ein solches objektives Kriterium haben, die der körperlichen Gesundheit und Krankheit.«[103]

Tugendhats Sicht ist weit verbreitet und kann als Beispiel für die Position aufgefasst werden, die nach den *Disability Studies* gerade überwunden werden soll.[104] Nach Tugendhat sind zum einen Schädigungen prinzipiell schlecht für den betroffenen Menschen, zum anderen kann man auf Grundlage der anthropologischen Gegebenheiten objektiv eine Krankheit oder Behinderung feststellen. Jedoch ist diese Sicht keineswegs zwingend: Denn nicht jede Schädigung bedeutet automatisch auch eine Einschränkung des Wohls. So kann nach Schramme die Zeugungsunfähigkeit eines Mannes zwar als biologische Funktionsstörung beschrieben werden, aber diese muss nicht in jedem Fall als Übel angesehen werden. So sind Lebensentwürfe denkbar, in denen gar kein Kinderwunsch gehegt wird, weil die Erfüllung in Partnerschaft und Beruf ohne Kinder angestrebt wird.[105] Ähnlich kann bei dem Beispiel der Kleinwüchsigkeit oder der Taubheit argumentiert werden.[106] Fraglich ist also auch hier wieder die Verknüpfung von medizinischer Normalität mit der Bewertung, diese sei ein notwendiger Aspekt des Wohlergehens eines Menschen. Letztlich ist entscheidend, wer darüber bestimmt, was als ein menschliches Bedürfnis gilt und welche Bedürfnisse als zum objektiven Wohl des Menschen gehörig eingestuft werden. Auffällig ist dabei, dass auch bei liberalen Positionen für betroffene Menschen entschieden wird und so ein versteckter Paternalismus gepflegt wird. Wenn jedoch aus der Natur abgeleitete Gründe für die Bestimmung des objektiven Wohls nicht ausschlaggebend sind, dann muss bei einer Schädigung jeweils danach gefragt werden, ob sie in dem jeweiligen Fall eine Einschränkung des menschlichen Wohls bedeutet.[107] Selbst wenn man objektiv eine Schädigung als Übel bestimmen könnte, würde dies noch nicht bedeuten, dass ein davon betroffener Mensch kein gutes

---

103 Tugendhat (1980), S. 51 zit. nach Schramme (2003a), S. 184.
104 Vgl. Giertler (1992), S. 75: »Die Erforschung der Krankheiten hat so große Fortschritte gemacht, dass es immer schwerer wird, eine Menschen zu finden, der völlig gesund ist.«
105 Vgl. Schramme (2003a), S. 184. Für weitere Beispiele siehe ebd.
106 So wird Kleinwüchsigkeit in Verbindung mit einer Wachstumsstörung in der Regel negativ bewertet, der »natürlich« klein gewachsene Mensch hingegen nicht. Taubheit wird von Vertretern der Deaf Culture nicht als Übel oder Zustand des Leids eingeschätzt.
107 Dies heißt nicht, dass das zugrunde gelegte Verständnis von Gesundheit keine Bedeutung für die Bestimmung des menschlichen Wohls hätte, es heißt aber, dass das menschliche Wohl nicht durch medizinische Kriterien bestimmt werden kann.

Leben mehr führen oder kein Wohlergehen mehr haben könnte. Wer dies sagt, behauptet implizit, dass das Leben als Mensch mit Behinderung nicht lebenswert oder wertlos sei.

Man kann sich die hier eingenommene Position auch am Beispiel einer Kultur veranschaulichen, in der Schädigungen bewusst herbeigeführt werden, da sie dem vorherrschenden Schönheitsideal entsprechen.[108] Offenbar ist die Bewertung von Schädigungen oder Funktionsstörungen in entscheidender Weise davon abhängig, welche Körperfunktionen beziehungsweise Fähigkeiten in einer Kultur als besonders wichtig ausgewählt und betont werden. Diese soziale Selektion und Zuschreibung stellt als evaluative Stellungnahme tatsächlich den wesentlichen Grund für die abwertende Sicht von Behinderung in der Gesellschaft dar. Gegen diese Sichtweise ist die positive individuelle Bewertung einer Behinderung zu respektieren und nicht entsprechend der vorherrschenden Meinung einer Mehrheit von Menschen als negativ oder wohlergehensabträglich einzustufen, will man nicht einem Werteimperialismus der Mehrheit anheim fallen. Allerdings muss der Respekt gegenüber der individuellen Bewertung einer Behinderung auch dann gelten, wenn ein Betroffener die Schädigung als solche negativ bewertet und nicht nur bei den gesellschaftlichen Benachteiligungen von Leid spricht. Das reale Leiden an einer Funktionsstörung darf nicht zugunsten der sozialen Konstruktion des Leids übergangen werden.

»Dass sich ein Behinderter die Behinderung nicht gewünscht hat oder er der Meinung sein kann, es wäre gut bzw. besser gewesen, er hätte sie vermeiden können, heißt eben nicht, dass er sie als Leid ansehen muss, geschweige denn, dass sein gegenteiliges Werturteil irrational wäre.«[109]

Wird Gesundheit nicht ausschließlich durch medizinische Normalwerte von Körperfunktionen bestimmt, sondern deren soziale Bedingtheit berücksichtigt, dann eröffnet sich zugleich die Möglichkeit, theologische Einsichten zu Gesundheit beziehungsweise Krankheit und Behinderung anzuschließen. Auch aus theologischer Perspektive ist am heute vorherrschenden medizinischen Gesundheitsbegriff dessen inadäquate Berücksichtigung individueller Werte und sozialer Normen zu kritisieren. So war zu Beginn der Neuzeit Krankheit nicht einfach ein bloßer »Defekt der Gesundheit«. Vielmehr war Krankheit eine Lebensgestalt von eigener

---

108 Vgl. ebd., S. 186.
109 A.a.O, S. 187.

Würde. Der Kranke war nicht ein behinderter, er war ein besonderer Mensch.«[110] Krankheit wurde also ein spezifischer Sinn zuerkannt, der von der religiösen Deutung des Lebenshorizontes getragen wurde. Nach Rössler lag daher ein Beitrag der religiösen Perspektive darin, dass Krankheit »menschliche Existenz nicht außerhalb, sondern innerhalb der Grenzen gültiger sozialer Normalität«[111] definierte. Nun haben sich die Lebens- und Sozialformen ebenso geändert wie die moderne Medizin. Weil die Errungenschaften der modernen Medizin einhergehen mit ihrer Orientierung an operationalisierbaren und rein empirischen Kriterien, kommt dem religiösen Beitrag heute die Bedeutung zu, naturwissenschaftliche Befunde von Krankheit mit der Entdeckung des individuellen Sinns von Krankheit und Behinderung zu vermitteln. Allgemein formuliert plädiert die religiöse Sicht für ein verändertes Verständnis des Heilens. Dabei darf es nicht darum gehen, wieder eine Verbindung zwischen Arzt und Schamanen zu reetablieren. Religionswissenschaftliche Untersuchungen über die Ausübung des Schamanendienstes weisen auf, »dass dieser bei den untersuchten primitiven Religionen sehr oft im Dienste einer religiösen Machterhaltung steht, in keiner Weise also Empathie für die Patienten zeigt«[112]. Dieser Hinweis sollte heute im Blick auf die vielfältigen Formen praktizierter Religiosität beachtet werden, die in ihrer Deutung des Heils und seiner Verbindung mit Heilung keineswegs immer das Wohl des Patienten im Blick haben. Es muss daher gezeigt werden, inwiefern eine Religion einen spezifischen Beitrag für ein ganzheitliches Verständnis des heilenden Dienstes der Medizin beizusteuern vermag. Denn nach Veatch wird den Religionen im 21. Jahrhundert ein größerer Einfluss hinsichtlich medizinischer Entscheidungen zukommen.

»Genau genommen wird nun jede ärztliche Entscheidung von einem religiösen oder quasi-religiösen Gesichtspunkt abhängig gemacht, von einem Glaubens- und Wertesystem, das darüber entscheidet, was der Arzt, der Patient und auch die Gesellschaft als einen verantwortlichen Gebrauch der Medizin ansehen.«[113]

---

110 Rössler (1993), S. 204. Man muss dabei nicht so weit gehen wie Pascal, der in der Krankheit sogar den »natürlichen Zustand des Christen« erkennt, da man als Kranker von allen Gütern und Sinnesfreuden getrennt sich auf die wahren Fragen des Lebens konzentrieren könne. Pascal (1963), S. 32 zit. nach Engelhardt (2003), S. 9.
111 Rössler (1993), S. 204.
112 Golser (2004), S. 241.
113 Veatch zitiert nach Golser (2004), S. 242.

Wie oben bereits angedeutet wurde,[114] leistet die christliche Sicht von Krankheit, weil sie Gesundheit nicht nur als Abwesenheit von Störungen, sondern auch als Kraft versteht, mit ihnen zu leben, einen Beitrag zur Integration von (chronischer) Krankheit oder Behinderung in das individuelle Leben und setzt damit einen Kontrapunkt zur modernen »Krankheit, nicht leiden zu können«[115]. Der kranke oder behinderte Mensch erfährt sich in christlicher Perspektive als ein von Gott geliebtes Geschöpf, dessen Würde auch durch eine Krankheit oder Behinderung nicht zerstört werden kann. Im Gegenteil, es ist nach Moltmann die Gestalt gelebten Lebens, die Menschen in ihrer Umwelt nach Leib und Geistseele entwickeln, in der die Präsenz Gottes lokalisiert wird, egal, ob der Mensch gesund, krank oder behindert ist.[116] Diese Sichtweise ist jedoch nicht erzwingbar oder von außen einzufordern. Die im christlichen Verständnis des Lebens gewonnene Deutung beziehungsweise der individuelle Sinn einer Krankheit bleibt deshalb leer und funktionslos, »wenn der Patient selbst ihn nicht ergreift, um ihn sich zu eigen zu machen und ihn zu realisieren.«[117]

---

114 Vgl. oben III.1.4.2 und III.1.4.3.
115 Richter (1986), S. 127. Vgl. hierzu die provozierende Aussage aus der Behindertenbewegung: »Behindert ist nicht, wer eine Beeinträchtigung hat, sondern wer Leidfreiheit als Ideal vertritt.«
116 Vgl. Moltmann (1993), S. 227.
117 Rössler (1993), S. 208.

Teil IV
Weiterführende Perspektiven für Forschung und Sozialpolitik

1 Summative Zusammenführung der unterschiedlichen Argumentationsstränge

In der Gerechtigkeitstheorie von Rawls haben die Grundgüter, die allen Menschen als Startkapital zustehen, die Funktion, mangelndes Marktkapital auszugleichen. Ihre kompensatorische Wirkung soll faire Chancengleichheit für alle Bürgerinnen und Bürger gewährleisten. Menschen, die gesellschaftlich zu den schlechter gestellten Personengruppen gehören, erhalten darüber hinaus durch den zweiten Gerechtigkeitsgrundsatz von Rawls eine höhere Zuteilung an Gütern, die im Sinne der Verteilungsgerechtigkeit einen Ausgleich für die schlechtere soziale Position schaffen soll. Über diesen Ansatz sollen also sowohl die Grundlagen gesellschaftlicher Kooperation für den Einzelnen bereitgestellt als auch das Wachstum von Ungleichheit in einer Gesellschaft begrenzt werden, wobei der Umfang der redistributiven Wirkung von Rawls zweitem Gerechtigkeitsgrundsatz umstritten ist. In den ersten drei Teilen dieser Arbeit wurden Anfragen an zentrale Aspekte des Rawlsschen Gerechtigkeitsentwurfs diskutiert. Die Kritik an Rawls' Kooperationsverständnis, seiner Grundgüterkonzeption und seinem liberalen Freiheitsbegriff stellt letztlich den Ansatz von Rawls' Theorie in Frage. Die Autonomie des Subjekts erweist sich als unzureichend, um eigene Vorstellungen eines guten Lebens realisieren zu können. Dies hängt entscheidend mit der Abblendung der Dimension der Sozialität zusammen. Durch die Konzeption eines atomistischen Individuums kann keine ethische Verpflichtung zur solidarischen Verantwortung füreinander begründet werden. Die Grundlage gemeinsamen Lebens bleibt so unterbestimmt. Dies wurde vor allem an der Kritik des liberalen Ansatzes durch kommunitaristische Denker, aber auch bei der Diskussion mangelnder sozialer Anerkennung marginalisierter Menschen deutlich.

Sicherlich ist Verteilungsgerechtigkeit als Grundlage für die Garantie des Existenzminimums ebenso wie für die Begrenzung sozialer Ungleichheit notwendig. Jedoch ist die Ableitung einer eigenständigen, ethisch werthaltigen Begründung des Sozialstaats innerhalb dieses Ansatzes umstritten, nicht zuletzt wegen des liberalen Grundsatzes der staatlichen Nichteinmischung in die Bestimmung gesellschaftlicher Vorstellungen des guten Lebens. Fraglich ist, ob auf dieser Grundlage tatsächlich die Spannung zwischen Freiheit und Gleichheit wirksam bearbeitet und sozialpolitisch beantwortet werden kann. Die Ausgrenzungserfahrungen von Menschen mit Behinderung in liberalen Gesellschaften haben gezeigt, dass über positive soziale Rechte nachgedacht werden muss, will man die Gerechtigkeitsansprüche der nur eingeschränkt oder nicht (mehr) kooperationsfähigen Mitglieder einer Gesellschaft berücksichtigen. Ein diesbezüglicher konkreter Vorschlag wurde in dieser Arbeit aufgegriffen und weiter entwickelt, nämlich die Begründung gleichwertiger sozialer Rechte. Weitere Arbeit ist hier darin zu leisten, einerseits den Gedanken gleichwertiger sozialer Rechte sozialrechtlich zu fixieren, andererseits sozialpolitische Verfahren zu entwickeln, die im Falle der Nichtgleichwertigkeit angemessene Kompensationen bereitstellen. Moralphilosophisch können daraus abgeleitete positive Unterstützungsregelungen durchaus mit liberalen Theorien vereinbart werden, denn aus Gerechtigkeitsgründen kann für eine Verpflichtung des Staates argumentiert werden, allen in gleicher Weise den Zugang zu gesellschaftlicher Teilhabe zu ermöglichen.

Weiterhin wurde die besondere Rolle von Gesundheit als Voraussetzung von Kooperation in modernen Gesellschaften gewürdigt. Die Rawlssche Theorie erweiternd wurde Daniels' Vorschlag von Gesundheitsinstitutionen aufgenommen. Da Daniels jedoch auf ein Gesundheitsverständnis Bezug nimmt, das an Durchschnittswerten von Körperfunktionen orientiert ist und somit körperliche Defizite in den Mittelpunkt stellt, wurde der Vorschlag gemacht, als Definition von Gesundheit beziehungsweise Behinderung die *International Classification of Functioning, Disability and Health* (ICF) der Weltgesundheitsorganisation (WHO) zugrunde zu legen. Diese Definition beinhaltet eine körperliche Dimension von Behinderung, nimmt aber das medizinische, auf Schädigungen fixierte Modell aus dem Fokus, indem es dieses in Verbindung setzt zu personen- und umweltbedingten Faktoren des sozialen Verständnisses von Behinderung. Zugleich wird auf diese Weise auch eine Verbindung mit der Teilhabeorientierung der *Disability Studies* möglich, da Partizipation ein wesentliches Merkmal der ICF-Definition ist. Weil die Teilhabeorientierung ebenfalls auf soziale Integration von Menschen mit Behinderung zielt, kann sie als Fortführung des Normalisierungsansatzes aufgefasst werden, ohne dabei dessen Schwäche zu übernehmen. Die Schwäche des Normalisierungsansatzes besteht darin, soziale Integration von Menschen mit Behinderung als Vorgang der Anpassung an die Nichtbehindertenwelt zu konzipieren. Vor allem bei Menschen, die nicht schwerst- oder mehrfach behindert sind, konnte so eine Verbesserung ihrer Lebensumstände erreicht werden. Trotz der Erfolge des Normalisierungsprinzips – hierunter kann zum Beispiel das durch Dezentralisierungsprogramme erzielte nachbarschaftliche Wohnverhältnis von Menschen mit und ohne Behinderung gezählt werden – ist festzuhalten, dass die Orientierung an den gesellschaftlichen Rahmenbedingungen nicht-behinderter Menschen dazu führte, Behinderung als defizitäre Eigenschaft der betroffenen Person zu verstehen. Denn eine Behinderung wird in dieser Perspektive – aufgrund der Defizitorientierung – als ein zu überwindendes Merkmal betrachtet. Daher richtet sich heute das Denken darauf aus, die Fähigkeiten, Kenntnisse und Ressourcen der betroffenen Person in den Mittelpunkt zu stellen und die Teilhabe am gesellschaftlichen Leben über die Passung der individuellen Fähigkeiten mit den jeweiligen Umweltbedingungen zu ermöglichen. Ein Mensch mit Behinderung erscheint dann als ein anerkannter gesellschaftlicher Kooperationspartner, der wie jeder andere Mensch auch Einschränkungen hat, die bei ihm jedoch einen höheren Regelungs- und Unterstützungsbedarf erfordern. Als Zielperspektive des Teilhabegedankens lässt sich in der Gerechtigkeitsperspektive formulieren: Gerechtigkeit ist dort hergestellt, wo alle Mitglieder der Gesellschaft in prinzipiell gleichem Maße auf individuell je unterschiedliche Weise jeweils aktiv und passiv am gesellschaftlichen Leben teilnehmen und an der politischen demokratischen Selbstbestimmung teilhaben können.[1]

Bereits dieser kurze Überblick macht deutlich, dass Gerechtigkeitstheorien in ausdifferenzierten Gesellschaften mehrere Dimensionen berühren. Neben der Absicherung der Existenzgrundlagen (moralisches Minimum) und der Gewährleistung der Voraussetzungen gesellschaftlicher Kooperation (Grundgüter, Gesundheit) ist die Begrenzung sozialer Ungleichheit genauso ein Thema wie die Orientierung an Teilhabe, um auf neuere gesellschaftliche Exklusionsphänomene reagieren zu können. Die Grundlage von Teilhabe besteht neben einer hinreichenden Ausstattung mit Ressourcen zum einen in der Befähigung zum eigenständigen Leben, um die individuell gewollten Formen von Selbstbetätigung und Teilnahme am gesellschaftlichen Leben realisieren zu können, zum anderen in kulturellen und

---

1 Vgl. Heimbach-Steins (2005), S. 56ff.

sozialen Räumen, in denen Menschen die Achtung ihrer Persönlichkeit erfahren und in sozialen Zusammenhängen als wertvolle Kooperationspartner anerkannt sind. Ohne diese Erfahrungen bleibt die Orientierung an Teilhabe nicht mehr als ein abstraktes Ziel. Rechte oder Umverteilung sind jedenfalls nicht zureichend, um tatsächlich zur Teilhabe zu gelangen. Im Befähigungsgerechtigkeitsansatz ist daher statt eines Versorgungssystems, das individuelle Defizite kompensiert, eine auf Selbstbestimmung, das Selbsthilfepotential und das primäre soziale Netzwerk der betroffenen Person abgestimmte Unterstützung vorgesehen.[2] Über die Befähigung soll die eigenständige Lebensführung und Teilnahme am sozialen Leben ermöglicht werden.

Die Anerkennung von Menschen mit Behinderung in zwischenmenschlichen Kommunikationsverhältnissen bedarf über den gleichen rechtlichen Status hinaus auch barrierearm gestalteter Arbeitsbedingungen, damit Menschen mit Behinderung die Chance erhalten, ihre Fähigkeiten produktiv im Erwerbsleben einzusetzen. Ohne Teilnahme am Arbeitsleben bleibt die Teilhabe von Menschen mit Behinderung unvollständig und schreibt zudem ihre wirtschaftliche Abhängigkeit fest und fort. Jedoch muss hier konstatiert werden, dass auch bei einer Teilnahme am Arbeitsleben die wirtschaftliche Abhängigkeit nicht überwunden werden kann, sofern prekäre Arbeitsbedingungen vorherrschend sind. Da jedoch die Dimension der Anerkennung auch das Bedürfnis des Einzelnen, als Person Anerkennung zu erlangen, umschließt, bildet die Frage nach individueller Wertschätzung, emotionaler Zuwendung, Achtung, Respekt et cetera eine zentrale Perspektive von Gerechtigkeit für Menschen mit Behinderung. Ohne personale Anerkennung ist Teilhabe nicht möglich, da die Teilnahme am sozialen Leben durch negative soziale Zuschreibungen unterlaufen würde. Die Berücksichtigung moralischer Gefühle in einer schwachen Theorie des Guten bildet den Versuch, die Anerkennungsfrage gerechtigkeitstheoretisch mit den Grundannahmen liberaler Ansätze zu verbinden. Die darin enthaltenen liberalen Grundhaltungen wie Toleranz, Respekt und Loyalität müssen auch auf der Ebene sozialer Anerkennungspraktiken umgesetzt werden. Die Dekonstruktion jener symbolischen Ordnung, die Menschen mit Behinderung im Sinne »symbolischer Gewalt«[3] in ihren Lebenswegen einengt, auf bestimmte Spuren zwängt, und

---

2 Vgl. Diakonie Dokumentation (2002), S. 13.
3 Greving/Gröschke (2000), S. 206.

die Emanzipation von den mit ihr verbundenen kulturellen Praktiken gehört deshalb genauso zu den Forderungen einer Gerechtigkeit für Menschen mit Behinderung wie die Auseinandersetzung um die diskursive Bestimmung dessen, was kulturell unter Behinderung zu verstehen ist.

Individuelle Freiheit kann nicht ohne Verantwortungsübernahme ausgeübt werden und kann im Einzelfall auch als Überforderung erlebt werden. Menschen, die über Jahrzehnte hinweg bevormundet wurden und nur wenig Selbstbestimmung ausüben konnten, müssen die Möglichkeiten selbstbestimmten Lebens erkunden können. Eigene Erfahrungen zu machen ist notwendig, damit das Vertrauen in das eigene Urteil wächst. Bei solchen Umstellungsprozessen gibt es immer auch »Verlierer«, Menschen, die – aus welchen Gründen auch immer – den neuen Selbstbestimmungs- und Handlungsanforderungen nicht entsprechen (können). Um der Gefahr zu begegnen, dass diese Menschen aufgrund ihrer risikobehafteten Lebenslage in der gesellschaftlichen Randständigkeit verbleiben, ist eine weitere Orientierung notwendig. Sie wurde unter Verweis auf die christliche Tradition in der Liebe gefunden und im dritten Teil mit einer theologisch-anthropologischen Grundlage unterfüttert. Diese in einer starken moralischen Orientierung eingebettete Begründung individueller Einzigartigkeit und Würde bildet den Ausgangspunkt, um zum einen die Sensibilität für die Benachteiligten oder durchs soziale Netz Gefallenen wach zu halten und auch sozialpolitische Entwicklungen aus der Perspektive dieser Menschen zu betrachten. Zum anderen nimmt Liebe entschieden einseitig die Bedürfnisse der betroffenen Person in den Blick und operiert in dieser Perspektive. Hierbei ist vor allem an den Personenkreis schwerst- und mehrfach behinderter Menschen zu denken. Ihre asymmetrischen Lebensverhältnisse erfordern ein Handeln aus Billigkeitsgründen, das durch Liebe motiviert wird. Übertragen auf das individuelle Unterstützungsarrangement bedeutet dies, Voraussetzungen zur Wahrung der Würde der betroffenen Person und der Achtung vor ihr zu schaffen, indem medizinisch-pflegerische Interventionen in ein Gesamtkonzept der Unterstützung eingegliedert werden, das an der persönlichen Beziehungsfähigkeit der Pflegenden orientiert ist, an der Lebenswelt der Betroffenen ausgerichtet wird und das primäre soziale Netzwerk einbezieht.[4] Wenn möglich ist dazu die ambulante Versorgung am Lebensmittelpunkt anzustreben, da durch sie eher Teilhabeoptionen – soweit dies geht – realisiert werden können.

---

4 Vgl. ebd., S. 15.

2 Offene Fragen und Desiderata

Eine grundsätzliche Schwierigkeit von Ansätzen der Verteilungsgerechtigkeit besteht in der Frage, wie die Bandbreite von Variationen an sensorischen, motorischen und kognitiven Funktionen unter den Gesellschaftsmitgliedern ausgeglichen werden sollte. Immer wenn Menschen mit einander verglichen werden sollen, muss eine Vergleichsgrundlage gefunden werden. Soll man sich am sozialen Minimum orientieren oder am Durchschnitt in einer Gesellschaft? Soll dabei beispielsweise von einer Metrik des Vergleichs von Vorteilen ausgegangen werden?[1] Oder bietet sich als Benchmark für eine Kompensation (zum Beispiel von Nachteilen aufgrund körperlicher Beeinträchtigungen) der Status quo vor dem Eintritt einer Behinderung an? In dieser Studie wurde als Vergleichsbasis zunächst von Daniels' Modell der Bandbreite körperlicher Funktionsweisen (des für das jeweilige Lebensalter typischen Zustands) ausgegangen, dieses jedoch später durch die Neufassung der *International Classification of Functioning, Disability and Health* (ICF) der Weltgesundheitsorganisation (WHO) ersetzt, da so die Engführung auf rein körperliche Aspekte einer Behinderung umgegangen werden kann. Auf offen gebliebene Schwierigkeiten dieser Klassifikation als Vergleichsbasis wird nachfolgend noch eingegangen. Zunächst sollen mit Gerechtigkeit und Anerkennung zwei grundlegende Dimensionen aufgegriffen werden, deren inhaltliche Verknüpfung nach wie vor Fragen aufwirft.

---

1 Vgl. Wasserman (1998), S. 190.

2.1 Gerechtigkeit und Anerkennung

In vielen liberalen Gerechtigkeitstheorien wird der Mangel eines Individuums an allgemeinen wertvollen internen Ressourcen infolge einer Beeinträchtigung als Grund für die Verteilung von Gütern angesehen, selbst wenn die Vergleichsbasis dabei unterschiedlich bestimmt wird. Eine Behinderung bezeichnet dann die mangelnde Fähigkeit eines Menschen, externe Ressourcen in Wohlergehen transformieren zu können. Diese Theorien unterscheiden sich damit grundlegend von Ansätzen, die eine Behinderung als soziale Konstruktion auffassen. Deshalb wurden die zwei grundsätzlichen Alternativen im Blick auf die Kompensation von Nachteilen in den ersten beiden Teilen ausführlich diskutiert:

(1) Es werden medizinische und therapeutische Dienste befürwortet, damit die Fähigkeiten des behinderten Menschen gesteigert werden, externe Ressourcen nutzen zu können.

(2) Es wird ein Zuwachs an externen Ressourcen gefordert (zum Beispiel Veränderung der Umwelt im Sinne von Barrierefreiheit), damit die größeren Schwierigkeiten von Menschen mit Behinderung in der Nutzung von Ressourcen kompensiert werden.

Beide Ansätze stellen wichtige Orientierungspunkte für die Behindertenpolitik dar, wobei in der deutschen Diskussion die zweite Alternative erst allmählich rezipiert wird. Diese insistiert darauf, dass Gerechtigkeit für Menschen mit Behinderung nicht nur die Verteilung von Gütern und Dienstleistungen im engeren Sinn ins Auge fassen darf. Die Bedingungen, die zur Einstufung eines Menschen als »behindert« führen, sind nur einige der relevanten Abweichungen, die eine Gesellschaft adressieren muss, wenn sie gerecht sein will. Diese Sicht macht deutlich, dass die physische und soziale Organisation der Gesellschaft als (mit)verantwortlich angesehen werden muss für viele Nachteile, die Menschen mit Behinderung erfahren. Daher ist ein Schwerpunkt der Gerechtigkeitsdiskussion bei der Modifikation gesellschaftlicher Organisation und ihrer Institutionen zu setzen. Als ein wichtiges Ergebnis der Auseinandersetzung zwischen beiden Ansätzen kann festgehalten werden: Eine Bestimmung von Grundgütern, wie dies Rawls vorsieht, ist für die Herstellung von Chancengleichheit nicht hinreichend, auch wenn die großen Entwürfe der Verteilungsgerechtigkeit eine gleiche Ausstattung mit denselben als hinreichend betrachten. Der Grund hierfür liegt in der Bedeutung, die die Anerkennung eines

Menschen durch seine soziale Umwelt für den Einzelnen hat. Da Missachtung, Marginalisierung, Verachtung et cetera erhebliche negative Auswirkungen auf die Ausbildung eines gesundes Selbstverhältnisses und Selbstvertrauens als Voraussetzung gesellschaftlicher Kooperation haben, reicht die Ausstattung mit Grundgütern nicht aus. In dieser Arbeit wurde deshalb versucht, das fundamentale zwischenmenschliche Anerkennungsverhältnis in seinen unterschiedlichen Sphären als wesentliche Dimension sozialer Gerechtigkeit für Menschen mit Behinderung gerechtigkeitstheoretisch zu verankern. Dabei hätte sich auch ein Rekurs auf die Arbeiten von Lévinas angeboten – so kann mit Lévinas zwar der unbedingte Anspruch auf Anerkennung des Anderen ethisch wohl begründet werden,[2] zugleich wird damit aber das liberalen Theorien zugrunde liegende wechselseitige Tauschverhältnis zugunsten des Anderen einseitig aufgelöst, so dass hinsichtlich der gesellschaftlichen Kooperation prinzipiell unbegrenzbare soziale Ansprüche entstehen können. Das zentrale Scharnier für die Verknüpfung der Anerkennungsdimension mit Rawls' Gerechtigkeitsansatz bildete stattdessen die Beobachtung, dass die Voraussetzungen des Rawlsschen Ansatzes selbst als schwache Theorie des Guten zu verstehen sind. Hier bedarf es weiterer Überlegungen, da auf diese Weise zwar moralische Gefühle der Solidarität, Empathie und Sorge , die zur Berücksichtigung asymmetrischer Beziehungen unerlässlich sind, eingefügt werden können, jedoch ist deren Verbindung mit der Dimension der Anerkennung noch ungenügend dargestellt. Als offen gebliebene Frage ergibt sich hier für weitere Studien, den Zusammenhang zwischen der Anerkennung des Anderen und diesen moralischen Gefühlen darzustellen.

2.2 Gesundheit, Krankheit und Behinderung

Ein weiterer wesentlicher Aspekt des zweiten und dritten Teiles bildete die Diskussion des Verständnisses von Gesundheit versus Krankheit und

---

2 Vgl. hierzu auch Løgstrup (1989), der von der ethischen Grundforderung der Nächstenliebe ausgeht, deren Sitz er jedoch vor aller Explikation in der intersubjektiven Verfasstheit menschlicher Existenz sieht. Sie wird als »stumme Forderung« in der Erfahrung wahrgenommen, dass der andere auf mich angewiesen ist und meiner Obhut bedarf Ebd., S. 6.

Behinderung. Am Beispiel des Gesundheitsbegriffs wurde verdeutlicht, dass trotz medizinisch-naturwissenschaftlicher Verfahren Werte wie Gesundheit keineswegs objektiv feststellbar sind. Vielmehr ist Gesundheit zu einem Gegenstand von Definitionen und Klassifizierungen geworden. Die Frage, wie eigentlich Gesundheit definiert wird, wer also gesund ist und wer nicht, ist eine Frage immer wieder neu stattfindender, teils fachlich-spezialisierter, teils breiter öffentlicher Diskussion. Unbesehen davon besteht das Ziel, auf Grundlage dieser Definition Mittel für die medizinische Therapie und Rehabilitation zur Verfügung zu stellen und so den betroffenen Menschen zu helfen, spezifische Beeinträchtigungen kompensieren zu können. Mit der Grenzziehung zwischen Gesundheit und Krankheit werden jedoch zugleich normierende Verständnisse im zwischenmenschlichen Umgang gesetzt, da medizinische Befunde nicht nur deskriptiv, sondern auch evaluativ verstanden werden. Stigmatisierung und Diskriminierung von Menschen, die als krank oder behindert klassifiziert werden, sind die Folge. Die negativ-evaluative Konnotation des Behinderungsbegriffes steht aber der sozialpolitischen Zielsetzung der Achtung der Würde und der Selbstbestimmung von Menschen mit Behinderung entgegen. In diesem Gegensatz kommt die Ambivalenz des sozialpolitischen Ansatzes zum Ausdruck, die darin besteht, dass Menschen mit Behinderung zwar das Recht zugestanden wird, anders zu sein, aber gleichzeitig alle therapeutischen Maßnahmen darauf abzielen, dass die Eigenschaften und Fähigkeiten, die auf eine geistige, körperliche oder seelische Schädigung hinweisen, korrigiert werden sollen. Hier besteht ein nach wie vor ungelöstes Problem in der Schwierigkeit, dass man Schädigungen eingrenzen und festlegen muss, um entsprechende Therapien vorhalten und zur Anwendung bringen zu können. Man kann bei der Definition von Krankheit und Behinderung nicht auf medizinisch-objektive Werte verzichten. Zwar wurde mit dem ICF-Modell einer Behinderung die Schwäche bisheriger, einseitig am medizinischen Modell orientierter Definitionen von Behinderung überwunden. Jedoch löst auch der Einbezug personaler und umweltbedingter Faktoren in die Beschreibung einer Behinderung nicht das Problem, dass sich an der nach wie vor notwendigen medizinischen Beschreibung von Funktionsstörungen negative Wertzuschreibungen anhängen können. Als zweite Forschungsfrage ergibt sich daher die Suche nach einer medizinischen Beschreibung von Schädigungen, die nicht nur die Schädigung als Defizit hervorhebt, sondern zugleich die Kompetenzen benennt, an die in körperlicher und psychischer Hinsicht angeschlossen werden können, um das Defizit zu kompensieren beziehungsweise die eigene Lebenssituation zu bewältigen. Medizinisch müsste also die ganze betroffene Person in den Blick genommen werden und nicht einzelne Schädigungen isoliert betrachtet werden. Einen möglichen Weg hierzu hat der israelische Gesundheitswissenschaftler Antonovsky aufgezeigt, indem er die Bedeutung von Ressourcen in seinem Ansatz der Salutogenese in den Mittelpunkt stellt.[3]

2.3 Gleichheit und Differenz

Letztlich muss jedoch gesehen werden, dass das evaluative Verständnis nicht ursächlich medizinischen Definitionen zuzurechnen ist, sondern mit dem tiefer liegenden, sozialstrukturell bedingten Phänomen von Inklusion und Exklusion zusammenhängt. Gerechtigkeitstheoretisch wurde dies im Verhältnis zwischen (rechtlicher) Gleichheit und (Anerkennung von) Differenz bearbeitet. In dieser Arbeit wurde ein offenes und sich gegenseitig profilierendes Verhältnis zwischen Gleichheit und Differenz vorgeschlagen. Diese spannungsreiche Offenheit ist notwendig, da der Anerkennung von Differenz selbst eine ambivalente Differenz innewohnt. So kann eine Person nur auf dem Fundament bestehender rechtlicher Gleichheit Ungleichbehandlung einklagen. Andererseits besteht zwischen den auf das Individuum bezogenen moralisch anerkannten Rechten und der konkreten Erfahrung von Individuen ein latent spannungsgeladenes Verhältnis, weil Individualität ein Widerstandspotenzial gegen die anerkannte Gleichheit

---

3 Vgl. Antonovsky (1997), der in den 1970er Jahren Salutogenese als Gegenbegriff zur Pathogenese entwickelt hat. Nach dem Modell der Salutogenese ist Gesundheit kein Zustand, sondern muss als Prozess beschrieben werden, der ohne die herkömmliche Unterscheidung von krank und gesund verstanden wird. Gesundheit und Krankheit stellen für Antonovsky die Endpunkte eines Gesundheits-Krankheits-Kontinuums dar, auf dem jeder Mensch zu einem beliebigen Zeitpunkt lokalisiert werden kann. Die individuelle Position auf dem Gesundheits-Krankheits-Kontinuum wird mittels Selbsteinschätzungen von Schmerzen und funktionellen Beeinträchtigungen sowie mittels Expertenurteilen zum aktuellen Behandlungsbedarf und zur Prognose des künftigen Gesundheitszustands operationalisiert. Im Modell werden nicht allein krankmachende Risikofaktoren identifiziert, sondern ebenso gesundheitsunterstützende Schutzfaktoren miteinbezogen, wobei Letztere durch die Betonung des Gesundungswegs in den Mittelpunkt gerückt werden.

der Person enthält. Daher sind zwei Pole der Anerkennungsdimension eingeschrieben: Zum einen der Pol der Individualität, so dass Differenz im Sinne einer irreduziblen Alterität existieren kann. Zum anderen der Pol der Gleichheit, die den Hintergrund für Forderungen nach Anerkennung von Differenz bildet. Das Forschungsdesiderat besteht hier in der Frage der Konturierung der Übergänge zwischen beiden Polen. Denn nicht geklärt ist, welche Situationen zum Aufbrechen des spannungsreichen Verhältnisses zwischen Gleichheit und Differenz führen, so dass ein Individuum den Konflikt zwischen der Eigenperspektive und dem anerkannten Personenstatus als negative Differenz erfährt und die Einbeziehung in den Bereich des öffentlichen Person-Seins, der gleiche Rechte garantiert und die damit verknüpften Praktiken nicht nur toleriert, sondern moralisch positiv qualifiziert, fordert. Als dritte Forschungsperspektive ergibt sich daher, das Verhältnis zwischen Differenz und Gleichheit so zu begründen, dass deren Übergänge konturierbar werden und genauer bestimmt werden kann, wann eine Situation welche Anerkennungsmaßnahmen erfordert.

2.4 Soziale Konstruktion von Behinderung

Eine vierte Forschungsfrage ergibt sich im Blick auf die soziale Konstruktion von Behinderung. Sicherlich ist der Erkenntnis der *Disability Studies* zuzustimmen, dass eine umfassende Teilhabe von Menschen mit Behinderung nicht ohne soziale und kulturelle Gleichstellung möglich ist. Daher kommt der Dekonstruktion bestehender Symbolsysteme und Entmachtung institutioneller Ausgrenzungs- und Diskriminierungsmechanismen eine wichtige Bedeutung zu, damit kulturelle Differenz in unterschiedlichen Entfaltungs- und Bezugsräumen als anerkanntes Anderes existieren kann. Jedoch ist der Weg der *Disability Studies* zu überprüfen: Die Übernahme eindimensionaler Identitätspositionen (zum Beispiel der befähigte Mensch mit Behinderung als selbstbestimmtes Subjekt) führt nicht zur Überwindung bestehender Inklusions-/Exklusionsschemata, da so gerade die vorherrschende Unterscheidung zum nicht-behinderten bürgerlichen Subjekt aufrecht erhalten und fortgeführt wird. Die entscheidende Frage in diesem Zusammenhang ist, ob die diskursive Bezeichnung als behinderter Mensch hintergehbar ist. Dies darf bezweifelt werden, da der Status des Nicht-behindert-Seins ja als das (unerreichbare) Andere gesellschaftlich immer gegenwärtig ist. Stattdessen bietet sich als weiterführender Ansatz ein kulturwissenschaftliches Verständnis von Behinderung an, bei dem die Aufmerksamkeit auf die Macht gesellschaftlicher Diskurse gelenkt wird und die diskursive Auseinandersetzung um die Bedeutung von Behinderung geführt wird. Auf diese Weise könnte die Konzentration auf die binär (behindert/nicht-behindert) konstruierte kollektive Zugehörigkeit auch des befähigten Subjekts überwunden werden zugunsten der diskursiven Auseinandersetzung über das Verständnis von Behinderung. Im Einzelnen ist hier über die Analyse der Entstehung möglicher Subjektpositionen die Konstruktion des autonomen Subjekts zu kritisieren. Zugleich könnte durch ein kulturelles Verständnis von Behinderung das Ziel der politischen Aktion dahin gehend geändert werden, dass nicht mehr nur die Befähigung des Subjekts, sondern die Ermöglichung vielstimmiger Diskurse über Behinderung angestrebt wird, in denen situationsabhängig in unterschiedlichen Kontexten Bedeutungsgehalte von Behinderung verschoben, geändert, neu zusammengesetzt werden können. Hier eröffnet sich ein weites Forschungsgebiet, zu dem meines Wissens noch keine grundlegenden Arbeiten vorliegen.

2.5 Grenzen der Liebe

Anders sieht dies im Blick auf den Ansatz der Verteilungsgerechtigkeit aus. Dieser wurde in vielfältiger Weise kritisiert und erweitert. Eine der Erweiterungen besteht im oben diskutierten Befähigungsgerechtigkeitsansatz, in welchem angestrebt wird, über die Förderung von Fähigkeiten und Kompetenzen eine hinreichende Grundlage für Teilhabeprozesse zur Verfügung zu stellen. Dass auch der Prozess der Befähigung mit Ausschlüssen einhergehen kann, wurde wiederholt deutlich gemacht. Daher ist – ausgehend vom biblischen Gerechtigkeitsdenken, dass sich an Beziehungen gelingender Wechselseitigkeit orientiert – als weiteres Kriterium für Teilhabeprozesse danach zu fragen, ob politische Maßnahmen zugunsten der Gerechtigkeit die Beteiligungschancen der Ausgeschlossenen erhöhen. Die spezifisch theologische Vorstellung von Gerechtigkeit überschreitet dabei den sozialethischen Gehalt liberaler Gerechtigkeitsvorstellungen, weil sie, ähnlich wie die Liebe, sich einseitig an den Bedürfnissen eines Menschen orientiert. Dabei kann die hoffende Liebe des Glaubens als Gegenpol zur prozedural-formalen Gerechtigkeit aufgefasst werden, da sie, gerade weil sie jede Art von gesellschaftlicher Gerechtigkeit zu übersteigen vermag, ein kritisches Korrektiv zu dieser bilden kann. Gleichwohl darf die Liebe nicht absolut gesetzt werden, sondern verbleibt stets im Status des Vorletzten. Die Liebe wird daher immer wieder bei den konkreten Bedürfnissen des Nächsten (erneut) ansetzen, um ein Sensorium für die Perspektive der Benachteiligten der Rechtssysteme zu entwickeln. Offen bleibt dabei jedoch, wie das, was die Liebe für den anderen erfordert, materiell bestimmt oder begrenzt werden kann. Eine theologisch-ethisch weiter zu bearbeitende Frage betrifft daher das Verhältnis von materialer Gerechtigkeit und Liebe. Die einseitige Orientierung an den Bedürfnissen eines schwerst und mehrfach behinderten Menschen kann in eine sehr kostenintensive Betreuungs- und Unterstützungssituation münden, bei der der Einsatz weiterer finanzieller Mittel zu Lasten anderer Gerechtigkeitsziele gehen würde. Welches Maß an materieller Zuteilung entspricht den Erfordernissen der Liebe? An welchen Punkt hört die solidarische Verpflichtung auf?

Zur Begrenzung der solidarischen Verpflichtung wird heute auf die Eigenverantwortung des Einzelnen verwiesen. Der Verweis auf die Eigenverantwortung des Einzelnen dient jedoch in Zeiten knapper öffentlicher Haushalte auch dazu, die Finanzierung von Leistungen einzuschränken. Deshalb kann man im Sinne des Schutzes von schwachen Personengruppen fragen, welche Indikatoren sich benennen lassen, nach denen der Verweis auf die eigenverantwortliche Lebensführung nicht mehr zutreffend ist. Dabei würde meines Erachtens sehr schnell deutlich, dass der Bezug auf Selbstbestimmung und Eigenverantwortung hinsichtlich unterschiedlicher Formen von Autonomie differenziert und entsprechend abgestimmte Formen der Unterstützung von Selbstbestimmung ausgearbeitet und die Befähigung zur Eigenverantwortung stärker berücksichtigt werden muss.

2.6 Anthropologische Voraussetzungen des Liberalismus

Der Hinweis auf das zu differenzierende Autonomieverständnis hat bereits die Brücke zu den grundsätzlichen Anfragen dieser Arbeit an das liberale Menschenbild geschlagen. Bei der Diskussion von Rawls' Gerechtigkeitstheorie wurde im ersten Teil an die kommunitaristische Kritik des »atomistischen« Individuums angeschlossen. Auch wenn Rawls seine Gerechtigkeitstheorie im Sinn einer politischen Gerechtigkeitskonzeption weiterentwickelt hat, so wurde doch deutlich, dass über den Ansatz bei der Autonomie des Subjekts und der Verbürgung seiner Rechte Menschen in asymmetrischen Verhältnissen nicht angemessen berücksichtigt werden können. Der gleiche Status als Rechtssubjekte ist – selbst bei erhöhter Grundgüterausstattung – nicht hinreichend, damit Menschen, die ihr Leben lang auf Hilfe angewiesen sind, auch tatsächlich in den Stand versetzt werden, als Kooperationspartner in der wohlgeordneten Gesellschaft auftreten zu können. Hier ist ein grundsätzlicher Perspektivwechsel vonnöten, denn Rawls' Kooperationsverständnis bedingt, dass auch unterstützungsbedürftige Menschen an das im Gesellschaftsvertrag zugrunde gelegte Niveau der Kooperation herangeführt werden – oder sie fallen aus den im Gesellschaftsvertrag begründeten Tauschverhältnissen heraus. Die Zielperspektive sollte aber nicht darin bestehen, Menschen mit Behinderung auf ein möglichst »normales« Niveau der Kooperation zu bringen, sondern sie in ihrem Sosein als Ausdruck ihrer Würde zu achten und daran anschließend danach zu fragen, wie Regelungen beschaffen sein müssen, damit alle Formen menschlichen Lebens in einer Gesellschaft zur gleichberechtigten Teilhabe gelangen können.

Daher ist meines Erachtens der Begriff der Kooperation, die im Urzustand zum gegenseitigen Vorteil eingegangen wird, zu korrigieren, damit die ganze Vielfalt menschlicher Reziprozitätsverhältnisse erfasst werden kann. Dazu müssten die Interessen der Akteure im Urzustand dahingehend verändert werden, dass sie nicht nur ihre eigenen, sondern auch die Interessen anderer berücksichtigen. Im zweiten Teil dieser Arbeit wurde argumentiert, dass eine moralische Verpflichtung zur Unterstützung und Sorge nur in der konstitutionellen Hilfs- und Schutzbedürftigkeit des anderen Menschen begründet werden kann. Die Frage ist, ob man mit einem solchen Verständnis nicht bereits die Logik des Gesellschaftsvertrages außer Kraft setzt, der die Vereinbarung auf Regeln gerade durch den gegenseitigen Vorteil der Vertragsparteien begründet. Bleibt man dagegen bei den im Urzustand beschlossenen Regeln, ergibt sich das Problem, wie durch diese allgemeinen Gerechtigkeitsprinzipien solche moralischen Gefühle wie Empathie, Liebe, Solidarität, die aufgrund ihrer affektiven Basis für die Übernahme von Sorge für schwache oder bedürftige Menschen unerlässlich sind, einbezogen werden können. Denn ein moralisches Urteil setzt in kantischer Tradition ja gerade voraus, dass es aufgrund allgemeiner moralischer Prinzipien zustande gekommen ist und der Berücksichtigung von

Emotionen vorausgeht. Der in dieser Arbeit aufgenommene Vorschlag, die moralische Rücksichtnahme auf andere als schwache Theorie des Guten zu reformulieren, stellt letztlich eine Weiterentwicklung des Rawlsschen Ansatzes außerhalb der Prämissen des Urzustandes dar, da er eine Orientierung der Moral nicht an den notwendigen Voraussetzungen gesellschaftlicher Kooperation, sondern an den Bedürfnissen des Menschen beinhaltet.

Hier ergeben sich also ganz unterschiedliche, zum Teil massive Anfragen an den Ansatz von Rawls' Gerechtigkeitstheorie, die an dieser Stelle nicht mehr alle wiederholt werden sollen. Diese Anfragen führen zu der Überlegung, ob nicht über eine Konkretisierung der anthropologischen Voraussetzungen ein leistungsfähigeres Modell von Gerechtigkeit für Menschen mit Behinderung entwickelt werden könnte. Hierzu müssten die anthropologischen Voraussetzungen nicht nach dem Kriterium der moralischen Urteilsfähigkeit ausgerichtet werden, sondern es wäre bei der Wahrnehmung von Menschen und ihrer Lebensformen anzusetzen, um daran anschließend nach ethischen Konsequenzen zu fragen. So können zum Beispiel Menschen mit schwerer geistiger Beeinträchtigung, die offensichtlich nicht dem Kriterium der Reziprozität entsprechen, das Rawls im Urzustand voraussetzt, trotzdem in intensiven und vielfältigen Formen von Reziprozitätsverhältnissen stehen. Liebevolle, humorvolle, wertschätzende und spielerische Interaktionen sind zwischen Menschen mit geistiger Beeinträchtigung und ihren Bezugspersonen offenkundig gegeben. Ihre Angewiesenheit auf Unterstützung durch andere lässt sich jedoch nicht mit der Rawlsschen Idee gesellschaftlicher Kooperation vereinbaren. Weil – Rawls' Personbegriff entsprechend – zudem Abstriche in Bezug auf ihre moralische Urteilsfähigkeit gemacht werden müssen, kann ihnen zwar ein gewisser Schutz, aber kein voller Bürgerstatus zuerkannt werden.[4] Dies ist meines Erachtens jedoch mit einer Theorie, die soziale Gerechtigkeit begründen möchte, nicht vereinbar. Es stellt sich daher die Aufgabe, auf dem Boden des Liberalismus Achtung vor und Sorge für andere Menschen gerechtigkeitstheoretisch so zu begründen, dass der Würde menschlichen Lebens als bedürftigem Leben im Entwurf einer wohlgeordneten Gesellschaft entsprochen wird.

---

4 Vgl. Nussbaum (2006), S. 135.

3 Teilhabe von Menschen mit Behinderung und ihre sozialpolitische Umsetzung

In diesem Kapitel sollen Konsequenzen aus dem dargestellten Gerechtigkeitsansatz für sozialpolitische Zielsetzungen und sozialstaatliche Regelungen aufgezeigt werden. Dabei werden – nach einem Überblick zur Datenlage hinsichtlich der Teilhabe von Menschen mit Behinderung – sozialstaatliche Leistungen für behinderte Menschen einer Analyse aus gerechtigkeitstheoretischer Perspektive unterzogen und Vorschläge zur Umsetzung des Teilhabegedankens gemacht.

Behinderung gilt als einer der Hauptrisikofaktoren für soziale Ausgrenzung.[1] Daher ist umso erstaunlicher, dass in Deutschland, dessen Bevölkerung zu einem Anteil von circa 8 Prozent aus Menschen mit Schwerbehinderung besteht, Behinderung als Risikofaktor sozialer Exklusion in den sozialwissenschaftlichen Fachdiskursen bisher nicht genügend beachtet wurde.[2] Die in Deutschland lange Zeit vorherrschende Reduktion von Behinderung auf personenbezogene Faktoren führte dazu, dass durch individualistische Erklärungen das Phänomen Behinderung persönlichen Umständen zugerechnet wurde und die gesellschaftliche Dimension vernachlässigt wurde.[3] Die damit verbundene Entpolitisierung mag einer der Gründe dafür sein, dass sozialstrukturelle Faktoren im Rehabilitationssystem in Deutschland nur ungenügend berücksichtigt wurden. Dies spiegelt sich auch in den Datenlage zur gesellschaftlichen Teilhabe von Menschen mit Behinderung wider.

---

1 Vgl. Europäische Kommission (2002), S. 9.

2 Vgl. Bendel (1999), S. 302: »Trotz dieses Ausmaßes und der bis heute ungebrochenen einschneidenden sozialstrukturellen bzw. individuell-biografischen Prägung, die sich hiermit verbindet, hat die ›Lebenslage Behinderung‹ im Unterschied etwa zu Themen wie Armut, Arbeitslosigkeit oder ethnische Minderheiten in den sozialwissenschaftlichen Fachdiskursen weder einen angemessenen Ort noch einen angemessenen Stellenwert erhalten.«

3 Vgl. Wansing (2005), S. 78f.

3.1 Daten zur Teilhabe von Menschen mit Behinderung in Deutschland

Empirische repräsentative Daten über Menschen mit Behinderung sind in verschiedenen Einzelstudien sowie in den Statistiken über schwerbehinderte Menschen des Statistischen Bundesamtes enthalten, auch wenn insgesamt die Datenlage wegen größerer Lücken keinen zufrieden stellenden Informationsstand ermöglicht. Die hier wiedergegebenen Daten sollen einen Überblick über die Teilhabe von Menschen mit Behinderung in Deutschland geben. Vier verschiedene Bereiche von Teilhabe beziehungsweise Ausgrenzung können unterschieden werden[4]:

(1) Ökonomische Ausgrenzung: Teilhabe am Wirtschaftsleben wird über den Zugang zum Arbeitsmarkt und über die Ausstattung mit finanziellen Ressourcen eröffnet.[5] Ein Arbeitsplatz sichert nicht nur finanzielles Einkommen, sondern eröffnet auch die Möglichkeit zu sozialen Beziehungen und vermittelt soziale Anerkennung und Status. Aus diesen Gründen erscheint es zunächst plausibel, dass das deutsche Rehabilitationssystem vor allem auf die Wiedereingliederung ins Erwerbsleben ausgerichtet ist. Die Daten zur Erwerbsbeteiligung von Menschen mit (Schwer-) Behinderung haben sich seit den 1980er Jahren jedoch kontinuierlich verschlechtert. Der Gesetzgeber hat versucht, durch das Gesetz zum Abbau der Arbeitslosigkeit Schwerbehinderter (SchwbBAG), das im Jahr 2000 verabschiedet wurde, darauf zu reagieren. Trotzdem besteht eine deutliche Benachteiligung von Menschen mit Behinderung auf dem Arbeitsmarkt fort,[6] die sich nicht nur in höherer Arbeitslosigkeit, sondern auch in länger andauernder Arbeitslosigkeit zeigt: Im Jahr 2002 waren circa 43 Prozent aller Arbeitslosen mit einer Schwerbehinderung bereits länger als ein Jahr arbeitslos.

»Sowohl die niedrige Erwerbsbeteiligung als auch die hohe und lang anhaltende Arbeitslosigkeit behinderter Menschen sind deutliche Zeichen eines erhöhten

---

4 Dabei folge ich der Darstellung in Wansing (2005), S. 81–101.

5 Vgl. ebd., S. 83: »Inklusion in das Wirtschaftssystem lässt sich in der modernen Gesellschaft im Wesentlichen über zwei Formen realisieren: zum einen über die verberuflichte Leistungsrolle eines Erwerbstätigen und zum anderen über die Publikumsrolle eines Konsumenten.«

6 Vgl. ebd.: Die Erwerbsbeteiligung von Menschen mit einer Schwerbehinderung liegt im Jahr 2003 mit 48 Prozent deutlich unter der Marke von Menschen ohne Behinderung in Höhe von 73 Prozent.

Exklusionsrisikos, das aufgrund der zentralen Bedeutung von Arbeit die Inklusionschancen auch anderer gesellschaftlicher Bereiche nachhaltig senkt.«[7]

Ähnlich verhält es sich bei der Einkommenssituation behinderter Menschen. Obwohl hier die Datenlage lückenhaft ist, zeichnet sich die schlechtere Einkommenssituation deutlich ab. »Im Vergleich zum jeweiligen Einkommen der Gesamtbevölkerung ist […] sowohl die relative Position des Brutto- als auch des Nettoerwerbseinkommens schwerbehinderter Menschen gesunken.«[8] Ebenso ist das Pro-Kopf-Einkommen von Haushalten, in denen ein Mensch mit Behinderung lebt, im Vergleich zur Gesamtbevölkerung geringer. Nur bei Menschen älter als 55 Jahre gibt es eine im Vergleich gute finanzielle Situation für behinderte Menschen, die durch Haushaltsstruktur und Renteneinkünfte bedingt ist. Zu beachten ist dabei jedoch, dass Menschen mit Behinderung einen erhöhten Bedarf an Ressourcen aufweisen, da sie behinderungsbedingte Maßnahmen, die der Sozialträger nicht übernimmt, aus dem eigenen Haushaltseinkommen erbringen müssen. »Wird dieser Mehraufwand vom Haushaltseinkommen abgezogen, zeigt sich ein deutlich erhöhtes Risiko für Niedrigeinkommen und Armut.«[9]

(2) Ausgrenzung im Bildungssystem: Für Kinder mit und ohne Behinderung bestehen in Deutschland ungleiche Bildungschancen, die nicht zuletzt durch das separierte Sonderschulsystem bedingt sind.[10] Zwar weisen nationale und internationale Untersuchungen darauf hin, dass der gemeinsame Unterricht von nicht-behinderten und behinderten Kindern im Vergleich zu Sonderschulen lerneffektiver, mindestens aber gleich wirksam ist und eine kostenneutrale Verlagerung der sonderpädagogischen Förderung in die allgemeinen Schulen bei mindestens gleicher pädagogischer Qualität erzielbar ist,[11] aber die Diskussion über integrative Schulen in Deutschland kommt nur langsam voran. So wurden – trotz der Aufhebung der automatischen Zuweisung zu einer Sonderschule in den Empfehlungen der Kultusministerkonferenz (KMK) zur sonderpädagogischen Förderung vom 6. Mai 1994 – im Jahr 2002 in Deutschland von insgesamt 495.300 Schülerin-

---

7 Ebd., S. 84.
8 Maschke (2002), S. 51.
9 Wansing (2005), S. 87.
10 Vgl. oben den Exkurs über »Die Frage der Sonderschule« unter II.2.3.2.
11 Vgl. Preuß-Lausitz (2000); Wansing (2005), S. 89.

nen und Schülern mit sonderpädagogischem Förderbedarf nur 13 Prozent in allgemeinen Schulen, aber 87 Prozent in Sonderschulen unterrichtet.[12]

»Auch wenn die Anzahl von Schülern mit sonderpädagogischem Förderbedarf in den allgemeinen Schulen tendenziell ansteigt, muss insgesamt festgehalten werden, dass die Bundesrepublik im europäischen Vergleich nach wie vor ein ›integrationspädagogisches Entwicklungsland‹ [...] darstellt.«[13]

An dieser Situation ändert sich auch nach Schulabgang nur wenig. Junge Menschen mit einer körperlichen Beeinträchtigung haben eine größere Chance, einen Ausbildungsplatz auf dem ersten Arbeitsmarkt zu finden, als Jugendliche mit einer Lernbehinderung oder einer geistigen Beeinträchtigung, für die mit den Berufsbildungs- und Berufsförderungswerken wiederum separierte Institutionen zur Verfügung stehen. Der weitaus größte Teil von Menschen mit geistiger Behinderung findet in den Berufsbildungsbereichen der Werkstätten für behinderte Menschen oftmals die einzige Möglichkeit für eine berufliche Ausbildung. Auch im Bereich der Erwachsenenbildung besteht ein nur eingeschränkter Zugang für diese Menschen, der sich sowohl in der qualitativen Begrenzung der angebotenen Themen als auch in der quantitativen Begrenzung der Zahl der angebotenen Kurse ausdrückt.

»Es hat den Anschein, dass VHS [Volkshochschulen, J.E.] bei Menschen mit geistiger Behinderung ihrem Grundsatz nach Offenheit kaum nachkommen, und auf jeden Fall besteht in Bezug auf Einlösung des Normalisierungsprinzips und Aufhebung sozialer Benachteiligung Handlungsbedarf.«[14]

(3) Soziale Isolation und Diskriminierung: Wenn soziale Beziehungen zugleich Voraussetzung, Mittel und Wirkung gesellschaftlicher Inklusion sind,[15] dann kommt sozialen Ressourcen eine wesentliche Bedeutung insbesondere für die Menschen zu, die aufgrund einer Beeinträchtigung zur Deckung ihrer besonderen Hilfebedarfe auf ein funktionierendes soziales Netzwerk angewiesen sind. Die soziale Wirklichkeit sieht jedoch anders aus: Studien belegen die Einbindung in – im Vergleich zu nicht-behinderten Menschen – kleinere Netzwerke, die darüber hinaus hauptsächlich in

---

12 Vgl. Wansing (2005), S. 89.
13 Ebd., S. 90.
14 Hoffmann/Kulig/Theunissen (2000), S. 352.
15 Vgl. Wansing (2005), S. 72–74.

Beziehungen innerhalb der eigenen Verwandtschaft bestehen.[16] Dass sich die Aufnahme und Pflege sozialer Beziehungen für Menschen mit Behinderung in der Regel schwierig gestaltet, liegt insbesondere an negativen Einstellungen nicht-behinderter Menschen ihnen gegenüber sowie an Mobilitäts- und Kommunikationsproblemen.[17] So berichten viele Menschen mit Behinderung über Formen alltäglicher Diskriminierung.[18] In dieses Bild passt, dass die soziale Isolation mit steigendem Hilfebedarf zunimmt und Menschen in stationären Einrichtungen nur über sehr eingeschränkte soziale Kontakte außerhalb der Einrichtung verfügen.

»Zum einen fühlen sich Menschen mit Behinderung häufig unsicher im Umgang mit nichtbehinderten Personen und sind deswegen bei sozialen Kontakten weitgehend auf ›ihresgleichen‹ verwiesen. Zum anderen trägt zu ihrer Kontaktarmut auch bei, dass sie von vielen – nichtbehinderten – Personen als Fremde empfunden werden, als Menschen, die anders sind als gewohnt, und man ihnen daher mit Misstrauen und Vorurteilen begegnet.«[19]

(4) Barrieren im Zugang zur Umwelt und zu Dienstleistungen: Hier sind erste Erfolge des Gleichstellungsgesetzes bemerkbar, auch wenn viele Menschen mit Behinderung nach wie vor von öffentlichen Dienstleistungen und von sozialen und kulturellen Angeboten ausgeschlossen bleiben. Beispielhaft werden im Folgenden einige Bereiche mit Zugangsschwierigkeiten aufgeführt. So ist bei dem leistungsfähigen und gut ausgebauten

---

16 Vgl. Hamel/Windisch (1993), S. 434: »Defizite sozialer Integration der behinderten Menschen offenbaren sich mit der vergleichsweise geringen Zahl von FreundInnen, FreizeitpartnerInnen und Vertrauenspersonen (confidants) gerade in den Bereichen, die für eine Teilnahme am sozialen und gesellschaftlichen Leben wichtig sind, während eher traditionell geprägte Beziehungen zu Verwandten, Haushaltsmitgliedern und Nachbarn weniger stark beeinträchtigt sind.« Vgl. auch Windisch/Kniel (1993).

17 Vgl. Wansing (2005), S. 92.

18 In einer bundesweiten Studie von Eiermann/Häußler/Helfferich (2000) über Frauen mit Körper- und Sinnesbehinderungen gaben zwei Drittel der Frauen diskriminierende Erlebnisse an. »Sie wurden ungefragt geduzt oder angefasst, ignoriert oder einfach nicht für ›voll‹ genommen, unverhohlen angestarrt oder gar direkt beschimpft« (Ebd., S. 120). Ein ähnliches Ergebnis ergab eine Befragung von erwachsenen Menschen mit Behinderung in stationären Einrichtungen. »Die Frage, ob sie aufgrund ihrer Behinderung schlechte Erfahrungen mit anderen Menschen gemacht haben, wurde von 58,2 % der befragten Bewohnerinnen und Bewohner verneint, von 40,5 % aber bejaht« (Wacker u.a. (1998), S. 270).

19 Wacker u.a. (1998), S. 302.

Gesundheitssystem in Deutschland zu konstatieren, dass Versorgungsstandards für Menschen mit geistiger Behinderung nicht eingehalten werden.

»Das System der medizinischen Regelversorgung [...] ist häufig nur ungenügend mit den gesundheitlichen Besonderheiten von Menschen mit geistiger Behinderung vertraut und/oder nicht in der Lage, unter den bestehenden Erfordernissen und Besonderheiten ihrer gesundheitlichen Versorgung Rechnung zutragen.«[20]

Da Menschen mit Behinderung aufgrund ihrer physischen oder psychischen Beeinträchtigung in besonderer Weise auf gesundheitliche Dienstleistungen angewiesen sind, bildet die ablehnende Haltung der ärztlichen Standesorganisationen hinsichtlich einer verbesserten Qualifikation von Ärzten in Bezug auf die Behandlung von Menschen mit (geistiger) Behinderung einen gesundheitspolitischen Rückschritt,[21] der angesichts der steigenden Anzahl von alten Menschen mit Behinderung weitere Mängel in der Gesundheitsversorgung nach sich ziehen wird. Hierzu zählt auch das zu geringe Angebot an geriatrischen Leistungen für Menschen mit Behinderung.[22]

Ein weiterer Bereich betrifft den Zugang zum öffentlichen Verkehrssystem. Die Bedeutung von Mobilität in der modernen Gesellschaft ist unbestritten hoch.

»Mobilität als Mediator zwischen biologisch begründeten Bedürfnissen wie Arbeit, Bildung, Erholung, Einkauf etc. und interaktionistischen Bedürfnissen wie Mitgliedschaften, Kommunikation und sozialen Aktivitäten, erweitert den individuellen Aktionsraum, ermöglicht zeitliche, räumliche und personale Unabhängigkeit und ist nicht zuletzt Ausdruck von Lebensqualität.«[23]

Dass hier weitere Anstrengungen notwendig sind, um den Zugang zu Transportmitteln auch für Menschen mit Behinderung zu gewährleisten und ihre Mobilität im Individualverkehr und Öffentlichen Personennahverkehr zu erhöhen, belegen verschiedene Befragungen.[24] Neben der Beseitigung physischer Zugangsbarrieren ist jedoch auch an die Vermittlung entsprechender Kompetenzen zu denken. Mobilitätserfahrungen bestehen für viele Menschen mit Behinderung vor allem in passiver Mobilität durch

---

20 Bundesverband evangelische Behindertenhilfe (2001), S. 66.
21 Vgl. Martin (2003), S. 315.
22 Vgl. zur Lebensqualität im Alter bei Menschen mit Behinderung Kruse/Ding-Greiner/Grüner (2002).
23 Stöppler zitiert nach Wansing (2005), S. 95.
24 Vgl. hierzu die Angaben in Wansing (ebd.).

Fahrdienste, so dass die Möglichkeit, sich Kompetenzen zu selbständiger Mobilität zu erwerben, oftmals nicht besteht.

Als letzter Bereich soll der Zugang zu Information genannt werden. Ohne Zugang zu Information fällt eine wesentliche Voraussetzung weg, die zur Teilhabe an den vielfältigen Kommunikationsprozessen in der so genannten Wissens- beziehungsweise Informationsgesellschaft notwendig ist. Die Fähigkeit zum Informationsaustausch muss angesichts der steigenden Nutzung von Informations- und Kommunikationstechnologien geschult werden, damit über entsprechende Kenntnisse die Teilnahme an kommunikativen Prozessen möglich ist. Die Hoffnung, dass gerade über die Möglichkeiten von Softwareprogrammen und Hardwarekomponenten die Bedürfnisse von Menschen mit Beeinträchtigungen berücksichtigt und durch anwenderspezifische Lösungen in besonderer Weise bedient werden könnten, hat sich jedoch nicht erfüllt. Eine australische Studie aus dem Jahr 2003 kommt zu dem Ergebnis, dass die digitale Revolution an behinderten Menschen vorbeizieht.[25] Damit die neuen Informations- und Kommunikationstechnologien für Menschen mit Behinderung nicht ein zusätzliches Ausgrenzungsrisiko darstellen, ist eine gezieltere Förderung assistiver Technologien[26] unbedingt erforderlich.[27]

Die genannten Bereiche verdeutlichen, dass eine Behinderung auch in Deutschland ein erhöhtes Exklusionsrisiko darstellt, das sich nicht selten in so genannten Exklusionskarrieren verfestigt.

»Durch die fortschreitende Ausgrenzung aus gesellschaftlichen Funktionssystemen und ihren Organisationen sowie die Diskriminierungstendenzen auf Ebene der sozialen Interaktion kann Behinderung im Lebenslauf zu einer Negativkarriere der Ausgrenzung kumulieren.«[28]

---

25 Vgl. Goggin/Newell (2003).

26 Vgl. Weiss (1996), S. 374: »Assistive Technologien umfassen alle technischen Hilfsmittel durch die behinderte Menschen ihre funktionalen Fähigkeiten erhalten bzw. steigern können. Diese Gruppe beinhaltet sowohl mechanische ›low-technology‹ als auch elektromechanische und computergestützte ›high-technology‹ Hilfsmittel.«

27 Nach einer vergleichenden Untersuchung der Europäischen Kommission (European Commission 2003) über den Zugang zu assistiver Technologie bestehen in Deutschland trotz gesetzlicher Anspruchsgrundlage größere Umsetzungsschwierigkeiten, die von einer zu intransparenten und bürokratischen Bedarfseinschätzung und Bewilligung bis zur vom Rehabilitationsträger zu sehr eingeschränkten Auswahl an Produkten reichen.

28 Wansing (2005), S. 99.

Besonders an den biografischen Übergängen von einem Gesellschaftsbereich in den anderen besteht eine erhöhte Ausschlussgefährdung. Am deutlichsten zeigt sich diese beim Übergang von der Schule in die Berufsausbildung. Da Schulabschlüsse für die Teilnahme am Erwerbsleben unabdingbare Voraussetzung sind, macht sich der hohe Anteil von 80 Prozent der Schülerinnen und Schüler, die ohne einen (Haupt-)Schulabschluss die Sonderschule verlassen,[29] besonders negativ bemerkbar.

»Vor diesem Hintergrund ist festzuhalten, dass neben den allgemeinen gesellschaftlichen Funktionssystemen und ihren Organisationen insbesondere die Institutionalisierung von Maßnahmekarrieren durch die Systeme der Sonderschule und der beruflichen Rehabilitation Übergangs- und Ausgrenzungsrisiken produzieren und für Menschen mit (geistiger) Behinderung einen Lebenslauf formieren, der kaum Diskontinuität im Sinne eines Entweichens zulässt.«[30]

Die sozialstaatliche Organisation des Rehabilitationssystems in Deutschland spiegelt daher die in den ersten beiden Teilen dieser Studie herausgearbeitete Doppelgesichtigkeit des liberalen Wohlfahrtsstaates wider: Einerseits werden Menschen mit Behinderung in die gesellschaftlichen Funktionssysteme institutionell inkludiert (Schule, Berufsausbildung, Erwerbssystem); »gleichzeitig produzieren die rehabilitativen Sondermaßnahmen jedoch Ausgrenzung, weil sie nicht die relevanten (ökonomischen, sozialen und kulturellen) Ressourcen und Kompetenzen vermitteln, die für eine an der Normalbiografie orientierte Lebensführung und -bewältigung benötigt werden«[31]. Diesem Fazit Wansings ist grundsätzlich zuzustimmen, auch wenn die Orientierung an der Normalbiografie wieder die Gefahr eröffnet, in ein gegenüber »normalen« Menschen defizitäres Verständnis von Menschen mit Behinderung zurückzufallen. Nicht die Normalbiografie des bürgerlichen Subjekts sollte Bezugspunkt der Orientierung sein, sondern die jeweiligen Ressourcen, Kompetenzen und Beeinträchtigungen, die nach der *International Classification of Functioning, Disability and Health* (ICF) die Orientierungsgrundlage für rehabilitative Maßnahmen darstellen.

---

29 Vgl. ebd., S. 100, Angaben für das Jahr 2002. Nach Pfaff (2002), S. 874 hatten im Jahr 1999 13 Prozent aller 25–45-jährigen Menschen mit (Schwer-)Behinderung keinen Schulabschluss gegenüber 2 Prozent der nicht-behinderten Menschen der gleichen Altersstufe.

30 Wansing (2005), S. 101. Vgl. Solga (2003).

31 Wansing (2005), S. 101.

3.2 Sozialstaatliche Leistungen für Menschen mit Behinderung

Soziale Gerechtigkeitsvorstellungen einer Gesellschaft schlagen sich in übergreifenden Grundprinzipien wie zum Beispiel dem solidarischen Schutz sozial benachteiligter Menschen nieder. Aus ihnen folgen konkrete soziale Rechtsbestände. Dabei ist die Vorstellung zugrunde gelegt, dass Sozialpolitik soziale Gerechtigkeit institutionalisiert, kodifiziert und konkretisiert. So müssen die Grundsätze sozialer Gerechtigkeit in dem konkreten Sozialrechtsbestand einer Policy enthalten sein, die von diesen normativ überstiegen und gebündelt werden.[32]

Heute erfordert die Veränderung der Struktur sozialer Problemlagen von vertikalen zu horizontalen Ungleichheiten und Exklusionsrisiken eine neue Ausrichtung wohlfahrtsstaatlicher Aufgaben. »Die Teilhaberechte aller Bürgerinnen und Bürger zu sichern und Ausgrenzungen zu vermeiden, wird zur zentralen Herausforderung an den modernen Wohlfahrtsstaat.«[33] Dieser muss einen deutlichen Richtungswechsel vollziehen im Sinne einer umfassenden, inklusionsvermittelnden Lebenslagenpolitik, »die an dem Ziel orientiert ist, auch den ökonomisch Randständigen bzw. überflüssig Gewordenen ein solches Leben als BürgerInnen zu ermöglichen, das Chancen der selbstbestimmten Lebensgestaltung und der gesellschaftlichen Teilnahme ermöglicht«[34].

Für heutige Exklusionsverhältnisse[35] kennzeichnend ist eine mehrdimensionale Unterversorgung, bei der zwar der Mangel an ökonomische Ressourcen weiterhin gewichtig ist, da das Fehlen finanzieller Mittel sich

---

32 Vgl. Rüb (1998), S. 332: »Sozialstaatliche Policies leben von solchen übergreifenden Normbeständen, weil diese sonst ein zusammenhangloses, unverbundenes Patchwork von einzelnen Gesetzen wären.«

33 Wansing (2005), S. 106.

34 Scherr (1999), S. 52.

35 Vgl. Giddens (1999), S. 120: »Inklusion meint in seiner allgemeinen Bedeutung die bürgerlichen und politischen Rechte und Pflichten, die jedes Mitglied der Gesellschaft nicht nur formal, sondern in seiner Lebenswirklichkeit haben sollte. Sie erstreckt sich auf Chancengleichheit und öffentliche Mitsprache.« Ganz ähnlich wird von Room (1995), S. 7 Exklusion und Teilhabe von den sozialen Rechten des Bürgers her bestimmt: »Social exclusion can be analysed in terms of the denial (or non-realisation) of these social rights: in other words, in terms of the extent to which the individual is bound into membership of this moral and political community.«

auf viele andere Bereiche der sozialen Lage auswirkt,[36] die aber als einge-schränkte gesellschaftliche Teilhabe in ökonomischer, sozialer, kultureller und politischer Hinsicht weit über Einkommensarmut und Arbeitslosigkeit hinausgeht.[37]

»Dabei bemisst sich materielle Teilhabe an einem gesellschaftlich allgemein als angemessen geltenden Lebensstandard, politisch-institutionelle Teilhabe an Status-gleichheit im Zugang zu Rechten und Institutionen sowie deren Nutzung, kultu-relle Teilhabe an den Möglichkeiten zur Realisierung individuell und gesellschaft-lich anerkannter Ziele der Lebensführung.«[38]

Trotz der wohlfahrtsstaatlichen Interventionen bleibt das Exklusionsrisiko problematischer Lebenslagen außerordentlich hoch. Die Bewältigung von Ausgrenzung darf aber nicht den ausgegrenzten Individuen als deren Ver-antwortung zufallen. Denn die Hauptschwierigkeit liegt in der ungleichen Verteilung strategischer Ressourcen zur Bewältigung von Ausgrenzungser-fahrungen:

»Insbesondere diejenigen, deren Chancen auf Kreation einer den Leistungsanfor-derungen der Funktionssysteme angemessenen Lebensführung weitgehend schon seit der Geburt fehlen, weil sie nicht hinreichend über ökonomisches, kulturelles und soziales Kapital verfügen können, haben letztlich die geringsten Chancen auf ausreichende personale Inklusion in eine Leistungsrolle der Funktionssysteme.«[39]

Im zweiten Teil wurde bereits darauf hingewiesen, dass die Teilhabeorien-tierung nicht an die Stelle von Vorstellungen der Verteilungsgerechtigkeit treten sollte, da wachsende soziale Ungleichheit nicht nur die Gefahr der Marginalisierung ganzer Bevölkerungsgruppen mit sich bringt, sondern auch, weil gesellschaftliche Teilhabe ohne eine materielle Grundsicherung nicht zu denken ist.

Über die Verteilungsdimension kann die *Finanzierung* der Bedarfe von Menschen mit Behinderung sichergestellt werden. Im deutschen Kontext ist hervorzuheben, dass die Eingliederungshilfe nach dem BSHG (seit 2001 nach dem SGB IX und seit 2005 nach dem SGB XII) über die besonderen Hilfen zur Teilnahme am Erwerbsleben hinaus ein Paket von weiteren Rehabilitationsmaßnahmen fördert (nach Paragraf 54 SGB XII und Para-

---

36 So gelten prekäre Arbeitsmarktanbindung und Arbeitslosigkeit als zentrale Auslöser für Ausgrenzungsprozesse (vgl. Wansing (2005), S. 61).
37 Vgl. ebd.
38 Kronauer (2002), S. 152.
39 Hillebrandt (1999), S. 268.

graf 4, 5 SGB IX medizinische, heilpädagogische, Bildungs- und Frühförderungsmaßnahmen und Hilfen zur angemessenen Schulbildung und zur Teilhabe am gesellschaftlichen und kulturellen Leben, wobei der Leistungskatalog nicht abschließend festgelegt ist). Die deutsche Eingliederungshilfe wird im internationalen Vergleich als sehr erfolgreich angesehen und erhält von Behindertenverbänden eine positive Bewertung.[40] Zwar wird diese uneingeschränkt positive Sicht in den folgenden Abschnitten etwas relativiert, aber der Hauptfokus der nachfolgenden Überlegungen liegt auf der Teilhabeorientierung als Ergänzung zur Dimension der Verteilungsgerechtigkeit. Zunächst soll es dabei um die konkrete Umsetzung des Teilhabegedankens in sozialpolitische Regelungen in Bezug auf Menschen mit Behinderung gehen; in späteren Abschnitten werden dann einzelne sozialpolitische Instrumente wie das Persönliche Budget oder ein Vorschlag zur Finanzierung der Teilhabeorientierung näher dargestellt.

3.2.1 Die behindertenpolitische Neuorientierung nach SGB IX

Einen großen Fortschritt stellt die Orientierung des im Jahr 2001 verabschiedeten SGB IX an den Kriterien der Selbstbestimmung und Teilhabe von Menschen mit Behinderung dar, auch wenn der erhoffte Paradigmenwechsel ausgeblieben ist, da das Gesetz in starkem Maße der Rehabilitations-Orientierung verhaftet bleibt und nur wenige Aspekte einer präventiven und inklusiven Orientierung enthalten sind.[41] Trotzdem wurde das Gesetz grundsätzlich an den Forderungen von Menschen mit Behinderung nach größerer Autonomie und gesellschaftlicher Inklusion ausgerichtet. Der Unterschied kann im Vergleich zu den Rehabilitationsleistungen des Rehabilitationsrechts (SGB I, RehabilitationsangleichungsG, BSHG bezie-

---

40 Vgl. Bundesvereinigung Lebenshilfe (1997), S. 176: »Die Eingliederungshilfe ist vor dem Hintergrund der fachlichen Entwicklung in der Behindertenarbeit *die* universelle Hilfe für alle Menschen mit wesentlichen Behinderungen im Sinne des BSHG. Sie bietet hinsichtlich ihrer individuellen und sozial/gesellschaftsorientierten Zielsetzung den geeigneten Rechtsrahmen für *alle* Maßnahmen zeitgemäßer Behindertenarbeit. Mit ihrem umfassenden Leistungsspektrum ist sie prinzipiell in der Lage, allen heutigen Anforderungen zu entsprechen.« (Hervorh. i.O.)

41 Vgl. Pitschas (2002), S. 3: »Das neue Recht verfehlt auf diese Weise die angestrebte umfassende Eingliederung behinderter Bürger in die gegenwärtige und zukünftige Gesellschaft.«

hungsweise SGB XII, SchwbG) am besten erfasst werden. Auch wenn Lachwitz den Erfolg der Eingliederungshilfe als zentrales Instrument des Rehabilitationssystems hervorhebt,[42] muss seine positive Würdigung insofern relativiert werden, als Rehabilitation in ihrer traditionellen Funktion darauf abzielt, Abweichungen von der Normalbiografie zu kompensieren.[43]

»Begriffe wie Rehabilitation, Integration oder Eingliederung sind Hinweise darauf, dass es sich bei den Maßnahmen im Ansatz nicht um eine Veränderung bzw. Schaffung gesellschaftlicher Voraussetzungen zur Teilhabe von Menschen mit Behinderung handelt, sondern um eine *Re*-Aktion bzw. *Re*-Inklusion, im Sinne einer gegenwärtigen Kompensation aus der Vergangenheit übernommener Defizite an Teilnahmechancen an gesellschaftlicher Kommunikation.«[44]

Die Schwäche des Rehabilitationssystems besteht darin, dass es nach wie vor auf einer defizitorientierten Sichtweise von Menschen mit Behinderung aufbaut, bei der die betroffenen Menschen von vornherein als gegenüber ‚normalen' Menschen nicht so leistungsfähig abgesondert und spezifisch adressiert werden, um bestehende Abweichungen auszugleichen. Diese Schwäche wurde leider auch im SGB IX nicht behoben.[45] Nach Luhmann geht es bei solchen sozialgesetzlichen Bestimmungen »um die Kompensation derjenigen Nachteile, die durch eine bestimmte Ordnung des Lebens auf den Einzelnen entfallen«[46]. Insofern stellt das deutsche Rehabilitationssystem ein Beispiel der im zweiten Teil kritisierten Schattenseiten des liberalen Wohlfahrtsstaates dar und muss selbst als Teil der Teilhabeschwierigkeiten erkannt werden.[47]

»Diese Kompensationslogik des Rehabilitationssystems hat jedoch zur Folge, dass Menschen mit besonderen Unterstützungsbedarfen im Vorfeld ›ausgegrenzt‹, in

---

42 Vgl. Lachwitz (1999), S. 90f.: »Jahrzehntelang hat die Eingliederungshilfe gute Dienste geleistet, um Menschen mit geistiger und mehrfacher Behinderung das Recht auf Frühförderung, vorschulische, schulische und berufliche Bildung, Betätigung in einer Werkstatt für Behinderte bzw. am freien Arbeitsmarkt und auf sinnvolle Tagesstrukturierung und Freizeitgestaltung zu vermitteln.«

43 Vgl. Wansing (2005), S. 114.

44 Ebd. (Hervorh. i.O.)

45 In Paragraf 2 SGB IX wird als Ursache der geringen Teilhabe von Menschen mit Behinderung immer noch angeführt, dass »ihre körperliche Funktion, geistige Fähigkeit oder seelische Gesundheit [...] von dem für das Lebensalter typischen Zustand abweichen.«

46 Luhmann (1981), S. 8.

47 So Wansing (2005), S. 194: »*Nicht ein prinzipieller Mangel an Inklusion kennzeichnet die Problemlage von Menschen mit Behinderung, sondern die Art und Weise der wohlfahrtsstaatlichen Inklusion in das Rehabilitationssystem.*« (Hervorh. i.O.)

diesem Fall als ›behindert‹ adressiert werden müssen, um dann kompensatorische Lösungen erhalten zu können.«[48]

Deutlich wird dies auch an dem maßgeblichen Indikator für gesellschaftliche Teilhabe. Zwar weitet der Paragraf 53 des im Jahr 2005 verabschiedeten SGB XII die Extension der Teilhabezielvorstellung vom Erwerbsleben auf eine umfassende Eingliederung in die Gesellschaft aus, dennoch hat die Teilhabe am Arbeitsleben nach wie vor zentrale Bedeutung, da sie als wesentlicher Indikator für gesellschaftliche Teilhabe gilt.[49]

»Mit Blick auf die aktuellen wirtschafts- und arbeitsmarktpolitischen Entwicklungen und die abnehmenden Chancen von Menschen mit (Schwer-) Behinderung auf einen Arbeitsplatz […] wird allerdings sehr schnell deutlich, dass Rehabilitationspolitik zu kurz greift und zu falschen Entscheidungen führen kann, wenn die Zielsetzung gesellschaftlicher Eingliederung reduziert wird auf (Wieder-) Teilnahme am Arbeitsleben.«[50]

Die umfassende Orientierung an aktiver und passiver Teilhabe ist umso wichtiger, je länger das wohlfahrtsstaatliche Rehabilitationssystem vorrangig am Ziel der Wiedereingliederung ins Arbeitsleben als Indikator von Teilhabe ausgerichtet bleibt.[51] Bei der beruflichen Teilhabe behinderter Menschen sollte es deshalb nicht mehr vordergründig um die Überwindung der Behinderung mittels Berufstätigkeit gehen, sondern um die Akzeptanz eines anderen Menschen, der mit seiner Beeinträchtigung einen Platz im Erwerbsleben sucht. Ein konsequentes Umdenken von einer defizitorientierten Sichtweise der Resterwerbsfähigkeit hin zu individuellen Regellösungen der beruflichen Eingliederung ist notwendig, um tatsächlich Teilnahmechancen zu eröffnen beziehungsweise das Risiko sozialer Ausgrenzung im Sinne einer präventiven Logik zu reduzieren.[52] So wird im Prozess des *Ability Mainstreaming* angeregt, die Orientierung an den Fähig-

---

48 Ebd., S. 114.
49 Vgl. Hansmeier/Karoff (2000), S. 166: »Da diese abstrakte Zieldefinition des Gesetzgebers [= gesellschaftliche Teilhabe, J.E.] mit der Intention einer dauerhaften und vor allen Dingen umfassenden Eingliederung von chronisch Kranken und Behinderten (in die Gesellschaft) mit Schwierigkeiten in der Operationalisierung verbunden ist, gilt die ›Wiedereingliederung in das Arbeitsleben‹ als objektiv feststellbares Kriterium für soziale Wiedereingliederung […] als konsensfähig und wird allgemein als zufrieden stellende Lösung akzeptiert.«
50 Wansing (2005), S. 119. Vgl. hierzu Rauch (2005).
51 Vgl. zu »Wegen der beruflichen Teilhabe von Menschen mit Behinderung« Bieker (2005).
52 Vgl. Castel (2000), S. 15.

keiten, Kenntnissen und Ressourcen des Menschen mit Behinderung in allen Bereichen, die Menschen mit Behinderung fördern, zugrunde zu legen. Dazu zählen insbesondere Arbeitsassistenz, Integrationsfachdienste, Integrationsfirmen, Werkstätten für behinderte Menschen und Behörden. Hier ist kritisch anzumerken, dass die berufliche Integration behinderter Menschen zwar gesetzlich vorgesehen ist, aber durch die entsprechenden Umsetzungsrichtlinien (zum Beispiel personelle Unterbesetzung der Integrationsfachdienste) konterkariert wird.[53] Es sollte auch überprüft werden, ob bei den Integrationsdiensten nicht nach wie vor die Resterwerbsfähigkeit im Zentrum der Förderung steht, so dass die Defizitorientierung auf diese Weise nicht abgelöst werden kann.

3.2.2 Die Forderung nach einem Leistungsrecht für Menschen mit Behinderung

Weiterhin ist aus gerechtigkeitstheoretischen Überlegungen die Verortung des Rehabilitationsrechts zu kritisieren. Setzt man das *unbedingte Anrecht* auf Leistungen, die im Prinzip gleicher Freiheiten und Rechte gründen, in Bezug zu den einschlägigen Bestimmungen der Sozialgesetzbücher, die für Menschen mit Behinderung gelten, wird ein gravierender *Konstruktionsfehler* der Gesetze sichtbar, der in den vergangenen Jahren oftmals von Behindertenverbänden und Wissenschaftlern beklagt worden ist. »Die Rehabilitation als dasjenige Leistungsbündel, das gerade den chronisch Kranken zukommt, ist heute noch zum Teil im Bundessozialhilfegesetz geregelt, welches aber ein Instrument der Armenpolitik ist. Das ist ein sozialgesellschaftlicher Skandal.«[54] Der »Skandal« besteht insbesondere darin, dass der Anspruch auf Leistungen nach dem BSHG beziehungsweise SGB dem Nachrangigkeitsprinzip unterliegt und nicht in einem Leistungsgesetz geregelt ist. Auf diese Weise haben Menschen mit Behinderung von vornherein eine schlechtere Ausgangslage hinsichtlich der Leistungsgewährung[55] – dies

---

53 Vgl. Scholdei-Klie (2002), S. 415.
54 Dörner (2003), S. 86.
55 Als Beispiel führt Lachwitz (1999), S. 90 eine Regelung des Einigungsvertrages der beiden deutschen Staaten an, nach der gesetzliche Ansprüche auf Eingliederungshilfe nur bedingt zu erfüllen sind (Anlage I Kap. X Sachgebiet H Abschn. III Nr. 3 i.V. mit Art. 3 des Einigungsvertrages). Lachwitz' Fazit lautet, dass 10 Jahre nach der Wiedervereinigung diese Einschränkung den Charakter einer Dauerlösung angenommen habe und

stellt einen Verstoß gegen grundlegende Gerechtigkeitsprinzipien wie faire Chancengleichheit und gleiche Freiheiten dar. Leist hat unter Bezug auf Rawls darauf hingewiesen, dass für den gesellschaftlichen Umgang mit Menschen mit Behinderung nicht nur caritative oder emotionale Werte eine Rolle spielen dürfen, sondern der Gerechtigkeitsaspekt besonders verankert werden muss.[56] Dederich fordert ein eigenes Leistungsrecht, da so sichergestellt werden kann, dass Menschen mit Behinderung »ein *Recht auf Hilfe und Unterstützung* haben und einfordern dürfen. Ein solches Recht macht sie ein Stück weit unabhängig und schützt sie davor, zu Opfern gesellschaftlicher Entwicklungen zu werden, die aus ökonomischen Gründen zu einer Aufweichung oder Auflösung der gesellschaftlichen Solidarität führen können.«[57] Die Entwicklung des Rehabilitationssektors unterstreicht die Notwendigkeit, die strukturellen Nachteile der Eingliederungshilfe durch ein eigenes Leistungsrecht zu überwinden. Denn aufgrund der Knappheit öffentlicher Finanzmittel hat sich seit Einführung der Pflegeversicherung der Druck auf Einrichtungen der Eingliederungshilfe erhöht, sich in Pflegeeinrichtungen umzuwandeln, wodurch der ganzheitliche Ansatz der Eingliederungshilfe nicht länger gewährleistet ist.[58] Als behindertenpolitische Forderung ergibt sich daher, aus Gerechtigkeitsgründen die Eingliederungshilfe und die weiteren einschlägigen gesetzlichen Bestimmungen in ein gesondertes Leistungsrecht für Menschen mit Behinderung zu überführen. Das Leistungsrecht könnte dabei inhaltlich fixieren, was durch die in Teil I begründeten Gesundheitsinstitutionen im Blick auf Menschen mit Behinderung zu gewährleisten ist.

3.2.3 Ergänzende Zielperspektiven

Die gesellschaftliche Teilhabe von Menschen mit Behinderung ist ohne Auseinandersetzung um das kulturelle Verständnis von Gesundheit, Krankheit und Behinderung nicht erreichbar. Denn der defizitäre gesundheitliche Status von Menschen mit Behinderung und die in ihm gründende

---

so »vielen geistig und mehrfach behinderten Menschen noch immer wichtige Angebote der Eingliederungshilfe vorenthalten werden« (ebd.).

56 Vgl. Leist (1994), S. 54.

57 Dederich (2000), S. 188. (Hervorh. i.O.)

58 Vgl. Bundesvereinigung Lebenshilfe (1997); Klie/Leonhard (2001); Lachwitz (1998); Seifert (1997).

Kompensationslogik muss im Zusammenhang mit der fast ausschließlichen Orientierung der Gesellschaft am Gesunden, Erfolgreichen, Starken und voll Handlungsfähigen gesehen werden.[59] Die negative Bewertung von Menschen mit Beeinträchtigungen erfolgt dementsprechend nach Maßgabe der dominierenden gesellschaftlichen Wertvorstellungen (Gesundheit, Erfolg, Stärke, Handlungsfähigkeit). Bereits 1972 hat von Ferber darauf hingewiesen, dass die Lebens- und Rollensituation eines Menschen mit Behinderung fast immer der eines Außenseiters entspricht und nur selten die Möglichkeit einschließt, sein Leben in öffentlich anerkannter Weise zu gestalten.[60] Auch wenn diese Bewertung in der Zwischenzeit nicht mehr so eindeutig formuliert werden dürfte, da infolge von Normalisierungsprinzip, Lebensqualitätskonzept, Dezentralisierungsprogrammen und geänderten Rechtsgrundlagen (Benachteiligungsverbot und Gleichstellungsgesetz[61]) sowie durch *Empowerment*- und Behindertenbewegung neue soziale (Handlungs-)Räume für Menschen mit Behinderung eröffnet wurden, so bestehen doch die dominierenden gesellschaftlichen Wertmuster fort, die zur Ausgrenzung von Menschen mit Behinderung führen.

Im konzeptionellen Teil dieser Arbeit wurde die Bedeutung der diskursiven Auseinandersetzung über das Verständnis von chronischer Krankheit und Behinderung hervorgehoben. Hinsichtlich der sozialpolitischen Umsetzung ist daher darauf hinzuweisen, dass weder die Zusicherung finanzieller Mittel noch die Formulierung rehabilitationspolitischer Zielsetzungen sowie die Festsetzung und der Schutz entsprechender Rechtsansprüche die Realisierung der Inklusion von Menschen mit Behinderung sicherstellen können.[62] »Rehabilitationspolitik benötigt deshalb über die allgemeinen Wirkmittel Geld und Recht hinaus lebensweltlich verankerte

---

59 Vgl. Cloerkes (1980), S. 89ff. und 300ff.

60 Vgl. Ferber, von (1972).

61 In diesem Zusammenhang kann auf das Allgemeine Gleichbehandlungsgesetz (AGG) hingewiesen werden, dass von der gegenwärtigen Bundesregierung als Umsetzung der EU-Richtlinien diskutiert wird. Strittig ist, ob das darin geplante Verbot einer Benachteiligung aufgrund der Rasse, des Geschlechts, der ethnischen Herkunft, aber auch aufgrund von Behinderung und Alter sowie der sexuellen Orientierung oder Religion und Weltanschauung über das Arbeitsrecht, wie in den EU-Richtlinien vorgesehen, hinausgehen und auch für das Zivilrecht gelten sollte. Wäre dies nicht der Fall, würde es einen empfindlichen Rückschritt im langen Kampf um die zivilrechtliche Gleichstellung auch von Menschen mit Behinderung bedeuten.

62 Vgl. Wansing (2005), S. 125.

Unterstützungssysteme.«[63] Soziale und rehabilitative Einrichtungen und Dienste sollten als Teil dieser Unterstützungssysteme organisiert sein und fungieren. Hier besteht erheblicher Nachholbedarf. So kritisiert Dörner, dass »Rehabilitation im großen Umfang in gemeindefernen Reha-Kliniken und stationär organisiert ist, jedoch ambulant und kommunal angeboten werden müsste, um die chronisch Kranken in ihrer eigenen Lebenswelt begleiten zu können.«[64] Um dieses System den Bedürfnissen von Menschen mit Behinderung anzupassen, muss es zu einem *Bruch* mit bisherigen rehabilitativen System- und Denkansätzen kommen.[65] An die Stelle eines Versorgungssystems, das individuelle Defizite kompensiert, sollte eine auf die Selbstbestimmung, das Selbsthilfepotential und das primäre soziale Netzwerk der betroffenen Menschen abgestimmte Unterstützung treten.[66]

»Mit der Umstellung des Hilfebedarfs von einer organisatorischen auf eine lebensweltliche Kategorie wird der Mensch mit Behinderung in seiner Lebenswelt und seine Zielvorstellungen zum Ausgangspunkt der Leistungsplanung und nicht eine Organisation und ihre Leistungsprogramme.«[67]

Ziel ist weiterhin die Befähigung des einzelnen Menschen zur eigenständigen Lebensführung und Teilnahme am sozialen Leben. Die Versorgung von Menschen mit Behinderung sollte an der Lebenswelt der Betroffenen orientiert werden, um die notwendige Unterstützung für ein selbstbestimmtes Leben an ihrem Lebensmittelpunkt und in ihren alltäglichen Bezügen gewährleisten zu können.[68] Der Konstruktion von Hilfebedarfen kommt dabei eine entscheidende Rolle zu, da diese den Anlass zur Erbringung von Unterstützungsleistungen darstellen. Die sich daran anschließende Hilfeplanung muss individuell zugeschnitten sein; »niemand ist aufgrund einer Behinderung in seiner gesamten Lebensführung – also zu jeder Zeit in allen Lebensbereichen – eingeschränkt.«[69] Hierbei können zwei Entscheidungsprozesse unterschieden werden:

---

63 Ebd.
64 Dörner (2003), S. 86.
65 Vgl. Wansing (2005), S. 138: »Gesellschaftliche Teilhabe als Leitperspektive stellt das traditionelle System der Behindertenhilfe endgültig in Frage und fordert zu einem grundlegendem Wandel in der Gestaltung sozialer Unterstützungsleistungen heraus: von der beschützenden Versorgung zur Unterstützung einer individuellen Lebensführung.«
66 Vgl. Diakonie Dokumentation (2002), S. 13.
67 Wansing (2005), S. 144.
68 Vgl. Diakonie Dokumentation (2002), S. 15.
69 Wansing (2005), S. 140.

(1) die Anerkennung eines Hilfebedarfs im gesetzlichen Leistungspro-
gramm,

(2) die Ausführung des Programms in sozialen Diensten.[70]

Auch im 2001 verabschiedeten SGB IX wird die Anerkennung eines Hilfebedarfs aufgrund der geltenden rechtlichen Bestimmungen (Paragraf 2
SGB IX) immer noch am Kriterium der »Abweichung« der körperlichen,
geistigen oder psychischen Verfassung der betroffenen Person gegenüber
Menschen ohne Beeinträchtigung festgemacht. In dieser Arbeit wurde dagegen vorgeschlagen, den Ansatz der ICF zugrunde zu legen und die rechtliche Zuschreibung von Behinderung an dem bio-psycho-sozialen Modell
von Behinderung auszurichten. Auch wenn der Aspekt der Schädigung
dabei nach wie vor eine Rolle spielt (und bei der Bemessung medizinisch-
therapeutischer Maßnahmen auch nicht übergangen werden kann), so kann
doch durch den Einbezug persönlicher und umweltbedingter Faktoren
dem Gerechtigkeitsgrundsatz gleicher Lebenschancen besser entsprochen
und eine tatsächliche Umsetzung des Teilhabegedankens in den Entscheidungsprozessen innerhalb des Rehabilitationssystems eher ermöglicht werden. Denn eine Behinderung wird nach dem ICF-Modell als Wechselwirkung zwischen einem Individuum mit Beeinträchtigung und seiner
Umwelt aufgefasst und erscheint nicht länger als persönliches Defizit.

»Hilfebedarf bedeutet in erster Linie die Herstellung gleicher Lebenschancen und
muss final auf die Förderung der selbständigen Lebensführung, den Abbau von Benachteiligung und sozialer Isolierung gerichtet sein. Er ist eine in wesentlichen Teilen soziale, nie von Umweltfaktoren unabhängige, relative und normative Kategorie.«[71]

Dabei ist als Grundvoraussetzung einer ziel- und nutzerorientierten Bedarfsermittlung und Hilfeplanung die aktive Beteiligung von Menschen mit
Behinderung zu nennen.[72] Als Schwierigkeit kommt hier die bislang selten
ermöglichte tatsächliche Mitbestimmung der Betroffenen in den Blick.
Besonders für Menschen mit geistiger Behinderung und kommunikativen
Beeinträchtigungen müssen geeignete Beteiligungsverfahren zunächst erst
entwickelt werden.[73]

---

70 Vgl. ebd., S. 141.
71 Beck (2002), S. 51.
72 Vgl. Wansing (2005), S. 145.
73 Vgl. Gromann (2002).

Eine lebensweltlich orientierte Unterstützung würde zugleich einen Ausgleich zur Personenzentrierung schaffen, die als Ausrichtung auf ein Handeln am beziehungsweise für das Individuum moderne Sozialinstrumente kennzeichnet.[74] Denn hier kann kritisch angemerkt werden, dass solche Instrumente zur Gestaltung sozialer Hilfe grundsätzlich aus der Perspektive des Einzelnen heraus entworfen werden und damit zumindest implizit einem normativen Individualismus Vorschub leisten. Einem christlichen Hilfeverständnis, das sich auf Grundlage von Teil III dieser Arbeit in der Unterstützung von Menschen mit Behinderung engagiert, wird es dagegen immer auch um die Gestaltung von Beziehungen innerhalb eines Sozialraumes gehen. Es wird daher für eine lebensweltlich orientierte Versorgung vorrangig ambulanter Art plädieren und das primäre soziale Netzwerk mit einbeziehen.[75] Die lebensweltlich orientierte Versorgung ermittelt den konkreten Bedarf an sozialer und gesundheitlicher Unterstützung und setzt eine enge Kooperation der verschiedenen Fachdienste und Einrichtungen voraus. Dabei ist Teilhabe jedoch nicht an der ausreichenden Anzahl an speziellen Bildungs-, Beschäftigungs- und Freizeitangeboten für Menschen mit Behinderung oder an gemeinschaftlichen Lebensformen etwa in Wohneinrichtungen oder Wohngemeinschaften zu messen.

»Vielmehr geht es um die Ermöglichung eines individuell inszenierten Lebens, der Ausbildung von (Exklusions-)Individualität und um die Einbeziehung von Menschen mit Behinderung in die ›normalen‹ Alltags- und Lebensvollzüge einer Gesellschaft – eingeschlossen die Pflicht, eigene Fähigkeiten und Ressourcen einzubringen.«[76]

---

74 Vgl. Dörner (2004).
75 Vgl. Diakonie Dokumentation (2002), S. 15. Natürlich ist nicht an eine zwingend ambulante Unterstützung gedacht. Bei einem hohen Überwachungsaufwand *kann* die stationäre Unterbringung und Assistenz die angemessenere Form der Unterstützung darstellen, jedoch ist auch dann darauf zu achten, dass Handlungsräume eröffnet und Teilnahmemöglichkeiten geschaffen werden, um eine möglichst hohe Selbstbestimmung und Teilhabe zu gewährleisten.
76 Wansing (2005), S. 138.

3.3 Finanzierungsfragen und neue sozialpolitische Instrumente[77]

Die bisherige, vorrangig an materieller Absicherung der Menschen orientierte wohlfahrtsstaatliche Versorgung bedarf neuer sozialpolitischer Instrumente, denn »bei der Gefährdung von Teilhabe an Kultur, an Sozialbeziehungen, an Bildung und an Politik geht es nicht primär um Verteilungsprobleme, sondern um versperrte Zugänge zu funktionsspezifischer Kommunikation und Mitgliedschaft«[78]. Damit wird die Art und Weise der wohlfahrtsstaatlichen Leistungserbringung entscheidend, die hinsichtlich der Steigerung der Lebensqualität von Menschen mit Behinderung zu überprüfen und anzupassen ist.[79]

»Es geht darum, diesen Wandel zu gestalten und umzusetzen als Mittel zur Herstellung sozialer Gerechtigkeit und das heißt, dass alle Menschen auf Grund ihrer Personwürde an den Errungenschaften der Gesellschaft teilhaben, also Zugang haben zu anerkannten Lebensmöglichkeiten, über politische Beteiligungsrechte verfügen, am Gemeinwohl mitarbeiten und teilhaben.«[80]

Damit solche gesellschaftliche Teilhabe gelingen kann, müssen Rollen und Institutionen zur Verfügung stehen. Hier kommt auch passiven Teilhaberechten eine wichtige Funktion zu, denn sie regeln die Inklusion von Per-

---

77 Vgl. zur Ökonomisierung der Arbeit mit Menschen mit Behinderung Eurich (2008b) und Schäper (2006).

78 Wansing (2005), S. 107.

79 Vgl. ebd., S. 132: »Seit den 1970er Jahren dient die Erhebung von Lebensqualität bzw. ihre Verbesserung als Zielvorgabe für politische Maßnahmen.« Das Konzept der Lebensqualität hat seit den 1990er Jahren das Normalisierungsprinzip erheblich erweitert und gilt heute im Rehabilitationsbereich als wichtige Zielperspektive der Behindertenpolitik und sozialer Dienste. Das Konzept vereint Kriterien objektiver Lebensbedingungen und Aspekte subjektiven Wohlbefindens zu einem Maßstab für die Qualität und Wirkung sozialer Dienstleistungen auch im Bereich von Menschen mit Behinderung. Nach Beck (2001), S. 339 stellt das Konzept der Lebensqualität »heute den führenden Betrachtungsrahmen für die Untersuchung der Wirkungen von professioneller Hilfe auf die Lebenslagen behinderter Menschen dar und ist international zu einem Schlüsselkonzept der Qualitätsentwicklung geworden«. Da das Konzept in Deutschland vor allem im Zusammenhang mit der Einführung des Qualitätsmanagements rezipiert worden ist und dabei die subjektive Sichtweise des Wohlbefindens unverzichtbarer Bestandteil des Konzepts ist, wird es in dieser Arbeit nicht umfassend behandelt, sondern es werden nur solche Leitaspekte wie Selbstbestimmung und Teilhabe hinsichtlich ihrer rehabilitationspolitischen Bedeutung herausgegriffen, die als allgemeine Orientierung behandelt und gerechtigkeitstheoretisch verortet werden können.

80 Beck (2004), S. 69.

sonen(gruppen) in Versorgungsprogrammen oder eröffnen Mitbestimmungsmöglichkeiten.

Im Folgenden werden drei neue sozialpolitische Instrumente dargestellt und hinsichtlich der Umsetzung der Teilhabeorientierung analysiert. In dieser Diskussion spielen auch finanzpolitische Argumente eine Rolle, denn bei der Einführung neuer sozialpolitischer Instrumente wird bisweilen der Verdacht geäußert, diese würden hauptsächlich zur Kostendämpfung konzipiert und eingeführt. Zugleich wird damit die in der bisherigen Darstellung von Gerechtigkeit für Menschen mit Behinderung an einigen Stellen aufgeworfene Frage der Finanzierbarkeit gerechtigkeitstheoretischer Forderungen aufgenommen. Dies erscheint auch deshalb geboten, weil die bisherige Form der Eingliederungshilfe aufgrund der jährlichen Ausgabensteigerung mittelfristig nicht mehr finanzierbar sein wird.[81] So weist der Landschaftsverband Westfalen Lippe (LWL) darauf hin, dass der dauerhafte Ausgabenanstieg bei der Versorgung behinderter Menschen von den Kommunen nicht mehr geschultert werden könne.[82] Bereits heute wenden die Kommunen circa 60 Prozent der Sozialhilfe für Eingliederungshilfen an Menschen mit Behinderung auf. Bis zum Jahr 2010 werden sich die Ausgaben des LWL für die Eingliederungshilfe für Menschen mit Behinderung nach heutigen Prognosen um etwa 17 Prozent erhöhen.[83] Aus verschiedenen Gründen ist mit diesem prozentualen Anstieg zu rechnen: So überleben dank des medizinischen Fortschritts mehr Menschen schwere Unfälle oder Krankheiten, jedoch sind dabei viele Menschen für ihr weiteres Leben schwer behindert. Ähnlich verhält es sich bei den Geburten: die Anzahl der Frühgeburten nimmt zu und damit auch die Anzahl von Kindern, die mit einer Behinderung geboren werden.[84] Als weiterer Grund ist

---

81 Vgl. Roß (2006).

82 Wolfgang Schäfer zitiert in Gärtner (2002), S. 41.

83 Vgl. Schäfer/Barenhoff/Molsberger (2006), S. 300. Diese Steigerung entspricht rund 215 Millionen Euro, die von den Kommunen in Westfalen und Lippe zusätzlich aufzubringen sind.

84 Vgl. zur steigenden Zahl von Frühgeburten Friese u.a. (2003). Vgl. Gmyrek u.a. (2002), S. 20: »Schwere Hirnblutungen sind bei Frühgeborenen parallel zur Zahl der extremen Frühgeburten angestiegen; im gesamten Kollektiv der kranken Neugeborenen sind sie etwas häufiger als vor zehn Jahren.« Vgl. auch Shennan/Bewley (2006), S. 924 zur Anzahl von frühgeborenen Säuglingen mit einer Behinderung: »Preterm deliveries account for fewer than 1 in 10 births but result in 75% of neonatal deaths and most neonatal intensive care admissions. Preterm birth has considerable impact on long term future health: 1 in 4 survivors born at less than 25 weeks' gestation have severe mental or

zu nennen, dass Menschen mit Behinderung heute länger leben und viele
in den nächsten Jahren ins Rentenalter kommen.[85] Da behinderte Menschen, die heute noch bei ihren Familien zu Hause leben, im Alter vermehrt auf externe Hilfen angewiesen sein werden, wird sich die Nachfrage
nach notwendigen Betreuungsangeboten noch verstärken – nicht zuletzt
aufgrund der demografischen Entwicklung in Deutschland. »Wir brauchen
einen mittel- und langfristigen Umbau der Behindertenhilfe.«[86] Dieser kann
auch unter Kostendämpfungsvorgaben dazu genutzt werden, das bestehende System von Hilfen unter Einbezug von Gerechtigkeitskriterien wie-
terzuentwickeln. Dazu sind neue Finanzierungsgrundlagen erforderlich;
ebenso ist die Form der Hilfegewährung zu überarbeiten. Im Folgenden
sollen nun die bereits erwähnten Instrumente aufgegriffen werden, die gegenwärtig sozialpolitisch diskutiert oder in Modellprojekten bereits erprobt
werden.

3.3.1 Bundesteilhabegeld

Der Deutsche Verein für öffentliche und private Fürsorge hat im Jahr 2005
vorgeschlagen, ein Bundesteilhabegeld einzuführen.[87] Dieses sieht eine aus
Steuermitteln des Bundeshaushalts finanzierte monatliche Geldleistung an
Menschen mit Behinderung vor, deren Behinderung von Geburt an oder
vor dem 27. Lebensjahr eingetreten ist. Ziel des Bundesteilhabegeldes ist
die Förderung von Selbstbestimmung, Eigendisposition und Teilhabe von
Menschen mit Behinderung sowie deren Selbstverantwortung. »Das Bundesteilhabegeld soll zur eigenständigen Verwendung für Teilhabebedarfe
der Eingliederungshilfe nach SGB XII i.V.m. SGB IX zur Verfügung stehen.«[88] Dabei ist eine Kollision mit einem umfassenden Leistungsgesetz

---

physical disability. Those born at less than 28 weeks spend 85 times as long in hospital
as term babies in the first five years of life, with substantial healthcare costs.«
85 So sagt der sozialpolitische Sprecher der CSU-Landtagsfraktion in München, Joachim
Unterländer: »Die Zahl älterer Menschen mit Behinderung wird in den nächsten Jahren
drastisch zunehmen, ohne dass Sozialstaat und Sozialpolitik darauf vorbereitet sind« (zitiert in Roß (2006), S. 30). Demnach werden im Jahr 2010 etwa 30 bis 35 Prozent der
Menschen mit Behinderung, die in Wohnheimen der Behindertenhilfe leben, über 65
Jahre als sein.
86 Unterländer zitiert nach Roß (2006), S. 30.
87 Vgl. Deutscher Verein für öffentliche und private Fürsorge (2005).
88 Ebd., S. 2.

nicht beabsichtigt.[89] Die Höhe des Bundesteilhabegeldes soll in Anlehnung an die Grundrente nach dem Bundesversorgungsgesetz 553 Euro monatlich betragen. Als leistungsberechtigte Personen sind Menschen mit Behinderung vorgesehen, die das 27. Lebensjahr vollendet haben, einen Grad der Behinderung[90] von 80 oder höher erlangt haben und die keinen Anspruch auf korrespondierende Leistungen der Sozialversicherungsträger (beziehungsweise Schadenersatz oder Sonderopferausgleich) haben. Das zentrale Argument für die Einführung des Bundesteilhabegeldes besteht in dem Nachteilsausgleich für die Menschen, die so schwer behindert sind, dass sie durch Erwerbsarbeit nicht die Mittel gewinnen können, die für ein menschenwürdiges, an der Gesellschaft teilhabendes Leben erforderlich sind. »Der Nachteilsausgleich Erwerbstätiger wird grundsätzlich über das Steuerrecht geregelt. Diese Möglichkeit ist dem Personenkreis, der so schwer behindert ist, dass er auf dem allgemeinen Arbeitsmarkt nicht erwerbstätig sein kann, versperrt.«[91] Deshalb soll über das Bundesteilhabegeld der Nachteilsausgleich für diesen Personenkreis so gestaltet werden, dass die betroffene Person – analog zur Steuererleichterung – selbst über den Geldausgleich zum Nachteilsausgleich verfügen kann. Dabei ist das Bundesteilhabegeld als Teilhabegrundrente konzipiert und ausdrücklich vom Schadensausgleich des sozialen Entschädigungsrechts abgesetzt, so dass keine begriffliche Verbindung mit einem »Schaden« oder einer »Entschädigung« besteht. Als Grundrente dient es nicht der Sicherung des Lebensunterhalts, sondern stellt einen Grundausgleich für die besonderen Belastungen hinsichtlich der vollen Teilhabe am gesellschaftlichen Leben dar.[92] Finanziert werden soll das Bundesteilhabegeld aus dem Wegfall des Kindergeldes nach Vollendung des 27. Lebensjahres[93] und aus frei werdenden Mitteln

---

89 Um den Charakter des Bundesteilhabegeldes als eines Nachteilsausgleichs nicht zu gefährden, soll das Teilhabegeld anrechnungsfrei bleiben. Jedoch wird diskutiert, ob nicht doch ein bestimmter Teil davon verrechnet werden soll, nämlich dann, wenn eine Überschneidung mit Leistungen zur Förderung der sozialen Teilhabe im Rahmen der Eingliederungshilfe vorliegt.

90 Aufgeführt werden Behinderungen wegen zerebraler Störungen, geistig-seelische Behinderungen, Suchtkrankheiten einschließlich entsprechender Mehrfachbehinderung bei Sinnesbehinderung als Folge angeborener Behinderung oder vor Vollendung des 27. Lebensjahres eingetretener Behinderungen.

91 Ebd., S. 3.

92 Vgl. Paragraf 31 Absatz 1 Bundesversorgungsgesetz.

93 Vgl. zur näheren Begründung Deutscher Verein für öffentliche und private Fürsorge (2005), S. 5.

des Gesetzes über die Versorgung der Opfer des Krieges, so dass eine Entlastungswirkung für die Träger der Sozialhilfe auf circa 1,38 Milliarden Euro beziffert wird – ein Betrag, der in etwa 13 Prozent der gesamten jährlichen Aufwendungen für die Eingliederungshilfe entspricht.

»Eine solche Finanzierung ist ein namhaftes Bekenntnis des Bundes zum Nachteilsausgleich für den genannten Personenkreis. Mit der Umwidmung der Mittel würde ein ernsthafter Schritt unternommen im Hinblick auf den vom Bundesgesetzgeber betonten Paradigmenwechsel, auch für diesen Personenkreis Selbstverantwortung, Eigendisposition und Auswahlsouveränität im Markt der Anbieter zu ermöglichen.«[94]

Wie ist dieser Vorschlag unter gerechtigkeitstheoretischen Gesichtspunkten zu beurteilen? Zunächst kann festgehalten werden, dass der Ansatz des Bundesteilhabegeldes als Nachteilsausgleich eine konkrete Umsetzung des Prinzips fairer Chancengleichheit darstellt, denn durch das Bundesteilhabegeld wird gezielt die Benachteiligung aufgrund einer Behinderung ausgeglichen und so dem Gleichstellungsgrundsatz entsprochen. Im Einzelnen ist hervorzuheben, dass das Bundesteilhabegeld nicht an der kompensatorischen Funktion der Sozialleistungssystematik orientiert ist und eine Verbindung mit Begriffen, welche eine defizitäre Sichtweise von Menschen mit Behinderung nahe legen, unterbleibt. Die auf diese Weise ermöglichten zusätzlichen Wahlmöglichkeiten assistierender Unterstützleistungen sollten neue Optionen hinsichtlich Selbstbestimmung und Teilhabe von Menschen mit Behinderung eröffnen können. Das Bundesteilhabegeld sollte jedoch nicht auf das Erwerbsleben begrenzt werden, da Menschen mit Behinderung in der Regel auch bei der Teilhabe am sozialen Leben und bei alltäglichen Lebensvollzügen gegenüber Menschen ohne Behinderung benachteiligt sind. Zudem ist die gesellschaftliche Teilhabe über das Arbeitsleben zwar eminent wichtig, bleibt angesichts hoher Arbeitslosigkeit aber gerade für viele Menschen mit (Schwer-)Behinderung eine Utopie. Die Förderung der Teilhabe am sozialen Leben muss deshalb auch außerhalb bestehender Erwerbssituationen berücksichtigt werden. Zu überprüfen ist weiterhin der Zugang zur Leistung aufgrund des Kriteriums »Grad der Behinderung«. Um nicht einer an der defizitären Kompensationslogik ausgerichteten Orientierung zu entsprechen, sollte auch hier die *International Classification of Functioning, Disability and Health* (ICF) als Grundlage für

---

94 Ebd.

eine ressourcenorientierte Feststellung des Hilfebedarfs in Bezug auf vorhandene Teilhabeeinschränkungen verwendet werden. Umstritten ist auch die Begrenzung der Leistung auf Menschen, deren Behinderung vor Vollendung des 27. Lebensjahres eingetreten ist. Bei dieser aus dem Eltern-Kind-Verhältnis herrührenden Bestandsschutzregelung, die hinsichtlich des Kindergeldes in Paragraf 32 Absatz 4 Nummer 3 EStG rechtlich gefasst ist, ist der Bezug zu einem allgemein gewährten Teilhabegeld nicht offensichtlich. Warum sollten nur Personen, deren Behinderung vor dem vollendeten 27. Lebensjahr eingetreten ist, berücksichtigt werden, andere Personen, deren Grunderkrankung vielleicht bereits auch vor dem 27. Lebensjahr aufgetreten ist, die sich aber erst später in einer Behinderung bemerkbar macht, jedoch nicht?

Die Reaktion der damaligen Bundesregierung auf den Vorschlag zur Einführung des Bundesteilhabegeldes fiel negativ aus,[95] da die Bundesregierung es ablehnt, Forderungen nach einer teilweisen Kostenübernahme von Eingliederungshilfekosten durch den Bund zu erfüllen und hier nach wie vor auf die überörtlichen Träger der Sozialhilfe verweist. Einerseits ist die Reaktion bedauerlich, da durch die gezielte Ausgestaltung des Bundesteilhabegeldes ambulante Angebote stärker berücksichtigt werden könnten und so der oben dargestellten lebensweltorientierten Versorgung besser entsprochen werden könnte. Auch vor dem Hintergrund der Regelungen des SGB XII, die behinderungsbedingte Bedarfsaspekte nicht mehr ausreichend berücksichtigen, kann die Ablehnung des Ausgleichs dieser Bedarfe durch ein Bundesteilhabegeld nicht befriedigen. Andererseits ist zu bedenken, dass das übergeordnete Ziel in der Schaffung eines eigenen Leistungsgesetzes für Menschen mit Behinderung besteht. Denn am Vorschlag für das Bundesteilhabegeld fällt auf, dass bestimmte Gruppen von behinderten Menschen nicht angemessen berücksichtigt werden. Im Gegensatz zu jungen Menschen mit Behinderung, bei denen die Steuerfreibeträge auf einkommensstarke Eltern übertragen werden können, schneiden erwerbstätige Menschen mit Behinderung, die älter als 27 Jahre sind, beim Bundesteilhabegeld schlecht ab: Deren Einkommen ist häufig so niedrig, dass die Steuerfreibeträge nicht wirksam werden können. Dieser Punkt weist auf eine grundsätzliche Schwäche des Bundesteilhabegeldes hin, die durch ein allgemeines Leistungsgesetz vermieden werden könnte: Das Bundesteilhabegeld legt eine Gleichsetzung von Bedürftigkeit und Armut nahe. In die-

---

95 Vgl. Antwort der Bundesregierung auf die kleine Anfrage der FDP-Fraktion (2004).

sem Zusammenhang ist die Frage zu stellen, ob das Bundesteilhabegeld einen Ersatz für nicht ermöglichte beziehungsweise verweigerte Teilhabe darstellt.[96] Es muss also genau darauf geachtet werden, inwiefern durch ein solches Instrument tatsächlich die Teilhabe von Menschen mit Behinderung gefördert werden kann. Diese Diskussion unterstreicht noch einmal die Wichtigkeit eines eigenen Leistungsgesetzes für Menschen mit Behinderung.

3.3.2 Persönliches Budget

Ein weiteres neues sozialpolitisches Instrument stellt das Persönliche Budget dar. Mit der Einführung des Persönlichen Budgets als Rechtsanspruch auf Leistungserbringung zum 1.1.2008 wurde ein wichtiger Schritt in Richtung einer stärkeren Teilhabe von behinderten Menschen unternommen. Denn das Persönliche Budget erlaubt erstmals, dass die Menschen, die bisher in Art und Form ihrer Lebensführung fremdbestimmt wurden, jetzt selbst über die Verwendung der finanziellen Mittel verfügen dürfen.[97] So sieht das Persönliche Budget vor, dass Menschen mit Behinderung als direkt zahlende »Kunden« unmittelbar Einfluss nehmen können auf Art, Ausmaß und Ausführung von Hilfeleistungen. Dazu werden ihnen in Form des Persönlichen Budgets Geldleistungen statt der bisherigen Sachleistungen zur Verfügung gestellt, mit denen sie die erforderlichen Hilfen einkaufen können.[98] Gemessen wird die Höhe des Persönlichen Budgets am individuellen Hilfebedarf, der nach Hilfebedarfsgruppen erfasst wird; finanziert wird es gemeinschaftlich durch die Kooperation der einzelnen Leistungsträger. Damit entfällt zukünftig das Dreiecksverhältnis der Sachleistungserbringung zwischen Kostenträger, Leistungsempfänger und Leistungserbringer. Der einzelne Mensch mit Hilfebedarf wird direkter »Vertragspartner« der Einrichtungen und Dienste der Behindertenhilfe. Im Sinne der passiven Teilhabe ist darauf zu achten, dass der Personenkreis, für den das Persönliche Budget gelten soll, nicht zu sehr auf solche Behin-

---

96 Diesen Hinweis verdanke ich W. Härle.

97 Vgl. Paragraf 17 Absatz 2 SGB IX.

98 Entscheidend ist, dass die Auszahlung von Geldmitteln und keine Sachleistungen vorgesehen sind. Außerdem ist das Persönliche Budget als Gesamtbudget gestaltet, so dass Ausgaben für kulturelles Leben, Mobilität, alltägliche Aufgaben und Anforderungen, Arbeitsleben und so weiter beinhaltet sind.

derungsformen eingegrenzt wird, die sowieso schon relativ gute Voraussetzungen zur gesellschaftlichen Teilhabe mit sich bringen. Auch wenn beim Persönlichen Budget noch einige ungeklärte Punkte diskutiert werden,[99] bedeutet es grundsätzlich eine neue Ausrichtung der sozialen Arbeit in der Hilfe für Menschen mit Behinderung.[100] Zudem sollen durch die Leistungserbringung in Form eines Trägerübergreifenden Persönlichen Budgets[101] die praktischen Probleme, die sich durch die Zersplitterung des deutschen Sozialleistungssystems mit seinen unterschiedlichen Zuständigkeiten ergeben, entschärft werden.

Die bisherigen Erfahrungen in den Modellprojekten zeigen eine Diskrepanz zwischen der hohen Zufriedenheit seitens der Budgetnehmer/innen[102] und den aufgetretenen Anlauf- und Akzeptanzschwierigkeiten hinsichtlich der Umsetzung des Persönlichen Budgets durch die Rehabilitationsträger. Die Vorteile des Persönlichen Budgets bestehen in der Eröffnung von Handlungsräumen zur selbstbestimmten Gestaltung des Lebens, der Förderung und Entlastung lebensweltlicher sozialer Netzwerke, der Eigenständigkeit behinderter Menschen gegenüber der professionellen Betreuung oder familiären Kontexten, der Kompensation dysfunktionaler oder inflexibler Regelungen des Sachleistungssystems und der Differenzierung des Unterstützungsspektrums zwischen stationärer und

---

99 Kontrovers diskutiert werden unter anderem folgende Fragen: (1) Wie kann sichergestellt werden, dass von den Einrichtungen der Behindertenhilfe genügend Wahlmöglichkeiten bereitgestellt werden? (2) Wie können Verbraucherberatung und Verbraucherschutz gewährleistet werden? (3) Welches Verfahren zur Bedarfsermittlung (zum Beispiel Budgetpauschalen versus jeweiliger individueller Bedarf) und zur Berechnung der Höhe des Persönlichen Budgets ist das angemessene?
100 Manche Autoren sprechen sogar von einem Paradigmenwechsel der Sozialen Arbeit. Vgl. Niermann (2004).
101 Bereits seit 1. Juli 2004 können Menschen mit Behinderung ein so genanntes »Trägerübergreifendes Budget« beantragen. Dieses sieht vor, dass der gesamte Bedarf eines Menschen mit Behinderung von nunmehr einem Rehabilitationsträger (dem »beauftragten Träger«) koordiniert und in Form des Persönlichen Budgets als Gesamtbudget dem Leistungsberechtigten ausbezahlt wird. Unter das Gesamtbudget fallen sowohl Leistungen der Eingliederungshilfe nach dem BSHG, Pflegeleistungen, Leistungen der Krankenkasse und Leistungen zur Teilhabe am Arbeitsleben.
102 Vgl. zur Erprobung des Persönlichen Budgets durch Menschen mit geistiger Behinderung das Projekt »PerLe«, das an der Fakultät für Rehabilitationswissenschaften der Universität Dortmund in Zusammenarbeit mit den von Bodelschwinghschen Anstalten Bethel in Bielefeld durchgeführt wird (vgl. Schäfers/Wansing (2004) und Schäfers/Wacker/Wansing (2004)).

ambulanter Unterstützung.[103] Die im Rahmen deutscher Modellprojekte gemachten Beobachtungen werden durch Erfahrungen im internationalen Kontext unterstrichen: In Ländern wie den Niederlanden, Großbritannien oder Schweden, in denen Instrumente wie das Persönliche Budget bereits seit einigen Jahren eingeführt sind, sprechen die Nutzer/innen von einem »wieder erlangten Gefühl der Kontrolle, das ihnen die Geldleistungen im Vergleich zu den Sachleistungen ermöglichen. Sie erleben erweiterte Entscheidungsspielräume sowie einen Zugewinn an Selbstvertrauen und Lebensqualität«.[104] Unter Gerechtigkeitsgesichtspunkten ist hervorzuheben, dass durch das Persönliche Budget die Möglichkeiten subjektiver Freiheitsausübung und Selbstbestimmung für Menschen mit Behinderung vergrößert werden.

Insgesamt stellt das Persönliche Budget ein wirkungsvolles Instrument zur Umsetzung des Grundsatzes fairer Chancengleichheit dar. Dabei kann dessen Zielsetzung, nämlich dass Menschen mit Behinderung als gleichberechtigte Partner des Rehabilitationssystems auftreten können, als sozialpolitische Konkretion der im ersten Teil dieser Arbeit ausgeführten Überlegungen zur Gleichwertigkeit sozialer Beziehungen verstanden werden.[105] Hierbei ist besonders hervorzuheben, dass traditionelle, durch einseitige Abhängigkeit gekennzeichnete Betreuungsbeziehungen in zweiseitige Austauschverhältnisse überführt werden, bei denen die Adressaten die Qualität der Leistung aktiv mitsteuern können.[106] Die soziale Teilhabe von Menschen mit Behinderung kann auf diese Weise erhöht werden. »Die Beschäftigung von Persönlichen Assistenten führt beispielsweise zu einer deutlichen Ausweitung der sozialen Aktivitäten außerhalb des unmittelbaren Wohnbereichs […].«[107] Damit wird auch der christlichen Orientierung, die den Gemeinschaftsaspekt unterstreicht und die soziale Einbettung individueller Freiheit betont, entsprochen.

Schwierigkeiten im Hinblick auf die Weiterentwicklung der Rahmenbedingungen des Persönlichen Budgets bestehen in der Bedarfsgerechtigkeit von Leistungen, der umfassenden Berücksichtigung des Wunsch- und Wahlrechtes der betroffenen Personen, der Schaffung und Etablierung von

---

103 Vgl. AG Modellprojekt persönliches Budget für Menschen mit Behinderung in Baden-Württemberg (2005), S. 2.
104 Wansing (2005), S. 179.
105 Siehe oben I.3.
106 Vgl. Wansing (2005), S. 179.
107 Ebd.

Verfahren der Koordination unterschiedlicher Leistungen und der leistungsträgerübergreifenden Kooperation, einer qualifizierten Budgetberatung zum Beispiel durch gemeinsame Servicestellen und der Stärkung ambulanter und damit wohnortnaher Versorgungsstrukturen.[108] Dem Punkt des Verbraucherschutzes und der Budgetberatung ist besondere Aufmerksamkeit zu widmen, da zum einen die Leistungen des Persönlichen Budgets auch missbraucht werden können, indem von Anbietern die zugesagten Leistungen nicht erbracht werden, zum anderen die Unabhängigkeit der Budgetassistenz gewährleistet sein muss, damit es nicht zu einem Interessenkonflikt zwischen den Wünschen des Budgetnehmers und den Interessen der Leistungsträger und Leistungsanbieter kommt.[109]

Die Budgetassistenz ist auch noch in einer weiteren Hinsicht von entscheidender Bedeutung: Die Modellprojekte haben gezeigt, dass Menschen mit Behinderung zunächst nur sehr zögerlich von dem Persönlichen Budget Gebrauch machen. Dieses ermöglicht zwar mehr Wahlmöglichkeiten und bewirkt einen Perspektivwechsel, da vor allem Menschen mit Behinderung in stationären Einrichtungen zum ersten Mal bewusst wird, dass sie Ansprüche auf Unterstützungsleistungen haben. Aber der Perspektivwechsel geht auch mit mehr Aufgaben und Verantwortung für die Budgetnehmer einher: »Bei den Bewohnern, die alle bereits einige Jahre im stationären Wohnbereich leben und bisher kaum Erfahrungen mit der Eigenorganisation von Unterstützung gemacht haben, zeigen sich erwartungsgemäß Anlaufschwierigkeiten.«[110] Diese Schwierigkeiten zum Beispiel durch Angebote der Budgetassistenz zu überwinden ist ein wichtiger Schritt hin zu mehr Selbstbestimmung und Teilhabe, denn das Persönliche Budget ermöglicht, Hilfebedarf und Unterstützungsleistung individuell abzustimmen und auf diese Weise Menschen mit Behinderung in ihrem Sosein zu achten.

Da die Rehabilitationsträger der neu geschaffenen Möglichkeit, Geld statt Sachleistungen zur Verfügung zu stellen und unterschiedliche Angebote für das neue Wahlrecht von Menschen mit Behinderung zu konzipieren, zum Teil nur zögerlich nachkommen, ist momentan noch offen, ob das Persönliche Budget tatsächlich dazu beitragen wird, auch in Deutschland neue Spielräume zu eröffnen und die Teilhabe von Menschen mit

---

108 Vgl. Bundesarbeitsgemeinschaft für Rehabilitation (2006), S. 2.
109 Vgl. Diemer (2002), S. 401.
110 Schäfers/Wansing (2004), S. 16. So »fällt einzelnen Budgetnehmern schwer, die Budgets zu verplanen und für den Einkauf von Unterstützungsleistungen einzusetzen« (ebd.).

Behinderung an der Gesellschaft zu erhöhen. Dabei stellt das Persönliche Budget ein geeignetes Instrument dar, um Anforderungen moderner Sozialinstrumente an Qualität und Koproduktion von Leistungen zu erfüllen.

»Die qualitativ neue Herausforderung an eine Soziale Arbeit als personenbezogene soziale Dienstleistung liegt dabei in der Optimierung des Passungsverhältnisses von Angebot und Nachfrage, das in der Abkehr von schematisierten und standardisierten Verfahren der Problembearbeitung nach stärker an den individuellen Lebensweisen und Perspektiven anknüpfenden Antworten verlangt und dabei die Nachfragedimension in das Zentrum stellt.«[111]

Dieser Anforderung wird nach internationalen Erfahrungen durch das Persönliche Budget besser entsprochen als durch Sachleistungen. »Studien zeigen darüber hinaus, dass Personen über Persönliche Budgets ihre Unterstützung häufig schneller, in passender Qualität und kostengünstiger arrangieren als dies über Sachleistungen möglich ist.«[112] Daher bleibt zu hoffen, dass die Rehabilitationsträger ihre skeptische Haltung überwinden und nicht nur vielfältige Wahlangebote bereitstellen, sondern auch den mit der Umstellung auf das Geldleistungsprinzip verbundenen Machtwechsel zugunsten der Budgetnehmer/innen unterstützen, damit das Persönliche Budget auch in Deutschland ein Erfolg werden kann.

3.3.3 Berufliche Teilhabe

Um die Vorteile des Persönlichen Budgets auch in der Arbeitswelt nutzen zu können, wurde in Rheinland-Pfalz im März 2006 das Modellprojekt »Budget für Arbeit« gestartet.[113] Dieses Modellvorhaben zielt darauf ab, Menschen mit Behinderung in den ersten Arbeitsmarkt zu integrieren, anstatt sie auf die Werkstätten für behinderte Menschen (WfbM) zu verweisen. Das Budget für Arbeit ist als Leistung der Eingliederungshilfe nach SGB XII konzipiert und erfasst den Personenkreis, der im Sinne des SGB II erwerbsfähig ist. Dies betrifft vor allem jene Personen, die sich im Arbeitsbereich einer Werkstatt für behinderte Menschen (WfbM) befinden und nach Abschluss des Berufsbildungsbereiches eine Empfehlung des Fachausschusses für den Arbeitsbereich erlangt haben. An der Finanzie-

---

111 Schaarschuch u.a. (2001), S. 271.
112 Wansing (2005), S. 179.
113 Vgl. zum Folgenden Bundesarbeitsgemeinschaft für Rehabilitation (2006), S. 2.

rung des Budgets für Arbeit beteiligen sich die Sozialhilfe sowie das Land als überörtlicher Träger der Sozialhilfe, während die Verantwortung für die Vergabe des Budgets bei den Kommunen liegt. Diese bilden einen so genannten Integrationsausschuss, in dem die für ein Budget für Arbeit geeigneten Personen ausgewählt werden. Das Budget für Arbeit ist auch unter Gerechtigkeitsaspekten zu begrüßen, da es die bisherige aussondernde Wirkung des Rehabilitationssystems, das Menschen mit Behinderung oftmals in gesonderten Lebensbereichen abseits des gesellschaftlichen Lebens unterstützt, aufhebt und auf eine Integration in den ersten Arbeitsmarkt zielt.

In diesem Zusammenhang ist auf die Integrationsfachdienste (IFD) hinzuweisen, die nach Ansicht der Beauftragten für behinderte Menschen unverzichtbare Beiträge zur Verringerung der Arbeitslosigkeit schwerbehinderter Menschen leisten.[114] Am Beispiel der Integrationsfachdienste kann verdeutlicht werden, wie wichtig Gerechtigkeitskriterien wie prozedurale Transparenz und Selbstbestimmung in Form von Mitsprache- oder Beteiligungsrechten von betroffenen Menschen sind.[115] Seit 1. Januar 2005 ist durch das Gesetz zur Förderung der Ausbildung und Beschäftigung schwerbehinderter Menschen die Strukturverantwortung für die Integrationsfachdienste von der Arbeitsverwaltung auf die Integrationsämter übertragen worden.

»In der Praxis stellt sich nunmehr immer häufiger heraus, dass die geltende Rechtslage für arbeitssuchende schwerbehinderte Menschen, für Integrationsfachdienste, für potenzielle Auftraggeber der Integrationsfachdienste und für die Länder unbefriedigend ist.«[116]

Die Beauftragung sowie die Finanzierungs- und Aufgabenverantwortung sind nicht eindeutig geregelt, so dass in der Rechtspraxis genau identifizierbare Schwierigkeiten bestehen,[117] denen der Gesetzgeber durch eine gesetzliche Neuregelung begegnen sollte.

---

114 Vgl. ebd.
115 Siehe oben I.5.2.6.
116 Ebd.
117 So fordern die Beauftragten für behinderte Menschen (Ebd.), S. 3, dass im SGB IX der Kreis aller Auftraggeber definiert wird und die jeweiligen Aufgaben zweifelsfrei zugeordnet werden können; in Paragraf 16 SGB II und Paragraf 37 SGB III im Interesse der Rechtsklarheit eine Regelung zur Beauftragung der Integrationsfachdienste normiert wird; bei Vorliegen bestimmter Voraussetzungen die Integrationsfachdienste beauftragt werden; die Aufgaben- und Finanzverantwortung in einer Hand liegen; vor dem Hintergrund der organisatorischen Vorhaltepflicht der Länder sichergestellt sein muss, dass bei

Jedoch haben Untersuchungen zum Modellprojekt der IFD gezeigt, dass für einen Teil der zu vermittelnden Menschen mit Behinderung die fehlende Motivation ein schwieriges Hemmnis für die Arbeitsplatzvermittlung darstellt.

»Behinderte mit fehlender oder schwacher Motivation haben aus unterschiedlichen Gründen das Vertrauen in die eigene Kraft verloren, erleben ihre Behinderung als Feind [!], der sie an einem gleichberechtigten und erfolgreichen Berufsleben hindert. Da der Erfolg sich nicht einstellen will, gelingt keine erfolgreiche berufliche Teilhabe. Es besteht eine geringe Frustrationstoleranz, da aus anderen Erfahrungen heraus die Erkenntnis gewachsen ist, dass Schwierigkeiten schnell zum Ausschluss führen.«[118]

Hieran kann noch einmal verdeutlicht werden, dass eine auf die Kompensation von behinderungsbedingten Defiziten ausgerichtete Förderung zu kurz greift. Insofern ist auch die im Sozialgesetzbuch IX formulierte Aufgabenstellung der IFD zu kritisieren, da dort die Vermittlung auf den Arbeitsmarkt im Vordergrund steht und eine an den individuellen Ressourcen orientierte Förderung nicht ausreichend berücksichtigt wird. Diese ist nach der Aufgabenbeschreibung der IFD bisher nicht im notwendigen Umfang möglich, da sich die betroffene Person oftmals auf einige wenige Berufe hin testen lassen muss, ohne dass seitens des Anbieters der Blick auf die tatsächlichen Fähigkeiten des Einzelnen gerichtet wird. So sollten besonders junge Menschen nicht vorschnell zu einer Anpassung an die nichtbehinderte Umwelt bewegt werden; vielmehr sollten förderpädagogische Absichten auf die Erstellung eines passgenauen Angebots gerichtet sein. Nach wie vor gibt es unzureichende Möglichkeiten selbstbestimmten Lebens von Menschen mit Behinderung in allen Bereichen der beruflichen Teilhabe, wobei besonders auf eine Flexibilisierung der Angebotsstruktur stationärer Einrichtungen zu achten ist. Wünschenswert wäre ein ganzheitliches Beratungsangebot durch Zusammenarbeit lokaler beziehungsweise regionaler Anbieter mit der Beratungsstelle, damit die jeweilige individuelle Situation als Ganze berücksichtigt werden kann.

---

einer Beauftragung des Integrationsfachdienstes kein Ausschreibungsverfahren zu erfolgen hat; die Vergütung der Leistungen der Integrationsfachdienste unter Einschluss der Bundesagentur für Arbeit, der ARGEn und der Optionskommunen einheitlich geregelt werden.

118 Vieweg (2003), S. 9. Als einer der Gründe sind negative persönliche Erfahrungen durch kurze Verweildauer am Arbeitsplatz zu nennen, die als »Niederlage« verbucht werden und zu einer erschwerten Vermittlung geführt haben.

Trotz dieser Kritik kann das Sozialgesetzbuch IX als wichtiger Meilenstein für mehr Selbstbestimmung und Gleichberechtigung von Menschen mit Behinderung gewürdigt werden, da es einen Paradigmenwechsel in der Behindertenpolitik eingeleitet hat. Dieser wird beispielsweise am Rechtsanspruch auf Arbeitsassistenz, der Einrichtung der Integrationsfachdienste oder Integrationsfirmen, den umfassenden Beteiligungsrechten und dem Persönlichen Budget sichtbar. In der Weiterentwicklung der Behindertenpolitik sollte nicht darauf verzichtet werden, Menschen mit Behinderung als Expertinnen und Experten zur Mitarbeit im Rehabilitationssystem zu gewinnen. Über die Bildung von so genannten Expertennetzwerken könnten neue Berufsbilder für Menschen mit Behinderung entwickelt und Arbeitgeber für die Situation behinderter Menschen sensibilisiert und aktiviert werden.

4 Ausblick

Als Orientierungsperspektive für die Umsetzung von Gerechtigkeit für Menschen mit Behinderung wurde oben[1] die Frage gestellt, ob politische Maßnahmen die Beteiligungschancen von ausgeschlossenen Personen(gruppen) wie Menschen mit Behinderung erhöhen. In der Diskussion der vorangegangenen Abschnitte ist deutlich geworden, dass neue sozialpolitische Instrumente eingeführt worden sind oder zur Zeit erprobt werden, durch die eine größere Teilhabe von Menschen mit Behinderung am sozialen Leben ermöglicht werden kann.[2] Die diesen zugrunde liegende neue behindertenpolitische Orientierung an Selbstbestimmung und Teilhabe ist ein wichtiger Schritt in die richtige Richtung, um ein durch Bürgerrechte garantiertes politisches Leben mit allen Teilhaberechten auch für Menschen mit Behinderung zu verwirklichen.[3] Dass dazu in der Praxis ein beträchtlicher Wandel in der Ausrichtung des Leistungsangebots hin zu den Wahlrechten und Wünschen von Menschen mit Behinderung vollzogen werden muss und eine grundlegende Machtverschiebung zugunsten der Adressaten notwendig ist – was oftmals mit Widerständen einhergeht –, wurde oben ebenfalls bereits angedeutet. Umso wichtiger ist die Schaffung eines umfassenden Leistungsgesetzes für Menschen mit Behinderung, um die fortschreitende Realisierung des Paradigmenwechsels in der Behindertenhilfe durch eine entsprechende rechtliche Grundlage gewährleisten zu können.

Zwei Gefährdungen müssen bei der Weiterentwicklung der neuen behindertenpolitischen Orientierung im Auge behalten werden: Zum einen darf die neue Orientierung nicht dazu führen, dass vor allem die Menschen

---

1 Vgl. IV.2.
2 Vgl. hierzu insbesondere die Studien in Großbritannien und Irland zur Wirkung des Persönlichen Budgets: Nolan/Regan (2003); Ridley/Jones (2002); Witcher u.a. (2000). — Die Übertragung dieser Instrumente auf das Erwerbsleben ist noch in der Entwicklung.
3 Vgl. Beck (2004), S. 69.

mit Behinderung, die über relativ gute soziale Kommunikationsfähigkeiten verfügen, gesellschaftlich teilhaben können, während die Menschen, deren Behinderung das nicht erlaubt, ins Hintertreffen geraten. Neben passiven Teilhaberechten kommt hier der individuellen Passung von Unterstützungsangeboten und Assistenzbedarf eine entscheidende Rolle zu. Dabei ist darauf zu achten, dass die Unterstützungsleistung bei den Ressourcen des behinderten Menschen ansetzt und von seinen Bedürfnissen und Wünschen (und nicht von den Interessen der Rehabilitationsträger) aus konzipiert wird. Dazu gehört auch, dass gemeinsam mit den betroffenen Menschen der individuelle gesundheitliche und soziale Unterstützungsbedarf zum Beispiel im Rahmen eines Case Managements lebensnah ermittelt[4] und lebensweltbezogen umgesetzt wird. Ohne den Aufbau hochwertiger ambulanter Dienste über die bisherigen Versorgungssektoren hinweg wird eine möglichst wohnortnahe Rehabilitation nicht realisierbar sein.[5]

Zum anderen ist zu bedenken, dass Werte wie Selbstbestimmung in der politischen Diskussion heute auch benutzt werden, um im Zuge der Haushaltskonsolidierung und Verwirklichung eines schlanken Staates den Rückbau des Wohlfahrtsstaates zu begründen, da die Allgemeinheit keine Verantwortung für das Wohl des Einzelnen habe – hierfür sei jeder selbst verantwortlich. Die Orientierung am Konzept der Selbstbestimmung kann deshalb ambivalente Folgen haben, wenn sie nicht gegenüber bestimmten Perspektiven wie zum Beispiel neoliberalen Tendenzen abgegrenzt wird. Ein selbstbestimmtes Leben ist nur möglich, wenn Menschen über ein Mindestmaß an ökonomischen, sozialen und kulturellen Ressourcen verfügen. Genau diese sollen jedoch nach neoliberalen Ansätzen zurückgeführt werden. In diesem Zusammenhang ist darauf zu achten, dass mit der Einführung der neuen sozialpolitischen Instrumente nicht eine »Abfindungsrhetorik« entsteht, die auf der einen Seite darauf hinweist, dass die Voraussetzungen für Selbstbestimmung und Teilhabe von Menschen mit Behinderung nun geschaffen seien, während auf der anderen Seite durch Mittelkürzungen (zum Beispiel bei Transportfahrten) Wahlrechte und Teilhabemöglichkeiten faktisch unterlaufen werden. Es ist daher genau zu beobachten, ob bei der Entwicklung von Angebotsstrukturen hin zu einem Sozialmarkt die Position von marktschwachen Menschen mit Behinderung angemessen berücksichtigt werden wird. Falls es dazu kommt, dass nach

---

4 Vgl. Diakonie Dokumentation (2002), S. 29.
5 Vgl. ebd.

Abschöpfung der »lukrativen Fälle« die Menschen mit einem Unterstützungsbedarf, der einen hohen Kostenaufwand bedingt, übrig bleiben, können sich für Träger wie die Diakonie oder Caritas neue Herausforderungen ergeben, menschenwürdige Lebensbedingungen für diese Menschen zu gestalten – bei gleichzeitigem sozialanwaltschaftlichen Engagement für die Verbesserung der Lebenssituation der betroffenen Menschen. Dies unterstreicht noch einmal die Notwendigkeit, neue sozialpolitische Orientierungen wie Selbstbestimmung und Teilhabe nicht gegen bisherige Systemleistungen, die durch Überlegungen zur Verteilungsgerechtigkeit und Anerkennung der Würde des Einzelnen legitimiert sind, auszuspielen. Durch Letztere werden oftmals erst die Voraussetzungen dafür geschaffen (zum Beispiel durch medizinische Therapie nach schweren Unfällen), dass Menschen mit Behinderung ihr Leben so weit wie möglich selbstbestimmt leben können. Vielmehr muss es darum gehen, diese Leistungen so auszugestalten, dass der Leistungsvollzug nicht aussondernde, sondern inkludierende soziale Wirkungen hervorbringt.

Die Inklusion von Menschen mit Behinderung kann letztlich nur dann gelingen, wenn es neben den neuen sozialpolitischen Instrumenten auch soziale Räume gibt, die so gestaltet sind, dass Menschen mit Behinderung an sozialer Kommunikation und kulturellem Leben teilnehmen können. Damit die neuen sozialpolitischen Instrumente ihre Wirkung voll entfalten können, sind daher auch die sozialen Bezüge, innerhalb der die Instrumente eingesetzt werden, zu bedenken. Die Personenzentrierung der neuen Sozialinstrumente, die auf ein Handeln am beziehungsweise für das Individuum abzielt, kann hier durch die Angebote christlicher und anderer zivilgesellschaftlicher Akteure zur Gestaltung von Beziehungen im größeren Zusammenhang eines Sozialraumes ergänzt werden. Dabei stellt sich Diakonie und Kirche die Aufgabe, nach neuen Wegen der Gemeindezentrierung in der Hilfe für Menschen mit Behinderung zu suchen. Integration fängt in konkreten Bezügen vor Ort an – die Vernetzung mit kirchengemeindlichem Leben könnte ein christliches Angebot sein, das vielen Menschen mit Behinderung den Weg zu einer umfassenderen Teilnahme am gesellschaftlichen Leben ebnet.

Literatur

AG Modellprojekt persönliches Budget für Menschen mit Behinderung in Baden-Württemberg (2005), *Protokoll des 17. Treffens der AG Modellprojekt persönliches Budget für Menschen mit Behinderung in Baden-Württemberg am 16.03.2005 im Sozialministerium.* Unveröffentlichtes Manuskript.

Althaus, Paul (1961), *Die letzten Dinge. Lehrbuch der Eschatologie,* 8. Aufl., Gütersloh.

Altner, Günter (1991), *Naturvergessenheit. Grundlagen einer umfassenden Bioethik,* Darmstadt.

Aly, Götz (1989) (Hg.), *Aktion T4 1939–1945. Die »Euthanasie«-Zentrale in der Tiergartenstraße 4,* 2. Aufl., Berlin.

Ammicht-Quinn, R. (1992), *Von Lissabon bis Auschwitz. Zum Paradigmawechsel in der Theodizeefrage* (SThE 43), Freiburg.

Anderson, Elizabeth S. (2000), »Warum eigentlich Gleichheit?«, in: Krebs, Angelika (Hg.), *Gleichheit oder Gerechtigkeit. Texte der neuen Egalitarismuskritik,* Frankfurt a.M., S. 117–171.

Anselm, Reiner (1999), »Die Würde des gerechtfertigten Menschen. Zur Hermeneutik des Menschenwürdearguments aus der Perspektive evangelischer Ethik«, in: *Zeitschrift für evangelische Ethik 43,* S. 123–136.

Anselm, Reiner/Körtner, Ulrich H. J. (2003) (Hg.), *Streitfall Biomedizin. Urteilsfindung in christlicher Verantwortung,* Göttingen.

Antonovsky, Aaron (1997), *Salutogenese. Zur Entmystifizierung der Gesundheit,* Tübingen.

Antwort der Bundesregierung auf die kleine Anfrage der FDP-Fraktion (2004), »Zur Entwicklung der Eingliederungshilfe für Menschen mit Behinderung«, in: BT-Drs. 15/4372 vom 30.11.2004.

Anzenbacher, Arno (2001), »Kooperation, Konflikt und Anerkennung. Zur Systematik des Gerechtigkeitsbegriffs«, in: *Zeitschrift für Evangelische Ethik 45,* S. 168–180.

Anzer, Christian (1999), »Eine metaethische Analyse der Begründungsstrategie vertragstheoretischer Gerechtigkeitskonzeptionen«, in: Druwe, Ulrich/Kunz, Volker (Hg.), *Politische Gerechtigkeit,* Opladen, S. 39–64.

Apel, Karl-Otto (1975), »Das Leibapriori der Erkenntnis. Eine erkenntnisanthropologische Betrachtung im Anschluss an Leibnizens Monadenlehre«, in: Gadamer, Hans-Georg/Vogler, Paul (Hg.), *Neue Anthropologie 7, Bd. 2: Philosophische Anthropologie,* Stuttgart, S. 264–288.

Arneson, Richard J. (1989a), »Equality and Equal Opportunity of Welfare«, in: Philosophical Studies 56, S. 77–93. (Deutsch (1994), Honneth, Axel (Hg.), *Pathologien des Sozialen. Die Aufgaben der Sozialphilosophie,* Frankfurt a.M., S. 330–350).

— (1989b), »Paternalism, Utility, and Fairness«, in: *Revue Internationale de Philosophie 3,* S. 409–437.

— (1990), »Liberalism, Distributive Subjectivism, and Equal Opportunity for Welfare«, in: *Philosophy and Public Affairs 19*, S. 158–193.

Arrow, Kenneth J. (1973), »Some Ordinalist-Utilitarian Notes on Rawls' Theory of Justice«, in: *Journal of Philosophy 70*, S. 245–263.

Assmann, Jan (1999), *Das kulturelle Gedächtnis. Schrift, Erinnerung und politische Identität in frühen Hochkulturen*, München.

Autiero, Antonio/Goertz, Stephan/Striet, Magnus (2004) (Hg.), *Endliche Autonomie. Interdisziplinäre Perspektiven auf ein theologisch-ethisches Programm* (Studien der Moraltheologie 25), Münster.

Bach, Heinz (2001), *Pädagogik bei mentaler Beeinträchtigung: Revision der Geistigbehindertenpädagogik*, Bern/Stuttgart/Wien.

Bach, Ulrich (1980), *Boden unter den Füßen hat keiner. Plädoyer für eine solidarische Diakonie*, Göttingen.

— (1986), *Dem Traum entsagen, mehr als ein Mensch zu sein. Auf dem Wege zu einer diakonischen Kirche*, Neukirchen-Vluyn.

— (1988), *»Heilende Gemeinde«? Versuch, einen Trend zu korrigieren*, Neukirchen-Vluyn.

— (1991), *Getrenntes wird versöhnt. Wider den Sozialrassismus in Theologie und Kirche*, Neukirchen-Vluyn.

— (1994), *»Gesunde« und Behinderte«. Gegen das Apartheidsdenken in Kirche und Gesellschaft*, Gütersloh.

— (1999) (Hg.), *Auf dem Weg in die totale Medizin? Eine Handreichung zur »Bioethik«-Debatte*, Neukirchen-Vluyn.

Bachrach, P./Botwinick, A. (1992), *Power and Empowerment. A Radical Theory of Participatory Democracy*, Philadelphia.

Bartens, Werner (2006), »Laufen lernen. Motorisch behinderte Kinder können mit einem Roboter das Gehen üben«, in: *Süddeutsche Zeitung vom 24.5./25.5.2006*, S. 18.

Barth, Hermann (2003), *Wie wollen wir leben? Beiträge zur Bioethik aus evangelischer Sicht*, Hannover.

Barth, Karl (1961), *Die Kirchliche Dogmatik. Bd.3: Die Lehre von der Schöpfung/T. 3*, 2. Aufl., Zürich.

— (1969), *Die Kirchliche Dogmatik. Bd.3: Die Lehre von der Schöpfung/T. 4*, 3. Aufl., Zürich.

— (1975), *Die Kirchliche Dogmatik. Bd. 4: Die Lehre von der Versöhnung/T.1*, 3. Aufl., Zürich.

Bayer, Oswald (1995), *Freiheit als Antwort. Zur theologischen Ethik*, Tübingen.

Bayerisches Staatsministerium für Arbeit und Sozialordnung, Familie, Frauen und Gesundheit (1996), *Die Offene Behindertenarbeit. Anforderungen – Leistungen – Perspektiven. Ein Tagungsbericht*, München.

Beck, Iris (2001), »Lebensqualität«, in: Antor, Georg/Bleidick, Ulrich (Hg.), *Handlexikon der Behindertenpädagogik: Schlüsselbegriffe aus Theorie und Praxis*, Stuttgart/Berlin/Köln, S. 337–340.

— (2002), »Bedürfnisse, Bedarf, Hilfebedarf und -planung: Aspekte der Differenzierung und fachlichen Begründung«, in: Greving, Heinrich (Hg.), *Hilfeplanung und Controlling in der Heilpädagogik*, Freiburg, S. 32–61.

— (2004), »Teilhabe und Lebensqualität von behinderten Kindern und Jugendlichen sichern: Chancen, Probleme und Aufgaben«, in: *Zeitschrift für Heilpädagogik 55*, H. 2, S. 66–72.

Beck, Iris/Düe, Willi/Wieland, Heinz (Hg.) (1996), *Normalisierung: Behindertenpädagogische und sozialpolitische Perspektiven eines Reformkonzeptes*, Heidelberg.

Becker, Jürgen (1991), *Das Evangelium nach Johannes. Bd.2*, 3. überarb. Aufl., Gütersloh.

Becker-Schmidt, Regina/Knapp, Gudrun-Axeli (2000), *Feministische Theorien*, Hamburg.

Bedford-Strohm, Heinrich (1993), *Vorrang für die Armen. Auf dem Weg zu einer theologischen Theorie der Gerechtigkeit* (Öffentliche Theologie 4), Gütersloh.

— (1999), *Gemeinschaft aus kommunikativer Freiheit. Sozialer Zusammenhalt in der modernen Gesellschaft. Ein theologischer Beitrag* (Öffentliche Theologie 11), Gütersloh.

Begemann, Ernst (1973), *Behinderte – eine humane Chance unserer Gesellschaft*, Berlin.

Beintker, Michael (1993), »Die Frage nach Gottes Wirken im geschichtlichen Leben«, in: *Zeitschrift für Theologie und Kirche 90*, S. 442–461.

Beißer, Friedrich (1993), *Hoffnung und Vollendung* (Handbuch systematischer Theologie 15), Gütersloh.

Bendel, Klaus (1999), »Behinderung als zugeschriebenes Kompetenzdefizit von Akteuren. Zur sozialen Konstruktion einer Lebenslage«, in: *Zeitschrift für Soziologie 28*, H. 4, S. 301–310.

Benhabib, Seyla (1995), *Selbst im Kontext*, Frankfurt a.M.

Benner, Patricia/Wrubel, Judith (1997), *Pflege, Stress und Bewältigung*, Bern.

Berger, Klaus (1997), *Ist mit dem Tod alles aus?*, Stuttgart.

— (1998), »Das Böse im Neuen Testament«, in: Hermanni, Friedrich/Koslowski, Peter (Hg.), *Die Wirklichkeit des Bösen. Systematisch-theologische und philosophische Annäherungen*, München, S. 133–148.

— (1999), *Wie kann Gott Leid und Katastrophen zulassen?*, Gütersloh.

Berger, Peter A./Vester, Michael (1998) (Hg.), *Alte Ungleichheiten – neue Spaltungen*, Opladen.

Bermbach, Udo/Blanke, Bernhard/Böhret, Carl (Hg.) (1990), *Spaltungen der Gesellschaft und die Zukunft des Sozialstaates*, Opladen.

Bernard, Jeff/Hovorka, Hans (1992), »Alltag, Behinderung, Umwelt. Erkundungsumfrage und Modellsituation«, in: Bernard, Jeff/Hovorka, Hans: *Behinderung: ein gesellschaftliches Phänomen. Befunde, Strukturen, Probleme*, Wien, S. 63–291.

Berthold, Norbert (1988), »Marktversagen, staatliche Intervention und Organisationsformen sozialer Sicherung«, in: Rolf, Gabriele/Spahn Bernd P./Wagner, Gert (Hg.), *Sozialvertrag und Sicherung. Zur ökonomischen Theorie staatlicher Versicherungs- und Umverteilungssysteme*, Frankfurt a.M./New York, S. 339–369.

Besch, Thomas M. (1998), *Über John Rawls' politischen Liberalismus. Zur Rolle des Vernünftigen in Rawls' Begründung einer politischen Gerechtigkeitstheorie* (Rechtsphilosophische Schriften 6), Frankfurt a.M. u.a.

Bieker, Rudolf (2005) (Hg.), *Teilhabe am Arbeitsleben: Wege der beruflichen Integration von Menschen mit Behinderung*, Stuttgart.

Biklen, Douglas (2000), »Das soziale Konstrukt der geistigen Behinderung: Erkenntnisse aus der Forschung zur Gestützten Kommunikation und zur Integration«, in: Bundschuh, Konrad (Hg.), *Wahrnehmen – verstehen – handeln: Perspektiven für die Sonder- und Heilpädagogik im 21. Jahrhundert*, Bad Heilbrunn, S. 37–58.

Birkner, Hans-Joachim (1964), *Schleiermachers christliche Sittenlehre im Zusammenhang seines philosophisch-theologischen Systems*, Berlin.

Blankart, Charles B.(1994), *Öffentliche Finanzen in der Demokratie. Eine Einführung in die Finanzwissenschaft*, 2. Aufl., München.

Blasche, Siegfried (1998), »Gerechtigkeit, Mindestsicherung und Eigenverantwortung«, in: Blasche, Siegfried/Döring, Dieter (Hg.), *Sozialpolitik und Gerechtigkeit*, Frankfurt a.M., S. 117–171.

Blasche, Siegfried/Döring, Dieter (1998a), »Einleitung«, in: Blasche, Siegfried/Döring, Dieter (Hg.), *Sozialpolitik und Gerechtigkeit*, Frankfurt a.M., S. 7–16.

— (1998b) (Hg.), *Sozialpolitik und Gerechtigkeit*, Frankfurt a.M.

Blau, Peter Michael (1977), *Inequality and Heterogeneity. A primitive theory of social structure*, New York.

Boban, Ines/Hinz, Andreas (2004), »Qualität des Gemeinsamen Unterrichts (weiter-)entwickeln – Inklusion«, in: *Leben mit Down-Syndrom 45*, S. 10–14.

Bobbert, Monika (2000), »Die Problematik des Krankheitsbegriffs und der Entwurf eines moralisch-informativen Krankheitsbegriffs im Anschluss an die Moralphilosophie von Alan Gewirth«, in: *Ethica 8*, H. 4, S. 405–440.

— (2005), »Die Bedeutung von Krankheits- und Behinderungsbegriffen für die Formulierung von Rechten auf Sozialleistungen«, in: Graumann, Sigrid/Grüber, Katrin (Hg.), *Anerkennung, Ethik und Behinderung. Beiträge aus dem Institut Mensch, Ethik und Wissenschaft*, Münster, S. 151–173.

Bodendorfer, Gerhard (2001), »Menschenrechte und Menschenwürde in der rabbinischen Literatur«, in: Baldermann, Ingo u.a. (Hg.), *Menschenwürde* (JBTh 15), Neukirchen-Vluyn, S. 67–92.

Böcher, Otto (1972), *Das Neue Testament und die dämonischen Mächte*, Stuttgart.

Böckle, Franz (1995), *Ja zum Menschen. Bausteine einer konkreten Moral*, München.

Boëthius, Anicius Manlius Severinus (1988), »Gegen Eutyches und Nestorius«, in: Boëthius, *Die theologischen Traktate* (Philosophische Bibliothek 397), übers., eingeleitet u. mit Anm. vers. von M. Elsässer, Hamburg, S. 64–115.

Bonhoeffer, Dietrich (1977), *Widerstand und Ergebung*, hg. v. E. Bethge, 2. Aufl., München.

— (1992), *Ethik* (DBW 6), hg. v. I. Tödt, München.

Boorse, Christopher (1975), »On the Distinction between Disease and Illness«, in: *Philosophy & Public Affairs 5*, S. 49–68.

— (1977), »Health as a Theoretical Concept«, in: *Philosophy of Science 44*, S. 542–573.

— (1997), A Rebuttal on Health, in: Humber, J.M./Almeder, R.F. (Hg.), What is Disease?, Totowa/NJ, S. 3–134.

Bopp, Christiane (2004), »Die Herkunft ist ein zusätzliches Handicap«, in: *Neue Caritas 105*, H. 17, S. 9–12.

Bossert, Albrecht (1990), »Die Theorie der Gerechtigkeit bei John Rawls«, in: Bottke, Wilfried/Rauscher, Anton (Hg.), *Gerechtigkeit als Aufgabe. Interdisziplinäres Gespräch über ein zentrales Problem der Rechts-, Wirtschafts- und Sozialethik. Festgabe für Heinz Lampert zum 60. Geburtstag*, St. Ottilien, S. 75–96.

Bradl, Christian (1996), »Vom Heim zur Assistenz. Strukturelle Grenzen von ›Selbstbestimmt Leben‹ im Heim«, in: Bradl, Christian /Steinhart, Ingmar (Hg.), *Mehr Selbstbestimmung durch Enthospitalisierung. Kritische Analysen und neue Orientierungen für die Arbeit mit geistig behinderten Menschen*, Bonn, S. 178–203.

Brandt, Sigrid (1997), »Sünde. Ein Definitionsversuch«, in: Brandt, Sigrid/Suchocki, Marjorie H./Welker, Michael (Hg.), *Sünde. Ein unverständlich gewordenes Thema*, Neukirchen-Vluyn, S. 13–34.

— (2002), »Autonomie, Sozialität, Soziabilität und Stellvertretung«, in: Köpping, Klaus-Peter/Welker, Michael/Wiehl, Reiner (Hg.), *Die autonome Person – eine europäische Erfindung?*, München, S. 273–281.

Brandt, Sigrid/Suchocki, Marjorie H./Welker, Michael (1997) (Hg.), *Sünde. Ein unverständlich gewordenes Thema*, Neukirchen-Vluyn.

Brauner, Alfred/Brauner, Francoise E. (2002), »Des guerres et des enfants handicapés mentaux«, in: *Revue Européenne du Handicap Mental 24*, S. 29–37.

Bremer-Hübler, Ulrike/Eggert, Dietrich (1999), »»Psychodiagnostik««, in: Neuhäuser, Gerhard/ Steinhausen, Hans-Christoph (Hg.), *Geistige Behinderung. Grundlagen, Klinische Syndrome, Behandlung und Rehabilitation*, 2. Aufl., Stuttgart/Berlin/Köln, S. 61–71.

Brink, Alexander/Eurich, Johannes u.a. (2006) (Hg.), *Gerechtigkeit im Gesundheitswesen* (Sozialpolitische Schriften 88), Berlin.

Brumlik, Micha (1992), *Advokatorische Ethik. Zur Legitimation pädagogischer Eingriffe*, Bielefeld.

Bruner, Claudia Franziska (2005), *Körperspuren. Zur Dekonstruktion von Körper und Behinderung in biografischen Erzählungen von Frauen*, Bielefeld.

Brunner, Emil (1943), *Gerechtigkeit. Eine Lehre von den Grundgesetzen der Gesellschaftsordnung*, Zürich.

— (1972), *Dogmatik. Bd.2: Die christliche Lehre von Schöpfung und Erlösung*, 3. Aufl., Zürich u.a.

Bude, Heinz (1998), »Die Überflüssigen als transversale Kategorie«, in: Berger, Peter A./Vester, Michael (Hg.), *Alte Ungleichheiten – neue Spaltungen*, Opladen, S. 363–382.

— (2001), »Gerechtigkeit als Respekt. Sozialmoralische Folgen von Ungerechtigkeit durch Exklusion«, in: *Berliner Debatte Initial 12*, H. 3, S. 28–37.

Buchanan, James M. (1975), *The Limits of Liberty. Between Anarchy and Leviathan*, Chicago. (Deutsch (1984), *Die Grenzen der Freiheit. Zwischen Anarchie und Leviathan* (Die Einheit der Gesellschaftswissenschaften 38), Tübingen.)

Bundesarbeitsgemeinschaft für Rehabilitation (2006), *31. Treffen der Beauftragten für behinderte Menschen und der BAR*, http://www.bar- frank-furt.de/upload/Presse31_1525.doc

Bundesministerium für Arbeit und Sozialordnung (Hg.) (1998), *Die Lage der Behinderten und die Entwicklung der Rehabilitation. Vierter Bericht der Bundesregierung über die Lage der Behinderten und die Entwicklung der Rehabilitation. Bundestags-Drucksache 13/9514*, Bonn.

Bundesministerium für Gesundheit (Hg.) (1996), *Lebenssituation von Menschen mit Behinderung in privaten Haushalten. Bericht zu einer bundesweiten Untersuchung im Forschungsprojekt »Möglichkeiten und Grenzen selbständiger Lebensführung«* (Schriftenreihe des Bundesministeriums für Gesundheit 65), Baden-Baden.

Bundesministerium für Gesundheit und Soziale Sicherung (Hg.) (2004), *Bericht der Bundesregierung über die Lage behinderter Menschen und die Entwicklung ihrer Teilhabe. Bundestags-Drucksache 15/4575*, Berlin.

Bundesverband evangelische Behindertenhilfe u.a. (Hg.) (2001), *Paradigmenwechsel in der Behindertenhilfe?*, Freiburg.

Bundesverband evangelische Behindertenhilfe (2001), *Gesundheit und Behinderung. Expertise zu bedarfsgerechten gesundheitsbezogenen Leistungen für Menschen mit geistiger und mehrfacher Behinderung als notwendiger Beitrag zur Verbesserung ihrer Lebensqualität und zur Förderung ihrer Partizipationschancen*, Reutlingen.

Bundesvereinigung Lebenshilfe (1997) (Hg.), *Weiterentwicklung oder Kahlschlag? Perspektiven der Eingliederungshilfe für Menschen mit geistiger Behinderung nach Inkrafttreten der Änderungen in der Pflegeversicherung*, Marburg.

Bundschuh, Konrad (Hg.) (2000), *Wahrnehmen -verstehen – handeln: Perspektiven für die Sonder- und Heilpädagogik im 21. Jahrhundert*, Bad Heilbrunn.

Buschlinger, Wolfgang (2000), »Geistige Behinderung – Phantom oder Faktum? Ein Stück ana-
    lytischer Philosophie des Geistes«, in:Greving, Heinrich/Gröschke, Dieter (Hg.), *Geistige Be-
    hinderung – Reflexionen zu einem Phantom. Ein interdisziplinärer Diskurs um einen Problembegriff*, Bad
    Heilbrunn, S. 19–31.

Butler, Judith (2003), *Kritik der ethischen Gewalt*, Frankfurt a.M.

Butterwegge, Christoph (2001), *Wohlfahrtsstaat im Wandel. Probleme und Perspektiven der Sozialpolitik*,
    3., überarb. Aufl., Opladen.

Case-Winters, Anna (1990), *God's Power. Traditional Understandings and Contemporary Challenges*,
    Louisville, KY.

Castel, Robert (2000), »Die Fallstricke des Exklusionsbegriffs«, in: *Mittelweg 36*, H. 3, S. 11–25.

Cloerkes, Günther (1980), *Einstellung und Verhalten gegenüber Körperbehinderten*, 2. Aufl., Berlin.

—   (1997), *Soziologie der Behinderten. Eine Einführung*, unter Mitwirkung v. R. Markowetz, Heidelberg
    (2. neu bearb. u. erw. Aufl., Heidelberg 2001).

—   (2003) (Hg.), *Wie man behindert wird. Texte zur Konstruktion einer sozialen Rolle und zur Lebenssitua-
    tion betroffener Menschen*, Heidelberg.

Cohen, Gerald A. (1989), »On the Currency of Egalitarian Justice«, in: *Ethics 99*, S. 906–944.

—   (1993), »Equality of What? On Welfare, Goods, and Capabilities«, in: Nussbaum, Martha
    C../Sen, Amartya (Hg.), *The Quality of Life*, Oxford, S. 9–29.

—   (1995), *Self-Ownership, Freedom and Equality*, Cambridge.

Cohen, Joshua (1995), »Amartya Sen: Inequality Reexamined«, in: *Journal of Philosophy 92*, H. 5, S.
    275–288.

Conradi, Elisabeth (2001), *Take care. Grundlagen einer Ethik der Achtsamkeit*, Frankfurt a.M.

Corker, Mairian/French, Sally (Hg.) (1999), *Disability Discourses*, Buckingham.

Cornell, Drucilla (1994), »Vom Leuchtturm her: Das Erlösungsversprechen und die Möglichkeiten
    der Auslegung des Rechts«, in:Haverkamp, Anselm (Hg.), *Gewalt und Gerechtigkeit. Derrida –
    Benjamin*, Frankfurt a.M., S. 60–96.

Crossley, Rosemary (1997), *Gestützte Kommunikation. Ein Trainingsprogramm*. Weinheim.

Crossley, Rosemary/McDonald, Anne (1990), *Annie: Licht hinter Mauern. Die Geschichte der Befreiung
    eines behinderten Kindes*, München.

Crüsemann, Frank (1979), »Die unveränderbare Welt. Überlegungen zur ›Krisis der Weisheit‹ beim
    Prediger (Kohelet)«, in: Schottroff, Willy/Stegemann, Wolfgang (Hg.), *Der Gott der kleinen Leute.
    Sozialgeschichtliche Bibelauslegungen. Bd.1: Altes Testament*, 2., unveränd. Aufl., München, S. 80–104.

—   (1992), *Die Tora. Theologie und Sozialgeschichte des alttestamentlichen Gesetzes*, München.

—   (1993), »Das Alte Testament als Grundlage der Diakonie«, in: Schäfer, Gerhard K./Strohm,
    Theodor (Hg.), *Diakonie – biblische Grundlagen und Orientierungen. Ein Arbeitsbuch* (VDWI 2), 3.
    Aufl., Heidelberg, S. 67–93.

Crüsemann, Frank/Hardmeier, Christof/Kessler, Rainer (Hg.) (1992), *Was ist der Mensch…? Beiträge
    zur Anthropologie des Alten Testaments, FS Hans Walter Wolff*, München.

Dabrock, Peter (2001), »Capability-Approach und Decent Minimum. Befähigungsgerechtigkeit als
    Kriterium möglicher Priorisierung im Gesundheitswesen«, in: *Zeitschrift für Evangelische Ethik
    76*, S. 202–215.

—   (2003), Menschenbilder und Verteilungsgerechtigkeit im Gesundheitswesen. Perspektiven
    theologischer Sozialethik«, in: *Deutsche Medizinische Wochenzeitschrift 128*, S. 210–213.

— (2004a), »Bedingungen des Unbedingten. Zum problematischen, aber notwendigen Gebrauch der Menschenwürde-Konzeption in der Bioethik«, in: Dabrock, Peter/Schardien, Stefanie/Klinnert, Lars, *Menschenwürde und Lebensschutz. Herausforderungen theologischer Bioethik*, Gütersloh, S. 147–172.

— (2004b), »Verbrauchende Embryonenforschung. Kommt allen Embryonen Menschenwürde zu?«, in: Dabrock, Peter/Schardien, Stefanie/Klinnert, Lars, *Menschenwürde und Lebensschutz. Herausforderungen theologischer Bioethik*, Gütersloh, S. 173–210.

— (2004c), »Therapeutisches Klonen und Präimplantationsdiagnostik. Zur ethischen Beurteilung aus leibphänomenologischer Perspektive«, in: Dabrock, Peter/Schardien, Stefanie/Klinnert, Lars, *Menschenwürde und Lebensschutz. Herausforderungen theologischer Bioethik*, Gütersloh, S. 211–233.

Dabrock, Peter/Schardien, Stefanie/Klinnert, Lars (2004), »Einleitung«, in: Dabrock, Peter/Schardien, Stefanie/Klinnert, Lars, *Menschenwürde und Lebensschutz. Herausforderungen theologischer Bioethik*, Gütersloh, S. 7–17.

Dalferth, Matthias (1997), Zurück in die Institutionen? Probleme der gemeindenahen Betreuung geistig behinderter Menschen in den USA, in Norwegen und Großbritannien«, in: *Geistige Behinderung 36*, H. 4, S. 26–29.

Dahrendorf, Ralf (1992), *Der moderne soziale Konflikt*, Stuttgart.

— (2002), »Was von Dauer ist. Klassen ohne Kampf, Kampf ohne Klassen«, in: *Frankfurter Allgemeine Zeitung vom 9.3.2002*, S. 8.

Daniels, Norman (1975a), »Equal Liberty and Unequal Worth of Liberty«, in: Daniels, Norman (Hg.), *Reading Rawls. Critical Studies on Rawls' A Theory of Justice*, Oxford, S. 253–281.

— (1975b) (Hg.), *Reading Rawls. Critical Studies on Rawls' A Theory of Justice*, Oxford.

— (1985), *Just Health Care*, Cambridge u.a.

— (1996a), »Health-care needs and distributive justice«, in: Daniels, Norman, *Justice and justification: reflective equilibrium in theory and practice*, Cambridge, S. 179–207.

— (1996b), »Equality of what: Welfare, resources, or capabilities?«, in: Daniels, Norman, *Justice and justification: reflective equilibrium in theory and practice*, Cambridge, S. 208–231.

— (1996c), »Determining ‚medical necessity' in mental health practice, with James E. Sabin«, in: Daniels, Norman, *Justice and justification: reflective equilibrium in theory and practice*, Cambridge, S. 232–256.

— (1996d), »The prudential life-span-account of justice across generations«, in: Daniels, Norman, *Justice and justification: reflective equilibrium in theory and practice*. Cambridge, S. 257–283.

— (2003), »Gerechtigkeit, faire Verfahren und die Ziele der Medizin«, in: Marckmann, Georg/Liening, Paul/Wiesing, Urban (Hg.), *Gerechte Gesundheitsversorgung. Ethische Grundpositionen zur Mittelverteilung im Gesundheitswesen*, Stuttgart/New York, S. 47–51.

Danner, Helmut (1994), *Methoden geisteswissenschaftlicher Pädagogik. Einführung in Hermeneutik, Phänomenologie und Dialektik*, 3. Aufl., München u.a.

Dassmann, Ernst (2001), »Menschenrechte und Menschenwürde in frühchristlicher Zeit«, in: Baldermann, Ingo u.a. (Hg.), *Menschenwürde* (JBTh 15), Neukirchen-Vluyn, S. 151–179.

Dederich, Markus (2000), *Behinderung, Medizin, Ethik. Behindertenpädagogische Reflexionen zu Grenzsituationen am Anfang und Ende des Lebens*, Bad Heilbrunn.

— (2001), *Menschen mit Behinderung zwischen Ausschluss und Anerkennung*, Bad Heilbrunn.

— (2003) (Hg.), *Bioethik und Behinderung*, Bad Heilbrunn.

— (2004), »Behinderung, Körper und die kulturelle Produktion von Wissen – Impulse der amerikanischen Disability Studies für die Soziologie der Behinderten«, in: Forster, Rudolf (Hg.), *Soziologie im Kontext von Behinderung. Theoriebildung, Theorieansätze und singuläre Phänomene*, Bad Heilbrunn, S. 175–196.

Dederich, Markus/Fornefeld, Barbara (Hg.) (2000), *Menschen mit geistiger Behinderung neu sehen lernen. Europa und Asien im Dialog über Bildung, Integration und Kommunikation*, Düsseldorf.

Degener, Theresia (2003), »Behinderung neu denken«. Disability Studies als wissenschaftliche Disziplin in Deutschland«, in: Hermes, Gisela/Köbsell, Swantje (Hg.), *Disability Studies in Deutschland – Behinderung neu denken*, Kassel, S. 23–26.

De Swaan, Abram (1993), *Der sorgende Staat: Wohlfahrt, Gesundheit und Bildung in Europa und den USA der Neuzeit* (Wohlfahrtspolitik und Gesellschaftstheorie 1), Frankfurt a.M./New York.

Deutsche Bischofskonferenz/Rat der Evangelischen Kirche in Deutschland (1989), *Gott ist ein Freund des Lebens: Herausforderungen und Aufgaben beim Schutz des Lebens*, Trier.

Deutscher Bildungsrat (1973) (Hg.), *Empfehlungen der Bildungskommission zur pädagogischen Förderung behinderter und von Behinderung bedrohter Kinder und Jugendlicher*, Bonn.

— (1974), *Zur pädagogischen Förderung behinderter und von Behinderung bedrohter Kinder und Jugendlicher. Empfehlungen der Bildungskommission*, Stuttgart.

Deutscher Paritätischer Wohlfahrtsverband (1997) (Hg.), *»Alles aus einer Hand«. Das Paritätische Konzept für eine durchgreifende Reform der laufenden Hilfe zum Lebensunterhalt im Bundessozialhilfegesetz als einkommens- und bedarfsorientierte Grundsicherung*, Frankfurt a.M.

Deutscher Verein für öffentliche und private Fürsorge (2005), »Empfehlung des Deutschen Vereins zur Einführung eines bundesfinanzierten Teilhabegeldes – Bundesteilhabegeld«, in: *Nachrichtendienst des Deutschen Vereins für öffentliche und private Fürsorge 81*, S. 2–5.

Diakonie Dokumentation (2002), *Zum guten Umgang mit Krankheiten und Behinderungen befähigen. Abschlussbericht des Ausschusses »Rationalisierung und Rationierung im Gesundheitswesen und Sozialbereich« (2000–2002) für die Diakonische Konferenz 15. bis 17. Oktober 2002 in Dresden* (Diakonie Dokumentation 10), hg. v. Diakonischen Werk der Evangelischen Kirche in Deutschland (EKD), Stuttgart.

Die Gesellschaft der Behinderer. *Das Buch zur Aktion Grundgesetz* (1997), hg. v. F. Strickstock, Reinbek bei Hamburg.

Diemer, Susanne (2002), »Modellprojekt persönliches Budget für Menschen mit Behinderung. Erste Erfahrungen mit der Umsetzung des § 17,3 SGB IX in Baden-Württemberg«, in: *Soziale Arbeit 51*, H. 10–11, S. 398–410.

Dierken, Jörg (2005), »Freiheit als religiöse Leitkategorie. Protestantische Denkformen zwischen Luther und Kant«, in: Dierken, Jörg/Scheliha, Arnulf von (Hg.), *Freiheit und Menschenwürde. Studien zum Beitrag des Protestantismus* (Religion in Philosophy and Theology 16), Tübingen, S. 119–144.

Die Zeit (2001), »Hättest du mich abgetrieben? Gisela Steinert leidet an der Parkinson-Krankheit. Christian Judith ist von Geburt an körperbehindert. Sie hofft auf die Genforschung, er fürchtet sich vor deren Folgen. Ein ungewöhnliches Streitgespräch«, in: *Die Zeit 07/2001*, S. 27–28.

Dörner, Klaus (1991), »Aufgaben diakonischer Ethik«, in: Schibilsky, Michael (Hg.), *Kursbuch Diakonie*, Neukirchen-Vluyn, S. 39–51.

— (2003), *Die Gesundheitsfalle. Woran unsere Medizin krankt. Zwölf Thesen zu ihrer Heilung*, München.

— (2004), »Das Handeln psychosozialer Profis zwischen individueller Hilfeplanung und Begleitung im Lebensfeld«, in: *Soziale Psychiatrie 28*, H. 3, S. 37–42.

Dreier, Horst/Huber, Wolfgang (2002) (Hg.), *Bioethik und Menschenwürde. Ethik & Gesellschaft. Vorträge des Instituts für Christliche Gesellschaftswissenschaften* (Münstersche Theologische Vorträge 4),
Münster u.a.

Druwe, Ulrich/Kunz, Volker (Hg.) (1999), *Politische Gerechtigkeit*, Opladen.

Dubiel, Helmut (1976), »Art. Identität/Ich-Identität«, in: *Historisches Wörterbuch der Philosophie 4*, hg.
v. J. Ritter u. K. Gründer, Basel u.a., S. 148–151.

Dworkin, Richard (1981a), »What is Equality? Part 1: Equality of Welfare«, in: *Philosophy & Public
Affairs 10*, S. 185–246.

— (1981b), «What is Equality? Part 2: Equality of Resources«, in: *Philosophy & Public Affairs 10*, S.
283–345.

Ebach, Jürgen (1986), *Ursprung und Ziel. Erinnerte Zukunft und erhoffte Vergangenheit. Biblische Exegesen,
Reflexionen, Geschichten*, Neukirchen-Vluyn.

Eberwein, Hans (Hg.) (1996), *Einführung in die Integrationspädagogik. Interdisziplinäre Zugangsweisen sowie
Aspekte universitärer Ausbildung von Lehrern und Diplompädagogen*, Weinheim.

Eggert, Dietrich (1972), »Ein Beitrag zur Sozial- und Familienstatistik von geistig behinderten
Kindern«, in: Eggert, Dietrich (Hg.), *Zur Diagnose der Minderbegabung*, Weinheim, S. 73–90.

— (1999), »Psychologische Theorien der geistigen Behinderung«, in: Neuhäuser, Gerhard/
Steinhausen, Hans-Christoph (Hg.), *Geistige Behinderung. Grundlagen, Klinische Syndrome, Behandlung und Rehabilitation*, 2. Aufl., Stuttgart/Berlin/Köln, S. 42–59.

Eggert, Dietrich/Meywirth, Karl Heinrich/Titze, Ingeborg (1980), »Daten zum Zusammenhang
zwischen Behinderung und sozialer Schichtzugehörigkeit«, in: *Zeitschrift für Heilpädagogik 31*, S.
816–821.

Eggli, Ursula (2004), »It's paradies!«, in: Graumann, Sigrid u.a. (Hg.), *Behinderung und Ethik. Ein
Perspektivenwechsel*, Frankfurt a.M./New York, S. 145–148.

Eibach, Ulrich (1991a), *Theologie in Seelsorge, Beratung und Diakonie. Bd. 1: Heilung für den ganzen
Menschen? Ganzheitliches Denken als Herausforderung von Theologie und Kirche*, Neukirchen-Vluyn.

— (1991b), *Theologie in Seelsorge, Beratung und Diakonie. Bd. 2: Der leidende Mensch vor Gott. Krankheit
und Behinderung als Herausforderung unseres Bildes von Gott und dem Menschen*, Neukirchen-Vluyn.

— (1992), *Theologie in Seelsorge, Beratung und Diakonie. Bd. 3: Seelische Krankheit und christlicher Glaube.
Theologische und humanwissenschaftliche Aspekte*, Neukirchen-Vluyn.

— (2000), *Menschenwürde an den Grenzen des Lebens. Einführung in Fragen der Bioethik aus christlicher
Sicht*, Neukirchen-Vluyn.

— (2006), »Glaube, Krankenheilung und Heil«, in: *Evangelische Theologie 66*, S. 297–316.

Eiermann, Nicole/Häußler, Monika/Helfferich, Cornelia (2000), *Live, Leben und Interessen vertreten –
Frauen mit Behinderung. Lebenssituationen, Bedarfslagen und Interessensvertretung von Frauen mit Körper-
und Sinnesbehinderungen* (Schriftenreihe des Bundesministeriums für Familie, Senioren, Frauen
und Jugend 183), Stuttgart/Berlin/Köln.

Eiesland, Nancy L. (1994), *The Disabled God. Toward a Liberatory Theology of Disability*, Nashville, TN.

— (2001), »Dem behinderten Gott begegnen. Theologische und soziale Anstöße einer Befreiungstheologie der Behinderung«, in: Leimgruber, Stephan/Pithan, Annebelle/Spieckermann, Martin
(Hg.), *Der Mensch lebt nicht vom Brot allein. Forum für Heil- und Religionspädagogik*, Münster, S. 7–25.

— (2002), »Encountering the Disabled God«, in: *The Other Side 38*, H. 5, S. 10–15.

Eisenberger, Jörg u.a. (Hg.) (1999), *Das Normalisierungsprinzip – vier Jahrzehnte danach: Veränderungsprozesse stationärer Einrichtungen für Menschen mit geistiger Behinderung*, Reutlingen.

Emlein, Günther (1996), »Menschen mit Behinderung. Biblisch-exegetische Gedanken«, in: *Pastoraltheologie 85*, S. 239–255.

Emrich, Hinderk M. (2003), »Salutogenese und Kategorisierung. Skizzen zu Aaron Antonovskys Psychosomatik-Theorie und Ingeborg Bachmanns Konzept des ›Unsagbaren‹«, in: Egner, Helga (Hg.), *Heilung und Heil. Begegnung – Verantwortung – Interkultureller Dialog*, Düsseldorf/Zürich, S. 226–232.

Elliott, Carl (1999), *A Philosophical Disease: Bioethics, Culture and Identity*, London.

Engelhardt, Dietrich von (2003), »Ethos und Ethik des Kranken in Vergangenheit und Gegenwart – Rechte, Pflichten und Tugenden«, in: *Zeitschrift für medizinische Ethik 49*, S. 3–19.

Esser, Hartmut (2000), *Soziologie. Spezielle Grundlagen. Bd. 5: Institutionen*, Frankfurt a.M./New York.

Eurich, Johannes (2004), »Gerechtigkeit, Ungleichheit und die Wahrnehmung von individuellen Rechten«, in: Grözinger, Gerd/van Aaken, Anne (Hg.), *Ungleichheit und Umverteilung*, Marburg, S. 19–45.

— (2005a), »Selbstachtung, Moral und Anerkennung. Überlegungen zum Selbstachtungsbegriff bei John Rawls und seiner moraltheoretischen Verknüpfung mit Anerkennung«, in: Hahn, Henning (Hg.), *Selbstachtung oder Anerkennung? Beiträge zur Theorie der Gerechtigkeit und Menschenwürde* (Schriften des Kollegs Friedrich Nietzsche), Weimar, S. 212–228.

— (2005b), »Nächstenliebe als berechenbare Dienstleistung. Zur Situation der Diakonie zwischen Ökonomisierung, theologischem Selbstverständnis und Restrukturierung«, in: *Zeitschrift für Evangelische Ethik 49*, S. 58–70.

— (2005c), »Vom Assistenz- zum Bürgerrechtsgedanken? Neue Forschungsperspektiven in der Hilfe für Menschen mit Behinderungen«, in: Johannes-Anstalten Mosbach (Hg.), *Ein soziales Dienstleistungsunternehmen in der Diakonie. Chancen und Risiken der zukünftigen Herausforderungen*, Mosbach, S. 69–80.

— (2006), »Befähigung, Teilhabe und Nächstenliebe. Fortentwicklung und Kritik der Hilfe für Menschen mit Behinderung«, in: Lienhard, Fritz/Schmidt, Heinz (Hg.), *Das Geschenk der Solidarität. Chancen und Herausforderungen der Diakonie in Frankreich und Deutschland* (VDWI 28), Heidelberg, S. 157–178.

— (2008a), »Religiöse Deutung und medizinisches Verständnis von Krankheit und Heilung: Überlegungen zu ihrer Differenzierung und Ergänzung«, in: Karle, Isolde/Thomas, Günter (Hg.), *Krankheit. Systematisch-theologische und praktisch-theologische Beobachtungen*, Stuttgart (im Erscheinen).

— (2008b), »Liebende Sorgearbeit und sozialunternehmerisches Handeln: Zur Ökonomisierung der Sozialen Arbeit mit Menschen mit Behinderung«, in: *Von der Barmherzigkeit zum Sozial-Markt. Zur Ökonomisierung der sozialdiakonischen Dienste* (Jahrbuch Sozialer Protestantismus 2), hg. v. H. Bedford-Strohm u.a., Gütersloh (im Erscheinen).

Eurich, Johannes/Brink, Alexander (2006), »Vom Eigennutz zur Sinnsuche. Zum Modell des homo oe-conomicus«, in: *Glaube und Lernen 21*, S. 58–71.

Eurich, Johannes/Dabrock, Peter/Maaser, Wolfgang (Hg.) (2008), *Intergenerationalität zwischen Solidarität und Gerechtigkeit. Festgabe Christofer Frey zum 70. Geburtstag* (VDWI 36), Heidelberg.

Eurich, Johannes/Langer, Andreas (2004), »Gerechtigkeit für behinderte Menschen«, in: *Rubin 14*, S. 29–35.

Eurich, Johannes/Oelschlägel, Christian (2008), »Bildungsbarrieren. Die Inklusion von Menschen mit geistiger Beeinträchtigung als Herausforderung für Schule und Diakonie«, in: Eurich, Johannes/Oelschlägel, Christian (Hg.), *Diakonie und Bildung. Heinz Schmidt zum 65. Geburtstag*, Stuttgart, S. 332–344.

Europäische Kommission (2002), *Gemeinsamer Bericht über die soziale Eingliederung. Generaldirektion Beschäftigung und Soziales*, Brüssel.

European Commission (2003), *Access to assistive technology in the European Union. A study prepared by Deloitte and Touchè. Directorate General for Employment and Social Affairs*, Brussels.

Evang, Martin (Hg.) (1997), *Eschatologie und Schöpfung. FS E. Gräßer*, Berlin/New York.

Faber, Brigitte (2004), »Disability Studies – ein anderer Blick auf Behinderung«, in: *Orientierung 27*, H. 4, S. 9–11.

Faulstich, Heinz (1993), *Von der Irrenfürsorge zur »Euthanasie«. Geschichte der badischen Psychiatrie bis 1945*, Freiburg.

Felkendorff, Kai (2003), »Ausweitung der Behinderungszone: Neue Behinderungsbegriffe und ihre Folgen«, in: Cloerkes, Günther (Hg.), *Wie man behindert wird. Texte zur Konstruktion einer sozialen Rolle und zur Lebenssituation betroffener Menschen*, Heidelberg, S. 25–52.

Fengler, Jörg/Jansen, Gerd (Hg.) (1999), *Handbuch der Heilpädagogischen Psychologie*, 3. Aufl., Stuttgart/Berlin/Köln.

Fenner, Friedrich (1930), *Die Krankheit im Neuen Testament. Eine religions- und medizingeschichtliche Untersuchung*, Leipzig.

Ferber, Christian von (1972), »Der behinderte Mensch und die Gesellschaft«, in: Thimm, Walter (Hg.), *Soziologie der Behinderten. Materialien*, Neuburgweier/Karlsruhe, S. 30–41.

Fisch, Andreas (2002), *Option für die Armen konkret: Zur sozialethischen Kompetenz der Kirche in Deutschland*, 2. Überarb. u. erw. Aufl., Münster.

Fischer, Johannes (1992), »Christliche Ethik als Verantwortungsethik?«, in: *Evangelische Theologie 52*, S. 114–128.

— (1998), *Handlungsfelder angewandter Ethik. Eine theologische Orientierung*, Stuttgart/Berlin/Köln.

— (2002a), *Theologische Ethik. Grundwissen und Orientierung*, Stuttgart/Berlin/Köln.

— (2002b), *Medizin- und bioethische Perspektiven. Beiträge zur Urteilsbildung im Bereich von Medizin und Biologie*, Zürich.

— (2003), »Jenseits reiner Normativität. Skizze einer theologisch-ethischen An-näherung an die Gerechtigkeitsthematik«, in: Dabrock, Peter u.a. (Hg.), *Kriterien der Gerechtigkeit. Begründungen – Anwendungen – Vermittlungen. FS Christofer Frey*, Gütersloh, S. 137–153.

Fischer-Homberger, Esther (1977), *Geschichte der Medizin*, 2., überarb. Aufl., Berlin/Heidelberg/ New York.

Fletcher, Joseph (1972), »Indicators of Humanhood: A Tentative Profile of Man«, in: *Hastings Center Report 2*, H. 5, S. 1–4.

Forst, Rainer (1994), *Kontexte der Gerechtigkeit. Politische Philosophie jenseits von Liberalismus und Kommunitarismus*, Frankfurt a.M.

Forster, Rudolf (2004) (Hg.), *Soziologie im Kontext von Behinderung. Theoriebildung, Theorieansätze und singuläre Phänomene*, Bad Heilbrunn.

Foucault, Michel (1974), *Von der Subversion des Wissens*, übers. v. W. Seitter, München.

— (1977), *Überwachen und Strafen. Die Geburt des Gefängnisses*, Frankfurt a.M.

— (1987), »Das Subjekt und die Macht«, in: Dreyfus, Hubert L./Rabinow, Paul/Foucault, Michel, *Jenseits von Strukturalismus und Hermeneutik. Mit einem Nachwort von und einem Interview mit Michel Foucault*, aus d. Amerik. v. C. Rath u. U. Raulff, Frankfurt a.M., S. 241–261.

— (1999), *In Verteidigung der Gesellschaft. Vorlesungen am Collège de France (1975–76)*, aus dem Franz. v. M. Ott, Frankfurt a.M.

Franzkowiak, Peter (2003), »Soziologische Perspektiven auf Gesundheit und Krankheit«, in: Bundeszentrale für gesundheitliche Aufklärung (Hg.), *Leitbegriff der Gesundheitsförderung. Glossar zu Konzepten, Strategien und Methoden in der Gesundheitsförderung* (Blickpunkt Gesundheit 6), 4. erweit. u. überarb. Aufl., Schwabenheim.

Fraser, Nancy (2001), *Die halbierte Gerechtigkeit. Schlüsselbegriffe des postindustriellen Sozialstaates*, aus d. Amerik. v. K. Wördemann, Frankfurt a.M.

— (2003), »Soziale Gerechtigkeit im Zeitalter der Identitätspolitik«, in: Fraser, Nancy/Honneth, Axel, *Umverteilung oder Anerkennung? Eine politisch-philosophische Kontroverse*, Frankfurt a.M., S. 13–128.

— (2004), *Soziale Gerechtigkeit in der Wissensgesellschaft: Umverteilung, Anerkennung und Teilhabe*, http://www.wissensgesellschaft.org

Freidson, Elliot (1966), »Disability as Social Deviance«, in: Sussman, Marvin B. (Hg.), *Sociology and Rehabilitation*, Washington D.C., S. 71–99.

— (1970), *Professions of Medicine. A Study of the Sociology of Applied Knowledge*, New York.

Frey, Christofer (1990), *Theologische Ethik*, Neukirchen-Vluyn.

— (1998), *Konfliktfelder des Lebens. Theologische Studien zur Bioethik. Zum 60. Geburtstag des Verfassers*, hg. u. eingel. v. P. Dabrock u. W. Maaser, Göttingen.

— (2005), »Zweifel an der Solidarität«, in: *Zeitschrift für Evangelische Ethik 49*, 82–87.

— (2006), »Solidarität und Gerechtigkeit in der Krankenversicherung«, in: Brink, Alexander u.a. (Hg.), *Gerechtigkeit im Gesundheitswesen* (Sozialpolitische Schriften 88), Berlin, S. 29–43.

Frick, Eckhard (1994), »Zwischen Gerechtigkeit und Sorge – Die Ethik der Suizidprävention«, in: Arnold, Eva/Sonntag, Ute (Hg.), *Ethische Aspekte der psychosozialen Arbeit. Beiträge zur Diskussion*, Tübingen, S. 101–115.

Friese, Klaus u.a. (2003), »Risikofaktoren der Frühgeburt und ihre Bedeutung für Prävention und Gesundheitsförderung – Eine Analyse auf der Grundlage des BabyCare-Programms«, in: *Gesundheitswesen 65*, S. 477–485.

Fuchs, Gotthard (Hg.) (1996), *Angesichts des Leids an Gott glauben? Zur Theologie der Klage*, Frankfurt a.M.

Füsgen, Ingo (Hg.) (1995), *Der ältere Patient. Problemorientierte Diagnostik und Therapie*, München/Wien/Baltimore.

Gadamer, Hans-Georg (1994), »Theorie, Technik, Praxis«, in: Gadamer, Hans-Georg, *Über die Verborgenheit der Gesundheit. Aufsätze und Vorträge*, 3. Aufl., Frankfurt a.M., 11–49.

Gärtner, Heinz (2002), »Finanzreform soll Behinderte berücksichtigen«, in: *Süddeutsche Zeitung vom 28.12./29.12.2002*, S. 41.

Ganßmann, Heiner (2000), *Politische Ökonomie des Sozialstaats*, Münster.

Galston, William A. (1991), *Liberal Purposes. Goods, Virtues, and Diversity in the Liberal State*. Cambridge/Mass.

Gardner, Howard (1991), *Abschied vom IQ. Die Rahmen-Theorie der vielfachen Intelligenzen*, Stuttgart.

Gebhard, Dörte (2000), *Menschenfreundliche Diakonie. Exemplarische Auseinandersetzungen um ein theologisches Menschenverständnis und um Leitbilder*, Neukirchen-Vluyn.

Gerdes, Nikolaus/Weis, Joachim (2000), Zur Theorie der Rehabilitation«, in:Bengel, Jürgen/Koch, Uwe (Hg.), *Grundlagen der Rehabilitationswissenschaften. Themen, Strategien und Methoden der Rehabilitationsforschung*, Berlin/Heidelberg/New York u.a., S. 41–68.

Gerechte Teilhabe (2006), *Befähigung zu Eigenverantwortung und Solidarität. Eine Denkschrift des Rates der EKD zur Armut in Deutschland*, hg. v. Kirchenamt der EKD im Auftrag des Rates der Evangelischen Kirche in Deutschland, 2. Aufl., Gütersloh.

Gergen, Kenneth J. (2002), *Konstruierte Wirklichkeiten. Eine Hinführung zum sozialen Konstruktionismus*, Stuttgart.

Gerstenberger, Erhard S./Schrage, Wolfgang (1977), *Leiden* (Biblische Konfrontationen 1004), Stuttgart u.a.

Giddens, Anthony (1983), »Klassenspaltung, Klassenkonflikt und Bürgerrechte. Gesellschaft im Europa der achtziger Jahre«, in: Kreckel, Reinhard (Hg.), *Soziale Ungleichheiten. Soziale Welt Sonderband*, Göttingen.

— (1999), *Der dritte Weg. Die Erneuerung der sozialen Demokratie* (Edition Zweite Moderne), Frankfurt a.M.

Giertler, Rudolf (1992), »Mensch und Medizin«, in: *Renovatio 48*, S. 73–84.

Gmyrek, Dieter u.a. (2002), »10 Jahre perinatologische und neonatologische Qualitätssicherung im Freistaat Sachsen, Sächsische Perinatal und Neonatalerhebung«, in: *Ärzteblatt Sachsen 13*, H. 12, S. 1–24.

Görg, Manfred/Langer, Michael (Hg.) (1997), *Als Gott weinte. Theologie nach Auschwitz*, Regensburg.

Goertz, Stephan (2005), »Privatsache gesund? Eine Kritik des Prinzips der Eigenverantwortung«, in: *Ethica 13*, H. 4, S. 339–356.

Goffmann, Erving (1974), *Stigma. Über Techniken der Bewältigung beschädigter Identität*, 8. Aufl., Frankfurt a.M.

Goggin, Gerard/Newell, Christopher (2003), *Digital Disability: The Social Construction of Disability in New Media*, Lanham, MD.

Golser, Karl (2004), »Zum Verhältnis zwischen Bioethik und Religion in postmoderner Gesellschaft«, in: *Zeitschrift für medizinische Ethik 50*, S. 235–245.

Gontard, Alexander von (1999), »Genetische und biologische Faktoren«, in: Neuhäuser, Gerhard/Steinhausen, Hans-Christoph (Hg.), *Geistige Behinderung. Grundlagen, Klinische Syndrome, Behandlung und Rehabilitation*, 2. Aufl., Stuttgart/Berlin/Köln, S. 26–41.

Gosepath, Stefan (2004), *Gleiche Gerechtigkeit. Grundlagen eines liberalen Egalitarismus*, Frankfurt a.M.

Gottschalk-Mazouz, Niels/Mazouz, Nadia (2004), »Wie sollte eine liberale Gesellschaft mit Krankheiten umgehen, wenn sie gerecht sein will?«, in: *Zeitschrift für medizinische Ethik 50*, S. 263–276.

Graf, Michael/Mathwig, Frank/Zeindler, Matthias (2005), »Einleitung«, in: Graf, Michael/Mathwig, Frank/Zeindler, Matthias (Hg.), *»Was ist der Mensch?« Theologische Anthropologie im interdisziplinären Kontext. Wolfgang Lienemann zum 60. Geburtstag* (Forum Systematik 22), Stuttgart, S. 11–16.

Graumann, Sigrid (2003), »Sind ›Biomedizin‹ und ›Bioethik‹ behindertenfeindlich? Ein Versuch, die Anliegen der Behindertenbewegung für die ethische Diskussion fruchtbar zu machen«, in: *Ethik in der Medizin 15*, H. 3, S. 161–170.

Graumann, Sigrid/Grüber, Katrin (2003) (Hg.), *Medizin, Ethik und Behinderung. Beiträge aus dem Institut Mensch, Ethik und Wissenschaft*, Frankfurt a.M.

— (2005) (Hg.), *Anerkennung, Ethik und Behinderung. Beiträge aus dem Institut Mensch, Ethik und Wissenschaft*, Münster.

Graumann, Sigrid u.a. (2004) (Hg.), *Behinderung und Ethik. Ein Perspektivenwechsel*, Frankfurt a.M./New York.

Greving, Heinrich/Gröschke, Dieter (2000), »Ein praxeologisches Fazit oder Versuch einer Zwischenbilanz«, in: Greving, Heinrich/Gröschke, Dieter (Hg.), *Geistige Behinderung – Reflexionen zu einem Phantom. Ein interdisziplinärer Diskurs um einen Problembegriff*, Bad Heilbrunn, S. 201–210.

Groef, Johan de (2004), »Wo Heteronomie war, soll Autonomie werden? Geistig Behinderte spiegeln uns, was es bedeutet, ein verlangendes Subjekt zu sein«, in: Ahrbeck, Bernd/Rauh, Bernhard (Hg.), *Behinderung zwischen Autonomie und Angewiesensein*, Stuttgart, S. 145–155.

Gröschke, Dieter (1998), »Integration oder Apartheid? Steckt die Geistigbehindertenhilfe in einer Normalisierungsfalle?«, in: *Zeitschrift für Heilpädagogik 8*, S. 365–373.

— (2002), »Normalität, Normalisierung, Normalismus – Ideologiekritische Aspekte des Projekts der Normalisierung und sozialen Integration«, in: Greving, Heinrich/Gröschke, Dieter (Hg.), *Das Sisyphos-Prinzip. Gesellschaftsanalytische und gesellschaftskritische Dimensionen der Heilpädagogik*, Bad Heilbrunn, S. 175–202.

— (2003), »Behinderung als ›Leiden‹? – Biopolitik der Behinderung zwischen einer Ethik des Heilens und einem Ethos des Imperfekten«, in: Dederich, Markus (Hg.), *Bioethik und Behinderung*, Bad Heilbrunn, S. 167–192.

Gromann, Petra (2002), »Funktion und Möglichkeiten des Befragens von Nutzerinnen und Nutzern«, in: Greving, Heinrich (Hg.), *Hilfeplanung und Controlling in der Heilpädagogik*, Freiburg, S. 155–170.

Grossberg, Lawrence (1998), »The Cultural Studies Crossroads Blues«, in: *European Journal of Cultural Studies 1*, H. 1, S. 65–82.

Großklaus-Seidel, Marion (2002), *Ethik im Pflegealltag*, Stuttgart.

Grossmann, Herbert J. (Hg.) (1973), *Manual on Terminology and Classification in Mental Retardation. 1973 Revision*, Washington D.C.

Gruber, Hans-Günter (2005), *Ethisch denken und handeln. Grundzüge einer Ethik der Sozialen Arbeit* (Dimensionen Sozialer Arbeit und der Pflege 8), Stuttgart.

Gründel, Johannes (1984), *Normen im Wandel. Eine Orientierungshilfe für christliches Leben heute*, 2. Aufl., München.

Gunkel, Hermann/Begrich, Joachim (1985), *Einleitung in die Psalmen. Die Gattungen der religiösen Lyrik Israels*, 4. Aufl., Göttingen.

Haber, Lawrence D./Smith, Richard T. (1971), »Disability and Deviance: Normative Adaptations of Role Behavior«, in: *American Sociological Review 36*, S. 87–97.

Habermann, Monika (1995), »Umgang mit dem Fremden. Der Faktor Kultur in Pflegepraxis und -wissenschaft«, in: *Marbuse 96*, S. 27–29.

Habermas, Jürgen (1985), *Die neue Unübersichtlichkeit*, Frankfurt a.M.

— (1986), »Gerechtigkeit und Solidarität«, in: Edelstein, Wolfgang/Nunner-Winkler, Gertrud (Hg.), *Zur Bestimmung der Moral*, Frankfurt a.M., S. 291–318.

— (1994), *Faktizität und Geltung*, Frankfurt a.M.

Hackmann, Joachim (1990), »Freiheit und Sicherheit in den Systemen der sozialen Sicherung«, in: Schmidt, Kurt (Hg.), *Finanzierungsprobleme der sozialen Sicherung I*, Berlin, S. 41–144.

Härle, Wilfried (1975), *Sein und Gnade. Die Ontologie in Karl Barths Kirchlicher Dogmatik* (TBT 27), Berlin/New York.

— (1995), *Dogmatik*, Berlin/New York.

— (1997), »Suum cuique«. Gerechtigkeit als sozialethischer und theologischer Grundbegriff«, in: *Zeitschrift für Evangelische Ethik 41*, S. 303–312.

— (1998), »Zur Gegenwartsbedeutung der ›Rechtfertigungs‹-Lehre«, in: *Zeitschrift für Theologie und Kirche 95*, BeiH. 10, S. 101–139.

— (2001), »Der Mensch Gottes. Die öffentliche Orientierungsleistung des christlichen Menschenverständnisses«, in: Herms, Eilert (Hg.), *Menschenbild und Menschenwürde* (Veröffentlichungen der Wissenschaftlichen Gesellschaft für Theologie 17), Gütersloh, S. 529–543.

— (2005), *Menschsein in Beziehungen. Studien zur Rechtfertigungslehre und Anthropologie*, Tübingen.

Härle, Wilfried/Preul, Reiner (2005) (Hg.), *Menschenwürde* (Marburger Jahrbuch Theologie 17), Marburg.

Hahn, Henning (2005) (Hg.), *Selbstachtung oder Anerkennung? Beiträge zur Theorie der Gerechtigkeit und Menschenwürde* (Schriften des Kollegs Friedrich Nietzsche), Weimar.

Hahn, Martin (1981), *Behinderung als soziale Abhängigkeit. Zur Situation schwerbehinderter Menschen*, München.

— (1994), »Selbstbestimmung im Leben, auch für Menschen mit geistiger Behinderung«, in: *Geistige Behinderung 33*, H. 2, S. 81–93.

— (1999), »Anthropologische Aspekte der Selbstbestimmung«, in: Wilken, Etta/Vahsen, Friedhelm (Hg.), *Sonderpädagogik und soziale Arbeit*, Neuwied/Kriftel, S. 14–30.

Hamel, Thomas/Windisch, Matthias (1993), »Soziale Integration. Vergleichende Analyse von sozialen Netzwerken nichtbehinderter und behinderter Erwachsener«, in: *Neue Praxis 23*, H. 5, S. 425–439.

Hanes, Roy (2004), »From charitable relief to social control: the criminalization of people with disabilities in nineteenth century Canada«, in: *Review of Disability Studies 1*, H. 2, S. 88–99.

Hansmeier, Thomas/Karoff, Marthin (2000), »Partizipation von chronisch Kranken und Behinderten am Erwerbsleben«, in: Bengel, Jürgen/Koch, Uwe (Hg.), *Grundlagen der Rehabilitationswissenschaften. Themen, Strategien und Methoden der Rehabilitationsforschung*, Berlin/Heidelberg/New York, S. 163–182.

Harbauer, Horst/Schmidt, Martin (1979), »Medizinische Aspekte«, in: Bach, Heinz (Hg.), *Pädagogik des Geistigbehinderten. Handbuch der Sonderpädagogik. Bd. 5*, Berlin, S. 447–488.

Harris, John (1995), *Der Wert des Lebens. Eine Einführung in die medizinische Ethik*, Berlin.

Harsanyi, John C. (1975), »Can the Maximin Principle Serve as a Basis for Morality? A Critique of John Rawls' Theory«, in: *American Political Sciences Review 69*, S. 594–606.

Hartmann, Fritz (2000), »Verständigung als ärztliche Aufgabe«, in: *Medizinische Klinik 95*, S. 104–108.

Hartwich, Hans-Hermann (1990), »Gefährdungen des demokratischen Sozialstaats in historischer Perspektive«, in: Bermbach, Udo/Blanke, Bernhard/Böhret, Carl (Hg.), *Spaltungen der Gesellschaft und die Zukunft des Sozialstaates*, Opladen, S. 10–24.

Heckel, Ulrich (1993), *Kraft in Schwachheit. Untersuchungen zu 2.Kor 10–13* (Wissenschaftliche Untersuchungen zum Neuen Testament: Reihe 2/56), Tübingen.

Heiden, Hans-Günter (1996), »Vorwort«,.in: Heiden, Hans-Günter (Hg.), *»Niemand darf wegen seiner Behinderung benachteiligt werden!« Grundrecht und Alltag – eine Bestandsaufnahme*, Reinbek bei Hamburg, S. 11–13.

Heimbach-Steins, Marianne (2005), »Bildung und Chancengleichheit«, in: Heimbach-Steins, Marianne (Hg.), *Christliche Sozialethik. Ein Lehrbuch. Bd. 2: Konkretionen*, Regensburg, S. 50–81.

Heinzelmann, Claudia (2002), »Armutslagen bei Kindern und Jugendlichen am Beispiel eines benachteiligten Stadtteils«, in: Mägdefrau, Jutta/Schumacher, Eva (Hg.), *Pädagogik und soziale Ungleichheit. Aktuelle Beiträge – Neue Herausforderungen*, Bad Heilbrunn, S. 149–164.

Hempel, Johannes (1965), *Heilung als Symbol und Wirklichkeit im biblischen Schrifttum*, 2., durchges. u. um Nachtr. u. Reg. erw. Aufl., Göttingen.

Herbst, Hans Reinhold (1999), *Behinderte Menschen in Kirche und Gesellschaft*, Stuttgart/Berlin/Köln.

Hermanni, Friedrich (2002), *Das Böse und die Theodizee. Eine philosophisch-theologische Grundlegung*, Gütersloh.

Hermanni, Friedrich/Koslowski, Peter (Hg.) (1998), *Die Wirklichkeit des Bösen. Systematisch-theologische und philosophische Annäherungen*, München.

Herms, Eilert (2001) (Hg.), *Menschenbild und Menschenwürde* (Veröffentlichungen der Wissenschaftlichen Gesellschaft für Theologie 17), Gütersloh.

Herriger, Norbert (1997), *Empowerment in der sozialen Arbeit. Eine Einführung*, Stuttgart/Berlin/Köln.

Herrmann, Wolfram (1961), »Das Wunder in der evangelischen Botschaft – Zur Interpretation der Begriffe blind und taub im Alten und Neuen Testament«, in: *Aufsätze und Vorträge zur Theologie und Religionswissenschaft 20*, S. 7–14.

Herz und Mund und Tat und Leben. Grundlagen, Aufgaben und Zukunftsperspektiven der Diakonie (1998). Eine evangelische Denkschrift. Hg. v. Kirchenamt der EKD, Gütersloh.

Heuser, Stefan (2004), *Menschenwürde. Eine theologische Erkundung* (Ethik im theologischen Diskurs 8), Münster.

Hillebrandt, Frank (1999), *Exklusionsindividualität. Moderne Gesellschaftsstruktur und die soziale Konstruktion des Menschen*, Opladen.

Hinsch, Wilfried (1998), »Rawls' Differenzprinzip und seine sozialpolitischen Implikationen«, in: Blasche, Siegfried/Döring, Dieter (Hg.), *Sozialpolitik und Gerechtigkeit*, Frankfurt a.M., S. 17–74.

— (2002), Gerechtfertigte Ungleichheiten. Grundsätze sozialer Gerechtigkeit, Berlin/New York.

Hinz, Andreas (2003), »Inklusion – mehr als nur ein neues Wort?«, in: *Lernende Schule 6*, S. 15–17.

— (2007), »Inklusion – Vision und Realität!«, in: Katzenbach, Dieter (Hg), *Vielfalt braucht Struktur – Heterogenität als Herausforderung für die Unterrichts- und Schulentwicklung*, Frankfurt a.M. 2007, S. 81–98.

Hobbes, Thomas (1998), *Leviathan oder Stoff, Form und Gewalt eines kirchlichen und bürgerlichen Staates*, hg. u. eingel. v. I. Fetscher, übers. v. W. Euchner, 8. Aufl., Frankfurt a.M. (Engl. (1968), *Leviathan, or the Matter, Form and Power of a Commonwealth, Ecclesiastical and Civil*, hg. v. C.B. Macpherson, Harmondsworth u.a.)

Höffe, Otfried (1992) (Hg.), *Lexikon der Ethik*, 4. Aufl., München.

— (1994), *Politische Gerechtigkeit. Grundlegung einer kritischen Philosophie von Recht und Staat*, 2. Aufl., Frankfurt a.M.

— (2001), *Gerechtigkeit. Eine philosophische Einführung*, München.

— (2005), »Wer aber ist arm? Formale Kriterien helfen nicht bei grundlegenden Fragen sozialer Gerechtigkeit«, in: *Frankfurter Allgemeine Zeitung vom 12.01.05*, S. 35.

Hoerster, Norbert (1989), »Tötungsverbot und Sterbehilfe«, in: Sass, Hans-Martin (Hg.), *Medizin und Ethik*, Stuttgart, S. 287–295.

Höver, Gerhard (Hg.) (1997), *Leiden. 27. Internationaler Fachkongress für Moraltheologie und Sozialethik (Sept. 1995/Köln/Bonn)* (Studien der Moraltheologie 1), Münster.

Hoffmann, Claudia/Kulig, Wolfram/Theunissen, Georg (2000), »Bildungsangebote für Erwachsene mit geistiger Behinderung an Volkshochschulen«, in: *Geistige Behinderung 39*, H. 4, 346–359.

Hofmann, Theodor/Klingmüller, Bernhard (Hg.) (1994), *Abhängigkeit und Autonomie. Neue Wege in der Geistigbehindertenpädagogik. Festschrift für Martin Th. Hahn zum 60. Geburtstag*, Berlin.

Hohmeier, Jürgen (1975), »Stigmatisierung als sozialer Definitionsprozess«, in: Brusten, Manfred/Hohmeier, Jürgen (Hg.), *Stigmatisierung. Zur Produktion gesellschaftlicher Randgruppen. Bd. I*, Neuwied/Darmstadt, S. 5–24.

Hole, Günther (2003), »Gedanken zu den Grenzen unseres Tuns und zu den Berührungspunk-ten zwischen dem so genannten säkularen und dem so genannten religiösen Bereich«, in: Egner, Helga (Hg.), *Heilung und Heil. Begegnung – Verantwortung – Interkultureller Dialog*, Düsseldorf/Zürich, S. 216–221.

Hollederer, Alfons (2002), »Arbeitslosigkeit und Gesundheit. Ein Überblick über empirische Befunde und die Arbeitslosen- und Krankenkassenstatistik«, in: *Mitteilungen aus der Arbeitsmarkt- und Berufsforschung*, Nürnberg, S. 411–428.

Hollenweger, Judith (2003), »Behindert, arm und ausgeschlossen. Bilder und Denkfiguren im internationalen Diskurs zur Lage behinderter Menschen«, in: Cloerkes, Günther (Hg.), *Wie man behindert wird. Texte zur Konstruktion einer sozialen Rolle und zur Lebenssituation betroffener Menschen*, Heidelberg, S. 141–164.

Homann, Karl (1988), *Rationalität und Demokratie*, Tübingen.

Honneth, Axel (1990), »Integrität und Missachtung. Grundmotive einer Moral der Anerkennung«, in: *Merkur 501*, S. 1043–1054.

— (1993), »Dezentrierte Autonomie. Moralphilosophische Konsequenzen aus der modernen Subjektkritik«, in: Menke, Christoph/Seel, Martin (Hg.), *Zur Verteidigung der Vernunft gegen ihre Verächter und Liebhaber*, Frankfurt a.M., S. 149–163.

— (1994) (Hg.), *Pathologien des Sozialen. Die Aufgaben der Sozialphilosophie*, Frankfurt a.M.

— (1998), *Kampf um Anerkennung. Zur moralischen Grammatik sozialer Konflikte*, Frankfurt a.M.

— (2000a), »Moralbewußtsein und soziale Klassenherrschaft. Einige Schwierigkeiten in der Analyse normativer Handlungspotentiale«, in: Honneth, Axel, *Das Andere der Gerechtigkeit*, Frankfurt a.M., S. 110–129.

— (2000b), Zwischen Aristoteles und Kant. Skizze einer Moral der Anerkennung«, in: Honneth, Axel, *Das Andere der Gerechtigkeit*, Frankfurt a.M., S. 171–192.

— (2003), *Unsichtbarkeit. Stationen einer Theorie der Intersubjektivität*, Frankfurt a.M.

— (2004), »Eine soziale Pathologie der Vernunft. Zur intellektuellen Erbschaft der Kritischen Theorie«, in: Halbig, Christoph/Quante, Michael (Hg.), *Sozialphilosophie zwischen Kritik und Anerkennung*, Münster, S. 9–31.

Huber, Wolfgang (1985), *Folgen christlicher Freiheit. Ethik und Theorie der Kirche im Horizont der Barmer Theologischen Erklärung* (Neukirchener Beiträge zur systematischen Theologie 4), 2. Aufl., Neukirchen-Vluyn.

— (1990), »Der Protestantismus und die Ambivalenz der Moderne«, in: Moltmann, Jürgen (Hg.), *Religion der Freiheit. Protestantismus in der Moderne*, München, 29–65.

— (1992), »Art. Menschenrechte/Menschenwürde«, in: *Theologische Realenzyklopädie, Bd. 22*, hg. v. G. Krause u.a, Berlin/New York, S. 577–602.

— (1999), *Gerechtigkeit und Recht. Grundlinien christlicher Rechtsethik*, 2. Aufl., Gütersloh (1996).

— (1998), »Wachsende Ungleichheiten – Neue Spaltungen. Exklusion als Gefahr für die Zivilgesellschaft«, in: *Zeitschrift für Evangelische Ethik 42*, S. 242–247.

Irrgang, Bernhard (1995), *Grundriß der medizinischen Ethik*, München u.a.

Jacobson, John W./Mulick, James A./Schwartz, Allen A. (1995), »A history of facilitated communication: Science, pseudoscience and antiscience«, in: *American Psychologist 50*, S. 750–765.

Jäckel, Wilfried H. u.a. (1991) (Hg.), *Qualitätssicherung und Vernetzung in der Rehabilitation. Jahrestagung der Deutschen Vereinigung für die Rehabilitation Behinderter e.V., Ulm 1989* (Interdisziplinäre Schriften zur Rehabilitation 1), Ulm.

Jäger, Adolf Otto (1967), *Dimension der Intelligenz*, Göttingen.

Janssen, Hans-Gerd (1996), *Dem Leiden widerstehen. Aufsätze zur Grundlegung einer praktischen Theodizee*, Münster.

Jantzen, Wolfgang (1974), *Sozialisation und Behinderung. Studien zu sozialwissenschaftlichen Grundfragen der Behindertenpädagogik*, Gießen.

— (1987), *Allgemeine Behindertenpädagogik. Bd. 1: Sozialwissenschaftliche und psychologische Grundlagen*, Weinheim.

— (1994) (Hg.), *»Euthanasie« – Krieg – Gemeinsinn. Solidarisch handeln, demokratisch verantworten: Für ein humanes Leben aller! Kongress Universität Bremen 26.-28. November 1993*. Protokollband. Jahrbuch für systematische Philosophie. (o.Jg.).

— (2000), »Geistige Behinderung ist kein Phantom. Über die soziale Wirklich-keit einer naturalisierten Tatsache«, in: Gröschke, Dieter (Hg.), *Geistige Behinderung – Reflexionen zu einem Phantom. Ein interdisziplinärer Diskurs um einen Problembegriff*, Bad Heilbrunn, S. 166–178.

Jeremias, Joachim (1962), *Jerusalem zur Zeit Jesu*, 3., neubearb. Aufl., Göttingen.

Jerg, Jo/Armbruster, Jürgen/Walter, Albrecht (2005) (Hg.), *Selbstbestimmung, Assistenz und Teilhabe. Beiträge zur ethischen, politischen und pädagogischen Orientierung in der Behindertenhilfe* (Schriften der Evangelischen Fachhochschule Reutlingen-Ludwigsburg im Verlag der Evangelischen Gesellschaft), Stuttgart.

Joest, Wilfried (1967), *Ontologie der Person bei Luther*, Göttingen.

Jonas, Hans (1987), *Technik, Medizin und Ethik. Zur Praxis des Prinzips Verantwortung*, 2. Aufl., Frankfurt a.M.

— (1993), *Das Prinzip Verantwortung. Versuch einer Ethik für die technologische Zivilisation*, 11. Aufl., Frankfurt a.M.

Josuttis, Manfred (1975), »Zur Frage nach dem Sinn der Krankheit«, in: *Wege zum Menschen 27*, S. 12–19.

Jüngel, Eberhard u.a. (1971), »Abtreibung oder Annahme des Kindes. Thesen zur Diskussion um § 218«, in: *Evangelische Kommentare 4*, S. 452–454.

Jüngel, Eberhard (1972a), »Quae supra nos, nihil ad nos. Eine Kurzformel der Lehre vom verborgenen Gott – im Anschluß an Luther interpretiert«, in: *Evangelische Theologie 32*, S. 197–240.

— (1972b), *Unterwegs zur Sache. Theologische Bemerkungen* (Beiträge zur evangelischen Theologie 61), München.

— (1983), *Tod*, 2. Aufl., Gütersloh.

— (1990), »Gottes ursprüngliches Anfangen als schöpferische Selbstbegrenzung. Ein Beitrag zum Gespräch mit Hans Jonas über den ›Gottesbegriff nach Auschwitz‹«, in: Jüngel, Eberhard, *Wertlose Wahrheit. Zur Identität und Relevanz des christlichen Glaubens. Theologische Erörterungen III* (BEvTh 107), München, S. 151–162.

— (1998), *Das Evangelium von der Rechtfertigung des Gottlosen als Zentrum christlichen Glaubens. Eine theologische Studie in ökumenischer Absicht*, Tübingen.

Kähler, Christoph (1998), »Recht und Gerechtigkeit im Neuen Testament. Gemeindewirklichkeit und metaphorischer Anspruch im Matthäusevangelium«, in: Mehlhausen, Joachim (Hg.), *Recht – Macht – Gerechtigkeit* (Veröffentlichungen der Wissenschaftlichen Gesellschaft für Theologie 14), Gütersloh, S. 337–354.

Kaiser, Otto/Lohse, Eduard (1974), *Tod und Leben*, Stuttgart u.a.

Kant, Immanuel (1983), *Werke in zehn Bänden. Bd. 7: Schriften zur Ethik und Religionsphilosophie. Zweiter Teil*, hg. v. W. Weischedel, Darmstadt.

Kapferer, Norbert (1993), »Die Pathologisierung des Bösen. Über die problematische Umsetzung eines moralisch-theologischen Begriffs in den Sozialwissenschaften«, in: Schuller, Alexander/von Rahden, Wolfert (Hg.), *Die andere Kraft. Zur Renaissance des Bösen*, Berlin, S. 95–115.

Karle, Isolde (2006), *»Da ist nicht mehr Mann noch Frau... Theologie jenseits der Geschlechterdifferenz*, Gütersloh.

Katzenbach, Dieter (2004), »Anerkennung, Missachtung und geistige Behinderung. Sozialphilosophische Perspektiven auf den so genannten Perspektivenwechsel in der Behindertenpädagogik«, in: Ahrbeck, Bernd/Rauh, Bernhard (Hg.), *Behinderung zwischen Autonomie und Angewiesensein*, Stuttgart, S. 127–144.

Kaufmann, Franz-Xaver (1997), *Herausforderungen des Sozialstaates*, Frankfurt a.M.

— (1999), »Konzept und Formen sozialer Intervention«, in: Albrecht, Günter/Groenemeyer, Axel/Stallberg, Friedrich W. (Hg.), *Handbuch sozialer Probleme*, Opladen/Wiesbaden, S. 921–940.

Kegler, Jürgen (1992), »Beobachtungen zur Körpererfahrung in der hebräischen Bibel«, in: Crüsemann, Frank/Hardmeier, Christof/Kessler, Rainer (Hg.), *Was ist der Mensch...? Beiträge zur Anthropologie des Alten Testaments. FS Hans Walter Wolff*, München, S. 28–41.

Kersting, Wolfang (1997a), *Gerechtigkeit als Tausch? Auseinandersetzungen mit der politischen Philosophie Otfried Höffes*, Frankfurt a.M.

— (1997b), »Herrschaftslegitimation, politische Gerechtigkeit und transzendentaler Tausch. Eine kritische Einführung in das politische Denken Otfried Höffes«, in: Kersting, Wolfgang (Hg.), *Gerechtigkeit als Tausch? Auseinandersetzungen mit der politischen Philosophie Otfried Höffes*, Frankfurt a.M., S. 11–60.

— (2000a) (Hg.), *Politische Philosophie des Sozialstaats*, Weilerwist.

— (2000b), »Einleitung«, in: Kersting, Wolfgang (Hg.), *Politische Philosophie des Sozialstaats*, Weilerwist, S. 11–92.

Kessler, Hans (2000), *Gott und das Leid seiner Schöpfung. Nachdenkliches zur Theodizeefrage*, Würzburg.

Keupp, Heiner/Ahbe, Thomas/Gmür, Wolfgang (1999), *Identitätskonstruktionen. Das Patchwork der Identitäten in der Spätmoderne*, Reinbek bei Hamburg.

Kirchenamt der Evangelischen Kirche in Deutschland (Hg.) (2005), *Sterben hat seine Zeit. Überlegungen zum Umgang mit Patientenverfügungen aus evangelischer Sicht* (EKD-Texte 80), Hannover.

Kirsch, Guy (1997), *Neue Politische Ökonomie*, 4. Aufl., Düsseldorf.

— (2001), »Der Staat muss seine Unschuld erst beweisen. Im Ringen um die Rechtfertigung der öffentlichen Daseinsvorsorge liegt die Bringschuld nicht bei den Verteidigern der individuellen Freiheit«, in: *Frankfurter Allgemeine Zeitung vom 01.12.2001*, S. 15.

Kittay, Eva Feder (1999), *Love's labor. Essays on women, equality, and dependency*, New York.

— (2004), »Behinderung und das Konzept der Care Ethik«, in: Graumann, Sigrid u.a. (Hg.), *Ethik und Behinderung. Ein Perspektivenwechsel*, Frankfurt a.M./New York, S. 67–80.

Klappert, Bertold (1994), »Gott kann das – Gott entspricht das! Karl Barths Gotteslehre im Kontext der Gotteslehre der Gegenwart«, in: Klappert, Bertold, *Versöhnung und Befreiung. Versuche, Karl Barth kontextuell zu verstehen* (NBST 14), Neukirchen-Vluyn, S. 185–203.

Klee, Ernst (1984), *»Euthanasie« im NS-Staat. Die »Vernichtung lebensunwerten Lebens«*, Frankfurt a.M.

Kley, Roland (1989), *Vertragstheorien der Gerechtigkeit. Eine philosophische Kritik der Theorien von John Rawls, Robert Nozick und James Buchanan* (Sankt Galler Studien zur Politikwissenschaft 13), Bern/Stuttgart.

Klie, Thomas/Leonhard, Bettina (2001), »Die Abgrenzung zwischen SGB XI und BSHG«, in: Igl, Gerhard/Welti, Felix (Hg.), *Die Verantwortung des sozialen Rechtsstaats für Personen mit Behinderung und für die Rehabilitation* (Sozialpolitik in Europa 7), Wiesbaden, S. 171–200.

Klinnert, Lars (2004), »»Menschenwürde« als Leitprinzip medizinrechtlicher Normenbildung. Eine theologische Positionsbestimmung im Streit um die europäische Bioethik-Konvention«, in: Dabrock, Peter/Klinnert, Lars/Schardien, Stefanie, *Menschenwürde und Lebensschutz. Herausforderungen theologischer Bioethik*, Gütersloh, S. 235–287.

Klug, Wolfgang (2001), »US-amerikanische Sozialpolitik und mögliche Konsequenzen. Marvin Olaskys Compassionate Conservatism«, in: *Soziale Arbeit 9*, S. 336–343.

Knapp, Gudrun-Axeli (1998), »Postmoderne Theorie oder Theorie der Postmoderne? Anmerkungen aus feministischer Sicht«, in: Knapp, Gudrun-Axeli (Hg.), *Kurskorrekturen. Feminismus zwischen Kritischer Theorie und Postmoderne*, Frankfurt a.M., S. 25–84.

Knappe, Eckhard (1980), *Einkommensumverteilung in der Demokratie. Der Beitrag der ökonomischen Theorie der Demokratie zur Analyse der Verteilungspolitik*, Freiburg.

— (1982), »Staatliche Verteilungspolitik auf parlamentarischer und konstitutioneller Ebene«, in: *Jahrbuch für Neue Politische Ökonomie 1*, S. 113–139.

Knappe, Eckhard/Hammerschmidt, Markus/Walger, Martin (1991), *Behinderte und Rehabilitation. Beiträge zum vierten Sozialpolitischen Symposium Trier*, Frankfurt a.M./New York.

Knauer, Sabine (2003), »Von den Anfängen der Integration zur heutigen Integrationspädagogik. Eine kritische Zwischenbilanz«, in: *Behinderte in Familie, Schule und Gesellschaft 1*, S. 14–25.

Kniel, Adrian/Windisch, Matthias (2000) (Hg.), *Selbstvertretung von Menschen mit Behinderung. Ansätze und Erfahrungen*, Kassel.

— (2001) (Hg.), *»Wir vertreten uns selbst!« Entwicklung und Unterstützung von People-First-Gruppen in Deutschland*, Kassel.

— (2002) (Hg.), *Selbstvertretung und Lebensqualität von Menschen mit kognitiven Beeinträchtigungen. Untersuchungsergebnisse zur Bedeutung der People-First-Gruppen in Deutschland aus der Sicht ihrer Mitglieder und ihrer Lebensqualität. Abschlussbericht der wissenschaftlichen Begleitforschung Universität Kassel zu dem Modellprojekt »Selbstorganisation und Selbstvertretung von Menschen mit kognitiven Beeinträchtigungen – Wir vertreten uns selbst!«*, Kassel.

Knust-Potter, Evemarie (1998), *Behinderung – Enthinderung. Die Community-Living-Bewegung gegen Ausgrenzung und Fremdbestimmung*, Köln.

Koch, Claus (1995), *Die Gier des Marktes. Die Ohnmacht des Staates im Kampf der Weltwirtschaft*, München/Wien.

Koch, Klaus (1953), *Sdq im alten Testament. Eine traditionsgeschichtliche Untersuchung*. Dissertation, Heidelberg.

— (1961), »Wesen und Ursprung der ›Gemeinschaftstreue‹ im Israel der Königszeit«, in: *Zeitschrift für Evangelische Ethik 5*, S. 72–90.

— (2001), »Perspektiven biblischen Menschenverständnisses im Zeitalter der Technologie«, in: Herms, Eilert (Hg.) (2001), *Menschenbild und Menschenwürde* (Veröffentlichungen der Wissenschaftlichen Gesellschaft für Theologie 17), Gütersloh, S. 48–70.

Köhler, Ludwig (1980), *Der hebräische Mensch*, Darmstadt.

Köpping, Klaus-Peter/Welker, Michael/Wiehl, Reiner (2002) (Hg.), *Die autonome Person – eine europäische Erfindung?*, München.

Körtner, Ulrich H. J. (1993), »Das Fragment des Lebens«, in: *Lutherische Monatshefte 32*, S. 30–32.

— (1996), *Bedenken, dass wir sterben müssen. Sterben und Tod in Theologie und medizinischer Ethik*, München.

— (2001a), *Freiheit und Verantwortung. Studien zur Grundlegung theologischer Ethik*, Freiburg/Wien.

— (2001b), *Unverfügbarkeit des Lebens? Grundfragen der Bioethik und der medizinischen Ethik*, Neukirchen-Vluyn.

Koller, Peter (1994), »Soziale Güter und soziale Gerechtigkeit«, in: Frankenberg, Günter (Hg.), *Auf der Suche nach der gerechten Gesellschaft*, Frankfurt a.M., S. 129–150.

— (1995), »Soziale Gleichheit und Gerechtigkeit«, in: Müller, Hans-Peter/Wegener, Bernd (Hg.), *Soziale Ungleichheit und soziale Gerechtigkeit*, Opladen, S. 53–79.

— (2000), »Soziale Gerechtigkeit, Wirtschaftsordnung, Sozialstaat«, in: Kersting, Wolfgang (Hg.), *Politische Philosophie des Sozialstaats*, Weilerwist, S. 120–158.

Kossens, Michael u.a. (2003), *Grundzüge des neuen Behindertenrechts. SGB IX und Gleichstellungsgesetz*, München.

Kostka, Ulrike (2000), *Der Mensch in Krankheit, Heilung und Gesundheit im Spiegel der modernen Medizin. Eine biblische und theologisch-ethische Reflexion* (Studien der Moraltheologie 12), Münster/Hamburg/London.

Krause, Burghard (1980), *Leiden Gottes, Leiden des Menschen. Eine Untersuchung zur kirchlichen Dogmatik Karl Barths*, Stuttgart.

Krebs, Angelika (2000) (Hg.), *Gleichheit oder Gerechtigkeit. Texte der neuen Egalitarismuskritik*, Frankfurt a.M.

— (2002), *Arbeit und Liebe. Die philosophischen Grundlagen sozialer Gerechtigkeit*, Frankfurt a.M.

Kress, Christine (1999), *Gottes Allmacht angesichts von Leiden. Zur Interpretation der Gotteslehre in den systematisch-theologischen Entwürfen von Paul Althaus, Paul Tillich und Karl Barth* (Neukirchener Theologische Dissertationen und Habilitationen 27), Neukirchen-Vluyn.

Kreß, Hartmut (1997), »Verantwortungsethik als Ethik der Person«, in: Kreß, Hartmut/Müller Wolfgang Erich, *Verantwortungsethik heute. Grundlagen und Konkretionen einer Ethik der Person*, Stuttgart/Berlin/Köln, S. 115–238.

— (2000) (Hg.), *Menschenwürde, Medizin und Bioethik. Heutige Fragen medizinischer und ökologischer Ethik*, Münster u.a.

— (2003), *Medizinische Ethik. Kulturelle Grundlagen und ethische Wertkonflikte heutiger Medizin* (Ethik – Grundlagen und Handlungsfelder 2), Stuttgart.

— (2005a), »Das Recht auf Gesundheit – Impulse aus der EU-Verfassung«, in: *Zeitschrift für Evangelische Ethik 49*, S. 3–8.

— (2005b), »Patientenverfügungen und passive Sterbehilfe in der rechtspolitischen Kontroverse. Wo liegt eine Kompromisslinie?«, in: *Zeitschrift für Evangelische Ethik 49*, S. 131–138.

Krötke, Wolf (1985), *Die Universalität des offenbaren Gottes. Gesammelte Aufsätze* (BEvTh 94), München.

— (1994), »Das menschliche Eschaton. Zur anthropologischen Dimension der Eschatologie«, in: Stock, Konrad (Hg.), *Die Zukunft der Erlösung. Zur neueren Diskussion um die Eschatologie*, Gütersloh, S. 132–146.

— (2004), »Das Böse als Absurdes. Theologische Zuspitzungen«, in: Union Evangelischer Kirchen in der Evangelischen Kirche in Deutschland (2004) (Hg.), *Leben im Schatten des Bösen. Gespräche zu einer ungelösten Menschheitsfrage. Eine Vortragsreihe im Berliner Dom*, Neukirchen-Vluyn, S. 63–81.

Kronauer, Martin (2002), *Exklusion. Die Gefährdung des Sozialen im hoch entwickelten Kapitalismus*, Frankfurt a.M./New York.

Krueger, Fritz/Degen, Johannes (2006) (Hg.), *Das Alter behinderter Menschen*, Freiburg.

Kruse, Andreas (2007), *Das letzte Lebensjahr. Zur körperlichen, psychischen und sozialen Situation des alten Menschen am Ende seine Lebens* (Grundriss Gerontologie 21), Stuttgart.

Kruse, Andreas/Ding-Greiner, Christina/Grüner, Michaela (2002), *Den Jahren Leben geben. Lebensqualität im Alter bei Menschen mit Behinderung. Projektbericht*, hg. v. Diakonischen Werk Württemberg, Stuttgart.

Kuhlmann, Andreas (2003), »Therapie als Affront. Zum Konflikt zwischen Behinderten und Medizin«, in: *Zeitschrift für Ethik in der Medizin 15*, H. 3, S. 151–160.

Kushlick, Albert/Blunden, Roger (1974), »The Epidemiology of Mental Subnormality«, in: Clarke, Ann M./Clarke, Arthur D. B. (Hg.), *Mental Deficiency. The Changing Outlook*, 3. Aufl., London, S. 31–81.

Lachwitz, Klaus (1998), »Recht auf Teilhabe. Eingliederung von Menschen mit Behinderung aus juristischer Sicht«, in: *Geistige Behinderung 37*, H. 1, S. 7–21.

— (1999), »Standort und Perspektive der Behindertenhilfe für Menschen mit geistiger und mehrfacher Behinderung aus sozial- und rechtspolitischer Sicht«, in: *Soziale Sicherheit für behinderte Menschen. Ein Weißbuch der Forderungen und Perspektiven*, hg. v. Bundesverband Evangelische Behindertenhilfe u.a., Freiburg, S. 86–93.

Ladwig, Bernd (2000), *Gerechtigkeit und Verantwortung. Liberale Gleichheit für autonome Personen*, Berlin.

Lampe, Peter (2001), »Menschliche Würde in frühchristlicher Perspektive«, in: Herms, Eilert (Hg.) (2001), *Menschenbild und Menschenwürde* (Veröffentlichungen der Wissenschaftlichen Gesellschaft für Theologie 17), Gütersloh, S. 288–304.

Lampert, Heinz/Althammer, Jörg (2001), *Lehrbuch der Sozialpolitik*, 6. Aufl., Berlin/Heidelberg/New York.

Leisering, Lutz (1995), »Grenzen des Sozialversicherungsstaates? – Sozialer Wandel als Herausforderung staatlicher Einkommenssicherung«, in: *Zeitschrift für Sozialreform 41*, H. 11–12, S. 860–880.

Leist, Anton (1994), »Dimensionen einer Ethik der Behindertenpädagogik«, in: *Heilpädagogische Forschung 20*, H. 2, S. 45–55.

Lembcke, Oliver (2005), »Menschenwürde: Subjektivität als objektives Prinzip. Verfassungstheoretische Bemerkungen zur gegenwärtigen Dogmatik der Menschenwürde im Grundgesetz«, in: Härle, Wilfried/Preul, Reiner (Hg.), *Menschenwürde* (Marburger Jahrbuch Theologie 17), Marburg, S. 49–77.

Lersch, Philipp (1970), *Aufbau der Person*, 11. Aufl., München.

Lévinas, Emmanuel (2005), *Der Humanismus des anderen Menschen. Emmanuel Levinas*, übers. u. mit e. Einl. versehen v. L. Wenzler. Mit einem Gespräch zwischen Emmanuel Lévinas und Christoph von Wolzogen als Anhang »Intention, Ereignis und der Andere«, Hamburg.

Liening, Paul (2003), »Norman Daniels. Einführung«, in: Marckmann, Georg/Liening, Paul/Wiesing, Urban (Hg.), *Gerechte Gesundheitsversorgung. Ethische Grundpositionen zur Mittelverteilung im Gesundheitswesen*, Stuttgart/New York, S. 9–14.

Liepmann, Mirjam C. (1979), *Geistig behinderte Kinder und Jugendliche. Eine epidemiologische, klinische und sozialpsychologische Studie in Mannheim*, Bern/Stuttgart/Wien.

Lingg, Albert/Theunissen, Georg (1993), *Psychische Störungen bei geistig Behinderten: Erscheinungsformen, Ursachen und Handlungsmöglichkeiten aus pädagogischer und psychiatrischer Sicht*, Freiburg.

Link, Christian (1983), »Die Überwindung eines Problems. Bemerkungen zur Frage der Theodizee«, in: Geyer, Hans-Georg/Schmidt, Johann Michael/Schneider, Werner/Weinrich, Michael (Hg.), *»Wenn nicht jetzt, wann dann?« Aufsätze für Hans Jochim Kraus zum 65. Geburtstag*, Neukirchen-Vluyn, S. 339–351.

Link, Jürgen (1998), *Versuch über den Normalismus. Wie Normalität produziert wird*, 2. aktual. u. erw. Aufl., Opladen.

— (2004), »Irgendwo stößt die flexibelste Integration schließlich an eine Grenze« – Behinderung zwischen Normativität und Normalität«, in: Sigrid Graumann u.a. (Hg.), *Ethik und Behinderung. Ein Perspektivenwechsel*, Frankfurt a.M./New York, S. 130–139.

Linke, Detlef Bernhard (1993), *Hirnverpflanzung. Die erste Unsterblichkeit auf Erden*, Reinbek bei Hamburg.

Løgstrup, Knud E. (1989), *Die ethische Forderung*, übers. v. R. Løgstrup, 3. Aufl., Tübingen.

Lohner, Alexander (2000), *Personalität und Menschenwürde. Eine theologische Auseinandersetzung mit den Thesen der »neuen Bioethiker«* (Studien zur Geschichte der katholischen Moraltheologie 37), Regensburg.

Luckasson, Ruth u.a. (1992), *Mental Retardation. Definition, Classification, and Systems of Support*, 9. Aufl., Washington D. C.

Lübbe, Weyma (2003), »Das Problem der Behindertenselektion bei der pränatalen Diagnostik und der Präimplantationsdiagnostik«, in: *Ethik in der Medizin 15*, H. 3, S. 203–220.

Luhmann, Niklas (1981), *Politische Theorie im Wohlfahrtsstaat*, München.

Lurija, Aleksandr R. (1982), *Sprache und Bewusstsein*, Köln.

— (1992), »Die Stellung der Psychologie unter den Sozial- und Biowissenschaften«, in: Jantzen, Wolfgang/Holodynski, Manfred (Hg.), *A. R. Lurija heute. Beiträge zu zentralen Aspekten human-wissenschaftlicher Forschung*, Bremen, S. 51–60.

Lurija, Aleksandr R./Tsvetkova, Ljubov S. (1989), »Neuropsychologie und Probleme des Lernens in der Schule«, in: *Jahrbuch für Psychopathologie und Psychotherapie 9*, S. 139–183.

Luther, Ernst (1995), »Fürsorge gegen Selbstbestimmtheit. Gedanken über eine konsensfähige, im Alltag realisierbare Ethik«, in: *Deutsche Krankenpflegezeitschrift 46*, H. 5, S. 313–317.

Luther, Henning (1991), »Leben als Fragment«, in: *Wege zum Menschen 43*, S. 262–273.

Luther, Martin (1897), »Von der Freiheit eines Christenmenschen«, in: *D. Martin Luthers Werke. Kritische Gesamtausgabe* (Weimarer Lutherausgabe 7), Weimar, S. 20–38.

— (1908), »De servo arbitrio«, in: *D. Martin Luthers Werke. Kritische Gesamtausgabe* (Weimarer Lutherausgabe 18), Weimar, S. 551–787.

— (1926), »Die Zirkulardisputation de veste nuptiali. 15. Juni 1537«, in: *D. Martin Luthers Werke. Kritische Gesamtausgabe* (Weimarer Lutherausgabe 39/1), Weimar, S. 264–333.

Luz, Ulrich (1998), »Der Gott der Gerechtigkeit«, in: Mehlhausen, Joachim (Hg.), *Recht – Macht – Gerechtigkeit* (Veröffentlichungen der Wissenschaftlichen Gesellschaft für Theologie 14), Gütersloh, S. 31–54.

— (2001), »Christus mit der Dornenkrone (Mt 27,27–31)«, in: Baldermann, Ingo u.a. (Hg.), *Menschenwürde* (JBTh 15), Neukirchen-Vluyn, S. 95–115.

Maaser, Wolfgang (2003), »Normative Diskurse der neuen Wohlfahrtspolitik«, in: Dahme, Heinz-Jürgen (Hg.), *Soziale Arbeit für den aktivierenden Staat*, Opladen, S. 17–36.

— (2005), »Gemeinnützige Verbandswirklichkeit im Wandel sozialstaatlicher Steuerungsmo-delle«, in: Eurich, Johannes u.a. (Hg.), *Soziale Institutionen zwischen Markt und Moral. Führungs- und Handlungskontexte*, Wiesbaden, S. 65–87.

Mack, Elke (2002), *Gerechtigkeit und gutes Leben. Christliche Ethik im politischen Diskurs*, Paderborn.

Mackie, John L. (1981), *Ethik. Auf der Suche nach dem Richtigen und Falschen*, Stuttgart (Engl.: Mackie, John L. (1977), *Ethics. Inventing Right and Wrong*, Harmondsworth).

Mahlmann, Theodor (1994), »Auferstehung der Toten und ewiges Leben«, in: Stock, Konrad (Hg.), *Die Zukunft der Erlösung. Zur neueren Diskussion um die Eschatologie*, Gütersloh, S. 108–131.

Manzei, Alexandra (2003), *Körper – Technik – Grenzen. Kritische Anthropologie am Beispiel der Transplan-tationsmedizin* (Ethik in der Praxis 3), Münster/Hamburg/London.

Marckmann, Georg/Liening, Paul/Wiesing, Urban (Hg.), *Gerechte Gesundheitsversorgung. Ethische Grundpositionen zur Mittelverteilung im Gesundheitswesen*, Stuttgart/New York.

Margalit, Avisay (1997), *Politik der Würde. Über Achtung und Verachtung*, Berlin.

— (2000), »Menschenwürdige Gleichheit«, in: Krebs, Angelika (Hg.), *Gleichheit oder Gerechtigkeit. Texte der neuen Egalitarismuskritik*, Frankfurt a.M., S. 107–116.

Marmot, Michael G. (1996), »Das gesellschaftliche Muster von Gesundheit und Krankheit«, in: Kaiser, Gert (Hg.), *Die Zukunft der Medizin: Neue Wege zur Gesundheit?*, Frankfurt a.M./New York, S. 392–413.

Marquard, Odo (1981), »Ende des Schicksals? Einige Bemerkungen über die Unvermeidlichkeit des Unverfügbaren«, in: Marquard, Odo: *Abschied vom Prinzipiellen. Philosophische Studien*, Stuttgart, S. 67–90.

Marshall, Thomas H. (1992), *Bürgerrechte und soziale Klassen. Zur Soziologie des Wohlfahrtsstaates*, hg., übers. u. mit einem Vorwort vers. v. E. Rieger, Frankfurt a.M./New York.

Martin, Peter (2003), »Benötigen wir Spezialärzte für Menschen mit geistiger Behinderung? Ein Gebiet der Medizin, das in Deutschland noch kaum Konturen erkennen lässt«, in: *Geistige Behinderung 42*, H. 4, S. 311–316.

Maschke, Michael (2002), »Zur sozioökonomischen Lage behinderter Menschen«, in: *Gemeinsam Leben 10*, H. 2, S. 48–54.

May, Arnd T. (2001), *Autonomie und Fremdbestimmung bei medizinischen Entscheidungen für Nichteinwilligungsfähige*, 2. Aufl., Münster.

Meier-Seethaler, Carola(1997), *Gefühl und Urteilskraft. Ein Plädoyer für die emotionale Vernunft*, München.

Meister, Thomas (2005), »Wohnst du noch oder lebst du schon? Angemessenes Wohnen von Menschen mit einer geistigen Behinderung«, in: Eurich, Johannes (Hg.), *Diakonische Orientierungen in Praxis und Bildungsprozessen* (DWI-Info 37), Heidelberg, S. 85–100.

Mell, Ulrich (2001), »›Neue Schöpfung‹ als theologische Grundfigur paulinischer Anthropologie«, in: Herms, Eilert (Hg.), *Menschenbild und Menschenwürde* (Veröffentlichungen der Wissenschaftlichen Gesellschaft für Theologie 17), Gütersloh, S. 345–364.

Menke, Christoph (2000), *Spiegelungen der Gleichheit*, Berlin.

Merkel, Helmut (1994), »Krankheit und Leid aus der Sicht des Neuen Testaments«, in: Oeming, Manfred (Hg.) *Krankheit und Leid in der Sicht der Religionen*, Osnabrück, S. 29–44.

Merleau-Ponty, Maurice (1966), *Phänomenologie der Wahrnehmung*, aus d. Franz. übers. u. eingef. durch eine Vorrede v. R. Böhm, Berlin.

Mertens, Karl (1998), »Verletzlichkeit des Leibes und Ansprüche der Natur«, in: Waldenfels, Bernhard/Därmann, Iris (Hg.), *Der Anspruch des Anderen. Perspektiven phänomenologischer Ethik* (Übergänge 32), München, S. 239–257.

Metz, Johann Baptist (1984), *Glaube in Geschichte und Gesellschaft. Studien zu einer praktischen Fundamentaltheologie*, 4. Aufl., Mainz.

— (1995a) (Hg.), *»Landschaft aus Schreien«. Zur Dramatik der Theodizeefrage*, Mainz.

— (1995b), »Theodizee-empfindliche Gottesrede«, in: Metz, Johann Baptist (Hg.) (1995a), *»Landschaft aus Schreien«. Zur Dramatik der Theodizeefrage*, Mainz, S. 81–102.

Meyer-Drawe, Käte (1990), *Illusionen von Autonomie. Diesseits von Allmacht und Ohnmacht des Ich*, München.

Michelman, Frank J. (1975), »Constitutional Welfare Rights and a Theory of Justice«, in: Daniels, Norman (Hg.), *Reading Rawls. Critical Studies on Rawls' A Theory of Justice*, Oxford, S. 319–347.

Mieth, Dietmar (2001), *Die Diktatur der Gene. Biotechnik zwischen Machbarkeit und Menschenwürde*, Freiburg/Basel/Wien.

— (2004), »Behinderte in ihrer Differenz anerkennen: Selbstbilder empfangen, Respekt erweitern, Fürsorge verstärken«, in: Graumann, Sigrid u.a. (Hg.), *Behinderung und Ethik. Ein Perspektivenwechsel*, Frankfurt a.M./New York, S. 92–98.

Miles-Pau, Ottmar (1992), *Wir sind nicht mehr aufzuhalten. Behinderte auf dem Weg der Selbstbestimmung. Beratung von Behinderten durch Behinderte. Peer Support: Vergleich zwischen den USA und der BRD*, München.

— (1996), »Paragraphen mit Biß verändern das Bewußtsein. Gleichstellungsgesetzte in den USA und anderen Ländern«, in: Heiden, Hans-Günter (Hg.), *»Niemand darf wegen seiner Behinderung benachteiligt werden!« Grundrecht und Alltag – eine Bestandsaufnahme*, Reinbek bei Hamburg, S. 198–209.

Ministerium für Arbeit, Gesundheit und Soziales des Landes Nordrhein-Westfalen (1993) (Hg.), *Behinderte Menschen in Nordrhein-Westfalen. Wissenschaftliches Gutachten zur Lebenssituation von behinderten Menschen und zur Behindertenpolitik in NRW*, Düsseldorf.

Moltmann, Jürgen (1972), *Der gekreuzigte Gott. Das Kreuz Christi als Grund und Kritik christlicher Theologie*, München.

— (1979), *Menschenwürde, Recht und Freiheit*, Stuttgart.

— (1986), *Trinität und Reich Gottes. Zur Gotteslehre*, 2., durchges. Aufl., München.

— (1993), *Gott in der Schöpfung. Ökologische Schöpfungslehre*, 4. Aufl., München.

— (1995), *Das Kommen Gottes. Christliche Eschatologie*, Gütersloh.

Morris, David B. (2000), »How to speak postmodern. Medicine, Illness, and Cultural Chage«, in: *Hastings Center Report 30*, S. 7–16.

Moser, Petra (2007), »Unbekannte Lebendigkeiten. Über die Vorzüge der Verschiedenheit für die Ausbildung von Ich-Identität«, in: *Gemeinsam leben 15*, S. 147–152.

Mühl, Heinz (1994), »Selbstbestimmung in der Erziehung bei geistiger Behinderung«, in: Hoffmann, Theodor/Klingmüller, Bernhard (Hg.), *Abhängigkeit und Autonomie – Neue Wege in der Geistigbehindertenpädagogik*, Berlin, S. 93–101.

Mühlum, Albert/Oppl, Hubert (Hg.) (1992), *Handbuch der Rehabilitation. Rehabilitation im Lebenslauf und wissenschaftliche Grundlagen der Rehabilitation*, Neuwied/Kriftel/Berlin.

Müller, Wolfgang Erich (1997), »Der Begriff der Verantwortung in der gegenwärtigen theologischen und philosophischen Diskussion«, in: Kreß, Hartmut/Müller Wolfgang Erich, *Verantwortungsethik heute. Grundlagen und Konkretionen einer Ethik der Person*, Stuttgart/Berlin/Köln, S. 11–113.

Müller, Hans-Peter/Wegener, Bernd (1995a) (Hg.), *Soziale Ungleichheit und soziale Gerechtigkeit*, Opladen.

— (1995b), »Die Soziologie vor der Gerechtigkeit. Konturen einer soziologischen Gerechtigkeitsforschung«, in: Müller, Hans-Peter/Wegener, Bernd (Hg.), *Soziale Ungleichheit und soziale Gerechtigkeit*, Opladen, S. 7–49.

Müller, Siegfried/Otto, Ulrich (Hg.) (1997), *Armut im Sozialstaat. Gesellschaftliche Analysen und sozialpolitische Konsequenzen*, Neuwied/Kriftel/Berlin.

Müller-Jung, Joachim (2001), »Down-Syndrom – ein genetisches Puzzle. Genomforscher tappen nach der Entschlüsselung des Chromosoms 21 mehr denn je im Dunkeln«, in: *Frankfurter Allgemeine Zeitung vom 14.11.01*, N1.

Nagel, Thomas (1991), *Equality and Impartiality*, New York.

Nagl-Docekal, Herta/Pauer-Studer, Herlinde (1996) (Hg.), *Politische Theorie. Differenz und Lebensqualität*, Frankfurt a.M.

Nass, Elmar (2004), »Gesundheitsökonomie zwischen Güterknappheit und Humangerechtigkeit«, in: *Gesundheits- und Sozialpolitik 58*, H. 3–4, S. 31–36.

National Conference of Catholic Bishops (1986), *Economic Justice for all: Pastoral Let-ter on Catholic Social Teaching and the U.S. Economy*, Washington D. C.

Neise, Karl (1999), »Menschen mit geistiger Behinderung«, in: Fengler, Jörg/Jansen, Gerd (Hg.), *Handbuch der Heilpädagogischen Psychologie*, 3. Aufl., Stuttgart/Berlin/Köln, S. 131–152.

Neuer-Miebach, Therese (2003), »Die therapeutische Option und die Zukunft des Menschen: welchen Fortschritt wollen wir?«, in: Dederich, Markus (Hg.), *Bioethik und Behinderung*, Bad Heilbrunn, S. 81–103.

Neuhäuser, Gerhard (2000), »Geistige Behinderung aus medizinischer Sicht«, in: Greving, Heinrich/Gröschke, Dieter (Hg.), *Geistige Behinderung – Reflexionen zu einem Phantom. Ein interdisziplinärer Diskurs um einen Problembegriff*, Bad Heilbrunn, S. 32–39.

Neuhäuser, Gerhard/Steinhausen, Hans-Christoph (Hg.) (1999), *Geistige Behinderung. Grundlagen, Klinische Syndrome, Behandlung und Rehabilitation*, 2. Aufl., Stuttgart/Berlin/Köln.

Neuhaus, Gerd (1993), *Theodizee – Abbruch oder Anstoß des Glaubens*, Freiburg u.a.

Neumann-Gorsolke, Ute (2001), »›Mit Ehre und Hoheit hast Du ihn gekrönt‹ (Ps 8,6b). Alttestamentliche Aspekte zum Thema Menschenwürde«, in: Baldermann, Ingo u.a. (Hg.), *Menschenwürde* (JBTh 15), Neukirchen-Vluyn, S. 39–65.

Nielsen, Helge K. (1987), *Heilung und Verkündigung. Das Verständnis der Heilung und ihres Verhältnisses zur Verkündigung bei Jesus und in der ältesten Kirche*, Leiden.

Niermann, Thomas (2004), »Persönliche Budgets als Paradigmenwechsel für die Soziale Arbeit«, in: *Blätter der Wohlfahrtspflege 41*, H. 4, S. 123–125.

Nihira, Kazuo u.a. (1975), *AAMD Adaptive Behavior Scale. 1975 Revision*, Washington D.C.

Nirje, Bengt (1994a), »Zur Geschichte des Normalisierungsprinzips«, in: Fischer, Ute u.a. (Hg.), *WISTA Experten-Hearing 1993: Wohnen im Stadtteil für Erwachsene mit schwerer geistiger Behinderung*, Reutlingen 1994, S. 141–174.

— (1994b), »Das Normalisierungsprinzip – 25 Jahre danach«, in: *Vierteljahresschrift für Heilpädagogik und ihre Nachbargebiete 63*, S. 12–35.

Nolan, Ann/Regan, Colm (2003), *Direct payments schemes for people with disabilities. A new and innovative policy approach to providing services to disabled people in Ireland*, Bray.

Noth, Martin (1959), *Das Alte Testament Deutsch. Bd. 2: Das zweite Buch Mose*, Göttingen.

Notz, Gisela (2004), »Förderung von Kümmerexistenzen‹ – keine Chance für Frauen. Auswirkungen der arbeitsmarktpolitischen Reformen auf die Geschlechterverhältnisse«, in: Hamburger Forum für Soziale Arbeit (Hg.), *Standpunkt: Sozial. ThemenH.: XY ungelöst? Geschlechterfragen und Soziale Arbeit*, H. 2, S. 20–27.

Nozick, Robert (1974), *Anarchy, State and Utopia*, New York. (Deutsch (1976), *Anarchie, Staat, Utopia*, München.)

Nüchtern, Michael (Hg.) (1995), *Warum lässt Gott das zu? Kritik der Allmacht in Religion und Philosophie*, Frankfurt a.M.

Nullmeier, Frank/Rüb, Friedbert W. (1994), »Erschöpfung des Sozialversicherungsprinzips? – Gesetzliche Rentenversicherung und sozialstaatlicher Republikanismus«, in: Riedmüller, Barbara/Olk, Thomas (Hg.), *Grenzen des Sozialversicherungsstaates* (Leviathan-Sonderheft 14), Opladen, S. 59–80.

Nussbaum, Martha Craven (1993), »Menschliches Tun und soziale Gerechtigkeit. Zur Verteidigung des aristotelischen Essentialismus«, in: Brumlik, Micha/Brunkhorst, Hauke (Hg.), *Gemeinschaft und Gerechtigkeit*, Frankfurt a.M., S. 323–361 (Engl. (1992), »Human Functioning and Social Justice. In Defense of Aristotelian Essentialism«, in: *Political Theory 20*, S. 202–246).

— (1996), »Onora O'Neill: Gerechtigkeit, Geschlechterdifferenz und internationale Grenzen. Ein Kommentar«, in: Nagl-Docekal, Herta/Pauer-Studer, Herlinde (Hg.), *Politische Theorie. Differenz und Lebensqualität*, Frankfurt a.M., S. 451–468.

— (1999), *Gerechtigkeit oder Das gute Leben. Gender Studies*, hg. v. H. Pauer-Studer, Frankfurt a.M.

— (2000), *Women and Human Development: The Capabilities Approach*, Cambridge.

— (2006), *Frontiers of Justice. Disability, Nationality, Species Membership*, Cambridge, MA/London.

Nussbaum, Martha/Sen, Amartya (Hg.) (1993), *The Quality of Life*, Oxford.

Nußbeck, Susanne (1999), *Gestützte Kommunikation. Ein Ausdrucksmittel für Menschen mit geistiger Behinderung?*, Göttingen.

Oberdorfer, Bernd (1997), »Der suggestive Trug der Sünde. Römer 7 bei Paulus und Luther«, in: Brandt, Sigrid/Suchocki, Marjorie H./Welker, Michael (Hg.), *Sünde. Ein unverständlich gewordenes Thema*, Neukirchen-Vluyn, S. 125–152.

Oberndörfer, Dieter/Mielke, Gerd/Eith, Ulrich (1998), »Die neue Konfliktlinie«, in: *Blätter für deutsche und internationale Politik 43*, H. 7, S. 1291–1296.

O'Connor, Julia S. (1993), »Gender, class and citizenship in the comparative analysis of welfare state regimes: theoretical and methodological issues«, in: *British Journal of Sociology 44*, H. 3, S. 501–518.

Oelmüller, Willi (1986) (Hg.), *Leiden. Kolloquium Religion und Philosophie 3* (Kolloquien zur Gegenwartsphilosophie 9), Paderborn u.a.

— (1990) (Hg.), *Theodizee – Gott vor Gericht?*, München.

— (1992) (Hg.), *Worüber man nicht schweigen kann. Neue Diskussionen zur Theodizeefrage*, München.

Oeming, Manfred (1994a) (Hg.), *Krankheit und Leid in der Sicht der Religionen*, Osnabrück.

— (1994b), »Mein Herz ist durchbohrt in meinem Innern« (Ps 109,22). Krankheit und Leid in alttestamentlicher Sicht«, in: Oeming, Manfred (Hg.), *Krankheit und Leid in der Sicht der Religionen*, Osnabrück, S. 5–28.

Okin, Susan Moller (1993), »Von Kant zu Rawls: Vernunft und Gefühl in Vorstellungen von Gerechtigkeit«, in: Nagl-Docekal, Herta/Pauer-Studer, Herlinde (Hg.), *Jenseits der Geschlechtermoral. Beiträge zur feministischen Ethik*, Frankfurt a.M., S. 305–334.

Okun, Arthur M. (1975), *Equality and Efficiency. The Big Tradeoff*, Washington D. C.

O'Neill, Onora (1993), »Einverständnis und Verletzbarkeit: Eine Neubewertung von Kants Begriff der Achtung für Personen«, in: Nagl-Docekal, Herta/Pauer-Studer, Herlinde (Hg.), *Jenseits der Geschlechtermoral. Beiträge zur feministischen Ethik*, Frankfurt a.M., 335–367.

— (1996), *Tugend und Gerechtigkeit. Eine konstruktive Darstellung des praktischen Denkens*, Berlin.

Osbahr, Stefan (2000), *Selbstbestimmtes Leben von Menschen mit einer geistigen Behinderung. Beitrag zu einer systemtheoretisch-konstruktivistischen Sonderpädagogik*, Luzern.

Ott, Notburga (2000), *Gerechtigkeit durch Familienlastenausgleich. Unveröffentlichtes Manuskript. DFG-Graduiertenkolleg »Kriterien der Gerechtigkeit in Ökonomie, Sozialpolitik und Sozialethik*«, Bochum.

Otto, Eckart (1998a), »Um Gerechtigkeit im Land sichtbar werden zu lassen…«. Zur Vermittlung von Recht und Gerechtigkeit im Alten Orient, in der Hebräischen Bibel und in der Moderne«, in: Mehlhausen, Joachim (Hg.), *Recht – Macht – Gerechtigkeit* (Veröffentlichungen der Wissenschaftlichen Gesellschaft für Theologie 14), Gütersloh, S. 107–145.

— (1998b), »Gerechtigkeit und Erbarmen im Recht des Alten Testaments und seiner christlichen Rezeption«, in: Assmann, Jan/Janowski, Bernd/Welker, Michael (Hg.), *Gerechtigkeit. Richten und Retten in der abendländischen Tradition und ihren altorientalischen Ursprüngen*, München, S. 79–95.

Overdick-Gulden, Maria (1997), *Unbehindert und schön wie Apoll? Reflexionen zum Thema Behinderung*, Kevelaer.

Palmowski, Winfried/Heuwinkel, Matthias (2000), *Normal bin ich nicht behindert! Wirklichkeitskonstruktionen bei Menschen, die behindert werden. Unterschiede, die Welten machen*, Dortmund.

Pannenberg, Wolfhart (1991), *Systematische Theologie. Bd.2*, Göttingen.

Parsons, Talcott (1958), »Struktur und Funktion der modernen Medizin. Eine soziologische Analyse«, in: König, Rene/Tönnesmann, Margaret (Hg.), *Probleme der Medizinsoziologie. Sonderheft 3 der Kölner Zeitschrift für Soziologie und Sozialpsychologie*, Köln/Opladen, S. 10–57.

— (1968), *The Social System*, 4. Aufl., New York u.a.

— (1978), »Health and Disease: A Sociological and Action Perspective«, in: Parsons, Talcott, *Action Theory and the Human Condition*, New York u.a., S. 66–81.

Pascal, Blaise (1963), *Oeuvre completes*, Paris.

Pauer-Studer, Herlinde (1996), *Das Andere der Gerechtigkeit. Moraltheorie im Kontext der Geschlechterdifferenz*, Berlin.

— (2000), *Autonom leben. Reflexionen über Freiheit und Gleichheit*, Frankfurt a.M.

Petersen, Nils (2003), *Geistigbehinderte Menschen im Gefüge von Gesellschaft, Diakonie und Kirche*, Münster/Hamburg/London.

Petzold, Hilarion (1993), *Integrative Therapie. Modelle, Theorien und Methoden für eine schulenübergreifende Psychotherapie. Bd. 1: Klinische Philosophie*, Paderborn.

Pfaff, Heiko (2002), »Lebenslagen der Behinderten. Ergebnis des Mikrozensus 1999. Behinderte und Nichtbehinderte – eine Vergleich der Lebenslagen«, in: *Wirtschaft und Statistik*, H. 10, S. 869–875.

Pfleiderer, Georg (2006) (Hg.), *Zeithorizonte des Ethischen. Zur Bedeutung der Temporalität in der Fundamental- und Bioethik*, Stuttgart.

Picht, Georg (1969), *Wahrheit, Vernunft, Verantwortung. Philosophische Studien*, Stuttgart.

Pies, Ingo /Leschke, Martin (1995) (Hg.), *John Rawls' politischer Liberalismus* (Konzepte der Gesellschaftstheorie 1), Tübingen.

Pieper, Annemarie (2001), »Menschenwürde. Ein abendländisches oder ein universelles Problem? Zum Verhältnis von Genesis und Geltung im normativen Diskurs«, in: Herms, Eilert (Hg.), *Menschenbild und Menschenwürde* (Veröffentlichungen der Wissenschaftli-chen Gesellschaft für Theologie 17), Gütersloh, S. 19–30.

Pinter, Iris (2003), *Einflüsse der christlichen Bioethik auf die deutsche Humangenetik-Debatte* (Forum Religion & Sozialkultur 17), Münster u.a.

Pitschas, Rainer (2002), »Teilhabe behinderter Menschen an der Bürgergesellschaft in Asien und Europa. Eingliederung im Sozial- und Rechtsvergleich. Ein Forschungsprojekt«, in: Pitschas, Rainer/Maydell, Bernd von/Schulte, Bernd (Hg.), *Teilhabe behinderter Menschen an der Bürgergesellschaft in Asien und Europa: Eingliederung im Sozial- und Rechtsvergleich*, Speyer, S. 3–7.

Plessner, Helmuth (1976), *Die Frage nach der Conditio humana. Aufsätze zur philosophischen Anthropologie*, Frankfurt a.M.

— (1980), *Anthropologie der Sinne. Gesammelte Schriften 3*, Frankfurt a.M.

— (1981), *Die Stufen des Organischen und der Mensch. Gesammelte Schriften 4*, Frankfurt a.M.

Pöhlmann, Hans Georg (1994), »Sinn und Unsinn von Krankheit und Leid. Versuch einer Antwort auf die Fragen des heutigen Menschen«, in: Oeming, Manfred (Hg.), *Krankheit und Leid in der Sicht der Religionen*, Osnabrück, S. 57–68.

Prengel, Annedore (1995), *Pädagogik der Vielfalt*, Opladen.

— (1997), »Gleichheit versus Differenz – eine falsche Alternative im feministischen Diskurs«, in: Gerhard, Ute u.a. (Hg.), *Differenz und Gleichheit. Menschenrechte haben (k)ein Geschlecht*, 2. Aufl., Frankfurt a.M., S. 120–128.

Preuß, Horst Dietrich (1991), *Theologie des Alten Testaments. Bd. 1*, Stuttgart.

Preuß-Lausitz, Ulf (2000), *Kosten bei integrierter und separater sonderpädagogischer Unterrichtung. Eine vergleichende Analyse in den Bundesländern Berlin, Brandenburg und Schleswig-Holstein* (Forschungen der Max-Träger-Stiftung), Frankfurt a.M.

Priddat, Birger P. (1995), »Stabilität, Konsens und Kontingenz: John Rawls' neuere Arbeiten«, in: Pies, Ingo/Leschke, Martin (Hg.), *John Rawls' politischer Liberalismus* (Konzepte der Gesellschaftstheorie 1), Tübingen, S. 195–218.

Putnam, Robert D. (Hg.) (2001), *Gesellschaft und Gemeinsinn. Sozialkapital im internationalen Vergleich*, Gütersloh.

Rad, Gerhard von (1978), *Theologie des Alten Testaments. Bd. 1*, 7. Aufl., München.

Ralser, Michaela (2001), »Egalitäre Differenz. Bedingung und Notwendigkeit der Unterscheidung«, in: Ralser, Michaela (Hg.), *Egalitäre Differenz. Ansätze, Einsätze und Auseinandersetzungen im Kampf um Anerkennung und Gerechtigkeit* (Sozial- und Kulturwissenschaftliche Studien 4), Innsbruck, S. 11–23.

— (2001a) (Hg.), *Egalitäre Differenz. Ansätze, Einsätze und Auseinandersetzungen im Kampf um Anerkennung und Gerechtigkeit* (Sozial- und Kulturwissenschaftliche Studien 4), Innsbruck.

Rapin, Isabelle (1997), »Current concepts: Autism«, in: *The New England Journal of Medicine 337*, S. 97–104.

Rauch, Angela (2005), »Behinderte Menschen auf dem Arbeitsmarkt«, in: Bieker, Rudolf (Hg.), *Teilhabe am Arbeitsleben: Wege der beruflichen Integration von Menschen mit Behinderung*, Stuttgart, S. 25–43.

Rawls, John (1971), *A Theory of Justice*, Cambridge/Mass.

— (1988), *Eine Theorie der Gerechtigkeit*, übers. v. H. Vetter, 4. Aufl., Frankfurt a.M.

— (1992a), »Kantischer Konstruktivismus in der Moraltheorie«, in: Rawls, John, *Die Idee des politischen Liberalismus. Aufsätze 1978–1989*, hg. v. W. Hinsch, Frankfurt/M., S. 80–158.

— (1992b), »Gerechtigkeit als Fairness: politisch und nicht metaphysisch«, in: Rawls, John, *Die Idee des politischen Liberalismus. Aufsätze 1978–1989*, hg. v. W. Hinsch, Frankfurt a.M., S. 255–292.

— (1992c), »Der Gedanke eines übergreifenden Konsenses«, in: Rawls, John, *Die Idee des politischen Liberalismus. Aufsätze 1978–1989*, hg. v. W. Hinsch, Frankfurt a.M., 293–323.

— (1992d), »Der Bereich des Politischen und der Gedanke eines übergreifenden Konsenses«, in: Rawls, John, *Die Idee des politischen Liberalismus. Aufsätze 1978–1989*, hg. v. W. Hinsch, Frankfurt a.M., S. 333–363.

— (1993), *Political Liberalism* (The John Dewey Essays in Philosophy 4), 4. Aufl., New York.

— (1998), *Politischer Liberalismus*, Frankfurt a.M.

— (1999a), *A Theory of Justice*, durchges. Aufl., Oxford/New York.

— (1999b), *The Law of Peoples. With »The idea of public reason revisited«*, Cambridge/Mass.

— (2001), *Justice as Fairness. A Restatement*, Cambridge/Mass.

— (2002), *Das Recht der Völker. Enthält: »Nochmals: Die Idee der öffentlichen Vernunft«*, übers. v. W. Hinsch, Berlin/New York.

— (2003), *Gerechtigkeit als Fairness. Ein Neuentwurf*, hg. v. E. Kelly, aus d. Amerik. v. J. Schulte, Frankfurt a.M.

Raz, Joseph (1986), *The Morality of Freedom*, Oxford.

Reese-Schäfer, Walter (1988), »Kommunitarisches Sozialstaatsdenken. Sozialpolitische Gerechtigkeitsimplikationen in der kommunitarischen Diskussion«, in: Blasche, Siegfried/Döring, Dieter (Hg.), *Sozialpolitik und Gerechtigkeit*, Frankfurt a.M., S. 75–116.

Reinders, Hans S. (2000), *The Future of the Disabled in Liberal Society. An Ethical Analysis*, Notre Dame.

Reinmuth, Eckart (2006), *Anthropologie im Neuen Testament*, Tübingen/Basel.

Reiser, Helmut (2002), »Der Beitrag der Sonderpädagogik zu einer Schule für alle Kinder«, in: *Behindertenpädagogik 41*, S. 402–417.

— (2007), »Inklusion – Vision oder Illusion?«, in: Katzenbach, Dieter (Hg), *Vielfalt braucht Struktur – Heterogenität als Herausforderung für die Unterrichts- und Schulentwicklung*, Frankfurt a.M. 2007, S. 99–105.

Reissel, Ralf (2000), *Leiden, Erziehung und Behinderung. Eine phänomenologische Untersuchung und eine pädagogische Auseinandersetzung mit Heinrich Hanselmann* (Beiträge zur Heil- und Sonderpädagogik), Bern/Stuttgart/Wien.

Reitz-Dinse, Annegret (1998), *Theologie in der Diakonie. Exemplarische Kontroversen zum Selbstverständnis der Diakonie in den Jahren 1957–1975*, Neukirchen-Vluyn.

Rendenbach, Ingo (1990), *Ökonomie der Schwerbehindertenbeschäftigung. Eine marktorientierte Perspektive*, Frankfurt a.M./New York.

Rendtorff, Trutz (1976), »Menschenrechte und Rechtfertigung«, in: Henke, Dieter (Hg.), *Der Wirklichkeitsanspruch von Theologie und Religion. FS E. Steinbach*, Tübingen, S. 161–174.

— (1981), *Ethik. Grundelemente, Methodologie und Konkretionen einer ethischen Theologie. Bd.2* (Theologische Wissenschaft 13), Stuttgart u.a.

— (1993), »Vom ethischen Sinn der Verantwortung«, in: *Handbuch der christlichen Ethik. Bd.3*, hg. v. A. Hertz u.a., aktual. Neuausg., Freiburg/Basel/Wien, S. 117–129.

Renesse, Margot von (2005), »Die Patientenverfügung – ›Autonomie bis zuletzt?‹«, in: *Zeitschrift für Evangelische Ethik 49*, S. 144–146.

Rentsch, Thomas (1990), *Die Konstitution der Moralität. Transzendentale und praktische Philosophie*, Frankfurt a.M.

Reuter, Hans-Richard (1998), »Politische Freiheit und soziale Gerechtigkeit. Ethische Aspekte der Sozialstaatlichkeit«, in: Mehlhausen, Joachim (Hg.), *Recht – Macht – Gerechtigkeit*, Gütersloh, S. 146–160.

Richarz, Bernhard (1987), *Heilen, pflegen, töten. Zur Alltagsgeschichte einer Heil- und Pflegeanstalt bis zum Ende des Nationalsozialismus*, Göttingen.

Richter, Horst-Eberhard: (1986), *Der Gotteskomplex. Die Geburt und die Krise des Glaubens an die Allmacht des Menschen*, Reinbek bei Hamburg.

Ridley, Julie/Jones, Lyn (2002), *»Direct What?« – A study of direct payments to mental health service users*, Edinburgh.

Riegler, Christine (2006), *Behinderung und Krankheit aus philosophischer und lebensgeschichtlicher Perspektive* (IMEW Expertise 6), Berlin.

Rienecker, Fritz (1974), *Sprachlicher Schlüssel zum Griechischen Neuen Testament*, nach einer Ausgabe v. D. E. Nestle, 14. Aufl., Gießen/Basel.

Ringleben, Joachim (1994), »Gott und das ewige Leben. Zur theologischen Dimension der Eschatologie«, in: Stock, Konrad (Hg.), *Die Zukunft der Erlösung. Zur neueren Diskussion um die Eschatologie*, Gütersloh, S. 49–87.

Ritschl, Dietrich (2004), *Zur Theorie und Ethik der Medizin. Philosophische und theologische Anmerkungen*, Neukirchen-Vluyn.

Robertson, Caroline Y. (2003) (Hg.), *Der Perfekte Mensch. Genforschung zwischen Wahn und Wirklichkeit* (Schriften des Instituts für Angewandte Kulturwissenschaft der Universität Karlsruhe (TH) 8), Baden-Baden.

Röckle, Gerhard (Hg.) (1990), *Diakonische Kirche. Sendung – Dienst – Leitung. Versuche einer theologischen Orientierung*, Neukirchen-Vluyn.

Rödler, Peter (2000), *geistig behindert: Menschen, lebenslang auf Hilfe andere angewiesen? Grundlagen einer basalen Pädagogik*, 2. Aufl., Neuwied/Kriftel/Berlin.

Roemer, John E. (1996), *Theories of Distributive Justice*, Cambridge/Mass./London.

— (1998), *Equality of Opportunity*, Cambridge/Mass./London.

Rösner, Hans-Uwe (2002), *Jenseits normalisierender Anerkennung. Reflexionen zum Verhältnis von Macht und Behindertsein*, Frankfurt a.M.

Rössler, Beate (Hg.) (1993), *Quotierung und Gerechtigkeit. Eine moralphilosophische Kontroverse*, Frankfurt a.M.

— (1995), »Geschlechterverhältnis und Gerechtigkeit«, in: Müller, Hans-Peter/Wegener, Bernd (Hg.), *Soziale Ungleichheit und soziale Gerechtigkeit*, Opladen, S. 157–172.

Rössler, Dietrich (1977), *Der Arzt zwischen Technik und Humanität. Religiöse und ethische Aspekte der Krise im Gesundheitswesen*, München.

— (1993), »Vom Sinn der Krankheit«, in: Rohls, Jan/Wenz, Gunther (Hg.), *Vernunft des Glaubens. Wissenschaftliche Theologie und kirchliche Lehre. FS W. Pannenberg*, Göttingen, S. 196–209.

Room, Graham (1995), »Poverty and social exclusion. The New European agenda for policy and research«, in: Room, Graham (Hg.), Beyond the threshold. The measurement and analysis of social exclusion, Bristol, S. 1–9.

Rosenberger, Manfred (1996), »Gemeinsam leben – gemeinsam lernen. Plädoyer für ein integratives Schulsystem«, in: Heiden, Hans-Günter (Hg.), *»Niemand darf wegen seiner Behinderung benachteiligt werden!« Grundrecht und Alltag – eine Bestandsaufnahme*, Reinbek bei Hamburg, S. 41–54.

Roß, Andreas (2006), »»Wir können nicht mehr zehn Jahre so weitermachen wie bisher«. Wenn Behinderte ins Rentenalter kommen«, in: *Süddeutsche Zeitung vom 04.07.06*, S. 30.

Roß, Jan (1998), *Die neuen Staatsfeinde. Was für eine Republik wollen Schröder, Henkel, Westerwelle und Co? Eine Streitschrift gegen den Vulgärliberalismus*, Berlin.

Rothschuh, Karl E. (1978), *Konzepte der Medizin in Vergangenheit und Gegenwart*, Stuttgart.

Rottländer, Peter (1988), »Die Option für die Armen. Erneuerung der Weltkirche und Umbruch der Theologie«, in: Schillebeeckx, Edward (Hg.), *Mystik und Politik. Theologie im Ringen um Geschichte und Gesellschaft. FS Johann Baptist Metz*, Mainz, S. 72–88.

Rudnick, Martin (1990), *Aussondern – sterilisieren – liquidieren. Die Verfolgung Behinderter im Nationalsozialismus*, Berlin.

Rüb, Friedbert W. (1998), »Versicherungsprinzip und soziale Gerechtigkeit«, in: Blasche, Siegfried/Döring, Dieter (Hg.), *Sozialpolitik und Gerechtigkeit*, Frankfurt a.M., S. 314–355.

Saal, Fredi (1992), *Warum sollte ich jemand anderes sein wollen? Erfahrungen eines Behinderten*, Gütersloh.

Sandel, Michael (1998), *Liberalism and the Limits of Justice*, 2. Aufl., Cambridge.

— (2000), »Die Grenzen der Gerechtigkeit und das Gut der Gemeinschaft«, in: Pauer-Studer, Herlinde (Hg.), *Konstruktionen praktischer Vernunft. Philosophie im Gespräch*, Frankfurt a.M., S. 237–259.

Schaarschuch, Andreas (1998), *Theoretische Grundelemente sozialer Arbeit als Dienstleistung. Perspektiven eines sozialpädagogischen Handlungsmodus.* Habilitationsschrift, unveröffentlichtes Manuskript, Universität Bielefeld. Bielefeld.

Schaarschuch, Andreas/Flösser, Gaby/Otto, Hans-Uwe (2001), »Dienstleistung«, in: Otto, Hans-Uwe/Thiersch, Hans (Hg.), *Handbuch der Sozialarbeit/Sozialpädagogik*, Neuwied/Kriftel, S. 266–274.

Schaede, Stephan (2005), »Bin denn ich es, der lebte und starb?«, in: Ruth Heß/Martin Leiner (Hg.), *Alles in allem. Eschatologische Anstöße. FS J. Ch. Janowski*, Neukirchen-Vluyn, 265–290.

Schäfer, Wolfgang/Barenhoff, Günther/Molsberger, Udo (2006), »Weiterentwicklung der Eingliederungshilfe unter fachlichen und finanziellen Aspekten – Dauerhafte Sicherung der Leistungen für behinderte Menschen«, in: *Nachrichtendienst des Deutschen Vereins für öffentliche und private Fürsorge 86*, S. 300–301.

Schäfers, Markus/Wansing, Gudrun (2004), »Ernstfall Selbstbestimmung. Modellversuch Perle: Persönliches Budget im Stationären Wohnbereich«, in: *Diakonie Impulse 30*, H. 4, S. 15–17.

Schäfers, Markus/Wacker, Elisabeth/Wansing, Gudrun (2004), »Personenbezogene Unterstützung und Lebensqualität – Modellversuch ›PerLe‹ zur Einführung eines persönlichen Budgets«, in: *Fachdienst der Lebenshilfe o. Jg.*, H. 2, S. 23–27.

Schardien, Stefanie (2004), »Menschenwürde. Zur Geschichte und theologischen Deutung eines umstrittenen Konzeptes«, in: Dabrock, Peter/Schardien, Stefanie/Klinnert, Lars, *Menschenwürde und Lebensschutz. Herausforderungen theologischer Bioethik*, Gütersloh, S. 57–115.

Scherr, Albert (1999), »Inklusion/Exklusion – Soziale Ausgrenzung«, in: Treptow, Rainer/Hörster, Reinhard (Hg.), *Sozialpädagogische Integration. Entwicklungsperspektive und Konfliktlinien*, Weinheim/München, S. 39–56.

Schildmann, Ulrike (1983), *Lebensbedingungen behinderter Frauen: Aspekte der gesellschaftlichen Unterdrückung behinderter Frauen*, Gießen.

— (1996), *Integrationspädagogik und Geschlecht. Theoretische Grundlegung und Ergebnisse der Forschung*, Opladen.

— (2001) (Hg.), *Normalität, Behinderung und Geschlecht. Ansätze und Perspektiven der Forschung* (Konstruktionen von Normalität 1), Opladen.

— (2003), »Geschlecht und Behinderung«, in: *Aus Politik und Zeitgeschehen B 08*, http://www.bpb. de/publikationen/GGOTEJ,0,0,Geschlecht_und_Behinderung.html

— (2004), *Normalismusforschung über Behinderung und Geschlecht. Eine empirische Untersuchung der Werke von Barbara Rohr und Annedore Prengel* (Konstruktionen von Normalität 4), Opladen.

Schlapkohl, Corinna (1999), *Persona est naturae rationabilis individua substantia. Boethius und die Debatte über den Personbegriff* (Marburger Theologische Studien 56), Marburg.

Schleiermacher, Friedrich Daniel Ernst (1990), *Ethik (1812/13) mit späteren Fassungen der Einleitung, Güterlehre und Pflichtenlehre*, auf d. Grundlage d. Ausgabe v. O. Braun hg. u. eingel. v. H.-J. Birkner, 2., verb. Aufl., Hamburg.

Schmid, Bruno (2001), »Recht und Würde geistig behinderter Menschen. Eine Auseinandersetzung mit der sog. ›Bioethikkonvention‹ des Europarats«, in: *Ethica 9*, H. 1, S. 13–36.

Schmidt, Gerhard (1983), *Selektion in der Heilanstalt. 1939–1945*, Frankfurt a.M.

— (2001), *Identität und Body-Image. Die soziale Konstruktion des Körpers*, Tübingen.

Schmidt, Heinz (2002), »Die Ethik der Rehabilitation«, in: Herrmann, Volker (Hg.), *Diakonische Perspektiven* (DWI-Info 34), Heidelberg, S. 51–55.

— (2003), »Gerechtigkeit und Liebe im Dienst der Versöhnung. Zum Ethos diakonischen Handelns und Lernens«, in: Norbert Collmar/Christian Rose (Hg.), *das soziale lernen – das so-*

ziale tun. Spurensuche zwischen Diakonie, Religionspädagogik und Sozialer Arbeit, Neukirchen-Vluyn, S. 27–38.

Schmidt, Hans-Georg (Hg.) (1979), *In der Schwäche ist Kraft. Behinderte Menschen im Alten und Neuen Testament. Ein Kompendium biblischer Aussagen über behinderte Menschen*, Hamburg.

Schmidt, Johannes (1986), »›Originalposition‹ und reflektives Gleichgewicht«, in: Kern, Lucian/Müller, Hans-Peter (Hg.), *Gerechtigkeit, Diskurs oder Markt? Die neuen Ansätze in der Vertragstheorie*, Opladen, S. 45–66.

— (1995), »John Rawls' liberale Konzeption zur institutionellen Lösung von Verteilungsproblemen«, in: Pies, Ingo/Leschke, Martin (Hg.), *John Rawls' politischer Liberalismus* (Konzepte der Gesellschaftstheorie 1), Tübingen, S. 103–116.

— (1999), »Rational Choice und Politische Gerechtigkeit«, in: Druwe, Ulrich/Kunz, Ulrich (Hg.), *Politische Gerechtigkeit*, Opladen, S. 67–100.

Schmidt, Volker H. (1995), »Soziologische Gerechtigkeitsanalyse als empirische Institutionenanalyse«, in: Müller, Hans-Peter/Wegener, Bernd (Hg.), *Soziale Ungleichheit und soziale Gerechtigkeit*, Opladen, S. 173–194.

— (2001), »Gerechtigkeit im Gesundheitswesen angesichts neuartiger Problemlagen«, in: Koller, Peter (Hg.), *Gerechtigkeit im politischen Diskurs der Gegenwart*, Wien, S. 287–301.

Schmidt, Werner H. (1988), *Biblischer Kommentar Altes Testament. Bd.2,1: Exodus 1,1–6,30*, Neukirchen-Vluyn.

— (1992), »›Der Du die Menschen lässest sterben.‹ Exegetische Anmerkungen zu Ps 90«, in: Crüsemann, Frank/Hardmeier, Christof/Kessler, Rainer, *Was ist der Mensch…? Beiträge zur Anthropologie des Alten Testaments. FS Hans Walter Wolff*, München, S. 115–130.

Schmidt-Wilcke, Tobias (2004), »Krankheiten – Entdeckungen oder Konstruktionen«, in: *Zeitschrift für medizinische Ethik 49*, S. 77–86.

Schmuhl, Hans-Walter (1987), *Rassenhygiene, Nationalsozialismus, Euthanasie. Von der Verhütung zur Vernichtung »lebensunwerten Lebens« 1890–1945* (Kritische Studien zur Geschichtswissenschaft 75), Göttingen.

Schnabl, Christa (2005), *Gerecht sorgen. Grundlagen einer sozialethischen Theorie der Fürsorge* (Studien zur theologischen Ethik 109), Freiburg/Wien.

Schneider, Sebastian (1996), »Glaubensmängel in Korinth. Eine neue Deutung der ›Schwachen, Kranken, Schlafenden‹ in 1Kor 11,30«, in: *Filologia Neotestamentaria 9*, S. 3–19.

Schoberth, Wolfgang (2006), »Wozu theologische Anthropologie?«, in: *Verkündigung und Forschung 51*, H. 2, S. 38–55.

Schockenhoff, Eberhard (2000), *Ethik des Lebens. Ein theologischer Grundriss*, 3. Aufl., Mainz.

Scholdei-Klie, Monika (2002), »Integrationsfachdienste und Arbeitsassistenz. Zur beruflichen Eingliederung von behinderten Schulabgängern und Menschen mit geistiger Behinderung«, in: *Soziale Arbeit 51*, H. 10–11, S. 411–416.

Schott, Heinz (2002), »›Ethik des Heilens‹ versus ›Ethik der Menschenwürde‹. Eine kritische Betrachtung jenseits von Pro und Kontra«, in: *Deutsches Ärzteblatt 99*, H. 4, S. 138–141.

Schrage, Wolfgang (1998), »Heil und Heilung im Neuen Testament«, in: Schäfer, Gerhard K./Strohm, Theodor (Hg.), *Diakonie – biblische Grundlagen und Orientierungen* (VDWI 2), 3. Aufl., Heidelberg, S. 327–344.

Schramme, Thomas (2003a), »Behinderung – Absolute oder relative Einschränkung des Wohlergehens?«, in: *Ethik in der Medizin 15*, H. 3, S. 180–190.

— (2003b), »Psychische Behinderung: Natürliches Phänomen oder soziales Konstrukt?«, in: Cloerkes, Günther (Hg.), *Wie man behindert wird. Texte zur Konstruktion einer sozialen Rolle und zur Lebenssituation betroffener Menschen*, Heidelberg, S. 53–81.

Schubert, Britta von (1995), *Behinderung und selbstbestimmtes Leben. Das HELIOS-Programm der Europäischen Gemeinschaft – neue Aufgaben diakonisch-sozialer Arbeit in Europa* (Diakoniewissenschaftliche Studien 4), Heidelberg.

Schubert, Hartwig von (1991), *Evangelische Ethik und Biotechnologie* (Gentechnologie 29), Frankfurt a.M./New York.

Schütz, Alfred (1981), *Theorie der Lebensformen*, Frankfurt a.M.

Schütz, Alfred/Luckmann, Thomas (1975), *Strukturen der Lebenswelt*, Neuwied/Darmstadt.

Schulgesetz für Baden-Württemberg (SchG) in der Fassung vom 1. August 1983 (GBl. S. 397; K.u.U. S. 584) zuletzt geändert durch das Änderungsgesetz vom 11. Oktober 2005 (GBl. S. 669).

Schuntermann, Michael F. (1999), »Behinderung und Rehabilitation: Die Konzepte der WHO und des deutschen Sozialrechts«, in: *Die neue Sonderschule. Zeitschrift für Theorie und Praxis der pädagogischen Rehabilitation 44*, H. 5, S. 342–363.

Schwarz, Hans (1991), *Jenseits von Utopie und Resignation. Einführung in die christliche Eschatologie*, Wuppertal/Zürich.

Seel, Martin (1995), *Versuch über die Form des Glücks*, Frankfurt a.M.

Seibert, Christoph (2004), *Politische Ethik und Menschenbild. Eine Auseinandersetzung mit den Theorieentwürfen von John Rawls und Michael Walzer*, Stuttgart.

Seifert, Monika (1994), »Autonomie als Prüfstein für die Lebensqualität von Menschen mit schwerer geistiger Behinderung in Wohneinrichtungen«, in: Hofmann, Theodor/Klingmüller, Bernhard (Hg.), *Abhängigkeit und Autonomie. Neue Wege in der Geistigbehindertenpädagogik. Festschrift für Martin Th. Hahn zum 60. Geburtstag*, Berlin, S. 223–252.

— (1997), »Zurück zur Verwahrung? Menschen mit schweren Behinderungen als Manövriermasse zwischen Kostenträgern: Pflege statt Eingliederung!«, in: *Geistige Behinderung 36*, H. 4, S. 337–343.

Sekretariat der Ständigen Konferenz der Kultusminister der Länder in der Bundesrepublik Deutschland (1994) (Hg), *Empfehlungen zur sonderpädagogischen Förderung in den Schulen in der Bundesrepublik Deutschland vom 6.5.1994*, http://www.kmk.org/doc/beschl/sopae94.pdf

— (2005) (Hg), *Statistische Veröffentlichungen der Kultusministerkonferenz. Dokumentation Nr. 177 – November 2005*.

Sen, Amartya Kumar (1982), »Equality of What?«, in: Sen, Amartya Kumar, *Choice, Welfare and Measurement*, Oxford, S. 353–369.

— (1985), »Well-being, Agency and Freedom: The Dewey Lectures 1984«, in: *Journal of Philosophy 82*, H. 4, S. 169–220.

— (1987), *The Standard of Living*, Cambridge.

— (1990), »Justice: Means versus Freedoms«, in: *Philosophy and Public Affairs 19*, S. 111–121.

— (1992), *Inequality Reexamined*, New York/Oxford.

— (1993), »Capability and Well-Being«, in: Sen, Amartya K./Nussbaum, Martha C. (Hg.), *The Quality of Life*, Oxford, S. 30–53.

— (2000), *Ökonomie für den Menschen. Wege zu Gerechtigkeit und Solidarität in der Marktwirtschaft*, München/Wien.

Seybold, Klaus (1973), *Das Gebet des Kranken im Alten Testament. Untersuchungen zur Bestimmung und Zuordnung der Krankheits- und Heilungspsalmen* (BWANT 99), Stuttgart.

Seybold, Klaus/Müller, Ulrich (1978), *Krankheit und Heilung* (Biblische Konfrontationen 1008), Stuttgart u.a.

Shennan, Andrew H./Bewley, Susan (2006), »Why should preterm births be rising?«, in: *British Medical Journal 332*, S. 924 – 925.

Shue, Henry (1980), *Basic Rights. Subsistence, Affluence and U.S. Foreign Policy*, Princeton, N.J.

Siebenthal, Wolf von (1950), *Krankheit als Folge der Sünde. Eine medizinhistorische Untersuchung*, Hannover.

Siep, Ludwig (2002), »Selbstverwirklichung, Anerkennung und politische Existenz«, in: Schmücker, Reinhold/Steinvorth, Ulrich (Hg.), *Gerechtigkeit und Politik. Philosophische Perspektiven*, Berlin, S. 41–56.

Silvers, Anita (1995), »Reconciling Equality to Difference: Caring (f)or Justice for People with Disabilities«, in: *Hypatia 10*, H. 1 (Special Issue on Feminist Ethics and Social Policy, hg. v. P. DiQuinzo u. I. M. Young), S. 30–55.

— (1998), »Formal Justice«, in: Silvers, Anita/Wasserman, David/Mahowald, Mary B., *Disability, Difference, Discrimination. Perspectives on Justice in Bioethics and Public Policy*, Lanham/Oxford, S. 13–145.

Simonis, Walter (1999), *Woher kommt das Böse? … wenn Gott gut ist*, Graz/Wien/Köln.

Sinason, Valerie (1992), *Human Handicap and the Mental Condition*, London.

Singer, Peter (1984), *Praktische Ethik*, Stuttgart. (1994: 2. erw. Aufl.).

Skuban, Ralph (2000), *Die Pflegeversicherung. Eine kritische Betrachtung*, Wiesbaden.

Smitten, Wilhelm Th. in der (1974), »Patient und Arzt. Die Welt des Kranken im Alten Testament«, in: *Janus 61*, S. 103–129.

Sölle, Dorothee (1989), *Leiden*, 8. Aufl., Stuttgart.

Sofsky, Wolfgang (2004), »Das Prinzip, das aus der Kälte kommt. Warum ,Gerechtigkeit' nicht die Leitidee des Sozialstaats sein kann«, in: *Die Welt vom 20.01.2004*, S. 27.

Solga, Heike (2003), »Ein Leben ohne Schulabschluss – Das ständige Scheitern an der Normalbiografie«, in: Allmendinger, Jutter (Hg.), *Entstaatlichung und Soziale Sicherheit. Verhandlungen des 31. Kongresses der Deutschen Gesellschaft für Soziologie in Leipzig 2002*, Opladen, S. 546–564.

Sonnenfeld, Christa (1989), »Gesundheit durch Selbstkontrolle«, in: *Widersprüche 10*, H. 31, S. 81–90.

Spaemann, Robert (1998), *Personen. Versuche über den Unterschied zwischen »etwas« und »jemand«*, 2. Aufl., Stuttgart.

Sparn, Walter (1980), *Leiden, Erfahrung und Denken. Materialien zum Theodizeeproblem* (Theologische Bücherei 67: Studienbücher), München.

— (1990), »Mit dem Bösen leben. Zur Aktualität des Theodizeeproblems«, in: *Neue Zeitschrift für Systematische Theologie und Religionsphilosophie 32*, S. 207–225.

— (2001), »›Aufrechter Gang‹ versus ›krummes Holz‹? Menschenwürde als Thema christlicher Aufklärung«, in: Baldermann, Ingo u.a. (Hg.), *Menschenwürde* (JBTh 15), Neukirchen-Vluyn, S. 223–246.

Speck, Otto (1985), »Mehr Autonomie für Erwachsene mit schwerer geistiger Behinderung«, in: *Geistige Behinderung 24*, H. 3, S. 162–170.

— (1993), *Menschen mit geistiger Behinderung und ihre Erziehung. Ein heilpädagogisches Lehrbuch*, 7. Aufl., München/Basel.

— (1997), »Ist der Behinderungsbegriff ein heilpädagogischer Leitbegriff oder ein Hindernis für eine integrative Heilpädagogik?«, in: *Die neue Sonderschule 42*, H. 4, S. 253–265.

— (1999a), *Menschen mit geistiger Behinderung und ihre Erziehung. Ein heilpädagogisches Lehrbuch*, 9. Aufl., München/Basel.

— (1999b), *Die Ökonomisierung sozialer Qualität. Zur Qualitätsdiskussion in Behindertenhilfe und Sozialer Arbeit*, München/Basel.

— (2000), »Autonomie und Kommunität. Zur Fehldeutung von Selbstbestimmung in der Arbeit mit geistig behinderten Menschen«, in: Theunissen, Georg (Hg.), *Verhaltensauffälligkeiten – Ausdruck von Selbstbestimmung? Wegweisende Impulse für heilpädagogische, therapeutische und alltägliche Arbeit mit geistig behinderten Menschen*, Bad Heilbrunn, S. 11–32.

Speck, Otto/Thalhammer, Manfred (1974), *Die Rehabilitation der Geistigbehinderten. Ein Beitrag zur sozialen Integration*, München.

Spieckermann, Hermann (1998), »Recht und Gerechtigkeit im Alten Testament. Politische Wirklichkeit und metaphorischer Anspruch«, in: Mehlhausen, Joachim (Hg.), *Recht – Macht – Gerechtigkeit* (Veröffentlichungen der Wissenschaftlichen Gesellschaft für Theologie 14), Gütersloh, S. 253–273.

Spiewak, Martin/Viciano, Astrid (2002), »Wunschkind: Sie sind lesbisch, sie sind taub – und wollten Kinder, die nicht hören können. Ein tauber Samenspender machte es möglich. Der Fall wirft die Fragen auf, was Eltern wünschen dürfen und was Behinderung ist«, in: *Die Zeit 18/2002*, S. 27–28.

Spreen, Otfried (1978), *Geistige Behinderung*, Berlin/Heidelberg/New York.

Staatsinstitut für Schulpädagogik München (Hg.) (1997), *Die Schule zur individuellen Lebensbewältigung – eine Schule mit Zukunft*, München.

Steck, Odil Hannes (1985), »Aspekte des Gottesknechtes in Jes 52,13–53,12«, in: *Zeitschrift für die Alttestamentliche Wissenschaft 97*, S. 36–58.

Steffensky, Fulbert (2003), »Ganzheit im Fragment. Heilung und Heil in unserer Zeit«, in: Egner, Helga (Hg.), *Heilung und Heil. Begegnung – Verantwortung – Interkultureller Dialog*, Düsseldorf/Zürich, S. 40–59.

Stegmaier, Werner (2002), »Der Einzelne und das Gesetz. Autarkie, Autonomie und Heteronomie im europäischen Denken«, in:Köpping, Klaus-Peter/Welker, Michael/Wiehl, Reiner (Hg.), *Die autonome Person – eine europäische Erfindung?*, München, S. 237–253.

Steinebach, Christoph (2000), »Psychologie und ›Geistige Behinderung‹«, in: Greving, Heinrich/Gröschke, Dieter (Hg.), *Geistige Behinderung – Reflexionen zu einem Phantom. Ein interdisziplinärer Diskurs um einen Problembegriff*, Bad Heilbrunn, S. 40–52.

Steinvorth, Ulrich (1999), *Gleiche Freiheit. Politische Philosophie und Verteilungsgerechtigkeit*, Berlin.

Stichweh, Rudolf (1997), »Inklusion/Exklusion, funktionale Differenzierung und die Theorie der Weltgesellschaft«, in: *Soziale Systeme 3*, S. 123–136.

Stinkes, Ursula (2000), »Selbstbestimmung – Vorüberlegungen zur Kritik einer modernen Idee«, in: Bundschuh, Konrad (Hg.), *Wahrnehmen, Verstehen, Handeln. Perspektiven für die Sonder- und Heilpädagogik im 21. Jahrhundert*, Bad Heilbrunn, S. 169–192.

Stöcker, Christian (2005), »Ein Mix fürs Leben. Trotz der Skepsis vieler Eltern: Vom gemeinsamen Unterricht behinderter und nicht behinderter Kinder profitieren alle«, in: *Süddeutsche Zeitung vom 09.02.2005*, S. 9.

Straßmeier, Walter (2000), »Geistige Behinderung aus pädagogischer Sicht«, in: Greving, Heinrich/Gröschke, Dieter (Hg.), *Geistige Behinderung – Reflexionen zu einem Phantom. Ein interdisziplinärer Diskurs um einen Problembegriff*, Bad Heilbrunn, S. 53–61.

Straub, Jürgen (2002), »Personale Identität und Autonomie. Eine moderne Subjekttheorie und das ›postmoderne Selbst‹«, in: Köpping, Klaus-Peter/Welker, Michael/Wiehl, Reiner (Hg.), *Die autonome Person – eine europäische Erfindung?*, München, S. 255–271.

Sturma, Dieter (2000), »Universalismus und Neoaristotelismus. Amartya Sen und Martha C. Nussbaum über Ethik und soziale Gerechtigkeit«, in: Kersting, Wolfgang (Hg.), *Politische Philosophie des Sozialstaats*, Weilerwist, S. 257–292.

Suhl, Alfred (Hg.) (1980), *Der Wunderbegriff im Neuen Testament*, Darmstadt.

Surin, Kenneth (1986), *Theology and the Problem of Evil (Signposts in Theology)*. Oxford.

Tanner, Klaus (1998), »Gerechtigkeit zwischen Gnade, Tugend und Ordnung«, in: Mehlhausen, Joachim (Hg.), *Recht – Macht – Gerechtigkeit* (Veröffentlichungen der Wissenschaftlichen Gesellschaft für Theologie 14), Gütersloh, S. 235–249.

Taylor, Charles (1988), *Negative Freiheit? Zur Kritik des neuzeitlichen Individualismus*, Frankfurt a.M. (2. Aufl. Frankfurt a.M. 1995).

— (1992), »Atomism«, in: Avineri, S./de-Shalit, A. (Hg.), *Communitarianism and Individualism*, Oxford u.a., S. 29–50.

— (1993), *Multikulturalismus und die Politik der Anerkennung*, m. Komm. hg. v. A. Gutmann, aus d. Amerik. v. R.. Mit einem Beitrag von Jürgen Habermas, Frankfurt a.M. (Engl. (1992), *Multiculturalism and the Politics of Recognition*, with Commentary by A. Gutmann, Princeton/NJ.)

Thalhammer, Manfred (1974), »Geistige Behinderung«, in: Speck, Otto/Thalhammer, Manfred: *Die Rehabilitation der Geistigbehinderten. Ein Beitrag zur sozialen Integration*, München, S. 9–72.

Theißen, Gerd (1998), *Urchristliche Wundergeschichten. Ein Beitrag zur formgeschichtlichen Erforschung der synoptischen Evangelien*, 7. Aufl., Gütersloh.

Theißen, Gerd/Merz, Annette (1996), *Der historische Jesus. Ein Lehrbuch*, Göttingen.

Theunissen, Gerd (1998) (Hg.), *Enthospitalisierung – ein Etikettenschwindel? Neue Studien, Erkenntnisse und Perspektiven der Behindertenhilfe*, Bad Heilbrunn.

— (2002), »Behindertenarbeit im Zeichen einer Umorientierung. Inclusion, Partizipation und Empowerment«, in: *Soziale Arbeit 51*, H. 10–11, S. 362–370.

Theunissen, Gerd/Hoffmann, C./Plaute, W. (2000), »Geistige Behinderung – Betrachtungen aus dem Blickwinkel der Empowerment-Perspektive«, in: Greving, H./Gröschke, D. (Hg.), *Geistige Behinderung – Reflexionen zu einem Phantom. Ein interdisziplinärer Diskurs um einen Problembegriff*, Bad Heilbrunn, S. 126–140.

Theunissen, Gerd/Plaute, Wolfgang (1995), *Empowerment und Heilpädagogik. Ein Lehrbuch*, Freiburg.

— (2002), *Handbuch Empowerment und Heilpädagogik*, Freiburg.

Thiel, Winfried (2004), »Gerechtigkeit als Gemeinschaftsgemäßheit. Alttestamentliche Perspektiven«, in: Dabrock, Peter u.a. (Hg.), *Kriterien der Gerechtigkeit. Begründungen, Anwendungen, Vermittlungen. Festschrift für Christofer Frey zum 65. Geburtstag*, Gütersloh, S. 19–29.

Thielicke, Helmut (1979), *Wer darf sterben? Grenzfragen der modernen Medizin*, Freiburg/Basel/Wien.

Thiersch, Hans (1997), »Armut und Gerechtigkeit«, in: Müller, Siegfried/Otto, Ulrich (Hg.), *Armut im Sozialstaat. Gesellschaftliche Analysen und sozialpolitische Konsequenzen*, Neuwied/Kriftel/Berlin, S. 265–280.

Thimm, Walter (1972), »Soziologie – Soziologie der Behinderten – Rehabilitation«, in: Thimm, W. (Hg.), *Soziologie der Behinderten. Materialien*, Neuburgweier/Karlsruhe, S. 9–22.

— (1977), *Mit Behinderten leben. Hilfe durch Kommunikation und Partnerschaft*, Freiburg.

— (1999), »Epidemiologie und soziokulturelle Faktoren«, in: Neuhäuser, Gerhard/Steinhausen, Hans-Christoph (Hg.), *Geistige Behinderung. Grundlagen, Klinische Syndrome, Behandlung und Rehabilitation*, 2. Aufl., Stuttgart/Berlin/Köln, S. 9–25.

Thimm, Walter/Funke, Edmund (1977), »Soziologische Aspekte der Lernbehinderung«, in: Kanter, Gustav O./Speck, Otto (Hg.), *Pädagogik der Lernbehinderten. Handbuch der Sonderpädagogik. Bd.4*, Berlin, S. 581–611.

Thimm, Walter u.a. (1985), *Ein Leben so normal wie möglich führen... Zum Normalisierungskonzept in der Bundesrepublik Deutschland und in Dänemark*, Marburg.

Thomas, Günter (2003), *Neue Schöpfung. Systematisch-theologische Untersuchungen zur Hoffnung auf das »Leben der zukünftigen Welt«*. Habilitationsschrift Universität Heidelberg, Heidelberg.

Trillhaas, Wolfgang (1980), *Dogmatik*. 4. Aufl, Berlin.

Trojan, Alf/Legewie, Heiner (2001), *Nachhaltige Gesundheit und Entwicklung. Leitbilder, Politik und Praxis der Gestaltung gesundheitsfördernder Umwelt- und Lebensbedingungen*, Frankfurt a.M.

Tugendhat, Ernst (1980), »Antike und moderne Ethik«, in: Tugendhat, Ernst (Hg.), *Probleme der Ethik*, Stuttgart, S. 33–56.

Union Evangelischer Kirchen in der Evangelischen Kirche in Deutschland (2004) (Hg.), *Leben im Schatten des Bösen. Gespräche zu einer ungelösten Menschheitsfrage. Eine Vortragsreihe im Berliner Dom*, Neukirchen-Vluyn.

Vieweg, Barbara (2003), »Selbstbestimmt leben und berufliche Teilhabe«, in: *Impulse 25*, S. 5–10.

Villa, Paula-Irene (2003), *Judith Butler* (Campus Einführungen), Frankfurt a.M. u.a.

Vobruba, Georg (1983), *Politik mit dem Wohlfahrtsstaat*, Frankfurt a.M.

Volkert, Jürgen (1998), *Existenzsicherung in der marktwirtschaftlichen Demokratie. Normativer Anspruch, ökonomische Rationalität und sozialpolitische Realität* (Wirtschaftswissenschaftliche Beiträge 156), Heidelberg.

Vygotskij, Lev S. (1992), *Geschichte der höheren psychischen Funktionen*, Münster.

Wacker, Elisabeth/Wetzler, Rainer/Metzler, Heidrun/Hornung, Claudia (1998), *Leben im Heim. Angebotsstrukturen und Chancen selbständiger Lebensführung in Wohneinrichtungen der Behindertenhilfe* (Schriftenreihe des Bundesministeriums für Gesundheit 102), Baden-Baden.

Wagner, Michael (1995), *Menschen mit geistiger Behinderung – Gestalter ihrer Welt*, Bad Heilbrunn.

Waldenfels, Bernhard (1985), »Das Problem der Leiblichkeit bei Merleau-Ponty«, in: Petzold, Hilarion (Hg.), *Leiblichkeit. Philosophische, gesellschaftliche und theoretische Perspektiven*, Paderborn.

— (1994), *Antwortregister*, Frankfurt a.M.

— (1998), »Einführung: Ethik vom Anderen her«, in: Waldenfels, Bernhard/Därmann, Iris (Hg.), *Der Anspruch des Anderen. Perspektiven phänomenologischer Ethik* (Übergänge 32), München, S. 7–14.

— (2000), *Das leibliche Selbst. Vorlesungen zur Phänomenologie des Leibes*, Frankfurt a.M.

Waldschmidt, Anne (1998), »Flexible Normalisierung oder stabile Ausgrenzung: Veränderungen im Verhältnis Behinderung und Normalität«, in: *Soziale Probleme 9*, S. 3–25.

— (1999), *Selbstbestimmung als Konstruktion. Alltagstheorien behinderter Frauen und Männer*, Opladen.

— (2003), »Diskursives Ereignis ›Selbstbestimmung‹: Behindertenpädagogische und bioethische Konstruktionen im Vergleich«, in: Dederich, Markus (Hg.), *Bioethik und Behinderung*, Bad Heilbrunn, S. 138–166.

— (2003a) (Hg.), *Kulturwissenschaftliche Perspektiven der Disability Studies*, Kassel.

— (2003b), »Die Flexibilisierung der ›Behinderung‹. Anmerkungen aus normalismustheoretischer Sicht, unter besonderer Berücksichtigung der ›International Classification of Functioning, Disability and Health‹«, in: *Ethik in der Medizin 15*, H. 3,S. 191–202.

— (2003c), Ist Behindertsein normal? Behinderung als flexibelnormalistisches Dispositiv«, in: Cloerkes, Günther (Hg.), *Wie man behindert wird. Texte zur Konstruktion einer sozialen Rolle und zur Lebenssituation betroffener Menschen*, Heidelberg, S. 83–101.

Walzer, Michael (1992), *Sphären der Gerechtigkeit. Ein Plädoyer führt Pluralität und Gleichheit*, Frankfurt a.M.

— (1993), »Die kommunitaristische Kritik am Liberalismus«, in: Honneth, Axel (Hg.), *Kommunitarismus. Eine Debatte über die moralischen Grundlagen moderner Gesellschaften*, Frankfurt a.M., S. 157–180.

— (1996), »Zwei Arten des Universalismus«, in: Walzer, Michael: *Lokale Kritik – globale Standards. Zwei Formen moralischer Auseinandersetzung*, Hamburg, S. 139–168.

Wansing, Gudrun (2005), *Teilhabe an der Gesellschaft. Menschen mit Behinderung zwischen Inklusion und Exklusion*, Wiesbaden.

Wasserman, David (1998), »Distributive Justice«, in: Silvers, Anita/Wasserman, David/Mahowald, Mary B., *Disability, Difference, Discrimination. Perspectives on Justice in Bioethics and Public Policy*, Lanham/Oxford, S. 147–207.

Weber, Germain (1997), *Intellektuelle Behinderung. Grundlagen, klinisch-psychologische Diagnostik und Therapie im Erwachsenenalter mit einem Beitrag zur Hypothese der Emotions-Spezifität*, Wien.

Wegener, Hildburg (2001), »Art. Geschlechterverhältnis«, in: *Evangelisches Soziallexikon. Neuausgabe*, hg. v. M. Honecker u.a., Stuttgart/Berlin/Köln.

Weingärtner, Christian (2006), *Schwer geistig behindert und selbstbestimmt. Eine Orientierung für die Praxis*, Freiburg.

Weischedel, Wilhelm (1972), *Das Wesen der Verantwortung. Ein Versuch*, 3. Aufl., Frankfurt a.M.

Weiss, Werner (1996), »Computergestützte Kommunikationshilfen – Zum Integrationspotential neuer I & K-Technologie für Menschen mit einer Behinderung«, in: Zwierlein, Eduard (Hg.), *Handbuch Integration und Ausgrenzung: behinderte Menschen in der Gesellschaft*, Neuwied u.a., S. 369–387.

Weissenrieder, Annette (2003), *Images of Illness in the Gospel of Luke. Insights of Ancient Medical Texts*, Tübingen.

Weisser, Jan (2005), *Behinderung, Ungleichheit und Bildung. Eine Theorie der Behinderung*, Bielefeld.

Welker, Michael (1979) (Hg.), *Diskussion über Jürgen Moltmanns Buch »Der gekreuzigte Gott«*, München.

— (1993a), *Gottes Geist. Theologie des Heiligen Geistes*, 2. Aufl., Neukirchen-Vluyn.

— (1993b), »Dynamik der Rechtsentwicklung in den biblischen Überlieferungen«, in: Aarnio, Aulis u.a. (Hg.), *Rechtsnorm und Rechtswirklichkeit. FS W. Krawietz*, Berlin, S. 779–795.

— (1994), »Auferstehung«, in: *Glaube und Lernen 9*, S. 39–49.

— (1997), »Warum Moral und Medien der Sünde gegenüber hilflos sind. Gedanken im Anschluss an 1 Kor 2,1–10«, in: Brandt, Sigrid/Suchocki, Marjorie H./Welker, Michael (Hg.), *Sünde. Ein unverständlich gewordenes Thema*, Neukirchen-Vluyn, S. 189–194.

— (2001), »Person, Menschenwürde und Gottebenbildlichkeit«, in: Baldermann, I. u.a. (Hg.), *Menschenwürde* (JBTh 15), Neukirchen-Vluyn, S. 247–262.

Wendeler, Jürgen (1992), *Geistige Behinderung: Normalisierung und soziale Abhängigkeit*, Heidelberg.

— (1993), *Geistige Behinderung. Pädagogische und psychologische Aufgaben*, Weinheim.

Wendell, Susan (1996), *The Rejected Body. Feminist Philosophical Reflections on Disability*, New York/London.

Wenzel, Gerd (1997), »Sozialhilfe im Umbruch. Perspektiven für die Kommunen«, in: Hanesch, Walter (Hg.), *Überlebt die soziale Stadt? – Konzeption, Krise, und Perspektiven kommunaler Sozialstaatlichkeit*, Opladen, S. 215–233.

Werner, Micha H. (2001), »Ethische Implikationen der Grenzziehung zwischen Gesundheit und Krankheit«, in: *Ethik und Unterricht 11*, H. 4, S. 11–15.

Westermann, Claus (1981), *Das Buch Jesaja, Kap. 40–66*, 4. Aufl., Göttingen.

Wetz, Franz Josef (1998), *Die Würde des Menschen ist antastbar. Eine Provokation*, Stuttgart.

Wetzel, Ralf (2004), *Eine Widerspenstige und keine Zähmung. Systemtheoretische Beiträge zu einer Theorie der Behinderung*, Heidelberg.

Wetzstein, Verena (2005), »Alzheimer-Demenz. Perspektiven einer integrativen Demenz-Ethik«, in: *Zeitschrift für medizinische Ethik 51*, S. 27–40.

Wiemeyer, Joachim (2003), »Armut und Reichtum als Problem sozialer Gerechtigkeit«, in: Dabrock, Peter u.a. (Hg.), *Kriterien der Gerechtigkeit. Begründungen – Anwendungen – Vermittlungen. FS Christofer Frey*, Gütersloh, S. 316–331.

Willert, Dagmar (2000), »Gestützte Kommunikation«, in: Dederich, Markus/Fornefeld, Barbara (Hg.), *Menschen mit geistiger Behinderung neu sehen lernen. Asien und Europa im Dialog über Bildung, Integration und Kommunikation*, Düsseldorf, S. 251–257.

Wils, Jean-Pierre (1994), »Person und Leib«, in: Hoff, Johannes/in der Schmitten, Jürgen (Hg.), *Wann ist der Mensch tot? Organverpflanzung und »Hirntod«-Kriterium*, Reinbek bei Hamburg, S. 119–149.

— (1997), »Der Schmerz und das Leiden. Über Sprache und Identität als Probleme theologischer Ethik«, in: Höver, Gerhard (Hg.), *Leiden. 27. Internationaler Fachkongress für Moraltheologie und Sozialethik (Sept. 1995/Köln/Bonn)* (Studien der Moraltheologie 1), Münster, S. 95–130.

— (2004), »Respekt statt Ausgrenzung – Die Ethik der ›Anerkennung‹«, in: Graumann, Sigrid u.a. (Hg.), *Ethik und Behinderung. Ein Perspektivenwechsel*, Frankfurt a.M./New York, S. 81–91.

Windisch, Matthias/Kniel, Adrian (1993), *Lebensbedingungen behinderter Erwachsener. Eine Studie zum Hilfebedarf, sozialer Unterstützung und Integration*, Weinheim.

Windisch, Matthias (2004), »Assistenzorientierung in der sozialen Arbeit mit behinderten Menschen. Vergleichender Überblick und Analyse von Ansätzen«, in: *Gemeinsam leben 12*, H. 2, S. 64–70.

Wirtschaftliche Gerechtigkeit für alle (1987), *Die katholische Soziallehre und die amerikanische Wirtschaft; 13. November 1986. Nationale Konferenz der Katholischen Bischöfe der Vereinigten Staaten von Amerika*, Bonn.

Witcher, Sally/Stalker, Kirsten/Roadburg, Marnie/Jones, Chris (2000), *Direct Payments: The impact on choice and control for disabled people*, Edinburgh.

Wolf, Ursula (1984), *Das Problem des moralischen Sollens*, Berlin/New York.

— (1995), »The genetic contribution to the phenotype«, in: *Human Genetics 95*, S. 127–148.

Wolfensberger, Wolf (1986), »Die Entwicklung des Normalisierungsgedankens in den USA und in Kanada«, in: Bundesvereinigung Lebenshilfe e.V. (Hg.), *Normalisierung – eine Chance für Menschen mit geistiger Behinderung. Bd.14.* Marburg, S. 45–62.

Wolff, Hans Walter (2002), *Anthropologie des Alten Testaments*, 7. Aufl., Gütersloh.

World Health Organisation (1975), *Manual of the International Classification of Diseases, Injuries and Causes of Death. 9th Revision*, Genf.

— (1980), *International Classification of Impairments, Disabilities, and Handicaps*, Genf.

— (1993), *Ziele für »Gesundheit für alle«*, hg. v. Regionalbüro Europa, aktual. Fassung, September 1991, Kopenhagen.

— (1997), *International Classification on Impairments, Activities, and Participation. Beta-1 Draft for Field Trials*, Genf. (Deutsch: Weltgesundheitsorganisation (1998), *Internationale Klassifikation der Schäden, Aktivitäten und Partizipation. Beta-1 Entwurf zur Erprobung*, deutschsprachiger Entwurf, Genf.)

— (2001), *International Classification of Functioning, Disability and Health*, Genf.

Wuthnow, Robert (1991), *Acts of Compassion. Caring for Others and Helping Ourselves*, Princeton.

— (2001), »Der Wandel des Sozialkapitals in den USA«, in: Putnam, Robert D. (Hg.), *Gesellschaft und Gemeinsinn*, Gütersloh, S. 655–749.

Young, Iris Marion (1990), *Justice and the Politics of Difference*, Princeton, N. J.

Zacher, Hans Friedrich (1980), *Sozialpolitik und Verfassung im ersten Jahrzehnt der Bundesrepublik Deutschland*, München.

— (1987), »Das soziale Staatsziel«, in: Isensee, Josef/Kirchhof, Paul (Hg.), *Handbuch des Staatsrechts der Bundesrepublik Deutschland. Bd.1*, Heidelberg, S. 1045–1111.

Zeindler, Matthias (2005), »Der wirkliche Mensch. Zur Aktualität von Karl Barths Anthropologie«, in: Graf, Michael/Mathwig, Frank/Zeindler, Matthias (Hg.), *»Was ist der Mensch?« Theologische Anthropologie im interdisziplinären Kontext. Wolfgang Lienemann zum 60. Geburtstag* (Forum Systematik 22), Stuttgart, S. 261–279.

Zigler, Edward/Balla, David A. (1982), *Mental Retardation. The Developmental-Difference Controversy*, Hillsdale/London.

Zirden, Heike (2003) (Hg.), *Was wollen wir, wenn alles möglich ist? Fragen zur Bioethik; für die Aktion Mensch*, München.